KB263470

한 권으로 끝내는

철학

The Handy Philosophy Answer Book

Copyright © 2010 by Visible Ink Press
All rights reserved.

No part of this book may be used or reproduced in any manner whatever without written permission,
except in the case of brief quotations embodied in critical articles or reviews.

Korean Translation Copyright © 2013 by Jakeunchaekbang
Published by arrangement with Independent Publishers Group through BC Agency, Seoul.

이 책의 한국어판 저작권은 BC 에이전시를 통한 저작권자와의 독점 계약으로 작은책방에 있습니다.
신 저작권법에 의해 한국 내에서 보호를 받는 저작물이므로 무단 전재와 무단 복제를 금합니다.

한 권으로 끝내는
철학

ⓒ 비지블 잉크 프레스, 2013

초판 1쇄 인쇄일 2013년 7월 3일
초판 1쇄 발행일 2013년 7월 10일

지은이 나오미 잭   **옮긴이** 오채환
펴낸이 김지영   **펴낸곳** 작은책방(Gbrain)
편집 김현주
제작·관리 김동영   **마케팅** 김동준, 조명구

출판등록 2001년 7월 3일 제2005-000022호
주소 121-895 서울시 마포구 서교동 400-16 3층
전화 (02)2648-7224
팩스 (02)2654-7696

ISBN 978-89-5979-296-2 (13100)

* 책값은 뒤표지에 있습니다.
* 잘못된 책은 교환해 드립니다.
* Gbrain은 작은책방의 교양 전문 브랜드입니다.

P
hilosophy

한 권으로 끝내는 철학

나오미 잭 지음 오채환 옮김

Gbrain

Contents

4. 회의주의와 자연철학　127

5. 근대 초기 철학　175

8. 대륙철학 359

우리는 무엇을 진정으로 아는가? 무엇이 실제인가? 삶은 의미가 있는 걸까? 당신은 자유 의지를 가지고 있는가? 이런 것들은 철학적 물음의 극히 일부일 뿐, 수백 개도 넘는 물음이 더 존재한다. 그런 물음들이 '철학적 물음'인 까닭은 일거에 대답될 수 없기 때문이며, 그래서 3000여 년에 달하는 세월 동안 철학자들이 그 답에 매달려왔다. 만일 당신이 이 책을 읽고 한 사람의 철학자가 된 기분이 들지라도 이와 같은 물음에 답하는 철학자가 될 필요는 없다!

이 책(*The Handy Philosophy Answer Book*)은 특정 철학자와 그들의 사상에 관한 수백 개의 항목을 담고 있다. 각 항목은 특정 철학자 혹은 해당 학파나 시대에 관해 그/그녀의 중심 사상 혹은 학파/시대의 중요성을 묻는 물음으로 시작하고, 그에 대한 간략한 대답을 제시하되, 해당 장의 주요 개념들에 대한 개관도 아우르는 형식을 취했다. 그리고 하나의 항목 안에 담은 각 절도 역시 하나의 질문으로 시작하며 잇따르는 하위의 질문들과 그에 대한 대답들로 이루어져 있다. 각각의 질문과 대답은 독립적으로 읽힐 수도 있고, 보다 넓은 맥락의 부분으로 읽힐 수도 있다.

그러나 한 사람의 철학자나 하나의 개념에 관해 궁금증을 가진 독자라면 이 책 전체를 읽을 필요는 없다. 책 말미에 수록된 찾아보기에서 철학자 이름이나 관심 주제를 살펴보면 해당 지면의 쪽수를 발견할 수 있다. 책의 주요 부분은, 철학에서 누가 누구이고 무엇이 무엇이라는 형식으로서, 고대 철학부터 현대에 이르기까지 열 개의 역사적 장들로 나뉘어 있다. 목차와 찾아보기 및 용어집의 표들은 모두 이 장들에 대한 안내 지침으로 사용할 수 있다.

만일 철학적 어휘나 개념의 뜻을 모르는 독자라면 주요 용어, 역사, 사상의 학파, 기타 철학적 '~주의/~이즘/~론' 등에 대한 일련의 설명과 정의를 수록한 용어집에서 답을 찾을 수 있다.

철학은 주로 철학자들의 견해와 결부된 내용으로, 그들이 서로 일치하는 경우는 드물다. 하지만 그들은 각자 다른 전문가의 견해를 존중한다(이 책은 철학 교수에 의해 쓰였다). 그리고 문헌 목록에는 다른 철학자들, 철학의 시대들, 주요 주제들, 기타 참고 자료 등에 관한 출전 목록이 포함되어 있다.

독자들은 이 책을 여러 가지 방법으로 사용할 수 있다. 철학의 역사를 알고자 하는 독자라면 이 책의 장들을 수록된 순서대로 읽어나가면 된다. 철학의 어휘 파악에 관심 있는 독자라면 용어집을 가장 먼저 읽는 것이 좋다. 단지 특정 시대나 혹은 특정 철학 유파에 관심 있는 독자는 그것에만 집중할 수 있다.

철학에 관한 입문서로서 이 책에 수록된 자료 모두에 관심이 있거나 이미 알고 있는 바를 환기시키고 싶은 독자는 (적어도 한 번은) 처음부터 끝까지 읽고 난 후에 추가의 관심거리를 문헌 목록에서 추적해볼 필요가 있다.

만일 이 모든 것을 실행한 이후에도 여전히 흥미 있는 독자라면(즉 철학공부벌레가 제대로 당신을 물었다면), 학생인 경우 전공 과정을 밟거나, 혹은 공식적인 교육 과정을 이미 거친 독자라면 지역 인근 대학에 한 과정을 등록하는 것도 멋진 생각일 수 있다. 철학의 훌륭한 부분은 생생한 대화에 있다. 그래서 철학에 관심을 갖고 있는 다른 사람들과의 대화는 중요하다. 당신이 만일 대학 개설 과정에 등록하지 않는다면 정기 모임을 갖는 철학 클럽이나 혹은 인터넷 철학 동호회 등을 찾아볼 수도 있을 것이다.

－나오미 잭(Naomi Zack)

감사의 글

나는 이 책의 초고에 대한 편집 자문과 교정 · 교열 · 감수 등 제반 과정에 수고를 아끼지 않은 디안젤로(D'Angelo) 박사에게 감사의 마음을 전한다. 디안젤로는 2003년부터 지금까지 뉴욕 브루클린에 있는 대형 도서관의 수석 사서로 근무하면서 대중을 위한 철학 토론 그룹을 이끌어왔다. 그는 《공공 도서관 문에 있는 야만인들: 포스트모던 소비자 자본주의는 어떻게 민주주의와 시민 교육 그리고 공공선을 위협하는가 *Barbarians at the Gates of the Public Library: How Postmodern Consumer Capitalism Threatens*》(2006)라는 책의 저자이다.

VIP(Visible Ink Press)의 편집 책임자로서 역시 이 책 원고의 편집 자문과 교정 · 교열 · 감수 등은 물론 완성본이 나오기까지 제반 과정에 수고를 아끼지 않은 케빈 힐 Kevin Hile 에게도 깊은 감사를 표한다. 케빈의 인내심, 성실함, 전문가 정신이 없었다면 이 책은 완성되지도 못했고, 독자들에게는 아무 쓸모 없는 책이 되고 말았을 것이다.

마지막으로, 하지만 누구보다 우선해, 이 책 『*The Handy Philosophy Answer Book*』에 대한 비전을 제시해준 VIP의 발행인 로저 쟈네크(Roger Jänecke)에게 진 빚이 막대함을 밝힌다.

이 모든 과정에서 꼼꼼한 전문가들의 도움을 수없이 받았지만, 그래도 남게 되는 오류나 출전의 혼동 등은 전적으로 저자인 나의 몫이다.

나오미 잭
유진, 오리건 주

철학의 기초
THE BASIC

철학이란 무엇인가?

철학이란 지혜를 찾는 활동이다. 서양 철학의 제1언어였던 그리스어 '철학 philosophy'은 지혜의 사랑을 의미한다. 철학은 어떤 존재 자체가 무엇인지를 파악하고자 함으로써 지혜에 대한 사랑을 한다.

예술, 종교, 직접 체험 등을 포함해 인간이 지혜를 사랑하는 방법은 철학 외에 여러 가지가 있다. 그런데도 철학이 두드러진 것은 합리적 이성의 체계적 사용을 통해 지혜를 찾아나가기 때문이다.

철학자들은 개념들과 그 의미들, 그리고 그것들을 **분석한** 믿음 체계의 탐구에 집중한다. 철학자들은 이런 것들을 낱낱이 쪼갠 다음 다시 모으고 새로운 방식으로 조합한다. 철학자들은 개념들을 분석할 뿐 아니라 사람의 마음 안에서 혹은 이 세계 안에서 실제로 벌어지고 있는 바를 반영한다. 그들은 인간의 사고 혹은 경험의 전체 구조에 대한 직관을 통해 지혜를 탐구한다.

철학은 언제 시작되었는가?

서양의 경우, 철학의 과학적 측면 혹은 자연계와 인간이 사는 세상 전반에 관한 추상적인 사고는 기원전 7세기 고대 그리스에서 시작되었다. 그들은 소크라테스 이

13 ★

전의 자연철학자들로서 세계와 우주에 관해 알고 싶어 했으며, 그들 중 많은 이들이 소크라테스 시대까지 명맥을 이어갔다. 이들 고대 자연철학자들과 소크라테스 사이에 살았던 소위 소피스트들은 방법적인 면에서는 문제가 있고 비윤리적(그들은 자신이 논쟁하는 대상이 참인지 정의인지에 관해서는 조금도 신경 쓰지 않으면서 돈을 받고 논쟁에 참여했던 사람들이다)이기도 했지만, 최초로 철학적 관심의 초점을 자연계에서 인간의 세계로 전환시켰다. 기원전 5세기의 소크라테스의 활동, 그리고 그의 제자 플라톤이 소크라테스의 담화를 대화편으로 극화시킨 기원전 4세기의 기록과 더불어 철학은 진정한 인본주의적 면모를 정초시켰다. 철학자들에 의해 유지되어온 자연계와 인간의 세계라는 두 개의 커다란 탐구 영역은 나중에 자연과학과 사회과학이라는 독립학문 분야로 이어졌다. 또한 이들 두 영역 구분은 일상적인 생활에서도 꾸준히 이뤄지고 있다.

철학은 아무리 많은 관찰을 해도 풀 수 없는 중요한 물음에 접근할 수 있는 유일한 방법이다. 예를 들면 철학은 다음과 같은 물음에 답하고자 애를 쓴다. "여섯 명이 정원인 구명보트에 열 명이 있다면, 어떻게 해야 올바른 것일까?" "삶의 의미는 무엇인가?" "신의 존재를 증명할 수 있는가?"

철학은 다른 지적 추구 학문과 어떻게 다른가?

일반적으로, 철학자들이 사랑하는 지혜의 유형은 현미경, 망원경, 기타 도구에 의한 측정이나 조사에 의해 발견되는 것이 아니라 마음이 작동되어야만 하는 물음에 대한 대답들로 이뤄져 있다. 이를테면 사회학자의 경우 사람들이 믿는 바가 무엇인지를 조사하고 연구하겠지만, 철학자는 그 믿음이 참인지 혹은 참인 것들에 의해 정당화될 수 있는지를 물을 것이다.

　철학적 질문들은 사실에 의해 대답할 수 있는 것이 아니기 때문에, 그 답들은 전반적으로 '견해'의 성격을 띤다. 하지만 그런 (철학적) 견해는 항상 근거가 뒷받침되는 것이므로 보통의 의견과는 다른 특별한 견해이다. 그럼에도 불구하고 철학적 활동의 상당 부분은 철학자들 간의 논의 또는 대화이며, 이 점이야말로 사람들이 철학에서 즐거움을 찾을 수 있는 대목이다. 그리고 대부분의 철학자들은 절대 의견의 일치를 보이지 않는다!

왜 철학이 중요한가?

　자연계에 대한 철학적 탐구는 물리학, 천문학, 지질학, 생물학, 화학 등 오늘날의 자연과학을 태동시켰다. (중국 등) 다른 문화권이 두드러진 과학과 기술 문명을 가졌음에도 불구하고 근대에 들어와서는 서구 과학의 산물인 서구 기술 문명이 세계를 선점, 선도하고 있다.

　인간 세계에 대한 철학적 연구는 언어학과 인지 과학은 물론이고 심리학, 역사학, 정치학, 사회학, 인류학 등의 사회과학을 태동시켰다. 물론 세계에 관한 여러 이론적 개념들이 형이상학이란 이름으로 여전히 철학에 남아 있으며, 인간성과 관련된 많은 물음들 역시 오직 철학에서만 고려되고 있다. 이런 인간에 관한 물음들은 여러 문화권을 넘나드는 보편적 관심 사항으로, 평범한 실제 일상생활 속에서 발견되는 것들이다.

철학은 인생과 우주에 관한 거창한 물음만 다루는가?

　철학적 작업이 모두 중대한 물음들에 관한 것만은 아니다. 그중 일부는 비철학자의 경우 터무니없다고 여길 수도 있는 것들이다. 예를 들면, 인간의 마음이 몸과 어떻게 연관되는가? 대부분의 사람들은 자기 오른팔을 들어 올림으로써 자신이 불구가 아닌지 알 수 있는데, 그것은 세상에서 가장 쉬운 일이다 — 그냥 판단하고 팔을 들기만 하면 된다. 그러나 17세기 철학자 르네 데카르트(1596~1650)가 나온 이래 철학자들 사이에는 몸과 마음의 연관성을 기술하는 올바른 방법에 관한 논쟁이 줄기차게 이어져왔다.

어릴 적에는 어른들에게 자연의 세계와 우주에 관해서 많은 질문을 던지곤 한다.
어른이 되면 자연계에 대한 관심은 시들해지지만, 철학자들이 애써 답을 얻고자 했던
삶의 의미에 관한 것들은 여전히 중심 질문들이다.

서양 철학의 두 가지 기조 주제는 무엇인가?

지금까지 서양 철학의 두 가지 기조 주제는 항상 자연계와 인간의 세계이다. 자연계는 자연, 물리적 실체 그리고 우주를 포함한다. 인간의 세계는 인간의 존재, 그들의 가치, 경험, 마음, 윤리, 사회, 정치, 문화, 인간의 본성 자체를 포함한다.

철학은 모든 문화권의 일상생활 전반에서 발견된다. 그러나 철학자가 자연계와 인간 세계에서 중요하다고 믿고 있는 바에 관한 가설과 일반화로 구성되는 사유 방식이라는 점에서 서양 철학은 독보적이다. 서양 철학자들은 역사가들처럼 민족의 기원이나 지나간 시간 속의 사건들에 초점을 맞춘 적이 없을뿐더러, 전기 작가들처럼 개인의 삶에 초점을 맞춘 적도 없다. 대신 그들은 인간의 삶과 사건들에 대한 일반적이고 추상적인 관점을 탐구함으로써 개별적인 삶과 사건들의 정확한 범주 혹은 종류가 무엇인지를 알려줄 수 있게 된다.

철학은 일상생활과 어떤 관계가 있는가?

사람들이 쉽게 대답할 수 없는 일반적인 문제에 대해 고민하는 것은 누구에게나 공통이다. "인생에서 보다 높은 목표가 있는가?" "사후의 세계는 과연 있는가?" "인생에서 가장 중요한 것은 무엇인가?" "인간에게 자유 의지가 있는가?" 특히 어린아이들은 자연스럽게 '왜' 라는 질문을 던짐으로써 부모들이 부지불식간에 철학적인 대답을 하게끔 만들기도 한다.

신은 어느 쪽에 어울리는가?

철학자들은 신을 자연계나 인간 세계의 일부로 보기도 하고, 양쪽에 모두 존재하거나 그 어디에도 없는 것으로 보기도 한다.

종교와 철학은 어떤 관계인가?

철학과 종교는 둘 다 신에 관해 논급하지만, 철학은 종교처럼 신 그 자체만을 배타적인 목표로 삼지 않는다. 철학은 종교의 '관념들' 에 보다 더 집중하는 경향이 있다. 철학자들은 그들이 살았던 문화권에서 종교적 관념이 지닌 영향력의 크기와 범위에 따라 각기 다른 정도의 신학과 관계를 맺어왔다. 예를 들면 가톨릭교회가 지배하던 중세 유럽의 대표적 철학자인 토마스 아퀴나스(?1225~1274)는 철학적 질문 및 작품의 대부분이 신과 관련된 것이었다.

반면에 '이교도들' 로 알려진 고대 그리스 철학자들은 종교에 대한 관심이 적었고, 18세기 계몽주의 시대에 이르러서는 철학이 다분히 세속적인 것이었다. 이와 같은 철학의 세속화(비종교화)에는 종교의 실제와 신의 존재에 대해 데이비드 흄(1711~1776)이 쓴 회의적인 작품들도 영향을 미쳤다. 19세기와 20세기에 들어와 철학자들은 철학을 종교적 개입이 전혀 요구되지 않는 세속적 탐구의 한 영역으로 발전시켰다.

철학의 전공 과목과 분야는 어떤 것들이 있는가?

다음은 철학의 여러 전공 과목과 그 주제들이다.

윤리학: 인간의 복리와 해악의 관점에서 어떤 행위를 해야 하는가를 따져 묻는다.

과학철학: 과학은 무엇이고, 어떻게 발전해왔으며, 과학적 진리의 본성은 무엇인지 등을 묻는 질문에 대한 대답이다.

사회 및 철학: 사회 및 그 기구인 정부는 어떻게 기능하며, 그 목표는 무엇이어야 하는지, 또 어떻게 출현하게 되고 그 문제점들은 어떻게 해결될 수 있는지를 설명한다.

인식론: 앎이란 무엇인지, 무엇이 참이라는 것은 어떻게 알 수 있는지, 감각을 통해 알게 되는 지각과 추상적 진리의 차이는 무엇인지 등의 물음에 관한 대답이다.

형이상학: 실재의 본성과 관련해서 물리적 사실은 무엇이며, 서로 다른 물리적 사실들 사이에 존재하는 관계 및 인간의 마음과 외부 물리적 세계 사이의 관계는 무엇인지에 관한 가장 일반적인 관점에서의 묻고 답하기이다.

심리철학: 마음은 어떻게 작동하며 뇌에 의존적인 것은 아닌지, 신체와는 어떻게 연관되는지, 기억 및 의식의 본성은 무엇인지를 따져 묻고 답한다.

미학: 아름다움이란 무엇이며, 예술 작품이 자연물 및 다른 인공적 사물들과는 어떻게 다른지 등을 이해하고자 하는 예술의 탐구이다.

고대 철학: 서양 철학이 탄생한 기원전 800년 정도부터 기독교가 지배하기 이전인 기원후 400년까지 전반적인 그리스와 로마 시대의 철학.

중세 철학: 400년부터 1300년대 르네상스가 시작되기까지 기독교가 지배적으로 세계관 및 개인의 일상생활 지침까지 제공하던 시기에 개진되었던 철학 사상.

근대 철학: 현대 철학의 기반으로서, 1600년대부터 1800년대까지 발전했던 철학.

19세기 철학: 근대 철학의 고전기(classical period)로서 헤겔, 칸트, 존 스튜어트 밀 등이 작품을 남긴 시기의 철학.

분석철학: 20세기에 발전한 전문 철학의 한 양태로서, 추상적이고 기술적인 technical 면이 두드러진 철학.

포스트모던 철학: 20세기 후반의 철학 유파로서, 수세기 동안 많은 철학자들에 의해 지지되어온 주장들에 대한 다양한 반작용으로 구성된 철학.

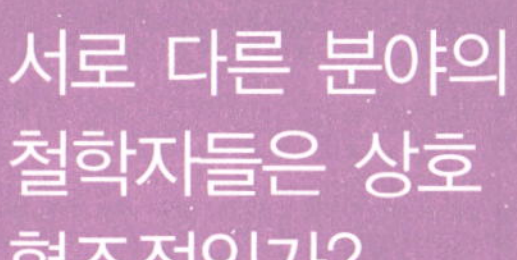

서로 다른 분야의 철학자들은 상호 협조적인가?

포스트모더니즘 이후, 대륙 철학(프랑스와 독일)에 대한 관심이 실존주의와 현상학 그리고 해체주의 등의 소개로 이어지며 많은 철학적 세부 영역들이 분열되었다. 그러자 전통적인 강단 철학자들은 상호 연대하여 그들 고유의 문화를 수호하는 일에 골몰하게 되었다. 경험주의자나 주류 철학자들도 연대해 인간의 실존 경험과 문화 비평에 초점을 맞춘 접근에 대항하여 전통적인 방법론과 정립된 신조들을 옹호하고자 했다.

철학은 여타 학문들을 한꺼번에 이끌었는가?

결코 그렇지 않다. 17세기 말까지 물리학은 '자연철학'으로 불렸다. 한편 19세기가 되기 전까지는 사회과학이란 학문이 따로 없었고 그 내용들은 철학에서 다루어졌다.

실천으로서의 철학과 학문으로서 철학의 차이는 무엇인가?

활동의 측면을 접어둔다면, 철학 역시 심리학, 역사학, 생물학, 문학 등과 같은 하나의 학문 영역이다. 철학이 하나의 과목으로 학습되는 경우, 학습해야 할 주요 대상은 과거 철학자들의 저작물 형태로 담겨 있는 철학의 역사이다. 21세기 초에 들어 철학은 다양한 전문 세부 영역이 나뉘어 있는 주요 학문 영역이 되었다. 실천으로서 학문 철학자의 활동은 대학에서 가르치고 학술서를 저술하는 일들로 이뤄진다. 그

19 ★

런 활동은 곧 학습이 가능한 지식 체계로서의 철학 분야를 보완, 정립시키는 데 기여한다.

철학은 다른 분야들과 어떻게 연관되는가?

철학은 현재 대학 커리큘럼 중 인문학의 한 과목이다. 그 주요 목적은 체계적인 사고 습관을 학습하고 계발함으로써 학생들이 스스로 선택한 것을 인지하고 평가하는 한편, 자신이 살고 있는 사회를 이해할 수 있도록 하는 것이다. 철학의 상당 부분이 개념, 신념, 가치 등에 집중되어 있기 때문에 문학이나 당대의 문화 비평 작업, 다른 분야의 분석 작업 등과 연계되기 쉽다. 특히 20세기 말에 들어서면서 철학자들은 자신들의 활동을 다른 분야에 적용하기 시작했다. 의학 윤리나 사업 윤리 등이 그 예이다. 철학자들이 커리큘럼에 페미니즘, 환경 문제, 사회 정의에 관한 물음 등을 추가함으로써 철학의 연관성은 더욱 증대되었다.

일부 어떤 학문들은 그 출발이 철학인가?

그렇다. 17세기 말 이전까지는 물리과학들을 총칭해서 '자연철학'이라 불렀고, 19세기 이전까지는 사회과학 과목들이 없었다. 오늘날의 사회과학 활동들은 모두 철학의 이름으로 수행되었다. 많은 학문들이 그 뿌리를 철학적 논의에서 찾을 수 있다. 서구 과학은 기원전 7세기의 소크라테스 이전 철학에서 시작되었다. 소크라테스 이전 철학자들은 신화 대신 이성을 통해 세상에 관한 사유를 한 것으로 역사에 기록된 최초의 서구인이다. 서구 과학은 훨씬 나중에 아이작 뉴턴(1642~1727)으로부터 또 다른 큰 전기를 맞게 되는데, 당시는 '자연철학'으로 불렸던 그의 실천이 오늘날의 '물리학'에 해당하는 것이다.

화학 역시 뉴턴과 동시대 사람인 로버트 보일(1627~1691)의 철학적 탐구를 통해 그 시작이 이뤄졌다. 20세기 초의 철학자 윌리엄 제임스(1842~1910)는 심리학이라는 학문을 정초했다. 그리고 20세기 중반에 놈 촘스키(1928~)는 철학을 언어학과 연결시켜 인지 과학의 새로운 영역을 태동시켰다.

사회 과학도 비슷한 기원을 가지고 있다. 오늘날 정치학의 범주에 들어가는 내용인 이상적인 정부와 그 형태는 플라톤(B.C. ?428~?347), 아리스토텔레스(B.C. 384~322), 토마스 아퀴나스(?1225~1274), 토머스 홉스(1588~1679), 존 로크(1632~1704) 등과 같은 철학자들에 의해 최초로 이론화되었고, 존 스튜어트 밀(1806~1873), 카를 마르크스(1818~1883) 등과 같은 철학자에 의해 헤겔(1770~1831)의 사상이 수정되어 공산주의와 사회주의의 이론적 토대가 발전되었다.

최초의 체계적인 역사학을 제시한 사람은 철학자 지오반니 바티스타 비코(1668~ 1744)였고, 최초의 사회학자는 철학적 실증주의자인 오귀스트 콩트(1798~1857)였으며, 철학자 칸트(1724~1804)는 인류학의 기초를 다졌다는 것이 정설로 알려져 있다.

20세기의 사회 운동은 철학자들의 활동에서 소중한 영감을 얻었다. 예를 들면 여성 운동은 시몬 드 보부아르(1908~1986)로부터, 시민권 운동은 W. E. B. 듀보이스 (1868~1963)로부터, 동물 보호 운동은 피터 싱어(1946~)로부터, 그리고 환경 보호 운동은 '심층 생태학' 이라는 용어를 도입한 아르네 네스(1912~2009)로부터 영감을 얻었다.

오늘날의 과학들 — 물리학, 화학, 천문학에서 심리학까지 모두 — 그 기원을 철학에 두고 있다.

천 만에! 많은 철학자들이 흥미로운 기인이었으며, 철학의 역사는 희한한 사건들과 범상치 않은 이야깃거리로 꽉 들어차 있다.

철학은 오직 서양에서만 발견되는가?

아니다. 각자 독자적인 지적 흐름과 문화적 전통이 있듯이, 철학도 역사의 기록을 남기기 시작한 이래로, 어쩌면 그보다 더 훨씬 오래전부터 모든 인간 사회에서 존재해왔다. 다만 유럽과 미국에서는 철학이 교육 기관의 수련을 받아야 하는 학구적인 분야이고, 20세기 동안에는 최고 고등 교육의 공식적인 교과 과정 중 한 축으로 발전했다. 하지만 많은 사회에서, 특히 한 지역에 오랫동안 뿌리 내리고 사는 원주민들의 사회에서도 구술 전통을 통한 그들의 철학이 유지되어오고 있다. 아프리카나 미국 원주민들 철학의 구술 전통은 종종 시간, 공간, 시원성, 윤리 등에 관한 물음을 담고 있다.

또한 아주 발달된 텍스트 전통도 있는데, 적어도 소크라테스 시대까지 거슬러 올라가는 인도 철학, 중국 철학, 일본 철학 등이 그렇다(이들 철학을 총칭해서 부르기를 동양 철학 또는 아시아 철학이라 한다). 이들 사상 체계도 비교 철학, 아프리카-아메리카 철학, 라틴 아메리카 철학 등의 이름으로 불리며 점차 미국의 표준적인 철학 교과 과정의 일부로 자리 잡아가고 있다.

철학은 개별 철학자들의 신념과 이론일 따름인가?

아니다. 철학은 폭넓고 복잡다단한 과목이다. 철학은 개별 철학자들에 따라 나눌 수도 있지만, 두 명 혹은 그 이상의 철학자들이 강조한 주제들에 의해 나누기도 하고, 시간상 역사적 시기에 따라 나누기도 하며, 그리스 · 프랑스 · 독일 · 영국 · 중국 · 인도 · 아프리카 · 남미 · 미국 등과 같이 지역에 따라 나누기도 한다. 이 책의 각

장들은 중요한 시기의 주요 주제들을 확인해보는 형식의 연대기적 접근을 취했다.

철학은 많은 진전을 이루어왔는가?

철학은 두 가지 방식으로 진전을 보여준다. 하나는 철학적 작업을 통해 당대 현안의 관심거리를 반영하는 것이다. 예를 들면 근대 국가가 형성되던 17세기의 존 로크, 토머스 홉스 같은 철학자들은 근대의 기원이나 민주주의 정부 등에 관한 저술을 남겼다. 20세기에는 철학자들이 현대 의학에 의해 가능해진 새로운 선택지에 윤리학을 적용하기도 했다. 철학적 진전의 또 다른 형태는 지금까지 진행된 철학적 사고의 성장한 모습으로 구성된다. 동료를 포함한 철학적 선배들과의 대화에 임하는 철학자들 사이의 담론은 대체로 이런 형태의 철학적 진전을 보여준다.

철학자들은 어떤 직업을 갖는가?

1940년 이래로 대부분의 전문 철학자들은 대학에서 가르치는 일에 종사해왔다. 그들은 또한 책과 논문을 펴냄으로써 철학 교육을 한층 더 향상시켰다.

철학은 오늘날 일상생활과 밀접한 관계가 있는가?

그렇다! 철학은 우리의 일상생활과 **매우** 밀접한 관계가 있다. 하지만 독자들의 관심 여하에 따라 어떤 부분이 다른 어떤 부분보다 더 많이 관계되는 것처럼 보이기도 할 것이며, 철학의 일부분은 더욱 더 추상적으로 보일 것이다.

고대 철학
ANCIENT PHILOSOPHY

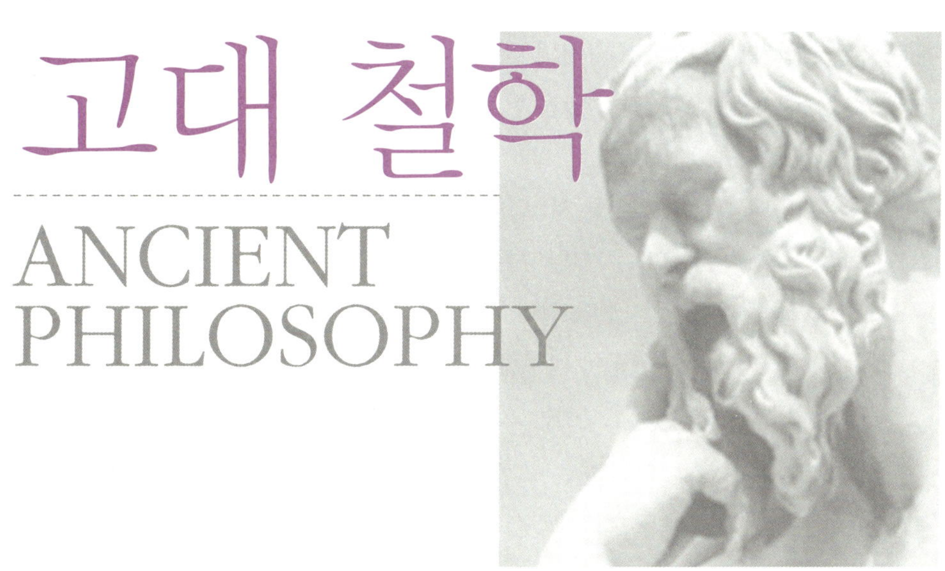

왜 **철학**은 고대 **그리스에서 시작**되었는가?

고대 그리스는 개인의 독립심과 권위에 대한 이의 제기, 동료 간의 불일치까지도 격려하는 민주적인 문화의 전통이 널리 자리 잡고 있었다.

해운과 무역이 활발했으며 호전적 기질을 가진 고대 그리스 사람들이 노예를 부리는 특권 사회의 계층이 되면서 지적 세계시민 정신의 계발을 선도적으로 수행했다. 그리스 철학자들은 소크라테스 이전 시대부터 단순한 사상가가 아니라 지도력과 시민 참여 능력을 겸비하고 실천하는 사람들이기도 했다. 더구나 그들은 호전적이어서 용기나 명예 같은 전장에서의 덕목에 높은 가치를 부여했다. 자연히 그들은 사교적인 자리에서도 의견 불일치에 대한 자기 표현의 목소리를 내는 데 망설임이 없어 철학적 토론에 활발한 성향을 지니게 되었다.

그리스인의 지혜란 무엇인가?

서양 철학자들은 언제나 고대 그리스 철학을 그들 철학의 원천으로 삼고 조회해 왔지만, 실제 고대 그리스 사람들은 철학보다 훨씬 더 폭넓은 지혜의 관점을 지니고 있었다. 기원전 620~650년경에 활약한 것으로 알려진 소위 '그리스의 일곱 현인'

25

에 포함된 철학자는 밀레토스 출신의 탈레스 오직 한 명뿐이다(나머지 현인들은 정치가, 행정가, 기타 지도자들이다). 그리스 일곱 현인과 연관된 경구들은 다음과 같다.

- 밀레토스의 탈레스: "섣부른 확신은 파멸을 부른다."
- 아테네의 솔론: "무엇이든 지나침은 금물이다."
- 스파르타의 킬론: "너 자신을 알라."
- 프리에네의 비아스: "일꾼이 너무 많아도 일을 망친다."
- 린도스의 클레오브로스: "절제는 흠잡을 수 없다."
- 미틸레네(레스보스 섬)의 피타코스: "주어진 기회를 알아차려라."
- 코린토스의 페리안드로스: "모든 일에 선견지명을!"

소크라테스 이전 철학자들

누가 소크라테스 이전 철학자들인가?

소크라테스 이전 철학자란 의미는 말 그대로 소크라테스보다 앞서 활동한 철학자들로서, 고대 그리스의 중심지인 아테네로부터는 멀리 떨어진 섬들에 위치한 그리스 도시 국가 일원에서 활동했던 사람들이다. 그들의 생각은 그리스 지성인들을 거쳐 서구 문명 세계에 널리 유포되었다. 주요 인물들을 연대기 순으로 보자면 다음과 같다. 탈레스, 아낙시만드로스, 밀레토스의 아낙시메네스, 피타고라스, 헤라클레이토스, 아낙사고라스, 파르메니데스, 엘레아의 제논, 엠페도클레스, 레우키포스, 데모크리토스.

소크라테스 이전 철학의 주요 텍스트는 무엇인가?

현재까지 전해오는 텍스트가 없어 그들의 삶에 관한 것들도 거의 알려진 바가 없다. 지금 **알려져 있는** 것들은 후대의 철학자들이 쓴 저작들로부터 얻은 것들이다. 그런 후대의 저작자들로는 플라톤(B.C. ?428~?347)으로 시작해서 아리스토텔레스(B.C.

384~322)와 그 동시대인들, 특히 아리스토텔레스의 제자인 테오프라스토스(B.C. 372~?287)를 꼽을 수 있다. 예를 들자면, 헤라클레이토스의 글은 '단편들' 로 구성되어 있고, 거기에는 원래 엠페도클레스가 전하는 불과 450행의 글이 담겨 있을 뿐이다. 따라서 우리는 최초의 원전을 가지고 있지 않기 때문에 소크라테스 이전 철학자들과 관련된 내용이 후대 주석자에 의해 얼마나 왜곡되었는지 확신할 수가 없다.

소크라테스 이전 철학자들이 전하는 새로움은 무엇이었는가?

소크라테스 이전 **철학자들**은 존재의 본성과 자연을 설명하기 위해 자연 현상과 사건들만 활용했을 뿐, 신들의 영향이라든지 신비로운 힘의 작용과 같은 설명에 의존하지 않았다. 현대 과학에 비추어 보면 그들의 주장이 황당하게 들리기도 하지만, 바로 이런 새로운 접근 방법 때문에 그들의 이론이 서구 과학의 효시로 간주되는 것이다.

아리스토텔레스의 제자 중 한 명인 테오프라스토스의 저술은 소크라테스 이전 철학자들에 관해 많은 귀한 정보를 제공한다.

소크라테스 이전 철학의 주된 생각은 무엇이었는가?

모두 밀레토스라는 도시 국가 출신의 철학자인 탈레스, 아낙시만드로스, 아낙시메네스는 자연계가 단일한 한 가지 물질로 만들어졌다고 보았는데, 그것을 각각 물, '무정자unbounded', 공기라고 주장했다(여기서 무정자란 속성이 정해지지 않아 무한정인 어떤 것infinite을 뜻하는 것으로 보인다). 피타고라스의 경우에는 만물이 수number로 이루어져 있다고 생각했는데, 이 말은 만물이 수학적 원리에 기초해 만들어졌다는 뜻이 아니다. 오히려 수들 그 자체가 실체적 사물로서, 존재하는 만물들 안에 깃들어 있다는 뜻에 가깝다. 헤라클레이토스는 세계와 그 안에 존재하는 만물들이 끊임없는 유동 상태에 있음을 강조하면서, 만들어져 있는 세계보다 그것의 변화 자체가 더 중요하다는 주장을 했다. 반면에 파르메니데스는 변

화란 비존재non-being 상태에서 존재하게 되는come into existence 것들을 필요로 한다고 생각하여, 변화가 아예 불가능하거나 혹은 실재하지 않는다고 믿었다. 헤라클레이토스를 비롯한 다른 밀레토스 철학자들은 세계를 구성하는 특정 실체들이 불변임을 주장했으며, 변화를 설명할 수 있는 그런 불변의 특정 실체가 있어야 한다고 보았다. 이런 생각에 엠페도클레스는 물, 불, 바람, 흙이라는 네 가지를 원소로 꼽았고, 아낙사고라스는 이보다 많은 원소들(아마도 무한히 많은 수의 원소들)을 꼽았다. 데모크리토스의 경우, 세상 만물이 모두 원자로부터 만들어졌다고 단정했다.

소크라테스 이전 철학자들의 대화는 철학에 관해서 무엇을 보여주는가?

소크라테스 이전 철학은 하나의 거대한 지적 대화로 간주된다. 당시 철학자들을 대략의 연대기적 순서로 고려해보면 우리는 그들의 사상과 진화의 역사적 전개 과정을 읽을 수 있다. 하나의 두드러진 패턴은, 각 세대마다 학생들이 스승의 경쟁 철학자는 물론이고 스승의 사상까지 면밀히 검토하고 비판하는 과정을 통해 발전해온 점이다. 이처럼 소크라테스 이전 철학 이래로 철학자들은 선행 철학자의 사상을 완성시키며 계승하거나 혹은 반박하며 물리치는 전통을 이어오고 있다.

서양 철학 최초의 철학자로서 탈레스가 기여한 것은 무엇인가?

탈레스(B.C. ?624~?546)의 사상이 중요한 것으로 평가되는 점은 그의 사상 내용이라기보다 물리적 세계 전체에 관해 스스로 생각하고자 했던 대담한 발상에 있다. 탈레스의 원래 고향은 밀레토스인데, 이집트와 깊은 인연이 있다. 이집트 사람들처럼 그는 지구가 물 위에 떠 있으며, 물 혹은 수분이 세계를 구성하는 실체 혹은 물질 요소라고 믿었다. 후에 아리스토텔레스는 탈레스가 생명 전반에 걸친 물과 유동 물질의 중요성에 깊은 감명을 받았던 것 같다고 생각했다. 실제의 탈레스는 우주 어느 곳에나 생명이 존재하며 그 생명은 신성한 것이라고 보았던 것 같다. 여기서 그가 했던 말, "만물은 신들로 가득 차 있다"를 새겨둘 필요가 있다. 탈레스의 가장 놀랍고도 신선한 통찰은 물의 움직임과 물성 상태가 자연 상태의 설명은 물론이고 살아 있는 생명체의 행동을 설명하는 데에도 사용될 수 있었다는 점이다. 물이 가진 물성은 그런 식으로 운동의 제1원리(다른 모든 사물들의 운동까지 설명할 수 있는 바탕 원리)가 되었고, 동시에 물은 우주의 제1물질로 주장되었다.

탈레스가 물과 수분을 바탕으로 우주를 설명하는 일만 했던 것은 아니다. 탈레스가 아직 철학을 공부하지 않던 시절, 그는 사업에도 수완이 있었다. 날씨가 유난히 건조했던 어느 해, 그는 다가올 올리브 수확의 풍작을 예견하고 기름 짜는 압착기를 모두 사들였다. 예견한 대로 그해 대풍년이 들어 탈레스는 큰돈을 벌었는데, 올리브에서 기름을 짤 수 있는 사람은 그가 유일했기 때문이다. 그런 그가 운동 경기 관람 중에 '탈수증'으로 사망했다고 알려져 있어 아이러니가 아닐 수 없다.

플라톤의 《테아이테토스》를 보면 소크라테스가 다음과 같이 말하는 대목이 나온다. "하늘의 별만 쳐다보고 걷다가 우물에 빠진 탈레스를 비웃은 트라키아의 재치 있는 시녀가 있었지. 그녀는 탈레스가 하늘에서 일어나는 일에 대해서만 너무 궁금해했던 나머지 한 발짝 앞에 있는 것도 볼 수가 없었노라고 놀렸던 거야. 그런데 이것은 모든 철학자들에게 적용될 수 있는 웃음거리야. 철학자들은 바로 옆집에 사는 사람이 누구인지도 몰라. 이웃이 무슨 일을 하는 사람인지 모를 뿐만 아니라 그가 남자인지 혹은 동물인지도 알지 못해. 다만 인간의 본성이 무언지만 찾고 있어."

탈레스의 다른 업적은 무엇이 있는가?

탈레스는 메소포타미아와 이집트를 모두 방문하면서 천문학을 배웠다. 그때 배운 지식으로 기원전 585년에 일어난 리디아와 페르시아 사이의 전쟁 기간 중의 일식을

예고했다(전설에 의하면, 탈레스는 크로이소스 왕이 건널 수 있도록 할리스 강의 물길도 바꿨다고 전한다). 그는 또한 멀리 떨어진 바다에서 피라미드의 높이, 떨어진 거리 등을 측정할 수 있었다고 한다. 그의 실용적인 공학 관련 연구는 기하학 분야의 공리들과 추상적 원리를 만들어내는 결과를 낳았다. 탈레스는 지혜가 뛰어난 것으로 알려졌다.

아낙시만드로스는 탈레스의 철학을 어떻게 수정했는가?

아낙시만드로스(B.C. 610~?546)는 뜨거움과 차가움에 대한 개념에 관심이 많았다. 이런 관점은 탈레스의 차갑고 습하기만 한 물에 대한 개념에 반론을 제기하게 만들었다. 그는 추론하기를, 제1의 실체는 모든 만물을 아우르는 원인이 되어야 하는데 물은 그런 제1의 실체가 될 수 없다고 보았다. 물은 습하고 차갑기만 하므로 뜨겁고 건조한 것들의 원인이 될 수 없기 때문이다. 그러므로 아낙시만드로스는 추론하기를, 제1실체는 물과도 다르고 뜨겁고 건조한 것과도 다른 어떤 것이어야 한다고 주장했다.

아낙시만드로스는 지각할 수 없는 — 지각할 수 있는 사물은 오직 습하고 차갑거나 아니면 건조하고 뜨거운 것들이기 때문에 — 그런 제1실체를 일컬어 **아페이론** apeiron이라 불렀다. 아페이론은 모든 사물의 변화의 원인이 되지만 그 자체는 영원히 불변인 실체를 뜻한다. 바꿔 말하면 아페이론은 그 자체는 지각되지 않지만 뜨겁거나 차가운, 습하거나 건조한 모든 사물들의 기원이자 그 변화의 원인으로서, 우리가 지각할 수 있는 세상의 만물은 아페이론 덕택이다.

아낙시만드로스에 따르면, 우리는 지구를 둘러싸고 있는 차갑고 습한 증기의 구멍들을 통해서 해와 달과 별들을 볼 수 있다고 했다. 한편 지구에서는 습함과 건조함이 대지와 바다를 형성했고, 생명체들은 습기에 태양의 영향이 합친 결과라고 했다. 모든 생명체는 바다에서 시작되었다는 그의 주장은 사실상 진화론을 예견하는 이론이다.

아낙시메네스는 아낙시만드로스의 철학을 어떻게 수정했는가?

아낙시메네스(B.C. ?585~528)는 탈레스가 세운 이오니아학파의 철학자로서 아낙시

만드로스를 따랐는데 우주의 제1 실체는 공기라고 믿었다. 공기는 그 자체로 차가움과 뜨거움을 번갈아 지닐 수 있으므로 제1 실체가 어떻게 지각 가능한 분리된 실체의 원인이 될 수 있는지를 설명할 필요가 없게 된다. 그런데 공기는 팽창과 수축을 하게 된다. 팽창된 공기는 불이 되고, 수축된 공기는 그 정도에 따라 바람, 구름, 물, 흙, 돌이 된다. 힌두교의 요가를 비롯한 여러 종교적 전통에 따르면, 생명 그 자체가 곧 호흡이라고 한다. 고대 그리스 사람들도 이런 전통이 강해서 기원전 8세기까지 거슬러 올라간다. 그러나 이를 공식적으로 표현한 사람은 아낙시메네스가 처음이다.

왜 피타고라스가 중요한가?

피타고라스(B.C. ?580~?500)는 'Philo sophia'라는 단어를 창안한 것으로 알려져 있다. 그는 사모스 섬에서 태어났으나 정착해서 산 곳은 크로톤이다. 그곳에서 피타고라스는 형제적 유대 집단을 만들었는데, 그 것은 하나의 학파이자 단일한 생활 방식과 종교 및 정치적 신념을 공유하는 공동체였다. 피타고라스는 칠현금 악기에 고정된 네 개의 현에 의한 음계의 간격이 수 1, 2, 3, 4의 비(比)에 의해 설명될 수 있음을 발견했다. 이는 음악에서 화음 개념의 기초를 이루는 중요한 깨달음이었다.

피타고라스는 수 체계가 어떻게 천체 운동과 같은 자연 현상과 일치하는지도 설명하고자 했다. 피타고라스의 수학적 통찰력은 오늘날에도 유효한데, 수학은 현대 물리학의 언어이기 때문이다.

피타고라스와 그 추종자들은 숫자 점술numerology과 숫자에 신비한 의미를 부여

대부분의 사람들은 피타고라스를 수학에 대한 기여자로 떠올릴 뿐, 그의 작품이 철학에도 중요한 역할을 했음을 아는 사람은 거의 없다.

하는 이론(수비학)에도 큰 관심을 보였다. 그들은 음악을 수의 영적인 측면으로 여겼으며, 올바른 실천 — 악기 연주, 절제된 식사 등을 포함한 일상적 습관 — 이 별과 행성들이 들려주는 음악을 들을 수 있게 해준다고 믿었다. 그들은 엄격한 채식주의자였으나 예외적으로 잠두fava bean는 금했다.

헤라클레이토스는 대립자와의 팽팽한 투쟁이 삶의 본질이라고 생각했다.

왜 헤라클레이토스는 삶의 본질에 관해서 피타고라스와 의견이 달랐나?

헤라클레이토스(B.C. ?540~?480)는 대립자와의 팽팽한 투쟁이 삶의 본질이라고 생각했다. 우주의 합리적 지배 원리인 바 로고스는 불의 형상을 취하며 영혼 또는 생명과 같은 것으로서 일정불변이다. 다만, 로고스 안에서 벌이는 개별적 존재들의 투쟁이 끊임없는 변화를 일으킨다.

무엇 때문에 헤라클레이토스는 여전히 유명한가?

헤라클레이토스는 "같은 강물에 두 번 들어갈 수 없다"라는 경구를 남긴 사람이다. 이는 인생과 그 환경이 강물처럼 끊임없는 흐름 속에 있다는 것을 의미한다.

파르메니데스와 엘레아학파는 무엇을 믿었는가?

엘레아의 파르메니데스(B.C. ?515~?)는 자신의 두 제자 제논(B.C. ?495~430), 사모스의 멜리소스(B.C. 440년경)와 함께 엘레아학파를 이루었다. 파르메니데스는 서로 다른 여러 가지 실체로 구성된 모든 지각적 대상들의 궁극적 제1실체란 통합된 단일체여야 한다는 강박 관념을 가지고 있었다. 그는 실체가 분화되지 않은 전체로서 운동과 변화가 일어나지 않는 것임을 강력하게 논변했다. 파르메니데스는 사람들이 일상적으로 경험하는 변화와 서로 다른 여러 가지 사물들은 겉보기 모습이거나 착각이라고 일축했다.

피타고라스학파 사람들이 잠두를 기피한 이유로 여러 가지가 제시되었다. 그중 하나로 잠두가 죽은 자의 영혼을 지녔다는 믿음을 든다. 또 콩 속의 씨알이 사람의 태아와 닮아서 콩을 먹는 것은 곧 사람을 먹는 것과 같다는 생각을 이유로 들기도 한다. 잠두는 모양이 고환 같기도 하고 지옥문 같기도 하다는 점을 들기도 한다. 그들은 제비뽑기를 통한 과두 정치와 재산 공유제를 시행하기도 했다. 또한 그들은 영혼의 일부가 빠져나가게 함으로써 '바람' 또는 기체를 일으킨다고 했다.

신대륙(미국) 발견 이전에는 잠두가 유럽에서 얻을 수 있는 유일한 품종의 콩이었다. 현대 연구에 따르면, 지중해 연안 인구 중 일부는 G6PD효소 결핍 증세를 보이며, 그들이 잠두를 먹으면 5분의 1이 신장 손상을 겪게 된다는 사실이 밝혀졌다. 반면에 어린 잠두는 레바도파Levadopa를 함유하고 있는데, 이것을 알맞게 복용하면 파킨슨병 치료에 효험이 있음도 밝혀졌다.

일자에 관한 파르메니데스의 추론은 정확하게 어떤 것인가?

파르메니데스는 1차로 실체 혹은 불변의 어떤 것이란 오직 단일한 하나의 것(One thing)임을 가정했다. 이것이 주어지면, 이것이 아닌 다른 어떤 것도 실재하는 것(실체)이 아니다. 그렇다면 실체가 아닌 어떤 것은 실재하는 실체에 대해 영향을 미칠 수 없기 때문에 단일한 하나의 실체를 나눌 수 있는 것은 아무것도 없다. 이런 단일한 실체는 정의에 의해서, 운동과 변화가 불가능한 것이다. 이런 일자the One는 실재하는 유일한 것이므로, 우리가 움직이고 변화하는 것으로 느끼는 것들은 실재하는 실체가 아니다.

파르메니데스의 제자인 엘레아의 제논은 궁극적 실체가 움직이거나 변화한다면 모순된 결과에 이르게 됨을 보여줌으로써 실체는 운동과 변화가 불가능한 일자라는 개념을 옹호했다. 그는 이런 모순을 보여주기 위한 패러독스로 유명하다.

사모스 섬의 멜리소스는 일자에 '경계가 없다unbounded'는 개념을 덧붙였는데 오늘날 용어로 표현하면 '무한하다infinite'는 것이며, 또한 허공간은 존재할 수 없다는 주장도 했다.

파르메니데스 이후 철학자들은 겉보기 현상의 본성에 대해 어떤 주장을 했는가?

플라톤 이전까지, 실체는 변화하지 않는 일자뿐이라는 파르메니데스의 주장에서 일상 경험하는 실체의 운동과 변화의 성분을 구제하려는 시도를 한 철학자가 몇몇 있었다. 파르메니데스 이후의 그런 철학자들은 움직이고 변화하는 사물의 실체를 정립하고자 했다. 다시 말해, 그들은 일자가 실체이기 때문에 우리가 실재한다고 생각하는 세계는 실재하지 않는다는, 파르메니데스의 신비스러운 주장에 대항하는 상식적 개념을 재천명했다. 이에 플라톤은 겉보기 현상과 지각되지 않는 실체 사이의 보다 정교한 차이에 대한 토대로서 파르메니데스의 개념으로 돌아갔다. 물론 플라톤의 경우, 지각되지 않는 실체는 하나가 아닌 여럿이라는 점이 다르다. 여기에 아리스토텔레스는 겉보기 현상의 세계가 실재한다고 주장함으로써 상식과 겉보기 현상의 실재성을 가장 성공적으로 옹호했다.

제논의 패러독스란 무엇인가?

제논의 패러독스는 오늘날까지 수학자들과 철학자들을 사로잡고 있다. 그의 운동 패러독스는 임의의 거리에도 적용될 수 있는데 다음과 같이 진술된다.

어느 한 방을 완전히 가로지르기 전에 반드시 그 거리의 반(1/2)을 이동해야 한다. 하지만 그 전에 그 거리의 반(1/4)을 이동해야 한다. 다시 그 전에 그 반(1/8)을 이동해야 하고, 이런 상황은 계속된다. 이동해야 할 일정 거리의 분할은 무한하기 때문에 어떤 곳에서 다른 어떤 곳으로 이동하는 것은 불가능하다.

제논의 아킬레스와 거북이 패러독스는 약간 다른 원리를 경주에 적용한 것이다. 거북이와 경주에 임하는 아킬레스가 거북이에게 먼저 출발할 것을 허용한다고 하자. 그러면 아킬레스가 거북이를 앞지르기 전에 이미 거북이가 지나갔던 곳을 반드시 지나야 한다. 하지만 거북이도 항상 그곳에서 움직였을 것이다. 따라서 아킬레스는 거북이를 따라잡을 수 없다!

파르메니데스의 일원론에 대한 소크라테스 이전 철학자들의 반응은 어떤 것이었나?

파르메니데스 이후 몇몇 철학자들은 그가 사물들을 지나치게 단순화시켰다고 느껴 실체의 본성에 관한 다소 복잡한 설명 체계를 제시했다. 비록 그런 시도가 당시 사람들에게 확신을 주지는 않았지만, 훗날 철학사에서 대단히 높이 평가되었다.

네 가지 원소에 대한 엠페도클레스의 개념은 무엇이었나?

시칠리아의 시인이자 철학자인 엠페도클레스(B.C. ?490~?430)는 사원소론을 품었다. 불, 공기, 물, 흙은 만물이 만들어지는 기본 물질이다. 고양이나 강 등과 같은 사물들은 이들 물질들이 일시적으로 재결합한 것들이다. 또한 이 원소들의 운동의 원천은 사랑과 투쟁인데, 사랑은 이들을 함께 모으고 투쟁은 이들을 분리시킨다.

마음에 관한 아낙사고라스의 개념은 무엇인가?

클라조메네의 아낙사고라스(B.C. ?500~?428)는 운동의 1차 원인은 마음이며, 다른 사물로부터 분리되는 것이라고 믿었다. 마음은 서로 다른 사물들이 분리되어 나오는 최초의 소용돌이에 의해 세상 만물을 창조했다.

아그리젠토의 엠페도클레스

그리스의 1967년 드라크마 지폐에 나타난
데모크리토스

누가 최초로 원자 개념에 도달했는가?

데모크리토스(B.C. ?460~?370) — 허공간은 실재한다고 말함으로써 파르메니데스와 제논에 반대했던 레우키포스의 제자 — 는 존재하는 모든 것들은 수없이 많은, 더 이상 쪼개질 수 없는 것들로 구성된다고 말했다. 그는 이런 사물들을 *a-tomos* 혹은 atoms, 즉 원자라 불렀다. 원자는 무한 공간 안에서 운동한다. 원자는 서로 충돌하며, 그 운동은 소용돌이를 만드는데 그로부터 서로 다른 물체들이 나온다. 우리가 원자로부터 지각할 수 있는 실질적 성질은 크기와 모양이다. 왜냐하면 원자가 지닌 그 밖의 모든 지각 가능한 성질은 허상일 뿐이다. 데모크리토스는 현대 원자론이 된 이론의 최초 창안자이다.

소피스트

소피스트는 누구인가?

기원전 4세기 초, 그리스에서 소피스트들은 급증하는 소송 문제와 교육 문제의 해결사였다. 소피스트는 전문 변호사와 직접소송 상담자를 중첩시킨 직업인의 모습을 연상하면 딱 맞을 것이다. 소피스트들은 돈을 받고 시민으로서 공적인 삶을 사는 방법을 가르쳤다. 그들은 꾸준히 '순회 교습'을 했으며, 그들 중 일부는 매우 유명했다. 소피스트는 지식적으로 실용주의자(철학 용어가 아닌 상식적 용어로서)와 상대주의자가 중첩된 사람들이다. 오늘날 실용주의자란 '과장된' 원리나 추상적인 이론보다는 드러난 결과에 의거해 움직이는 현실적인 사람을 의미한다. 그리고 상대주의자란 절대적인 진리나 가치는 존재하지 않지만, 개별적으로 경우에 따라 그렇게 보일 따름이어서, 그런 것들을 추구하게 된다고 믿는 사람들이다.

대표적인 소피스트들은 누구인가?

소피스트들은 그 어느 때보다 그리스 사회의 변환기인 기원전 5세기에 가장 많았다. 고대에 관한 2차 자료들에 따르면, 아테네가 고향인 주요 소피스트들은 다음과 같다. 레온티노이에서 활약한 고르기아스, 아브데라의 프로타고라스, 엘리스의 히피아스, 케오스의 프로디쿠스, 트라시마쿠스.

왜 소피스트들이 철학적으로 중요한가?

소피스트들은 고상한 명성을 얻지 못한 까닭에 그들의 고대 계승자들, 특히 플라톤의 경우 소피스트들의 철학에 대한 기여를 인정하는 데 매우 인색했다. 하지만 그런 평가가 전적으로 공정한 것은 아니다. 자연계와 비인간적 세계에만 집중했던 소크라테스 이전 철학자들과 달리 소피스트들은 인간의 본성과 삶의 현안에 대해 관심을 가졌다. 소피스트들은 서양 철학 최초의 인본주의자였던 것이다. 우리는 소피스트 사상의 상당 부분이 플라톤이 찬양한 영원한 지혜에 반대되는 것이며, 따라서 그들 사상이 규정된 방식의 상당 부분이 플라톤으로부터 유래된 것임을 명심해야 한다.

소피스트는 약간의 고유한 수정을 더한 기존의 지식과 지혜를 세속적으로 전파하는 대중 지식인이었다. 그들이 연설했던 주제들은 다음과 같다.

문법, 언어 이론, 윤리학, 정치철학과 강령들, 종교, 신에 관한 관념들, 인간 본성과 인류의 기원, 문예 비평, 수학, 그리고 최종적이지만 최소는 아닌 주제로서 소크라테스 이전 철학자들이 발전시킨 자연계에 관한 사변들.

소피스트들이 생각했던 중요 개념들은 무엇인가?

무엇보다 최우선적으로 소피스트들은 소크라테스 이전 철학자들의 생각, 즉 우리가 일상 세계에서 지각하고 경험하는 것과는 다르며 오히려 어떤 의미에선 그런 지각과 경험의 원인이 되는, 모종의 궁극적 실체가 존재한다는 생각에 반대하여 이를 뒤집고자 했다. 소피스트들은 사람들의 눈에 존재하는 것처럼 비치는 세계, 혹은 20세기 철학자인 위르겐 하버마스(1929~　)가 'lifeworld'〔이 용어는 원래 에드문트 후설(1859~1938)에서 유래하지만〕로 부른 것과 같은 세계의 중요성을 한층 드높였다. 소피스트들은 한결같이 인간의 덕성은 가르칠 수 있다고 생각했다. 이것의 의미는 부의 정도나 사회적 계층에 따른 구분 없이 누구나 통치에 참여할 수 있다는 뜻이다. 그런 의미에서 소피스트들은 고대 그리스 민주주의를 가능하게 했다.

소피스트들은 도덕적 신념들도 이성적 근거를 가져야 하며 합리적 논증을 통해 변호될 수 있음을 주장했다. 도덕성에 대한 소피스트의 입각점은 인간의 본성이 종종 사회나 관습에 거스르기도 하는 것으로 여김으로써 자연주의 계열에 기울었다.

마지막으로 소피스트들은 구술 전통oral tradition을 실천했다는 점에 주목할 필요가 있다. 이로부터 소크라테스는 그의 사후 지금까지 어느 철학자 혹은 어느 학파도 도달하지 못한 완벽한 수준을 구현한 문답식 대화법(산파술)을 이끌었다.

프로타고라스는 무엇으로 유명한가?

트라키아의 아브데라 출신인 프로타고라스(B.C. ?485~?410)는 모든 소피스트들 가운데 가장 많은 갈채를 받았다. 플라톤은 프로타고라스가 스스로를 소피스트라고 부른 최초의 인물이라 했다. 그는 젊은 청년들을 정치인으로 훈련시켰으며, 그에게 새로운 식민지인 투리오이의 헌법을 작성해달라고 요청한 정치가 페리클레스(B.C. ?495~?429)의 친구였다. 또한 매우 왕성한 작가로서 〈진리에 관하여〉, 〈신에 관하여〉, 〈반(反)논리〉 등이 그의 작품에 속하는데 현재 전해지고 있는 저서는 없다. 프로타고라스는 "인간은 만물의 척도다"라는 유명한 인본주의 신조의 작가이다〔신조의 본래 전문은 "인간은 만물의 척도로서, 존재하는 것에 대해서는 존재하는 것의 (척도이기도 하고), 존재하지 않는 것에 대해서는 존재하지 않는 것의 (척도이기도 하다)"이다〕.

프로타고라스는 영혼이란 한 사람의 지각 너머 혹은 그 이상이 결코 아니라고 주장했다. 그의 상대주의는 서로 다른 사람의 서로 다른 감각경험에 기초를 두고 있다. 예컨대 어느 한 사람에게 차가운 것이 다른 사람에게는 따뜻할 수도 있는 것이다. 그리고 그는 개인적 경험의 상대주의를 대규모 집단의 경우로 확장시키면서 "어느 한 도시 국가(국가)에 대해 정의로운 모든 것들은, 그렇게 보이는 한, 그 도시 국가(국가)에 한해서만 정의로운 것이다"라는 주장을 했다.

그런데 프로타고라스에 따르면, 정의justice에 관한 모든 감각과 개념이 참이기는 하지만 어떤 것들은 다른 것들보다 더 나을 수 있다고 생각했다. 그래서 그는 정의와 아름다움에 관한 보다 나은 개념을 갖도록 사람들의 마음을 바꾸는 것이 소피스트의 임무라고 생각했다. 보다 나은 감각과 개념은 보다 나은 결과를 얻게 한다. 바꿔 말하면, 소피스트는 자신의 '고객'들에게 성공 비결을 가르쳤던 것이다.

고르기아스는 사고와 존재에 관해서 무엇을 말했나?

시칠리아의 레온티니 출신인 고르기아스(B.C. 483~376)는 정치적 성공을 위한 설득 기술(변론술)을 가르쳤다. 오늘날까지 전해지는 논문인 〈비존재, 또는 자연에 관하여〉에서 그는 다음과 같이 주장했다.

진정으로 존재하는 것은 아무것도 없다. 비록 어떤 것이 존재한다 할지라도 사람들은 알 수가 없다. 누군가 알 수 있다고 해도 그것을 다른 사람에게 전할 수 없다. 그것은 우리가 어떤 것에 관한 생각을 가지고 있다는 것이 곧 그것이 존재한다는 것을 의미하지는 않기 때문이다. 생각이 곧 생각되는 대상의 존재를 반드시 수반하는 것은 아니다. 그래서 사람들은 상상 속에만 존재하는 동물도 생각할 수 있는 것이

다. 다시 말해 우리가 생각하는 모든 것이 존재하거나 실재하는 것은 아니다. 그러므로 고르기아스는 또한 어떤 것이 존재해도 그것이 생각되지 않을 수도 있다고 결론지었다. 이와 같은 생각과 사물 사이의 간격은 말과 사물 사이에서, 그리고 서로 다른 사람들의 사고들 사이에서도 동일하게 발생한다고 보았다.

실재하는 것들은 생각될 수 없는 것이라는 고르기아스의 결론은 타당한가?

아니다. 그의 추론에는 틈새가 있다. 어떤 사물에 관한 생각이 그 사물의 존재를 보장하는 것은 아니라는 주장일 따름이다. 그러므로 그 어떤 생각도 존재하는 것에 관한 생각이 될 수 없다는 의미는 아닌 것이다.

배움의 문제에서 히피아스가 기여한 것은 무엇인가?

엘리스의 소피스트인 히피아스(B.C.?560~490)는 여행을 하면서 큰돈을 벌었다. 그는 다방면에 걸친 종합 지식인으로서 천문학, 기하, 산술, 미술, 윤리학, 기억술 등은 물론이고 시, 희곡, 역사, 웅변술, 문학 토론 등에 관해 작품을 썼다. 또한 임의의 각을 3등분하는 데 사용되는 곡선quadratrix에 관한 중요한 수학적 발견을 했다. 뿐만 아니라 숨겨진 실체에 관한 소크라테스 이전 철학의 관점에 대하여 논박했으며 하나의 덕목으로서 자기충족성self-sufficiency을 옹호했다. 자연과 관습이 갈등을 일으킬 경우, 그는 자연을 따르는 입장을 옹호한 것으로 전해진다. 이는 무엇인가 하고 싶은 것이 있는데 규칙이 그것을 규제한다면 규칙을 어기더라도 그것을 실행하는 쪽을 선택한다는 의미이다.

프로디쿠스는 청중에게 무엇을 알렸는가?

케오스의 프로디쿠스(B.C. 465~395)는 물, 불, 흙, 바람이라는 엠페도클레스의 사원소는 신성한 것이라고 말했다(희곡 작가 아리스토파네스(B.C. ?448~?380)는 〈새〉라는 자신의 작품에서 4원소설을 조롱하고 있다). 또한 인간에게 필요한 것은 신성한 것으로 간주된다고 생각했는데, 이는 전통적인 고대 그리스 종교관이 아니었다.

프로디쿠스는 어느 한 사람에게 선한 것이 다른 사람에게도 반드시 선한 것은 아니라는 상대주의적 관점에서 절대선은 없다는 주장을 했다. 또 언어에 관한 토론에서는 어떤 두 단어도 같은 의미를 갖지 못함을 보이고자 했다. 그는 같은 사물에 대해 서로 다른 이름이 있을 수 있다는 데모크리토스와는 견해를 달리하고 있다.

트라시마쿠스는 정의 개념에 관하여 어떻게 생각했는가?

비티니아의 트라시마쿠스(B.C. 459~400)는 플라톤의 《국가》에 나오는 등장인물로 알려져 있다. 거기서 소크라테스는 정의를 정의하는 예비 시도 과정 중에 그를 호되게 꾸짖는다. 트라시마쿠스는 정의가 권력 있는 자들을 이롭게 하는 데 불과하며, 따라서 그들의 지배를 받는 사람들에게는 아무 쓸모 없다고 단언했기 때문이다.

트라시마쿠스는 아테네에서 명성이 높았던 것은 물론이고, 그리스 전역을 순회하며 가르침을 전파한 것으로 알려져 있다.

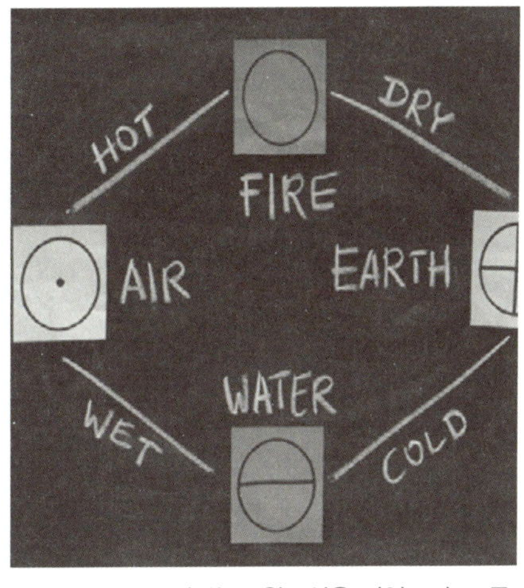

소피스트들 중 일부는 4원소설을 믿었으며, 그중 일부는 4원소가 신성하다고 여겼다.

프로디쿠스는 어떻게 생계를 꾸렸는가?

소피스트인 프로디쿠스는 지신의 고향 케오스의 대사이기도 했다. 그는 나라 전역을 두루 돌아다니며 공개 강연을 벌여 큰 부를 쌓았다. 그의 전공 분야 중 하나는 동의어들을 분별하는 것이며, 플라톤의 《프로타고라스》와 《메노》에 등장하는 소크라테스는 그의 제자라는 주장이 있다. 프로디쿠스의 강연은 두 가지 판본이 있다. 하나는 1드라크마짜리 강연이고 다른 하나는 50드라크마짜리 강연이다. 소크라테스는 프로디쿠스의 50드라크마짜리 강연을 들을 형편이 되었더라면 훨씬 더 많은 단어를

배웠을 것이라는 농담을 한 적이 있다. 1드라크마짜리 강연이 훨씬 많은 청중을 모았지만, 아리스토텔레스에 의하면, (1드라크마짜리의) 많은 청중에게 가끔 "50드라크마짜리 강연 내용을 살짝 끼워 넣음"으로써 실질적으로 수강료를 할인해주었다고 한다. 만일 아리스토텔레스의 이야기가 사실이라면, 소피스트 문헌 주석가들은 소피스트가 현대적 판매 기법을 창안했을 가능성을 간과했던 셈이다.

소크라테스

소크라테스는 실제로 존재했던 인물인가?

아테네의 소크라테스(B.C. ?470~399)는 실제 역사적 인물이며, 플라톤의 대화편에 나오는 주인공이기도 하다. 양쪽 모두에서 소크라테스는 소피스트들의 수사, 논증, 대화 등의 방법을 완성시켰으나, 플라톤의 후기 대화편에 등장하는 주인공으로서의 그는 플라톤의 절대주의 철학을 대변하는 인물로 나타난다.

철학자 소크라테스에 대한 얼마나 많은 부분이 플라톤에 의해 만들어졌는가는 어느 정도 논란의 여지가 있지만, 그의 일생 중 특정 사실들에 관해서는 별다른 이견이 없다. 소크라테스는 그가 가르친 원리대로 살았는데 가장 유명한 원리는 "검토되지 않은 생활은 살 가치가 없다"는 것이다. 소크라테스의 아버지 소프로니스쿠스는 알로페케 출신의 석공이었으며, 어머니 파이나레테는 산파였다. 소크라테스는 자신의 철학적 담론 방식을 산파술로 검토하기를 좋아했다. 영혼에 내재하는 관념의 존재를 증명할 때와 마찬가지로 플라톤의 《메노》에서 그는 노예 소년으로부터 수학적 진리를 추출하는 데 이 기능(산파술)을 사용했는데, 이는 출생 이전의 신성한 영역으로부터 최초로 획득되는 것이다.

아테네의 장군이자 정치가인 아리스티데스(B.C. ?530~?468)는 소프로니스쿠스와 친구로서, 소크라테스가 일생 동안 아테네의 지도 계층과 교분을 맺을 수 있도록 도움을 주었다.

소크라테스는 펠로폰네소스 전쟁(B.C. 431~404) 때 보병으로 참전했었다. 그리고 철학적 활동에 전념하게 되었을 때는 궁핍해졌다. 그에 관한 후대의 저작에서 부인 크산티페는 바가지를 심하게 긁는 인물로 묘사되는데, 실제로 소크라테스는 어린 자식들을 돌보았고 자신이 죽은 후에 그들의 교육도 친구들에게 부탁할 정도였다.

그리스 아테네의 아카데미에 있는
소크라테스 동상

플라톤의 《변명》과 크세노폰의 《변명》에 있는 고소장에 따르면, 소크라테스는 "국가가 믿는 신을 믿지 않고 다른 새로운 신성한 능력을 소개함으로써 젊은이들을 타락시켰다"는 죄목으로 사형을 선고받았다. 그는 친구들이 마련해준 탈출 기회를 잡아 평생 유랑 생활을 하기보다 스스로 독배를 마시고 평온하게 죽는 쪽을 택했다. 그는 평생에 걸쳐 법을 지키며 아테네에서 스스럼없이 살아왔기에 불명예스러운 유랑 생활을 거부했다. 죽음을 피하기 위해 국가를 버리는 일은 그에게는 불충스러운 일이었다. 소크라테스는 죽음이 두렵지 않다고 말했는데, 그 이유는 죽음에 대해 아무것도 알지 못하기 때문이라 했다. 만일 사후 세계가 없다면 죽음은 깊은 잠에 곯아떨어지는 것과 같을 터이고, 사후 세계가 있다면 더 높은 담론의 단계로서 하늘에 있게 될 것이다. 다른 해석에 의하면, 당시 소크라테스는 죽음으로써 잃을 것이 없는 노인이었기 때문이라는 것이다.

소크라테스의 패러독스는 무엇인가?

소크라테스는 상식에 반하는 것처럼 보이는 주장들에 대한 결의를 내비쳤다. 여기 두 가지 예가 있다.

패러독스 1: 아무도 악마를 원하지는 않지만 많은 사람들이 악마적 목표 혹은 그 자체로 나쁜 것들을 가지고 있다. 이것은 악마를 좇는 사람들이 그것이 악마인 줄 모르기 때문이다. 즉 악마의 원천은 무지인 것이다.

패러독스 2: 죄를 짓느니 차라리 불의(不義)의 희생자가 되는 것이 더 낫다. 그것
은 정의로움이 최고의 덕목으로서 다른 모든 덕목의 성질이기 때문이다.
정의라는 최고의 덕을 이루는 것은 인생의 주된 목표로서 행복에 이르는
통로이다. 이 같은 정의로움의 결과로서 행복은 외적 환경과는 무관한 내
적인 사안이다.

소크라테스의 아이러니는 무엇인가?

실제의 삶과 플라톤의 대화편 양쪽 모두에서 소크라테스는 자신이 아무것도 모르
는 것으로 표현함으로써 청중을 토론의 장으로 이끌기를 좋아했다. 비록 소크라테
스 자신은 아무것도 모른다고 하지만 델피의 신탁은 그보다 현명한 사람은 없다고
말한다(그가 아무것도 알지 못함을 **알았다**는 사실이 곧 그를 다른 어떤 사람과도 분리시킬 수 있다
고 말한다).

소크라테스는 대담자들의 지식과 덕을 치켜세우면서 대화를 시작하곤 했다. 그들
이 소크라테스와 담화를 나누고자 한다면 주의 깊은 질문의 과정이 뒤따르게 되어
있었다. 그와 얘기하고 있는 사람은 자신이 전문가로 여기는 그 주제에 대해 거의
알지 못함이 그런 '심문'을 통해 드러나게 된다. 대화를 시작할 때 아무것도 알지
못한다고 말함으로써 소크라테스는 잃을 것이 전혀 없는 반면에 대담자들은 부끄러
움을 느끼거나 혹은 위선자나 허풍쟁이로서의 가면을 벗어야 했다.

소크라테스가 자주 기억되는 주요 사건들은 무엇인가?

플라톤이 그의 거의 모든 대화편에 소크라테스를 등장인물로 끌어들였지만, 특히
초기의 대화편은 스스로 쓴 작품을 전혀 남기지 않은 실제 역사상의 소크라테스 모
습을 보다 정확히 표현한 것으로 여겨진다. 한때 소크라테스는 아낙사고라스의 제
자였던 아르켈라우스와 함께 자연철학을 공부했다. 그러나 그가 본격적으로 철학에
임하면서부터 소크라테스의 주요 관심은 윤리학에 있었다. 그는 여느 많은 아테네
사람들과 달리 윤리가 종교로부터 이끌려 나오는 것으로 이해해서는 안 된다고 주
장했다.

플라톤의 《유티프로》에서 소크라테스는 법정으로 가는 길에 책의 제목이기도 한 이름(유티프로)의 사제를 우연히 맞닥뜨린 자리에서 경건함이 무엇이냐고 물었다. 유티프로는 신들이 사랑하는 것이 곧 경건이라고 대답했다. 소크라테스는 다시 묻기를, 신들이 경건함을 사랑하기 때문에 그것이 선한 것이냐 아니면 선하기 때문에 신들이 사랑하느냐고 했다. 만일 신들이 사랑하기 때문에 그것이 선하다면 우리는 어떤 신들을 따라야 할지 알아둘 필요가 있다. 왜냐하면 신들도 종종 서로 일치하지 않기 때문이다. 그러나 어떤 것이 선하기 때문에 신들이 그것을 사랑한다면 신들과는 분리된 선함의 기준, 혹은 이 경우에는 경건함의 기준이 있어야 한다. 이는 신들 자체가 도덕성의 기준이 아니라는 의미이다. 물론 유티프로는 이 딜레마에 대해 답하지 못하고 소크라테스로부터 도망치다시피 떠났다.

《변명》에서는 소크라테스가 공판 소송에서 벌인 치열한 공방전을 정확하게 실연하면서 젊은 검사 멜레투스를 자유자재로 공박하고 있다. 그는 미술의 대가들과 지혜를 찾는 정부를 향해 어떻게 말을 시작할지 심사숙고해 이야기한다. 그런데 이 과정에서 그는 높은 출생 신분이나 부의 정도 혹은 지위의 선망받는 정도와 무관하게 그들이 자신보다 덜 알고 있음을 발견한다. 소크라테스는 자신이 처음에는 군인으로서, 그리고 나선 아테네 젊은이의 덕을 돌보는 시민으로서, 늘 아테네에 봉사해왔음을 공공연히 밝힌다. 그는 공인된 신들 안에서 자신의 신앙을 천명하는 한편, 새로운 신들을 소개하려 한 적이 추호도 없다고 부인한다.

(반대 의견보다) 30명이 많은 450명의 배심원이 소크라테스에게 유죄를 평결한다. 그에게는 사형 선고에 대신할 다른 선택권이 하나 있었나. 자발적 추방에 의한 망명의 길에 나서는 것이 보통 선택하는 적절한 대안인데, 대신 그는 전차 기수들의 사동(舍棟)인 프리타니움에서 자유 배식을 부여받은 상태로 남은 생을 마칠 것을 제안한다(전차 기수는 전차병들 중 우승자로서 운동선수들처럼 대중적 영웅과도 같은 높은 신분이다). 소크라테스는 전차 기수들은 오로지 사람들을 유쾌하게 하는 사람들이므로 자신이 그들의 복지를 직접 챙기고 싶다고 했다. 그는 또한 벌금으로 처음에는 1미나(1/60달란트)를 제안했으나 나중에 친구들의 주장에 따라 30미나를 제시한다(그래도 사형 선고에 상응하는 벌금으로는 턱없이 적은 금액이다). 법정은 소크라테스의 대안적 제안에도 흔

1876년 조각된 소크라테스의 죽음. 그는 신들에 대한 올바른 신앙을 갖지 못했고
"젊은이들을 타락시켰다"는 죄목으로 법정에서 유죄를 선고받았다.

들림없이 그를 사형에 언도한다.

플라톤은 《국가》 도입부에서 소크라테스가 한 무리의 친구들에게 정의의 본성에 관해 이야기하는 것으로 자신의 이상향을 밝히는 작품을 시작한다. 여기서 트라시마쿠스는 정의가 권력에 봉사하는 모든 것이라고 말한다. 이어 소크라테스는 정의로운 사람의 심리를 기술하지만 그것이 정의 자체가 무엇인지에 대한 물음에 답하는 것은 아니다. 그러고 나서 소크라테스는 각 개인의 정의를 정의하는 것은 어렵지만, 개인을 최대한 '확대 해석' 한다면, 정의로운 상태를 만드는 것이 무엇인지 이해하고 답하는 것이 한결 쉬워질 거라 제안한다. 하지만 《국가》는 어디까지나 정의로운 상태에 관한 플라톤의 기술이다.

소크라테스의 방법은 무엇인가?

소크라테스의 방법은 크게 두 부분으로 나뉜다. 첫 부분은 어려운 문제에 관해 질문을 던지는 것이다. 두 번째 부분은 그 답이 이어지는 다른 질문을 던지면서 대화가 계속 이어지게 한다. 소크라테스는 주로 현명하며 영향력이 있다고 여기는 사람들에게 어려운 질문을 던졌고, 그들의 답이 만족스럽지 못할 때 추가의 질문을 제기했다.

일반화시켜보면, 소크라테스의 방법은 질문자가 질문받는 사람을 바보로 만들 의도 없이, 선생과 학생 간에 진행 중인 주제를 포함해 일련의 가르침을 주는 훌륭한 방법이다.

〈구름〉이라는 아리스토파네스의 희극은 무엇이며, 소크라테스와는 어떤 관련이 있는가?

아리스토파네스의 희극 〈구름〉(B.C. 423)은 소크라테스를 비롯한 당시 지식인들을 풍자한 작품으로 보인다. 줄거리 가운데 스트레프시아데스는 허황된 망나니 아들 페이디피데스 때문에 빚더미에 내몰린 아테네 사람이다. 소크라테스가 홀연히 나타나 불안감을 조성하며 스트레프시아데스에게 그의 '꾀주머니' 에 들어가기 전에 옷을 벗으라고 요구한다.

소크라테스는 벼룩이 뛸 수 있는 거리와 각다귀가 휘파람을 불거나 방귀를 뀔 수 있는지 따위를 포함하는, 지식과 관련된 설명을 계속한다. 그는 제우스가 아닌 회오리바람이 비를 일으킨다고 주장한다. 연극은 소크라테스가 학생들에게 먹일 음식을 근처의 레슬링 학교에서 훔친다거나, 옛날 논리와 새 논리에 관한 토론 과정에 청중을 모욕한다는 터무니없는 이야기로 계속된다. 이야기 끝에 가서는 (소크라테스의 학교인) 꾀주머니에서 교육을 받은 스트레프시아데스의 아들이 자기 아버지와 어머니를 구타한 것이 도덕적으로 정당하다고 항변한다. 이에 격분한 스트레프시아데스는 꾀주머니를 불태우고 소크라테스와 그의 학생들을 호되게 두들겨 팬다.

어떤 사람들은 〈구름〉이 소크라테스를 비방하여 재판에 회부하고 사형에 처한 사람들의 정당성을 부여하는 데 기여했다고 믿었다. 그러나 소크라테스는 연극의 첫 공연 이후 무대에 등장해서 관중들에게 손을 흔들어 인사하기도 했다고 전해진다. 또한 플라톤의 《향연》에서는 소크라테스와 아리스토파네스가 친구로서 함께 술을 마시고 대화를 즐긴 것으로 묘사되고 있다.

플라톤

우리가 플라톤의 생애에 관해 확실하게 알고 있는 것은 무엇인가?

플라톤(B.C. ?428~?347)은 가장 영향력 있고 존경 받는 철학자로서, 수많은 철학적 성과들이 그의 사상에 기반을 두고 있음에도 불구하고 그의 삶에 관해 알려진 것은 거의 없다. 여기에는 플라톤 시대의 관행, 즉 당대의 철학자들에 관해 글을 쓸 때 이름을 언급하지 않는 관례에 어느 정도 원인이 있다. 그럼에도 불구하고 플라톤의 생애에 관한 몇 가지 굵직한 사실들에 대해서는 의견이 일치하고 있다. 예컨대 플라톤은 소크라테스의 공판에 참석했으며, 그로부터 15~20년 후에 비로소 자기 자신의 작품을 쓰기 시작했다는 사실 등이다. 플라톤은 정치적 입지가 탄탄하고 부유한 귀족인 반민주주의 진영 가문의 자손이었다. 그는 처음엔 정치적 입지를 스스로 다지고자 했으나 나중에 민주주의 진영이 세력을 얻고 소크라테스가 사형을 선고받은 후에는 신중하게 정치를 피했다.

로마에 있는 플라톤의 동상. 로마인들은 그리스를 동경하여 그 문화를 자신들의 것으로 이식시키고자 했다.

플라톤은 스파르타와의 전쟁에 출정했는데, 아마 기병대 소속이었을 것이다. 기원전 380년경에는 이집트와 시칠리아의 시라쿠사를 여행했다. 그는 시라쿠사의 참주 디오니소스, 그리고 그의 아들 디오니소스의 초청으로 세 차례에 걸쳐 방문했다. 디오니소스 부자는 플라톤의 통치 철학에 관심이 많았던 것으로 생각되지만 시칠리아에서의 그의 정치 관여는 '참담했던' 것으로 보인다.

플라톤은 결혼하지 않았으며, 80세를 일기로 죽을 무렵에는 가난했다.

플라톤의 아카데미는 어떤 곳인가?

기원전 380년대에서 367년 사이 어느 시점에 플라톤은 자신이 살았던 아테네에 아카데미를 설립했다. 플라톤의 아카데미에서는 귀족 자제들에게 최고의 고등 교육을 실시했다. 이 학교는 이소크라테스(B.C. 436~338)가 세운 학교와는 판이하게 달랐다 — 여기서는 변호사 양성이라는 현실적인 목표를 위해 소피스트들의 정치학과 수사학을 정규 교과로 삼았다. 반면에 플라톤의 학생들은 수학, 천문학 그리고 철학을 배웠다. 아리스토텔레스는 열일곱 살 때 아카데미에 입학했으며, 그가 20대 초반 때 수사학이 교과 과정에 추가되었다.

플라톤은 아카데미를 아마도 테아이테토스(B.C. 417~369, 플라톤이 자신의 대화편 한 편의 제목으로 삼은 이름이기도 함), 천문학자이자 수학자인 에우독소스(B.C. ?400~?350)와 함께 세웠던 것으로 추정된다. 학생 수는 한 학기에 100명을 넘지 않았던 것 같으며, 플라톤 자신이 거기서 강의를 했는지는 확실하지 않다.

플라톤의 형상에 관한 형이상학 이론은 어떤 것인가?

플라톤의 철학에 대한 주된 기여는 형상에 관한 형이상학 이론이다. 플라톤의 형상forms이란 이성적 사유를 통해 마음에 의해서만 알려지는 신성한 대상이다. 그러한 사유의 실천이 최선의 삶을 살게 하는 것으로 여겼다. 형상들은, 마치 소크라테스 이전 철학의 제1실체처럼, 인간이 경험하는 모든 것 그리고 인간·동물·자연물·인공물 등 삼라만상의 존재와 성질의 원인이 되는 것이다. 실제로 존재의 세계 전체는 형상들의 복사물들로 이뤄진 것이라고 믿었다. 심지어 아름다움, 진리, 정의 등과 같은 추상적 개념들조차도 그에 상응하는 형상이 있다. 그럼에도 불구하고 플라톤에게 중요한 것은 실제 형상들 자체가 아니고 형상에 대한 마음의 표현을 관조하는 것이었다. 그런 형상들은 불변이고 완전하며 신성하다. 인간이 생각하고 지각하며 상상할 수 있는 모든 것, 그리고 그에 상응하여 존재하는 대상물들은 모두 형상들의 불완전한 복사물일 따름이다.

플라톤의 대화편들은 무엇인가?

플라톤의 남아 있는 작품들은 작성 기간이 대략 50년 정도 걸렸다. 35편의 대화 편과 13편의 서간은 전통적으로 플라톤의 것으로 여겼으나 현대 학자들은 일부 저작에 대해서는 진위 여부를 의심하고 있다. 플라톤의 저작은 여러 방식으로 간행된 바 있는데, 그에 따라 플라톤의 글을 명명하고 배열하는 방식도 여러 가지가 되었다. 그는 우아하고 극적이며 시적인 형식을 채택해서 작품을 썼으며, 학자들은 집필 기간을 서로 다른 몇 개의 구간으로 나눈다. 위서로 분류되거나 진위 여부가 논란이 되는 것들을 제외하면 모두 26편에서 27편으로 추정되며, 보통 집필 시기에 따라 초기, 중기, 후기로 나뉜다.

초기: 플라톤이 40세, 그러니까 그가 처음 시칠리아를 방문하기 이전까지 쓴 저작들이다. 《소크라테스의 변론》, 《크리톤》, 《에우티프론》, 《카르미데스》, 《라케스》, 《소히피아스》, 《이온》, 《프로타고라스》, 《리시스》, 《대히피아스》, 《에우티데모스》, 《메넥세노스》, 《고르기아스》, 《국가》 1권.

중기: 아카데미를 세울 무렵부터 60세에 이를 때까지 저술한 것으로 추정되는 저작들이다. 《메노》, 《크라틸로스》, 《향연》, 《파이돈》, 《국가》 2권~10권, 《파이드로스》, 《파르메니데스》, 《테아이테토스》.

후기: 플라톤이 67세의 나이로 세 번째 시칠리아 방문에서 귀환한 이후(B. C. 360) 80세의 일기로 생을 마감할 때(B. C. 347)까지 쓴 저술들이다. 《티마이오스》, 《크리티아스》, 《소피스트》, 《정치가》, 《필레보스》, 《법률》.

생애 연보

기원전 428년 아테네에서 출생

407년경 소크라테스와 만남

399년 소크라테스의 처형(플라톤의 나이 28세)

388년 첫 번째 이탈리아와 시칠리아 여행

385년 아카데미 설립

367년 두 번째 시칠리아 방문

361년 세 번째 시칠리아 방문

?347년 80세의 일기로 사망(추정)

플라톤의 시대에는 인쇄물이 없었고, 그의 기록에 의하면 아테네에는 서점이나 도서관도 없었다. 대화편은 아마도 구술 공연을 통해 청중에게 전해졌을 것이며, 플라톤 자신이 소크라테스 역을 연기했을 가능성이 높다.

초기 대화편에 전개된 플라톤의 주요 개념들은 무엇인가?

초기 대화편은 매우 논증적이며, 따라서 소크라테스적인 방법을 보여준다. 소크라테스가 주인공이고 항상 질문을 던지는 것으로 시작한다. 질문이 제기되지만 명료화된 만큼은 결론에 도달하지 못한다. 주제는 도덕으로서 경건이나 정의처럼 많은 사람들이 공유하는 가치로 시작하며 사람들이 그것들에 관해 얼마나 조금밖에 모르는지를 보여주는 것으로 이어진다.

《메노》에서는 소크라테스가 지식이 정신 속에 어떻게 내재되어 있는지를 보여주는 보다 긍정적인 목표를 향해 열심히 질문을 던진다. 메노는 교육받지 않은 소년 노예로서, 소크라테스가 일련의 질문들을 통해서 기하학적인 지식을 끌어내고자 하는 대상이다. 소크라테스는 결론짓기를, 태어나기 전부터 정신은 지식을 습득하고 있기 때문에 우리가 알고 있는 바는 배운 것이 아니라 **회상된***recollected* 것이라고 한다.

플라톤의 중기 작품들은 어떤 주재를 다루고 있나?

플라톤의 부도덕에 대한 신조가 《파에돈》, 《국가》, 《파에드로스》에서 다뤄지고 있다. 플라톤은 인간의 육체가 죽었어도 정신은 살아남는다고 생각했다. 그런데 그에 따르면, 살아생전 정신이 지녔던 기억들은 레테라는 강에서 모두 씻긴다. 그리고 씻긴 정신은 탄생에서부터 새로운 삶을 시작하는 다른 사람의 정신으로 돌아간다. 플라톤은 이들 작품에서 형상들에 관한 언급도 개진해나간다. 먼저 《파에돈》에서는 형상들을 소개하면서 영원하고 불변이며 비물질적인 것으로 정의한다. 형상들에 대한 실제 사물들의 관계는 '참여*participation*'이다. 예를 들어 당신이 기르고 있을지

고대 철학 ★

도 모르는 특정 고양이가 바로 그 고양이인 것은 그 고양이의 형상이 참여하고 있기 때문이다. 당신의 고양이가 사팔뜨기이거나 혹은 털실 뭉치를 엉켜놓고 있을지 모르지만 고양이의 이상적인 형상은 그런 일그러진 형태가 아니다. 하지만 형상은 온전하고 아름다운 사물뿐만 아니라 모든 사물들이 가지고 있다. 즉 부실한 고양이의 시선과 엉킨 털실 뭉치도 역시 거기에 참여하고 있는 형상을 가지고 있다. 다시 말해, 한 마리의 고양이를 고양이로 만드는 모든 것을 포함하는 고양이의 **형상** 또는 **이데아**가 존재하고, 당신 앞에는 지금 기르고 있는 특정 고양이가 그 **겉보기 모습**appearance으로서 존재하는 것이다.

플라톤은 《국가》에서 '정의로운 도시 국가'를 어떻게 정의하는가?

플라톤의 형상 이론은 삶의 이상적인utopian 방식을 제시하는 것으로서, 《국가》에서 가장 발달된 형태에 도달한다. 개인의 정의를 이해하기 위해서 그는 ('대규모의' 개인인) '정의로운 도시 국가'를 기술한다. 주된 정치적 정의는 노동의 분담 원리로서, 이는 인간 존재 혹은 영혼을 신체, 감정과 의지, 그리고 이성이라는 세 부분으로 나누는 분할 원리에 비견된다(플라톤에게는 우리가 경험하는 신체가 단순한 겉보기 현상의 영역에 속한다). 이성이 지배할 때 인간이 가장 행복한 것과 똑같이 이상적인 도시 국가는 반드시 이성이 가장 완벽한 자들이 지배해야 한다, 그들이 소위 철인 왕/여왕이다.

통치자 바로 아래의 계층은 치안 담당 계층과 군인들로서, 개인의 경우 감정과 의지에 해당하며, 맨 아래 계층은 기술자, 농부와 하인들로서 욕구에 따라 움직이는 신체에 해당한다.

플라톤은 통치자들이 그들의 도시(국가)를 최우선적으로 사랑함을 보장하기 위해 가족 중심 체제의 철폐를 제안했다. 그가 구상한 사회의 구조에서는 남자와 여자의 생물학적 번식 역할을 삶의 바탕에 둘 필요가 없다. 또한 일부일처제의 이성 관계 혹은 전통적인 결혼 관계가 불필요한 것처럼 사유 재산도 불필요하다. 가장 똑똑하고 건강한 최고의 소년 소녀들이 모두 함께 특별하게 양성될 것이다. 그 과정은 단순한 식단, 평범한 생활 환경, 그리고 공개적인 분위기에서의 수련 등으로부터 시작된다.

시인들은 거짓말을 하고 불경스러운 것들을 가르치기 때문에 새로운 (아카데미의)

교과 과정에는 문학 과목이 없다. 성년기 초기의 젊은 통치자들은 수학과 철학을 배울 것이다. 그들의 나이가 35세가 되면 세상으로 배출되어 하급 관리자인 경찰과 군인으로 15년 동안 공동체에 봉사하게 된다. 그리고 마침내 50세가 되면 그들이 나라를 통치할 준비가 되는 가장 큰 이유는 남은 인생을 형상에 대한 연구에만 전념하고자 하는 강한 욕구를 거슬러야 하기 때문이다(플라톤은 통치하고자 하는 욕심이 없는 사람이야말로 통치해야 하는 적격자라고 믿었다).

플라톤은 《국가》에서 형상을 경험한 효능을 전하기 위해 동굴의 비유를 소개하고 그 중요성을 기술한다. 그것은 시적인 간결한 표현에 담긴 그의 형이상학이다. 죄수들이 벽을 향해 묶여 있어 볼 수 있는 것이라곤 등 뒤의 불빛에 비친 그림자뿐인 동굴을 상상해보라. 여기서 한 죄수가 풀려난다면 그가 동굴에서 처음 맞닥뜨리는 것은 그림자로 비쳤던 물체일 것이다. 그가 동굴 밖으로 나오게 된다면 밝은 태양 아래 드러난 세상 만물을 보고 놀라는 모습을 상상할 수 있다. 또한 그가 본 것을 다른 죄수들에게 설명하려 할 때 그들이 어떻게 반응할 것인지도 상상해보라. 여기서 동굴은 보통의 존재와 그 지각을 나타낸 것이고, 태양 아래 사물들은 세계의 형상을 나타낸 것이다.

플라톤의 분할 선이란 무엇인가?

플라톤이 이야기하는 분할 선divided line은 《국가》(제6권 20절)에서 소크라테스에 의해 설명되고 있다.

한 선분을 취해 서로 같지 않은 두 부분으로 분할한다. 나뉜 두 선분을 다시 각각 같은 비율로 분할한다. 처음 분할에 의한 두 부분은 각각 가시계(눈에 보

이는 영역)와 가지계(이성적으로 알 수 있는 영역)라 할 수 있고, 그 각각을 다시 분할한 두 조의 두 부분은 명확성 정도에 따라 비교해볼 수 있다. 이때 가시계의 두 부분 중 하나는 (특정 원형을 닮은) 이미지들로 구성되어 있음을 발견하게 될 것이다. 여기서 이미지들이란 첫째가 그림자고, 둘째는 수면이나 기타 반사판 등에 비친 영상들을 의미한다. 어떤가, 이해하겠나?

책에서 소크라테스는 청중이 눈으로 보는 것이 '마음의 눈으로 보는 것', 즉 이해하는 것보다 덜 명확하며 진리로부터 더 멀리 떨어져 있음을 이해하기를 희망했다.

플라톤의 철학은 나이 들어감에 따라 바뀌었는가?

플라톤은 나이 들어감에 따라 관점이 더욱더 보수적으로 변하면서 기존의 사회적 가치와 전통을 존중하는 쪽으로 기울어졌다. 《국가》에서는 도시 국가를 세우기 위해 혁신적 발상이 요구되었다. 그러나 후에 나온 《법률》에서는 혁신적 성향이 훨씬 덜해서 전통적 가족 체계도 존속시키고 통치자도 특별히 양성되기보다는 투표로 선출되는 '차선의' 도시 국가를 기술하고 있다.

《파르메니데스》에서 플라톤은 자신의 초기 형상 이론에 대한 일련의 비판을 스스로 가하기도 했다. 그것은 플라톤이 답하는 것이 불가능하여 나중에 아리스토텔레스가 제시한 바 있는 문제점들이다. 그중 가장 유명한 것이 '제3인간 논증(third man argument)'이다. 모든 닮은 사물들을 닮도록 만드는 바를 설명해주는 형상을 상정하자. 예를 들어 모든 고양이는 제각각 다르지만 고양이의 형상에 참여하고 있기 때문에 모든 고양이는 '고양이임'을 공유하고 있는 것이다. 그렇다면 한 형상과 그것에 참여하고 있는 하나의 사물을 비교해보면 — 고양이의 경우 당신의 고양이와 그 고양이가 참여하고 있는 형상을 비교해보면 — 그 형상과 거기에 참여하는 하나의 사물 역시 제2의 형상을 상정하게 만드는 닮음을 가질 것이다. 다시 그 고양이를 제2의 형상과 비교해보면 제3의 형상이 상정될 필요가 있으며, 이 과정은 계속 진행되어 무한 소급될 것이다.

플라톤은 자신의 철학적 형상 이론을 변경했는가?

자신의 후기 저작 중 하나인 《필레보스》에서 플라톤은 형상을 관조하는 삶이 곧 선한 삶이라고 동일시하는 대신, 쾌락도 선을 이루는 중요한 요소일 수 있음을 인정한다. 그런 뒤 선(善)이 어떻게 진(眞)과 미(美)와 더불어 조화를 이루며 구성되는지 설명하면서, 지식이 쾌락보다는 이 세 가지 덕에 더 가깝기 때문에 더 선한 것임을 논증한다. 이는 기존 플라톤의 선한 삶의 이론에 비해 새롭고 보다 현실적인 내용이다. 왜냐하면 이 내용은 형상을 관조하는 데 전념하는 삶 대신 현실적인 즐거움을 누리는 삶이 인간에게 최선임을 담고 있기 때문이다.

사랑에 대한 플라톤의 견해는 무엇인가?

플라톤은 사랑에 대한 두 가지 이론을 가지고 있었다. 하나는 '플라토닉' 하고, 다른 하나는 플라토닉하지 않다. 《파드리우스》에서 플라톤은 나이 든 남자와 미소년 사이에 전개된 열정을 기술하고 있다. 남자의 아름다운 특정인에 대한 사랑은 보편적인 아름다움에 대한 사랑으로 전향된다. 아름다운 것들에 대한 보편적인 사랑은 제도 법규 안에서의 아름다움에 대한 사랑에 이르게 되고, 최종적으로 정신적인 아름다움, 즉 미의 형상에 대한 사랑으로 발전한다〔고대 그리스에서는 미소년과 노인 현자와의 (남색으로 볼 소지가 있는) 동성애로 불릴 법한 관계를 소중히 여겼음을 기억해둘 필요가 있다. 나이 든 현자가 사랑을 하는 사람이고 젊은이는 사랑을 받는 사람이었다〕. 플라톤 버전에서 그런 결합들의 가장 지고한 형태는 순결(미의 형상에 대한 사랑)이었으며, 이것이 소위 '플라토닉 사랑'으로 불리게 된 것이다.

플라톤의 《향연》에서 소크라테스는 사랑에 일가견이 있는 여자 사제 디오티마의 말에 귀를 기울인다. 디오티마가 알려준 사랑 혹은 에로스란, 미의 여신인 아프로디테의 탄생 시점부터 잉태된 어린아이로서, 풍요와 빈곤 사이에 태어나서 아름다움을 추구하는 정신sprit 자체와도 같은 것이다.

> 따라서 사랑(에로스)은 본디 아름다운 것들을 사랑하는 것이었으며…… 풍요와 빈곤의 아들로서, 한편으로는 항상 빈곤에 허덕이는 운명의 존재로서 대부분

의 우리가 생각하는 사랑스럽고 헌신적인 그런 녀석이 아니야. 촌스럽고 못생긴 건 덤이고, 상상 밖이지. 막돼먹은 데다 위아래가 없다니까. 신발짝도 못 얻어 신고, 잘 곳이나 있나, 아무 데서나 땅바닥 깔고 누우면 그게 안방이지. 남의 집 문간이나 길바닥에서 평생 풍찬노숙이야. 천성도 제 어미를 닮아 빈곤이랑 벗하고 지내는 녀석일세. 그런데 말이지, 에로스가 제 아비도 한턱 닮았다는 거 아닌가. 그래서 착하고 아름다운 걸 보면 사족을 못 쓰고 달려간다네. 영리하고, 깡다구 좋고, 챙겨 입고 나서면 사냥꾼으로도 안 빠지지. 그러니까 에로스는 넉넉하지도 가난하지도 않고, 지혜와 무지 어느 쪽에도 기울지 않는 그런 존재인 셈이지.

희곡 작가 아리스토파네스도 이 논의에 참여해서 인간에게 사랑이 왜 그토록 중요한지를 설명하고 있다. 처음 인간은 두 사람이 합체된 구형 상태의 세 가지 유형으로 존재하고 있었다 — 여자-여자, 남자-남자, 남자-여자. 이런 초기 인간 유형들은 힘이 막강해서 신들을 위협할 정도였다. 신들은 인간을 제압하되 계속 공물을 받기 위해서는 멸망시키지 말아야 했다. 제우스가 떠올린 해법은 인간 각각의 존재를 반으로 갈라놓는 것이었다. 그 결과, 무력해진 인간들은 잃어버린 자신의 나머지 반쪽을 찾게 되었다. 남자와 여자는 한 몸체를 이뤘던 원래의 짝을 찾되, 원래 여자-여자였던 유형은 여자가 다른 여자를, 남자-남자였던 유형은 남자가 다른 남자를 찾기도 한다. 이 같은 디오티마와 아리스토파네스의 사랑에 대한 설명은 분명히 성적 합치와 관련된 것으로, '플라토닉' 하지 않은 것이다.

아리스토텔레스

서양 철학에 대한 아리스토텔레스의 공헌은 무엇인가?

아리스토텔레스(B.C. 384~322)는 파르메니데스로부터 시작된 지적 신비주의의 무리한 해석에 제동을 걸었으며, 스승인 플라톤의 사변적 과장을 점검하면서 현실적이며 상식적인 사고를 정립시켰다. 이로부터 경험주의, 즉 감각에 의한 관찰과 직접 경험에 기반을 둔 지식 체계의 견고한 기초가 가능해졌다. 아리스토텔레스는 자신의 이 과업을 당시의 지식 전반에 대한 백과사전적 설명과 평가 그리고 새로운 방식을 사용한 새로운 영역의 개발 등을 통해 성취했다. 그는 풍부한 지식을 지닌 성실한 학자일 뿐만 아니라 뛰어난 독창적 사상가의 면모까지 조화롭게 겸비한 매우 드문 인물이었다. 마치 19세기의 그의 계승자 헤겔처

그리스 칼키디키의 스타기라에 있는 아리스토텔레스 기념 광장의 조각상

럼 아리스토텔레스 역시 '세계 전체에 대한 사유'의 능력이 있었다. 하지만 헤겔과 달리 전체 세계를 추상적이고 사변적인 이론가의 입장에서가 아니라 평범한 일상인이 했을 법한 입각점에서 사유했다.

아리스토텔레스의 생애에 관해 알려진 것은 무엇인가?

'스타기리테'로도 알려진 스타기라의 아리스토텔레스는 마케도니아의 왕 아민타스 2세의 궁정 의사였던 니코마코스의 아들로 태어났다. 아리스토텔레스의 이력은 과학자적 소양을 갖춘 아버지와의 관계에서 바로 형성되었다. 그는 17세가 되면서 아테네에 있는 플라톤의 아카데미에 입학했다. 플라톤이 죽은 기원전 347년 이후에 아카데미의 교과 과정은 새로 부임한 교장인 스페우시포스(B.C. ?395~339)의 취지에 따라 수학과 사변적 성향이 더욱 두드러졌고, 이에 아리스토텔레스는 아카데미를 떠나 아소스로 건너갔다. 당시 아소스는 노예였으나 자신의 주인이 누렸던 통치자의 지위에까지 오른 인물인 헤르미아스의 지배하에 있었다. 아리스토텔레스는 기원전 345년 헤르미아스의 조카인 피티아스와 결혼했으며, 헤르미아스가 죽은 후에 레스보스를 여행했다.

에게 해 북동쪽에 위치한 레스보스 섬은 다양한 고대 화석들은 물론이고 당대의

수많은 해양 생물과 포유류들의 보고였다. 그곳에서 아리스토텔레스는 모든 생명체의 분류학에 해당하는 생물학적 연구를 수행했다. 기원전 343년에 마케도니아의 필리포스 왕은 아리스토텔레스를 초청해서 나중에 대왕이 된 자신의 아들 알렉산드로스의 스승이 돼줄 것을 요청했다. 그는 기원전 335년에 아테네로 돌아와서 리케이엄(또는 라이시엄 Lyceum)이라는 학교를 세웠다. 위치는 도시 외곽의 리케이우스로서 아폴론에게 바친 숲 속이었다. 아리스토텔레스는 리케이엄에서 강의와 연구 지도를 병행했다. 그는 또한 고대로서는 처음으로 대형 도서관을 세우고 장서의 수집도 실행했다. 가로수가 우거진 산책로인 '페리파토스'는 리케이엄 구성원들을 부르는 이름인 페리파토스학파(소요학파)의 유래가 되었다.

부인 피티아스가 죽은 후에 아리스토텔레스는 헤르필리스, 그리고 그녀와의 사이에서 낳은 아들과 함께 살았다. 그는 자기 아버지의 이름을 그대로 따서 아들의 이름을 니코마코스라 했으며, 자신의 윤리학 저서를 아들이 정리했기 때문에 책의 제목에도 같은 이름이 차용됐다. 지금은 대왕이라 불리는 알렉산드로스가 사망한 기원전 323년에 아리스토텔레스는 그리스 동남부의 칼키스로 돌아가 남은 인생을 쓸쓸하게 마감했다.

아리스토텔레스가 리케이엄을 떠난 이후 그의 많은 책들과 대화편이 다시는 눈에 띄지 않았고, 그의 다른 작품들도 2세기 동안이나 비밀 수장고에 숨어 잠을 자게 되었다. 실제로 유럽에 르네상스가 도래할 때까지 아리스토텔레스의 작품들은 훼손과 재발견의 곡절을 겪어야 했다. 현존하는 아리스토텔레스 전집의 훌륭한 대목은 제자들의 수강 노트에서 재구성하거나 나중에 아리스토텔레스주의자들이 2차 문헌을 참조하여 번안한 것일 수도 있다. 그중 일부는 강의 준비를 위해 아리스토텔레스가 혹은 리케이엄의 다른 구성원들이 작성했을 것이다.

아리스토텔레스의 다음 작품들은 망실되었을 거라는 견해에 학자들은 동의한다 ― 플라톤과 동일한 문체로 쓰인 대화편들, 방대한 분량의 자연 관찰 기록 모음집, 대중적인 출판물, 선과 플라톤의 형상에 관한 강의록, 아테네에서만 살아남았지만 158개 주에 달했던 원래 그리스 연방들의 헌법.

1세기에 로도스의 안드로니쿠스는 당시 남아 있던 아리스토텔레스 전집을 현재와 같은 형태로 구성했으며, 이 전집의 전사본이 최초로 나온 것은 9세기이다. 그리고 아리스토텔레스 작품들에 대한 비평을 거친 판본이 최초 출판된 것은 1831년 베를린 아카데미에 의해서이다. 이 판본은 아리스토텔레스가 생산한 전체 문헌의 5분의 1에 불과한 것으로 평가된다. 하지만 아리스토텔레스의 '작품 모음 전집'을 제대로 번역한, (작은 글씨로) 1500페이지에 달하는 이 판본은 오늘날까지도 학술적 참고 문헌의 중요한 토대를 제공하고 있다.

아리스토텔레스의 작품은 어떤 것들이 있으며 무엇에 관한 것인가?

아리스토텔레스의 '오르가논'은 다음과 같은 초기 여섯 작품으로 구성되어 있다.

《범주론》(라틴어: *Categoriae*)

《명제론》 또는 《해석론》(라틴어: De Interpretatione, 고대 그리스어: *Περὶ φρμηνείας*)

《분석론 전서》(라틴어: *Analytica Priora*)

《분석론 후서》(라틴어: *Analytica Posteriora*)

《토피카》 또는 《변증론》(라틴어: *Topica*)

《소피스트적 논박》 또는 《궤변론》(라틴어: *De Sophisticis Elenchis*)

이 작품들은 《자연학》, 《형이상학》과 더불어 논리, 언어, 과학 탐구의 본성, 진정으로 존재하는 것들에 관한 연구로서, 철학자들이 존재론이라 부르는 분야까지 논급하고 있다.

이들 작품은 체계적인 철학적 분석 방법을 보여주는 것으로서, 인간 지식의 전반적인 분야에서 적용되는 방법적 결과를 제공하고 있다. 그의 작품들 가운데 보다 명

확한 과학적 설명은 《생성과 소멸에 관하여》, 《천체에 관하여》, 《기상학》 등에서 발견된다. 특히 아리스토텔레스의 《영혼에 관하여》는 마음의 일반적인 기능을 다루고 있으며 이는 기억, 수면, 꿈, 깨어 있음 등의 특정 기능을 다룬 '자연학 논문집'의 다른 작품들에 적용되어 있다. 생물학에 관한 연구는 《동물의 역사》, 《동물의 부분들에 관하여》, 《동물의 발생에 관하여》 등에 수록되어 있다. 도덕적 덕목에 관한 이론은 《니코마코스 윤리학》과 《에우데모스 윤리학》 등에 수록되어 있고, 정치철학은 《정치학》에 담겨 있다. 《수사학》에서는 웅변술과 설득술을 수록하고 있으며, 《시학》에서는 예술 형식으로 비극에 관한 그의 이론을 담고 있다.

아리스토텔레스의 작품에서 가장 중요한 것은 무엇인가?

신뢰할 만한 지식의 발전을 도모하기 위해 아리스토텔레스는 근대에 이를 때까지 논리학 분야를 지배한 형식 논리인 삼단 논법을 다룬 《삼단 논법 논리학》을 통해 올바른 사고 규칙 이론을 만들어냈다. 과학의 경우 아리스토텔레스의 인과율 이론은 사물의 존재와 변화가 가능한 이유를 플라톤처럼 실재하지만 감춰진 세계에 의존하지 않고 보여준다는 것을 의미한다. 그는 더 나아가 모든 분야에서 관찰과 그에 따른 분류를 옹호하고 실행했다.

아리스토텔레스의 윤리 개념 역시 플라톤에 비해 현실에 기반을 두고 있다. 그는 행복이 인간의 보편적이면서 궁극적인 목표라고 믿었는데, 그 성취는 현실적인 특정 방식에 따라 덕을 실천함으로써 이룬다고 보았다.

플라톤과 달리 아리스토텔레스는 이상적인 통치 형태에 대한 개념을 가지고 있지 않았다. 오히려 그는 가족, 혈족, 부락 등의 조직으로부터 자연스럽게 형성되는 형태의 정부를 주장했다. 아리스토텔레스에 의하면, 통치의 목표는 개인의 복지와 자기 충족을 지원하는 것이다.

예술이 모방의 한 형태라는 점에서는 플라톤과 일치했지만 아리스토텔레스는 예술가들이 반드시 실체를 왜곡시키는 것이 아님을 보이고자 했다. 왜냐하면 예술가들도 실재의 사람과 사건들의 왜곡된 모사체가 아닌 보편적인 인간의 진리를 다룰 수 있다고 믿었기 때문이다.

삼단 논법이란 무엇인가?

아리스토텔레스에 의하면, 고전적 삼단 논법은 대전제, 소전제, 결론을 가지고 있다. 만약 대전제와 소전제가 참이면 결론은 거짓일 수 없으며 반드시 참이어야 한다. 예를 들어, "모든 사람은 죽는다"가 대전제이고, "소크라테스는 사람이다"가 소전제라면, "소크라테스는 죽는다"라는 결론은 참이다(참고로 대전제는 결론의 술어가 포함된 전제이고, 소전제는 결론의 주어가 포함된 전제이다).

<table>
<tr><td>

아리스토텔레스의 주요 개념들은 플라톤과 어떻게 비교되는가?

</td><td>

아리스토텔레스는 형상들만이 진정으로 실재하는 존재이며 일상적으로 지각되는 현실적 세계 바깥에 형상들의 세계라는 또 하나의 (진정한 존재의) 세계가 있다는 플라톤의 주장에 반대했다. 하지만 지식이 확실성을 가져야 한다는 점에서는 플라톤과 일치했다. 따라서 그의 주된 철학적 임

</td></tr>
</table>

무는 이 세상에서 사물들이 실재하게 하는 것이 무엇인지와, 어떻게 확실한 지식을 가질 수 있는지를 기술하는 것이었다. 그는 또한 확실한 전제들로 시작하면 결론의 확실성이 보장되는 논리 체계 혹은 사고의 규칙들을 개발했다.

아리스토텔레스의 '존재 10범주' 란 무엇인가?

아리스토텔레스는 존재하는 모든 것의 열 개의 범주를 상정했다—실체, 질, 양, 관계, 장소, 시간, 위치, 소유, 능동, 수동이 그것이다. 아리스토텔레스는 이들 용어 각각을 오늘날 우리가 정의하는 것과 똑같은 방식으로 정의했는데, **실체**라는 용어 하나만 예외이다. 아리스토텔레스에게 실체는 제1실체와 제2실체, 두 가지가 있다. 제1실체는 '사람', '개' 등과 같은 구체적이고 개체적인 사물이고, 제2실체는 '관계', '충실함' 등과 같은 그 사물의 특질이다.

나머지 범주들을 차례로 언급하면 다음과 같다. **양**은 어떤 사물의 수, 즉 수학적

크기이다. **관계**란 사물들 간의 연관성 혹은 비교로서, 위아래, 앞뒤 등과 같은 것들이다. **장소**는 물리적 사물이 놓여 있는 곳을 가리키는 것이다. **시간**은 사건의 경과와 시계나 달력의 특정 시점이라는 두 가지 의미를 다 가진다. **위치**는 상태 혹은 자세를 의미하는 것으로서, '오른쪽 위로', '거꾸로' 등으로 표현된다. **능동**은 하프 연주라든가 질병 치료 등과 같은 행동을 가리킨다. **소유**는 소유자가 다른 어떤 사물(예컨대 '너의 지갑')을 지니거나 어떤 상태(예컨대 '즐거운 시간')를 가짐을 뜻한다. **수동**은 다른 사물로부터 효과를 입음을 뜻한다. 예를 들어 손을 촛불에 대면 뜨거움이 전달되는 효과를 입는다.

아리스토텔레스에게 존재의 주요 단위는 제1실체였다. 제1실체는 밭에 있는 한 마리의 소나 개, 리케이엄 바깥에 있는 한 그루 나무 등과 같은 특정 개체적 사물이다. 제2실체는 소의 속(屬), 개의 속(屬), 식물 등과 같이 제1실체들이 속하는 집단체들이다. 제1실체는 그 실체에만 존재할 수 있는 우연적 사태 — 속성이라 부르는 특질의 변화 — 가 발생한다. 예를 들면 키가 큼, 살이 찜, 털이 많음, 녹색임 등이 그 것이다. 지금 우리 개념의 과학은 모두 제2실체에 관한 것으로서, 유사한 제1실체들의 집단체를 구성하는 원소들의 공통 본성에 기초한 추상적 존재만 다룰 뿐, 실재 존재하는 자체를 다루는 것이 아니다.

아리스토텔레스가 정의한 네 가지 원인은 무엇인가?

과학 지식은 실재하는 다양한 사물들에 대한 인과적 설명을 제공한다. 여기서 아리스토텔레스는 네 가지 원인을 단언했다 — 형상인, 질료인, 운동(작용)인, 목적인. 당신 개의 형상인은 한 마리 개라는 동물을 만들어주는 원인으로서, 개가 개임(정체성)을 가능하게 하는 본질이다. 질료인은 개로 만들어지게 하는 물리적 재질(질료)이다(아리스토텔레스는 질료 혹은 물리적 실체는 모든 사물에 있어 동일하지만 각 사물의 특정 형상에 따라 고유하게 특정된다고 믿었다).

개의 운동(작용)인은 그 탄생과 성장에 따라 소비되는 사료와 물 등이다. 개의 목적인은 개의 궁극적 목표 혹은 '특별히' 당신의 개로서의 기능이다 — 한 마리 개로서의 충분한 성장, 인간의 충직한 벗이자 도움이 될 수 있는 가능성, '특별히' 당신의 개인 이유 등. 형상이 현 세태라면 질료는 잠세태다. 당신이 처음 집에 데려온 특정 강아지는 나중에 자라서 멋진 성견이 될 수 있는 물리적 잠재성을 가지고 있었다.

아리스토텔레스에 따르면, 자연 만물은 네 가지 원인의 작용을 통해 생성, 발전, 변화, 소멸이라는 일련의 인과적 과정을 겪는다. 그런데 인과적 연결고리는 무한할 수 없고, 따라서 최초의 원인, 즉 스스로 원인이 되기만 하고 그것의 원인은 없는, 소위 ‘부동의 원인자’가 반드시 있어야 한다(이 대목에서 아리스토텔레스의 형이상학과 과학철학은 플라톤과 다른 고도의 이론적인 논조를 띤다). 이런 부동의 원인자는 다른 모든 것의 원인인데, 하나의 운동인도 아니고 질료인도 아니며 심지어 형상인이라 할 수도 없다. 왜냐하면 그런 원인들은 이미 존재하는 사물들 안에 들어 있는 원인이기 때문이다. 부동의 원인자는 궁극적 원인의 극단으로서, 만유 존재가 지향하고 있는 형태의 원인이다. 그것은 지고선(至高善)이며 인생의 목표이다. 아리스토텔레스는 그것을 ‘누스nous (혹은 영혼)’라 불렀고 그 본질은 스스로 항상 활성 상태에 있는 사고 작용이라 했다. 그것은 그 자체를 사유한다. 즉 누스는 누스를 관조한다.

덕에 대한 아리스토텔레스의 이론은 무엇인가?

아리스토텔레스는 덕 혹은 도덕적 선은 실천적 지혜의 한 형태라고 믿었다. 덕은 자연에 의해 결정되는 것도 아니고 배제되는 것도 아니다. 즉 사유, 실천, 습관의 결과이다. 그러나 아리스토텔레스에 따르면, 모든 사람이 덕을 실현할 수는 없다. 덕의 필요조건은 다음과 같은 것들을 포함한다. 높은 사회적 지위, 부(재산), 준수한 용모, 남자, 자유시민. 그가 언급한 특정의 덕들은 고대 세계의 지배 계층에서 찬양하는 특성들로 제한되어 있다. 자긍심, 관용, 용기, 고고함, 절제 등이 그것이다. 이런

사실은 한편으로 속물적 발상의 결과이기도 하고, 다른 한편으로는 덕의 실천에는 고된 노동 부담으로부터의 자유가 요구된다는 그의 관점에 기인한다. 덕이 어떻게 획득되고 실천되는지에 관한 아리스토텔레스의 견해는 보다 민주적인 우리 시대의 성인들에게도 여전히 타당한 것이 될 수 있다. 그의 제한된 덕의 목록에 오늘날 우리에게 당면한 덕들(예컨대 연민)을 추가하는 것이다.

아리스토텔레스는 덕의 실현이, 첫째는 어릴 적부터 받은 적절한 훈련을 통해, 둘째는 주지의 덕에 상응하는 실천 행위를 통해 이뤄진다고 생각했다. 예를 들어, 용감해진다는 것은 일정 기간 동안 용감한 행위를 실행해야 함을 의미한다. 인간에 대한 덕은 (다른 모든 존재에 대한 덕과 마찬가지로) 인간을 인간으로 만드는 탁월성이고, 우리를 인간으로 만드는 탁월성은 우리의 이성과 사고하는 능력이다. 따라서 우리는 덕을 펼칠 방법을 실행하기 전에 신중을 기하는 것이 중요하다. 예를 들면 용감한 사람이 실행하는 용감한 행위는 올바른 판단에 바탕을 두고 이루어져야 한다.

선한 사람의 덕이 높은 행위는 주지의 덕을 그들이 이미 가지고 있기 때문이다. 그러나 모든 상황은 각각 고유한 것으로서, 덕이 높은 실제 행위에는 그에 앞서 합리적인 적절한 신중함이 요구된다. 이런 실천에서 훌륭한 지침은 중간 혹은 중용을 추구하는 것이라고 아리스토텔레스는 충고한다. 예컨대 용기라는 덕의 실현은 보통 만용과 비겁의 중간 어딘가에 있다. 우리는 이런 식으로 중용을 추구하면서 밝혀지는 오류들을 바로잡는 데 만전을 기해야 한다. 우리는 쾌락을 선호하는 경향이 있기 때문에 쾌락의 선택에서 무엇보다 신중한 검토를 해야 한다.

아리스토텔레스는 유머 감각이 결여되었는가?

아리스토텔레스의 문체는 위엄이 있다. 전반적으로 상식적 견해를 다룸에도 불구하고 현존하는 그의 문헌은 한결같이 무미건조하다. 그는 말랐으며 대머리였고, 발음이 좋지 않았으며, 냉소적인 성향을 보인 것으로 기술되고 있지만, 그의 인성이 정확하게 어떤지는 알 수가 없다. 알렉산드로스의 사망(B.C. 323년) 후 아테네에서 일어난 반(反)마케도니아 기운에 놀라 칼키스로 돌아갈 때, 그는 "나는 아테네 사람들에게 철학에 대해 두 번 죄를 짓게 하고 싶지 않다"는 말을 남겼다. 이는 다분히 (기원전 399년에 있었던) 소크라테스의 재판을 염두에 둔 말이었다.

아리스토텔레스의 관점에서 절대 악이 있는가?

그렇다. 아리스토텔레스가 생각하기에, 어떤 것은 본유적(그 자체)으로 악한 것이어서 적당함 혹은 중용이 아예 허용되지 않는다. 예를 들어 간음과 살인 등이 그렇다.

아리스토텔레스는 도덕에 목적 혹은 '목적인'이 있다고 생각했나?

그렇다. 아리스토텔레스는 자연에서와 마찬가지로 인생에도 매사에 목적이 있고, 그 목적은 무한 소급이 불가능하다고 생각했다(즉, '부동의 원인자'가 있다). 우리는 목표-지향적이기 때문에 그 자체로 가치 있는 어떤 목표가 있어야 하며, 그래서 다른 어떤 목표로 이끌지 않을 것이다. 그 자체로 훌륭한 목표는 바로 행복이다. 아리스토텔레스는 행복이 즐거움이나 다른 어떤 감정이 아니고, 올바른 판단에 따른 덕이 높은 행위로 우리의 본분을 실천할 때 삶을 안정시키는 질quality이라 생각했다. 우리의 본분은 우리의 합리적인 행동이다.

정부와 정치에 관한 아리스토텔레스의 견해는 무엇인가?

아리스토텔레스는 인간이 본래 사회적 존재라고 믿었다. 따라서 행복하고 자기 충족적인 시민을 부양하기 위해서는 올바른 정부 형태가 필수적이라고 생각했다. 그는 크게 세 가지의 정부 형태가 있으며 그 각각은 타락할 수 있다고 보았다. 군주 정치는 전제 정치로 전락할 수 있다. 귀족 정치는 과두 정치(부유한 소수의 독재 정치)로 전락할 수 있다. 입헌 정치는 민주 정치로 전락할 수 있다.

플라톤과 마찬가지로 아리스토텔레스는 민주 정치를 우중(어리석은 군중)이 지배하는 형태로 보았다. 왜냐하면 당시 일반 대중은 교육받지 않아 교양 없고 거친 폭도 집단으로 간주되었기 때문이다. 아리스토텔레스가 생각한 최선의 정부 형태는 입헌

정치에 따르는 것이다. 이는 일종의 귀족 계층 내에서의 민주주의라 할 수 있는 형태로서, 통치권이 있는 전원이 최고위의 직위를 번갈아 맡으면서 독자적 판단과 의견을 개진할 수 있는 정부 형태이다.

헬레니즘과 로마 철학

그리스 몰락 이후 정치 사태는 철학을 어떻게 변화시켰는가?

알렉산드로스 대왕(B.C. 356~323)의 죽음은 그리스 철학에서 고전 시대의 마감을 고하는 상징적 분기점이다. 그리스 도시 국가들은 펠로폰네소스 전쟁에서 막대한 타격을 입은 이후 통일을 이룰 여력이 없었다. 이후 800년간은 서구 문명의 정치적·문화적 중심이 유럽으로 교체됨에 따라 대단히 불안정한 시기를 보내게 되었다. 로마가 그리스를 지배하면서 유례없을 만큼 찬란했던 그리스의 문화는 과거로 사라지게 되었다. 이런 역사적 시기의 끝에서 기독교의 사상과 실천은 문명 생활의 거의 모든 국면을 규정하기 시작했다.

몇몇 소크라테스 이전 사상 — 특히 피타고라스의 사고와 실천 — 은 그리스의 쇠락 이후에도 살아남았다. 플라톤이 세운 철학도 초기 기독교와 양립하는 새로운 형태로 존속되었다. 헬레니즘 철학 혹은 그리스에 바탕을 둔 새로운 형태의 철학인 회의주의, 금욕주의(스토아학파), 쾌락주의(에피쿠로스학파), 키니코스학파(견유학파) 등이 지중해 일원의 세계에 퍼졌다. 하지만 당시 경험주의가 널리 받아들여졌음에도 불구하고 아리스토텔레스의 철학은 거의 알려지지 않았다.

플라톤과 아리스토텔레스가 떠난 이후 아테네에서는 무슨 일이 발생했나?

아테네는 로마가 침공한 기원전 87년에 이를 때까지도 철학의 중심지였다. 헬레니즘 철학의 활동에 관한 우리 지식의 상당 부분은 기원전 1세기의 로마 작가 루크레티우스(B.C. 99~55)와 키케로(BC 106~43) 그리고 중세의 2차 문헌에서 얻게 된 것들이다. 아카데미는 새로운 아카데미가 되어 다른 학파들의 사상을 비판하는 활동에 전념하게 되었다. 이것이 회의주의의 시작이었다. 아리스토텔레스의 학교 리케이엄 혹은 페리파토스는 처음에(B.C. 322) 테오프라스토스가 이끌었으나 기원전 287년 이후부터 기원전 1세기 중반까지 쇠락해갔다.

로마 정치가이자 문필가인 키케로

회의주의란 무엇인가?

회의주의는 새로운 아카데미를 기원전 268~241년 동안 이끈 아르케실라오스에 의해 정초되었다. 그의 철학은 기원전 2세기에 아카데미를 이끈 카르네아데스에게 계승되었다. 회의주의는 아무것도 알려질 수 없다고 주장하고, 모든 판단이나 결론, 평가 등이 전면 유보되어야 한다는 신조인 에포케epoche (판단 중지)를 설파했다. 이런 아카데미학파 회의주의는 다음과 같은 회의주의 고유의 쟁점, 즉 트로페trope를 제기했다 — 감각 지식은 오류를 범하기 쉬우며 추론이 반드시 확실한 결론에 이르는 것은 아니다. 그들은 참과 거짓 사이를 분별할 수 있는 절대적 기준이 없기 때문에 우리가 바랄 수 있는 최선은 개연적 지식일 뿐이라고 결론지었다.

엘리스의 피론은 누구인가?

처음에는 일개 화가였으나 나중에 데모크리토스의 원자론에 흥미를 갖게 되어 철학자가 된 이가 피론Pyrrhon (B.C. ?360~?270)이다. 30세 때 알렉산드로스 대왕의 동방 원정에 참가하여 인도에 갔다가 고대 인도의 나체 수도자들을 만나 육체적 쾌락을 피하며 자연을 관조하는 법을 배웠고, 페르시아에서 마법사들에게도 배웠다. 그는 인도에서 돌아와 철학자로서의 삶을 시작하며 엘리스에 학교를 세웠는데 제자(티몬)는 있었지만 저서는 남아 있지 않다.

고대 철학

키프로스의 제논은 스토아철학의 창시자이다.

피론의 회의주의와 관련된 재미있는 일화가 있다. 달려오는 전차가 자신을 칠 위험에도 피하지 않아(전차가 자신을 칠 것인지 판단을 거부함) 그의 제자들이 막판에 가까스로 구조했던 일이 종종 있었다.

왜 피론이 중요한가?

그의 판단 중지 이론은 회의주의 학파의 중심 학설로서, 르네상스 이후 종교개혁과 반종교개혁이 진행되는 동안에도 회의주의가 전개되었다. 피론의 회의주의로 알려진 피론주의는 우리가 다만 이것저것의 일면을 알 수 있을 뿐, 어떠한 주장도 동일한 강도로 반대설이 대치될 수 있다는 보편 철학적 접근이다. 그러므로 모든 판단·결정을 삼가지 않으면 안 되는데, 그것이 판단 중지 이론이다.

피론주의자와 아카데미학파 회의주의자 사이의 논쟁은 어떤 것이었나?

피론의 회의주의(즉 피론주의)는 기원전 1세기 초에 피론의 생각을 그대로 받아들일 것을 주장한 아이네시데모스에 의해 정립되었다. 다시 섹스투스 엠피리쿠스(160~210)는 아이네시데모스 이후 2세기를 거친 피론의 회의주의를 세 권짜리 책 《피론주의 개요》를 통해 보존했다. 이런 피론주의는 아카데미학파 회의주의가 진정으로 알 수 있는 것은 아무것도 없다는 주장의 측면에서 너무 단호하게 나갔다고 생각했다(다시 말해 아카데미학파 회의주의도 일종의 부정적 독단주의로 평가했다). 피론주의자들은 어떤 것이 알려질 수 있는지 여부에 대해 다만 판단을 중지할 것을 선호하는 사람들이었다. 그들은 판단의 중지가 마음의 평안ataraxia에 이르게 한다고 주장했다. 그 상태에서는 겉보기 현상들 너머에 무엇이 있을지 혹은 그 이후에 무엇이 올지 따위에 대한 고민이 없다. 한마디로 피론주의는 독단주의에 반대했으며 그들의 철학적 주적은 스토아학파였다.

스토아학파 사람들은 누구이며, 그들은 무엇을 믿었는가?

스토아 학설은 클레안테스(B.C. ?331~?232)가 전수하고, 다시 크리시포스(B.C. 280~206)가 물려받은, 키프로스의 키티온 출신 철학자 제논(B.C. 334~262)이 정초했다. '스토아'라는 이름은 이 학파가 아테네에서 처음으로 모인 곳이 스토아 포이킬레Stoa Poikile(전방을 기둥으로, 후방을 벽으로 둘러싼 고대 그리스 여러 도시에 있는 일종의 공공건물)였던 데서 유래한다. 이들 초기 스토아학파 사람들에 따르면 전체 세계는 도덕적으로 선한 유기체로서, 그 안에서 신성한 이성인 **로고스**에 따라 다양한 양상의 사태들이 일어난다. 그런 사태들의 순서는 운명에 따라 미리 결정된다. 각 세계의 양상은 커다란 불로 마무리되고 다시 그 과정이 연속적으로 반복되어 주기적으로 끝없이 순환하는 세계이다.

초기 스토아학파 윤리학은 덕은 전적으로 좋고, 악은 전적으로 나쁘다고 주장했다. 그리고 건강이나 부와 같은 다른 것들은 선호될 수는 있지만 도덕과는 무관한 것이다. 우리는 세계의 예정된 계획 안에서 각자 고유한 역할을 가지고 있으며 우리의 임무는 그것이 무엇인지 알아내는 것이다. 그러한 학습은 자기 자신으로부터 시작해서 가까운 친구나 친척으로 확대될 수 있고 또 그래야 하며, 나아가 인류 전체로 확대되어야 한다(스토아주의자들은 최초의 세계시민들 cosmopolitans이었을 것이다). 학습은 감각인상의 인정을 기초로 하며, 모든 사람의 생각이 "이성에 의해 빈틈없는" 연결이 이뤄질 때까지 해야 한다. 우리가 '감각인상의 인정'을 수용한다는 의미는 우리에게 사실이나 의견으로 제시되는 어느 것도 부정하지 말고 그 영향을 순순히 인정해야 한다는 것이다. 스토아학파의 이런 확고한 결정론적 신념은 '독단주의'를 형성하여 회의주의로부터 공격을 받았다.

중기 스토아학파 철학자들 가운데 중요한 인물은 누구인가?

중기 스토아학파는 에게 해의 로도스 섬에서 파나이티오스(B.C. ?180~?109), 포세이도니오스(B.C. 125~50)와 함께 성숙했다. 두 사람은 정치가이자 작가인 키케로에게 영향을 준 것으로 알려져 있다. 포세이도니오스는 플라톤과 아리스토텔레스 사상을 함께 통합하여 자신의 견해로 재해석했다. 중기 스토아 철학의 주요 업적은 그리스 사상을 로마 문화에서의 군사 및 정치 영역에 적용하는 것이었다. 중기 스토아 철학은 일반적으로 특정한 인생의 문제에서 스토아주의자라면 어떻게 견뎌낼 것인가 하는 쪽에 더욱 집중했다. 예컨대 전쟁에서의 패배나 감옥에 갇히는 문제 등.

로마의 스토아학파는 무엇인가?

로마의 스토아학파는 '후기 스토아' 시기라 불리는 기원후 1~2세기의 세네카(?1~65), 에픽테토스(?55~?135), 그리고 명상록을 남긴 황제 마르쿠스 아우렐리우스(121~180)에 의해 발전했다. 많은 사람들이 자신의 약점에 대한 분노를 다스리는 지침을 준 마르쿠스 아우렐리우스의 충고에 감명받았다 — "'카이사르'로 돌아가지 않도록 주의하라." "자칫하면 자주색(황제 상징색) 염료에 푹 잠길 것이다." — 그런 일은 실제로 일어난다." 로마 스토아학파는 르네상스와 근대기에 영향을 미쳤고, 오늘날에도 군사 공동체의 행동 규정과 도덕적 가치 규범의 기조를 제공하고 있다.

스토아학파의 기본 명제는, 우리가 다룰 수 없는 사건이나 혼란은 없으므로, 우리는 사물들의 본성을 이해하고 수용하게끔 되어 있다는 것이다. 노예 출신인 에픽테토스는 다음과 같은 말을 남긴 것으로 유명하다. "아끼는 그릇이 깨진다면, 그 그릇은 언제나 깨지기 쉬웠음을 상기해야 하며, 더욱 중요한 것은 그 그릇은 당신 것이 아님을 명심해야 한다.", "당신의 배우자나 자녀가 죽는다면, 상기해야 할 것은 그들이 언젠가는 죽을 존재였다는 사실이며, 그것은 우리가 사랑하는 인간에 관해서 항상 기억해야 할 사실이다."

로마 황제 마르쿠스 아우렐리우스는 많은 스토아철학 작품을 남긴 철학자이기도 하다.

극작가이자 정치가인 세네카는 한때 로마 황제 네로를 가르친 스승이기도 했다. 그 역시 스토아 철학에 기여했다.

쾌락주의(에피쿠로스학파)란 무엇인가?

(에피쿠로스학파를 쾌락주의라 부를 때) 이름에서 잘 차린 음식과 좋은 포도주를 즐기는 모습을 떠올리게 되는 것과는 달리 사실, 고대 에피쿠로스학파는 엄격한 신조를 가지고 있다. 이 학파는 사모스 출신인 에피쿠로스(B.C. 341~270)가 그의 동료인 람사쿠스 출신의 메트로도루스(BC 331~227), 헤르마르쿠스(B.C. ?~?), 폴리아네우스(B.C. ?~?)와 함께 일으켰다. 에피쿠로스는 미틸레네와 람사쿠스, 그리고 아테네 외곽 등지에 공동체를 만들었다. 기원전 311년과 310년에 에피쿠로스는 미틸레네에서 강연을 했지만 반발이 생겨 쫓겨나 람사쿠스에 학교를 세웠으며, 기원전 306년에는 아테네에서 그의 학파가 만남의 장소로 사용했던 '정원the Garden'을 만들었다. 에피쿠로스학파는 정치적 활동에 (반대를 하는 것은 아니지만) 담을 쌓고 지낼 것을 요구했으며, 주로 동료들과 철학적 토론을 하는 것으로 시간을 보냈다.

에피쿠로스는 교훈집은 물론이고 물리학, 천문학, 윤리학 분야의 '편지글'을 썼는데, 《자연에 관하여》는 그 일부가 오늘날까지 남아 있다. 원자론자로서, 원자들 그 자체 안에 다시 '최소체 집합sets of minima(더 이상 분할이 불가능한 부분들의 집합)'이 들어 있다는 내용만 제외하면 그의 이론은 데모크리토스가 제시했던 원자 이론과

동일하다. 에피쿠로스에 따르면, 원자들이 서로 어긋남과 충돌을 반복하는 일정한 운동 상태를 유지하는 결과, 우리가 경험하는 물체의 형태를 이룬다고 주장한다. 우리가 알고 있는 생활 및 사회의 범위 바깥에 신과 같은 존재는 없으며, 설령 있다 해도 신들은 단지 우리 자신의 행위를 비출 이상적 모델로만 보여야 한다. 죽음은 두려움의 대상이 아니다. 왜냐하면 죽음은 우리가 마땅히 되돌아가야 할 원자적 구성 성분으로 분해되어 고통을 느낄 수 없는 상태일 뿐, 다른 아무것도 아니기 때문이다.

오늘날 우리는 에피쿠로스의 쾌락주의 사상을 먹고 마시며 즐기는 방탕주의와 연관 짓는 경우가 종종 있다. 하지만 실제 에피쿠로스의 쾌락주의는 심각한 성찰에 따른 금욕적 신조로서 시작된다.

아테네의 안티스테네스는 덕망 있는 사람이 그렇지 못한 사람보다 항상 더 행복할 수 있으며, 정신이 육체보다 더 중요하다고 생각했다.

에피쿠로스학파의 윤리 이론은 쾌락(즐거움)이 유일한 선이라고 주장한다. 쾌락은 덕성보다도 더 좋은 것이다. 그리고 고통이 유일한 악이다. 쾌락은 안정적으로 추구되어야 하며, 그러기 위해서는 최소한의 단순한 삶만을 살도록 해야 한다. 그래서 그들이 동료들 사이에 구현했듯이 꼭 필요한 최소한의 욕구만 충족시켜야 한다. 최고의 쾌락은 단지 고통이 제거된 상태가 유지되는 '정적인katastematic' 쾌락이고, '동적인kinetic' 쾌락은 불안감(즉 욕구)을 증대시킬 뿐인 자극을 충족시킨 결과이다. 따라서 우리의 궁극적 목표는 단순한 생활을 통해 신체의 고통을 제거하고, 자연의 탐구를 통해 정신의 평온함을 유지하는 것이다. 그 결과 아타락시아ataraxia, 즉 '혼란으로부터의 자유'에 이르게 된다.

키니코스학파(견유학파)란 무엇인가?

키니코스학파 사람들은 그들에게 의미가 없다고 생각되는 사회 규범에 맹종하기보다는 차라리 이단자가 되는 것을 택한 일종의 주변인들이었다. 고대 키니코스학파는 일반적으로 사회 통념과 관습에 독립적인 존재로서 인간 본성의 중요성을 재천명하고자 했다. 이 점은 'cynic'이라는 용어의 현대적 정의인 '인간의 최악인 면'만 보고 회의적인 태도를 취하는 냉소적인 사람이라는 의미와는 매우 다르다.

키니코스학파는, 고르기아스에게 배우고 소크라테스와는 친구로서 그의 죽음의 현장에도 같이 있을 정도였던, 아테네의 안티스테네스(B.C. ?445~?365)로부터 유래된다. 안티스테네스는 무일푼 상태인 자신의 재산에 대단한 자부심을 지녔으며, 그가 소유하고 있는 만큼에 대해 즐거워했다. 그는 덕 있는 사람이 없는 사람보다

존 윌리엄 워터하우스가 그린 디오게네스. 그는 사람들에게 불손함과 혐오스러운 충격을 줌으로써 세속적 관행을 조롱했던 범상치 않은 철학자였다.

항상 더 행복하며, 정신이 육체보다 더 중요하다고 생각했다.

행복한 삶에 꼭 필요한 것은 무엇인가에 관한 안티스테네스의 최소주의자 minimalist 정신은 시노페 출신의 디오게네스(B.C. ?412~?323)에게 전수되었다. 포도 주 통 속에서 살았던 그는 그 진의가 무엇인지 알 수 없으나 날고기를 먹는 것과 근 친상간을 권장했던 것으로 전해진다. 그가 진실된 사람을 찾기 위해 낮에도 등불을 밝히고 다녔다는 일화도 전해오고 있다. 디오게네스 철학의 계승자는 테베 출신의 크라테스(B.C. ?365~?285)로서, 가진 재산을 모두 포기하고 키니코스 철학을 수행했 지만, (그에게 반한 명문가 규수 히파르키아가 그의 금욕 생활의 동반자가 되고 싶다는 아이러니한 제안의 끈질긴 청혼을 받아들여) 결혼은 했다. 그는 금욕주의적 고행은 인간이 독립된 존 재로 살아가는 데 필수적이라 믿었고, 굴oyster보다 편두콩lentil을 먹는 것이 낫다고 생각했다.

어떻게 개가 키니코스학파 사람들과 연관되나?

영어로 'cynic'은 그리스어 'kyon'에서 왔고, 이 kyon은 '개'를 의미한다. 시노 페의 디오게네스는 사람들이 개로부터 배울 것이 많다고 생각했다. 개들은 자기 신 체 기능이나 상스러운 식습관에 대해 부끄러워하지 않으며 아무 데서나 잠을 자도 신경 쓰지 않는다. 또 개들은 학문적 철학을 고려하지 않고도 누가 적이고 친구인지 를 즉각 알아낸다. 더구나 개들은 인간과는 달리 매우 충직하다. 그래서 디오게네스 는 개들처럼 가족 구조, 사회단체, 개인 소유 재산, 높은 명성 따위에 연연하지 않았 다. 전하는 바에 따르면, 그는 아고라(아테네의 시장 지역)에서 자위행위를 벌이고, 그 를 손가락질하는 사람들에게는 소변을 갈기며 가운뎃손가락을 세워 보이는 것으로 응대했다고 한다. 플라톤은 그를 일컬어 "미친 소크라테스"라고 기술했다.

디오게네스가 기성 철학의 관행과 지식을 경멸했기 때문에 많은 사람들이 그를 현자로 여겼다. 한번은 알렉산드로스 대왕이 그를 찾아 나선 적이 있었는데, 그는 때마침 자신의 피부 상태가 나빠서 일광욕 중이었다. 알렉산더가 그에게 무슨 소원 이든 들어주겠노라고 제안하자, "햇빛을 가리지 말아주세요"라고 했다 한다.

고대 그리스와 로마의 여성 철학자들

왜 유명해진 고대 그리스와 로마 여성 철학자들은 없는가?

서양 철학의 역사는 남성이 지배해왔는데, 거기에는 다음과 같은 몇 가지 이유가 있다.

1) 20세기가 되기 전까지는 철학의 수련이 가능할 만큼 체계적인 교육을 받은 여성이 거의 없었다.
2) 여자들은 자신이 속한 가족과 사회 안에서 철학적 수련에 필요한 여가를 낼 만큼 한가하지 않았다.
3) 대부분인 남성 철학자들은 전통적으로 철학을 남자들에게만 한정된 것으로 보아왔으며, 경우에 따라서는 여성들을 배제하기도 했다.

그럼에도 불구하고 각 시대마다 남성 철학자들과 공조를 취하기도 하고, 혹은 독자적으로 철학을 수행해온 여성 철학자들이 몇 있었다. 하지만 그들 중 얼마나 많은 수의 여성 철학자들이 간과되거나 잊혔는지, 혹은 아예 관심조차 받지 못했는지 가늠할 수 없다. 왜냐하면 20세기가 되기까지 여성 철학자들의 작품은 거의 보존되지 못하거나 철학적 전통의 일부로 언급조차 되지 않았기 때문이다.

이처럼 남성이 지배하는 철학의 일반적 경향은 고대 그리스와 로마 시대에 정초되었다. 상류층 여성들은 집 안에 있는 그들만의 특별 처소에 격리되어 지냈으며 공적 생활에 필요한 교육을 받지 못했다. 하층민 여성들은 자녀 양육과 고된 가사 및 농사까지 감당하는 노동자로서 과중한 부담에 매달려야 했다. 여자들이 어쩌다 생긴 여가에는 바느질, 물레질, 뜨개질 또는 남자들의 대화 상대가 돼주어야 하는 등 집 안을 벗어날 수가 없었던 데 반해, 철학적 교류 활동은 주로 공공장소에서 일어났다. 전체적으로, 고대에 살았던 여성들은 남성들에게 주어졌던 권리를 거의 갖지 못했던 것이다. 그럼에도 불구하고, 소소하나마 고대의 여성 철학자들의 이름과 작품이 남아 전해오고 있다.

고대 여성 철학자들 가운데 중요한 사람들은 누구인가?

아마 빙산의 일각일지 모르지만, 테모스토클레스, 크로톤의 테아노, 만티네이아의 디오티마, 밀레토스의 아스파시아, 루카니아의 아에사라, 스파르타의 핀티스, 페리크티오네 1, 테아노 2, 알렉산드리아의 히파티아, 아테네의 아스케피게니아, 키레네의 아레테 등이 거명될 만한 인물들이다.

테미스토클레스는 누구인가?

어떤 설명에 따르면, '만물은 수들로 이루어졌다' 라는 종교적 이념에 기반을 둔 형제적 유대 공동체를 설립했던 소크라테스 이전 철학자 피타고라스가 자신의 윤리적 신념을 배운 것은 델피 신전의 여사제였던 테미스토클레스(B.C. 524~459)로부터였다고 한다. 아폴론이 델피 신전의 신이자 피타고라스학파가 숭상하던 신성이기도 했음은 잘 알려진 사실이다. 피타고라스와 그 추종자들의 수행법은 자기 시험, 채식주의를 비롯한 섭생법, 제의적 정화법 등을 포함하는데, 이는 모든 삶의 동일성에 대한 믿음을 바탕으로 한 것이다. 이런 동일성 원리가 아마도 철학적 활동에 여성들이 포함될 수 있음을 함축했을 것이다.

피타고라스학파의 여자 구성원으로는 누가 있나?

피타고라스의 부인인 크로톤 출신의 테아노(B.C. 546년경)와 세 딸을 이 학파의 추종자로 꼽을 수 있다. 테아노는 형이상학에 대한 토론을 많이 했으며, 결혼, 성, 여성, 윤리 등에 관한 기록을 남긴 것으로 전해오고 있다. 피타고라스가 죽은 이후 테아노와 그의 세 아들이 이 학파의 지도자 역할을 계승했고, 후기 피타고라스학파의 테아노 2(그녀가 테아노 1과 다르다는 것은 확실하지만 생존 연대는 미상이다)는 도덕적 맥락주의, 즉 어떻게 하는 것이 정당한지는 구체적으로 처한 특정 환경이 고려되어야 한다는 이론을 가르쳤다. 그녀 또한 **조화**harmonia가 도덕성과 교육에 있어 근본을 이루거나 이루어야 한다고 믿었다. 몇몇 역사가들은 또 다른 피타고라스학파 사람으로서 《여성의 조화에 관하여》를 쓴 것으로 알려진 페리크티오네 1(B.C. 3세기 후반 사반세기경)가 플라톤의 어머니였다고 믿고 있다.

밀레토스의 아스파시아는 누구인가?

밀레토스 출신의 아스파시아(B.C. ?~?)는 소피스트 운동에서 영향력이 있었던 인물이다. 그녀는 페리클레스와 결혼했는데, 정치적 경륜도 상당히 갖춘 것으로 보이며, 소크라테스에게 직접 수사학을 배운 것으로 전해진다. 그녀가 불경죄로 재판에 회부되었을 때 남편 페리클레스가 그녀의 사면을 끌어내기도 했다.

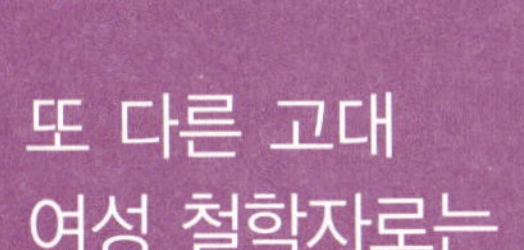

또 다른 고대 여성 철학자로는 누가 있는가?

3세기의 로마 황제 셉티미우스의 부인인 율리아 돔나는 스토아학파 철학자들을 지원하면서 그들과 함께 공부했고, 그들의 번성을 적극 도왔다. 4세기의 마크리나는 자신의 가족이 기독교로부터 박해를 받은 이후에도 그리스 철학을 보존하는 데 힘썼다.

키레네의 아레테는 누구인가?

키레네 출신의 아레테(B.C. 400~340)는 아리스티포스의 딸이자 소크라테스의 친구 겸 문하생으로서, 소크라테스가 죽음을 맞았던 현장에 있었으며, 키레네 학교의 지도자 자리를 아버지로부터 물려받았다. 그녀는 거기서 행복주의 전통과 자연철학을 30년간 가르쳤다.

만티네이아의 디오티마는 실제 여성 철학자인가 혹은 허구의 인물인가?

플라톤의 《향연》에서 소크라테스에게 사랑에 관해 강의하는 인물로 나오는 만티네이아 출신의 디오티마는 르네상스 시대 이후부터는 가공된 허구의 인물로 여겨왔다. 하지만 그 이전에는 실재했던 인물로 믿었었다.

여성 철학자가 철학의 일원으로 **인식되기 시작한 것은 언제인가**?

초기 기독교 시대가 시작되면서 최소 몇 명의 여성 철학자들이 이룬 학술적 성과와 교육 활동이 인식되었고, 몇몇 남성 철학자들이 그들과의 지적 상호 교류에 각별한 노력을 기울였다.

신플라톤주의에서 르네상스까지

NEOPLATONISM THROUGH THE RENAISSANCE

플라톤과 아리스토텔레스는 기독교와 **중세 철학**에 영향을 미쳤는가?

그렇다. 그런데 초기 기독교와 중세 철학이 플라톤과 아리스토텔레스의 사상에 대한 해석에 의해 영향을 받은 것은 사실이지만, 그들과 오늘날 학자들 모두 그 출처 근거에 대해서는 완전히 일치하지 않고 있다. 그 이유는 플라톤의 영향이 신플라톤주의 해석에 주어졌던 데 비해 아리스토텔레스의 경우는 기독교 세계관을 통해 주어졌기 때문이다. 르네상스가 도래하기 전까지는 지식의 다양성과 고대 그리스 사상가들의 인문주의가 온전히 재현되지 못했다. 특히 아리스토텔레스의 문헌들이 9세기에 재발견되기 전까지는, 대화편의 많은 부분이 분실되었음에도 불구하고 플라톤만이 고대 철학의 주된 영향력으로 작용했다. 바꿔 말하면 르네상스 이전까지는 거의 모든 그리스 철학이나 이교도 철학이 기독교의 신학 및 철학과는 거리가 먼 2차적인 위치에 있었다.

고대 이후에는 기독교가 철학에 영향을 준 유일한 종교였나?

아니다. 비록 기독교가 유럽에서 1000년 동안 지배적인 세계관을 형성한 것은 사실이지만 유대교 및 이슬람교의 사상 역시 영향을 미쳤다.

신플라톤주의

신플라톤주의란 무엇인가?

신플라톤주의는 모든 존재의 보이지 않는 원천으로서 '일자The One'에 관한 개념에 기반을 둔 종교적·지식적 신념의 정교한 체계이다. 존재하는 모든 것에 대한, 보이지 않지만 강력한 기초로서 일자는 플라톤의 형상과 흡사하다.

> **기독교는 신플라톤주의를 받아들였는가?**
>
> 신플라톤주의는 플라톤의 주요 사상을 개조한 것이지만, 로마인과 황제들이 무신론과 이단 이론을 점점 더 배척하게 되면서 기독교와 공존하는 것이 가능했던 사상이다. 실제 신플라톤주의와 기독교는 종종 정치적·종교적 근거에서 서로 극단적 배치를 보였으며, 중세 전까지 기독교도인 동시에 신플라톤주의자인 사람은 거의 없었다.

일자란 무엇인가?

일자는 신과 같은 것으로서, 우주의 창조자이며 현존하는 도덕성의 준거이다.

어떻게 해서 신플라톤주의는 널리 퍼졌나?

신플라톤주의는 스토아학파의 마르쿠스 아우렐리우스 황제(121~180)가 죽고 로마 제국이 몰락하기 시작하면서 퍼져나갔다. 초기 신플라톤주의가 로마 제국의 통치 시절 시작되었던 반면, 그와 다른 형태들은 중세와 르네상스를 거쳐 17세기까지 존속되었다.

신플라톤주의는 기독교와 어떻게 닮았나?

기독교가 정치 사회적 환란의 시기에 보다 나은 정신적·영적 세계를 약속하는 것과 똑같이 신플라톤주의도 추종자들에게 개인적으로 위안을 줄 수 있는 보다 높은 영역에 대한 지적 청사진을 제공한다. 즉 신플라톤주의는 고대 철학보다 기독교에 더 가깝다. 왜냐하면 신플라톤주의도 유일한 창조자를 강조하며, 그 중요성을 추종자들의 감정에 깊이 각인시키기 때문이다.

초기 신플라톤주의자들은 누구인가?

신플라톤주의는 3세기에 플로티노스가 세웠다. 그는 대부분의 작품을 253년에서 270년 사이에 썼고, 그것들은 모두 제자인 포르피리오스(?234~?305)가 편집해서 출간했다. 플로티노스에 관한 포르피리오스의 저작들은 알렉산드리아, 아테네, 시리아, 서유럽 등을 포함한 교육도시 전역의 여러 학교들을 통해 편찬되고 개정이 거듭되었다. 초기 신플라톤주의는 6세기의 보에티우스(정식 이름은 아니치우스 만리우스 세베리누스 보에티우스, 480~524)의 작품으로 마감되었다. 그는 기독교 신학으로 플라톤과 아리스토텔레스의 통합을 시도했던 인물이다.

플로티노스는 누구인가?

플로티노스(?205~270)는 북부 이집트에서 태어났으며, 스물여덟 살 때 암모니오스 사카스와 함께 향후 11년간 계속되는 철학 공부를 시작했다. 그는 페르시아에 맞서 싸우기 위해 고르디아누스 3세(225~244)의 군대에 동참했다. 일설에 의하면, 암살되었다고 전하는 고르디아누스의 사망 후에 플로티노스는 안티오크로 피신했다가 나중에는 로마에 정착했다. 그는 로

플로티노스는 로마 문명 몰락기의 신플라톤주의를 창시한 인물이다.

마에 학교를 세웠으며, 갈리에누스 황제(218~268)와 친구가 되었고, 자신의 철학을 책으로 썼다. 갈리에누스는 그로 하여금 플라톤의 대화편과 《법률》에 의거한 공동체를 세울 수 있도록 영지를 주려 했으나 다른 사람들이 방해했다. 얼마 지나지 않아 갈리에누스가 경쟁적으로 군사 운동을 독려하던 중에 자신의 부관들에 의해 살해되었고, 플로티노스도 2년 후에 나병으로 죽었다고 전해지고 있다.

플라톤의 《법률》은 플로티노스 그리고 갈리에누스와 어떤 연관이 있는가?

《법률》(B.C. 360년경)에서 플라톤은 《국가》(B.C. 380년경)에서보다는 덜 이상적인(less utopian) 형태지만 안정된 정부 형태의 체계를 기술했다. 《국가》와 달리 《법률》에서는 사적인 공동체인 가족과 사유 재산을 허용하기 때문이다. 일부 주석가의 견해에 따르면, 로마 황제 갈리에누스는 플라톤의 정부 형태에 흥미를 가졌다기보다는 플로티노스라는 인물을 좋아했고, 그래서 그의 《법률》에 의거한 공동체 구상에도 동의했다고 주장한다. 그런데 플로티노스의 주된 관심 사안은 자신과 그의 추종자들에게 안식처를 제공하는 것이었다고 한다.

《에네아데스》에서 플로티노스의 사상 체계는 어떻게 표현되었나?

플로티노스의 사상 체계는 각각 아홉 개의 에세이가 담긴 여섯 권짜리 전집 《에네아데스》에 정리되어 있다. 처음 세 권은 물리적 세계와 인간 사이의 상호 작용에 관한 것이다. 네 번째는 영혼에 관한 것이고, 다섯 번째는 지식에 관한 것이며, 여섯 번째는 일자에 관한 것이다. 플로티노스는 자신이 플라톤의 충실한 제자였다고 생각했을지라도, 실제의 그는 아리스토텔레스와 스토아학파 그리고 자신의 철학적 상상력까지 동원한 개념들을 덧붙였다.

플로티노스는 플라톤의 지각할 수 없는 형상들의 세계를 세 부분으로 나누었다 ― 일자, 지성(세계의 영혼), 영혼(인간의 영혼). 일자는 존재와 인과관계의 최고 원리로서 모든 것들의 위에 있는 것이다. 그런데 하나의 원리로서 일자는 모든 것이며, 모든 것 안에 있다. 일자는 통일된 전체이기 때문에 사고 또는 자각이 없어 주관적 사유와 객관적 사고의 분리가 요구된다. 모순되게도 일자는 자체에 대해서조차 자각이 결여되어 있어 완전히 무지함과 동시에, 스스로 창조한 모든 것에 대해 독창적인 방법으로 낱낱이 알고 있다.

일자 다음에는 플라톤의 특정 형상들이 전체로서 취한 것에 해당하는 지성(세계의 영혼)이 존재한다. 지성은 만유 존재에 대해 하나의 관념을 갖는다. 지성은 또한 영혼들에 상당하는 수의 관념을 포함하며, 근원적 물질(질료)를 포함한다. 그러나 스토아학파가 선언했던 것처럼 전체 세계는 번번이 소멸되는 것이기 때문에 관념들 수의 무한 증가는 발생하지 않는다.

영혼은 플라톤적 실체에 대한 플로티노스 체계의 어디에 부합하는가?

모든 개인 영혼들이 하나의 세계 영혼을 형성하고, 지성에 따라 온다. 몇몇 영혼들은 육체로부터 분리되기도 하지만 육체에 들어 있는 영혼들이 추가의 '증식 accretion' 을 한다. 인간들, 동물들, 식물들 모두 소멸되지 않는 실체적이며 비물질적인 영혼을 가지고 있다. 영혼은 불후의 것이기 때문에 개별 영혼들은 다른 신체에 환생할 수도 있다.

일자로부터 지성이 유출되는 것과 똑같이 지성으로부터 영혼이 유출된다. 이처럼 일자와 지성으로부터의 유출은 어느 한쪽으로의 쏠림도 아니고 의도된 것도 아니다. 영혼으로부터 물질의 유출도 마찬가지다. 일자, 정신, 영혼으로부터의 유출 과정들은 매우 자연스러운 것일지라도, 플로티노스는 종종 그것들을 낮은 상태로의 이기적인 하강으로 간주했다. 지성으로부터의 유출에서 정신은 지배의 욕망을 실현하고 있으며, 육체에 지나치게 달라붙어 정신의 타락을 이끌 수 있다. 그러나 정신이 육체에 환생되는 경우에도 그것은 역시 지성 안에서 살고 있다.

우리는 일자를 어떻게 아는가?

정신은 일자와 함께 있게 됨으로써 일자를 알 수 있다고 플로티노스는 가르쳤다. '일자와 함께 있음' 이란 '황홀경', '항복, 내맡김', '단순성', '감명받음', '홀로 있

음에서 다른 홀로 있음으로의 비상' 등과 같은 상태에 이르는 것으로 예시된다. 이러한 영혼의 재상승(되돌림)은, 기독교 개념으로 볼 때 신과의 합일 상태로 기술되어 온 것으로서, 플로티노스가 여러 번 경험한 것이다. 그런 경험의 준비를 위해 신플라톤주의자들은 덕을 쌓고 수학 연구를 포함한 플라톤식 문답 논증을 연마했다.

이암블리코스는 신플라톤주의를 어떻게 수련했나?

시리아 출신의 이암블리코스(?250~?330)는 아파메이아(지금의 시리아 지역)에 자신의 학교를 세웠던 포르피리오스의 제자였다. 포르피리오스는 채식주의와 신체적 제약을 통한 마법술을 익힌 바 있다. 그러나 그는 마법술의 효과가 영적 상승의 낮은 수준에 제한된다고 생각했다. 여기에 이암블리코스는 구원의 단계마다 마법술을 더욱 정교한 체계로 다듬었는데, 이는 기독교 성례전 신학과 흡사한 것으로서 그때부터 신플라톤주의의 빼놓을 수 없는 내용이 되었다. 그리고 이암블리코스는 플로티노스의 체계를 윤색해 일자를 둘로 나누었다. 하나는 창조를 담당하는 것이고, 다른 하나는 그것을 초월하는 것이다. 로마 황제 율리아누스(콘스탄티누스의 조카, 331~363)는 이암블리코스가 여러 그리스 신들을 조합해 신플라톤주의에 입각한 창조와 구원의 틀로 기술한 이암블리코스의 체계에 관심을 가지게 되었다.

플로티노스의 귀신학과의 연관성은 무엇인가?

포르피리오스는 플로티노스 전기에서 다음과 같이 썼다.

언젠가 이집트의 한 사제가 로마에 와서 친구를 통해 플로티노스와 만나게 되었다. 그 사제는 능력을 시험해보고 싶어 자기와 함께 태어났으며 불러내면 볼 수 있는 다이몬(수호신)을 만들어볼 것을 플로티노스에게 제안했다. 플로티노스는 동의하고 이시스의 사원에서 다이몬 불러내기를 시도했다. 그곳은 이집트인이 로마에서 찾을 수 있는 유일한 '정결한' 장소였다. 다이몬이 불려나와 자신을 드러냈을 때, 확인해보니 다이몬들 중 하나가 아닌 하나의 신이 나타난 것이었다. 그러자 이집트 사제가 소리쳤다. "당신의 다이몬은 저급한 다이몬이 아닌 신이라니, 당신은 축복받았군요!" 그러나 그 귀신에게 물어본다거나 오래 쳐다볼 기회가 없었다. 왜냐하면 그곳의 정결을 지키기 위해 손에 새들을 쥐고 있던 친구가 부러움과 공포심이 겹친 나머지 얼결에 새들을 쥐어짜서 죽였기 때문이다.

학자들은 이 대목에서 흥미로운 사실을 발견했다. 고대 세계의 다이몬에 관한 개념 중 두 가지 새로운 요소를 소개하고 있기 때문이다. 하나는 다이몬이 자비로운 신이나 천사 등으로 변할 수 있다는 점이다. 다른 하나는 영혼의 정결을 지키는 데 새들이 사용될 수 있다는 점이다. 소크라테스도 고민에 빠졌을 때 상담을 해준다거나 중요한 것이 무엇인지 알려주는 존재로 다이몬을 가지고 있었다. 그러나 상호 관계가 가능한 플로티노스의 다이몬은 일방적으로 들려주기만 하는 소크라테스의 다이몬과 달라서, 마술과 마법에 관한 후기 개념들과 더욱 닮았다.

아테네에 있던 신플라톤주의 학교는 어떤 곳인가?

아테네의 신플라톤주의 학교는 그곳 출신의 플루타르코스(?46~?120)에 의해 설립되었고, 이후 걸출한 제자로 프로클로스를 배출한 시리아노스(370~437)가 이끌었다. 이 학교는 과거 플라톤이 이끌었던 아카데미와 실질적으로 똑같은 교육기관이었다. 다만, 새로 추가한 과정으로 이암블리코스의 체계가 들어 있다는 점이 다르다. 이 체계는 철학적 문제에 관심이 많은 신들의 입장에서 형성되었으며, 여기서 이암블리코스의 두 가지 일자 개념은 받아들여지지 않았지만 신들의 생각은 죽을 운명의 존재들에게도 이해 가능하다고 믿었다.

프로클로스는 신플라톤주의에 어떤 기여를 했는가?

프로클로스(?410~485)는 《신학 원론》 그리고 《플라톤 신학》을 썼는데, 향후의 철학에 오래도록 영향을 미쳤고, 특히 13세기나 지난 나중에 헤겔에게 큰 영향을 미쳤

다. 프로클로스가 기존의 이론에 덧붙인 것은 하강운동이었던 유출의 각 단계마다 수평운동을 추가한 것이다. 그 결과, 프로클로스가 그리스 신성들과 결부지었던 신성한 실체들(혹은 'henads')의 수가 대폭 증가하게 되었다. 그는 '머뭄-진행-복귀'라는 신성의 세 단계 운동 원리도 개발했다. 이는 신성이 일상적 존재로의 하강이 진행되기까지 유지하고 있는 상태가 머뭄이고, 이런 진행 과정을 인간이 이해하고 신성과 소통함으로써 신성의 복귀가 이루어진다는 것이다. 프로클로스는 영적인 세계에 관한 작품 외에 수학, 물리학, 천문학 그리고 문학비평 등의 작품들도 저술했다.

신플라톤주의 기독교도인 보에티우스는 삼위일체 문제에 천착했으며, "보편자 문제"를 제기한 것으로 널리 알려졌다. 그림은 그가 학생들을 가르치는 모습이다.

보에티우스는 누구인가?

보에티우스(480~524)는 서양에서 기독교도 중 가장 유명한 신플라톤주의자이다. 그는 삼위일체에 관한 방대한 저술을 썼고, 교육·과학·철학 작품들뿐만 아니라 아리스토텔레스 주석의 번역에서도 중요한 성과를 남겼다. 후에 그가 집중한 논리학은 스콜라 철학자들의 사고방식을 선점하게 되었다. 포르피리오스에 관한 주석서에서 그는 플라톤과 아리스토텔레스의 개념들 사이의 갈등에 기초한 '보편자 문제'를 제기했는데, 이것이 1000~1150년 사이의 스콜라 철학자들의 사고를 선점했던 것이다.

보편자 문제란 무엇인가?

보에티우스에 의해 논의되기 시작한 '보편자 문제'는 한 종류의 사물을 다른 사물들로부터 구분짓게 만드는 것과 관계가 있다. 한 예로 집에서 키우는 개를 들어보

자. 개는 그 어떤 생물보다도 다양한 종이 있다. 지금은 과학자들이 이미 정의된 개의 특정 염기 배열의 DNA를 확인함으로써 치와와에서 그레이트 데인까지 어느 종이든 모두 개임을 (원리적으로) 알아낼 수 있다. 그렇지만 유전자와 DNA의 발견이 있기 훨씬 전에도 사람들은 '개'인 특정 동물이 '개임dogness'을 알 수 있었고, 설령 그 개의 생김새와 성질이 매우 독특해도 가능했다.

이와 같은 의미로 특정 개에 있어 사실인 '모종의 것'은 자연계의 모든 개의 종들에 있어서도 사실이다 — 모든 개의 종들이 그 '모종의 것'을 공유하고 있다. 여기서 플라톤의 경우라면 개의 본질인 '모종의 것'은 모든 개들이 참여하고 있는 개의 이상적인 형상의 모방물이라고 설명했을 것이다. 아리스토텔레스라면, 개들이 공유하고 있어 사람들에게 알려질 수 있는 '개임'의 본질essence of dogness이 존재하지만, 그런 본질이 들어 있는 곳은 각각의 개이고 오직 사고를 통해 추상될 따름이라고 설명했을 것이다.

엄격히 말하자면, 아리스토텔레스의 경우 개의 본질이 특정 개에게 붙여준 이름인 백구, 진돌이, 복술이 등과 별개로 존재하지 않는다. 여기서 보편자의 문제는 플라톤이 옳은지 아리스토텔레스가 옳은지의 문제이다. 철학자들은 이 문제로 깊이 고민하며 많은 양초를 태웠고, 등불을 밝혔으며, 컴퓨터를 작동시켰다.

개별적 사물의 본질이 실재한다고 생각하는 사람을 **실재론자**라고 부른다. 본질은 추상적 존재로서 인간의 사고가 만들어낸 것이라고 생각하는 사람을 **유명론자**라고 부른다.

보에티우스는 테오도리크 대제에 대한 반역죄를 범했는가?

보에티우스는 동로마(콘스탄티노플)와 교신했음이 밝혀진 이후 반역에 가담한 혐의로 체포되었다. 그는 테오도리크 대제(?454~526)의 집정관이 된 첫해에 대제에게 매우 비판적이었고, 그 결과 여러 명의 정적을 만들었다. 정적들은 동로마 교회를 옹호하는 듯한 보에티우스의 신학 작품 내용을 근거 삼아 보에티우스가 유스티누스와 내통했다고 테오도리크에게 주지시켰던 것이다. 유스티누스는 동로마 제국을 지배하던 황제로서 동서로 분열된 제국의 재통일을 염원하고 있었다〔로마 교회는 318년에

삼위일체를 부정하는 아리안(아리우스)주의 문제로 동과 서로 양분되었다).

보에티우스의 처형 집행인들이 그의 목을 밧줄로 조인 다음 뭇매를 가해 죽일 때 그의 눈알이 튀어나왔다고 한다. 나중에 테오도리크는 이런 잔인한 사형에 대해 후회했으나, 보에티우스는 체포된 직후에 이미 다음과 같이 진술한 적이 있었다. "자유에 대한 일말의 희망이라도 있었더라면 나는 그것을 마음껏 누렸어야 했다. 왕에 대한 반역 음모를 내가 만약 알았더라면…… 당신은 나로부터 그것을 알아낼 수 없었을 것이다."

보에티우스(480~525)는, 테오도리쿠스를 배신하고 유스티누스와 내통했다는 억울한 혐의로 투옥되어 있던 중에 쓴, 〈철학의 위안〉이라는 옥중저술로 가장 잘 알려져 있다. 이 책은 1300년까지 영어, 독일어, 불어로 번역되면서 중세는 물론 그 이후까지 영향을 미쳐, 단테, 보카치오, 초서 등을 비롯한 많은 대문호들에게도 영감을 주었다.

〈철학의 위안〉에서 보에티우스는 신을 영원하고 완전하며 불멸인 삶의 총체로 정의했다. 그런 신에 의해 창조된 우주는 시작과 끝이 없지만, 시간 속에 존재한다고 보았다. 그래서 보에티우스는 신이 모든 것을 아는 전지적인 존재라는 사실과 인간이 자유로운 선택의 의지를 가졌다는 사실 간의 모순을 다음과 같이 해결했다 ― 신은 인간의 자유를 포함한 모든 삼라만상을 시간 속에서 발생하는 동시에 안다.

보에티우스의 《철학의 위안》은 어떻게 스토아적이며 또한 신플라톤적인가?

보에티우스가 감옥에서 쓴 《철학의 위안》은 산문과 시를 번갈아 사용하여 아름다운 문체가 돋보이는 대화 형식의 철학서인데 다섯 권으로 구성되어 있다. 이 책에서 절망에 빠져 있는 보에티우스는 용기를 북돋우는 천사의 형상을 한 '철학'의 방문을 받는다. 철학이 보에티우스에게 말한다.

> 죽을 운명의 사내여, 당신을 비통과 한탄의 지경으로 떨어뜨린 것은 무엇인가? 당신은 이례적인 어떤 것을 보았고, 그것은 아마도 당신에게 이상한 것처럼 보일 것이야. 그러나 만일 그것을 운명이 당신을 겨냥해서 변한 것이라고 생각한다면 그것은 오산이야. 운명이란 늘 자기 갈 길을 가는 것일 따름이야. 그것이 운명의 본성이지. 운명은 스스로의 변화에 따르는 항상성을 단지 당신과 더불어 유지했던 것이야. 운명이 당신에게 미소를 지을 때나, 거짓 행운으로 유혹하며 당신을 놀릴 때나, 운명은 늘 변화 가능한 상태였어. 당신은 눈먼 여신의 서로 다른 양면을 발견한 적이 있지.

이 대목에서 보에티우스가 그의 앞에 나타난 천사를 만났다는 점은 신플라톤주의자의 마법술에 뿌리를 둔 사건이다. 한편 천사가 고통과 명백한 불행의 얼굴에 마음의 평화가 스며들게 한 점은 분명히 스토아학파의 교리를 떠올리게 한다.

초기 신플라톤주의에는 여성 철학자도 포함하고 있는가?

그렇다. 전반적으로 기독교는 불멸인 각 개인의 영혼이 중요함을 강조했으며, 비록 교회가 남자들에 의해 관장되고 지배적 신학자들도 남자이긴 했지만, 여성의 종교저 삶과 활동은 모든 학교와 수도원에서 인정받는 위치를 점유하고 있었다. 이런 변모는 신플라톤주의 운동이 퍼지는 가운데 처음으로 확연해졌다.

알렉산드리아의 히파티아는 누구인가?

지속적인 명성을 얻은 여성 철학자이자 교육자인 이집트 알렉산드리아 출신의 히파티아(?370~414)는 신플라톤주의 철학과 수학에서의 자기 능력을 지식 공동체(학교) 활동을 통해 발휘함으로써 유명해졌다. 신플라톤주의 전통 안에서 히파티아는 보다 높은 차원의 세계를 이해하기 위한 관문으로 수학을 이용했다. 히파티아는 《테온》

이라는 책에서 지구 중심설을 내세우는 프톨레마이오스의 《알마게스트》에 관해 히파티아의 아버지(테온)가 주석을 추가하는 형식의 천문학 책을 썼으며, 실제로 테온과 함께 유클리드 수학에 관하여 최소한 한 권 이상의 책을 쓰기도 했다. 디오판토스의 대수 문제에 관해서 히파티아가 단 주석은 몇 가지 다른 풀이 과정과 그녀가 최초로 시도한 상당수의 새로운 문제를 포함하고 있다.

히파티아는 알렉산드리아의 성 키릴로스(378~444) 대주교에 반기를 들었던 알렉산드리아 행정 장관 오레스테와 관련되어 있다. 히파티아는 신플라톤주의 사상을 추구하는 학교에 소속되어 있었다. 이 학교의 과학적 이성주의는 당시 지배적인 기독교 사상에 반대되는 것이었기에, 기독교 지도자들에게는 심각한 위협으로 느껴졌다. 신앙인들은 히파티아의 철학을 사교로 생각하게 되었고, 412년에 키릴로스가 알렉산드리아의 대주교가 되었을 때, 그러한 사교들을 조직적으로 억압하기 시작했다. 히파티아는 키릴로스의 유일한 반대 세력으로 보이는 행정 장관 오레스테와 맺은 우정과 신뢰로 인해 두 파벌 사이에서 정치적 보복을 위한 인질로 붙잡혔다. 키릴로스는 대중의 열정에 불을 질렀고, 그를 비방하는 사람들을 제거하기 위해 폭도를 구성했다. 그의 지시를 받은 기독교 광신도들은 대학으로 강의하러 가는 히파티아를 마차에서 끌어 내려 머리카락을 다 뽑고 날카로운 파편으로 몸을 찢었으며, 결국은 불에 태우는 고문으로 죽이고 말았다(오늘날 페미니스트 철학 저널 〈히파티아*Hypatia*〉는 그녀의 이름을 딴 것이다).

아클레피제니아는 히파티아와 똑같은 운명을 겪었는가?

아니다. 아테네 출신의 아클레피제니아(430~485)는 자기 아버지의 학교에서 신플라톤주의를 가르쳤다. 그녀는 플라톤과 아리스토텔레스의 지식을 기독교의 도덕 문제에 적용했다. 그녀의 제자 중에는 프로클로스가 있다. 아클레피제니아의 주요 관심 분야는 신비주의, 마법술, 기타 신비 의식 등이었다.

중세 철학

중세 철학이란 무엇인가?

중세 철학이란 시기적으로는 4세기에서 14세기까지 이르는 사상의 역사적 기간이고, 지배적인 사안은 종교적 관심과 고대 그리스 철학의 연구 그리고 이성적 탐구와 종교적 신앙의 조화에 대한 요구이다. 그것은 주로 기독교 신조의 영향에 한정된 것이 사실이지만 전적인 것은 아니다. 이에 4세기의 성 아우구스티누스는 기독교의 교리와 윤리에 최초로 철학적 기초를 확립했다. 이 시대 말엽에 니콜라 오렘 (?1330~1382)은 교회로부터 승인받은 아리스토텔레스의 운동 이론을 시험하는 과정에서 무한소 해석학(미적분학의 초기 개념)과 좌표 기하학을 기약할 수 있었는데, 그것은 갈릴레오의 역학 이론이 나오기도 전이었다.

기독교 철학은 기독교 신학과 어떻게 다른가?

중세 기독교 신학자들의 주요 임무는 가톨릭교회의 교리를 그 기본 전제 또는 신약에 기초한 종교적 내용에 대한 의심 없이 지성적으로 시험해보는 것이었다. 중세 기독교 철학자들의 주요 임무는 기독교적 기원을 갖지 않은 세속 지식이 어떻게 기독교 신학과 양립할 수 있는지를 설명하는 것이었다. 그러나 성 아우구스티누스의 저작과 같은 초창기 교회의 문헌에서는 이런 구분이 이루어지지 않았다.

중세 철학 초창기에 성 아우구스티누스의 역할은 무엇이었나?

성 아우구스티누스 아우렐리우스(354~430)는 고전기에서 중세기로의 전환에 주축이 되는 인물이었다. 어떤 사람은 그를 위대한 고전 철학자들 중 마지막 인물로 보기도 하고, 또 어떤 사람은 최초의 중세 철학자라고 주장하기도 한다. 그는 로마 제국의 멸망기에 살았으며, 이 시기에는 로마 제국 전역에서 기독교가 공식적인 국가 종교로 받아들여졌다. 아우구스티누스가 죽기 직전, 그가 주교로 있던 아프리카의 히포 지역은 반달족의 침공으로 불타고 수탈당했다.

영향력이 가장 컸던 아우구스티누스의 저작은 《고백록》, 《삼위일체론》, 《창조론

91 ★

교회에서의 세례명 수여 장면을 묘사한 플로리다의 성 아우구스티누스 대성당 스테인드 그라스 창문

에 관한 편지》, 《신국》 등이다. 이들 저서는 모두 그가 개종한 이후에 갖게 된 그의 신앙을 반영하며, 다른 많은 기독교 저술들이 뒤따르게 된 지적 구조를 제공한다. 아우구스티누스가 받은 최초 교육은 수사학이지만, 신플라톤주의 연구는 그의 종교적 이해에 깊은 영향을 미쳤다. 그래서 그는 철학을 자체 가치를 지닌 독립된 고유 영역으로 여기기보다는, 그것이 어떻게 종교에 이바지할 수 있는가 하는 관점에서 접근했다. 이와 같은 2차 학문으로서의 철학의 지위는 중세 내내 철학자들에 의해 널리 받아들여졌다. 아우구스티누스는 초기 교부의 한 사람으로서 대중의 성원으로 성인의 반열에 올랐는데, 가톨릭교회의 초기 몇 세기 동안에는 드물지 않은 관습이었다.

아우구스티누스는 《고백록》에서 무엇을 고백했나?

아우구스티누스의 《고백록》의 중요성은 그가 자신에 관해 무엇을 밝혔는가보다는 1인칭 문체로 쓴 그 내밀함에서 찾을 수 있다. 《고백록》의 이런 문체는 그의 철학적 논문들과 마찬가지로 향후 종교적 작품들의 독보적인 장르가 되었다. 그가 40대에 쓴 《고백록》은 그의 종교적 열망, 투쟁, 행복 등을 다루고 있다.

아우구스티누스가 받은 초기의 교육은 수사학과 문학이었다. 그는 주장하기를, 지금은 분실된 키케로의 대화체 저서 《호르텐시우스》를 열여덟 살 때 읽고 감명을 받아 진리를 구하는 데 자신의 일생을 바치기로 결심했다고 한다. 비록 그가 386년에 기독교로 개종했지만, 그전에는 한동안 수사학을 가르치는 것이 직업이었으며, 한때는 마니교에 빠지기도 했다(마니교는 기독교와 불교가 혼합된 형태로서 예수의 십자가 처형과 부활을 부인하며, 선과 악 혹은 밝음과 어둠이라는 이원론적 투쟁 개념이 바탕에 깔려 있다). 아우구스티누스는 밀라노의 암브로시우스 주교를 만나면서 기독교적 신플라톤주의도 접했는데, 그는 거기에 기독교 교리와 철학의 정교한 형식이 들어 있다는 사실을 발견하고 심취하게 되었다.

아우구스티누스는 신플라톤주의에서 신과 창조와 신성(성부·성자·성령)에 관한 기독교의 기본 신조를 예기할 수 있다고 믿었다. 북아프리카의 고향으로 돌아온 그는 사제 서품을 받고 히포(지금의 알제리인 카르타고 근처) 지역의 주교가 되었다. 그는 설교와 여행 그리고 방대한 분량의 서신을 꾸준히 교환했다. 또한 학문적이고 사목(司牧)적인 활동을 통해 기독교인들의 기록물, 특히 예수 생애를 기록한 복음서들이 다른 어떤 철학자들의 저작보다 중요하다는 사실을 확신하게 되었다. 그가 내린 결론은, 믿음보다 중요한 것은 지적 차원이며 이해의 문제였는데 그것이 바로 신앙과 함께 출발한다는 것이다. "이해하기 위해서 믿는다." 그에게 있어 이해에는 신에 대한 비전이 요구되었다.

아우구스티누스가 "신이시여, 저를 선하게 하소서……"라고 말한 의미는 무엇인가?

성 아우구스티누스는 자신이 어릴 적에는 방탕했으며 특히 어머니 모니카에겐 큰 골칫거리였다고 생각했다. 어린 시절의 과거를 되새겨보는 《고백록》의 한 대목에서 그는 사람들이 자주 인용하는 문장을 남긴 것으로 유명하다. "신이시여, 저를 선하게 (구원)하소서. 그러나 아직은 아닙니다." 그런데 일부 학자들은 이 라틴어 문장의 보다 정확한 번역이 다음과 같다고 생각한다. "오 주여! 저를 정결한 독신으로 만들어주소서. 그러나 아직은 아닙니다!" 그들은 또한 아우구스티누스가 과거 자신에 관해서, 덕의 성장과 신에 귀의할 결의가 부족한 모든 사람들에게까지 이율배반적인 비판을 가할 정도로는 차마 이야기하지 못한 것으로 생각한다.

아우구스티누스의 죄는 아마도 종종 인용되는 예화 대목을 통해 많은 사람들이 믿는 것처럼 대단한 것은 아닐 것이다. 기독교로 개종하기 전 청년 시절의 그는 술과 여자를 좋아했으며, 372년에는 혼외의 자식을 하나 얻었다. 그리고 15년 동안 아이와 아이의 어머니를 보살폈는대, 이는 그 당시로선 매우 존경받을 행동이었다.

아우구스티누스는 어떻게 철학으로 교회 신학을 지원했는가?

성 아우구스티누스는 인간의 지식 문제에서, 비록 그가 개별적 지식의 오류 가능성을 허용했을지라도, 전체 지식의 정당성을 확립시키고자 노력했다. 그에 따르면, 전체 지식은 "이성에 부여되고 신체를 지배하도록 갖춰진 실체"로서의 영혼 안에 머물고 있다. 영혼은 신체에 작용할 수 있는 반면, 신체는 영혼에 작용할 수 없다. 영혼이 신의 빛을 알아차리든지 혹은 외면하든지 상관없이 신은 항상 영혼에 나타난다. 이런 아우구스티누스의 견해는 철학에 대한 종교의 우위성을 정착시켰으며, 비종교적 이해를 종교적 이해로 고양시키는 인간의 능력에 신을 새겨 넣게 했다.

아우구스티누스의 가장 위대한 작품은 《신국》으로, 거기에서는 사후의 종교적 영역으로부터 현세의 덧없는 나라(지구 상의 정부)를 분리시키고 있다. 현세의 덧없는 나라는 국민들의 평화, 질서, 안락, 복지 등을 보장하는 데 2차적인 구실을 하게 된다. 한편 신의 나라(즉 신국)는 그와 대조적으로 신의 지배에 따른다. 덧없는 현세의 나라와 신의 하늘나라가 때로 중첩된다 할지라도, 영원한 나라는 오직 신의 나라뿐이다.

세빌라의 성 이시도루스는 방대한 분량의 백과전서에 인간이 지닌 모든 지식을 담아내려는 원대한 목표를 가지고 있었다.

성 아우구스티누스 이후 암흑기 철학자로는 누가 있나?

430년 아우구스티누스가 사망한 이후 소위 '암흑기'(대략 420~1000년)라 불리는 시기가 이어졌다. 420년, 로마 제국 일원에 살던 서고트족이 나라를 약탈했다. 이탈리아, 스페인, 영국 등지에 있는 수도원들에선 백과사전 편찬자들이 배출되었다.

백과사전 편찬자들은 누구였나?

그들은 당대의 모든 인류의 지식을 체계적으로 드러내고자 했던 학자들이었다. 그들 중 대표격의 인물은 이탈리아의 보에티우스로서, 당대의 다른 두 대표자인 스페인 세비야의 이시도루스(?560~636)와 영국의 비드(?673~735)와 비교해 이름의 알파벳 순서를 무시하고 먼저 거론될 정도로 작품이 뛰어났다. 이시도루스와 비드는 둘 다 목사로서 성직 생활을 한 사람들이다. 이시도루스는 당시 모든 학습의 체계적 표현에 필요한 《어원학》을 편찬해 교회학교의 교과서로 수백 년간 사용하게 했다. 비드는 역사, 특히 영국 역사에 관한 연구로 가장 유명했다. 이어지는 진정한 철학의 선구자는 요하네스 스코투스 에리우게나였다.

요하네스 스코투스 에리우게나는 누구인가?

요하네스 스코투스 에리우게나(?810~?877, 존 스코투스 에리우게나로도 알려짐, '아일랜드 출신의 존'이라는 의미)는 기독교 합리주의자였다. 대머리왕이라는 별명의 카룰로스 2세는 그를 팔레스타인 학교로 불러 그리스어로 된 《디오니시우스 위서》를 라틴어로 번역하게 했다. 이 문헌이 실은 미상의 신플라톤주의 철학자에 의해 쓰인 것이지만 디오니시우스(268년경)의 작품으로 잘못 알려졌다. 에리우게나의 번역은 처음에는 성공적인 평가를 받았다. 주요 개념을 세우면서 자신의 체계를 구성한 작품이 《자연 구분론》이다. 그의 기본 전제는 논리적 추론이 기독교 철학과 양립해야 한다는 것이다. 이것은 교부들의 가르침이 필요에 따라서는 비판받을 수 있음을 의미했다. 이보다 더 이단적인 것은, 신성한 창조와 구원에 대한 신앙의 여지가 없다는 점이었다. 결국 에리우게나의 논문은 교황 호노리오 3세(1148~1227)에 의해 1225년에 이단적 금서로 규정되었다.

교황 호노리오 3세가 에리우게나 논문을 이단으로 여긴 이유는 무엇인가?

《자연 구분론》에서 에리우게나는 신플라톤주의적 세계관과 함께 범신론적 우주관을 제시했다. 그런데 가톨릭교회는 신이 세계 도처에 존재함을 주장하는 범신론을 수용하지 않았는데, 그 이유는 신이 그의 창조물로부터 분리되어 있기 때문이다. 에리우게나에 따르면, 우리는 어떤 자연적 성질도 우리 자신의 경험으로부터 신에

게로 돌릴 수 없다. 이런 관점은 교황에게 문제가 되지 않았다. 정작 문제는 신으로부터 유출된 창조된 세계를 여러 단계로 구분해서 기술했다는 점이다. 신(창조되지 않지만 창조하는 자연)은 이데아 혹은 플라톤적 형상들(창조되고 창조하는 자연)을 창조하고, 그것들은 다시 지각 가능한 사물들(창조되지만 창조하지 않는 자연)을 창조한다. 지각 가능한 대상으로서 사물들은 아무것도 창조할 수 없지만 신과 함께 궁극적인 존재(창조되지도 않고 창조하지도 않는 자연)가 된다. 이 마지막 단계는, 신이란 자기 자신에게 귀결되는 순환의 부분으로서 "모든 것 안에 있는 모든 것"임을 의미했다.

세비야의 성 이시도루스가 쓴 백과전서 — 어원학 — 는 당시의 모든 지식을 하나의 일관된 원천에서 집대성한 야심찬 시도였다. 이 책에는 당시 알려지거나 믿고 있던 모든 것들이 덜 다듬어진 편집 상태로 담겨 있다. 예를 들면, 'A' 아래에는 atomic theory에 관한 항목도 있고, 북아프리카 암반 평원에 살았다는 전설의 부족인 Antipodes에 관한 항목도 들어 있다. 이시도루스는 Antipodes 항목에서 진술하기를, 그들의 커다란 발가락들은 발 앞쪽에 모여 있지 않고 암반 지대를 훨씬 민첩하게 이동할 수 있도록 바깥쪽으로 뻗어 있다고 했다.

스콜라 철학

스콜라 철학자들은 누구인가?

스콜라학파는 중세 최초의 중량급 철학 학파이다. 그 최초 정초자는 11세기에 살았던 캔터베리의 성 안셀무스이며, 그의 추종자로는 12세기의 피에르 아벨라르와 페트루스 롬바르두스가 있다. 같은 시기에 유대교와 이슬람교 철학자들이 아리스토 텔레스를 서구에 다시 소개하기도 했다. 이런 새로운 움직임은 성 토마스 아퀴나스의 활동으로 절정에 이르렀으며, 그 계승자로 둔스 스코투스가 있다.

캔터베리의 성 안셀무스는 무엇을 시작했는가?

'캔터베리의 안셀무스'로 알려진 성 안셀무스(1033~1109)는 베네딕트 수도원 소속의 노르만 혈통 수도자로서 두 번째 캔터베리 대주교였다. 그는 자신의 책《프로슬로기움》('큰 어록'. 그의 《모놀로기움》은 '작은 어록'으로 부름)에서 신의 존재에 대한 존재론적(본체론적) 증명을 한 것과, 《왜 신은 사람이 되었는가*Cur Deus Homo*》에서 보상에의 만족(즉, 속죄론)에 관한 전형을 제시한 것으로 유명하다.

안셀무스의 신의 존재에 대한 존재론적 증명은 다음과 같이 간추릴 수 있다. 상상할 수 있는 가장 위대한 존재를(즉, 신을) 일단 상상해보자. 분명히 그런 존재는 생각 속에 존재한다. 만일 그런 가장 위대한 존재가 오직 생각 속에서만 존재한다면, 우리는 실체를 가지고 실재하기도 하는 더 위대한 존재를 상상할 수 있다. 하지만 상상할 수 있는 가장 위대한 존재보다 더 위대한 존재가 실재할 수는 없다. 그러므로 상상할 수 있는 가장 위대한 존재는 실재하는 가장 위대한 존재이다.

이제 이 가장 위대한 존재는 모든 것이 되고, 가지지 않는 것보다 가지는 것이 더 나은 모든 속성을 지닌다 — 살아 있음, 현명함, 위력 있음, 진리, 정의, 자비로움, 불변성, 비물질성, 영원성, 아름다움, 온유함 등등. 이것은 존재론적 논증의 요체인 바, 존재힘이 비존재보다 낫기 때문에 신은 존재함을 가질 것이고, 결국 신은 존재한다는 것이다.

안셀무스는 더 나아가 주장하기를, 상상할 수 있는 가장 위대한 존재로서 신은 단순하다. 존재하는 모든 것은 모든 것들의 창조자인 신을 더욱 닮을수록 더 나은 것이다. 모든 창조된 존재들은, 신에 의해 창조된 것들로서, 그들의 존재 및 건재는 전적으로 신의 덕택이다. 그러나 신은 독립적이고 그가 창조한 것들에 대해 아무런 의무가 없다.

안셀무스는 자신의 존재론적 논증에 대한 반대에 부딪혔는가?

그렇다. 그가 죽은 이후 철학의 역사에는 성 안셀무스의 논증과는 다른 형태의 논증들이 줄기차게 출현해 서로 다른 반대 주장들이 제기되어왔다. 이 문제는 오늘날까지도 몇몇 학회의 논의 주제가 되고 있다. 안셀무스는 신을 믿지 않는 우둔한 사람들로 하여금 동의하게 할 방법의 일환으로 자신의 논증을 제기했다. 그와 동시대의 한 수도자인 **가우닐로**Gaunilon(또는 고닐롱)' 는 바로 그 우둔한 자의 입장을 떠맡고 있었다.

처음에 가우닐로는 "그보다 더 이상 위대한 것을 상상할 수 없는, 그런 존재"는 생각하거나 상상하는 것이 불가능하다고 말했다. 이에 대한 안셀무스의 대답은, "그보다 더 이상 위대한 것을 상상할 수 없는, 그런 존재"라는 말이 이해된다면, 그 사람(우둔한 자)은 이미 그런 존재를 생각하거나 상상한 것이라고 했다. 한편 실제로 존재함은 비존재보다 위대한데, 이 존재는 충분히 위대하기 때문에 실재하는 존재라는 것이다.

성 안셀무스의 존재론적 증명의 뿌리는 무엇인가?

첫째, 신 존재에 대한 성 안셀무스의 존재론적 증명은 고대 그리스로 되돌아가면 만나는 진리의 순수 이성에 의존하는 것처럼 보인다. 그것은 관찰과 경험 없이 오직 이성에만 의존하는 형태로서, 아리스토텔레스보다는 플라톤이나 신플라톤주의에 더 가깝다.

둘째, 이 논증은 존재가 비존재나 덜 존재함보다 '더 낫다' 거나 더 완전하다는 고대의 가설에 의존하고 있다.

안셀무스의 존재론적 논증에 대한 반박에 성공한 사람이 있는가?

많은 철학자들이 이마누엘 칸트가 안셀무스의 논증을 잠재웠다고 믿고 있다. 칸트의 반박 요지는, 존재 또는 존재함은 어떤 사물이 지니거나 결여할 수 있는 성질 혹은 '술어' 가 될 수 없다는 것이다. 그러나 다른 철학자들은 안셀무스 및 다른 사람들의 존재론적 논증들에 대한 논의를 계속해오고 있다.

중세 철학에 대한 페트루스 롬바르두스의 기여는 무엇인가?

페트루스 롬바르두스(?1100~1164)는 《문장론Book of Sentences》을 쓴 이탈리아 신학자이다. 그는 볼로냐, 랭스, 파리 등지에서 교육을 받았으며, 노틀담에서 가르치고 그곳에서 1144~1145년에 성인 품계를 받았다. 《문장론》은 중요한 신학적 물음과 주제들을 두루 수록하는 형태로 구성되어 있다. 예를 들면, "신은 악과 죄의 원인인가?" 페트루스는 이와 같은 물음이나 주제를 먼저 내놓고, 그에 대해 교부들이 제시해왔던 입장을 진술한 다음, 페트루스 자신의 답변 혹은 해법을 제안하는 형식을 취했다.

"신은 악과 죄의 원인인가?"라는 물음에 대한 페트루스 롬바르두스의 답변은 어떤 것인가?

신은 물론 선하며 선한 본성을 지녔다. 신은 이런 선한 본성 가운데에서 천사를 창조했다. 이 천사는 신이 창조한 이후에 악마가 되기도 해서 천사는 자신의 악을 다시 인간에게 전해주었다. 이런 인간의 악은 인간이 죄에 이르게 한다. 그러므로 신은 인간의 악이나 죄의 1차적 원인자가 아니다(롬바르두스의 설명은 마치 선한 부모 밑에 어떻게 못된 자녀가 있을 수 있는가를 설명하는 것과 흡사하다 — 어떤 지점에서든 창조나 자녀 생산을 도덕적으로 책임져야 하는데, 롬바르두스는 원천적으로 그 지점을 천사로 본 것이다).

롬바르두스는 이런 문제들을 네 권의 책으로 된 《문장론》(1145~1151)에 담아냈고, 이 책은 곧 신학 훈련의 표준 교재가 되어 1200년대 중반까지 사용되었다. 사람들은 롬바르두스의 작품으로 시작해서 나중에는 그들 자신의 생각을 개진했다.

철학에서 피에르 아벨라르는 무엇으로 유명한가?

피에르 아벨라르(1079~1144)는 《기독교 신학》을 쓴 프랑스 신학자로서, 기독교 교리를 설명하는 데 논리학의 사용을 시도했다. 논리학에 관한 그의 전문적 식견에 유

피에르 아벨라르와 엘로이즈. 피에르 아벨라르는 기독교 교리를 설명하기 위하여 논리적인 증명을 이용하고자 했다.

럽 전역에서 학생들이 몰려들었다. 그는 아리스토텔레스의 《해석에 관하여》에 대해 최초로 책을 썼으며, 보에티우스와 함께 그 책에 주석을 단 스콜라 철학자이다.

아벨라르는 어떤 표현이 뜻하는 바인 그 의미와 그런 표현을 사용하는 화자의 마음에 들어 있는 개념 사이를 구분지었다. 그는 단어들이 화자의 마음에 있는 이미지를 나타낸다고 생각하지 않았다. 의미란 참 또는 거짓인 어떤 문장이나 말이 나타내는 바로서, 화자의 마음 바깥에 있다. 아벨라르의 이 구분은 의미 지시에 관한 철학적 이론을 혁신시켰고, 이와의 연관성은 현대 언어 철학자들에게도 남아 있다.

피에르 아벨라르와 엘로이즈의 이야기는 서구의 역사에서 가장 가슴 시린 사랑 이야기 중 하나로 기록된다. 이 이야기는 1999년에 나온 영화 〈존 말코비치 되기〉에서 연극배우 존 말코비치의 머릿속으로 이끄는 통로에 관한 대목에서 인용되었다(영화에서 배우 존 쿠삭이 맡은 배역은 꼭두각시 인형의 외설스러운 독백에서 피에르와 엘로이즈를 인용한다). 이 영화가 나오기 훨씬 전에 작곡가 콜 포터는 다음과 같은 표현을 남긴 바 있다. "아벨라르가 엘로이즈에게 말했듯이, 잊지 말고 소식 주세요, 제발."

하지만 실제로는 엘로이즈가 아벨라르에게 다음과 같이 썼다. "아내라는 이름이 더욱 성스럽고 가치있을지 모르나 나에게 더 달콤한 것은 연인이라는 단어입니다. 당신이 허락만 한다면, 첩이라 불려도, 창부라 불려도 상관없어요."

아벨라르는 인기와 명성이 절정일 때 엘로이즈의 가정 교사가 되었다. 둘은 사랑에 빠졌는데, 아벨라르가 그녀를 유혹했다고 한다. 그녀는 임신하게 되었고, 비밀리에 결혼을 했다. 엘로이즈의 후견인이었던 삼촌이 사건의 전말을 알고 그들의 비밀 결혼으로 크게 노한 나머지, 아벨라르를 고발하고 거세까지 시켰다. 아벨라르는 이런 사건들을 자서전 성격의 책인 《내 고통의 역사》에 자세히 기술했다.

아벨라르는 엘로이즈에게 수녀가 될 것을 당부하고 자신은 수사가 되어 열정적인 사랑의 편지를 꾸준히 주고받았다. 아벨라르가 엘로이즈에게 반한 것보다는 엘로이즈가 아벨라르에게 더 매혹되었다.

비록 거세라는 형벌이 아벨라르가 저지른 배교죄에 따른 것으로서 드문 종류는 아니었지만, 그는 남은 생애 동안 불구로 살아야 한다는 수치심에 시달렸으며, 그럴수록 더욱 위축된 마음을 연구에 쏟아 부었다. 엘로이즈는 나중에 큰 수녀원의 성공적인 원장이 되었으며, 두 사람은 마침내 함께 묻혔다.

이슬람의 영향

어떻게 그리고 왜 유대교와 이슬람 철학은 스콜라 전통의 일부가 되었나?

아랍인, (북아프리카의) 베르베르인, 그 외 다른 무슬림들이 711년 이슬람 군사 운동의 일환으로 기독교 국가인 스페인을 침공했다. 이런 군사 운동 후에는 지속적인 문화 교류를 뒷받침하는 이주화가 뒤따랐다. 무슬림들은 '고유의 경전'을 갖고 있다는 점에서 같은 일신교 종교인 기독교뿐만 아니라 유대교도 용인하는 경향이 있었다(즉, 세 종교는 모두 유일한 신과 고유의 경전이 있다). 결국 무슬림 통치자에 의해 유대교와 기독교라는 두 종교를 용인한 결과, 원래 기독교 전통이었던 스콜라 철학은 유대교와 이슬람 철학을 혼합시키게 되었다.

이슬람교는 어떻게 시작되었나?

사우디아라비아에서 태어나 메디나에서 사망한 예언자 무함마드(?570~632)가 이슬람교를 세운 교조이다. 그가 마흔이 되었을 때 명상하는 도중에 가브리엘 천사가 나타나 공현epiphany의 계시를 받았다. 예순이 될 때까지 그는, 구약의 아브라함으로부터 신약의 나사렛 예수에 이르기까지, 그리고 또 이어지는 예언자들의 계보에서 자신이 그 정점에 이른 존재임을 확인하는 계시를 지속적으로 경험했다. 그의 계

시를 전사(轉寫)한 기록은 이슬람 경전인 쿠란 혹은 코란의 바탕이 되었다. 무함마드는 이 새로운 종교를 전파해야 하는 신성한 소명을 가졌다.

이슬람 초기 100년 동안에 '지하드'라 불리는 성전(聖戰)이 프랑스에까지 파급되어, 투르 지방에서는 샤를 왕이 무슬림을 패퇴시키기도 했다. 스페인의 경우엔 기독교와 양분되기도 했던 무어족이 아랍풍이 짙은 정원과 건물들을 지었는데, 그중 대표적인 것이 코르도바, 그라나다, 세비야, 톨레도 등에 있는 웅장한 도서관들이다 (스페인 건축에서 무슬림 문화의 영향은 현재까지 여전하다).

중세 유럽에 대한 무력 침공은 이슬람의 종교적 실천의 일환이었나?

그렇다. 하지만 이슬람교는 기독교를 금지시키거나 반대한 것은 아니다. 실제로 '그 책'을 뿌리로 하는 세 고등 종교 중 하나로서 이슬람은 유대교는 물론 기독교와도 많은 부분을 공유하고 있었다. 이슬람의 교리는 유일신에 대한 신앙, 기도의 중요성, 교회 개념으로서 신도들 사이의 형제애, 가난한 자를 돌보는 의무 등을 포함시켰다. 기독교와 비교할 때 이슬람의 두드러진 점은 가톨릭의 삼위일체 개념을 거부한다는 것, 금식 및 주일의 여러 신체 정화 방식, 평생 최소한 한 번의 메카 순례의 필요성 등이다. 그리고 신에 대한 지속적인 숭경, 구약의 예언자들에 대한 존경 등은 유대교와 공유하고 있는 점이다. 하지만 이슬람은 유대교와 달리 하늘나라에 대해 긍정적인 개념을 가지고 있다.

철학자들은 무슬림들에게 고마운 빚을 지고 있다. 왜냐하면 고대 그리스 철학 저작들을 보존하고 재발견한 사람들이 바로 무슬림 학자들이기 때문이다.

무슬림, 기독교인 그리고 유대교인 학자들은 방대한 도서 자료의 거점이자 학습의 중심지로서 무슬림이 세운 스페인의 도서관에서 서로 공조하며 연구 작업에 참여했다. 그 가장 위대한 성과가 이슬람 학자들이 처음으로 수행했던 고대 그리스 원전들의 재발견과 번역이었다. 마침내 아리스토텔레스가 부활하여 스콜라 철학의 교육 활동에 지렛대가 되었다. 같은 기간 동안 이슬람과 유대교 사상가들이 유럽의 철학자들에게 알려져 크게 존경받기도 했다.

철학에 대한 알-킨디의 주요 기여는 무엇인가?

유럽에서는 알킨디우스로 알려진 아부 유수프 알-킨디(?810~?880)는 고귀한 유산과 칼리페이트에서의 중요한 지위, 두 가지를 모두 가졌던 인물이다(칼리페이트caliphate란 칼리프가 이끄는 정부의 지도자들로 구성된 통치 기구이다). 그는 플라톤과 아리스토텔레스에 초점을 맞춘 서구 철학을 아랍에 소개시키는 일을 도모했다. 후계자들과는 달리, 그는 고대 그리스의 형이상학 저작들과 코란의 여러 부분들 사이의 직접적인 일치가 존재한다고 믿었다. 그의 작품은 아리스토텔레스주의보다 신플라톤주의에 더 가까웠으며, 그로부터 시작된 이런 전통은 바그다드에 아리스토텔레스주의 학교를 세운 미터 이븐 이아누스(940년경)의 학풍과 대조된다.

아비센나는 누구인가?

아비센나(980~1037)는 페르시아의 의사이자 아리스토텔레스 주석가였다. 그는 당시 사만 왕조의 수도이던 부카라 근처에서 태어났다(사만 왕조는 지금의 우즈베키스탄에 위치해 있었다). 그는 열 살이 될 때까지 코란과 아랍어 문법과 문학에 통달했고, 열여섯 살이 되기까지 자연과학, 형이상학, 의학 이론 등에서 높은 경지의 지식을 습득했다. 그는 또한 병을 치료하여 사만 왕자인 누흐 이븐 만수르(976~997)를 돕기도 해

박식한 페르시아 철학자 아비센나는 의사이기도 했지만, 누구보다 아리스토텔레스 철학에 능통한 주석가였다 .

그에 대한 보상으로 왕자의 도서관을 자유롭게 출입할 수 있는 권한을 얻었다.

아비센나는 아리스토텔레스에 관한 전문가가 되어, 그에 대한 방대한 주석서를 썼으며, 과학, 종교 및 철학에 대한 논문도 여러 편 썼다. 그의 의학 백과사전인 《알시파》(치료라는 의미)는 아리스토텔레스의 저작을 기초로 한 것이고, 그가 스물한 살 때 쓴 《알콰눈》(의학 전범)은 중동 및 유럽 전역에서 유명해진 책이다. 아리스토텔레스 해석가로서 그는 우리의 개념들의 보편 타당성은 마음의 산물이라는 주장을 한 것으로 유명하다.

하지만 그가 보편자에 관한 철저한 유명론자는 아니었다. 왜냐하면 동일한 종류의 사물들 사이에 있어서도 차이점과 유사점이 있고, 그것들은 사고와는 독립적으로 존재한다고 생각했기 때문이다. 그에게 사고의 산물들은 사물들의 형상적 질이었다. **우리의 개념들의 보편 타당성은 마음의 산물 자체**라는 이 유명한 신조는, 과학적 지식은 형상과 본질에 관한 진리에 있다는 아리스토텔레스의 주장과 일치했다. 하지만, 아비센나의 아리스토텔레스 해석이 한결 차분하고 비독창적으로 보일지라도, 그의 해석이 이슬람 사상과 조화를 이룰 수 있다는 주장은 곧바로 알-가잘리(1058~1111)에 의해 도전 받았다. 그리고 한 세대 후에 아베로에스에 의해 알-가잘리의 반론이 더욱 날카롭게 다듬어졌다.

알-가잘리는 누구인가?

아부 하미드 알-가잘리(1058~1111)는 철학자, 신학자, 법학자 그리고 수피 신비주의자였다. 중동 지역의 쿠리산(또는 코라산)에서 태어났으며, 당시 지식인들의 중심지인 니샤푸르에서 교육을 받았고, 바그다드에 있는 신학교인 니자미야의 학장이 되었는데, 그곳에서 그의 신학과 법률 강의는 명성이 자자했다. 그는 지식의 확실성을 모색했으나 학술적 연구로는 찾을 수 없다고 판단되자 학교에서의 모든 직위를 사임하고 가족으로부터도 떠나서 수피 신비주의자가 되었다. 10년간 방랑 생활을 한 그는 그때의 경험을 거울 삼아 니샤푸르로 돌아와서 다시 강의를 맡았다.

알-가잘리는 신의 은총의 결과에 의해서만 진리가 발견될 수 있다고 믿었다. 자신의 영혼에 관한 자서전인 《오류로부터의 구원》에서 그는 이슬람과 서구의 지적 전통 양쪽을 통한 진리와 확실성을 찾는 헛된 탐구에 대해 진술하면서, 감각적 지각과 이성적 지식으로는 절대 부족하다는 결론을 내렸다. 감각적 지각과 이성적 지식을 대신하는 것으로 그가 선택한 것은 "지고하신 신께서 내 가슴에 비추시는 한 줄기 빛…… 모든 지식의 열쇠"였다.

진리와 확실성을 추구하는 길잡이로서 철학적 권위에 대한 그의 공격, 특히 아비센나에 대한 공격은 그의 저서 《철학자들의 완고함》에서 정점에 달했다. 또한 《철학자들의 부조리》에서는 플라톤과 아리스토텔레스의 견해에 대한 세부적인 지적 공격을 취한 다음, 다시 아비센나를 공격했다.

수피즘이란 무엇인가?

수피즘은 이슬람의 신비주의 계열 분파로 그 고전기 혹은 '황금기' 는 1000년에서 1500년 사이였다. 이 수피즘은 바그다드에서 시작되어 페르시아, 인도, 북아프리카, 스페인에까지 퍼져나가면서 분파가 형성된 것으로 보인다. 이 운동은 학생들에게 숙소나 간이 쉼터를 지원했는데, 수피들이 그 지원의 주역이었고, 다른 사람들은 방문자로서 그곳에서 피정(避靜)을 취했다. 수피 수련자들은 각기 다른 수준의 영적 경지를 차례로 겪도록 되어 있었다. 그 첫째 과정은 '정진 수행stations' 이다. 여기에는 개인적인 자아와 속물적인 욕망에의 집착을 진정시키고자 하는 의지적이 행위가 요구된다. 목표는 신의 은총에 이르는 것이다. 일단 신의 은총이 허락되면 그것은 각자 사람에 따라 사랑, 신비로운 지식, 자아의식의 제거 등으로 체험될 수 있을 것이다.

수피즘은 비주류적 수행으로 시작되었으나 11세기 들어 이슬람 지도자들에 의해 수용되었으며, 그런 노력의 주역이 알-가잘리였다. 그 후 수피즘은 실천적 노선과 지적 노선이라는 두 계열로 구분되어 전개되었다. 실천적 노선에 따르기 위해서는 종교적 신조들의 수련과 순서에 따른 비법 전수가 요구되었다. 그 과정에서 여러 친

목 단체 및 사회 기구가 수반되어 오늘날 이슬람 세계에까지 존속되고 있다.

지적 노선은 철학 용어와 개념의 정립에서 발전을 도모했으며 신플라톤주의 철학의 영향을 수용했으며, 이븐 아라비(1240년경)의 신지학theosophy 체계에서 그 절정에 이르렀다. 이 체계에서 신은 유일한 존재이며, 나머지 존재들은 신의 자기 현시 결과로 간주된다. 신의 모든 자기 현시를 통해 확인될 수 있는 개별 존재는 완전한 인간이 되는 것을 궁극적 목표로 가지게 되는데, 그 실현은 오직 예언자 무함마드에 의해 겨우 실현될 수 있다는 것이다. 하지만 이런 지적 노선의 수피즘이 마침 알-가잘리가 "지식과 추론은 신을 경험하기 위한 믿을 만한 방법이 못 된다"는 깨달음의 일환으로 추구되었다는 점은 아이러니해 보인다.

왜 다른 철학자들이 아베로에스를 중요하게 여겼는가?

이슬람 세계에서는 이븐루시드로 알려진 아베로에스(1126~1198)는 스페인의 코르도바에서 태어났다. 그는 — 아비센나에서 시작되고 알-가잘리의 문제 제기를 거쳐 자신의 종합적 검토로 마치는 방식의 — 비교 철학적 전통을 새로운 경지의 지적 탐구 활동으로 정착시켰다. 그의 주요 계획은, 아비센나는 옹호했으나 알-가잘리는 반대했던 바, 아리스토텔레스의 철학이 이슬람 사상과 양립할 수 있는지에 관한 문제에서 당대 사람들과의 토론 문화를 정착시켜 매듭짓는 것이었다.

아베로에스의 생애와 작품에서 인상적인 것은 무엇인가?

아베로에스는 법관과 변호사를 숱하게 배출한 법조계 명문가 출신으로 태어나 종교법 및 일반법 변호사로 교육을 받았다. 그는 1153년 코르도바에서 마라케시까지 여행했는데, 스페인에선 볼 수 없었던 별자리Canope를 관측하게 되면서 지구는 둥글다는 아리스토텔레스의 주장이 옳았다는 판단을 했다. 마라케시 지역의 술탄은 그에게 아리스토텔레스 작품의 주석 시리즈를 낼 수 있도

아베로에스는 아비센나의 연구를 계승해서 아리스토텔레스의 철학 및 이슬람 사상과의 양립 가능성에 관한 논의에 주석을 달았다.

록 지원했으며, 그는 술탄의 주치의 겸 자문 역을 맡아 봉사했다. 그의 작품은 의학과 천문학에 관한 논문들을 포함하지만 가장 대표적인 것이 《부조리의 부조리》로서, 이는 알-가잘리의 《철학자들의 부조리》에 대한 (재)반론 격의 책이다. 《부조리의 부조리》에서 아베로에스는 모든 영역에서 지식을 획득하는 수단으로서 자연의 이성을 옹호한다. 아베로에스와 그 이후 다른 사람들은 자연의 이성에 의해, 종교적 직관 혹은 계시보다는 일상적 사고 과정을 의미하게 되었다.

아베로에스는 서양의 중세 철학에 영향력이 지대했던 아리스토텔레스의 주석 전집도 남겼다. 아리스토텔레스에 대한 그의 해석이 자신의 가정들과 부합하지 않을 경우, 상세한 보론을 다는 형식을 취했다. 예를 들어 아리스토텔레스의 《자연학》과 《천체에 관하여》는 두 개의 분리된 작품으로 보고 서로 다른 유형의 관측에 의거해 작성되었다. 하지만 플라톤의 영향을 받은 아베로에스는 그 둘이 통일된 하나인 것으로 가정했다.

아베로에스의 사상에서 가장 주목할 만한 것은 무엇인가?

대체적으로 아베로에스의 아리스토텔레스 철학은 플라톤의 개념에 의해 다듬어졌는데, 이는 고대 그리스 사상 전체가 정합적으로 구성되어 통일된 하나의 체계라는 그의 잘못된 믿음에 일부 기인한다. 또한 아베로에스는 '존재'의 동일한 의미를 통해 모든 학문이 연구될 수 있다고 아리스토텔레스가 주장한 것으로 믿었는데, 실제로 아리스토텔레스는 학문들이 다양하며 그 주제들도 본질적으로 다르다고 주장했다. 아베로에스는 자연 전체를 하나의 조화로운 질서 체계로 보았던 것이다. 영혼 불멸성 문제에서 이런 전체주의는 개별적 영혼들이 사후에도 서로 구분되지 않고 하나의 형상으로 결합된다는 그의 생각과 연관이 있다.

아베로에스는 또한 아리스토텔레스가 지구는 영원하다는 주장을 했다고 해석했는데, 이는 기독교의 창조 교리에 반하는 해석이었다. 뿐만 아니라 《종교와 철학의 조화에 관하여》에서는 서로 다른 수단·방법을 통해 동일한 진리에 도달할 수 있음을 보여주고자 노력했다. 즉 법을 다루는 사람은 변증법, 순수 이성의 활용에 능숙한 사람은 철학, 일반 교양 교육만 받은 사람의 경우는 수사학을 통해서 동일한 진

리에 도달할 수 있다고 생각했다.

마이모니데스

중세 사상에서 유대교 철학의 중요성은 무엇인가?

간혹 랍비 모세스 벤 마이문(RaMBaM)으로 조회되기도 하는 모세스 마이모니데스 혹은 마이몬의 아들 모세(1135~1204)는 향후 유대 사상과 토마스 아퀴나스의 철학, 그리고 이어지는 여러 학자들에게 막대한 영향을 미쳤다. 마이모니데스는 아베로에스와 마찬가지로 스페인 코르도바에서 태어났으며 아리스토텔레스에 많은 관심을 갖고 따랐다는 점도 같다. 그는 자신의 저술을 유대교 독자들로 제한하고자 했으나, 유일신 신앙과 고전 철학적 관점 사이의 관계에 대한 그의 통찰력은 유대교 철학자와 신학자들뿐만 아니라 가톨릭과 이슬람 사상가들 모두에 의해 연구되었다.

마이모니데스의 주요한 지적 기여는 무엇인가?

마이모니데스와 그의 가족들은 스페인에서 (이슬람으로의) 개종을 강요받자 1165년 이집트 카이로로 피신해 그곳의 유명한 이슬람 군사 지도자인 술탄 살라딘(1137~1193)과 그의 아들 알 아프달의 주치의가 되었다. 그는 열 권의 의학서를 쓰기도 했지만, 유대 사상에 가장 중요한 기여를 한 그의 유대교 신학 저술들은 다음과 같다. 《계명에 관한 책》은 구약에 근거한 613개의 법을 다뤘다. 《미슈나에 관한 주석》은 3세기 이전까지의 유대법 판례들을 모아 해설한 책인 《미슈나》에 관한 에세이 형식의 주석서로서, '신앙 13개 조문'의 실천적 목표에 대한 설명을 포함하고 있다. 《미슈네 토라》는 14권으로 된 광범위한 탈무드 주석서로서, 각 권마다 하나의 주제로 모은 율법들을 다뤘으며, 오늘날까지 고전의 지위를 유지하고 있다. 한편 마이모니데스의 철학 저술은 《당황하는 자를 위한 안내서》인데, 이는 아리스토텔레스 경향 아랍 철학자의 견해를 취하여 유대교 신학을 합리적으로 해석한 것이지만, 서양 철학 전반에 걸쳐 직접적인 영향을 끼쳤다.

왜 마이모니데스의 《당황하는 자를 위한 안내서》는 여전히 위대한 문헌으로 간주되는가?

마이모니데스의 《당황하는 자를 위한 안내서*Guide df the perplewed*》는 지식적으로 그리스 과학과 종교 사이가 분절된 당대 지식인들을 겨냥한 것이었다. 그의 저술 의도는 독자들로 하여금 종교를 포기하지 않고도 철학을 이해할 수 있도록 돕는 데 있었던 것 같다. 논리적 추론에 따를 만한 정신적 능력이 결여된 독자들을 만들거나 자극하지 않기 위해 그는 아리스토텔레스의 철학을 책머리에 한꺼번에 집중해서 제시하지 않고 전편에 걸쳐 주의 깊게 산재시켰다. 그는 종종 한 입장과 그 반대의 입장을 대립시켜 동시에 제시하는 방법을 썼다. 다시 말해 이미 혼란을 겪으며 당황하는 자들을 안내하는 마이모니데스의 첫 단계는 그들의 혼란을 한층 더 깊게 하는 것이었다. 그러나 마이모니데스는 기존의 혼란을 매우 주도면밀하게 심화시켰기 때문에 그의 《당황하는 자를 위한 안내서》는 오래도록 학문적 논의를 이끌어왔다(〈당황하는 자를 위한 안내서〉는 현재 〈방황하는 자들을 위한 안내서〉로 소개되고 있다 – 편집자 주).

왜 철학자들은 마이모니데스를 사랑했나?

마이모니데스는 철학자들이 종교적 위세에 의한 박해로 두려움에 떨던 시기에 종교적 맥락에서 철학 사상에 대한 정당화를 제공했다. 아리스토텔레스주의 철학 — 당시로서 최선의 이성적 결론 — 을 종교와 조화시키는 과정에서 그가 제기한 문제점은 다시 지식의 한계는 무엇이며, 이성이 고갈되었을 때는 어떻게 결론짓게 되는지 등에 관한 철학적 문제들을 종교 자체에서 찾았다. 바꿔 말하면, 이성의 한계는 곧 인간 지식의 한계라고 말해야 하는가, 아니면 이성의 한계를 종교적 믿음과 계시의 영역에까지 확장해야 하는가 하는 문제였다. 엄밀히 말하면 이런 것들은 우리가 종교에 관해서 어떻게 생각해야 하는가 하는 문제이다.

위대한 종교의 시대였던 중세는 철학자들이 신은 존재하며 선한 존재라는 기본 전제로부터 그들의 철학을 시작하도록 강요받는 환경이었다. 하지만 철학자들은

언제나 지식의 한계까지 밀어붙이며 그 한계 안에서 확실성을 찾고자 하는 동기를 부여받아왔다. 이에 마이모니데스는 아리스토텔레스를 철학의 전형으로 동원함으로써 당시의 문제를, 유대교의 신뿐만 아니라 기독교(및 이슬람의) 신에 대해서도, 이성이 신 존재의 믿음과 그 교육 가능성을 정당화시킬 수 있는지 여부를 묻는 문제로 전환시켜 제기할 수 있었다.

여기서 이런 문제 제기와 관련해 우리가 기억해두어야 할 점이 있다. 만일 당당하고 의문의 여지가 없는 철학자의 전형, 즉 아리스토텔레스의 권위에 의한 보호 없이 이런 문제 제기를 했더라면 중세 철학자들은 파문(충성과 신앙의 공동체로부터의 추방, 제거)을 당하고 생계를 잃거나 죽음 자체에 이를 수도 있었을 것이라는 점이다. 위대한 종교의 시대를 살았던 철학자들은 바보가 아니어서, 유럽과 중동의 사회·정치·경제의 모든 국면을 관장하는 변형된 신학 체제와 그 지도자들에게는 겉보기의 충성을 바치면서, 동시에 자신이 확신하는 특정 종교를 진정으로 지지했다.

《당황하는 자를 위한 안내서》에서 다룬 당황스러운 의문의 예들은 어떤 것들이 있나?

이 책에서 제시한 첫 번째이자 가장 중요한 의문은 사람들이 신에 대해 가질 수 있는 지식은 어떤 종류의 지식인가 하는 점이다. 마이모니데스가 아비센나로부터 전수한 부정 신학의 원리에 따르면, 신에 관해 긍정적으로 알 수 있는 것은 아무것도 없다. 왜냐하면 신은 인간이 경험하는 존재들과 공통인 것을 가지고 있지 않고, 그래서 인간이 알 수 있는 전부는 신이 아닌 것뿐이기 때문이다(부정 신학이란 신은 인간에게 알려질 수 없다는 원리로서, '신은 ~이다' 라는 긍정적인 지식은 인간이 알 수 없고, '신은 ~이 아니다' 라는 부정의 지식만 알 수 있다는 의미이다).

두 번째는, 유대교가 근거하는 신의 개념과 아리스토텔레스 철학의 신의 개념 사이에 모순이 있다는 점이다. 철학적 개념의 신은 지적인 존재인 반면에 종교적 개념의 신은 어떤 존재인지 알려질 수 없기 때문이다. 마이모니데스는 이 문제를 다음과 같은 소위 '절묘한 결론' 으로 종합해냈다.

그로부터 다음과 같은 사실이 뒤따를 것이다. 모든 완전함의 종류들 가운데서도 지성을 가진 모든 사람들이 완전하다고 한결같이 인정하는 존재인 신성도, 모든 존재가 고려되는 한, 새로운 것은 아무것도 만들어낼 수가 없다. 만일 그가(신성이) 한 마리 파리의 날개를 조금 길게 늘이거나 벌레의 다리를 조금만 짧게 줄이고자 해도 그는 그것을 결코 해낼 수가 없다. 하지만 이 지점에서 아리스토텔레스는 다음과 같이 말할 것이다. 어떤 존재의 지금 있는 바와 다른 것이 되게 하는 일은 불가능하기도 하거니와, 신성은 그런 일을 아예 원하지 않을 것이다. 그런 일(이미 존재하는 것과는 다른 새로운 것을 만들어내는 일)은 신성의 완전함을 더해주는 것이 아니고, 특정 관점에서 보면 오히려 결함일 수 있다.

세 번째는, 마이모니데스가 아리스토텔레스주의 신조 가운데 하나인 세계의 영원성을 부정했다는 점이다. 하지만 그는 이런 부정에 대한 결정적인 합리적 정당성을 제공할 수 없었음에도 불구하고, 이것이 곧 종교가 확실히 옳다는 것을 함축하는 사안이라고 단언하지도 않았다.

토마스 아퀴나스

토마스 아퀴나스는 누구이며, 그를 중세의 최고 위대한 철학자로 만든 것은 무엇인가?

토마스 아퀴나스(?1225~1274)는 이탈리아의 나폴리 근교 로카세카(Roccaseca) 성에서 아퀴노(Aquino) 지방 영주 중 하나인 란돌포의 9남매 중 일곱 번째 아들(아들 넷 중에서는 막내)로 태어났다. 그는 베네딕트 수도원에서 종교 관련 공부를 했고, 다양한 교양 과목(일곱 개의 필수 학문인 문법, 논리학, 수사학, 대수학, 기하학, 음악, 천문학) 공부는 나폴리 대학에서 했으며 스무 살이 되었을 때 도미니크 설교자 수도회에 들어갔다. 파리에서 신학을 공부한 뒤 그곳에서 1256년에 박사가 되었고, 1259년까지 가르쳤다.

이후 로마 근처의 도미니크 수도원에서 신학과 철학을 가르쳤고, 다시 파리 대학으로 돌아갔다. 그는 1272년 나폴리에서 1년가량 가르쳤고, 1274년 리옹 공의회에 참석하라는 교황의 명에 따라 리옹으로 향하던 도중 건강이 악화되어 자신의 출생지 근처에서 100여 명의 수도자와 평신도들이 임종을 지키는 가운데 죽음을 맞았다.

아퀴나스는 강의를 맡았던 기간인 1252~1273년 동안 엄청난 분량의 저작을 남겼으며, 아리스토텔레스의 해석에서 오랜 숙원의 문제들을 깔끔히 해결하여, 기독교 신학과 철학 간의 구분을 명료하게 만들고 그 둘이 어떻게 예민한 사안들에 있어서도 모순 없이 양립 가능한지를 보여주었다.

토마스 아퀴나스의 주요 저작들은 무엇인가?

아퀴나스는 전 생애를 통해 어마어마한 분량의 작품을 썼다. 아리스토텔레스의 작품들에 대한 주석서들, 알베르투스 마그누스(?1193~1280)의 강의에 관한 보고서, 페트루스 롬바르두스의 《문장론》에 대한 주석서, 《아베로에스주의자에 반대하는 지성의 통일성에 관하여》를 포함한 《존재와 본질에 관하여》, 《자연의 원리에 관하여》 등의 철학 논문들이 있다. 하지만 무엇보다 가장 그를 유명하게 만든 저작은 《대이교도 대전*Summa contra Gentiles*》(1259~1264)과 《신학 대전*Summa Theologiae*》 1, 2(1266~1272), 3(1272~1273, 미완성)이다.

토마스 아퀴나스의 주요 고유 개념들은 무엇인가?

토마스 아퀴나스가 아리스토텔레스주의자들을 비롯해 스토아 철학자, 신플라톤주의자 그리고 아우구스티누스의 영향까지 두루 깊게 받았다 할지라도, 기독교 신학과 묶어 제시한 과거 철학에 대한 그의 해법은 독창적인 것으로 평가된다. 현안 문제에 대한 그의 여러 해법들은 지적 타협을 배제하고도 온건성을 보여준다. 예컨대 보편자에 대한(즉, 보편적 개념의 용어들이 실제로 존재하는 일반 사물들의 이름인지 여부에 대한) 그의 입장은 '온건 실재론'으로 불릴 정도이다. 아퀴나스는 보편자가 독립적인 실체로서 따로 존재한다고 믿지 않았다. 그에 의하면, 보편자는 사물의 외부에 존재하지만 신의 정신 안에 신성한 이데아로서 존재하며, 동일한 종의 모든 구성 요소들 속에서는 구체적이고 개별적인 본질로서(예컨대, 구체적인 고양이들 전체를 아울러 부르는 '고양이'라는 이름이 함축하는 바로서) 사물 내에 존재하고, 개체로부터 보편 개념을 추상한 후에는 인간의 정신 내에 존재하기도 한다. 이런 그의 해법이 문제를 여전히 열린 채로 남겨두는 재진술 형태보다 진일보한 것인지 여부를 떠나, 그가 오래된 보편자 문제에 관한 새로운 사유 방식을 여러모로 선명하게 각인시킨 것은 분명한 사실이다.

아퀴나스는 신앙과 이성 간의 갈등을 해결할 수 있었나?

토마스 아퀴나스는 신앙을 마음의 특정한 느낌 혹은 심정적 태도라기보다는 일종의 지식으로 재정의했다. 그는 이에 관하여 말하기를, 지식으로서 신앙의 위상은 '견해'와 '과학적 지식'의 중간이라고 했다. 신앙이 견해보다 높은 위상인 것은 견해보다는 강력한 동의를 내포하기 때문이고, 과학적 지식보다 낮은 위상인 것은 과학적 지식과 달리 동의를 강제할 수 있는 사실적 증거를 결여하고 있기 때문이다.

아퀴나스는 철학이란 기존의 지식이나 경험을 바탕으로 새로운 지식에 이르게 하는 이성적 추론으로 생각하고, 이를 일컬어 '발견법'이라 했다. 또한 철학이란 일련의 믿음을 기본 원리에까지 되돌려 추적함으로써 믿음을 확고히 하는 이성의 활용이라 주장하고, 이를 일컬어 '환원법'이라 했다. 시작할 때의 이런 일련의 믿음이 신앙의 차원에 기초한 철학은 신학이 된다. 한편, 신학 또한 두 가지가 있다. 하나는 성서(기록물)의 진리에 관

성 토마스 아퀴나스가 플라톤과 아리스토텔레스 사이에 앉아 있는 장면 ─ 성 토마스는 여전히 지금까지 생존했던 가장 위대한 철학자들 가운데 한 사람으로 간주되고 있다.

한 것으로서 자체적 탐구 목적을 가지며, 다른 하나는 종교적 원리에 의거한 형이상학으로서 일종의 설명 체계이다.

이와 같은 형이상학에 대한 그의 신학적 개념에도 불구하고 아퀴나스는 철학과 신학을 구분했다. 예컨대 그는 우주가 영원하지 않다는 종교적 믿음을 주장했음에도 불구하고, 자신이 쓴 《세계의 영원성에 관하여 *De Aeternitate Mundi*》에서 철학적

추론에 근거하면 세계가 영원할 수 있다고 말했다. 종교적 발견이나 계시가 아닌 일반적 관점에서 아퀴나스가 믿었던 바는, 우리가 감각경험과 그에 대한 인지적 이해로부터 지식을 얻는다는 것이다.

당대의 여느 사람들과 마찬가지로 토마스 아퀴나스는 곤충과 기생충 따위의 자발적 발생을 신봉했다. 자발적 발생의 신조는 말 그대로 부모의 생식 기관을 거치지 않고 생명체가 돌연 나타날 수 있다는 주장이다. 이러한 생물학적 신화는 아리스토텔레스까지 거슬러 올라가는데, 생각해보면 실로 해괴한 사실이다. 굳이 예를 들자면, 파리 따위는 쓰레기통에서 졸지에 나타나는 것처럼 보일 수도 있을 것이다. 그 파리의 모체가 어미 파리가 앞서 낳아놓은 알에서 깨어난 구더기였음을 발견하기까지는 오랜 세월이 걸렸다(17세기에 들어서야 가능했다).

아퀴나스는 곤충의 경우 악마의 영향으로 불결성에서 생명을 얻는다고 믿었다. 그런데 생쥐의 경우는 그 진행(태어남)이 별들의 위치 변화에 좌우되는 것으로 생각했다. 이와 같은 새끼 생쥐의 기원에 대한 '증명'으로서 아퀴나스는 한 가지 비법을 가지고 있었다 — 낡은 누더기 조각과 밀을 가져다 가지런한 상태로 서랍 속에 한동안 넣어두었다가 (별들의 기운을 충분히 받을 만큼 놔둔다) 나중에 엿보듯이 들여다본다. 여기서 소박한 형태의 경험주의가 작동하고 있다. 집에 생쥐가 같이 살고 있다 하더라도 거주하는 주민은 쥐가 새끼 낳는 장면을 볼 기회가 드물 것이며, 암컷이 둥우리를 짓고 새끼를 출산하는 장면을 보기란 더욱 드물 것이다. 만일 방치해두었던 서랍에서 그런 상황이 일어난 후에 무심코 서랍을 열어본다면, 최종적으로 봤을 때는 누더기와 밀밖에 없었던 곳에서 졸지에 분홍빛 벌거숭이 새끼들이 생겨난 것처럼 보일 게 분명하다(독자들도 집에서 시도해본다면 누더기와 밀을 어미 쥐는 반기겠지만, 굳이 서랍에 놓아둘 필요는 없을 것이다).

아퀴나스의 과학에 대한 견해는 무엇인가?

아리스토텔레스주의자로서 토마스 아퀴나스는 모든 사물에 그 고유의 자리(장소)가 있다고 믿었다. 그는 또한 지구의 자리는 53개 동심구co-centric sphere 중 49번째 중앙에 있다는 에우독소스의 천문학적 견해를 지지했다. 하지만 그는 과학적 결론에는 판단과 평가가 요구된다고 가르쳤으며, 따라서 모든 발견 사실들과 그 보고는 신중하게 고려되고 비교 검토를 거쳐야 한다고 주장했다. 그는 또한 과학적 정보들은 변경되고 고칠 수도 있다고 믿었는데, 이는 근대 경험주의의 강력한 신조이기도 하다.

아퀴나스는 영혼에 관해 어떻게 생각했는가?

토마스 아퀴나스는 일반적으로 알려진 인간의 감각, 지능, 의지, 정서 등에 관해 주도면밀하게 조사했음에도 불구하고, 결국 인간이란 그런 모든 기능 혹은 '능력' 전체를 담지한 존재라고 믿었다. 단순하게 신체가 인간의 물질적 질료라고 하면, 영혼은 그 '실체적' 형상이다. 영혼이 보편적 진리를 이해하고 자유 의지를 경험할 수 있음은 영혼의 비물질성을 입증하는 것이다. 또한 영혼은 나뉠 수 없는 것이기 때문에 영혼은 부패할 수 없고, 그러므로 영원하다. 게다가 영혼은 나뉠 수 없기 때문에 생물학적 본성의 산물이 아니고 직접 신에 의해 만들어지며, 그때마다 (신이 직접 영혼을 만들 때마다) 사람이 태어난다. 신의 이런 (인간 탄생에의) 신성한 관여는 인간의 생물학적 생식 과정에 품격과 고결함을 부여하고, 결혼 제도가 그것을 한껏 드높인다.

왜 가톨릭에서는 아퀴나스를 '천사적 박사'라고 부르는가?

토마스 아퀴나스는 '천사적 박사'로 불렸는데, 그 이유는 인지 능력이 인간보다 뛰어난 존재들이 있음을 그가 믿었기 때문이다. 그런 존재들은 유한하긴 하지만 우주의 최고 수준에 있으며 순전히 정신적인 존재였다. 그들은 천사였다.

아퀴나스가 비종교적 의미에서 형이상학에 기여한 것은 무엇인가?

토마스 아퀴나스는 "'있음'은 무엇을 의미하는가?"라는 물음에 많은 관심을 가졌

다. 그는 전체로서의 실체를 이해하고자 천착했으며, 궁극적 원인들을 통해 모든 경험에 대한 설명 체계를 정립시키고자 많은 노력을 기울였다. 비물질적 실체를 고려한다는 점과 연관된 형이상학에 관해 그는 다음과 같이 언급했다. "이 학문(형이상학)이 이런저런 항목들을 고려한다 해도 그 개별적인 항목 하나하나를 주제로 삼지는 않는다. 형이상학의 주제는 단순히 보편적 존재일 따름이다." 이를 곧이곧대로 받아들이면 형이상학에 관한 이 주장은 보편적 존재를 종교적 초월자로 여겨 기술하고 있는 셈이다. 왜냐하면 종교적 실체들은 존재를 가지며, 그 존재가 가장 보편적인 철학 탐구의 주제이기 때문이다. 결국 아퀴나스의 형이상학적 결론은 다음과 같이 정리된다. 모든 존재는 구별 가능함과 동시에 분할 불가능하고unum, 의미를 가지며verum, 그것에 관한 선한 어떤 것이 있다bonum.

아퀴나스는 '한 존재임'과 '그것임'을 분별했다. '한 존재임'은 본질essence과 관계되는 것이고, '그것임'은 실체esse와 관계되는 것이다. 어떤 사물의 본질은 그 사물이 존재함을 고려하지 않고서도 우리가 알 수 있다. 그러나 실체를 결정하는 판단의 행위에는 어떤 사물의 존재를 요구한다.

다른 중요한 중세 철학자들

존 둔스 스코투스의 작품은 토마스 아퀴나스의 것과 어떻게 달랐나?

존 둔스 스코투스(?1266~1308)는 아퀴나스의 주장에 반대하지 않았으나, 아리스토텔레스에 대한 관심으로 널리 받아들여졌던 철학과 신학의 담론에 성 아우구스티누스의 사상을 끌어들였다. 그는 또한 아비센나의 통일된 존재의 개념을 자신의 무한 존재로서의 신 개념에 끌어들였다. 여기서 무한 존재인 신은 모세에게 "나는 스스로 나인 존재(I am who am)"로 나타난 바 있었다.

둔스 스코투스는 옥스퍼드, 파리, 쾰른 등지에서 강의했는데, 그가 가르친 것은 신이 개별적 존재 각각을 그 고유 본성 혹은 '개체 원리'에 따라 창조했다는 것이었다. 그는 합리적인 것은 지성이 아닌 의지라고 생각했다. 왜냐하면 이쪽 혹은 그 반대쪽 중 하나를 선택하는 것은 의지이기 때문이다. 의지는 행복과 자기실현을 추구

요하네스 둔스 스코투스는 성 아우구스티누스와 아비센나와 같은 다른 사람들의 작품을 끌어들임으로써 토마스 이후의 철학 논의 폭을 넓히는 데 기여했다.

알베르투스 마그누스는 아리스토텔레스의 사상에 입각한 가톨릭 교리를 선호하는 신학자이자 철학자였다.

하는 지적 욕구와 대상을 그 고유 가치에 근거해서 사랑하고자 하는 욕망, 둘 다 가지고 있다. 이러한 의지의 모습들은, 우리 자신을 위하여 그리고 신이기 때문에, 우리로 하여금 신을 사랑하게 한다. 둔스 스코투스는 '직관적 인식' 이라는 새로운 개념을 도입했다. 이 개념은 우리 자신의 생각에 확신을 갖게 하고, 내세에서는 신의 직접적인 현존 안에 있게 하는 인식의 한 종류이다.

알베르투스 마그누스는 누구인가?

알베르투스 마그누스(?1200~1280)는 독일 출신의 도미니크회 신학자이자 철학에도 헌신한 학자였다. 파리 대학의 신학 책임자로서 그는 유대교 경전인 《탈무드》를 불온서로 평결한 위원회의 일원이었다. 그의 철학적 기여는 주로 아리스토텔레스의 주석들로 구성되었다. 아리스토텔레스가 가톨릭 교리와 일치하지 않는 경우, 마그누스는 아리스토텔레스를 정정하고 다른 설명으로 대체했다. 그의 물리적 세계에 대한 관점은 점성술에 의존했다. 예를 들면, 목성과 토성의 영향이 증가하면 그 결과는 큰 화제로 나타나고, 그 영향이 감소하면 결과가 홍수로 나타난다고 믿었다.

오컴(오컴의 윌리엄)은 누구인가?

"영민한 박사 이상의 박사"로 알려진 오컴의 윌리엄(?1285~?1349)은 프란체스코

117

수도회의 수도자였다. 그는 옥스퍼드에서 신학을 공부하고 논리학에서 매우 강력한 논법을 발전시켰는데, 그것이 그의 철저한 경험주의적 통찰력을 이끌었을 것이다. 경험주의란 신학과는 독립적인 교의(doctrine)로서 중세 스콜라 철학자들 사이에서는 그리 널리 수용되지 못했고, 따라서 '오컴의 면도날'로 알려진 "필요 이상 여러 존재를 가정하지 말아야 한다"라는 경험주의의 원리도 당시에는 별로 수용되지 못했다. 이 원리를 근대 과학적 형태로 수용하면, 오컴의 면도날은 과학 이론을 구성할 때 관측된 자료를 설명하는 데 반드시 필요한 것 이상의 실체들을 만들거나 가정하지 말아야 한다는 절약과 단순성의 원리이다.

오컴의 경험주의는 보편자 문제에도 적용되어 보편자의 실재 주장을 전면 거부했다. 오컴에 따르면, 유일한 실재하는 존재는 개별적 사물들(즉 개체들)뿐이다. 그는 보편자가 인위적 개념에 붙인 이름에 불과하다고 주장했다. 이런 오컴의 교의를 '개념'에 주목하면 **개념주의**라고 부르기도 하지만, '이름에 불과함'에 주목하면 **유명론**이라 부른다. 자연에는 의지적인 인과관계가 없다고 단언하면서 그는 심지어 신조차도 물리적 인과 법칙에는 개입할 수 없다고 주장했다. 그렇지만 오컴은 신이 인간의 인식에는 개입할 수 있다고 믿었다.

오컴의 생각이 처음에는 얼마나 잘 수용되었는가?

옥스퍼드 대학 전임 총장 존 루터렐은 오컴의 저술에서 50항목이 넘는 이단적 주장들을 추려내 교황 요한 22세(1249~1334)에게 보냈다. 이로 인해 오컴은 교황이 소집한 아비뇽 위원회에 소환되었다. 당시는 교황청이 프랑스 추기경들에 의해 로마에서 아비뇽으로 옮겨가 있었다(교황청의 이주는 로마로 돌아가지 못할 상황이 길어지면서 이루어졌고 그 기간은 1309~1377년이었는데, 이를 바빌론 사람들이 포로로 잡혀 지낸 사건에 빗대어 '바빌론의 유수'라고 한다). 그에게 직접적인 유죄 평결이 내려지진 않았지만, 2년 후에 51개 항목에 달하는 오컴의 공격적인 명제들은 불온하다는 판정을 받았다. 그러나 아비뇽에서 머무르는 동안 오컴은 프란체스코 수도회의 청빈 문제에 관한 교황의 판단에 대해 면밀한 검토를 수행했다. 그 결과 오컴은 성직자들의 청빈에 반대하는 요한 22세가 교황 본연의 권한에 위배되기에 "진정한 교황이 아니다"라는 결론을 내렸다.

　교황 요한 22세가 오컴의 판단이 담긴 성직자의 청빈을 주장하는 청원 문서를 비난하자 그는 교황 반대 세력 진영의 보호를 받기 위해 바바리아(지금의 뮌헨)로 피신했다. 오컴이 그곳에 있는 동안 교황은 그를 궐석으로 파문시켰다. 당시 바바리아는 흑사병이 창궐했는데, 그 역시 바바리아의 한 수도원에서 흑사병에 걸려 사망한 것으로 추정된다.

르네상스 휴머니즘

어떤 역사 발전이 르네상스 휴머니즘의 출발을 도왔는가?

　르네상스의 역사적 시기는 통상적으로 1450년에서 1600년까지를 포함하는 것으로 여긴다. 이 시기는 중세와 근대의 전환과 관계된다. 이탈리아에서 시작될 때부터 르네상스는, 주된 관심 대상이 인생에 대한 종교적 선입견으로부터 세속적이며 지각 가능한 세계로 변환됨에 따라, 그것을 반영하는 문학, 시, 미술 분야에서의 새로운 관심에 의해 부각되었다. 서양의 세계는 이와 같은 가치의 전환에 따라 변화했다. 코페르니쿠스 혁명은 물리적 우주 안에서의 사람들의 삶의 터전과 그에 대한 탐구를 근본적으로 구조 변경했고, 마침내 과학혁명의 시작을 이끌었다. 또 국가 개념의 정부를 예비하는 씨앗들은 정치사상과 그 실천에 뿌려졌다. 이 위대한 탐험과 여행의 시대에는 또한 유럽인들의 아시아, 아프리카, 아메리카로의 모험적 진출을 이끌며 과학 발전과 부의 축적이 시작되었다. 르네상스 기간의 이 모든 인자들이 철학의 행로를 변화시켰다.

르네상스 정신에 끼친 마르실리오 피치노의 기여는 무엇인가?

　마르실리오 피치노(1433~1499)는 1473년에 사제로 서품을 받았고, 문화 생활의 중심지인 피렌체에서 플라톤주의에 입각한 기독교 포교 활동을 시도했다. 그는 플라톤의 대화편을 라틴어로 번역한 첫 인물임에도 불구하고 순수한 플라톤주의자는 아

니었다. 그는 플로티노스 및 다른 신플라톤주의 작품들의 번역본도 제공했다.

피치노는 플라톤이 이집트의 전설적인 마법사인 헤르메스 트리스메기스토스로부터 개념을 차용했다고 믿었으며 헤르메스의 작품도 번역한 바 있다. 피치노는 종교와 철학을 결합시키는 지혜의 한 형식을 주장했다. 그는 《인생에 관한 세 권의 책》에서 '세계 영혼'은 신비의 방법으로 '세계의 몸체'와 연결된다는 생각을 제안했다. 인간의 경우에도 '별세계의 몸체(astral body)'가 신체와 영혼을 연결시켜주는 한, 비슷한 관계가 성립한다고 보았다. 이와 같은 세계와 인간의 평행 관계 구조는 마법을 연마함으로써 세속적인 물건들을 얻을 수 있음은 물론이고, 영혼이 앞서 있음을 주장할 수 있게 한다.

피치노의 세계관과 영적 믿음은 분명 아리스토텔레스주의 기독교에 반하는(아마 이단적인) 것으로서, 관련 문건의 엄청난 발행 부수는 중요한 문화 변화를 반영했다.

마르실로 피치노는 기독교 논쟁에서 플라톤의 작품들을 이용했던 사제이다.

피코 델라 미란돌라는 무엇으로 유명한가?

조반니 피코 델라 미란돌라(1463~1494)는 자신의 저서 《900명제》의 서문인 〈인간 존엄성에 관한 연설〉로 가장 유명한데, 이 문건은 그가 로마에서 대중을 상대로 토론하기 위해 쓴 것이다. 교황 위원회에서는 이 책의 명제들을 검열한 결과, 13개를 문제 삼았다. 이에 피코는 나중에 《변명》을 통해 정당화를 꾀했는데 교황 인노첸시오 8세(1432~1492)에 의해 불온 판정을 받았다.

조반니 피코 델라 미란돌라는 그가 쓴 〈인간 존엄성에 관한 연설〉로 인하여 교회로부터 박해를 받았다.

피코는 피신처를 찾아 프랑스로 갔으나 그곳에서 감옥에 수감되었다가 고향인 피렌체로 돌아가 집필에 전념했다. 그는 피치노에게서 소개받은 헤르메스 전통에 대해, 비록 일부 대목에서는 《점성술에 대한 논박》을 통해 반론을 폈지만, 대체적으로는 큰 관심을 기울였다.

〈인간 존엄성에 관한 연설〉이 르네상스 휴머니즘의 고전적 예로 알려지는 동안 인간의 존엄성이 우주 안에서 제자리를 차지했다고 그는 믿었다. 공언함으로써 그를 유명하게 한 인간의 자유는, 인간이 자신을 창조한다거나 자신의 운명을 계획할 수 있는 자유라기보다는, 기독교가 정의하는 선과 악 사이에서 선택할 수 있는 전통적 기독교의 자유이다.

데시데리위스 에라스무스의 사상에서 무엇이 철학적인가?

데시데리위스 에라스무스(1466~1536)는 네덜란드에서 성직자의 사생아로 태어나 성서 번역과 종교에 관한 사상으로 영국과 유럽 대륙 전역에서 널리 알려지고 높은 존경을 받았다. 그는 고대 이후 최초로 종교적 논의에서 회의주의를 인정한 사상가 가운데 한 사람이다. 그의 《우신 예찬》은 단순하면서 경건한 기독교 이념을 재소개했다. 하지만 마르틴 루터(1438~1546)가 종교개혁에서 에라스무스의 지원을 얻으려 했을 때 그는 루터 편을 드는 것을 마다했다. 이에 대해 루터가 자신을 비난하자 에라스무스는 《자유 의지에 관하여》를 통해 다음과 같이 응답했다. 루터가 안다고 주장하는 "인간은 자유 의지를 가지고 있지 않음"을 아는 것은 불가능하다.

에라스무스 자신은 철학자가 아니었으나, 스콜라 철학적 편견들에 흥미를 가지고 그 후속 논박을 지능적으로 가볍게 제시하곤 했다. 유럽에서의 교육

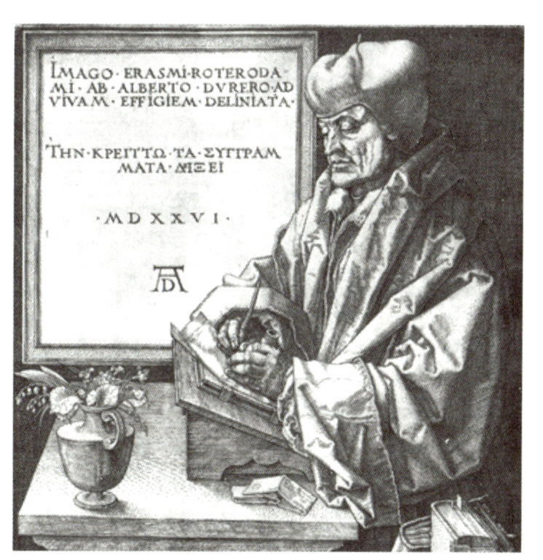

알브레히트 뒤러가 죽기 2년 전인 1526년에 제작한 작품에 묘사된 데시데리위스 에라스무스.

체제에 관한 그의 영향력을 통해 그리스, 라틴, 히브리 지역 사람들은 더욱 폭넓은 가르침을 받게 되었다. 전체적으로 볼 때 그는, 많은 학자들이 결국 계몽주의를 일으켰다고 믿는바, 일종의 비판 정신을 뒷받침해준 위대한 지원자였다.

토머스 모어의 유토피아적 미래상은 진지한 것이었나?

비록 토머스 모어(1478~1535, 나중에는 성 모어)가 에라스무스의 스콜라 철학을 조롱하는 비판에 크게 영향을 받기는 했지만, 그의 가장 중요한 작품인 《유토피아》에 담긴 생각들은 건전하고 진지했다. 작품 자체는 이상적 사회에 대한 근대적 묘사의 모델이 되었다. 에라스무스처럼 모어도 이상적인 삶을 찾기 위한 그리스 철학과 초기 기독교 정신으로 돌아갔다. 모어는 에피쿠로스로부터 영감을 찾았고, 그의 안내자(에라스무스)처럼, 취향이 같은 친구들과 어울리는 가운데 얻을 수 있는 단순하고 자연스러운 즐거움을 예찬했다.

《유토피아》의 주요 화자인 라파엘 히슬로디우스는 여행을 잘하는 철학자로서 플라톤, 플루타르코스, 아리스토텔레스, 로마의 지성인 세네카와 키케로 등에 관심이 많았다. 유토피아는 완전 평등주의, 공산주의 사회이다. 모든 구성원이 이 세상에서 행복을 얻는다는 주요 목표를 지원하기 위해 유토피아는 모어의 가치관을 반영해 여성 인권, 전통적 가족 제도, 기독교적 덕목 등을 존중한다.

헨리 8세의 자기편의적 정책에 대한 토마스 모어 경의 저항은 결국 그를 성자의 반열에 오르게 했다.

토머스 모어는 어떻게 순교자가 되었나?

모어는 철저한 수련을 거친 변호사였으며, 1517년 초에는 헨리 8세의 섭정을 돕는 비서로 일했다. 그를 임명했던 헨리 8세는 나중에 그를 대법관에 임명하기도 했다. 1534년에 영국 의회는 헨리 8세와 앤 불린 사이에서 태어날 자녀가 왕위를 상속하도록 하는 계승법Act of Succession을 통과시켰는데, 그 결과 헨리 8세의 전실 자녀들은 오히려 서자로 규정되었다(앤 불린이 낳은 엘리자베스의 경우, 헨리 8세가 이후 다시 재혼하여 서자로 규정되었으나 정치적 상황의 변화로 엘리자베스 1세 여왕이 되었다).

모어는 계승법을 확정짓는 수장령Act of Supremacy에 서약하기를 거부함으로써 반역죄로 런던탑에 갇혀 있다가 끝내 참수를 당했다. 모어는 고위 공직에 있는 동안에도 언제나 자신의 원칙에 충실했고, 그의 거부는 헨리 8세가 왕의 권한을 남용했다는 신념의 표현으로 해석되었다. 먼저 헨리 8세 자신이 교회의 수장도 겸한다는 선언을 하면, 교회 영지의 장악과 앤 불린과의 결혼을 성사시킬 수 있고, 왕위 계승에도 위법적으로 간섭할 수 있게 되었던 것이다. 사형 집행 형장에서 남긴 모어의 마지막 유언은, "국왕의 충실한 종복, 그러나 그보다도 신에게 충실한 종복"이었다. 모어는 1886년 가톨릭교회에 의해 시복되었고, 1935년 교황 비오 11세에 의해 시성되어 법률가의 수호성인으로 선포되었다(다시 2000년에는 교황 요한 바오로 2세에 의해 정치가의 수호성인으로 선포되었다).

왜 베르나르디노 텔레시오는 프랜시스 베이컨에 의해 '근대인의 효시'라고 불렸는가?

베르나르디노 텔레시오(1509~1588)는 파도바 대학에서 철학, 물리학, 수학을 공부하고 스물여섯 살에 박사 학위를 받았다. 그의 이어지는 교육 활동은 나폴리의 카라파 가문의 후원 아래 친구들과의 담론을 나누는 것이었다. 교황 그레고리오 13세(1502~1585)도 그를 찾았기 때문에 로마로 초대받았다. 그의 대표 저작은 《자체 원리에 따르는 자연의 본성에 관하여》였다.

텔레시오의 개혁성은 자연에 관한 지식이 물질 및 차가움/뜨거움의 힘에 관한 감각자료를 바탕으로 삼는다는 사실을 제안한 데 있다. 이처럼 감각자료를 강조했기

때문에 텔레시오는 곧이어 뒤따르는 프랜시스 베이컨과 갈릴레오 갈릴레이의 작품들에 나타나는 과학적 탐구에 대한 보다 견고한 초석을 다진 것으로 평가되었다. 감각자료에 의존하지 않고 개념적 분석을 강조한 아리스토텔레스에 반해 감각할 수 있는 증거를 강조했던 텔레시오를 가리켜 프랜시스 베이컨은 '근대인의 효시'라고 불렀다.

그러나 텔레시오가 과학 탐구에서 얻은 이론들은 신플라톤주의적 관점에서 크게 벗어나지 못했다. 텔레시오에 따르면, 하늘로 표상되는 뜨거움은 생명의 원천이자 생물적 기능의 원인이고, 땅(지구)으로 표상되는 차가움은 그 반대이다. 뜨거움은 또한 '정신'을 발산하는데, 그것은 감각 정보를 기대하고 수용할 목적으로 동물과 사람의 뇌 안에 위치해 있다고 보았다. 사람의 경우는 신에 의해 창조되고 정신과 육체 양쪽에 들어 있는 마음도 가지고 있다고 믿었다. 모든 존재는 자기 보존의 욕구 혹은 충동을 가지고 있는데, 특히 인간의 경우 영원한 삶이라는 목표를 포함한다고 생각했다.

성 테레사는 누구이며, 그녀의 주요 개념은 무엇인가?

아빌라의 성 테레사(1515~1582)는 스물두 살에 카르멜 수녀원에 들어갔고, 마흔일곱 살이 될 때까지 기도하는 방법에 관한 지침을 연구했다. 1560년에는 스페인의 카르멜 수녀원 개혁 운동의 일원이 되었다. 주요 작품으로는 자신의 영적 자서전인 《비다 *Vida*, (삶)》와 《완덕의 길》, 《내면의 성채》 등이 있으며 저술의 주된 의도는 독자들이 성 삼위일체에 자신을 내맡길 수 있도록 돕는 것이었다.

테레사는 단계별로 전개되는 신비주의를 주장했다. 그녀의 대표작인 《비다》에서 테레사는 영혼이란 정원 같은 것이라고 말했다. 첫째로 먼저 잡초가 제거될 필요가 있으며, 다음에는 맑은 샘에서 물을 길어다 공급해주어야 하듯이, 기도와 명상에 필요한 이런 최초의 수고가 수행되는 동안 자극적인 감각들은 마음의 흐트러짐을 최소화하도록 진정되어야 한다. 그리고 두 번째 단계인 침묵의 기도는 수차를 돌려 물을 공급하는 것과 같다. 세 번째 단계인 관조의 상태에 이르는 것은 마치 정원에 이르는 개울의 물이 지속적으로 흐르는 것에 비유된다. 이 시점부터 감각들은 더 이상

정상적으로 작동되지 않고, 세속에서 물러나 신과 일치되기를 원하게 된다. 네 번째 단계에서는 마침내 그 일치가 성취된다.

《내면의 성채》에서 테레사는 성채를 관조의 삶을 기술하기 위한 여러 개의 방들에 비유하는 방법을 사용한다. (이 책에서는) 초기 여섯 단계를 거친 다음, 영혼은 직접적인 신의 존재 안에 들어가게 된다.

아빌라의 성 테레사는 어떤 면에서 르네상스 인물이었나?

아빌라의 성 테레사가 쓴 작품들은 그녀가 겪은 것과 똑같은 영적 발전 과정의 경로를 취하도록 독자들을 초대하는 친밀한 방식으로 기록되었다. 고백의 초점이 궁극적으로 신과 종교 공동체였던 성 아우구스티누스와는 달리, 성 테레사는 개인의 마음과 영혼에 초점을 두고 있었다. 테레사가 자신의 작품들을 통해 감각적 심상을 활용한 점이나 신비주의적 접근을 구혼과 사랑에 비교한 점 등은 중세 기간 내내 표현될 수 없던 방법이었을 것이다. 또한 르네상스 이전에는 이처럼 여성의 목소리가 확연하게 담긴 종교적 표현을 발견할 수 없었다.

회의주의와 자연철학

SKEPTICISM AND NATURAL PHILOSOPHY

회의주의는 과학혁명과 어떻게 연관되었나?

르네상스 말기의 고대 그리스 회의론의 재등장은 처음엔 과학 탐구의 부상과 무관했다. 그보다는 오히려 가톨릭과 개신교 신학자들의 종교개혁 및 반종교개혁이 진행되는 동안 자신들의 입장을 한층 더 강화시키는 논증의 도구로 회의주의를 활용했고, 또한 가톨릭에서 신비주의와 단순한 신앙을 진리(진정한 지식)에 이르는 경로로 확신하는 데에도 활용했다.

회의주의는 어떻게 신앙과 신비주의 논증을 강화했는가?

종교들 간의 논쟁이 있을 때, 각 입장은 상대방에 대해 주장하는 지식에 회의주의를 적용하곤 했다. 가톨릭은 개신교 쪽의 신에 대한 지식 관련 주장을 반박하는 데 회의주의를 이용했고, 개신교 역시 똑같은 일을 가톨릭 쪽에 했다. 그 결과는 각 진영이 상대방의 진리 주장에 대해서보다는 자기 진영의 신앙 형태를 찬양하는 것으로 끝났다(각자의 신앙과 신비주의를 고양시키는 이런 회의주의 사용은 그 뿌리가 이슬람 철학, 특히 아부 하미드 알-가잘리의 작품들에 있었다). 그러다 양쪽 진영의 종교적 회의주의 논쟁이 차츰 시들해짐에 따라, 관찰과 과학적 방법을 지지하는 회의주의의 근대적 형태

127

가 널리 사용되기에 이르렀던 것이다.

자연철학자들로는 누가 있는가?

'자연철학' 이란 오늘날 우리가 과학이라고 부르는 것을 기술하는 데 사용된 용어였다. 갈릴레오 갈릴레이(1564~1642)부터 시작해 아이작 뉴턴(1642~1727)으로 끝나는 과학혁명의 주역들이 '자연철학자' 로 불렸는데, 당대의 철학자들에 의해 천재로 존경받았다. 이들 '자연철학자들' 의 발견과 이론이 학문 분야의 정의를 돕기 전까지는 과학 탐구, 철학적 지식 이론, 과학철학 등의 학문 구획선이 그려지지 않았었다.

근대 초기 및 근대 철학은 어떻게 과학혁명과 관계되었나?

존 로크와 토머스 홉스에 의해 발전한 것과 같은 근대 초기 경험주의 철학의 상당 부분이 과학혁명으로부터 직접 영감을 받았다. 프랜시스 베이컨은 과학이 인류 진보에 이용될 수 있기를 제안했고, 그것은 르네 데카르트의 꿈이기도 했다. 그런데 토머스 홉스와 존 로크는 둘 다, 베이컨이나 데카르트의 입장보다 당시 과학에 더 가까운, 실천적이며 엄격하게 경험주의적 지식 접근 방법을 취했다. 과학적으로 근거를 갖춘 홉스와 로크의 경험주의는 나중에 데이비드 흄에 의해 더욱 다듬어지고 존 스튜어트 밀(1806~1873)에 의해 집대성되었다.

철학적 합리주의자들은 누구였는가?

철학적 합리주의자들은 세계에 관한 **선험적** *a priori* 지식, 혹은 경험 없이 정신에 의해 알려지는 세계에 관한 일반적 진리들이 있다고 믿었다. 이는 우리의 모든 지식이 경험과 개별적 감각자료를 기반으로 한다는 경험주의자들의 주장과는 상반되는 것이다. 데카르트와 같은 17세기 철학적 합리주의자들은 경험주의자들의 인식론적 방법에는 반대했으나, 그들 역시 그들의 철학에서 과학을 비중 있게 다뤘다. 데카르트는 자신의 철학 전반에 걸쳐 과학 탐구와 그 설명을 적극적으로 포함시켰다. 18세기 말 데이비드 흄의 경험주의는 이마누엘 칸트와 관련된 특별한 문제 한 가지를 제기했다. 왜냐하면 데이비드 흄이 이전까지는 많은 사람들이 당연시했던 기본적 신념, 이를테면 신의 존재 사실이나 자연 현상의 인과관계 등에 대해 회의적 태도를 보였기 때문이다. 19세기에는 헤겔, 니체 그리고 초기 실존주의 철학자 키르케고르 등의 작품에서 경험주의에 대항하는 현대적 반론의 기운이 나타났다. 이런 반동의 여러 형태들은 선험적 진리와 종교적 지식의 타당성에 관한 관심을 공유했다.

미셸 드 몽테뉴

왜 몽테뉴가 중요했나?

미셸 에켐 드 몽테뉴(1533~1592)는 자신의 고향인 프랑스 보르도에서 시장이 되었던 문필가로서, 키케로를 다소 참조하면서 섹스투스 엠피리쿠스의 고대 그리스 회의주의를 부활시켰다. 몽테뉴가 살았던 시기는 르네상스 말기였지만, 그의 사상은 상당 부분이 뒤띠르는 과학혁명과 근대 철학 초반의 단계에 들어서 있었다. 그러므로 그는 르네상스 인물이라기보다는 그 이상이다.

미셸 드 몽테뉴는 회의론이 과학이나 종교에 관한 논쟁에서 효과적으로 사용될 수 있음을 보였다.

신앙 지상주의는 무엇이며, 몽테뉴가 회의주의에 관해 보여준 것과 어떤 관계가 있는가?

몽테뉴는 회의주의가 어떻게 양날의 칼이 될 수 있는지 보여주었다. 한편으로는 비합리적인 주장을 거부하는 데 사용될 수 있고 다른 한편으로는 감각경험 및 논리

적 추론의 결론들을 바탕으로 하는 과학적 지식을 포함하는, 그 어떤 지식의 확실성을 공격하는 데에도 사용될 수 있다. 이런 점은 회의주의가 개신교도들의 주장에 대한 가톨릭 신학자들의 공격 및 그 역방향의 공격에도 지극히 유용하게 만들었다. 오늘날 우리는 회의주의자를 어떤 주장이나 판단에 확실한 과학적 증거를 요구하는 사람으로 생각한다. 통상적으로 회의주의자라면 아무런 믿음도 갖지 않으려는 사람이다. 하지만 몽테뉴는 감각자료를 포함하는 최선의 증거들조차 의심할 수 있다고 보았다. 그래서 그에게 회의주의자는 일련의 신앙에 의존하는 것이 더 나은 삶을 살 수 있는 사람이었다. 여기서의 '신앙'에 담긴 몽테뉴의 본뜻은 확실한 지식의 불가능성에 관한 신앙뿐만 아니라 엄격한 지식을 구하는 모든 시도가 거부되는 신앙의 생활을 의미한다. 이것이 그의 '신앙 지상주의fideism'로 알려진 내용이다.

몽테뉴는 자신의 사상을 어떻게 전했나?

몽테뉴는 자신의 생각을 설명하기 위해 간접적인 접근법을 사용했는데, 이런 방법이 문학, 철학, 역사 등에 조예 깊은 지성인들에게는 놀라운 것이 아니었다. 몽테뉴는 15세기 스페인 신학자 레이몽 스봉이 (1420~1430년에) 쓴 《자연 신학 혹은, 피조물에 대한 책》을 번역했다. 레이몽 스봉은 몽테뉴가 공부했던 툴루즈 대학에서 학생들을 가르쳤던 인물이다. 툴루즈 대학은 당시로선 진보적인 휴머니즘 사상의 교과과정을 실시하여 지적 창의성을 고취시켰다. 몽테뉴의 번역물인 《레이몽 스봉의 변명》은 몽테뉴 고유의 필치가 담겨 있다. 그런데 제목과 내용이 어긋나기 때문에 독자를 당혹스럽게 만드는데, 스봉의 학설을 변호한다는 것은 구실일 뿐 스봉을 다룬 것은 전체의 10분의 1도 되지 않으며, 대신 여기서 대부분 자기 고유의 사상을 전개한다. 그래서 스봉에 대한 관심보다는 인간의 오만과 이성의 허영에 관한 이론을 주장하기 위해 《레이몽 스봉의 변명》을 썼다는 주장이다. 또한 결론으로 이끌어가는 과정에서 몽테뉴는 당시 쟁점들과 연관된 다양한 의견 충돌을 논의했다.

몽테뉴는 섹스투스 엠피리쿠스의 격언들을 다듬어 자신의 학문에 밑거름으로 삼았다. 그중 자기 자신의 모토이자 《수상록》의 표제가 된 백미는 "Qua sias-je?", 즉 "나는 무엇을 아는가?"였다. 다음의 경구들은 그의 《수상록》에서 발췌한 것들이다.

"바보들이 현명한 사람에게서 알아야 할 것보다 현명한 사람들이 바보에게서 알아야 할 것들이 더 많다."

"한 장의 종잇장 위에 판사가 어떤 사람의 간통죄 선고문을 작성하면, 그 사람은 같은 종잇장에서 친구의 아내에게 휘갈겨 써보냈던 사랑의 메모를 찢어낸다."

"너 자신에 대해 토의하지 마라. 반드시 지게 되어 있기 때문이다. 자신을 낮추면 사람들이 믿어 낮은 사람이 되고, 자신을 높이면 믿지 않아 못 믿을 사람이 된다."

"이 세상에서 가장 높은 권좌에 앉아 있다고 할지라도 자신의 엉덩이를 잠시 붙이고 있을 따름이다."

"패션은 겉모습의 과학이다. 따라서 누구이기보다는 누구처럼 보이고자 하는 욕구를 자극한다."

"기억력이 좋지 못한 사람은 누워서 참견하지 말아야 한다."

"시련이 닥치면 나는 정면으로 맞설 것이다. 하지만 가능하면 시련을 배제할 것이다."

"승리보다 더 당당하고 성공적인 패배가 있다."

"나이는 얼굴보다 마음에 더 많은 주름살을 만들지만, 영혼은 그렇지 않아서 나이가 들어도 뒤틀리거나 무기력해지지 않는다."

"책은 잔잔한 즐거움을 준다."

"동정심이 가득할 때조차도 다른 사람들의 고통을 보면 씁쓸하기보다는, 사악한 즐거움의 달콤한 자극을 느낀다. 어린아이들도 같은 감정을 갖는다."

"자신의 종들에게 존경받는 사람은 거의 없다."

"세상에서 가장 위대한 일은 자기 자신에게 속하는 방법을 아는 것이다."

주목할 만한 몽테뉴의 다른 작품으로는 어떤 것들이 있나?

그의 회의주의 성격의 작품들에 더해, 몽테뉴는 《수상록》(1560년, 직역하면 '시도') 전편(全篇)을 통해 유명해졌는데, 그 가장 핵심적인 내용은 《레이몽 스봉의 변명》에 들어 있었다. 《수상록》은 범위가 매우 넓으며, 재치가 번뜩이고, 논점의 일탈도 벌어지는, 한마디로 그에 관한 모든 것이 담겨 있다 — 그의 취향, 견해, 넓지만 자질구레한 문제들. 그는 자신의 《수상록》 1, 2권이 출간되자 사본을 프랑스 국왕 앙리 3세에게 헌정했다. 이후 관광과 담석증 치료를 위한 온천욕을 목적으로 15개월 동안 독일 · 스위스 · 이탈리아 등을 여행하고 쓴 기행문 《여행 일지》(1580~1581)도 남겼다 (출판은 그가 죽은 한참 뒤인 1774년에 이뤄졌다). 몽테뉴는 당시의 종교적 갈등과 적대감을 진정시키는 외교적 노력에 적극적이었으며, 나바라의 왕 앙리(부르봉가 출신)가 앙리 4세로 등극하려는 거사에서 중재의 역할을 수행했다. 아마 그가 지병으로 인한 방해를 받지 않았더라면 앙리 4세의 조정에서도 중책을 맡았을 것이다.

몽테뉴가 제기한 '준거의 문제'란 무엇인가?

몽테뉴의 보다 이론적인 논증은 인식론(지식 이론)의 핵심을 겨냥해갔다. 모든 인간의 지식은 감각경험으로부터 오지만, 또한 모든 인간은 사물들을 제각각 달리 지각하고 꿈, 착각, 일상적인 지각의 왜곡 등을 범하기 쉽다. 몽테뉴는 이런 의심의 정점에 '준거의 문제'를 도입했다. 우리는 확실한 지식의 기초로서 경험이 믿을 만한 것인지 결정할 수 있는 준거가 필요한데, 준거 자체에 대한 판단의 준거로서 제2의 준거가 필요하고, 다시 그에 대한 제3의 준거가 필요하며, 이런 준거의 필요는 계속된다. 몽테뉴 이후 모든 이론철학자와 자연철학자들은 그가 제기했던 회의주의적 문제들에 대한 모종의 답을 내놓는 부응을 해야 했다. — 감각자료의 신빙성 부족, 전문가들 간의 불일치, 인간의 오류 가능성, 무엇보다 중요한 준거 즉 불일치를 해결하는 중립적 기준의 필요성.

종교적 믿음에서 몽테뉴는 이성과 신앙 중 어느 쪽이 더 중요하다고 여겼는가?

종교적 믿음의 바탕으로서 이성과 신앙의 대립을 고려할 때, 모든 이성적 추론은 취약성이 있음을 보일 수 있기 때문에 몽테뉴는 신앙, 즉 단순한 믿음이 최선의 방침이라고 주장했다. 고대부터 다양한 철학적 입장들이 충돌해왔고, 판단 유보라는 처방을 가졌던 피론의 회의주의만 받아들여졌다. 새로운 과학 지식조차 전문가들 간의 불일치 및 과학적 지식의 변경 가능성 때문에 확실성이 없었다.

몽테뉴는 피론과 같은 방식으로 이성에 대응한 유일한 회의주의적 철학자였나?

아니다. 몽테뉴는 자신의 견해를 우리가 특정 지식을 가지고 있는지조차 알 수 없다고 주장했던 섹스투스 엠피리쿠스로부터 끌어왔다. 1590년까지 엠피리쿠스의 《가설들》은 라틴어, 그리스어, 영어 등으로 출간된 바 있다. 하지만 피론의 회의주의는 3세기에 종식되었다. 신학적 논쟁은 결론 없는 소모적인 활동이라는 기조의 책인 《자유 의지에 관하여》(1524)에서 신앙에 바탕을 두되 가톨릭을 옹호했던 에라스무스가 몽테뉴에 바로 앞선 회의주의자였다. 에라스무스에 대응하여 마르틴 루터는 성서 및 자기 자신의 양심을 바탕으로 신에 관한 그의 주관적 확실성을 독단주의적 주장으로 응답했다.

독단주의란 무엇인가?

독단주의는 우리가 절대적 확실성을 가지고 알 수 있는 세계에 관한 참된 지식이, 과거에나 지금이나 적어도 하나는 존재한다고 보는 입장이다.

마르틴 루터의 독단주의에 대한 가톨릭의 반응은 어떤 것이었나?

가톨릭의 반응은 루터가 과연 진정으로 일말의 지식을 가지고 기독교 신앙의 중요성을 강조했는지 여부를 묻는 것이었다. 장티앙 에르베는 특별히 독단주의 치유를 명분으로 섹스투스 엠피리쿠스의 책 《가설들》의 1569년 판을 출간한 적이 있다.

포르투갈 은행의 1979년도 지폐에 새겨진 철학자 프란체스코 산체스의 초상.

이 책은 예수에 대한 교회의 신조에서 차분한 신뢰를 이끌었다. 포르투갈의 철학자이자 의사였던 프란치스코 산체스(1551~1623)는 〈왜 아무것도 알 수 없는가Quod Nihil Scitur〉(1576)라는 짤막한 논문에서 아리스토텔레스주의 비판의 일환으로 피론의 회의주의를 전개했다. 그는 이 논문에서 감각 능력은 믿을 만한 것이 못 되고 사물의 참된 본성에 도달할 수 없기 때문에 참된 지식이 불가능하며, 나아가 세계는 끊임없이 변하고 모든 사물은 서로 관계를 맺고 있기 때문에 다른 모든 사물과 그 원인, 그 원인의 원인 등을 이해하지 못한다면 어느 한 사물도 이해할 수 없다고 설명했다. 그러므로 신뢰할 만한 지식은 완전한 지식으로서 오직 신만이 알 수 있다고 주장했다(비록 그가 경험적 관찰과 결합된 유명론적 논증에서 지식 자체는 얻을 수 없다는 결론을 이끌었을지라도, 산체스 자신은 피론주의보다는 아카데미학파 회의주의에 더 가까웠다).

아카데미학파 회의주의와 피론주의는 무엇인가?

르네상스와 근대 초기에 일어난 고대 그리스 사상의 부활에서 아카데미학파 회의주의는 아무런 지식도 가능하지 않다는 입장인 반면에, 피론주의는 어떤 지식이 가능한지 여부를 알 수 있는 충분한 증거를 우리가 가지고 있지 않다는 입장이었다. 그래서 피론주의의 결론은 모든 지식에 관한 문제에 대한 판단은 유보되어야 한다는 것이었다.

피론주의는 그 명칭을 어떻게 얻게 되었는가?

그 명칭은 지식이 불가능하다고 생각했던 엘리스 출신의 피론의 이름을 따른 것이었다.

피론주의는 지식의 불가능성에 대해 고민했는가?

아니다. 피론주의는 대립 학파(지식의 불가능성에 대해 고민했던 스토아학파)에 대해 반감을 가졌으며, 스토아학파의 결정론적 대안 해법으로서 수련에 의해 길러진 정신적 평온과 고요의 상태인 **아타락시아**를 추구하지도 않았다. 피론주의는 그 자체가 결정론적 독단주의라는 질환을 치유하는 것으로 간주했다. 피론주의에서는 결정론적 독단주의(스토아학파)가 증거가 불충분한 진리에 관한 입장들을 보호하고 방어하는데, 오히려 그런 태도가 고통을 일으킨다는 것이다. 3세기에 피론주의자들은 이런 과정을 두 개, 다섯 개 혹은 열 개의 트로페들tropes(즉 회의주의 고유의 쟁점들) 집합으로 엮었다. 그 각각은 현상을 넘어선 문제들에 관한 판단을 중지하는 방법을 제안하고 있다.

피론주의 트로페들이란 무엇인가?

피론주의에서 판단할 때 사람들이 불일치를 보이는 지식의 전형적인 주제들이다.

피론주의는 어떻게 독단주의를 녹였는가?

찬성 및 반대의 근거와 논증에 의해 임의의 쟁점이 되는 주장의 균형이 맞출 수 있음을 일단 보이면, 어느 한쪽을 믿을 근거가 없다는 것이 피론주의자들의 기본 개념이다. 이것이 마음을 고요하게 하며 독단주의를 불가능하게 만든다고 여겼다.

피론주의는 어떻게 근대 자연철학에 영향을 끼쳤는가?

만일 세계에 관한 확실한 지식이 있을 수 없다면, 세계에 관해 얻을 수 있는 유일한 지식으로서 불확실한 '감각지식'만 남을 것이다. 근대 자연철학 혹은 근대 과학은 감각 지식이 바로 세계에 관한 우리의 모든 지식의 바탕이라는 원리에 기초하고

있었다.

감각지식이란 무엇인가?

감각지식은 우리의 감각들, 이를테면 시각, 촉각, 청각 등을 통해 수집된 정보들이다.

감각지식을 옹호한 근대 과학 초기의 주요 인물들은 누구였나?

장 보댕(1530~1596)과 피에르 르 로아예(1559~1634)는 1581~1605년 동안 감각지식을 옹호하는 활동을 했다. 이들은 감각지식이 때로는 믿지 못할 경우도 있을지언정, 그 오류는 보다 개선된 감각경험에 의해 고칠 수 있다고 주장했다. 1620년대까지는 두 명의 성직자가 과학자 집단과 지식인 집단에 크게 영향을 주었는데, 그들은 마랭 메르센 신부(1588~1648)와 피에르 가상디 신부(1592~1655)로서, 장미 십자회 신비주의Rosicrucianism와 연금술에 대항하여 피론주의적 반(反)아리스토텔레스 논증을 사용했다.

단테 델리 알리기에리는 장미 십자회를 세우는 데 영감을 불어넣은 사람으로 이름이 거론된다.

장미 십자회 신비주의란 무엇인가?

장미 십자회 신비주의란 종교개혁가들의 비밀 결사 단체인 '기독교 장미 십자회'의 수행 이념으로서, 인간의 영적 능력의 발달을 도모하는 데 전념했다. 그들의 수행법은 출판이나 다른 어떤 수단으로도 일반인에게 공개되지 않았고, 고대 신플라톤주의 지식과 연금술과 질병 치료법 등을 포함했던 것으로 추정될 따름이다. 일부 학자들은 단테 알리기에리(1265~1321)가 1300년대 초에 《신곡》을 쓴 후에 이 단체가 시작되었다고 믿고 있다. 다른 학자들은 그 시작이 1600년대 초에 결성된 독일의 한 개신교 집단이라고도 한다. 15세기에는 장미 십자회가 '보편적 인간 개조'(1459)라고 부르는 것을 부양시키기 위해 세 개의 성명서가 유포되었다(세 개의 성명서 중 가장 널리 알려진 것이 〈형제애에 관하여〉이다).

몽테뉴 이후 17세기 초 '자유사상가들'은 누가 있는가?

몽테뉴 이후 자유사상가들은 종교적 정통주의와 전통적인 권위주의에 맞서는 피론주의와 반(反)아리스토텔레스주의를 결합시켰다.

가장 유명한 자유사상가들로는 가브리엘 노데(1600~1653), 기 파팅(1601~1672), 프랑수아 드 라 모테 르 바예(1588~1672), 피에르 가상디(1592~1655), 이삭 라 페리레르(1588~1672) 등이 있다. 이들 중 노데와 파팅은 과학적 주장에는 관심이 없는 휴머니스트였다. 그에 비해 바예는 역으로 과학적 지식을 약화시키기 위해 회의주의를 채택했다. 이들 중 오직 가상디만이 '자연철학'(오늘날의 과학)과 본연의 철학 양쪽에 지속적인 영향을 미쳤다.

반아리스토텔레스주의란 무엇인가?

반(反)아리스토텔레스주의는 아리스토텔레스에 대한 중세의 해석이 가톨릭 학자들에 의해 수 세기 동안 의심 없이 받아들여진 경향에 대한 반작용이었다.

피에르 가상디는 누구인가?

피에르 가상디(1592~1655)는 경험주의 과학을 종교적 독단주의자들에게 정당화시키는 데 큰 영향을 준 가톨릭 신부였다. 그는 프랑스 디뉴와 엑스에서 공부를 하고, 스물한 살에 디뉴에서 수사학 교수가 되었다. 그 후 아비뇽에서 신학 박사 학위를 받았고 엑스에서 사제 서품을 받았다. 그는 천문학 연구도 상당히 조예가 깊었으며, 자신의 책 《아리스토텔레스주의자들에 대항하는 모순된 문제들》(1625)이 아리스토텔레스의 저서들에서 의심스럽거나 오류를 범했던 내용들을 모두 해결했다고 생각했다. 그가 아리스토텔레스를 공격하는 원칙은 과학에서 확실한 지식이 가능함을

반박하는 것이었다. 가상디는 아리스토텔레스에 대항하는 주장에서 과학 지식의 확실성은 가능하지도 않고 필요하지도 않음을 논증했다. 동시에 그는 교회의 교리 신조에 대항하여 원자론의 옹호를 모색했다. 가상디는 과학 탐구의 결론들을 지지하여 완화된 혹은 온건한 회의주의로 알려지게 된 입장을 발전시켰다.

가상디의 자연과 지식의 한계에 관한 절충은 어떻게 과학 발전을 도왔나?

가상디는 핵심적인 종교적 신념들을 훼손시키지 않으면서 어떻게 과학 발전이 일어날 수 있는지를 보여주었다. 동료 회의주의자들처럼 가상디는 신을 믿었다. 과학은 종교가 하는 것과 같은 절대 진리의 주장을 할 필요가 없기 때문에 종교와 공존할 수 있다고 보았다.

피에르 가상디는 왜 완화된 회의주의를 촉진했나?

피에르 가상디와 그의 동료들은 당시의 새로운 과학에 높은 가치를 두었는데, 그 새로운 과학에는 코페르니쿠스의 태양 중심설, 모든 물질의 활동은 그 최소 입자(즉, 원자)들에 의해 결정된다는 원자론, 그리고 이들 입장과 불일치하는 아리스토텔레스 과학 이론 내용들의 거부 등을 포함하고 있었다. 그러므로 가상디가 아리스토텔레스를 공격하는 데 회의주의를 사용하고, 새로운 과학을 옹호하기 위해 온건한 회의주의를 사용했음은 충분히 이해할 수 있는 사실이었다. 한편 가상디가 자신과 견해를 같이하는 가톨릭교회 내의, 극단적 회의주의자를 포함한, 동료들 중에서 신망이 높고 따르는 사람이 많았던 점은 그의 활동에 일조하기도 했지만, 그가 교회의 교리 신조에 거스르지 않도록 신중을 기하게도 했다. 실제로 그는 한편으로는 새로운 과학을 옹호하면서 다른 한편으로는 그 어떤 과학 지식도 확실할 수 없음을 주장했다. 가상디는 실로 전통적인 가톨릭 세계와 새로운 과학의 세계 양쪽에서 살며 생각할 능력이 있는 인물이었다.

피에르 가상디가 설명하는 완화된 회의주의 혹은 온건 회의주의란 무엇이었나?

가상디는 과학에서 지식의 확실성 혹은 필연적인 진리란 발견될 수 없음을 논증했다(필연적 진리란 부정하면 논리적으로 자기모순을 범하는 명제나 신념을 말한다 — 필연적 진리는 **반드시 참이어야** 한다). 가상디는 우리가 알 수 있는 것은 세계 사실들 자체가 '어떻게 일어나는가'가 아니라 '어떻게 보이는가'일 뿐이라는 것을 논증했다(바꿔 말하면 우리가 사물들의 숨어 있는 성질은 알 수 없다). 우리는, 경험의 원인 자체를 경험하지 않는 한, 경험하는 바로부터 경험을 일으키는 바(원인)로의 추론 방법을 가지고 있지 않다. 따라서 우리가 어떤 사물의 효과를 경험했지만 그 원인을 경험하지 못했다면, 우리가 원인에 대해서는 알지 못한다는 사실을 인정해야 한다. 그럼에도 불구하고 우리는, 특히 원자론을 가설로 삼는 지식을 증명한다면, 현상들로부터 얻는 유용한 지식 체계를 발전시켜나갈 수 있다.

가상디는 《철학 총서》(1658)에서 거짓으로부터 진리를 분간해낼 수 있는 확실한 준거가 있는지를 묻는다. 어떤 것들은 분명히 그렇다. 이를테면 "해가 빛난다"는 진술에 대해서는 회의론자들조차 그 진위 분별이 가능하다. 실제로 어려움을 일으키는 문제들은 대부분 우리로부터 가려져 있어 눈에 잘 띄지 않는 것들이다. 예컨대, 전체 별들의 개수는 홀수인가 짝수인가? 이런 식의 문제들은 결코 알려질 수 없다. 그러나 명확하진 않아서 '단서들'에 의해 알게 되는 문제들도 있다. 예를 들어 우리의 땀에 대한 지각은 피부에 구멍이 있다는 '단서'이다. 또한 명확하지 않아서 간접적인 단서로 알게 되는 자연적 사실들 — 숨겨진 불에 의한 연기가 보임 — 도 있다. 반면에 원자의 경우, 우리는 원자의 세계가 존재하는지 알지 못함에도 불구하고, 우리가 지각하는 세계 안에서 간접적인 단서들로부터 원자를 추론할 수 있다. 원자의 움직임은 수학적일 것이라는 따위의 원자의 성질에 관한 고찰은 물론 형이상학적이라고 그는 생각했다. 그렇지만 또한 원자론적 설명이, 교회 신조에 따라 그도 믿었던 비가시적이고 불멸성을 가진 존재인 인간의 영혼에는 적용되지 않는다고 주장했다.

다른 철학자 및 과학자들은 피에르 가상디의 견해에 대해 어떻게
반응했나?

장 드 시롱(1600~1667)과 르네 데카르트(1596~1650)는 가상디의 회의주의를 피할
수 있다는 긍정적인 지식 이론을 개발하고자 노력했다. 시롱의 경우, 지식은 논리학
과 과학에 존재하기 때문에 가능하다고 주장했다. 데카르트는 교회의 교리 신조와
충돌하지 않는 확실한 과학 지식의 존재를 증명하는 시도를 자신의 전체 철학의 기
반으로 삼았다. 그러나 결국은 예수회에서 확실한 지식이 불가능성하다는 가상디의
입장을 지지함으로써 데카르트는 배척되었다.

과학혁명

언제 어떻게 과학혁명이 시작되었는가?

과학혁명은 15~16세기 니콜라우스 코페르니쿠스의 태양 중심 이론과 고대 그리
스 원자론의 재발견에서 시작되었다. 하지만 그때 시작되었던 과학혁명이 만발하여
유럽인들에게 교육될 정도로 확고해진 것은 아이작 뉴턴의 업적이 나온 이후인 17
세기 말이었다.

과학혁명의 주요 개념은 무엇이었나?

과학혁명의 중심 개념과 이론들 중 대표적인 몇 가지는 다음과 같다. 지구가 태양
주위를 공전한다는 것, 물질은 미세한 입자들로 구성된다는 것, 발생하는 모든 사건
들은 수학에 힘입어 기계적으로 혹은 역학적으로 설명될 수 있다는 것, 일반 원리와
자연법칙들은 관측 자료에 근거해야 한다는 것, 그리고 가장 중요한 내용인, 과학
그 자체로 인간을 이롭게 하는 대단한 활동이라는 것 등이다.

과학혁명의 이론과 실천에서 중심인물들은 누구였는가?

과학혁명의 중심인물들 중 일부는 니콜라우스 코페르니쿠스, 프톨레마이오스(과

학혁명기에 살진 않았지만 실질적으로 그에 상당하는 인물), 갈릴레오 갈릴레이, 요하네스 케플러, 프랜시스 베이컨, 로버트 보일, 그리고 아이작 뉴턴이다.

과학혁명의 주된 철학적인 면모는 어떤 것인가?

순전히 철학적인 관점에서 보면, 거의 모든 자연철학자들(이탈리아 르네상스 사상가들로 시작해서 코페르니쿠스를 거쳐 뉴턴에서 절정에 이르렀던)의 작품에 강력한 신플라톤주의 영향이 미친 것으로 미루어, 과학혁명은 아리스토텔레스주의에 반대하는 지속적인 반란으로서 플라톤주의 쪽으로 역행한 것처럼 여길 수 있다.

그러나 실상은 그보다 더 복잡하게 얽혀 있었다. 아리스토텔레스주의는 가톨릭교회의 권력 구조와 직접 연관되어 있어서, 아리스토텔레스주의가 철학 유파들 사이에서 쇠퇴했던 것만큼, 종교개혁과 반종교개혁이 진행되는 동안의 정치적 교의적인 이유로도 쇠퇴했다(뒤집어보면 아리스토텔레스주의의 쇠퇴는 교회 권력의 세속적 지배력 쇠퇴를 의미하고, 이는 다시 세속 세계의 분리 독립으로 이어짐을 의미한다). 그 결과는 역사적으로 밝혀졌다시피, 과학과 과학철학 양쪽 진영에서 부활했던 신플라톤주의 형이상학의 영향력도 상대적으로 생명이 짧은 것으로 나타났다. 바야흐로 이성의 시대 혹은 18세기 계몽주의 시대가 되면서 마침내 경험적 기초 위의 합리성과 세속적 이성이 서양에서 보편 교양의 세계관을 형성하게 되었다.

과학혁명에서 무엇이 그렇게 혁명적이었나?

과학혁명이 혁명적인 것은 객관성 및 관측 가능한 사건에 대한 자연적 원인을 찾을 필요성을 강조하는 방식에 있다. 새로 발명해낸 많은 도구들, 이를테면 망원경, 현미경, 기압계, 공기 펌프, 전압계 등이 객관성 실현을 도왔다. 객관성 원리는 공개적인 발견, 관찰 그리고 실험 등에서 증명을 위한 임의 재현이 가능하도록 하는 역할을 수행했다(중요한 실험은 공인받기 위해서 믿을 만한 증인 — 통상적으로 사회적 신분이 상당한 사람 — 을 요구했다).

정확한 측정 및 양화 가능한 기술(記述)이라는 목표는 수학을 과학의 필수적인 요소로 만들었다. 그러나 소크라테스 이전 철학도 이미 자연 사건들에 대한 자연주의

회의주의와 자연철학

★

적 설명을 추구했고 수의 중요성을 강조했기 때문에, 과학혁명이 수학을 강조했던 점은 새로울 것이 없다. 그러나 객관성에 관한 근대 초기의 방법론은 분명 혁신적이었다. 20세기 과학사학자이자 과학철학자인 토머스 쿤이 지적했듯이, 고대 고전 과학은 천문학, 정역학(정지한 물체나 평형 상태의 힘만 다루는 역학)과 광학으로서, 모두 수학 및 조화 이론과 연관되며, 그래서 한 분야의 발전은 다른 분야의 발전을 이끌었다. 16세기에는 과거의 정적인 수학 분야에 국소 운동local motion(아리스토텔레스의 운동 개념과는 다른 질적 변화로서의 운동)이 더해졌다.

17세기에는 해석 기하학, 미적분학, 새로운 양적 운동 법칙, 새로운 시각·굴절·색상 등에 관한 이론, 정역학을 확장한 유동체 역학(기체 및 유체의 운동에 관한 연구) 등으로 인해 수학 분야가 크게 확장 개편되었다. 이 대목에서 다시 쿤은 아리스토텔레스와 중세 학자들도 관찰과 실험의 중요성을 이해했었음을 지적한다. 따라서 과학혁명의 새로움은, 새로운 분야나 놀라운 발견의 많은 추가에 있지 않고, 통찰 방법의 변화, 즉 과거에도 보아왔던 사물들을 보는 새로운 방식에 있다고 쿤은 강조한다.

자연계에 대한 객관적이고 사실적인 이해의 가치를 부인할 사람은 거의 없다. 그런 지식의 산물인 현대 기술 문명은 생명을 연장시키고, 생활의 편안함을 더해주며, 사람들의 이동성을 높여주었다. 혹자는 지식이 개방되어야 하며 과학이 수정되기 쉬워야 한다고 생각하는데, 그것은 초기 왕립 학술원 시절로 되돌아가는 것이다. 하지만 20세기 후반에 들어 역사가와 문화비평가들이 근대 초기 과학의 객관성과 가치에 대해 의문을 제기했다. 예컨대 실험 과정에 두었던 높은 가치에 관해서 보자면, 갈릴레이와 보일이 보고했던 많은 실험들이 직접 관찰된 사실들을 취하는 대신, 거꾸로 그로부터 사실들이 연역되는 사고 실험이었다. 그리고 뉴턴도 자신의 세 가지 운동 법칙을 실제 실험에만 기반을 두었다기보다는 보다 추상적인 이론적 사실로부터 논리적으로 연역한 부분이 그 못지않게 많았다.

문화적인 측면에서 보면, 프랜시스 베이컨의 관점은 지구와 그 위의 피조물 전체가 인간이 다루어 사용할 재료라는 가정에 기초하고 있었다. 여기에서 자연이 그 자체로 가치 있다는 의미는 찾아볼 수가 없다. 게다가 일부 페미니스트 비평가는 과학혁명이란, 지구를 살아 있는 유기체적 전체 혹은 만물이 살아가는 모태로 보았던, 고대 및 중세의 시각으로부터의 급격한 반전으로 보기도 했다. 그들은 이런 관점의 변화가 조화와 상생보다는 공격과 폭력이 덕으로서 더욱더 존중받게 만들었다고 주장한다. 그들은 또 남자 자영업자들이 '보다 과학적인' 원리를 기반으로 제혁, 염색, 양조 그리고 가장 중요한 산파술까지 포함한 가내 수공 업종들을 인수하여 가사거리로부터 분리시킴에 따라 여성 종사자들을 차단시켰다고 주장했다.

코페르니쿠스의 생애에 관해 알려진 것은 무엇인가?

니콜라우스 코페르니쿠스(1473~1543)는 프로이센(지금의 폴란드) 토룬에서 태어났다. 그는 다양한 교양 과목과 교회법, 의학 등을 폴란드 남부의 크라쿠프, 이탈리아의 볼로냐와 파도바에 있는 대학들에서 교육받고, 30세에 페라라 대학에서 교회법으로 박사 학위를 받았다. 주교로 있던 삼촌 바첸로데가 1497년에 그를 프라우엔부르크 대성당의 참사 회원(參事會員)으로 임명했고, 삼촌의 주치의로도 활동했다.

코페르니쿠스의 참사 회원 직책은 외교 업무와 교회의 영지 관리를 포함했다. 그는 그리스어를 알았던 덕택에 비잔틴 시를 라틴어로 번역했다. 또한 그는 경제 회계에도 밝았고 천문학과 수학에 대한 관심도 키워나갔다.

그는 자신의 천문학 관측과 계산법을 깨쳤고, 1514년에는 교황 레오 10세가 그에게 달력 개정을 도와줄 것을 요청한 적도 있다. 그러나 코페르니쿠스는 해와 달의 운동에 관해 충분히 알려졌다고 생각하지 않았기 때문에 교황의 요청을 거절했다. 그럼에도 불구하고 그는 달력 개정에 기여했던 것으로 널리 알려졌다.

코페르니쿠스는 자신의 이론을 1512년에 개진하기 시작해, 자신의 이론 체계를 간략하게 담은 《주해서》(원제목은 '천체의 운동을 그 배열로 설명하는 이론에 관한 주해서')를

회의주의와 자연철학

만들어 친구들 모임에 선보였다. 그의 주요 저작인 《천구의 회전에 관하여, 6부작》 (1543)은 그가 죽은 해에 출간되었다. 그는 죽을 당시 폴란드의 프로이센 지방 정부들을 위해 화폐 주조에 관한 논문인 〈화폐에 관하여〉도 남겼다. 인쇄된 출판은 1816년에 되었지만 필사본은 1526년에 쓰인 이 작품은 통일된 주화 사용 제도, 주화의 질의 보존 등을 옹호했다. 코페르니쿠스는 "악화가 양화를 몰아낸다"라는 토머스 그레셤(1519~1570)의 법칙을 예견하기도 했다.

코페르니쿠스는 어떻게 세상을 바꿔놓았나?

니콜라우스 코페르니쿠스는 태양에 대한 지구의 관계 이론인 태양 중심설을 만듦으로써 교양인들의 세계관을 바꿔놓았다. 지금은 누구나 아는 상식인 태양 중심설에 따르면, 지구와 여러 행성들이 태양의 주위를 돈다. 이 태양 중심설은 프톨레마이오스의 지구 중심설, 즉 태양과 다른 행성들이 지구 주위를 돈다는 주장을 대신하는 것이다. 자연의 모든 측면에서 수의 형이상학적 중요성에 관한 고대 피타고라스 이론에 대한 관심이 활발하게 부활하던 당시, 이탈리아를 여행하고 돌아온 코페르니쿠스는 프톨레마이오스의 체계에 불만을 품었다. 프톨레마이오스의 체계가 수학적으로 우아하지 못했던 것이다. 하지만 코페르니쿠스 시절의 교회는 공식적으로 프톨레마이오스의 이론을 따랐는데, 성서에 주어진 우주의 기술과 일치하기 때문이었다.

코페르니쿠스의 태양중심설은 가톨릭교회의 세계관에 도전하는 것이었다.

태양계에 대한 프톨레마이오스의 견해는 어떻게 교회로부터 공인받는 이론이 되었나?

알렉산드리아의 프톨레마이오스(90~168)는 관측 자료와 127~151년에 작성된 작품들을 활용해 태양과 행성들이 지구 주위를 돈다는 당시의 상식을 집대성했다. 그의 작품은, 《태양과 달의 크기와 거리에 관하여》에서 달의 관찰을 바탕으로 할 때 태양은 지구보다 훨씬 크다는 주장을 했던 사모스의 아리스타르코스(B.C. 310~230)의 보다 개혁적인 작품들을 다시 뒤집은 것이었다. 수학을 관측 사실들과 결합시켜 수리 물리의 기초를 세운 시라쿠사의 아르키메데스(B.C. ?287~212)에 따르면, 아리스타르코스는 "항성(붙박이별)들과 태양은 움직이지 않고 머물러 있으며, 지구는 태양 주위의 원둘레를 따라 돌기 때문에, 태양은 궤도의 중심에 자리 잡고 있다"고 말했다. 아리스타르코스는 겉보기 부동성을 설명하기 위해 — 그리고 지구는 움직인다고 가정하고서 — 항성들 간의 거리는 지구 궤도의 지름에 비해 상대적으로 어마어마하게 커야 한다고 정리했었다.

아리스타르코스의 이론은 기원전 2세기에 바빌로니아의 셀레우쿠스가 옹호한 바 있으나, 당시 교양인들의 견해는 지구가 우주의 중심이라거나, 천체가 그 주변을 도는 떠 있는 구형이자 안정된 고체라는 식으로, 사람들 눈에 비치는 대로 굳어 있었다. 비티니아 왕국에 있는 니케아의 히파르코스(B.C. ?146~?127)는 기원전 130년경에 그리스의 크니도스 출신 에우독소스(B.C. ?400~?350)의 작품을 기반으로 한 이론을 발표했다. 에우독소스와 히파르코스에 따르면, 태양·달·행성들의 겉보기 운동은 그것들이 지구와 동심원 관계의 구형 수정체 안에 존재하는 결과라는 것이었다.

프톨레마이오스의 이론은 단지 종교적 신앙의 문제였나?

아니다. 지구가 우주의 중심이라는 개념은 오직 종교적 믿음에만 근거하는 것은 아니다. 프톨레마이오스에 의해 구축된 소위 프톨레마이오스의 이론은 감각경험과 수천 년을 거슬러 올라가는 천문학적 기록과 계산들 모두를 기술하는 기능을 꽤 잘 수행했다. 무언가 지구와는 다르며 보다 희박한 공기 물질로 만들어졌다고 믿어온 천체상의 물체들이 움직이는 운동을 이 이론에 따름으로써 그런대로 정확하게 예측할 수 있었다. 또한 이 이론은 기존의 자연철학, 즉 오름차순 위계의 흙, 물, 불, 공기로 만물이 만들어졌다는 주장과도 부합했다. 하지만 지구가 정지해 있다는 프톨레마이오스의 가정은 "현상을 구하기 위하여" 80개나 되는 '주전원들(周轉圓,

epicycles)'의 설정이 전제로 요구되었다. 여기서 '현상을 구한다'는 것은 이론과 관찰 사실을 필적시키기 위해 새로운 복잡한 전제의 설정이 필요하다는 의미이다.

주전원이란 원운동을 하는 궤적의 일종으로서, 관찰되는 것이라기보다는 이론적으로 설정된 것이다. 그런 설정된 것으로부터 관측될 수 있는 사실이 예측 가능해지며, 바로 그것이 "현상을 구하는" 방법 혹은 관측되는 것과 일치하는 것이다. 프톨레마이오스의 체계에서는 관측되는 태양, 달 그리고 (당시 알려진) 5개 행성의 각기 다른 속력과 방향을 고려하는 데 80개의 주전원이 필요했다. 주전원들은 또한 행성들이 지구로부터 얼마나 멀리 떨어져 보이는지에 대한 각기 다른 시각에 따른 차이를 설명했다. 행성 자체는 작은 원(주전원)을 따라 움직이며, 이 작은 원들은 다시 지구 둘레를 도는 큰 원(deferent)을 이룬다. 주전원과 큰 원은 둘 다 지구의 위치에서 볼 때 거의 평행인 평면상에서 시계 반대방향 운동을 한다.

코페르니쿠스는 어떻게 프톨레마이오스의 체계를 바꿨는가?

니콜라우스 코페르니쿠스가 도입한 체계는 지구와 행성들이 태양 주위로 동심원을 그리는 회전 운동을 하는 것이었다. 코페르니쿠스는 주전원의 수를 34개로 대폭 줄일 수 있었다. 그러나 코페르니쿠스의 지동설에 따라 분석을 하더라도 태양과 행성들의 불규칙한 운동을 설명하기 위해서는 여전히 주전원이 필요했다. 그것은 별들이 완전한 원운동을 해야만 한다는 입장을 버리지 않았기 때문이었다. 그렇기는 해도 코페르니쿠스의 체계는 천문학의 근본적인 기준틀을 지구에서 붙박이별들로 교체했던 것이다. 그는 다음과 같이 썼다.

무엇보다 첫째로, 항성들(붙박이별들)의 천구가 있는데, 그 자체와 모든 것들을 포함하고 있고, 그 때문에 움직일 수 없다. 실로 우주의 축으로서 다른 모든 별들의 운동과 위치가 조회되는 기준이다. 혹자는 어떤 식으로든 그것이 움직인다고 생각할지 모르지만, 우리는 지동설 안에서 그렇게 보이는 다른 이유를 지목한다. 운동하는 물체들 중에 회로를 완전히 한 번 도는 데 30년 걸리는 토성이 가장 먼저 온다. 그다음에는 회전 주기가 12년인 목성이 온다. 그리고 주기 2년인 화성이 온다. 네 번째로는 주기가 1년이며, 달의 주전원 궤도를 갖는 지구가 온다. 다섯 번째 자리에는 9개월 주기의 금성이 온다. 그리고 여섯 번째 자리는 80일을 주기로 도는 수성이 차지한다.

코페르니쿠스의 결론은, 단순성의 지속적 가치와 자연은 항상 가장 '알맞은' 방식으로 행동한다는 신조 위에 그림을 그리는, 수학에 주로 기반을 두었다. (지구가 운동한다면) 물체들이 운동 중인 지구로부터 이탈하여 날아갈 것이라는 반론에 대해 움직이는 하늘은 훨씬 크기 때문에 훨씬 더 빨리 움직이고 더 많은 손상을 준다고 응답했다.

코 페르니쿠스의 표현인 "세 배로 가장 위대한 자(The Thrice Greatest)"는 헤르메스 트리스메기스토스(그리스 이름은 '이집트의 신, 토트')를 지칭했는데, 그는 신플라톤주의자들로부터 각종 치료법을 비롯한 비전 지식을 습득한 인물로 알려졌다.

코페르니쿠스의 새 이론은 순수하게 과학적인가?

아니다. 왜냐하면 그의 천문학적 개념들에는 신비주의 요소가 상당히 들어 있다. 그의 주요 저작인 《천구의 회전에 관하여, 6부작》(1543)에서 발췌한 두 대목을 살펴보면 쉽게 알 수 있다.

마침내 우리는 태양 자체를 우주의 중심에 놓게 될 것이다. 이 사실의 전모는, 그것들이 말해주는 대로 우리가 두 눈을 크게 뜨고 사실들을 직면하기만 한다면, 사건들의 체계적인 진행 과정과 전체 우주의 조화에 따라 떠오를 것이다.

그리고

그런데 정지 상태로 만물의 중앙에 있는 것은 태양이다. 그도 그럴 것이, 이 가장 아름다운 사원 안에 전체 사물을 동시에 밝힐 수 있는 위치보다 더 나은 다른 곳에 이 등불을 갖다 놓을 사람이 누가 있겠는가? 태양이 우주의 등불이라 불리는 것은 부적절한 것이 아니다. 우주의 마음이라 불리는 것도 마찬가지고, 우주의 지배자라 불리는 것은 더욱 그렇다. "세 배로 가장 위대한 자"는 가시적 신이라는 호칭을 붙였고, 소포클레스의 〈엘렉트라〉에서는 "보는 것의 전부"라고 했다. 따라서 태양은 실로 왕의 권좌에 앉은 것처럼 그 주위를 회전하는 행성 식구들을 다스린다.

다른 사람들은 코페르니쿠스 체계의 신비주의적 면모들을 공유했나?

도미니크 수도회 출신이며 스페인 종교재판에서 이단으로 몰려 화형을 당한 조르다노 브루노(1548~1600)는 16세기 후반에 신비주의적 코페르니쿠스 사상을 발전시켰다. 톰마소 캄파넬라(1568~1639)는 과학이 마술과 결합되고 있는 태양의 도시에서 묘사한 유토피아를 브루노의 개념 위에서 구축했다.

코페르니쿠스의 이론은 세월의 검증을 견뎌냈는가?

지구 및 다른 행성들이 태양 주위를 돈다는 코페르니쿠스의 이론은 오늘날에도 여전히 받아들여지고 있다. 비록 처음에는 아리스토텔레스주의자들과 보수적인 신학자들이 코페르니쿠스의 이론을 위험한 지식으로 알았지만, 교양을 갖춘 교황청 당국은 과학에 깊은 관심을 가졌으며 코페르니쿠스 이론을 인정했다. 그들은 태양 중심 이론의 열렬한 지지자인 갈릴레이로 하여금 코페르니쿠스 이론이 종교와 충돌하지 않게끔 그의 주장을 조절하도록 종용하기도 했다.

갈릴레이는 누구인가?

갈릴레오 갈릴레이(1564~1642)는 이탈리아의 자연철학자, 물리학자, 천문학자였다. 그는 아리스토텔레스 천문학에 반대하는 일련의 논증들을 포함하는 저서 《두 가지 주요 세계관에 관한 대화》에서 코페르니쿠스 체계를 옹호했다. 가장 놀라운 것은, 천체와 지구가 동일한 종류의 운동을 한다는 사실과 천체 운동을 위한 목적론적 공준 따위가 필요하지 않음을 논증했다는 점이다. 즉, 아리스토텔레스가 했던 것과 같은, 천체 운동은 천체가 추구하는 바에 따라 운동한다는 식의 선요구 전제는 필요 없었다.

이탈리아의 1983년도 지폐에 새겨진 갈릴레이 초상. 그는 지구의 위치에 관한 가톨릭교회의 우주관에 반대했던 또 한 명의 과학자였다.

교회는 갈릴레이 이론에 어떻게 반응했나?

오늘날까지 유명한 행적으로 남아 있는 갈릴레이의 종교재판은 그가 자신의 이론을 철회하고 남은 생을 자택에 구금할 것을 명령했다. 그러나 그전에 벨라민 추기경이 여러 해에 걸쳐 갈릴레이로 하여금 절충안을 받아들이도록 설득했었다. 교회는 코페르니쿠스의 이론이 진리를 기술한 것이라는 주장을 포함하지 않는 한 그 이론에 반대하지 않았었다. 추기경은 갈릴레이의 한 친구에게 코페르니쿠스의 이론이 "현상을 구하는" 것에 불과하다는 입장을 표명한다면 갈릴레이의 이론이 받아들여질 것임을 알려주었다. 즉 지구가 실제로 운동한다는 주장 없이 천문학적 관측 사실들이 논리적으로 연역될 수 있다는 가설이 추가로 주어지기를 교회가 원했던 것이

회의주의와 자연철학 ★

다. 갈릴레이는, 재판정 밖에서는 코페르니쿠스 이론이 옳은 천문학적 기술이라는 진실의 부정을 거부했지만, 결국 강요에 밀려 긍정해야 했다.

갈릴레이는 과학과 철학에 대해 코페르니쿠스를 옹호한 것 이상의 기여를 했는가?

그렇다. 갈릴레이는 중력과 가속도 법칙의 증명으로 근대 역학의 기초를 정립한 것으로 알려져 있다. 그는 독립적인 힘들의 작용 원리를 발견했으며, 탄도의 운동에서 포물선 호를 설정함으로써 탄도의 궤적을 설명하는 포물선 탄도 이론을 만들었다. 기술 과학에서 그의 혁명은 공기 온도계, 물을 끌어 올리는 기계, 도형과 탄도 계산을 위한 일종의 계산기 등이 있다. 순수 과학에서는 진자의 등시성(길이가 같은 진자는 진동 주기가 같음)을 발견했고, 유체 정역학 저울(유체 속 사물의 무게를 재는 정밀한 기구)을 발명했다. 망원경을 사용해 목성의 위성, 달이 평평하지 않음, 태양의 흑점, 토성의 띠 등도 관측했고, 은하수는 많은 별들로 이루어져 있음을 매우 상세히 확인했다. 그런데 천구상의 물체에 태양의 흑점과 같은 반점이 존재한다는 그의 주장은 그 자체로 교회 당국에 의한 이단 판정 사항이었다.

요하네스 케플러의 영향

요하네스 케플러와 튀코 브라헤는 어떻게 코페르니쿠스 혁명을 완성시켰나?

요하네스 케플러(1571~1630)는 코페르니쿠스 체계에 대해 수학적으로 정밀한 이론을 구성해냈고, 튀코 브라헤(1546~1601)는 코페르니쿠스 이론에 대한 사실 자료를 이루는 엄청난 분량의 측정값을 제공했다. 케플러의 이론적 작업은 코페르니쿠스 체계를 완성하는 것이었다. 케플러는 행성들 간의 간격을 정할 때 종교적인 설명을 취했으며, 행성 운동의 원인으로 거리 증가에 따라 줄어드는 태양에서 중심을 향한 추진력을 설정했다.

요하네스 케플러의 활동 이력은 어떻게 발전했나?

케플러는 천문학을 공부했고 루터 교회 목사가 될 준비를 했는데, 그때 그라츠 대학에서 수학자로 지명되었다. 그 당시 수학은 천문학과 점성술을 포함했다. 1596년에는 코페르니쿠스 체계에 바탕을 둔 최초의 포괄적인 천문학 작품인 《우주 구조의 신비》를 출간했다.

당시 그라츠는 가톨릭이 지배했는데, 개신교도였던 케플러는 종교적인 이유로 피신해야 했다. 그는 천문 관측소를 보유했던 유명한 천문 관측 전문가인 튀코 브라헤가 있던 프라하로 갔다. 케플러는 니콜라우스 우르수스에 맞서는 브라헤의 관측 자료에 대한 옹호 원고를 작성했고, 우르수스는 이를 '단순 가설'에 불과하다고 일축했다. 케플러는 또한, 단지 프톨레마이오스와 코페르니쿠스 체계 중 하나를 고르는 것에 더해서, 독립적인 물리적 설명이 필요하다고 주장했다. 튀코의 관측 자료를 이용해 케플러는 화성의 궤도에 관한 연구 작업을 시작했다.

튀코 브라헤는 코페르니쿠스의 이론을 확인하는 관측자료를 계산함으로써 태양중심설 모델을 얻는 데 기여했다.

튀코가 죽은 뒤 케플러는 왕립 학회 수학자 지위를 부여받았고, 또한 튀코 브라헤의 모든 자료에 대한 조사를 완수했다. 1609년에는 《원인들에 기초한 새 천문학 혹은 하늘의 물리학》을 출간했다.

그 후 케플러는 그라츠에서 피신할 때와 같은 이유로 프라하를 떠나야 했다. 그래서 린츠로 간 이후 그는 연구 분야를 수학(천문학을 포함하는)뿐만 아니라 음악·신학·철학까지 확장했다. 1612년 발표한 《코페르니쿠스적 천문학 개요》에서 그는 두 가지를 다시 강조했다. 행성 운동 연구에서 중요한 두 가지는 인과적 설명과 관측을 예측하는 것이었다. 1618년 판 《우주의 조화》는 그의 이런 사고의 최종적 표현이었다. 그는 이 작품에 관해서 다음과 같이 말했다. "이 책은 한 명의 독자를 위해 100년을 기다릴 수 있다. 신이 한 명의 증인을 위해 스스로 6000년을 기다려온 것처럼." 케플러는 신에 관한 특별한 지식을 가지고 있다고 믿은 위대한 천문학자 중 마지막 인물은 아니었으며 아이작 뉴턴의 작품 역시 그와 동일한 품격을 지녔다.

케플러는 무엇으로 유명한가?

정상적/예외적 행성 운동의 관측 양쪽에서 모두 인과적 원인들을 찾아야 할 필요가 있다는 원리를 바탕으로, 요하네스 케플러는 태양/행성들 간의 힘과 행성들을 추진시키는 힘이라는 두 가지 힘을 상정했다. 이에 아이작 뉴턴은 관성의 원리가 케플러의 행성들의 추진력 대신 사용될 수 있음을 보이고자 했다. 케플러의 가장 유명한 기여는 행성 운동의 원형 궤도가 아닌 타원 궤도의 발견이었다.

프랜시스 베이컨과 과학혁명

프랜시스 베이컨은 과학혁명에 무엇을 기여했나?

프랜시스 베이컨(1561~1626)은 경험주의 과학의 방법론을 체계화하여 과학이 인간의 생활을 향상시킬 수 있는 방법에 대한 프로그램을 내놓았다. 그는 "아는 것이 힘이다"라는 주장으로 유명한데, 새로운 과학을 더욱 발전시켜 실질적인 방법으로 삶에 적용하는 길을 모색했다. 그는 인간이 자연에 정통해서 '그녀'의 비밀을 발견할 실험을 수행할 필요가 있다고 믿었다 — 20세기 여성학자들은 베이컨이 자연의 정복자에게는 남성을 부여하는 데 비해 자연에는 여성을 부여했던 점을 비판했다.

프랜시스 베이컨의 《노붐 오르가눔》으로 유명해진 새 논리와 네 가지 우상은 무엇인가?

《뉴 아틀란티스》(1626)에서 프랜시스 베이컨은 과학 탐구를 위한 사회조직을 기술했다. 그의 〈노붐 오르가눔*Novum Organum*〉(1620)은, 아리스토텔레스 논리학과 단순 사실들의 집합이라는 양쪽 자리를 차지할, 새로운 귀납 논리를 제시했다. 그 목적은 실제 자연법칙 혹은 자연의 여러 모습들에 관한 믿을 만한 일반화를 발견하는 것이었다.

프랜시스 베이컨은 과학이 인간의 삶의 조건을 엄청나게 개선시킬 수 있다고 믿었다.

베이컨의 체계는 그런 지식을 획득하는 데 걸림돌이 되는 네 가지 우상을 기술한 것으로 유명하다. 첫 번째는 종족의 우상 혹은 생각의 자연적 경향으로서, 자연의 목적 혹은 자연적 사물과 사건 위에서 인간의 욕망과 필요성 읽기이다(예컨대 점성술과 같은 미신). 두 번째는 동굴의 우상 또는 개인의 특이성과 편견으로서 교육, 사회적 배경, 친밀 집단, 선호하는 권위 등에 기인하는 것이다. 세 번째는 시장의 우상 혹은 단어들 자체는 실재하지 않는 것에 대해서는 어떤 것도 표현하지 않음에도 불구하고 의미가 당연시되는 유형이다(예컨대 일각수, 운명의 여신, 청룡 등). 마지막으로 네 번째인 극장의 우상은 이미 널리 반복적으로 받아들여지고 있는 이론의 영향력과 같은 유형이다(특히 플라톤, 아리스토텔레스와 같은 유명한 철학자의 이론이 지닌 영향력).

일단 우상이 제거되면 무엇이 우리에게 허용되는가?

일단 마음에서 우상들이 제거되면 실험을 통해 그 원인들의 발견이 가능해진다. 프랜시스 베이컨은 모든 자연이 일정한 법칙에 따라 활동하는 신체 혹은 물질적 대상들로 이루어졌다고 생각했다. 그런 일정한 법칙이 곧 '형상'이었다. 원인을 찾을

경우, 우리는 먼저 그로부터 특정한 다른 사물이 따라 나오는 사물들을 찾아야 한다 (예컨대 열은 분자들의 운동에서 따라 나온다). 다음은 그 원인이 없을 때면 발생하지 않는 효과가 있는 경우를 찾아야 한다(열이 없으면 분자 운동이 없다). 그 정도가 크든 작든 우리가 연구하고 있는 것이 발생할 때, 우리는 그 변형된 형태들에 관해서도 설명할 수 있어야 한다. 그리고 그것이 가능할 때마다 우리가 연구하고 있는 것을 측정하기 위한 기구들을 우리는 고안해내야 한다.

베이컨의 영향은 무엇인가?

인과적 설명을 위한 프랜시스 베이컨의 요구는 새로운 과학에서 기본적인 방법론적 원리로서 보편적으로 받아들여졌다. 19세기 경험주의 철학자 존 스튜어트 밀도 시대 과학적 탐구의 기초로서 그것들을 다시 진술했다. 베이컨이 과학자들 집단을 열망했던 점은 마침내 영국 왕립 학회의 실현으로 이어졌다. 케플러의 타원 궤도 이론과 결합된 베이컨의 방법론적 원리들은 지속적으로 다듬어져나갔고, 뉴턴에 의해 근본 구조의 과학적 체계와 우주의 연산 법칙이 절정에 이르게 되었다. 그러고 나서 뉴턴의 과학 개념은 적어도 20세기 초반에 아인슈타인 이론이 나올 때까지 지속되었다.

베이컨의 인생은 그의 개념들만큼 직접적이고 명확했나?

아니다. 프랜시스 베이컨은 활발한 정치적 참여와 원대한 포부와 '솔직하지 못한' 초상 등으로 복잡한 삶을 살았다. 그의 아버지 니컬러스 베이컨 경은 국새 상서 (國璽尙書)로서 엘리자베스 1세를 보필했다. 그는 열두 살 때 케임브리지의 트리니티 칼리지에 입학하고 얼마 되지 않아 여왕을 만나게 되었다. 베이컨이 열다섯 살이 되었을 때, 자신은 엘리자베스 여왕이 로버트 더들리와의 비밀 결혼으로 낳은 사생아이며, 아버지 니컬러스 베이컨이 두 사람의 비밀 결혼의 증인이었음을 알게 되었다고 전한다.

그는 1576~1579년 영국 대사 수행원으로 프랑스에 있다가 아버지의 갑작스러운 죽음으로 귀국했지만 아버지가 남긴 유산이 얼마 되지 않아 평생 재정적 어려움에 시달렸다. 법학을 공부했던 베이컨은, 1584년 그리고 다시 1586년에 영국 의회에 진출했다. 그는 엘리자베스 왕권과 적대 관계에 있던 스코틀랜드 메리 여왕의 구금을 촉구했다. 그 후 1591년경 여왕의 총애를 받던 젊은 에식스 백작 로버트 데버루와 친교를 맺었고, 이 백작은 한동안 그의 후원자가 되었다.

에식스는 여왕의 마음을 누그러뜨려 베이컨을 등용하게 하려고 재정적 지원을 아끼지 않으며 최선을 다했으나 번번이 실패했다. 1596년에는 여왕의 칙선 변호사(국왕의 법률 고문)가 되었지만 무보수의 직책이었다(그는 채무 관계로 잠시 구속되기도 했었다). 1600년 에식스가 여왕을 납치하여 정적을 제거하려다 실패하자 그를 반역자로 여긴 사건에 관한 공식 보고서를 베이컨이 작성했고, 에식스는 1601년 처형되었다.

베이컨은 마흔다섯 살 때 집안이 좋은 런던 총독 베네딕트 바넘의 열네 살짜리 딸 앨리스 바넘과 결혼했다. 제임스 1세가 왕이 된 뒤에 베이컨은 기사 작위를 받았으며 왕을 위해 헌신한 결과, 참사관과 고문 변호사를 거쳐 1618년에는 대법관이 되었다. 그러나 당시에도 그는 여전히 빚에 시달렸다. 이 기간 동안 그는 뇌물 수수죄로 기소되어 벌금과 불명예의 유죄 판결을 받았다.

그는 은퇴한 후에도 연구를 계속했으며, 예순 살 때에는 장미 십자회와 프리메이슨 친구들이 주최한 연회에 초대받은 적이 있다. 유명한 시인 벤 존슨도 거기에 참석하여 다음과 같이 말했다. "나는 그 누구보다 그분을 사랑하고 그분의 기억에 경의를 표합니다."

1626년 베이컨이 런던에 있던 시절, 그는 왕의 주치의와 함께 마차를 타고 눈길을 나섰다가 문득 눈이 부패 과정을 지연시키는지 알고 싶어졌다. 그들은 즉각 새를 한 마리 사서 속을 비운 다음 눈으로 채우는 실험을 했다. 그 일로 기관지염에 걸린 베이컨은 기운을 회복하기 위해 그 새를 먹었는데, 오히려 그로 인해 죽었다.

영국 왕립 학회는 '보이지 않는 대학'에서 성장했다. 그리고 그 '보이지 않는 대학'은 베이컨의 《뉴 아틀란티스》에서 영감을 얻었다.

회의주의와 자연철학

베이컨의 《뉴 아틀란티스》는 무엇에 관한 것인가?

프랜시스 베이컨의 《뉴 아틀란티스》는 1627년에 출판되어 1670년까지 10판을 거듭했다. 여기에는 '솔로몬의 집'이라는 것이 기술되어 있는데 이것은 열, 빛, 온도, 약, 광물, 일기(기후), 선박, 천문, 동물, 농업 등을 망라하는 자연과학적 관찰 및 실험을 위한 연구소를 가진 연구 기관이었다. 그곳에는 발견을 위한 만반의 준비를 갖춘, 36명의 연구원과 조수들로 구성된 연구진이 있었다. 상주하는 학자들은 과거에 발견했던 내용의 문헌을 읽고 확인했다. 세 명의 '자연 해석가'가 최종적인 공리와 원리들을 세우기 위해 이 모든 정보와 자료를 검토했다.

프랜시스 베이컨의 이념 추진에 다른 사람들은 어떤 역할을 했나?

부유한 상인으로서 과학에 관심이 많았던 새뮤얼 하트립(1600~1662)은 《유명한 마카리아 왕국에 대한 기술》을 썼다. 이 책은 베이컨의 《뉴 아틀란티스》에서 영감을 받아 실용 교육을 실시하는 시설에 관한 내용을 다룬 것이었다. 근대 경제학의 창시자인 윌리엄 페티(1623~1687)는 실용 무역을 가르치는 시설을 구상했는데, 처음에는 로버트 보일에게 먼저 제안했었다. 그런데 이런 구상을 했던 이론적 선배들이 그레셤 대학에 이미 있었다. 이 대학은 엘리자베스 1세 때 재정관을 지낸 토머스 그레셤의 유지와 재산 유증에 따라 1597년 설립되었다. 그곳 대학에서는 교수들이 법률, 물리학, 수사학, 음악, 기하학, 신학, 천문학 등을 학자, 귀족, 사업가 그리고 전문직 종사자들에게 가르쳤다.

'보이지 않는 대학'이란 무엇인가?

1645년 로버트 보일과 다른 젊은 과학자들은 당시 영국과 유럽에서 연구되고 있던 과학계 소식을 토의하기 위해 매주 점심시간에 만났다. 그들은 스스로를 '보이지 않는 대학'이라 불렀다. 그들이 토의한 것들은 코페르니쿠스의 이론, 윌리엄 하비의 혈액 순환 이론, 수은을 이용한 온도 측정 실험 그리고 자기력의 성질 등이었다. 영국의 왕 찰스 1세가 처형된 이후, 이 모임은 옥스퍼드의 학계 친구들과 함께 '옥스퍼드 철학회'를 결성했다.

그레셤 대학의 크리스토퍼 랜이 1660년 실시한 천문학 강의에 따르는 '물리–수학 학습을 위한' 대학을 설립했고, 찰스 2세는 그 구상을 일주일만에 승인했다. 115명으로 된 최초 구성원의 3분의 1이 과학자였고, 총장은 당대 수학계의 지도자인 브로운커 경이었다. 이것이 '자연 지식 개선을 위한 런던 왕립 학회'였다. 1662년 7월 15일 거행된 이 학회의 창립 회의에서 찰스 2세는 학회에 은으로 된 권표(權標, silver mace)를 수여했다. 이 학회는 오늘날까지 영국의 과학 지식을 위한 독립된 학회로 존속하고 있다.

기체의 부피와 압력의 관계에 관한 법칙을 발견한 것으로 잘 알려진 과학자 로버트 보일은 발명가이자 철학자였으며 영국 왕립학회의 산실인 "보이지 않는 대학"의 일원이기도 했다.

과학자들을 위한 어떤 이념이 초기 왕립 학회를 성장시켰나?

과학 지식의 (실체적) 확실성을 추구하는 아리스토텔레스주의 이념이 거부된 이후, 왕립 학회 회원들은 '개연적 진리'를 추구했다. 그들의 이념은 개방성, 협동심, 동료를 향한 선의 등이었다. 아는 것을 단언하는 것만큼 알지 못하는 것을 아는 것도 똑같이 중요했다. 토머스 스프렛은 1667년에 쓴 《왕립 학회의 역사》에서 대가의 덕목을 다음과 같이 기술했다.

자연철학자는 도덕이 끝나는 지점에서 시작해야 한다. 그 필수 요건으로, (자연철학자를) 자임하고 부단히 추구하는 사람은 먼저 자신을 알아야 하고, 최대한 절제, 겸손, 친절함의 덕목들을 실천해야 한다. 기꺼이 가르침을 받아야 하고, 다른 사람의 판단에 승복할 줄도 알아야 한다. 그리고 감히 말하건대, 평범하고 근면하여 준비성 좋은 사람이 오히려 고고하고 재치 있지만 무례해서 동료애도 없고 반대 의견에도 못 견디는 사람보다 훌륭한 철학자가 될 가능성

이 더 높다. 확신하건대, 온유하며 양보하고 잘 따르는 대인이 뻔뻔하고 건방진 '단언하는 자'보다 훨씬 좋은 자세를 가졌다. 그들은 지금 모르더라도 장차 배우게 될 것들로 인해 놓칠 것이 아무것도 없다. 그들은 항상 받아들일 준비가 되어 있을 것이며, 관찰 사실들에 대해 기꺼이 대화할 것이다. 그들은 다른 사람들이 거둔 성실함의 결실을 업신여기지 않을 것이다. 그들은 사람들이 덕을 보는 것에 대해, 그들에 의해서건 다른 사람들에 의해서건 무관하게, 기뻐할 것이다.

로버트 보일은 누구인가?

로버트 보일(1627~1691)은 잉글랜드 최고 갑부였던 코크 공작 1세의 14번째 아이(7번째 아들)였다. 근대 화학의 창시자로, 보일은 과학 탐구와 과학적 방법론 개척에 전 생애를 바쳤다. 그는 영국 의회에서 높은 대우를 받았으며, '서약'하는 것이 싫어 왕립 학회 회장 직과 이튼 학교의 학장 직을 사양했음에도 불구하고 왕립 학회 위원회의 위원으로는 활동했다. 마흔두 살 때 한 차례 뇌졸중을 겪고 나서 고향으로 은퇴할 때부터 그는 자신의 실험 연구실을 보유했다. 보일의 목표는 아리스토텔레스의 역학을 물질과 운동이라는 오직 두 가지 개념만 사용하는 설명으로 대체시키는 것이었다. 그는 새로운 원자론 혹은 '입자론'의 성취자이기도 했다. 보일의 대표적인 작품은 《공기의 탄력에 대한 자극과 그 효과에 관한 새로운 물리 역학적 실험들》, 《회의적 화학자》이다. 그는 《신성한 사랑》이라는 종교적 색채의 소설도 썼다.

로버트 보일에게 과학적 영향을 준 사람들은 누구인가?

피에르 가상디(1592~1655)와 월터 찰턴(1619~1707)이 보일에게 영향을 주었다. 1656년 찰턴은 《*Physiologia Epicuro-Gassendo-Charletonia: or a fabrick of science natural, upon the hypothesis of atoms, founded by Epicurus, repaired by Petrus Gassendus, argumented by Walter Charlton*》(1654)이라는 긴 제목의 책을 통해 가상디의 원자에 관한 개념들을 영국으로 가져왔다. 찰턴은 영혼을 포함해 만물은 물질적 원자들로 이루어졌다는 가상디의 견해를 개정했다. 이 입장에서

영혼은 물리적인 것이라는 사실이 따라 나왔다. 이는 대부분의 신학자와 성직자들의 믿음에 반하는 것이었다.

로버트 보일의 원자론은 어떤 것인가?

보일은 주장하기를 물리, 화학, 생물 그리고 기체와 유체에 관한 연구 등에서 다루고 있는 모든 물체는 원자들로 이루어져 있다고 했다. 그는 관측 가능한 것들을 설명하고 예측하는 데 원자들이 이용될 수 있기 때문에 원자의 존재는 순수한 사고의 산물이 아니라 경험적 물질이라고 생각했다. 원자의 존재가 존재하는지 판단을 유보해야 한다고 했던 가상디와는 달리, 보일은 시각화 비유법(method of transdiction, inferring from the visible to the invisible)을 사용해서 원자가 엄연히 존재함을 주장했다.

보일의 시각화 비유법이란 무엇인가?

보일은 사람들이 현미경과 망원경을 필요로 하는 것에서 알 수 있듯이 우리의 감각 기능은 한계가 있음을 지적했다. 그는 감각 지식을 확장하기 위해 비유법을 사용할 수 있다고 생각했다. 원자 혹은 입자는 우리가 지각할 수 있는 물체들에 비유적인 것으로 이해될 수 있었다. 이런 의미에서 원자는 지각될 수 있는 비유 물체들과 동일한 작용 원리를 갖는다. 보일은 그의 원자 이론을, 원자가 존재한다는 전제를 바탕으로 해서 얻은 기체, 고체, 열 등에 관한 예측을 확인했던 자신의 실험 보고서로 뒷받침했다.

영국 왕립 학회 회원들이 시행한 실험들 중 어떤 재미있는 것들이 있었는가?

로버트 보일은 스스로 자기를 치료했고 처방전 수집을 취미로 삼은 듯했기 때문에 기인으로 여겨졌다. 왕립 학회가 형성되던 시점에는 연금술이, 값싼 금속을 금으로 바꾸는 방법을 찾는 과학에서 인간의 수명을 연장시킬 목적의 새로운 의학적 발견으로 전환되었다. 그럼에도 불구하고

1689년 보일은 '금의 증식'에 반대하던 헨리 6세의 법이 철회되도록 하는 데 성공적인 역할을 수행했다.

뉴캐슬의 공작 부인인 마거릿 캐번디시(1623~1673)가 1667년 왕립 학회를 방문해, 다양한 실험들을 견학하게 되었다. 그 실험에는 염료 합성에 의한 색채 실험, 황산 기름에 고기 녹이는 실험, 공기의 무게를 재는 실험, 대리석 평판 만드는 실험, 자기력 실험, '훌륭한 현미경'을 통한 관찰 등이 포함되었다. 공작 부인은 자신의 일기에 다음과 같이 썼다.

"새로운 과학이 사회적·정신적 문제를 해결하는 데에는 아무런 쓸모도 없다."

보일의 유물론은 그가 무신론자였음을 의미했나?

아니다. 보일은 매우 독실한 개신교 신자였으며 과학과 종교가 어떻게 조화를 이룰 수 있는지에 대해 많은 글도 썼다. 그런 주제의 저서 가운데 대표적인 것이 《기독교의 거장》(1690)과 《자연적 사물들의 목적인에 관한 논설》(1688)이었다. 그런데 《논설》에서 그는 논증하기를, 매일의 일과에서 과학자는 입자들의 제1성질들만 집중적으로 생각해야 한다고 했다. 이 말은, 여느 사람들과는 달리 과학자는 색, 소리, 질감, 냄새 따위에는 생각의 초점을 맞추지 말아야 한다는 의미였다.

제1성질과 제2성질은 무엇인가?

제1성질과 제2성질의 과학적 구분은 연계되는 철학에서 매우 중요한 것으로 밝혀졌다. 제1성질은 크기, 모양, 질량, 움직임 등이다. 제2성질은 색, 질감, 소리, 냄새 등이다. 원자들의 제1성질들은 원자들로 이루어진 사물들 안에서 우리에게 지각될 수 있는 제2성질들이 된다. 즉, 우리가 지각하는 세계는 제2성질들로 이루어진 것으로서, 사물들 안에 있는 원자들과 우리의 감각 기관 안에 있는 원자들의 상호 작용으로 형성되는 것이다. 정확하게 제2성질들은 우리가 일상적으로 경험하는 색, 소리, 촉감, 냄새 등과 같은 감각적 성질들이다. 그러나 '실제' 세계는 원자들로 이루어져 있다!

아이작 뉴턴은 누구인가?

아이작 뉴턴(1462~1727)은 가장 위대
한 과학자이자 서양 전통의 자연철학자
중 한 사람이다. 알렉산더 교황이 쓴 그
의 묘비명은 다음과 같다.

　　　자연과 자연의 법칙들은 시야에
서 가려져 있었다.
　　　신께서 "뉴턴이여, 있으라!" 하자
모든 것이 밝아졌다.

뉴턴은 코페르니쿠스의 이론, 케플러
와 튀코 브라헤의 발견, 그리고 갈릴레
이의 추가 발견에 대한 정합적이며 수
학적으로 견고한 개념을 일구어냈다.

아이작 뉴턴 경은 동서고금을 통틀어 가장 위대한 과
학자 가운데 한 사람으로 꼽힌다.

그는 지상과 천상의 역학을, 300년 넘게 후속 연구를 지지한, 포괄적인 우주론 체계
로 통일시켰다. 그의 과학적 우주관은 기독교의 신의 영역까지 포함하는 것이었는
데, 당시에는 적극 권장되던 일이었다. 지표면 가까이 있는 적당한 크기의 물체가
중간 정도의 운동을 하는 경우에 대해서는 뉴턴의 방정식들이 여전히 유용하다(아원
자 입자 연구와 광년 단위의 실험에 대해서는 뉴턴의 이론이 쓸모가 없다).

뉴턴이 성취했던 이력들은 어떤 것들이 있나?

뉴턴은 청교도 혁명이 일어났던 해인 1642년 1월 4일, 영국 링컨셔의 울즈소프에
서 태어났다. 그는 케임브리지 대학에 다녔고 1665년에 학부를 졸업해 학사가 되었
다. 이후 2년간 당시 유행했던 전염병(흑사병) 때문에 케임브리지가 폐쇄돼 집에 틀
어박혀 독자적으로 연구했는데, 그때 미적분학의 밑거름이 되는 이항정리, 근대적
인 빛의 구성 원리, 중력 이론의 기초들을 발견했다.

1667년 학교가 다시 문을 열자 케임브리지로 돌아와 석사 학위를 받았고, 이듬해에 반사 망원경을 만들었다. 이 공로를 인정받은 뉴턴은 왕립 학회 회원으로 뽑혀 1671~1703년까지 활동했으며, 이후 남은 생애 동안 회장 직을 맡았다. 이보다 앞선 1669년에는 스승 배로 교수의 뒤를 이어 모교 수학과의 루카스좌 교수가 되어 미적분학에 대한 연구를 시작했다. 뉴턴의 '세계의 체계' 혹은 그의 역학과 수리 물리를 통합시킨 이론은 《자연철학의 수학적 원리》(1687)라는 책으로 출간되었다.

아이작 뉴턴은 그의 과학 발견으로 보상을 받았는가?

비교적 가난했고 부유한 가족이나 후원자도 없던 뉴턴은 1695년, 결국 조폐국에서 관리인이라는 편한 직책을 받아들인 적이 있다. 이때 그는, 170년 앞서 코페르니쿠스가 자기 조국 폴란드의 화폐 개혁에 기여했던 사실을 상기시키는, 영국 화폐 개혁의 복잡한 계획을 맡아 관리하는 기여를 했다(화폐 개혁은 유통되고 있던 구화폐를 모두 회수하여 신화폐로 교환하는 작업을 포함한다).

아마 코페르니쿠스처럼, 뉴턴도 그레셤 법칙(악성 화폐가 양질의 화폐를 몰아낸다)의 핵심을 꿰뚫고 악화의 존재 의미가 사람들의 양화 사재기로 이어진다는 사실을 알았을 것이다. 이는 실제로 당시 영국의 심각한 경제 문제였는데, 영국은 현금에 기반을 둔 경제, 즉 은화나 동전 등 물리적 유형 통화에 의존하는 상거래 위주였기 때문이다. 뉴턴의 화폐 개혁에서 관리상의 관건은 금속 가치 때문에 잘려나갔던 은화를 온전히 회수하는 것이었다. (회수된 주화의 둘레를 따라 고스란히 깎아내고 다듬은 뒤) 동전 둘레에 톱니무늬를 새겨 넣은 것은 화폐 훼손을 막기 위해 그가 고안했던 것이다. 뉴턴은 화폐 변조 범인들을 교수형에 처하도록 앞장서기도 했다.

뉴턴의 과학 체계에서 주요소들은 무엇이며, 신과의 관계는 어떤 것이었는가?

뉴턴은 세계 체계를 기술하는 수학적 공리를 입증하기 위해 유클리드의 기하학 모델을 사용했다. 그는 세계가 물체들로 구성되었다거나 혹은 질량체들이 단단한 입자들로 이루어져 있다고 주장했다. 그런 입자들은 정체되어 있을 수도 있고 세 가지 운동 법칙에 따라 운동 중일 수도 있다. 방금 말한 운동 법칙들은 하나의 보주(補註, scholium)로서, 뉴턴은 거기에서 그의 세계관 체계 전체의 조건들인 절대 시간, 절대 공간, 절대 위치, 절대 운동을 진술했다.

　뉴턴에게 우주 자체는 절대 움직이지 않는 하나의 거대한 상자와 같은 것이었다(이런 절대성은 알베르트 아인슈타인의 상대성 이론과의 대비에서 매우 중요해지게 되었다). 뉴턴에 따르면, 신은 그의 체계에서 몇 가지 방식으로 능동적인 역할을 수행했다. 즉 신은 천체계 전체의 제1원인이다. 신은 항성 및 행성들이 서로 충돌하는 것을 막고 있다 — 신은 절대공간과 절대시간을 창조했다. 신이 바로잡지 않으면 우주 전체의 조화가 침해될 수 있는, 행성 및 혜성들의 운동에서의 불규칙성을 신은 바로잡아준다. 그러므로 뉴턴에 따르면, 자연의 비물질적이며 초월적인 정신으로서 신은 자연 외부에 존재할 뿐만 아니라, 물리적 우주의 실체적이며 실천적인 지배자 겸 조정자이기도 했다. 그는 이렇게 쓴 적이 있다. "따라서 신에 관한 상당 부분을, 사물들의 현상으로부터 담론하는 것은 확실히 자연철학에 속한다." (이는 결국 종교적인 시대의 종교적인 과학이었음을 드러냈던 것이다).

뉴턴은 아래와 같은 세 가지 운동 법칙과 일반 중력 법칙으로 잘 알려져 있다.

1. 모든 물체는 그 상태를 바꿀 만한 힘이 강제로 주어지지 않는 한, 정지 상태를 유지하거나 일정한 운동을 하여 진행 방향으로 계속 움직이는 상태를 유지하려는 성질이 있다. 이를 일컬어 관성의 법칙이라 한다.
2. 운동량의 변화율은 물체에 작용하는 알짜 힘에 비례하고, 알짜 힘이 향하는 직선 방향을 따른다. $F=MA$ 혹은 힘은 질량과 가속도의 곱이다. 이를 일컬어 가속도의 법칙이라 한다.
3. 물체 A가 다른 물체 B에 힘을 가하면, 물체 B는 물체 A에 크기는 같고 방향은 반대인 힘을 동시에 작용한다. 이를 일컬어 작용과 반작용의 법칙이라

회의주의와 자연철학

한다.

> 뉴턴의 일반 중력 법칙은, 우주 내의 모든 물체(실은 질점)는 다른 물체를 끌어당기는 힘이 작용하는데, 그 크기는 두 물체의 질량의 곱에 비례하고 그 사이의 거리 제곱에 반비례한다고 표현된다.

뉴턴의 체계는 어떻게 받아들여졌는가?

뉴턴의 운동 법칙들은 존경과 경계에 있는 지적 놀라움으로 받아들여졌다. 이런 반응의 일부는 원자 이론과 코페르니쿠스 혁명의 결과를 뉴턴이 개연적으로 통일시킨 포괄적인 방법 덕택이었다. 뉴턴은 증거를 넘어서지 않음을 주장한 것으로 유명했다. 그래서 그의 과학 탐구 신조가 바로 "나는 가설을 만들지 않는다"였다.

하지만 이는 말 그대로 사실은 아니다. 제시된 그의 보주(補註, scholium)에는 절대공간과 절대시간, 그리고 '원격 작용'으로서의 힘에 대한 요구가 증거 없이 당연한 것으로 전제되어 있었다. 그는 또한 신의 존재도 당연한 것으로 전제했다. 그러나 뉴턴의 경험주의에 대한 태도는 — 그가 생각했던 예를 들자면, 장차 언젠가 강력한 망원경을 갖게 되면 원자를 보는 일이 가능할 것이라는 식이어서 — 그가 진정으로 경험주의자였는지에 관한 논쟁을 견뎌냈다.

뉴턴의 작품들이 거의 즉시 유럽의 언어들로 번역되어 보급된 결과, 새로운 우주관으로 자리 잡았다. 뉴턴의 생각을 대중화시킨 판본들도 있었는데, 18세기 초까지 그를 이상화시킨 모습들이 널리 유통되기도 했다. 1737년 프란체스코 알가로티는 《여성을 위한 뉴턴》을 발간해 그후로 여러번 증쇄했다. (여자들은 남자들만큼 교육을 받지 못했기 때문에 여자들을 위해서는 과학 지식이 단순화되어야 하며 보다 '점잖은' 언어로 표현되어야 한다는 생각이 널리 퍼져 있었다).

뉴턴은 괴팍한 성격의 소유자였나?

역사의 일화와 뒷얘기들에 따르면, 대답은 '그렇다'일 것이다. 뉴턴이 괴짜이며 다른 사람들과 좀체 교류하지 않았다는 증거가 있다. 그의 주요 기벽은 자신의 일에 관한 비밀주의에 있다. 그는 자신의 초기 연구의 성공을 1669년까지 다른 사람들에게 알리지 않기도 했다. 그래서 그가 언제 무엇을 했는지 혹은 기록된 어느 직관이 어느 저작에 대응되는지가 오늘날까지도 확실하지 않다. 그가 케임브리지 대학에서 수학의 루카스좌 교수가 된 후에는, 1년에 3~4주 정도를 제외한 내내, 광학과 초급 수학의 강의를 26년간 했음에도 불구하고 그의 삶은 대부분 감춰졌다.

뉴턴이 출판하는 일을 싫어했던 이유 중 일부는 항상 따르기 마련인 논쟁을 워낙 싫어했기 때문이었다. 1684년 뉴턴에게 그의 《수학 원리》의 출판 건을 상기시키기 위해 왕립 학회는 에드먼드 핼리(1656~1742)가 주도하는 위원회를 소집했다. 여기서 핼리는 자신이 연구했던 '행성의 운동'(나중에 출간되었을 때 제3권의 내용)도 포함시킬 것을 설득했다. 하지만 그 내용은 핼리가 로버트 훅(1635~1703)과 공동 연구를 하다 중단했던 것으로서, 1686년 뉴턴이 제1권의 완성된 원고를 왕립 학회에 접수시켰을 때 훅은 뉴턴이 자신의 생각을 표절했다고 주장했다. 이로 인해 외부와 단절된 뉴턴의 격리 생활은 더욱 깊어졌다(이미 1672년 빛과 색깔에 관한 논문을 왕립 학회에 발표했던 뉴턴은 당시 왕립 학회에서 영향력이 있던 훅과 격한 논쟁을 벌였었다. 그는 빛이 단색광이 아니라 혼합광이라 생각했고, 훅은 뉴턴의 설명 방법에 동의하지 않았다. 그러자 뉴턴은 토론을 거부하고 훅이 죽기 전까지 자신이 이미 집필한 광학에 관한 책을 출판하지 않았다). 마침내 《수학 원리 *principia*》의 원고가 빈센트 박사를 통해 전해져 출판되게 되었다. 빈센트 박사는 뉴턴이 청소년 시절 하숙했던 주인집 딸, 스토리의 남편으로, 그녀는 뉴턴에게 연민을 품어왔던 것으로 보인다.

전기 작가들은 뉴턴이 그의 친구 찰스 핼리팩스의 노력으로 정부의 명망 있고 전도유망한 좋은 직책을 얻는 데 실패한 뒤, 그 후유증으로 1692~1693년에 심리적 장애를 겪었다고 전한다. 뉴턴은 친구인 새뮤얼 피프스(1633~1703)에게 분쟁에 "휘말림embroilment으로써 극도로 고통을 겪고" 있으며, 그래서 피프스와 다른 친구들로부터 멀어지겠노라는 편지를 쓴 적이 있다. 그리고 나서 존 로크에게는 "당신이 나를 여자들과 엮어주고자to embroil 애쓰신다는 견해가 있음에" 유감의 편지를 썼다. 로크는 친절하게 안심시켰지만, 뉴턴은 과로와 수면 부족을 내세우며 더욱 유감

회의주의와 자연철학 ★

을 표시했다. 하지만, '휘말림'을 겪었다는 뉴턴의 믿음에 대한 근거는 실제로는 없었다.

뉴턴이 실제로 분쟁에 휘말린 것은, '유율fluxions' 이론 혹은 미적분학을 처음 창안한 사람이 뉴턴인가 아니면 라이프니츠인가에 관한 것이었다. 왕립 학회 회장이라는 직위를 통해 뉴턴은 이 문제에 관한 영향력을 행사했고, 비록 그 주제에 관해서 뉴턴과 라이프니츠가 교신한 시간 순서가 부정확하게 전해지긴 했지만, 결국은 그가 처음 발견한 것으로 매듭지어졌다.

뉴턴은 조폐국 책임자가 된 이후에는 더 이상 과학 연구를 진행하지 않았다. 그는 자연철학을 "소송 걸기 좋아하는 숙녀"라 지칭했고, "달에서의 또 다른 인력"을 언급한 적도 있다. 그는, 자신의 내밀한 생각을 종종 암호화해서 기록했기 때문에 그가 추구했던 노력의 본성을 확실하게 파악하긴 어렵지만, 성서의 예언 해독과 연금술 이론에 신비주의적인 편향을 지녔던 것은 분명해 보인다. 오늘날 일부 학자들은 그의 일련의 신비주의 연구가 뉴턴 본연의 주된 관심 사안이었으며, 그의 과학적 업적의 위대성은 사실 이후에 덧붙는 '호들갑'의 결과로 생각하기도 한다. 뉴턴의 출판에 대한 극도의 거부감이나 조폐국에서 일하게 된 이후에 계속했던 연구들도 사실 사람들의 추측보다 심리적 취약성이 그리 크지 않았을지도 모른다.

의학과 철학

의학은 철학과 어떤 관계를 갖게 되었나?

보통 의학의 이론과 실천은 철학이나 철학사와의 관련이 별로 없다. 여러 가지 의학적 판단(예컨대 낙태, 임종, 진료비 등에 관한 문제들)의 윤리적 측면에 대한 인식을 제외하면 의사들은 철학적 견해에 귀 기울이지 않으며, 철학자들도 의학을 그들의 정규 대상 영역의 일부로 여기지 않았다. 그럼에도 불구하고, 적어도 18세기까지는, 인간의 신체에 관한 의학적 개념과 실천이 몇 가지 방식으로 철학과 밀접하게 연결되어 있었다.

플라톤과 아리스토텔레스로 시작되는 고대 이후로 철학자들은 의학의 실천에 필요한 종류의 지식을 실천적 지식의 본질에 관한 중요한 예로 활용했던 것이 보통이다. 예를 들어, 의사들은 어떤 병의 원인과 징후에는 동의하지만, 특정 환자가 그 병을 가졌는지, 어떤 적절한 치료 과정이 그 환자에게 제공되어야 하는지 등은 가시적 징후나 증거를 뛰어넘는 판단을 요구한다. 그런 판단은 과거 경험에 비추어 비슷한 경우에는 무엇을 했는지에 크게 의존하는데, 이는 실천적 지식의 본성에 관해 중요한 것을 말해주고 있다(아리스토텔레스는, 엄밀한 과학이 아닌 의학에서는 경험의 역할이 지닌 중요성 때문에, 젊은 의사보다 나이 든 의사를 택하는 것이 더 현명하다고 했다).

'소크라테스 이전 시대 동안에는 의학이 철학의 일부였다' 는 인식이 아리스토텔레스 시대에 있었다. 중세 초기에는, 특히 이슬람 문화권에서 많은 철학자들이 의사로서 수련을 받았으며 실제로 자기 후원자의 의사로 고용되기도 했다. 그런 실천은 르네상스기와 근대 초기에 걸쳐 유럽에서도 흔했던 일이다. 또 다른 철학과 의학의 연계는, 교육받은 사상가로서 철학자들은 언제나 인간의 신체와 그 기능에 관한 견해를 가지고 있었고, 그 과학적 측면이 당시의 의학적 견해로부터 왔던 것이다. 또한 철학자들은 인간의 정서와 사고 과정에 대한 관심도 유지하고 있는데, 이 측면은 심리학자 및 심리 과학이 존재하기 이전에 선배들이 발전시킨 이론을 바탕으로 삼는다.

의학은 언제 철학으로부터 분리되었나?

비록 코스 섬의 히포크라테스를 "의학의 아버지" 로 믿고 있지만, 아리스토텔레스와 테오프라스토스는 크로톤의 알크마이온을 기원전 6세기 후반기의 의학의 창시자라고 기록했다.

의학에서 알크마이온의 혁신이란 무엇인가?

알크마이온(B.C. 5세기경)은 "건강이란 무엇인가?"라는 물음에 대한 새로운 답을

제시했다. 그는 건강을 '이소노미아isonomia' 혹은 신체적 평형 상태라고 설명했다. 이 평형은 서로 상반되는 것들 간의 균형으로서, 무한정 복구될 수 없는 것이다. 그러므로 모든 생명체는 죽는다.

알크마이온도 서로 다른 감각들의 기능을 조사했다. 이해의 과정이 별들의 회전과 비슷하기 때문에, 그가 마치 별과 같다고 여긴 영혼은 불멸이라고 생각했다. 감각기관이 '통로passages'를 통해 뇌에 정보들을 전달한다고 추정했다. 또 혈액이 넓은 혈관에 도달한 결과가 잠으로 나타나는 반면에 혈액이 좁은 혈관으로 재분배된 결과는 깨어 있음으로 나타난다고 여겼다. 이 같은 알크마이온의 견해가 지닌 본질적 특성과 고유한 의학 원리들의 도입은 인간 신체에 대한 사고 체계와 의학의 실천을 영구히 바꿔놓았다. 여기에 히포크라테스(B.C. ?460~?377)는 알크마이온의 계승자로서 자신의 사상을 확고히 했으며, 의학을 그 자체가 독립적인 과학으로 정립시킬 수 있었다.

히포크라테스의 업적과 영향은 무엇인가?

자신의 학파를 세우면서 히포크라테스는 의학을 마법술(theurgy)이나 철학과는 다른 분야임을 공식적으로 표방했다. 그는 의술을 할아버지와 아버지로부터 배웠다. 히포크라테스 학파에 따르면, 질병은 신체 내에서 일정하게 유지되어야 할 네 가지 체액의 불균형으로 발생하는 것이었다 ― 흑담즙. 황담즙, 혈액, 가래. 또한 모든 질병은 죽음의 상태와 자연적 회복이 잇달아 발생하는 위기의 지경까지 진행된다고 보았다.

히포크라테스 학파의 의학 실천은 다분히 수동적인 것이었다. 왜냐하면 그들은 신체에 휴식을 주면 스스로 치유되는 것으로 믿었기 때문이다. 따라서 그들의 치료는 매우 '점잖은' 형태로서, 오직 맑은 물과 포도주와 연고만 사용되었다. 질병의 추이 과정을 예측할 수 있음이 중요한 사안이었던 것이다.

《의사에 관하여》에서 히포크라테스는 의사로서의 반듯한 몸가짐과 절제 있는 품행을 강조했다. 또한 중요한 것은, 일련의 기록들을 환자에 관해서뿐만 아니라 그 가족들과 주변 환경에 관해서도 하는 것이었다. 질병의 신비한 원인 따위는 폐기되었다.

히포크라테스가 사망한 이후에는 그의 이름으로 돌리는 원리들이 거의 발전하지 못했다. 그가 제시했던 몇 가지 직업상의 규칙들, 이를테면 사례별 이력 추적이나 기록 보유 등의 규칙은 폐기되었다.

히포크라테스 이후 의학은 어떻게 발전했나?

페르가몬의 갈레노스(?129~?199)는 히포크라테스의 의학을 보존시켜 르네상스기까지 거의 변하지 않은 상태가 지속되었다. 인간의 신체를 해부하는 것은 로마법에 반하는 것이어서, 갈레노스는 돼지와 원숭이를 해부함으로써 생리학적 지식을 확장할 수 있었다. 그는 투사 학교(gladiator school)에서 외과 의사로 일하던 시절, 종양과 외상을 치료하는 방법을 배웠다. 갈레노스는 뇌 수술과 눈 수술(백내장 제거)을 포함하는 수술을 여러 번 수행했는데, 이는 거의 2000년간 다시 시도된 적이 없는 것이었다. 갈레노스의 저작들은 9세기에 후나인 이븐 이샤크에 의해 아랍어로 번역되다. 그런데 아랍에서는 수술이 매우 드물게 시행되었고, 기독교인들 사이에서는 수술 관련 지식과 실천이 이미 폐기되었었다. 갈레노스는 너무 높이 평가된 나머지, 르네상스기에 해부체가 그의 책에 기술된 것과 모순되어 보여도, 책이 의심받기보다는 해부체가 예외적인 것으로 간주되었다. 거의 모든 질병에 적용시킨 그의 혈액 출혈법 처방은 무려 19세기에 이를 때까지 비판 없이 따랐다.

파라셀수스는 누구인가?

'파라셀수스' 는 필리푸스 아우레올루스 테오프라스토스 봄바스트 폰 호헨하임(1493~1541, Philippus Aureolus Theophrastus Bombast von Hohenheim)의 가명이다. 그의 아버지는 스위스의 의학 박사였다. 파라셀수스는 열다섯 살 이후부터 꾸준히 여행을 했으며, 독일과 오스트리아에서 진료 의학을 공부했다. 그리고 다시 유럽을 여행하며 외과 수술을 자신의 진료 의학 지식 실천과 결합시켰다. 당시는 외과 수술이 진료 의학보다 품계가 낮은

파라셀수스가 쓴 책 중에는 《The Great Surgery Book》 (1526)도 있다.

169

기술로 간주되었기 때문에 그의 시도는 의사로서 상당히 위험한 것이었다.

파라셀수스는 유명한 화가 프로비니우스를 치료하고 난 뒤, 1516년에 바젤 대학의 의학 강사가 되었다. 하지만 아비센나와 갈레노스에 반하는 그의 가르침은 논란이 많았고, 결국 1528년부터는 그의 여행 인생을 다시 시작하도록 압력을 받았다.

파라셀수스는 생명력이 긴 의학 혁신을 몇 가지 도입했다 — 화학적 소변 검사, 소화에 관한 생화학적 이론, 외상 소독법, 진통을 위한 아편 사용, 매독에 대한 수은 사용 등. 그의 책은 주로 인간의 본성과 우주 안에서 인간의 위치에 관한 것이지만 매독에 관한 중요한 논문들도 썼다.

파라셀수스는 연금술사였는가?

그렇다. 파라셀수스는 연금술사였다. 하지만 그는 연금술 지식을 신비로운 비밀로 간직하는 전통을 깼으며, 연금술사들이 진짜 신조를 감추기 위해 셈족, 그리스, 로마로 이어지는 신화에 의존하는 중세 상징주의도 배제한, 정통 연금술 학자였다.

연금술이란 무엇인가?

원래 연금술의 라틴 구호는 '분리하고 결합한다' 라는 뜻이었다. 연금술은 기독교, 이슬람, 유대 세계를 관통해 19세기 혹은 그 이후까지 실행되었다. 전통적으로 연금술 수련의 핵심 목표는 값싼 금속을 금으로 바꾸는 법을 발견하는 것이었다. 그 다음으로는 모든 질병을 치료해서 불멸이 가능하게 해주는 불로장생의 특효약을 찾는 것이었다. 중세의 연금술사들은 '현자(철학자)의 돌' 이라는 것을 찾고자 했는데, 그것은 방금 말한 두 가지 기능이 가능하다고 믿었다. 그들은 또한 만능 용제인 아쿠아 비테aqua vitae를 만드는 공식을 얻으려고도 했는데 아쿠아 비테의 한 형태로 출현한 것이 도수 높은 에틸알코올(독주)이었다.

다른 분야의 동료들은 연금술사를 어떻게 여겼는가?

전통적인 철학자와 신학자들은 연금술사들을 수상쩍게 여겼지만, 그들이 각종 금속과 식물을 가지고 부단한 실험을 했던 결과는 제혁법, 염색법, 야금술과 기타 소위 '베이컨의 과학' 분야에서 유용한 발견에 이르렀다. 연금술의 역사 내내 마법사 (혹은 점성술사)의 모습은 연금술사와 중첩되어 있었다.

근대 화학은 분명 그 초기 실험의 뿌리를 연금술에서 찾을 수 있고, 이 점은 화학이 19세기에 충분히 접어들 때까지도 고등 교육 과정의 과학 과목 중 한 분야로 받아들여지지 않았던 주된 이유로 간주되기도 한다.

연금술 이면의 이론은 신플라톤주의였다. 그 주된 원리인 "위에 있는 그만큼 아래에도"의 의미는 인간이 전체 우주의 축소판인 미세 우주microcosm라는 것이다. 게다가 시간은 순환적이고, 우주는 신성한 정신과 더불어 살아 있는 존재로 보였다.

파라셀수스는 연금술에 무엇을 기여했나?

파라셀수스는 대부분의 연금술사들이 믿었던 신플라톤주의를 공유했다. 즉 소멸은 모든 탄생의 시작이다. 제1질료는 궁극적인 '불멸의 질료'로부터 분리되어 나오며, 인간의 창조성은 이 과정을 반복한다. 시간은 힘과 성장으로 구성되는 순환이다. 위와 아래 혹은 하늘과 땅도 같은 형태의 순환이다.

그러나 파라셀수스는 행성의 '기질론theory of humors'을 화학적인 것으로 대체시켰다. 짠맛, 단맛, 쓴맛, 신맛, 그리고 다섯 번째 원소인 — 혹은 우주에 충만해 있는 quintessence — 생명. 그의 용어인 'Ens Natural'은 화학적 성질들chemical humors의 균형을 지칭했고, 'Ens spiriturale'는 마음의 균형을 가리켰다. 그의 동료들과는 달리 파라셀수스는 정신 이상이 악마demon로 인한 것이라거나 악몽이 마녀succubus와의 수면 중 성행위 때문이라고 생각하지 않았다. 그는 마음이 마음 그 자체와 신체에 질병을 일으킬 수 있으며, 또한 최면이나 마술, 악의 등을 통해 다른 사람의 마음이나 몸에도 병을 일으킬 수 있다고 가르쳤다. 그는 대부분의 질병이 치유 가능한 악마들이지만 'Ens Dei', 즉 신의 의지는 그 어떤 의사도 바로잡을 수 없다고 가르쳤다.

회의주의와 자연철학

파라셀수스는 제1 질료, 질병이 악마가 아니라는 단언 등의 신플라톤주의적 언급 때문에 이단으로 몰렸다(제1 질료는 신이 만물을 창조했다는 개념과 모순된다. 또한 질병이 악마가 아니라는 주장에는 악마의 존재 여지가 없어진다). 그러나 파라셀수스가 죽고 나서 그의 탄생지는 로마 가톨릭의 성지가 되었다.

과학혁명기의 의학에서 특기할 만한 발전은 무엇인가?

과학혁명기에 윌리엄 하비는 혈액의 닫힌 순환 체계를 정확히 기술하고 증명해 보였다. 로버트 버턴은 심리적 우울증의 본성을 기술했다(그 자신이 우울증에 시달렸다). 하비의 업적으로 인간 신체의 내부는 질서 정연한 역학적 (수압의) 체계로 이해될 수 있었다. 버턴의 업적은 정신적 질환을 세속적이고 신비로울 것이 없는 과정으로 인식하게 만들었다. 두 사람의 업적은 과학적 탐구자들에게 실천적이며 만족스러운 보답이었으며, 그들을 따르는 대중에게도 그랬다.

윌리엄 하비는 닫힌 순환 체계를 어떻게 발견했나?

윌리엄 하비(1578~1657)는 케임브리지 및 코페르니쿠스도 공부했던 파도바에서 교육을 받았다. 그의 장인은 뛰어난 런던의 내과 의사였다. 하비는 성 바솔로뮤 병원에서 박사가 되었고 왕립 내과 대학의 특별 연구원으로 활동했다. 이븐 알나피스(1213~1288)와 미카엘 세르베투스(1511~1533)도 일찍이 순환에 관해 기술한 적이 있으나, 세르베투스의 작품은 하비가 연구를 시작하기 전에 분실되었다.

파도바 대학에서 하비를 가르쳤던 히에로니무스 파브리치우스는 정맥 판막을 발견했으나, 하비는 그의 설명에 만족하지 못하고 혈액이 신체 안에서 이동하는 방식을 설명하는 보다 뛰어난 이론을 찾았다. 1628년에 쓴 《동물의 심장과 혈액의 이동에 관한 해부학적 연습》에서 하비는 심장이 닫힌 체계를 통해 혈액을 몸 전체로 뿜어 보낸다고 주장했다. 이에 비해 갈레노스는 정맥혈이 간으로부터 오며 동맥혈은 심장에서 오고, 각각은 신체의 서로 다른 소모될 부위로 보낸다고 믿었다.

하비는 생체 해부를 기록해두었다. 거기에는 심장을 통과한 혈액의 총량과 심장의 박동수 등 양화시킨 자료들을 포함하고 있었다. 이를 바탕으로 하비는 심장의 크기에 따른 심장의 하루 뿜어내는 혈액의 총량을 추정하기도 했다. 그는 두 개의 순환 고리 — 하나는 폐로 이어지고, 다른 하나는 여타 기관들로 이어지는 — 를 상정했으며, 혈액이 심장으로 되돌아갈 때 정맥의 판막이 담당하는 역할에 대해 정확히 기술하기도 했다. 하비는 제임스 1세와 찰스 1세 둘 다 맡았던 주치의였으므로 자신의 실험과 증명을 위해 왕실 공원의 사슴을 대상으로 생체 해부할 기회를 가질 수 있었다. 그는 또 어떤 자작 아들의 가슴에 난 구멍을 통해 혈액을 뿜는 인간의 심장을 관찰할 수 있었다(그의 외상 부위는 금속판으로 덮여 있었다). 그가 모세 혈관은 관찰할 수 없었기 때문에 혈액이 동맥에서 정맥으로 바뀌는 것에 대해서는 설명할 수 없었다.

버턴의 《우울증 해부학》에 대한 반응은 어떤 것이었나?

로버트 버턴(1577~1640)은 '데모크리토스 주니어'라는 가명으로 《우울증 해부학》(1621)을 썼는데, 반응이 좋았다. 문학비평 및 문학 사학자인 토머스 워튼(1728~1790)은 다음과 같은 서평을 썼다. "저자의 다채로운 식견, 희귀하고 흥미로운 자료로부터의 인용구들, 도발적인 위트와 형체 없는 우아함으로 번뜩이는 그의 해박함……등은 재미와 지식을 함께 담아내고 있다." 실제로 버턴의 논문은 풍자로 가득 차 있으며 역사적 · 문학적 지식의 엄청난 볼거리를 이루고 있다.

그러나 버턴 해부학의 탁월성은 신체와 구분되면서도 긴밀히 연결되어 있는 정신에 대한 자연주의적 설명을 시도한 점에 있다. 인간의 인식과 의식에 관한 버턴의 이론은, 마음의 모든 기능과 능력이 신체의 서로 다른 부분과 물리적으로 연결될 때 거치게 되는, 그의 정신 개념에 기초를 둔다. 보다 근대의 표준에 의해 지나치게 문자적으로 받아들여 잘못 이해되긴 했으나, 심신 대응 이론 연구를 위한 버턴의 전반적인 제안은 오늘날까지 경험론적 마음–몸 및 마음–뇌 관계에 관한 과학적 연구의 주춧돌로 남아 있다.

로버트 버턴은 대부분의 생을 자신이 성 토머스 교회 교구 목사로 있던 옥스퍼드 대학에서 보냈다. 그는 나중에 레스터 시그레이브 교구장으로 지명되었다. 그는 점성술에 관심을 가졌던 수학자였으며, 사교적이고 쾌활한 사람이었다. 하지만 그는 "가슴이 무겁고 머리에 마치 유충이 있는 것 같아서, 제거하는 것이 매우 바람직하다고 여기는 일종의 머리 종양" 때문에 평생 시달렸다. 《우울증 해부학》 서문에서 그는 그 작품 자체가 자신에게 치료적인 것이었음을 설명했다. "나는 이 책을 쓰느라 바쁘게 생활함으로써 우울증을 피하고자 한다. 게으름보다 더 큰 우울증의 원인은 없으며, 바쁨보다 더 좋은 치료도 없다."

근대 초기 철학

EARLY MODERN PHILO SOPHY

근대 초기 철학이란 무엇인가?

근대 초기 철학은 주로 17세기 지식 관련 활동에 집중된 철학인데, 16세기 후반과 18세기 초의 활동이 중첩된다. 근대 초기 철학의 근대성은 **인식론** 또는 인간 지식의 본성 및 정당성과 관련된 것으로서, 실제로 그 당시까지 과학혁명은 당연시되었으며, 논리적 증명과 사실에 바탕을 둔 추론은 철학의 실천에서 필수적인 요소들이었다.

그런데 이 철학을 근대의 '초기' 철학으로 만드는 것은 계속되는 종교적 문제들의 숭요성, 철학자들에게 종교적 신념을 선언하게 하는 사회적 필요성의 배경, 아리스토텔레스적 스콜라주의에 대한 지속적인 반동, 그리고 확고한 국가 개념의 체제가 자리 잡기 이전의 불안정한 정치적 맥락 등이었다.

주요 근대 초기 철학자들은 누구였나?

관습에 따르는 구분은 합리주의자와 경험주의자 간의 구분이다. 르네 데카르트, 고트프리트 라이프니츠, 베네딕트 스피노자, 니콜라 말브랑슈가 인식론적 합리주의

자들 명단에 오르는 것이 보통이다. 토머스 홉스와 존 로크는 늘 경험주의자들 명단에 오른다. 그런데 조금 더 완전한 명단이라면 프란시스코 수아레스가 합리주의자들 가운데 있어야 하고, 휴고 그로티우스는 경험주의자들 가운데 있어야 한다.

인식론적 합리주의란 무엇인가?

인식론적 합리주의란, 태어날 때부터 중요한 관념 혹은 원리가 정신 속에 존재하고 있어, 인간은 세계에 관한 가장 중요한 진리들을 경험에 의존할 필요 없이 순전히 정신적 사고로부터 얻어낼 수 있다는 입장이다. 이런 **선험적** 진리들은 또한 논리적으로 확실한 것으로서, 말하자면 그런 진리들은 부정을 할 경우 논리적 모순이 따라 나온다. 때문에 그런 진리들은 절대적으로 확실하다거나 혹은 현대의 용어로 말하면 "모든 가능한 세계들에서 참"이라 할 수 있다.

17세기 합리주의

프란시스코 수아레스

프란시스코 수아레스는 누구인가?

프란시스코 수아레스(1548~1617, 엑시무스 박사라고도 부름)는 스페인의 예수회 소속 신학 철학자였다. 그는 주로 스페인의 살라망카, 이탈리아의 로마, 포르투갈의 코임브라에서 가르치며 《삼위일체에 관하여》(1606), 《법률에 관하여》(1612) 등을 썼다. 대표 저술은 《형이상학적 논쟁들》(1597)로 알려진 54개의 논증 혹은 논문들인데, 17세기의 데카르트, 라이프니츠, 그로티우스 등에게, 19세기에는 쇼펜하우어에게도 영향을 끼친 것으로 평가되었다. 수아레스는 아리스토텔레스 이후 유럽 전통에서는 최초로 형이상학을 광범위한 체계로 다뤘는데, 그것도 아리스토텔레스 철학의 주석이 아니라는 점은 특기할 만하다.

수아레스의 형이상학 관점은 무엇인가?

수아레스는 실제로 존재하는 것들에 한해서만 '존재'라 할 수 있고, 그런 '존재'에 관한 연구를 형이상학이라 정의했다. 이 같은 수아레스의 존재 개념은 존재하는 사물들 가운데의 유사성에 비유되었다. 수아레스는 존재하는 모든 것들은 개체적이고, 더 이상 그와 같은 개체로 분할될 수 없는 것이라고 주장했다. 수아레스는 존재하는 사물들의 가장 일반적인 종류들에 연구의 초점을 집중했고, 그에 따른 반향이 데카르트의 정신과 물질이라는 구분으로 나타났다.

르네 데카르트

르네 데카르트는 누구인가?

르네 데카르트(1596~1650)는 오늘날까지 생명력을 갖는 두 가지 물음으로 철학을 시작했다. 정신과 물질은 어떻게 다른가? 마음은 어떻게 몸과 연결되어 있는가? 그는 이들 물음을 만들어내기 위해 철학에 착수한 것이 아니라, 그 무언가를 하고자 했던 방향으로 가는 도중에 이 같은 물음과 맞닥뜨리게 되었던 것이다. 그는 엄격한 철학이 종교와 양립할 수 있고, 과학은 확실한 지식이며 역시 종교와 양립 가능함을 가톨릭교회를 향해 증명하고자 하던 중이었다.

데카르트의 생애는 어떠한가?

르네 데카르트의 아버지는 하급 귀족으로, 브르타뉴의 시 의원을 지냈다. 그의 어머니는 데카르트가 13개월 때 죽었고, 그래서 아버지가 재혼한 이후에는 외할머니의 손에 자랐다. 열 살이 되던 1606년 그는 예수회가 운영하는 라 플레슈 콜레주(Collége la Fléche)에 입학하여 1614년까지 8년간 중세식 그리고 인본주의 교육을 철저하게 받았다. 5년간 라틴어, 수사학, 고전 작가 수업을 받았고, 그 뒤 3년간 변증론을 비롯하여 아리스토텔레스의 자연철학, 형이상학 그리고 윤리학을 포괄하는 철학 수업을 받았다. 그는 라 플레슈 콜레주가 뛰어난 학교라 할지라도 자신이 배운 자연철학은 '미심쩍은' 수준이라고 생각했는데, 그 주된 이유는 당대 최신의 발견

과 사고에 뒤떨어지는 스콜라 철학의 관념을 바탕으로 했기 때문이었다.

라 플레슈를 졸업한 데카르트는 푸아티에Poitiers 대학 법학과에 입학해 수학·자연과학·법률학·스콜라 철학 등을 배웠는데, 수학만이 명증한 지식이라고 생각했다. 그는 1616년에 리상스Licence를 취득한 후 자신의 학업을 유럽 여행으로 마무리할 작정으로 네덜란드로 떠났다. 그는 당시 자신의 결심을 "나 자신의 내부에서나 혹은 세계라는 가장 위대한 책에서 발견할 수 있는 지식 외에는 그 어떤 지식도 추구하지 않을 것이다"라고 썼다. 또 잠시 군대에 복무했던 시절 이사크 베크만(1588~1637)을 만나 친구가 되었는데, 그는 네덜란드의 철학자이자 과학자로 데카르트에게 수학을 공부하도록 영감을 주었던 주인공이다.

데카르트의 첫 번째 책은 네덜란드를 여행하던 1619년에 쓴 《음악 개론》으로, 수학을 화음 및 불협화음에 적용한 것이었다. 또한 1637년에 책으로 발표된 《해석 기하학의 발견》을 그때 시작했다.

한 인간으로서 르네 데카르트는 어떤 사람이었나?

말하기 어렵다. 현대 용어로 표현하자면 데카르트는 아마도 사회적 무질서를 두려워하고, 걱정 많으며, 자기 몰입이 심한 사람으로 간주될 것이다. 그는 17세기 철학자 중 후원자나 안정된 직책이 없었던 유일한 철학자로서, 독립된 생활을 할 만큼 부자도 아니었다.

데카르트는 파리에서의 혼란을 피해 네덜란드로 건너갔는데, 거기서 자기 작품에 전념할 수 있었다. 그는 자기 사생활에 관해서는 숨기는 성향이 있어 20년 동안 매년 한 번씩 이사하곤 했다. 하지만 어디에 있든 실험을 수행했으며, 가끔 동네 정육점에서 동물의 기관을 구입하기도 했다. 한 설명에 따르면, 그가 시력을 연구할 때는 말 그대로 송아지 눈알을 통해 사물을 보기도 했다고 한다.

데카르트는 특별한 음식과 식사법을 무척 선호했는데, 그것은 아마도 수명 연장이나 불로장생을 이루기 위한 방법이었을 것이다. 그는 채식주의자였을 때도 있었고 — 동물은 하나의 기계일 따름이라는 그의 믿음에 비추어보면 도덕적 이유로 그랬던 것은 아니다 — 언젠가는 (수명 연장의) 비밀이 달걀에 있다고 생각했던 때도 있었다. 그에게는 엘레나 장이라는 하녀와의 사이에서 낳은 사생아 딸이 하나 있었다.

전기 작가들은 통상 데카르트의 딸 프란신을 사생아로 기술하는데, 그녀는 1635년에 네덜란드 중부 도시 데벤테르의 개신 교회에서 세례를 받은 것으로 기록되어 있다. 프란신은 다섯 살 때 성홍열로 죽었으며, 데카르트는 그 상실에 엄청난 슬픔을 토로했다. 데카르트의 생활신조는 "잘 숨긴 인생이 잘 사는 인생이다"라고 알려져 있다. 그 다른 버전은 "나는 가면을 쓰고 나아간다"이다.

르네 데카르트는 철학을 어떻게 시작했나?

1619년 11월 10일, 데카르트는 독일 남부의 한 마을에 있던, 넓은(방 크기만 한) 난로가 있는 숙소에서 격리된 채 많은 시간을 보내고 있었다(선반이 딸린 그런 넓은 난로는 그 위에서 잠자고 일어나는 공간으로, 19세기 말까지 독일과 러시아에서 많이 만들어졌다). 그때 데카르트는 세 가지 기묘한 꿈을 꾼 결과로 얻은 통찰의 경험을 가지고 있다. 그것이 그로 하여금 새로운 과학과 철학의 체계를 창조하는 길로 들어서게 했다.

그가 얻은 영감은, 절대적 참으로 알려진 몇 개의 개념으로 시작해서, 그것들을 다룰 주도면밀한 추론 방법을 사용하여 모든 과학의 기본 원리들이 그 개념들로부터 논리적으로(즉 필연적으로) 유도될 수 있도록 하는 것이었다.

데카르트는 1628년 파리로 돌아가 잠시 살다가 네덜란드로 이주해 남은 생을 보냈다.

심문과 관련된 데카르트의 문제점은 무엇이었나?

데카르트는 심문과 관련된 직접적인 문제는 없었지만 늘 교회 당국을 두려워했으며, 동시에 그들의 승인을 원했다. 그래서 원자론과 코페르니쿠스 학설과 일치하는 그의 우주론과 물리학에 관한 책은 출간을 앞두고 있다가, 갈릴레이에 대한 심문의

비판적 평결을 듣고 계획을 철회했다.

1637년 데카르트는 《이성을 올바로 선도하고 학문상의 진리를 발견하는 방법의 서설》(줄여서 《방법 서설》, 1637)의 서문으로 수록된 《광학, 기상학 그리고 기하학》을 출간했다. 여기서 데카르트는 자신의 "명석 판명한 개념의 원리(doctrine of clear and distinct ideas)"를 개진했다(개념의 명석함이란 그 개념이 무엇에 관한 것인지가 확실해질 수 있음이고, 개념의 판명함이란 그 개념이 다른 개념들로부터 분별될 수 있음이다).

이어 출간된 저서는 《제1 철학에 관한 성찰》(줄여서 《성찰》, 1641)인데, 이는 《방법 서설》에 가해진 비판에 대한 응답의 성격이 포함되어 있다. 《성찰》의 발간은 일련의 반대 의견 및 동료 학자들(마랭 메르센, 토머스 홉스, 피에르 가상디를 포함하는)의 첨예한 반응을 수반했고, 이듬해인 1642년에 2판을 발행하게 되었다. 이 책은 물리적 실체의 본성 및 자기 존재의 확실성에 기초한 신존재에 관한 인식의 확실성이 가능함을 주장했다는 점에서 독보적이다.

데카르트의 예비 발간 논의는 그의 생각에 대한 동료들의 지적 관심과 연결되며 그의 입장을 세련되게 만들어주었다. 이런 논의들로 인해 《성찰》은 가장 유명한 철학 작품 중 하나가 되었으며 철학자들은 21세기에도 여전히 이 책에 사로잡혀 있다.

데카르트는 그에게 가해지는 교황청 당국의 공격에 무척 고민했지만 친구들은 이로 인한 개인 및 직업상의 위험성을 그가 과장하고 있다고 생각했다. 그런데 그의 절묘한 대응으로 이 고민은 해소되었다. 그의 사고 방법(방법적 회의)은, 교회의 교리와 성서에 반하는 새로운 과학의 발견을 부정하는, 가톨릭교회의 회의주의 사용의 핵심에 도달했던 것이다. 그의 희망은 《성찰》에 수록된 관념들을 예수회가 승인하는 것, 나아가 《성찰》이 교재로 사용되는 것이었다. 때문에 데카르트는 다음 출간 작품이었던 《철학의 원리》(1644)가 교회의 승인을 얻을 걸작이 되리라 믿었었다.

데카르트와 서신을 교환했던 왕실 여성은 누구였나?

보헤미아의 엘리자베스 공주는 데카르트의 '명석한 사고'의 원리를 적용하는 일에 지대한 관심을 보였다. 그에 따른 서신 교환의 결과로 그는 《정념론》(1649)을 썼는데, 마음이 어떻게 작동하며 몸과 어떻게 연결되어 있는가를 설명한 것이었다.

같은 해에 데카르트는 스웨덴 여왕 크리스티나의 개인 교수가 되어 스톡홀름으로 이사했다. 엘리자베스 공주처럼 그녀도 데카르트의 사상에 이끌렸고, 그의 사상을 제대로 배울 수 있기를 원했다. 데카르트는 마침 프랑스 왕으로부터 받던 약간의 연금이 몇 년씩 지연되어 자금이 절실했던 데다, 왕실 후원자를 두는 영예도 필요했다. 데카르트가 '곰의 나라'라고 불렀던 스웨덴에서의 생활은 새벽 5시에 강의를 시작해달라는 젊은 여왕의 씩씩한 요구로 인해 몹시 불편했다. 늘 늦잠을 자고 정오가 될 때까지는 그대로 잠자리에 누워 사색하는 것을 좋아했던 데카르트였다. 그래서 라 플레슈 콜레주 학생 시절 그는 일찍 일어나지 않아도 된다는 특별 허가를 받았을 정도였다. 데카르트의 전기 작가들은 이와 같은 일상의 변화가 그를 쇠약하게 만들었다고 믿고 있다. 그는 얼마 안 있어 폐렴으로 죽었다.

엘리자베스 공주는 누구인가?

데카르트의 왕실 친구이자 학생이기도 한 엘리자베스 공주는 독립심이 매우 강했다. 보헤미아 왕실 선거권자이기도 했던 엘리자베스(1596~1662)는 스코틀랜드의 제임스 4세와 덴마크 출신 왕비 앤의 맏딸이었으며, 그녀의 후손인 하노버 가문은 이후 영국의 왕위를 계승하게 되었다. 1613년, 그녀는 그녀의 아버지가 신성 로마 제국과 맺은 동맹 관계를 강화하기 위한 일환으로 보헤미아의 왕이었던 프리드리히 5세와 결혼했다. 그녀의 남편은 짧은 기간 보헤미아 왕위에 올랐으나 추방되어 헤이그에서 살았다. 1649년 그녀는 지금은 독일 땅이 된 베스트팔렌 지역의 한 수도원에 들어가 죽을 때까지 그 수도원을 꾸려나갔다.

엘리자베스의 철학적 관심은 꽤 깊이 있는 것으로서, 당시 그녀의 사회적·혈통적 제약에 비추어보면 범상치 않은 것이었다. 그녀는 1643년에 데카르트에게 편지를 썼다.

나로서는, (정신이) **신체를 움직이는** 능력과 **신체가** (정신을) **움직이는 능력**을 모두 비물질적인 것으로 인정하기보다는, 차라리 신체의 물질성과 연장성(물질의 제1성질인 퍼짐성)을 정신에 인정하는 것이 더 용이하다고 봅니다. 왜냐하면 (정

신이) **신체를 움직이는 능력**은 '정보'를 통해 일어난다고 할 경우, 그 움직임을 실행시키는 신체의 정기spirits는 지적인intelligent 것으로서, 당신은 하등의 물질적 요소를 대응시키지 않습니다. 한편 당신은 형이상학적 성찰에서 **신체**가 (정신을) **움직이는 능력**의 가능성을 보여주었음에도 불구하고, 당신이 기술한, 정신이 추론의 능력 및 습관을 잘 유지해온 이후 증발해버리듯이 모조리 상실할 수 있다는 것은 실로 이해하기 어렵습니다. 또한 추론 능력 및 습관이 신체나 그에 상당하는 것 없이 존속한다 해도, 엄연히 신체의 지배를 받고 있습니다. 오직 생각하는 실체에 불과해야 할 인간의 정신이 의지에 따른 행위를 하기 위해서는 어떻게 신체의 정기를 움직일 수 있는지 가르쳐주시기 바랍니다.

이 문장을 보면 데카르트의 심신 이원론을 조명하면서 정신이 물질성을 가질 가능성이 교묘하게 도입되고 있다. 이때까지도 데카르트를 포함한 그 누구도 비물질적 실체인 정신이 어떻게 육체와 상호 작용하는지 설명할 수 없었다. 이 문제에 대해 엘리자베스가 직관적으로 제기한 하나의 해법이 정신을 물질적인 것으로 상정하는 것이었다.

엘리자베스 공주가 데카르트에게 준 철학적 영향은 무엇인가?

데카르트는 보헤미아의 엘리자베스 공주와 서신 교환의 결과로 《정념론》을 썼는데, 마음이 몸과 어떻게 연결되어 있으며 어떻게 상호 작용하는가를 설명한 것이었다.

이 책에서 데카르트는 감정이 어떻게 신체 안에서 발생하는 동요에 대한 마음의 지각인지를 논의하고 있다. 송과선(松果腺)에는 미묘한 유체가 있어 의지가 영향을 미칠 수 있지만, 본래 의지는 정신의 일부로서 비물질적인 것이라고 그는 생각했다. 결과는 신체의 부분들이 마음에 의해 통제될 수 있다는 것이다.

크리스티나 여왕은 누구였으며, 왜 데카르트의 생애에 중요했나?

르네 데카르트의 두 번째 왕실 교신자이자 학생이었던 스웨덴 여왕 크리스티나 (1626~1689)는, 비록 철학적 소양이나 후속 역사적 유산이 대단하진 않았지만, 그의 다른 학생인 엘리자베스 공주보다 덜 인습적인 인물이었다. 크리스티나의 아버지는 그녀를 왕자처럼 키워, 왕위에 올랐을 때 '크리스티나 왕'이라는 호칭을 얻었다. 그녀는 집권기에 귀족 작위자의 수를 현저히 늘리고, 막대한 보물을 탕진했는데 특히 미국 델라웨어의 윌링턴 근교에 세운 '새 스웨덴'이라는 이름의 식민지 건설에 재물을 쏟아 부었다.

1664년, 크리스티나는 가톨릭으로 개종하기 위해 이름을 마리아 크리스티나 알렉산드라로 바꾸면서 퇴위했는데, 당시 스웨덴에서는 가톨릭 개종이 불법이었다. 그 후 마리아 크리스티나는 로마로 갔다가 프랑스를 방문했다. 방문 기간 중 그녀는 전임 여왕이자 과학과 예술 분야의 활발한 후원자로서 지대한 관심과 환대를 누렸다. 그때 그녀는 충격적인 남성 복장으로 사람들에게 기억되었다 ― 당시 여자들이 통상적으로 입던 긴 치마보다 훨씬 짧은 치마에 스타킹과 하이힐을 신은 복장은 움직임을 좀더 자유롭게 해줬다(그레타 가르보가 1993년 영화에서 크리스티나 여왕 역을 맡아 평단의 높은 호평을 받았으나 흥행에서는 크게 성공하지 못했다).

데카르트의 "명석 판명한 개념"은 어떤 뜻인가?

데카르트는 사람이 자신의 생각에 대해 확신을 가질 수 있게 하는 '자연의 빛'이 이성에 있다고 생각했다. 데카르트는 《철학의 원리》(1644)에서 다음과 같이 썼다.

> 내가 어떤 개념이 '명석하다clear'고 하는 뜻은 주의를 기울이는 마음에는 존재함이 충분히 드러난다는 것이며, 이는 마치 우리의 시야에 어떤 대상의 존재함이 충분히 뚜렷하게 들어올 때 그것을 명석하게 본다고 말하는 것과 같은 것이다. 한편 내가 어떤 개념이 '판명하다distinct'고 하는 뜻은 그 개념 자체는 명석하지 않은 것이 전혀 없을 뿐만 아니라, 다른 개념들로부터 정확하게 분별된다는 것이다.

바꿔 말하면, 사유하는 사람은 명석함에 대한, 그리고 명석한 개념에 관한 직관적이고 직접적인 경험을 갖는다. 우리가 어떤 것을 속속들이 확실하게 아는 경우, 데카르트는 우리의 인식 능력에 의존했다.

데카르트가 《성찰》을 쓴 목적은 무엇인가?

《제1철학에 관한 성찰》(줄여서 《성찰》, 1641)의 머리말과 서론에서 데카르트는 신의 존재와 정신의 불멸성을 합리적으로 증명하는 것이 목표라고 말했다. 그는 자신의 명석 판명한 개념의 방법을 사용하면 목표에 도달할 수 있으며, 또한 과학에 확실성을 주는 토대를 만들 수 있다고 주장했다.

《성찰》에서의 주요 철학 논증은 어떤 것들이 있나?

데카르트는 지식에 존재하는 오류를 제거하기 위해서는 지식의 전체 체계를 그 토대 위로 끌어내릴 필요가 있다고 믿었다. 그의 방법은 회의론 자체를 위해 모든 것을 의심하는 것이 아니라, 의심할 수 있는 모든 것을 의심하는 것으로서, 최종적으로는 더 이상 의심의 여지가 없는 확실한 것만 남게 하는 것이었다. 그는 감각의 오류에 관한 통상적인 논증으로 시작했다. 예를 들어, 멀리 떨어져 있는 물체들은 실제보다 작게 보인다 같은 것이었다.

그러고 나서 그는 자신의 마음 바깥에 세계가 존재함을 확신할 수 있는지 따위의 의문을 품은 다음, 매일 밤 수면 중에 해괴한 꿈을 꾸기도 한다는 사실을 감안하면 그와 같은 일련의 비정상적 의문도 결코 드문 일은 아님에 주목했다. 이로부터 깨어 있을 때와 잠들어 있을 때의 정확한 차이가 무언지 의문을 제기했다. 데카르트는 평상시처럼 자기가 지금 이곳에 있다든지, 난로 옆에 앉아 있다는 것조차 꿈이 아니라는 절대적인 보장은 할 수 없음을 강조했다.

데카르트의 방법론적 회의의 다음 단계는 수학 및 논리적 사고에 관해 다루고 있다. 수학적 인식은 어떨까? 눈을 뜨고 있든 잠을 자고 있든, 2에 3을 보태면 5이고, 사각형은 네 개의 변밖에 가질 수 없다. 이것까지도 의심할 수 있을까? 그렇다고 보았다. 데카르트는 이때 우리가 갖는 수학적 참에 대한 확신은 우리에게 자명하게 보이는 것이 실제로 참이 되도록 보장해주고, 추론의 연쇄 과정을 거쳐 결론에 이르는데 필요한 과거의 사고 과정에 대한 기억의 정확성을 보장해주는, 자비로운 신의 존재에 대한 확신에 의존하는 것이라고 말했다.

그런 다음, 데카르트는 의심의 가장 극단적인 수준으로 나아갔다. 자비로우며 전지전능한 신은 존재하지 않고, 어떤 사악한 영(靈)이 있어 우리의 바른 사고 과정을 지원하는 대신 끊임없이 마음의 작동을 교란시킨다면 어떻게 될까? 여기서 데카르트는 선하고 전능한 신의 존재까지 의심하는 수준의 회의를 제기하고, 그 자신도 혼란스럽고 고통스러운 곤경에 빠질 수 있는 존재로 여겼다.

데카르트는 사악한 영의 문제를 어떻게 해결했나?

르네 데카르트는 의심할 수 있는 모든 것을 재검토했다 — 감각정보, 외부세계, 자신의 사고과정, 그리고 신의 자비까지. 그러고 나서 그가 절대 의심할 수 없는 한 가지는 자신이 "의심하고 있다는 사실"임을 강조했다. 이로부터 그는 그가 존재하고 있음을 의심할 수 없다고 결론지었다. 왜냐하면 그 누군가는 혹은 무엇인가는 의심을 하는 상태에 있어야 했기 때문이다. 나중에 그는 이에 관한 유명한 문구인 "cogito ergo sum", 즉 "나는 생각한다, 그러므로 나는 존재한다"에 대해 다음과 같이 쓴 바 있다.

나는 강조하노니, 모든 것이 틀렸다고 생각하고자 하는 그동안에도 그것을 생각하고 있는 나는 반드시 어떤 존재

데카르트의 자신의 존재에 대한 단언은 외부세계가 존재하는 것처럼 신이 존재한다고 하는 식의 또 다른 결론으로 이끌었다.

여야만 했다. 이 진리를 확인하고 나면, "나는 생각한다, 그러므로 나는 존재한다"
라는 원리는 매우 견고하고 안전하여 그 어떤 회의적 억측으로도 뒤집을 수 없었다.
따라서 나는 이것을 내가 추구하고 있는 철학의 제1원리로 삼는 데 전혀 주저할 필
요가 없다고 판단했다.

데카르트는 데카르트적이었나?

그렇다. 르네 데카르트는 자신의 입장을 옹호했다는 점에서 데카르트적 Cartesian
이었다. 하지만 그가 인간의 정신과 육체가 말 그대로 분리된 두 실체라는 주장을
하지 않았다는 점에서는 '아니다'라는 대답도 가능하다. 그는 《제1철학에 관한 성
찰》(1641) 가운데 유명한 성찰 2에서 다음과 같이 썼다. "나는 항해사가 배 안에 있듯
이 내 몸 안에 있는 것이 아니다." 이 표현의 의도는 정신과 육체의 구분이 추상적인
것임을 강조하는 것이었다. 하지만 그는 정신과 육체의 상호 작용에 대해서는 만족
스러운 설명을 하지 못했기 때문에, 데카르트에게는 여전히 '데카르트주의'의 심신
이원론이 따라다니는 것이다.

《정념론》에 담긴 주요 개념들은 무엇인가?

르네 데카르트는 그의 마음 혹은 정신이 신체 안에서의 '감정', 혹은 감각과 고통
을 느낀다고 주장했다. 따라서 정신은 신체의 모든 부분들과 연결되어 있다. 단, 송
과선(松果腺)이라 부르는 뇌의 한 부분만은 "다른 어떤 부분보다 특별한 기능을 경험
하는 부위"이다. 즉, 정신은 송과선을 통해, 의지에 따르는 정기가 움직임을 실행하
도록, 신체에 직접 영향을 미치는 것이다(데카르트는 인간의 이해는 한계가 있지만, 인간의
의지는 신의 의지의 복사체이기 때문에 무한하다고 생각했다. 데카르트는 종종 의지가 이해를 압도
하기 때문에 모든 방식의 악과 불행이 뒤따른다고 보았다). 데카르트에 따르면, 의식 혹은 신
체의 감각과 고통에 대한 마음의 표현은 인간에게만 있는 것이다. 동물에게는 송과
선과 의식이 없으므로 동물은 단순한 기계라고 생각했다.

데카르트는 자신이 어떤 존재인지 묻고 스스로 답하기를 '생각하는 존재'라고 했다. 즉, 마음–영혼은 가졌지만, 신만이 될 수 있는 자기 존재의 저자는 아니었다. 신은 비물질적 사유의 실체 혹은 정신으로서의 데카르트와, 데카르트의 신체를 포함하는 물리적 우주, 둘 다 창조했다. 데카르트의 존재론적 논증에는 신 존재의 두 번째 증명이 있다. 신은 전능하고 지극히 훌륭하다, 존재하는 것이 존재하지 않는 것보다 훌륭하다, 그러므로 신은 존재한다.

신은 선하므로 속이거나 기만하는 분이 될 수 없기 때문에 외부 세계의 존재, 논리와 추론의 타당성 등에 관한 초기의 의심들은 중단되었다. 감각자료에 관한 의심들은 더욱 심화된 감각경험에 의해 언제든 바로잡을 수 있었다. 깨어 있는 상태와 잠든 상태 간의 분별에 관한 문제도 깨어 있는 상태에서 두 상태를 비교함으로써 해결될 수 있었다. 신은 존재하는 세계의 실체에 대한 우리의 감각을 믿을 만한 것으로 만들었던 것이다.

《성찰》에 대한 반응은 어떤 것이었나?

가톨릭 신학자들은 신의 존재에 관한 데카르트의 의심이 지나치게 설득력이 있어서 그의 존재론적 논증으로는 해결하기 어려움을 발견했다. 다른 사람들은 세계가 정신과 물질이라는 극명하게 다른 두 실체로 나뉜 상태, 즉 해결이 매우 어려운 이원론에 그대로 머물렀다. 정신은 직접 스스로를 성찰할 수는 있지만 그것이 과학이 되기는 어려웠고 물질 — 데카르트의 의미에 따르면 크기, 모양, 길이, 질량 등의 제1성질을 갖지만 감각할 수 없는 입자들 — 이 과학의 궁극적인 대상이었다.

데카르트는 우리가 정신보다 물질에 대해 덜 안다고 믿었다. 주요 질문은 "정신과 물질이 어떻게 연결되는가?"였다. 이원론에 기반을 둔 데카르트의 실체에 대한 개

념과 심신 이론에 관한 문제는 그와 동시대 사람들과 그 뒤를 잇는 사람들의 사고를 선점하게 되었다. 베네딕트 스피노자는 신과 자연이라는 이중 양태론(dual-aspect theory)으로 반응했고, 니콜라 말브랑슈는 우인론(또는 기회 원인설, occasionalism)이라는 이론을 통해 정신과 물질이 어떻게 연결되는지에 대한 답을 제시하고자 했다. 고트프리트 라이프니츠도 **예정조화설**이라는 자신의 이론에 역시 우인론의 한 형태를 담고 있다. 경험주의자 진영에서는 토머스 홉스가 비물질적인 것은 아무것도 존재하지 않는다는 주장을 했으며, 존 로크는 데카르트의 실체 개념을 직접 공격했다.

왜 데카르트의 실체 개념은 경험주의자들에게 문제였나?

데카르트에 따르면, 실체는 감각을 통해 알려지는 것이 아니라 정신에 알려지는 것이었다. 하지만 경험론자들은 감각을 통해 얻는 정보로부터 지식 체계를 구축하고자 했다.

베네딕트 드 스피노자

베네딕트 드 스피노자는 누구였나?

베네딕트 드(혹은 바뤼흐) 스피노자(1632~1677)는 17세기 사상가들 중에서도 처절할 정도로 고독했던 사람이었다. 그는 정통 교리가 아닌 사상을 가졌다는 이유로 암스테르담의 유대교 공동체로부터 파문을 당했다. 때문에 다른 유대교인을 거의 접촉할 수 없는 유대교인이었으므로 네덜란드 이웃들은 그를 다정하게 대하지 않았다.

1660년, 그는 암스테르담에서 레인스뷔르흐로, 다시 헤이그 근처의 보르뷔르흐로 이사한 뒤 1663년, 데카르트 철학에 관해 쓴 《기하학적 방법에 기초한 데카르트의 철학의 원리》를 펴냈다. 그의 《신학-정치 논고》는 1670년에 익명으로 출판되었다. 1673년에는 당시 독일 최고의 하이델베르크 대학으로부터 초빙을 받았으나 자유로운 철학 활동을 보장하지 않는 곳에서 마음의 평화를 깨뜨리며 재직하고 싶지 않다는 이유로 정중하지만 단호하게 제의를 거절했다. 그는 당시 학계가 자기들끼리 사소한 쟁점으로 끊임없이 논쟁하며 반목을 일삼고 있다고 생각했다. ― 거절 편지에는 다음과 같은 내용이 적혀 있다. "제가 어떤 더 나은 삶에 대한 전망 때문에 거절하는 것이 아니고, 단지 방해받지 않는 생활에 대한 애정 때문에 공식적인 강의를 거절하였음을 이해해주시기 바랍니다" — 그는 고트프리트 라이프니츠를 알게 되었고, 왕립 학회 회원이었던 헨리 올덴버그 및 크리스천 호이겐스 (또는 크리스티안 하위헌스)와 서신 교환을 하게 되었다.

베네딕트 드 스피노자는, 궁극적 선이란 자연 안에 있는 자신의 위치에서 발견되는 것이라고 결론지었다.

스피노자의 《윤리학》(1677)은 《지성 교정 논고》(1677)와 함께 그가 죽은 이후에 출판되었다. 스피노자는 외부 영향을 거의 받지 않으면서 스스로 사유하기를 선호해서 그의 작품은 매우 독보적이었는데, 이 점은 그가 오랫동안 철학자로 인정받지 못했던 이유의 일부분이기도 했다.

스피노자의 철학적 목표는 무엇이었나?

스피노자의 철학적 목표는 다분히 실천적인 것으로서, 한 개인이 이 세상을 어떻게 살아가야 하는가에 관한 것이었다. 그는 인간의 삶에서 예측 불가능하고 마뜩지 않으며 통제 불가능한 측면들로부터 독립을 허용하는 선 혹은 가치를 찾고자 했으며, 결국 궁극적 선은 자연의 질서를 받아들이면서 자연 속에서 자신의 위치를 깨닫는 것이라는 결론에 도달했다. 자연과학, 정치학, 윤리학, 교육학, 심지어는 기술 과학까지 망라한 분야들은 그런 깨달음을 성취하기 위해 그가 연구해야 했던 것들 중 일부였다. 그런 깨달음을 얻기 전에는 인간의 마음이 혈류 속의 벌레와 같은 것이며, 그 속의 피 한 방울 한 방울은 순환 기관 체계의 한 부분이 아니라 독립된 개체라 생각했다. 그의 철학적 임무는 개별적 인간들이 부분으로 있는 전체를 기술하는 것이었다.

스피노자의 철학 체계는 어떤 것이었나?

비록 스피노자의 철학 체계가 매우 강력한 신학적 요소를 가지고 있으며 살아가는 방법을 결정하고자 하는 윤리적 목적으로 그 체계를 이루려 하는 동기를 가지고 있었을지라도, 그는 도덕성의 근원을 신에 두지 않고 오히려 적절한 인간의 지식에 두었다. 그런 지식은 정념을 다스리는 능력과, 다른 사람과 더불어 평온하게 살아갈 수 있는 능력을 가능하게 하는 것이었다. 하지만 이런 자연에 관한 지식은 한편으론 간접적으로 신에 대한 지식에 이르게 한다. 스피노자에 따르면, 그 이유는 신은 자연을 통해 드러나는 존재였기 때문이다.

스피노자는 자신의 철학을 자신의 결론을 증명할 공리들로부터 시작하는 기하학적 증명의 형식으로 채용했다. 맨 처음, 실체가 존재한다는 가정을 하고 나서, 뒤이어 실체는 무한히 많은 속성을 가지고 있다고 했다. 그렇지만 인간은 그중 두 가지 속성만 지각할 수 있다고 보았다. 그 두 가지 속성은 사유와 연장(정신과 물질)이었다.

스피노자의 형이상학은 **일원론**이었다. 단 하나의 실체만 존재하는데, 그것은 바로 신이었다. 스피노자에 따르면, 신은 "절대적으로 무한한 존재"였다. 비록 신이 무한 속성을 가졌고, 신의 본성이 표현된 그 각각의 속성이 본유적으로 제한이 없다 할지라도, 인간은 신의 무한 속성들 가운데 오직 두 가지만 지각하거나 이해할 수 있을 뿐이다 — 사유와 물질적 외체(또는 연장).

한편, 각각의 속성은 무한한 양태들과 유한한 양태들을 모두 가지고 있으며, 유한한 양태들도 그 수가 무한하다. 예컨대 한 사람은 사유와 연장이라는 두 양태로서 신 안에 존재하는, 신의 유한한 양태의 하나이다.

스피노자를 이해하는 한 가지 방법은, 정신과 물질이 신 안에 존재하는 동일한 것을 보는 다른 관점이라는 점이다. 존재하는 모든 것으로서, 신은 자연이지만, 또한 자연은 신이기도 하다. 스피노자는 능동적으로 자연을 창조하는 신으로서 자연 natura naturans과 인간에게 지각되는 수동적 자연 natura naturata을 구별했다.

스피노자는 선과 악을 어떻게 다루었나?

스피노자는 인간의 행위와 욕구를 거의 수학적 물음에 답하듯이 객관적으로 다루고자 궁리했다. 덕행은 이해에서 오는 결과이자 자기−보존적이거나 이타적인 것이지만, 그 두 가지는 통합되어 있다. "인간에게 인간보다 더 유용한 것은 없다." 그는 선을 "우리에게 유용하다는 것을 확실하게 아는 것"으로, 악을 "어떤 선에 대한 통달을 막는 것을 확실하게 아는 것"으로 정의했다. 신은 완전하기 때문에 신이 따라야 할 것은 아무것도 없으며, 신에게는 그 무엇도 선하거나 악하지 않다. 신의 은총은 인간의 덕행에 대한 보상이 아니라, 이성에 따르는 삶을 살아감으로써 혹은 '적절한 지식'을 가짐으로써 얻게 되는 불가피한 결과이다. 스피노자는 한 국가의 시민이라면 자신의 복지를 취할 권리를 포기할 수 없다는 주장도 했다.

스피노자의 철학 체계는 데카르트주의를 어떻게 해결했나?

데카르트의 정신과 신체의 구분은 분리된 두 가지 실체가 존재한다는 데 바탕을 둔 것이었다 — 궁극적 존재인 신에 덧붙여 정신과 물질적 신체가 모두 실체였다. 스피노자의 경우는 하나의 실체가 존재하는데, 그것은 물론 신이었다. 즉, 인간의 정신과 신체는 다른 방식으로 이해되지만 정확하게 동일한 것이었다. 우리는 하나의 존재가 그 자체와 인과적으로 상호 작용하는 따위는 생각하지 않는다. 따라서 스피노자의 철학 체계에서는 데카르트주의가 애초부터 문제점이 될 수 없었다.

스피노자가 남긴 유산은 무엇인가?

스피노자는 수 세기에 걸쳐 거의 성자에 가까운 기품을 가진 사람으로 인식되어 왔다. 1672년, 무자비한 폭도들이 네덜란드 정치가이자 수학자였던 조안 드 위트 형제를 살해한 사건이 일어났는데, 스피노자는 그에 항거하는 대열에 같이 참여하려 했다. 거기에는 신체적 위험이 따랐지만, 그를 막을 수 있었던 유일한 것은 친구의 강력한 제지뿐이었다. 19세기 낭만주의 작가 노발리스는 스피노자를 "신에 심취한 사람"이라 불렀다. 20세기 철학자 버트런드 러셀은 "모든 철학자들 가운데 가장 고결하면서도 사랑스러운 사람"이라고 표현했다.

스피노자의 영향을 받은 작가들로는 윌리엄 워즈워스, 새뮤얼 테일러 콜리지, 하인리히 하이네, 퍼시 비세 셸리, 조지 엘리엇, 조르주 상드 그리고 호르헤 루이스 보

르헤스 등이 있으며, 정신 분석학의 아버지인 지그문트 프로이트와 과학자 알베르트 아인슈타인도 스피노자의 영향을 받은 것으로 알려져 있다.

심신 동일론을 옹호한 사람들은 물론이고 20세기 후반의 자연주의자들도 그의 작품을 신봉했다. 감정을 믿음의 표현으로 보았던 그의 인지적 설명은 심리철학뿐만 아니라 현대 심리학 분과들의 토대가 되었다. 현대 극작가 데이비드 아이브스의 연극 〈새 예루살렘〉은 스피노자가 받은 박해, 그리고 스피노자의 급진적인 사고가 암스테르담에서의 유대교 공동체에 대한 미약한 호의마저 망쳐버릴 것이라는 유대교 지도자의 우려를 극화한 것이다. 이 연극의 한 대목에서 스피노자 배역이 빈정거린다. "유대교에는 교리가 없다. 언쟁만 있을 뿐이다."

나중에 스피노자는 유대교 공동체로부터 파문을 당해 누구의 후원도 받을 수 없었고 어디에도 취직할 수 없었다. 그래서 렌즈를 깎아 연마하는 일로 생계를 꾸려야 했다. 그런데 미세 유리 가루는 그의 폐에 치명적인 손상을 입힌 나머지 그를 이른 나이에 죽음에 이르게 한 것으로 알려져 있다.

렌즈 기술자 조합이란 어떤 단체인가?

20세기와 21세기 초의 미국 철학회(APA) 회원들 가운데 대다수는 강단 철학자로 종사해왔지만, 철학 박사 학위를 취득한 회원들 중 일부는 아무 직업도 갖지 못하고 있다. 이에 APA는 연례 모임에서 이들 비고용 철학자들을 배려하기 위해 노력해왔고, 그들을 위한 조직을 후원하고 있다. 그 조직의 명칭이 생계를 위해 렌즈를 갈았던 철학자 스피노자를 기리는 뜻을 담은 '렌즈 기술자 조합'이다.

니콜라 말브랑슈

니콜라 말브랑슈는 어떤 사람이었는가?

말브랑슈(1638~1715)는 르네 데카르트와 같은 합리주의자로서, 정신과 신체가 어떻게 상호 작용하는지에 관한 문제를 해결하고자 노력했다.

니콜라 말브랑슈는 데카르트의 '심신 문제'에 어떻게 반응했나?

니콜라 말브랑슈는 정신적인 것이든 물질적인 것이든 어느 쪽도 그 무엇에 대한 인과적 원인이 되거나 그 무엇으로부터 인과적 영향을 받음을 부정했다. 그의 추론은 물질적 개체들의 경우 관성적이고 수동적이어서, 다른 것의 원인이 되거나 혹은 스스로의 운동을 지탱할 수 있는 힘조차 없다는 것이었다. 정신적인 것들 또한 인간의 의지적 행위와 어떤 사건 사이에 필연적인 연결 관계가 없기 때문에 다른 어떤 것의 원인이 될 수 없다고 보았다. 그런 의미의(어떤 사건과 필연적 연결 관계가 있다는 의미의) 영향력 있는 의지는 오직 신만이 소유하고 있다. 그러므로 자연에서의 모든 인과적 연결 관계라는 것이 실제는 신의 작용인 것이다. 자연에서 벌어지는 인과적 연쇄 관계들은 1분 간격으로 일정한 차이를 유지하는 두 대의 시계와 비슷하다. 1분 먼저 가는 시계는 마치 늦게 가는 시계보다 1분 앞서 작용하는 것처럼 보일 것이다. 하지만 그것은 겉보기 모습에 불과할 따름이다.

말브랑슈는 자신의 인과론을 지지할 만한 보다 폭넓은 철학을 가졌는가?

그렇다. 말브랑슈는 신학적 형이상학자로 높이 평가받은 인물이다. 주요 저서인 《진리를 향한 추구》(1674, 3권을 모두 완성한 것은 1675년)에서 그는 "신 안에서 모든 것을 본다(vision in God)"는 자신의 이론을 개진했다. 말브랑슈는 마음 안의 관념들이 감각과 지식의 기본 단위들이라는 르네 데카르트의 견해에 동의했으나, 우리의 관념이 실제로는 우리에게 있는 것이 아니라 신 안에 있다는 반론을 폈다. 이와 같은 신 안에서의 전망은 추상적인 지식의 문제에서 특히 중요한데, 말브랑슈에 따르면,

그 이유는 보편자들과 수학적 진리들과 도덕적 이해 등은 모두 신 안에서(즉, 신의 관점에서) 전망한 부분들이기 때문이다. 이 같은 추상적 지식들이 말브랑슈에게는 신이 창조한 세계에 관한 영구불변의 진리인 신의 지식을 반영하는 것이었다.

이어서 펴낸 《자연과 은총에 관한 논문》(1680)은 《진리를 향한 추구》의 내용에 대해 여러 사람들이 비판하자 자기 견해를 좀 더 자세히 밝힌 성격의 책이었다. 여기서 그는 지선하고 전지전능한 신이 어떻게 세상에 악을 허용할 수 있었는지에 대해 설명했다. 그는 주장하기를, 신은 현존하는 것으로 알려진 악들이 없는 보다 완전한 세계를 얼마든지 창조할 수 있었다. 하지만 그와 같은 더욱 완전하거나 혹은 가장 완전한 세계는 신이 만든 지금의 세계보다 훨씬 더 복잡한 것이 되고, 그런 세계의 창조는 보편 법칙에 따라 가능한 한 가장 단순한 방식 안에서 작용하는 신의 원리와 모순된다는 것이었다. 이 단순성과 일반성은 인간들 가운데 펼쳐지는 신의 은총이 일률적이지 않음에 대한 설명도 제공해 주었다.

말브랑슈는 고무적인 삶을 살았는가?

만일 그랬다면, 그의 내면적인 삶에서였다. 대외적으로 비친 여러 모습들을 견주어볼 때, 니콜라 말브랑슈는 종교적 은둔자의 소양을 지닌 학자였다. 그는 파리에서 태어났고 파리에서 죽었으며, 평생 동안 홀로 있기를 좋아했다.

말브랑슈는 척추 기형으로 태어났으며, 호흡기 질환에도 취약해서 어린 시절에는 매우 병약했다. 그는 열여섯 살이 될 때까지 집에서 가정 교사에게 교육을 받았다. 그의 아버지 니콜라는 루이 13세 때 장관 지위의 궁정 참사관으로서 다섯 개 농장의 재정을 담당했고, 어머니는 캐나다 총독의 누이였다.

말브랑슈는 파리 대학의 마르셰 콜레주에 입학해서 2년 만에 문학 석사가 된 후, 소르본 대학에서 철학과 신학을 3년간 더 공부했다. 그 뒤 오라토리오 수도회에 들어가 1665년에는 포부르에 있는 생자크 성당에서 사제 서품을 받았다. 그의 가족은 교회를 통한 그의 지원에 기여했으며, 1674년에는 수학을 가르치는 일 이상의 공식적인 임무를 맡지 않았다. 그런데 1690년, 교회 당국이 그의 책 《자연과 은총에 관한 논문》(1680)을 읽어서는 안 될 금서 목록에 올렸다. 이유는 두 가지였다. 하나는 우리의 모든 관념들이 신 안에 있다는 그의 주장이 논란의 소지가 있다는 것이고, 다른 하나는 그가 르네 데카르트의 수학을 유포시키는 데 기여했다는 것이다(데카르트의 저작들은 이미 교회의 금서 목록에 올라 있어, 교회는 읽는 것을 금했을 뿐만 아니라 교회 학교에서 가르칠 수도 없었다). 그럼에도 불구하고 그의 가장 중요한 저서 《진리를 향한 추구》(1674)는 갈채를 받았으며, 고트프리트 라이프니츠와 같은 그의 학생은 대단한 능력의 인물로 평가받았다. 말브랑슈는 라이프니츠를 비롯해 자신의 사상을 따랐던 학생들을 격려했다.

1871년, 철학자들의 전기 작가인 알렉산더 캠벨 프레지어는 젊은 철학자 조지 버클리(1685~1783)가 본 (기회 원인론의 주인공인) 말브랑슈 사망의 '기회 원인'이 어떤 것인지 설명해주는 장면을 다음과 같이 썼다.

(버클리는) 그 독창적인 노신부(말브랑슈)가 독방에서 자신을 오랫동안 시달리게 했던 지병(폐의 염증) 치료약을 옹기에 달이고 있는 모습을 발견했다. 대화의 주도는 자연히 버클리 쪽으로 넘어갔고, 내용은 그가 방문 직전에 출판된 번역본에서 얻은 어떤 지식에 관한 것이었다. 그러나 토의 쟁점은 불쌍한 말브랑슈를 더욱 고통스럽게 만들었다. 논쟁이 치열해지자 그는 목소리를 심하게 높였고, 결국 통제할 수 없을 만큼 온몸으로 격렬하게 반응하다가 지병의 급속한 악화로, 며칠 못 가 세상을 뜨고 말았다(버클리가 프랑스를 방문한 때는 1714년까지이고, 말브랑슈가 사망한 것은 1715년이므로 전기 작가가 쓴 이 장면은 실제 사실이라기보다 개연저 에피소드라고 해야 할 것이다).

고트프리트 빌헬름 라이프니츠

라이프니츠는 어떤 사람이었나?

고트프리트 빌헬름 라이프니츠(1646~1716)는 독일의 철학자 · 과학자 · 수학자 · 역사가로서, 형이상학적 관념론과 인식론적 합리주의로 유명한 인물이다. 더구나 그는 천문학 · 생물학(발생학 포함) · 공학 · 정보 기술 · 법학 · 논리학 · 의학 · 고생물

학·문헌학·중국학·사회학·위상 수학 등의 분야에도 기여했다. 그가 고안한 계산기는 가감산과 제곱근을 구할 수 있는 것이었다. 또 그가 세웠던 이집트 침략 계획은 나폴레옹에 의해 사용되었다고 한다. 라이프니츠 역시 평생에 걸쳐 많은 분량의 서신 교환을 했다.

라이프니츠의 삶에 관해 알려진 것은 무엇이 있나?

고트프리트 라이프니츠는 독일 라이프치히에서 태어났다. 어머니는 교수의 딸이었고, 아버지는 라이프치히 대학의 도덕 철학 교수였는데 그가 여섯 살 때 죽었다.

학교에서 미적분 문제를 풀어본 사람들은 라이프니츠에게 감사의 마음을 갖게 될 것이다.

어려서부터 아버지의 장서 중 철학·고전을 탐독하고 논리학에 흥미를 가졌다. 열두 살 때는 거의 독학으로 라틴어에 통달했으며, 열다섯 살 때 라이프치히 대학에서 법률과 철학을, 이어 예나 대학에서 수학을 공부했다. 스무 살이 된 1666년, 공부를 마치고 라이프치히 대학에 법학 박사 학위를 신청했으나 어리다는 이유로 거절당했다. 이듬해 뉘른베르크의 알트도르프 대학에서 학위를 취득한 후 이 대학이 내준 객원 교수 자리를 사퇴하고, 그곳 연금술사들의 단체인 장미 십자회의 비서가 되어 화학에 관한 지식을 쌓았다. 그리고 계속 뉘른베르크에 머물면서 당시 가장 유명한 독일 정치가인 보이네부르크 남작 요한 크리스티안을 만났다. 보이네부르크는 라이프니츠를 고용하여 마인츠의 선제후(選帝侯)이자 대주교인 요한 필리프 폰 쇤보른에게 소개했다. 그는 1670년, 마인츠 후국의 법률 고문이 되었다. 그 당시에는 자신의 작품을 쓰지 못하고 주로 명망가의 역사와 전기를 작성하며 대가를 받았다.

1672년, 라이프니츠는 선제후가 파견한 외교관 자격으로 파리에 갔다. 4년 후 그는 후원자였던 보이네부르크 남작과 마인츠 선제후 요한 필리프가 사망하자 자유롭게 자신의 학문을 연구할 수 있었다. 하지만 늘 재정적 도움이 필요했다. 그는 계산기를 발명하여 1673년 처음으로 런던을 여행하던 도중 왕립 학회에 기증하기도 했다. 하지만 일정한 수입도 없이 연구에만 몰두하다가 1676년, 하노버의 공작 요한 프리드리히에게 일자리를 얻었다. 요한 프리드리히는 1651년 루터교에서 가톨릭으로 개종한 자로서 1665년 하노버 공작이 된 인물이다. 라이프니츠는 그로부터 사서 직책을 얻었으나 1677년 2월 초부터 고문관 자리를 간청하여 1678년 마침내 고문관이 되었다. 1680년 요한 프리드리히 공작이 죽자 동생 에른스트 아우구스트(1629~1698)가 그 직위를 계승하여 하노버의 공작이 되었다. 하노버에서 보여준 라이프니츠의 활약은 아우구스트 공작 대에는 물론이고 나중에(1714) 영국의 왕 조지 1세가 된 아우구스트의 아들 게오르크 루트비히에 의해 물러날 때까지 계속되었다.

1685년 라이프니츠는 에른스트 아우구스트에 의해 브라운슈바이크가(家)의 사가(史家), 곧 '호프라트Hofrat (궁정 고문관)'에 임명되었다. 그의 임무는 계보(系譜) 연구를 통해 브라운슈바이크(영어로 브런즈윅Brunswick) 가문이 이탈리아 왕가인 에스테가에 뿌리를 두고 있음을 증명함으로써 하노버가 아홉 번째 선제후였음을 주장하는 것이었다. 1687년 11월 라이프니츠는 자료를 구하기 위해 두루 여행했다. 뮌헨, 빈, 이탈리아를 거쳐 1690년 7월 중순 하노버로 돌아왔는데, 그의 노력이 헛되지 않아 에른스트 아우구스트는 1692년 10월에 선제후가 되었다.

라이프니츠는 에른스트 아우구스트의 부인 소피 그리고 나중에(1701) 프로이센 여왕이 된 그녀의 딸 소피 샤를로테와 긴밀한 서신 교환을 하는 사이였다. 1700년 7월 독일의 과학 아카데미가 이들의 도움으로 소피 샤를로테가 살던 베를린에 설립되었고, 라이프니츠는 그곳의 회장이 되었다. 하지만 그녀가 죽자 그녀의 가족들은 라이프니츠를 반기지 않았다(가족들은 생전의 그녀와 라이프니츠의 관계를 불쾌해했던 것 같다).

라이프니츠는 이론과 실천 양쪽 모두에서 과학 연구의 소통과 공조를 진작시키는 활동에 부단히 참여했다. 또한 모든 교회가 재통합되리라는 희망도 가지고 있었다. 그는 빈에서 명망 높은 직위(1712~1714)에 올랐으나, 그가 죽을 때까지 그의 왕실 후원자들과 그를 알고 지내오던 지식인들이 그로부터 등을 돌렸다. 그들이 그렇게 한

데는 몇 가지 이유가 있다. 우선 그와 뉴턴의 논란에서 뉴턴을 선호했으며, 라이프니츠는 더 이상 소피 샤를로테의 보호를 받을 수 없었다. 또 그의 철학 작품은 대중적이지 못했다. 그래서 왕립 학회든 베를린의 과학 아카데미든 그가 죽은 후에는 그를 영예롭게 여기지 않았고 조지 1세(게오르크 루트비히)는 라이프니츠의 장례식이 가까운 곳에서 거행되었지만 직접 참석하지도 않았고 사절단을 보내지도 않았다.

라이프니츠의 묘지는 소피 샤를로테의 한 자손이 그에 대한 기억에 명예를 회복시킬 사유를 지지할 때까지, 거의 50년 동안 표식도 없이 방치되었었다. 미적분학 발견에 관련된 뉴턴과의 논란에서 그의 명성과 위상이 얼마나 상처를 입었는지 확실하지는 않지만, 그가 뉴턴의 경우보다 더 큰 피해를 입었음은 확실하다(뉴턴은 자신의 미적분학 저술을 라이프니츠가 표절했다고 주장했었다).

라이프니츠는 사망할 무렵에 중국 철학에 관한 책을 집필 중에 있었으며, 실질적으로 뉴턴의 형이상학 체계를 조목조목 공격하는 **라이프니츠-클라크**간의 편지도 작성하고 있었다.

왜 부메랑은 던진 사람에게 돌아올까?

고트프리트 라이프니츠는 지식과 관련된 일에서 무척 사교적인 인물로, 서로의 생각을 자유롭게 교환하고 공유하기를 좋아했다. 그럼에도 불구하고 라이프니츠는 인생의 막바지에 들어설 무렵, 뉴턴의 미적분법 발견을 그가 표절했다는 뉴턴의 비난성 주장 때문에 엄청 시달려야 했다. 라이프니츠는 1637년 자신이 영국에 머무를 때, 뉴턴의 미적분 작품에 관해 듣고서 뉴턴에게 (열람 요청) 편지를 쓴 바 있다고 보고했다.

뉴턴이 중개 인물을 통해 보낸 답장에는, 이항정리에 관해 썼고 미적분(유율, fluxions)에 관한 것은 오직 다음과 같은 라틴 문장만을 포함했다. 문장의 단어들은 뉴턴에 의해서 다음과 같이 암호화되어 표현된 것이었다.

"aaaaa cc d ae eeeeeeeeeeeee ff iiiiiii nnnnnnnnn oooo qqqq rr ssss tttttttttt vvvvvvvvvvvv x."

그 뜻은, "그 어떤 형태라도 방정식이 주어지면, 거기에 포함된 유출량, 즉 유율을 찾을 수 있고, 그 역도 성립한다"라는 것이었다. 뉴턴이 라이프니츠에게 쓴 문장은 아무도 해독할 수 없었으며, 그것이 미적분과 관련된 것임을 아는 것은 더더욱 어려웠다. 대신 오히려 그 한 줄의 문자들은 뉴턴이 얼마나 황당한 인물인지를 보여주는 일에나 가끔 인용되었을 따름이다. 이후 라이프니츠는 독자적으로 미적분법을 고안했고, 그것을 뉴턴의 중개 인물에게 보여주었으며, 1684년 자신의 방법을 출판했다. 이에 뉴턴을 따르던 사람들은 1695년까지 라이프니츠가 뉴턴을 표절했다고 비난했다.

수 세기가 지나는 동안 학자들은 라이프니츠에 대한 표절 혐의를 풀었다. 결론은 두 사람이 독자적으로 미적분법을 만들었으며, 출판은 라이프니츠가 빨랐지만 만든 것은 뉴턴이 빨랐다는 것으로 정리되었다.

발생학에 관한 라이프니츠의 입장은 어떤 것인가?

고트프리트 라이프니츠는 *전성설*(前成說, preformationism)을 신봉했다. 전성설이란 모든 생명체가 완전하게 형성된 종자로부터 일거에 창조되어 온전한 개체를 발생한다는 이론으로서, 그런 종자를 사람의 경우 **극미 인간**homunculus이라 부르고 동물의 경우 **극미 동물**animunculus이라 부르기도 한다. 일부 전성설 신봉자들은 지금까지 이어져온 인류 전체가 에덴동산 시절의 아담의 고환으로부터 존재해왔음에 틀림없다고 믿었던 반면, 다른 일부는 이브의 자궁으로부터라고 주장했다. 이들 두 견해는 각각 '정자론spermism'과 '난자론ovism'으로 불린다.

전성설에 반대되는 이론은 **후성설**epigenesis로서, 배아가 점진적으로 발달되어간다는 견해였다. 하지만 유전과 수태에 대한 올바른 지식을 갖추기 전까지는, 단순 물질 단독으로 복잡한 생체 기관으로 진화가 될 수 없다는 기독교인들의 믿음과 함께, 후성설은 증거를 갖춘 개연성이 없어 보였다.

독일의 뛰어난 렌즈 기술자 안톤 판 레이우엔훅이 사물을 200배 확대해서 볼 수 있는 현미경 제작에 성공했다. 박테리아를 관찰한 이후인 1700년경에는 다음과 같

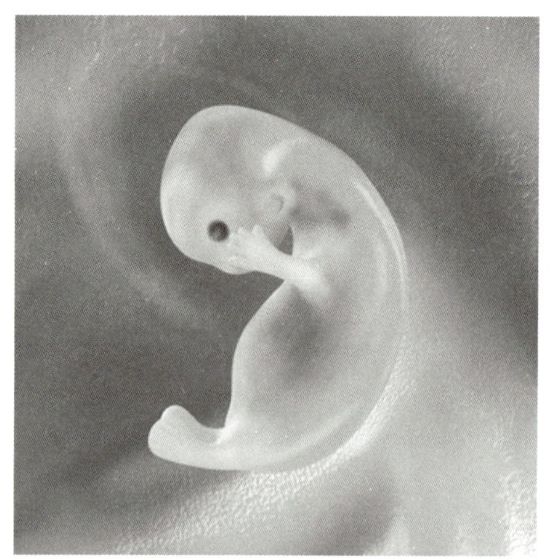

고트프리트 라이프니츠는 모든 인간이 처음부터 극미 인간homunculus으로서 미리 결정된 존재라고 믿었다. 다시 말해 각각의 인간은 그/그녀가 자궁 안에서 태아로 자리잡기 전부터 완전하게 형성된 종자였다는 것이다.

은 '남자 정자'와 '여자 정자'의 관찰 사실을 보고했다.

정액은 사정 후 5, 6분이면 묽은 유동액질로 변하기 때문에, 나는 건강한 남자의 변질되기 전 정액을 여러 번 관찰했습니다. 많은 수의 미세 동물을 발견했는데, 모래알보다 좁은 면적에 1,000개 이상 있었음에 틀림없다고 생각합니다.

레이우엔훅은 이어서 30종이 넘는 동물들의 정자는 물론이고 발효 거품과 충치에서도 완전한 형체를 갖춘 미세 동물들을 관찰했다고 보고했다. 이 공로로 그는 왕립 학회 회원이 되었고, 세계 속의 미세 세계들에 대한 그의 이런 기술(記述)은 전성설 및 우주 만물의 최초 창조는 신에 의해 한꺼번에 이루어졌음을 입증하는 좋은 증거로 받아들여졌다.

형이상학적 관념론이란 무엇인가?

형이상학적 관념론은 — 소크라테스 이전 시대로 돌아가 플라톤이 고대 세계에서 이룬 결실까지 상기해보면 — 궁극적으로 실재하는 바는 비물질적이며 감각에 명확하게 포착되지 않는다고 보는 입장이다. 따라서 신은 비물질적이며 궁극적으로 실재하는 존재라고 믿는 한, 모든 기독교인은 '관념론자'라 할 수 있을 것이다. 그러나 이 용어는 보통 마음 혹은 여타 비물질적 실체가 자연계의 물질보다 더욱 실재하는 것이라고 주장하는 사람들(실은 유심론자들)을 지칭함으로써 의미가 역전되었다.

철학에 대한 라이프니츠만의 기여는 어떤 것들이 있나?

라이프니츠의 주요 저작으로는 《단자론》(1714), 《형이상학 서설》(1686), 《변신론辯神論》(1710) 그리고 《라이프니츠-클라크 서간집》(1714~1715) 등이 있으며, 정치 관련 저술과 편찬되지 않은 방대한 문헌이 있다. 라이프니츠는, 상식에는 도발적이면서도 이론적으로는 매력적이며 기독교 신앙의 핵심이 잘 보존된, 매우 복합적인 세계관을 가졌다. 그의 철학 작품들은 고유의 용어 체계를 지닌 매우 복합적인 것이었지만, 그는 자신의 철학이 다음과 같은 몇 가지 일반 원리에 기초를 두고 있다고 주장했다 ─ 동일률, 최선의 선택 원리, 충족 이유율, 형이상학적 필요 원리들, 순서의 원리, 인과율, 자연 선택의 원리. 이런 원리들에 덧붙여 그는 궁극적으로 실재하는 존재의 기본 단위로 단자monad 개념을 사용했다.

라이프니츠는 자신의 원리들을 어떻게 정의했나?

라이프니츠는 자신의 철학을 아래와 같은 원리들에 기초했다.

동일률 ─ 이 원리는 진리의 필요조건으로서 비모순율이다. 즉, A는 A이고 not-A가 아니다. 이 필요조건은 부정하면 모순이 된다.

최선의 선택 원리 ─ 개연적인 참은 그것을 부정해도 모순이 되지 않을 수 있다. 전지전능하고 절대 (자유롭고) 선한 신은 이 세상을 반드시 만들어야 했던 것이 아니다. 신은 이 세상을 선택했고, 신이 선택했기 때문에 이 세상은 가능한한 최선의 것이다.

충족 이유율 ─ 모든 존재들 혹은 사태들은 그것들이 발생할 만한 충분한 이유를 가지고 있어야 한다.

형이상학적 필요 원리들 ─ 라이프니츠는 이런 원리들을 몇 가지 갖고 있었다 ─ 모든 가능한 것들은 그 존재까지 요구하며 특별한 방해를 받지 않는 한 존재할 것이다. 활동은 실체의 본질이다. 사물의 상태들은 변화 이유가 없는 한 혹은 적어도 변화 이유가 발생할 때까지는 기존의 상태를 유지한다.

순서의 원리 ─ 이 원리는 순서와 관련된 세 가지 규칙으로 구성되었다 ─ 연속성

규칙, 모든 작용에는 반작용이 포함되어 있다는 규칙, 원인과 결과의 등가 규칙.

인과율의 두 원인, 운동인과 목적인 – 운동인은 사태가 즉각적으로 발생하게 하는 원인인 반면에 목적인은 보다 높은 상태의 실체가 지향하는 목표에 도달하게 하는 원인이다. 운동인의 전체 영역은 목적인의 영역을 지향하게끔 되어 있다.

자연 선택의 원리 – 신이 존재와 발생을 허용한 모든 것들은 신이 자연적 상태의 것들로부터 선택한 것들이다. 만일 그렇지 않다면 신은 끊임없이 기적을 수행해야 할 것이다. 따라서 자연적인 것들은 언제나 필연적인 것과 우연적인 것 사이에 있다.

팡글로스 박사는 누구인가?

영민한 프랑스 풍자 문필가 프랑수아마리 아루에 드 볼테르(1694~1778)는 소설 《캉디드》에서 라이프니츠를 그린 팡그로스 박사를 통해 라이프니츠의 철학적 낙관주의에 형틀을 채우고자 했다. 주인공 캉디드는 베스트팔렌 지방 한 남작의 사생아로서 어릴 적에는 팡그로스 박사에게 개인 교습을 받는 호사를 누리며 인생을 시작했다('팡'과 '그로스'는 각각 '모든'과 '혀, 말, 단어들'이라는 그리스 어원을 가지며, 따라서 팡그로스 박사는 '모든 이야기 박사'쯤으로 번안된다).

팡그로스 박사는 캉디드에게 '형이상학–신학–우주만학'이라는 과목을 가르쳤다. 이 가르침은 라이프니츠와 알렉산더 교황의 철학적 낙관주의를 희화한 것으로서, 볼테르로서는 1755년 리스본 대지진 참사나 프랑스 앙시앵 레짐(프랑스 혁명 전 구체제)의 압제와 같은 인간의 현실적 고통과는 도저히 부합하기 어려운 내용임을 발견하게 되었다.

철학적 낙관주의는 신이 선하기 때문에 신이 창조한 세상 만물도 선함에 틀림없다는 주장을 편다. 실제로 이 세상은 가능한 세계들 가운데 최선의 세계이며,

거시적 기획 구도 안에서는 우리에게 분명히 악으로 비치는 것들까지 포함한 세상 만물이 불가피한 최선의 것들이다. 아래 인용문은 팡그로스 박사의 믿음 표명을 통해 볼테르의 풍자를 보여주는 예화 한 대목이다.

"지금 있는 그대로의 상태가 아닌 다른 어떤 상태가 될 수 없음은 얼마든지 증명할 수 있다네. 만물은 모종의 목적을 위해 창조되었고, 그렇다면 필연적으로 최선의 목적을 위해 창조되었음에 틀림없네. 예컨대, 보게나, 코는 안경을 위해 만들어졌고, 그러므로 우리는 안경을 쓰고 있지. 다리는 스타킹을 잘 보이게 만들어졌고, 따라서 우리는 스타킹을 신는다네. 돌이란 것도 다듬어져서 성을 만들게끔 되어 있기에 경애하는 남작님께서 훌륭한 성을 소유하고 계시지 않은가. 영지 안에서 가장 위대하신 남작님은 최상의 기거를 하셔야 하기 때문이지. 돼지들도 (우리가) 먹게끔 되어 있기 때문에 우리는 연중 언제나 돼지고기를 먹는 거라네. 따라서 모든 것들이 '옳다'고 주장하는 사람은 올바르게 표현하지 못한 것이야. 모든 것들이 '최선'이라고 말해야 한다네."

라이프니츠의 단자론은 무엇이었나?

르네 데카르트와 마찬가지로 라이프니츠도 존재의 기본 단위는 실체라고 생각했다. 하지만 데카르트는 (마음과 물질이라는) 두 가지 제1실체를 상정한 데 비해, 라이프니츠는 단일한 비물질적 실체를 상정했는데, 그런 실체는 다양한 예가 있으며 '단자'라 불렀다. 라이프니츠에 따르면, 단자들은 더 이상 나뉠 수 없는 심리적 혹은 정신적 혹은 영적 힘의 단위체들로서, 그 각각은 다른 모든 단자들을 자신의 내적 상태들의 한 국면으로 지각한다.

각각의 단자는 다른 단자들에서 일어나는 바가 비치는mirrored 유기적 요소를 가지고 있지만, 다른 단자들과 직접 영향을 미치는 것은 아니다. 말하자면, 어떤 동물의 극히 일부인 하나의 세포에 그 동물의 모든 염색체와 유전자를 포함하고 있는 것처럼, 라이프니츠에게 각 단자는 나머지 세계 전체의 완비된 정보를 자체 안에 담고 있는 것이다. 더구나 각 단자는 자신의 미래 상태도 간직하고 있는데, 물론 그것은

다른 각 단자들의 미래 상태를 지각한 것들일 수 있다. 이러한 단자들의 세계 시스템은 신에 의해 창조되었으며, 그 주된 특징은 상호-작용 및 상호-관계가 인간의 지각으로 나타나는 **예정 조화**pre-established harmony이다.

단자들은 집단 및 집단들의 집단을 형성하며, 서로 다른 조직의 단계별로 고유의 지배 단자가 있다. 이들 단자 집단들이 실재하는 물리적 존재를 이룬다. 한편 공간과 시간은 실체가 아니고 추상된 것일 따름이다. 라이프니츠에 따르면, 공간은 공존 가능성의 형식이고, 시간은 순차적인 존재자들(존재하는 사물들)이 가능한 형식이다.

17세기 경험주의

자연법이란 무엇인가?

자연법이란 인간 행실의 지침이 되는 규칙들의 집합으로서, 대부분 신성한 원천을 가진 것으로 여겼다. 보편적인 도덕 및 정치 규범으로서 자연법이 최초로 개념화된 것은 스토아 철학자들에 의해서였다. 스토아 철학자들은 자연법이 우주의 근본적인 구조의 일부라고 믿었다. 초기의 몇몇 사상가들은 자연법이 인간은 물론이고 동물들에게도 적용된다고 믿었다.

나중에 자연법 개념을 이어받은 기독교 사상가들은 자연법이 이성적 존재들에게만 알려질 수 있는 인간 행실에 관한 자명한 원리로 보았다. 토마스 아퀴나스는 우리가 공통 선common good 혹은 공동체의 선을 지키기 위해 항상 실행해야 하는 방법에 관한 하느님의 의도를 인간의 이성이 드러낼 수 있다고 생각했다. 따라서 이어져 나오는 자연법 개념은 인간의 하느님에 대한 순종의 차원에서 중요한 의미를 갖는다. 국가와 민족들에 대한 실정법들은 서로 다를 수 있지만 자연법의 근본 원리들은 보편적인 것이다.

자연법에 관한 그로티우스의 영향력 있는 개념들은 어떤 것이 있는가?

휴고 그로티우스(네덜란드어로 휘호 더 흐로트, 1583~1645)는 자연법을 공통선에 관한 규정에서 개인들이 자신의 개별적인 선을 추구하도록 허용하는 데 따르는 규제에 관한 신조로 수정했다. 즉 그로티우스는 토마스 아퀴나스의 공동체적 자연법 개념을 개인적 차원의 개념으로 바꿔놓았다. 이 사상의 계열은 토머스 홉스와 존 로크에 의해 발전된 정치철학에 크게 영향을 미쳤다.

그로티우스의 《전쟁과 평화의 법》(1626)에 따르면, 자연법은 국제적 분쟁뿐만 아니라 종교적 분쟁을 종식시키는 데에도 이용될 수 있다. 그로티우스는 인간의 본성을 조사함으로써 자연법이 알려질 수 있다고 생각했다. 그는 인간이 사회적이면서도 투쟁적이라 판단하고서 모든 사람은 제각기 다른 사람이 할 수 있는 것을 제한할 권리도 가지고 있다고 결론지었다. 따라서 국가 권력이란 우리의 삶을 개선하기 위해 저마다의 권리를 일정 부분 희생시킨 결과인 것이다. 그로티우스 역시 신이 자연법을 집행한다고 생각했지만, 만일 신이 존재하지 않는다 해도 우리는 자연법을 따라야 한다고 주장했다.

홉스와 로크는 둘 다 자연법의 토대에서 출발하는 정의와 유용한 국가 권력에 관한 이론을 만들었다. 하지만 홉스는 인간 본성의 투쟁적인 면을 강조한 반면에 로크는 사회적인 면을 강조한 점에서 서로 다르다.

토머스 홉스

토머스 홉스는 누구인가?

토머스 홉스(1588~1679)는 17세기 철학자들 가운데 그 누구보다 가장 직접적으로 당시의 과학적 원자론과 유물론을 형이상학에 적용한 인물이다. 홉스는 존재하는 모든 것들의 원인이 물질과 그 운동이라고 믿었다. 그는 데카르트를 비판한 초기의 인물들 가운데 하나이며, 그의 동료들로부터는 무신론자로 취급받았다. 홉스는 인간의 자연적 상태를 "고독하고, 헐벗고, 고약하고, 잔인하며 불충분하다" 라고 기술

205 ★

한 것으로 유명하다.

토머스 홉스의 삶은 어땠는가?

홉스의 아버지는 웨스트포트의 교구 목사였지만 교회 외부에서의 다툼에 연루된 이후 런던으로 떠나야 했고, 맘스버리의 행정 장관이었던 홉스의 숙부가 홉스의 교육비를 지원했다. 홉스는 옥스퍼드 대학에서 히브리어와 라틴어를 공부했고 (1602~1608), 졸업 후에는 캐번디시 경의 장남인 윌리엄을 가르치는 일을 맡았다(데 먼셔의 백작 캐번디시 경은 홉스가 활동한 기간 내내 홉스의 가장 큰 후원자가 되어 지원했다). 그 는 1610년 윌리엄과 함께 유럽을 여행했는데, 그때는 요하네스 케플러가 타원형의 행성 궤도에 관한 천문학 체계를 책으로 펴냈으며, 갈릴레오 갈릴레이가 망원경으 로 관측한 천문학적 사실들을 발표하던 즈음이었다. 영국으로 돌아온 홉스는 영국 의 정치가이자 과학자이자 철학자인 프랜시스 베이컨을 만나 아리스토텔레스의 과 학적 입장을 폐기할 필요가 있음에 의견의 일치를 보았다. 하지만 홉스는 베이컨의 귀납적 방법에는 찬동하지 않았다. 베이컨은 과학적 지식이 관찰 사실들로부터 이 루어질 수 있다고 믿었다. 반면에 홉스는 경험의 본성이 연역될 수 있는 물질과 운 동의 최초 원리들로부터 출발하는 지식 체계를 전개해나가는 입장이었다.

그 후 홉스는 고전들을 탐독했으며 1628년에는 투키디데스의 역사서인 《펠로폰 네소스 전쟁사》를 영어로 번역했다. 그즈음 캐번디시 경이 사망하자 그의 미망인은 홉스에게 지출하던 지원금을 중단했다. 그래서 홉스는 다시 유럽으로 가서 다른 귀 족 가문인 클린턴 경의 아들을 돌보는 일을 맡았다. 그때 그는 철학의 체계를 전달 하는 방법으로 기하학에 관심을 가졌다. 그의 천문학에 대한 관심은 갈릴레이에 이 어 천문학자이자 사제이며 철학자인 피에르 가상디를 만난 이후 고조되었다.

이런 다양한 의견 교환 이후 홉스는 과학의 원리를 인간의 세계, 특히 정치와 역 사에 적용하는 발상을 하게 되었다. 그는 감각에 대한 설명을 기하학적 형상에서 제 시하는 《소고》(1637)를 썼다. 이 소고를 통해 아리스토텔레스의 입장과 자신의 처음 입장까지 공격했다. 홉스는 지각할 수 없는 입자들이 운동하는 가운데 일어나는 변 화들이 모든 감각의 원인이라고 생각했다.

　　1650년에는 2부작 형식으로 이루어진 《법의 원리》가 출간되었다. 하나는 심리학적 성격의 논문인 《인간의 본성》이고, 다른 하나는 통일된 국가 권력을 옹호하는 《정치 조직에 대하여》이다. 이 책은 정치적 환경이 반전됨에 따라 홉스의 삶이 위험에 처했던 시기에 시작되었다. 당시 그가 처했던 위기의 원인은 자신의 유물론 때문에 무신론자로 의심받았을 뿐만 아니라 가톨릭을 싫어했던 그 역시 가톨릭으로부터 혐오의 대상이 되었기

토마스 홉스는 당시의 과학적 원자론과 유물론을 형이상학에 적용했다.

때문이다. 또한 강력한 왕정 옹호는 의회의 반감을 불러일으키기도 했다. 그런 와중에 홉스는 왕이 되기 전인 찰스 2세의 개인 수학 교수를 잠시 맡기도 했고, 그의 최고 걸작인 《리바이어던》(1651)을 출간했다.

　　1645년에서 1663년 사이에 홉스는 다른 철학자들과 지루하면서도 혹독한 몇 가지 논쟁에 휘말리게 되었다. 그는 데리의 주교인 존 브램웰의 자유 의지에 대한 물음을 논박했다. 그러자 두 명의 옥스퍼드 교수가 분개했다. 기하학 교수인 존 월리스는 홉스가 원적 문제를 해결하고자 했던 시도를 혹평했다(원적 문제란 고대 그리스 시대까지 거슬러 올라가는 유서 깊은 수학 작도 문제로서, 자와 컴퍼스만 가지고 주어진 원의 넓이와 같은 크기의 정사각형을 그리는 것이다). 또한 천문학 교수인 세이드 워드는 홉스이 철학 전체를 부정했다.

　　홉스는 75세까지 테니스를 즐겼으며, 84세에는 자신의 자서전을 라틴어 시어체로 다시 썼고, 86세에는 《일리아드》와 《오디세이》의 시어체 번역본을 펴냈다.

그와 동시대 사람인 존 오브리가 쓴 홉스의 전기에 의하면, 옥스퍼드 시절 홉스는 이른 아침에 일어나 납으로 된 추들이 달린 노끈과 치즈 조각을 챙겨 밖으로 나가곤 했다. 그는 노끈에 끈끈이를 바르고 그 위에 치즈를 미끼로 달았다. 그러면 멀리서 갈까마귀가 엿보고 있다가 날아와 미끼를 채가려 하는데, 그때 어린 홉스가 줄을 힘껏 당기면 추들이 갈까마귀의 날개에 달라붙곤 했다(그다음에 벌어진 사태에 관한 상세한 얘기는 전해지지 않는다).

1665년 전염병이 돌고 1666년 런던에 대화재가 난 이후 사람들은 신이 분노한 이유를 찾아내고자 했다. 의회는 무신론을 탄압하는 법안을 통과시켰고, 홉스의 《리바이어던》을 심의하는 위원회가 구성되었다. 심지어 저주 인형을 통해 홉스가 불에 태워졌다는 보고도 있었으며, 홉스는 자신의 저작들이 발견되는 것이 두려워 그 일부를 스스로 소각시키기도 했다. 홉스를 성원하던 왕이 나서서 중재해보기도 했으나 그에게는 추후 출판이 완전히 금지되는 형벌이 내려졌다. 로마 가톨릭과 옥스퍼드 대학은 둘 다 홉스의 책을 읽지 못하도록 했는데 심지어 불에 태우기까지 했다.

데카르트의 심신 문제에 대한 홉스의 해법은 무엇인가?

홉스는 르네 데카르트의 생각하는 실체에 대한 개념을 납득할 수 없었다. 그는 먼저 데카르트가 생각하는 것(주체)을 생각하는 활동과 혼동했다고 비판했다. 그러고 나서 홉스는 생각하는 것(주체)에 관해 "생각하는 주체도 물질적인 어떤 것이다. 왜냐하면 모든 활동의 주체는 형이하학적인 혹은 물질적인 것으로 간주될 때에 한해서만 이해될 수 있는 것처럼 보이기 때문이다"라고 썼다. 이런 홉스의 생각이 형이상학의 역사에서 도달한 결과는, 존재하는 모든 것들은 물질을 가져야 하기 때문에 마음이라는 비물질적 실체를 부정함으로써 심신의 문제를 해결했다는 것이었다.

홉스는 감각, 기억, 상상, 사고, 감정을 어떻게 설명했나?

홉스는 감각 작용을, 심장의 움직임을 통해 느껴지는 신체 안에서의 운동의 영향으로 기술했다. 감각은 항상 "그것에 붙어 있는 어떤 기억"을 가지고 있다. 왜냐하면 감각 기관들은 그것들에 작용하는 외부 신체의 운동을 유지하고 있기 때문이다. 감각 기관들이 어느 한 대상에 의해 움직이는 이상, 그것들은 다른 대상에 의해 움직일 수 없다. 한편 상상은 감각 작용의 원천이 제거된 이후에 "소멸해가는 감각"이며, 기억은 친밀감을 지니고 있다는 점만 제외하면 상상과 흡사하다.

홉스는 사고가 머릿속에서의 말 그대로의 운동과 연관되어 있다고 믿었다. 그의 유도되지 않은 사고 개념은 나중에 (마음 안에서 하나의 사고가 다른 사고를 자동으로 일깨우는) '관념의 연합'에 이르렀다. 유도된 사고는 뚜렷한 목표를 지향하는 사고이다. 홉스는, 인간과 동물은 둘 다 목표에 도달하는 데 필요한 행동을 수행하지만 오직 인간만이 분별력이라는 두드러진 특성을 가지고 있다고 생각했다. 분별력은 사람이 수행할 수 있는 행동의 시작 및 이후 해야 할 바의 지침이 되는 결과의 계산까지 포함한다. 이런 분별력은 경험을 통해 증가한다.

토마스 홉스의 저서 리바이어던의 표지 그림.

또한 홉스는 열정 혹은 감정에 관해 '애씀endeavors'이라 불렀다. 홉스는 신체 안에서의 두 가지 유형의 운동을 설정했다. 그중 하나는 호흡, 영양 섭취, 혈액 순환 등과 같은 생존 운동이고, 다른 하나는 자발적 의지에 따르는 동물 운동이다. 쾌락이란 심장 주변의 운동에 불과하다. 호감은 쾌락과 관련된 대상을 향하는 애씀이고, 반감은 그로부터 멀어지려는 애씀이다.

홉스의 자유의지에 관한 믿음은 무엇인가?

《자유에 관한 물음들, 필연과 우연》(1656)에서 홉스는 자유의지에 관한 자신의 입장을 '필연주의'라고 불렀다. 그는 '의지'라는 단어에 필적하는 것이 인간의 마음 안에는 전혀 없다고 했다. 다시 말해, 인간의 마음에는 의지가 존재하지 않는다. 그러나 욕구는 존재하며, 소위 '의지'라 불리는 것은 우리가 무언가를 하려고 결심하기 전에 가지는 마지막 욕구이다. 하지만 완전한 사람은 자유로울 수 있다. 홉스에 따르면, 인간의 자유는 자신이 하고 싶어 하는 바로부터 구속받지 않는 것이므로 그의 자유 개념은 구속 없는 상태로서의 자유liberty에 다름 아니다.

홉스는 모든 행동이 원인을 가지고 있다고, 혹은 '필연적'이라고 믿었다. 하지만 우리는 자신이 내린 (잘못된) 결정 혹은 '의지'에 대해 처벌받게 되는 만큼 우리가 행하는 바에 대해 법적으로 책임이 있다. 그런 처벌의 목적은 다른 사람들의 잘못된 행동을 방지하고 정의를 지키는 것이다.

《리바이어던》에 담긴 홉스의 국가 권력 이론은 무엇인가?

홉스는 자신이 속해 있던 정치적으로 불안정한 사회에서 개인의 역할을 재기술하는 방식으로서 강력한 왕정의 형태를 옹호했다. 그는 국가 권력이 없는 삶의 조건으로 이해되는 자연 상태의 개념에서 시작했다. 홉스의 방법은 최초의 상태로부터 인간 본성의 이해와 함께 국가 권력의 사용과 그에 대한 정당화를 결정하는 것이었다.

홉스에 따르면, 자연 상태에서는 인간의 신체적 능력이 대체로 평등하다. 왜냐하면 가장 약한 사람도 가장 강한 사람을 죽일 수 있기 때문이다. 또한 자연 상태에서는 사람들이 사회적(친화적)이지 않다. 오히려 각 개인은 다른 사람들에게 적대적인 상태, 즉 투쟁적인 상태를 연장하며 존재한다. 실제로 인간은 오직 자기 자신의 명예와 탐욕 등을 추구하거나 혹은 서로 작당해서 제3의 세력과 싸운다. 국가 권력이 없는 자연적 상태에서 인간의 삶은 "고독하고, 헐벗고, 고약하고, 잔인하며 불충분한" 것이다.

그리고 본래 인간은 존재의 **정당한 사유**를 가지고 있는데, 그 첫 번째 원리가 자기 자신을 보존하는 것이다. 또한 인간은 **자연법**에 대해서도 알고 있는데, 그 첫 번째는 평화를 유지하기 위해 가능한 것들은 뭐든 하는 것이다. 하지만 평화를 유지하기 위해서는 정파들 간의 집행력 있는 계약이 필요한데, 어느 한쪽이 (계약을) 실행한 이후에는 다른 한쪽이 그것을 실행한다는 보장이 없다. 그는 《리바이어던》에서 "칼 없는 성약covenant이란 단어들에 불과하여 한 사람을 지킬 수 있는 힘도 없다"라고 기술했다.

홉스의 사회계약 개념은 무엇인가?

홉스에게 사회계약은 자연 상태에서의 삶의 불쾌함에 대한 자신의 해결책으로서, 다른 사람을 해치는 개인의 권력을 포기하고 모든 권력을 군주적 권력 혹은 리바이어던에 이양한다는 시민적 합의를 의미한다. 그 보답으로 군주적 권력은 질서를 지켜주고, 공정한 법적 체계, 교육, 결혼, 가난 구제, 예술과 과학의 융성 등과 같은 문명화된 삶의 모든 혜택을 가능하게 해준다.

그럼에도 불구하고 홉스의 《리바이어던》은 검열권, 모병권, 정부의 부담 전가 등 백성들의 삶을 지나치게 관장하는 권한으로 인해 전체주의적 권력을 갖게 된다. 백성들의 유일한 권리는 자신을 보존하고 투옥이나 사형 집행에 저항하는 권리뿐이다. 법은 말 그대로 전제 군주의 명령이다. 일단 백성들로부터 취소할 수 없는 권력의 이양이 이루어지면, 국가 권력을 타도할 수 있는 것은 스스로 퇴위하거나 외국의 적들에 의해 패망하는 것뿐이다.

존 로크

왜 존 로크가 중요한가?

존 로크(1632~1704)는 지식에 관한 철학자 혹은 인식론자로서, 데카르트에 의해 제기된 형이상학 문제들로부터 비켜서서 교육과 심리학 및 과학철학 개념의 바탕이 되는 인간의 마음과 그 능력에 관한 이론을 제시했다.

로크의 민주주의 통치에 관한 정치적 입장과 개인의 권리에 관한 견해는 근대 영국 의회 체계에 대해서뿐만 아니라 미국 헌법의 기본 원리에 대해서도 토대가 되었다. 그의 자연법 사상은 당시의 실천적인 정치 이론을 주창한 것이었다.

로크의 생애와 주요 저서는 무엇인가?

존 로크는 영국 서머싯 주의 링턴 마을에서 태어났다. 그의 아버지는 변호사이자 평화유지 치안관으로 의회 편에 서서 찰스 1세에 대항해 싸웠다. 1646년부터 다니기 시작한 웨스트민스터 학교에서 로크는 고전, 히브리어, 아랍어를 공부했다. 하지만 웨스트민스터 학교에서 옥스퍼드 대학으로 진학해서 배우게 된 스콜라 철학에 대해서는 받아들이지 못했다. 그는 석사 학위를 받은 후 라틴어와 그리스어를 강의하기 시작했고, 1664년에는 도덕 철학 검열관의 지위가 주어졌다.

존 로크의 정치사상은 영국 정부의 민주화와 미국 헌법의 바탕이념에 지대한 영향을 주었다.

1661년 그의 아버지가 사망하고 로크는 재정적으로 독립적인 생활을 하기에 충분한 유산을 물려받았다. 그는 곧 로버트 보일, 아이작 뉴턴 그리고 유명한 내과 의사인 토머스 시드넘과 같은 저명한 과학자들을 만나게 되었다. 특히 시드넘은 로크가 의사로서 수련을 받도록 영감을 주었다. 로크는 본격적으로 의사 업무를 수행하지 않았지만 그에 대한 지식은 갖추고 있었던 것으로 생각된다.

1666년에 로크는 후일 섀프츠베리 백작이 된 애슐리 경을 만났다. 당시 애슐리 경은 화농성 간 종양으로 누워 있었는데, 로크가 애슐리 경의 환부에서 고름을 빼낼, 은으로 된 튜브를 삽입하는 과정을 포함하는 고난도의 수술을 집도했다. 성공적인 수술 이후 회복한 백작의 보답은 장기간의 후원으로 이어졌다. 섀프츠베리는 로크의 철학적 활동을 적극 지원했으며, 1668년에는 왕립 학회 회원 지명을 도왔다. 이런 새로운 연결 고리를 통해 만나게 된 동료들과의 대화를 바탕으로 로크는 《인간 오성에 관한 시론》(1689)의 초고를 작성하게 되었다.

로크는 정계 거물인 애슐리의 편에서 그가 관여하고 있던 많은 정치적 활동에 관한 조언을 함으로써 정계의 중심부와 맞닿아 있는 실제 정치에 중요한 기여를 했다. 로크는 영국의 식민지 상태였던 캐롤라이나 주의 헌법을 초안했고, 무역과 농작물 재배를 관장하는 평의회 서기 직을 맡기도 했다.

그러나 로크의 후원자인 섀프츠베리(백작이 된 애슐리)가 스튜어트 왕가에 반대하는 의회를 이끌었기 때문에 반역죄로 투옥되는 사태가 발생했다. 그는 얼마 후 풀려났으나 네덜란드로 떠나야 했고, 로크 역시 영국을 떠나 네덜란드에 머물렀다.

네덜란드에 머무는 동안 로크가 옥스퍼드에서 맡았던 직위는 왕명으로 박탈되었다. 뒤를 이어 찰스 2세에 이어 즉위한 가톨릭교도인 제임스 2세는 (이복형제인) 몬머스 공작의 모반이 실패하자 로크를 반역자로 몰아붙였다.

로크는 진행 중이던 《인간 오성에 관한 시론》의 집필을 계속하는 한편, 《관용에 관한 첫 번째 편지》(1689) 집필에 착수했다. 또한 청교도였던 윌리엄과 메리에게 영국 왕위를 이양시키려는 계획에 가담하게 되었다. 로크는 윌리엄에게 정치적 조언을 해주었으며, 마침내 1688년의 명예혁명이 일어난 뒤에 오렌지의 공주인 메리의 수행자로서 귀국선을 타고 영국으로 돌아왔다.

1689년과 1690년, 로크는 자신의 대표적인 두 저작인 《인간 오성에 관한 시론》(1689)과 《통치론》(혹은 《시민 통치에 관한 두 논문》, 1890)의 집필을 완료했지만 허약한 건강 때문에 정치적 실무직에서는 은퇴했다. 하지만 《교육에 관한 몇 가지 성찰》(1693), 《기독교의 합리성 옹호》(1695)와 이어서 쓴 《기독교의 합리성》(1695) 등의 저술 작업은 꾸준히 이어갔다. 특히 가장 나중 작품은 로크와 우스터의 주교인 스틸링플리트 사이의 논쟁을 촉발시켰다. 로크의 실체에 대한 증거의 부정이 스틸링플리트에 의해, 영혼 불멸을 통한 사후 생애에 대한 장벽일 뿐만 아니라 영국 성공회의 삼위일체 신조에 대한 부정으로 받아들여졌다.

로크의 사회계약 개념은 홉스의 것과 어떻게/왜 다른가?

로크는 사회 계약이 '시민들 혹은 시민 대표'와 '정부 혹은 군주' 사이의 합의라고

주장했다. 하지만 로크의 입장에서는, 인간 생활의 기본적인 안위와 그 토대가 되는 사회 제도는 사회 계약 이전부터 존재하고 있었으므로 정부는 홉스가 생각했던 것만큼 중요한 것이 아니다. 인간 사회는 정부가 있기 이전에도 존속했고 잘 꾸려져왔으며, 따라서 정부가 해체되거나 정당한 사유로 피통치자들이 정부를 타도한다 하더라도 사회는 여전히 존속할 것이다. 하지만 사회가 파괴된다면 정부 역시 파괴되고 만다.

로크는 어떻게 자연법을 이용해서 통치 이론을 구성했나?

로크는 자신의 《통치에 관한 첫 번째 논문》(즉, 《통치론 1론》, 1689)에서 영국 정치 이론가인 로버트 필머에 맞서는 논쟁을 펼쳤다. 필머는 왕조를 아담의 직계 후손 계보라고 주장한 인물이었다. 이에 로크는 엄밀한 직계 후손 계보를 추적하는 일이 불가능할뿐더러 인간은 남성과 여성이 공존하는데 가부장적 세력으로 인해 정치적 세력이 근본적으로 달라졌을 따름이라고 반박했다.

《통치에 관한 두 번째 논문》(즉, 《통치론 2론》, 1689)에서 로크는 자연법을 인간에 대한 신의 법과 동일시했는데, 이는 인간이 자신의 생계를 위해 노동해야 한다는 계명을 포함한다. 신은 인류 모두에게 온 땅과 그 위의 모든 것을 주었다. 로크는 그렇다면 만인의 땅과 그 위의 과실들을 반드시 이용해야만 얻을 수 있는 사유 재산이 어떻게 성립할 수 있는지 스스로 물었다. 그의 대답은 한 개인이 "자신의 노동을 더해서 소유하게 된 것"은 무엇이든 사유 재산이 된다는 것이다(로크가 사용한 '노동을 더한다' 라는 표현은 오늘날 '일한다' 라는 표현에 해당할 것이다).

소유권의 기원이 이러하다면 자신의 노동을 첨가하기만 하면 공유물을 무제한 자신의 것으로 바꿀 수 있는 것인가? 로크는 주장하기를, 자연 상태에서의 노동을 통한 축적에는 이를 제약하는 세 가지 단서가 있다 — 유용하게 사용할 수 있을 만큼만 소유해야 하며, 다른 사람들에게 부족하지 않을 만큼 충분한 양을 양질의 상태로 남겨두어야 한다. 첫 번째 단서는 삶의 편의, 즉 썩기 전에 삶에 이득이 되도록 사용할 수 있는 만큼만 소유해야 한다는 것이다. "아무리 자기 노동의 산물이라 하더라도 그것이 사용 범위를 넘어 썩히거나 파괴될 정도로 소유해서는 안 된다."(제31절) 두 번째 단서는 타인에게 피해를 입히지 않는 범위여야 한다는 것이다. 즉 토지든

물이든 다른 사람(나머지 인류)이 이용하기에 충분할 정도로 남아 있는 범위 내에서 소유는 정당화된다. 따라서 여전히 많은 토지가 남아 있고, 아직 토지를 갖지 못한 자가 사용할 수 있는 것보다 더 많은 토지가 남아 있다면, 토지를 개량하여 그 일부를 수취하는 것은 다른 사람에게 피해를 주는 것이 아니다. "어떤 사람도 다른 사람이 물을 잔뜩 퍼마셨다고 해서 피해를 입는다고 생각할 수는 없다."(제33절) 여기에 또 하나의 제약은 노동의 한계이다. 한 인간이 개간하고, 파종하고, 개량하고, 재배하고, 그 산물을 사용할 수 있는 만큼의 토지가 그의 소유 범위가 된다. "자신의 근면으로 도달할 수 있는 것 이상은 안 된다."(제34절) 로크는 소유의 제한을 생각할 때 이 세 가지를 염두에 두고 있었다.

한편 로크에 의하면, 이와 같은 소유의 제한이 철폐될 수도 있다. 첫 번째 제한은 잉여 생산물의 저장과, 화폐를 통한 거래·교환에 의해 철폐될 수 있다. 고갈되지 않는 천연자원에 대해서는 두 번째 제한도 철폐될 수 있다. 세 번째 제한 역시 화폐를 통한 노동력의 거래·교환에 의해 철폐될 수 있다. 궁극적으로 로크의 자연 상태에서는 산업·협동·무역 등이 가능하다. 예외적인 범죄를 제외하면 인류는 근본적으로 평화 지향적이다. 처벌을 통한 정의를 보장하기 위해 정부가 필요하지만, 그것은 통상적으로 제대로 기능하고 만족스러운 상황에 추가되는 편의로움일 따름이다.

사람은 세계에 관한 특정 관념을 가지고 태어난다고 생각한 합리론자들과 달리, 로크는 우리의 마음이 백지(tabula rasa)의 상태로 태어난다고 생각했다. 우리의 모든 관념은 우리가 태어난 이후에 발생하는 서로 다른 두 가지 과정의 결과이다. 하나는 감각경험이고, 다른 하나는 우리의 감각경험 및 마음의 작동에 대한 반영적 되새김이다. (합리론자의) 본유 관념을 논박하는 로크의 주된 논지는 사람들이 동일한 관념을 가지고 있지 않으며 사람들의 경험이 다른 만큼 그들의 관념들도 제각각 다르다는 것이었다.

데카르트의 심신 문제에 대한 로크의 해법은 무엇인가?

로크는 우리의 모든 지식은 우리의 관념으로부터 오는데, 우리는 물질적 혹은 비물질적 실체에 대한 명확한 관념을 가지고 있지 않다고 주장했다. 이로부터 다음의 사실이 뒤따른다. 만일 실체가 존재한다면, 그것에 딸려 있는 성질들 말고는, 그에 관해 아무것도 알지 못한다. 로크는 예를 들어 우리가 금의 딱딱함, 색깔, 전성(퍼짐성) 따위의 물성은 알 수 있지만, 그런 물성을 드러내는 금 안에 들어 있는 바가 무엇인지는 알지 못한다는 사실을 환기시켰다.

로크는 "어떤 사람을 그 사람으로 만드는 것"이 무엇인지 물으면서, 한 개인 정체의 주체 아래에 있는 비연장적 혹은 비물질적 실체를 다룬 적이 있다. 그는 어떤 사람이 최후 심판의 날에 처벌받을 때 과연 기소된 그 죄목의 범죄를 범한 사람과 동일 인물인지 관심을 가졌다. 그의 대답은, '위대한 날'의 신성한 보상 혹은 처벌인 점에 비추어보건대, 과거의 자신에 대한 기억을 가지고 있다면 동일 인물이고, 그는 판결을 받게 된 범죄 행위를 범한 사람과 자신이 동일 인물임을 알 수 있다는 것이었다.

영혼의 형상 혹은 실체성을 부정하는 로크의 입장은 유일한 하느님 안에 세 가지 본성 혹은 위격이 존재한다는 삼위일체 교리와 모순되어 보였다. 그래서 영국 신학자인 에드워드 스틸링플리트와 같은 로크 비판자는 불멸의 비물질적 실체인 영혼의 부재로 인해 로크가 부활 가능성을 부정한 것으로 여겨, 그를 비난했다. 스틸링플리트에 대한 로크의 응답은 영혼의 불멸성에 대한 자신의 믿음을 이성에 의해 증명될 수 있는 사실의 차원에서가 아닌 신앙의 차원에서 재천명하는 것이었다.

스틸링플리트는 어떤 사람이 부활하는 데에는 그 사람의 신체에 대한 모종의 실체적 형상이 반드시 필요하다고 믿었다. 이에 대한 로크의 응답은 스틸링플리트의 주장을 말 그대로의 동일한 신체가 무덤에서 벌떡 일어나야 하는 것으로 해석함으로써 조롱하는 것이었다. 로크는 다음과 같이 썼다. "설마 각하께서 다음과 같은 말은 하지 않겠지요. 사망 시점 직전에 배출된 땀으로 분리된 입자들은 무덤 안에 쌓여 있노라."

실체에 관한 로크의 생각은 그의 지식 이론과 어떻게 관계되는가?

로크는 지식을 감각 정보와 마음의 작용에 한정시켰고, 이 두 가지 정보의 원천을 넘어서는 주장에 관해서는 온건한 회의주의 입장을 취했다. 로크는 자신의 《인간 오성에 관한 시론》에 대해 소개하기를, 친구들과의 담론 중에 제한이 주어진 인간이 알 수 있는 바에 대한 의문이 생겨 도달한 결과라고 했다. "우리의 능력을 검토해보아야 합니다. 그러고서 우리의 능력이 이해하기 적합/부적합한 대상들이 어떤 것들인지 확인해보아야 합니다." 로크의 방법은 전통이나 다른 철학자가 주장했던 방법에 의존하는 것이 아니라 '사물들 자체'를 직시하는 것이었다.

로크에 따르면, 지식이란 어떤 사실을 직접 아는 것이다. 그런데 우리가 알 수 있는 사실들은 우리의 관념들 간의 관계들로 이루어져 있다. 사실이란 세계에 관해서 참인 어떤 것이다. 로크는 우리가 세계에 대한 직접적인 경험을 가진다고는 생각하지 않았다. 세계 내의 사물들은 우리의 감각 기관에 작용해서 관념을 낳는다. 그러므로 우리가 아는 (사실들의) 참은 관념들 간의 관계에 관한 것들이다. 《인간 오성에 관한 시론》 제1권에서 로크는 생득 관념과 생득 지식이라는 합리론자들의 신조를 공격했다. 그의 논조는, 우리가 생득적 앎의 능력은 가지고 태어나지만, 일련의 경험을 겪기 전까지는 우리의 마음에 지식과 같은 것이 전혀 없다는 것이다. 이것이 유명한 "백지(타불라 라사)로서의 마음"에 대한 로크의 설명이다.

《인간 오성에 관한 시론》 제2권에서는 감각 작용 및 그에 대한 반성 작용을 유념하여 추적해봄으로써 우리의 서로 다른 관념의 유형들을 설명한다. 반성 작용이란 1차 감각 작용의 결과에 대한 결합·분해·일반화·추상화 등으로 이루어진다. 로크의 경우, 관념들은 경험으로부터 얻게 되는 인상과 같은 것이다. 우리가 마음 가운데 있는 관념들을 고려할 때, 서로 다른 관념들을 결합하기도 하고, 더 여럿으로 나누기도 하고, 공통 묶음으로 일반화시키기도 하며, 그런 묶음이 공유하고 있는 특정 성질만을 추상하기도 한다. 《시론》 제3권에서는 사실들에 관해 혹은 '사물들 자체'에 관해 단어들이 어떻게 오도할 수 있는지를 설명하고 있다. 그리고 《시론》 제4권에서는 우리가 아는 것으로부터 너무 동떨어진 곳으로 벗어나지 않기 위해 믿음을 형성하는 우리의 마음이 어떻게 작용해야 하는지를 논의하고 있다.

근대 초기 철학

로크의 교육에 관한 사상에서 무엇이 독창적인가?

친척인 에드워드 클라크가 로크에게 어떻게 해야 자녀를 진정한 신사(교양인)로 키울 수 있는지 물었던 적이 있다. 실은 이런 주제가, 당시 정부에 대표자들이 진출해 있으며 가난하지도 않고 그렇다고 불로소득의 부자도 아닌, 신흥 부자들 사이에서 폭넓은 관심을 형성하고 있었다. 클라크에게 보낸 답장 편지들은 1693년, 《교육에 관한 몇 가지 성찰》로 익명 출간되었고, 그 후 1800년까지 24판을 거듭했는데 그중 5판까지는 로크가 죽기 전에 직접 감수했다.

이 책에서 로크는 자녀의 품성을 주의 깊게 파악하여 "부모의 권위가 자녀에게 전달되어 자리 잡고 있는지를 일단 확인해야 하고, 그 다음에는 자녀의 비뚤어진 부분이 있다면 그것을 바로 펴는 일일 것이다"라고 충고한다. 로크는 이 과정에서 당시로선 혁신적인 발상인 약간의 체벌을 권장하는데, 이 역시 단순한 물리적 처벌이 아니라 반성의 부끄러움을 느끼게 하는 것이 더 중요하다고 제안한다.

남자아이를 부와 능력을 겸비한 바람직한 성인 남자로 키우는 로크의 교육 방법에는 엄격한 식단, 세련된 동정심, 거친 잠자리, 이른 기상, 전천후 일기에도 맨몸으로 적응하는 야외 생활 체험 등이 포함되어 있다. 특히 지나치게 어머니를 따르거나 하인들에 대한 편향된 의존은 최소화시켜야 한다. 로크는 어린 시절의 엄격한 자기 훈련이 강한 성인으로 이끌어준다고 생각했다. 또한 자녀들이 집에서 훌륭한 가정교사에게 언어 학습이 강조된 교육을 받아야 한다고 생각했다. 그는 가정에서의 학습에서 시어(詩語) 및 추상적이거나 사변적인 표현은 되도록 구사하지 않을 것이며, 대신 천문학·지리학·해부학·역사·기하학 등이 가정 교육 교과목의 일부가 될 것을 조언했다. 또한 진정한 신사(교양인)의 자녀라면 반드시 손으로 해야 하는 일, 이를테면 그림 그리기·목공예·정원 가꾸기·금속 다루기 등과 같은 작업 기술을 적어도 한 가지는 익혀야 한다는 점도 조언했다.

로크의 종교에 대한 견해가 영향력이 있는 이유는?

로크는 종교에 대한 상식적 견해를 유지했으며, 청교도들 안에서의 경쟁적 종파 간의 관용을 제안했다. 그의 관용 제안은 가톨릭까지 겨냥한 것은 아니었지만 그렇다 하더라도 그 영향력이 청교도 공동체 안에서만 국한된 것은 아니었다. 《기독교의 합리성》(1695)에서 그는 계시의 타당성을 인정했지만 그것은 어디까지나 과거에 받아들여진 사실들과 믿음을 벗어나지 않는 한도 안에서였다. 그는 영국 교회(성공회)가 주교단의 세력을 대폭 줄이고, 모든 신비주의적 제의와 미신적 요소들을 제거하며, 신조를 오직 예수를 메시아로 인정하는 것만으로 단순하게 만듦으로써 국교 반대론자들까지 포용하는 개혁을 이룰 수 있을 것이라고 제안했다.

《관용에 관한 편지》(1689)에서 로크는 모든 종교적 박해 혹은 종교적 실천을 저해하는 법들(실질적으로 실정법 효력을 가진 종교법들 포함)에 대항하는 논쟁을 펼쳤다. 그의 논지는 다분히 실용주의적인 것으로서, 종교적 신앙에 대한 탄압은 어떤 식으로든 불필요하게 그에 대한 반동만 키운다는 것이었다. 그의 관용에 대한 전반적인 지지는, 특히 정부 측의 관용적 입장에 대한 촉구는, 나중에 미국 헌법에서의 제정 분리라는 국시에 결정적인 영향을 미쳤다.

케임브리지 플라톤주의자들

케임브리지 플라톤주의란 무엇인가?

적어도 케임브리지 플라톤주의자들에 관한 언급을 하지 않고서는 17세기 철학에 대한 논의를 마무리 짓지 못할 것이다. 케임브리지 플라톤주의자들이란, 당시 영국의 새로운 과학관과 그 기반 위에 철학을 정초하고자 했던 상대주의자들 및 경험주의자들의 시도에 대항했던 철학자·신학자·인문주의 작가 등이 느슨하게 연결된 집단을 지칭하는데, 그들은 저항하고자 했던 대상의 내용을 잘 알지 못하는 경우도 종종 있었다. 영적인 면에서 그들은 정작 플라톤보다는, 플로티노스나 프로클로스와 같은 신플라톤주의자에 가깝다. 그들은 불로건강식을 복용했던 피타고라스나 헤르메스 트리스메기스토스(그리스 신 헤르메스와 이집트 발명의 신 토트가 결합되어 형성된 신화적 인물로, 서양 연금술의 전설적 창시자로도 알려져 있음)에 대한 관심을 보였으며, 메디치가의 후원을 받으며 르네상스 신플라톤주의를 이끌었던 인문주의자 마르실리오

피치노의 영향을 받기도 했다.

케임브리지 플라톤주의자들에 대한 플라톤주의 사상의 주요 영향은 감각을 넘어선 완전한 세계에 대한 이념으로서, 이는 우리가 이 세상에서 감각을 통해 경험하는 바의 궁극적 원인이었다. 신플라톤주의에 영향을 받은 사람들은 그들의 기본적인 플라톤주의적 견해와 기독교 신앙을 결합시켜 기독교의 하느님과 같은 위대한 힘 혹은 신성이 지배하는 완전한 플라톤적 세계를 궁구했다.

그들의 현안 목표는 칼뱅주의, 무신론 그리고 데카르트나 홉스와 같은 기계론적 철학자들에 대항해 '진정한 종교'를 수호하는 일이었다. 물론 케임브리지 플라톤주의자들이 철학의 발전에 주도적인 영향을 끼친 것은 아니었다. 하지만 그럼에도 불구하고 그들 각각의 기여는 인류의 지성사에 면면이 살아남아 있다.

케임브리지 플라톤주의의 기본 신조는 다소 모호한 종교적 신념에 가까운 것이었다. 그에 관한 최초의 진술은 조반니 피코 델라미란돌라에 의한 것으로서, 유대교 신비주의 전통의 밀교 및 여러 단편들에 담긴 모세의 가르침 위에 피타고라스와 플라톤을 양축으로 하는 철학을 정초한다는 것이다. 그들의 믿음은 신의 존재, 영혼 불멸, 자연 정령 등을 '성령'에 의해 혹은 '성령'과 더불어 단언했다. 그들은 인간이 자유 의지를 가졌다는 사실과 이성이 종교의 문제에서도 가장 중요하다는 사실, 두 가지를 모두 확신했다. 하지만 직관을 통해 깨달을 수 있는 생득 관념과 생득적 도덕 및 종교 원리를 믿었기 때문에 경험론자는 아니었다. 나아가 '케임브리지 (신)플라톤주의자'로 알려진 사람들이 모두 같은 견해를 가지고 있었던 것은 아니라는 점도 명심해야 한다.

누가 케임브리지 (신)플라톤주의자인가?

이 집단의 창시자는 벤저민 휘치커트(1609~1683)이다. 휘치커트는 이성을 "주에 대한 촛불"이라 불렀다. 케임브리지 플라톤주의자들 가운데 보다 출중한 세 사람은 헨리 모어(1614~1687), 랠프 커드워스(1617~1688), 존 스미스(1616~1652)이다(커드워스는 존 로크의 평생 친구의 아버지이자 《신의 사랑에 관하여》(1696)를 써서 커드워스의 도덕관과 종교관을 확산시키기 위해 많은 노력을 기울였던 다마리스 매섬 커드워스 부인의 아버지이기도 하다.

커드워스는 말년을 다마리스의 집에서 보냈다). 추가의 케임브리지 플라톤주의자들로는 너대니얼 컬버웰(1619~1651), 피터 스테리(1613~1672), 조지 러스트(1670년 사망), 존 워싱턴(1618~1671), 사이먼 패트릭(1626~1707) 등이 있다. 이들 중 휘치커트, 모어, 커드워스, 스미스는 임마누엘 칼리지를 축으로 연관된 관계이다. 칼뱅주의는 당대를 선도하는 신조로서, 이들 집단 모두가 혁파하고자 했던 표적이었다. 이들 집단 가운데 지적으로 가장 활발했던 일원은 모어였다.

헨리 모어는 인간뿐만 아니라 동물도 정신을 가지고 있다고 단언했다.

헨리 모어는 누구인가?

헨리 모어(1614~1687)는 영국 대법관을 지낸 순교자 토머스 모어 경의 증손자이다. 헨리는 열일곱 살에 케임브리지의 클라이스트 칼리지에 입학해서 남은 평생을 그곳에서 보냈다. 그는 1641년, 그곳의 연구 교수가 되었다. 그의 소명은 무신론과 광적 신앙을 근절 혹은 '치유'하는 것으로서, 그는 이 두 가지를 "심각한 무절제의 두 양상"으로 보았다. 그는 철학자들을 자신이 이해한 바에 따라 기독교 신앙인으로 개종시키는 일을 모색했다. 그의 관심 사항들에는 신플라톤주의를 비롯해 마법, 귀신, 과학, 데카르트의 철학 등이 포함되어 있었다. 하지만 동물도 정신을 가지고 있다고 주장했던 점에서 데카르트와는 달랐다.

그는 '무신론'을 주장하는 것으로 추정되었던 토머스 홉스와 베네딕트 드 스피노자도 공박했다. 그래서 또 다른 케임브리지 플라톤주의자인 앤 콘웨이를 지도했던 그는, 그녀가 퀘이커교도로 개종한 것을 몹시 개탄했다. 헨리 모어의 저작으로는 영국 예수회의 역사와 여러 번역서, 그리고 《구세주 예수 그리스도의 삶과 교리》가 있다.

앤 콘웨이는 누구인가?

철학계에서 앤 콘웨이(1630~1679)는 《상고대와 근대 철학의 원리들》(1690)이라는 책으로 가장 잘 알려져 있다. 이 작품은 데카르트의 심신 이원론과 헨리 모어의 이원론을 둘 다 폐기한다는 메시지를 담고 있다. 그녀는 무한히 많은 수의 질서 있는 단자들 — 그 각각은 "온전한 정신 단위들"이다 — 을 실체의 궁극적 원소들로 상정했다. 그녀는 라이프니츠에게 자신의 작품을 보여준 플랑드르의 연금술사인 프란시스쿠스 머큐리우스 반 헬몬트로부터 많은 영향을 받았다. 라이프니츠도 그녀의 영향을 인정한 바 있으며, 일부 학자들은 그가 '단자(monad)'라는 용어를 그녀로부터 가져왔다고 생각한다.

앤 콘웨이의 육체적 고통은 그녀의 철학 및 종교와 어떤 관계가 있는가?

앤은 1630년 12월 14일 태어났는데, 이날은 하원 대변인이었던 그녀의 아버지 헤니지 핀치 경이 죽은 지 일주일 된 시점이었다. 라틴어. 그리스어, 히브리어를 집에서 교육받은 그녀는 오빠의 클라이스트 칼리지 지도자였던 헨리 모어와 서신 교환을 하기 시작했다. 모어는 그녀의 영특함에 관심을 보여, 스무 살에 에드워드 콘웨이와 결혼할 때까지 서신 교환이 계속되었다. 모어는 "지금까지 남자·여자를 막론하고 레이디 콘웨이보다 더 순수한 사람을 만나본 적이 없다"고 했다.

그녀가 철학을 공부하고 퀘이커교도로 개종했던 동기들 가운데 하나는 선하고 전능한 하느님의 존재와 세상의 고통을 중재할 필요를 느꼈기 때문이다. 앤은 고통에서 탈출하려고 자신의 경부 정맥을 따서 출혈시킨 적도 있을 정도로 극도로 심한 두통에 평생을 시달렸다.

성과 근대 초기 철학자들

왜 성이 근대 초기의 철학 연구에서 중요한 주제인가?

근대 초기 철학의 중요한 배경으로서 성 문제가 간과되지 말아야 한다는 입장의 오늘날과 비교해보건대, 17세기에는 일반적으로 사회 및 가족 생활과 성에 관한 생각이 많이 달랐다. 흥미롭게도 유명한 17세기 철학자들 — 데카르트, 스피노자, 라이프니츠, 홉스, 로크 — 은 모두 평생을 독신으로 살았으며, 철학과 과학 분야의 그의 동료들 역시 거의 대다수가 독신이었다.

17세기의 위대한 철학자와 과학자들은 왜 독신이었을까?

그들은 상대적으로 가난했거나(데카르트, 스피노자, 로크), 독신으로 살아야 하는 사제였다(마랭 메르센, 피에르 가상디). 또 학식이 높은 남자는 가정을 꾸리지 않는다는 전통도 한몫했을 것이다. 예컨대 옥스퍼드 교수들은 결혼이 허용되지 않았으며, 실제로 그레셤 칼리지의 일곱 교수는 모두 독신이었다. 어쩌면 여자의 본성에 관해 만연하던 당시의 믿음이 또 다른 이유일 수도 있다. 여자들은 학자가 되는 것이 허용되지 않았는데, 당시에는 아내와 가정생활이 남자들의 공부를 방해할 뿐만 아니라 성관계는 학자로서의 지적인 능력을 약화시킨다고 믿었다.

왜 근대 초기의 남자 과학자 및 철학자들의 독신을 주목하는가?

독신 남자의 신분은 다른 사람과의 오랜 친밀 관계를 유지하거나 성인으로서 가족 및 아이들과의 풍부한 경험을 쌓는 데 부정적인 영향을 받는 것이 불가피하다. 자연히 독신 남자의 삶의 형태는 고립된 개인의 시각에서 보게 되는 세계관을 지지해왔고, 그래서 철학적 마음가짐도 항상 자신과 같은 남성의 입장을 취하리라는 가설을 유지해왔다.

17세기 철학자들이 결혼을 했다면 제반 정서 상황이 바뀌었을까?

그 답은 단언할 수 없다. 17세기에는 장자 상속이 표준적 규범이었다. 중산층 아들의 4분의 1은 결혼하지 않았는데, 그 이유는 가계를 부양할 수 없거나 현실성 있는 지참금을 요구하는 신부를 찾을 수 없었기 때문이다. 당시는 신생아의 사망률이 30~50퍼센트였으며, 결혼 후 20년이 된 시점에 배우자 양쪽이 모두 살아 있을 가능성이 매우 낮았다.

이같은 통계 자료는 당시의 가족 관계가 개인의 성향에 바탕을 둔 정서적 애정 상태에 따르는 관계라기보다는 맡은바 역할에 따르는 관계임을 드러내준다(근대 초기에는 사람들이 로맨틱한 사유라고 간주되는 것들 때문에 결혼하지 않았다). 이들 자료가 남자와 여자 사이에 평생을 지속하는 우정 관계가 없었음을 뜻하는 것은 결코 아니다. 르네 데카르트, 존 로크, 고트프리트 라이프니츠 등과 같은 철학자들은 여자들과 오랜 기간 서신 교환의 관계를 유지했다. 그러나 소위 '사랑'이라 일컬을 만한 것이었는지는 매우 의심스럽다.

여자에 관해 17세기 사람들이 지녔던 일반적인 사고는 어떠했는가?

여성은 '불완전한 남성'이라는 고대 아리스토텔레스주의자들의 통념은 17세기 유럽에서도 그대로 사실인 것처럼 생각되었다. 별개의 두 가지 고유의 성이라는 개념을 정립한 생물학 분야의 근대 과학은 그때까지도 여전히 요원한 미래형이었다. 18~19세기에 들어와서는 생물학에 근거한 성적 구분이 여성 능력의 선천적 한계 혹은 남성에 비해 열등함을 지지하는 것일지라도, 적어도 그것은 남성과 여성의 사실적 정체성 구분에 초점을 맞춘 것이었다.

아리스토텔레스주의자들의 통념은 '단성론one-sex-theory'이라 불려왔다. 당시 인체 이론 분야에서 존중받던 진지한 학자들조차 여성 고유의 생식 체계가 남성의 것으로부터 반전된 것에 불과하다는 주장을 심각하게 전개했다. 그들도 아리스토텔레스처럼 여자는 모든 면에서 남자보다 약할 뿐만 아니라 본래부터 더 차갑고 음습하다고 믿었다. 더구나 그들은 남자들이 성적인 측면에서는 종종 무력하고 취약하다고 보는 반면, 여자들은 욕구가 더 강하며 공격적인 성별이라고 여겼다.

당시 의학적 견해는 혈액, 정액, 척수액 등이 형태는 다를지언정 모두 동일한 활성 물질 혹은 유동 물질이라는 쪽으로 일치했다. 성관계는 신체를 소진시켜 사람을 허약하게 만든다고 간주되었을 뿐만 아니라 남자의 사정은 뇌세포가 척추를 거쳐 성기를 통해 빠져나가는 것이라고 믿었다 ― 이는 당시 남성 철학자들이 독신으로 남았던 가장 큰 이유이다. 더구나 여자들을 취약한 질병, 원치 않는 자녀, 걱정스러운 가계 비용 부담 등의 원천으로 여겼다. 여성의 부정적인 성적 영향력에 대한 편견이 너무 큰 나머지 남성들의 성 기능 부진의 책임조차 여성의 몫인 양 전가되었다.

17세기 여성들은 이런 부정적 견해에 반대 의사를 표명했는가?

당시 여성들에게 반대 의사 표명의 기회가 얼마나 주어졌는지는 알기 어렵다. 영국에서 올리버 크롬웰의 세력이 부상하던 시기를 전후해 대중적 오락과 행실은 '외설적'인 경우가 흔했다. 하지만 크롬웰이 정권을 잡은 이후부터 윌리엄 3세가 왕위에 오른 1688년까지는 중산층을 중심으로 청교도 정신이 대중의 도덕을 지배하게 되었다. 당시 성공한 극작가였던 애프라 벤과 같은 일부 여성에게는 이런 상황이 결코 달갑지 않았다. 그녀는 다음과 같이 썼다. "나는 이 희한한 변화를 개탄하노니/ 이런 상황은 나를 유능하면서도 할 일 없는 사람으로 만드는구나."

하지만 이후 왕정복고Tory Restoration의 '흐트러진 시절' 동안, 성에 관한 담론과 글쓰기가 자유롭게 이루어지고 지체 높은 사회에서도 성적 관계와 욕구가 자연스러운 것으로 인정되고 용인될 때에도, 벤의 솔직한 시와 희곡들 가운데 여자들은 위험한 성이라는 통념을 넘어서는 작품이 거의 없었다. 벤은 〈실망〉이라는 시에서 목동 라이샌더가 그토록 선망하던 클로리스와의 잠자리에서 성 기능 부진을 보인 사건을 결부지어 이렇게 썼다. "클로리스가 부끄러움에 얼굴 붉히며 도망가자 라이샌더가 악담을 한다. '양치기 소녀의 치명적인 매력/그녀의 부드러운 마법적인 힘/그것이 남자를 성 기능 부진의 나락에 빠뜨렸구나.'"

근대 초기의 남자 철학자들 중 자신의 저작에 여성의 지위를 고려한 사람이 있는가?

그렇다. 르네 데카르트는 프랑스어로 심혈을 기울여 쓴 《방법 서설》의 한 대목에서 여성이 라틴어를 배우지 않는 것이 일반적이지만 읽을 수 있는 존재로 기술했다. 홉스는 여자들이 자연 본래의 상태에서는 남자들과 똑같이 강하고 자유로운 존재이며, 결혼에 있어서도 여자의 동의가 필요하다고 기술했다. 또한 그가 여자들을 '경애하는 어머님들'이라 부를 때에는 자녀의 양육에 있어 절대적인 여자의 능력을 언급했던 것이다.

존 로크는 왕권이 아담으로부터 상속된 것임을 기반으로 하는 왕권신수설이 양성인 부모에서 여성을 배제시킨 것이라고 생각했다. 그는 결혼을 자녀의 출산과 양육을 위한 동반자 관계라고 기술하면서, 일단 자녀가 성장하고 나면 부부가 선택에 따라 갈라서서 자신의 길을 갈 수도 있다고 제안했다. 자녀를 어떻게 키워야 할지 질의한 사촌에게 응답하는 형식의 《교육에 관한 몇 가지 성찰》에서 로크는 여자아이도 기본적으로 남자아이와 동일한 교육을 받아야 한다고 썼다.

근대 초기 철학에서 메리 아스텔의 기여는 무엇인가?

메리 아스텔(1668~1731)은 데카르트의 사상을 원용해서 기혼 여성의 종속적인 지위에 관한 관습은 정당성이 부족하다고 주장하면서 당시의 관습 자체를 비판했다. 그녀는 다음과 같이 썼다. "일반적으로, 여성을 종속적인 상태로 몰아넣는 세계의 관습은 부정되지 않고 있는데, 이는 여성의 지위 및 권리가 사실에 근거해서 입증되기보다는 선점하고 있는 관행적 악덕에 의해 정당화되고 있기 때문이다." 이와 같은 의욕적 관습 비판은 대중적 호응이 매우 낮은 주장으로, 당시로선 매우 중요한 인식의 전환이었다.

아스텔은 여성의 본유 능력으로서 이성의 이용에 관심이 많았다. 그녀는 여자들이 지적으로나 도덕적으로나 자신들의 종교적 해방 상태를 찾아낼 수 있다는 논급을 펼쳤다. 논증의 표적은 남자들과 동등한 교육이 여자들에게는 제공되지 않는 만연해 있는 관행적 실상이었다. 그녀는 《숙녀들에게 드리는 심각한 제안》(1694)에서 상류층 여성을 위한 대학을 세워 여성의 지적·종교적 활동을 도모할 수 있도록 준비할 필요가 있음을 주장했다. 그녀의 주장은 여성의 탓으로 돌렸던 결함들이 교육을 통해 불식될 수 있다는 것이었다.

메리 아스텔의 생애는 어떻게 자신의 작품에 영향을 주었는가?

아스텔은 미혼이었으며, 자신과 비슷한 배경을 가진 여성들이 모여 만든 런던의 공동체에서 많은 시간을 보냈다. 그녀는 "세계 전체는 혼자 사는 숙녀의 가족이다"라는 유명한 말을 남겼다. 하지만 그녀는 결혼에서의 여자의 종속을 공공연히 비난한 적이 전혀 없다. 왜냐하면 그녀 자신도 가족생활에서 여성의 자애심 많은 봉사와 헌신적인 역할이 있어야 한다고 믿었기 때문이다. 당시, 결혼의 본질에 대한 그녀의 반대는 남자들이 주로 물질적 이득이나 일시적인 성적 욕망을 위해 배우자를 고른다는 점에 있었다. 하지만 그녀는 남편과 아내가 우호적인 동반자적 결속을 이루기를 원했다.

엘리자베스 엘스톱에 관해 특기할 만한 것은 무엇인가?

엘리자베스 엘스톱(1683~1756)은 최초의 전문 학자로서 앵글로–색슨 문법을 집대성하는 분야에서 활동했다. 그녀는 《성 그레고리우스 축일의 앵글로–색슨 설교집》(1709)의 소개 글에서 학문적 활동 자체는 가치 있는 일이라는 논거로 여성 교육의 유익함을 주장했다.

《여자의 성을 옹호하는 에세이》는 어떤 책인가?

《여자의 성을 옹호하는 에세이: '남자의 횡포 그리고 관습의 억압(특히 이곳 영국의 경우)'》(1696)에서는 결혼이 직접 공격받는다. 성별 간 불평등의 사회적 원인을 찾는 데에는 로크의 경험주의적 인식론이 인용되었다. 작가는 여자가 남자와 똑같이 훌

227

륭하다는 주장을 했던 것이 아니다. 오히려 양자 간의 본성적인 차이로 인한 여자의 지적 우수성 때문에 여자가 실제로 더 훌륭하다는 주장을 담고 있다. 여성(혹은 남성?) 작가는 이 책을 통해 남자들이 여성의 교육을 거부하고 가사 노동에 얽매이게 함으로써 여자의 종속을 유지하는 책략을 쓰고 있음을 천명했다. 그렇지만 여자(혹은 남자?) 작가는 여자들이 하는 가사 업무가 남자들이 이룩한 그 어떤 일들보다 더 중요하다고 결론지었다!

계몽주의 시대

THE ENLIGHTENMENT PERIOD

계몽주의 철학이란 무엇인가?

계몽주의 철학은 대략 18세기경에 일어난 계몽주의와 관련된 철학이다. 중세에 종교가 중요한 문제로 떠오르고 19세기와 20세기에 걸쳐 과학과 기술이 부각되었던 것처럼 계몽주의 시대는 철학자들의 견해가 지배적인 문화적 역할을 했던 시대이다.

계몽주의란 무엇인가?

계몽주의는 동시내인들이나 이후 세대들에게 이성의 시대로 알려졌다. 계몽주의는 지적인 활동 영역을 넘어 미술, 문학, 건축, 종교, 과학 그리고 정치에도 영향을 미쳤으며 미국 혁명과 프랑스 혁명에서 정점에 이르렀다. 계몽주의에는 공통적인 지적인 주제들이 있었지만, 국가별 상황에 따라 독특한 사고 체계가 발달하였다. 또한 1700년대 초반기부터 중반기에 이르기까지 미국 혁명과 프랑스 혁명 이전이나 이후의 주요 사회적 · 정치적 변화들 때문에 두드러진 사고들의 발전이 있었다.

계몽주의의 공통 주제들은 무엇인가?

공통 주제들은 이하의 내용들을 포함하는 가치 체계였다.

1. 모든 여타의 가치들을 가득 채우는 것은 이성의 중요성과 이상적인 형태의 인간 본성과 사회를 발견하기 위한 이성의 사용이었다.
2. 부패한 정부들의 개혁에서 다시 발견된, 인간이 선하다는 믿음.
3. 전통적인 기독교 초월주의의 전반적인 세속화와 저평가화.
4. 선한 인간 본성에 기초한 새로운 미학과 윤리학.
5. 가장 중요한 것으로, 발전에 대한 확신과 현재가 과거보다 더 나으며 미래는 현재보다 나으리라는 믿음.

그럼에도 불구하고 대표적인 계몽주의 사상가들은 이러한 주제를 직접 다루지 않았다. 그들은 사상을 제기하고 발전시키기 위해 많은 유머와 함께 이성과 논리적 사고를 이용했다. 사고들 자체가 이따금씩 예상치 못한 결과들을 낳았다. 즉, 계몽주의의 천재들은 극단으로 치닫거나 충분히 사고할 수 없게 되어 결과적으로 발전에 대한 사고들과 인간 이성에 대한 이상이 바닥나면서 회의주의, 염세주의, 낭만적인 광기가 등장했다.

계몽주의 시대의 이성은 무엇을 의미하는가?

이성은 논리와 과학적 지식에 의해 완성되는, 모든 인간이 지닌 보편적인 능력으로 간주되었다. 이성은 사람들로 하여금 미신과 전제 왕정이나 독선적인 종교와 같은 억압적인 체제를 버릴 것을 요구했다.

계몽주의 철학자들과 다른 지식인들 사이에 차이점이 있는가?

아니다. 계몽주의 철학자들과 다른 지식인들 모두 그 시대의 사상에 영향을 끼쳤다. 철학자들 중 현대의 철학 사조에까지 영향을 미치는 이들로는 조지 버클리, 데이비드 흄, 토머스 리드, 제러미 벤담, 장 자크 루소, 이마누엘 칸트, 지암바티스타 비코이다(존 로크는 17세기의 인물임에도 계몽주의와 깊이 연관되어 있다). 그러나 같은 시대에 이선 앨런, 마르키 드 콩도르세, 드니 디드로, 조너선 에드워즈, 벤저민 프랭클린, 돌바크 남작, 토머스 제퍼슨, 조제프 마리 드 메스트르, 샤를 몽테스키외, 토머스 페인, 조지프 프리스틀리, 애덤 스미스, 메리 울스턴크래프트, 윌리엄 고드윈 그리고 볼테르(프랑수아마리 아루에 드)와 같은 작가나 인물들 등 타 분야의 뛰어난 사상가들은 철학자들의 지적 분위기의 일부이기도 했다.

18세기의 모든 사상가들이 계몽주의의 주제들에 동의했는가?

아니다. 계몽주의의 일반적인 논리적 정신에 반대한 전통으로는 낭만주의가 있었다. 작가로는 새뮤얼 테일러 콜러리지, 요한 볼프강 괴테, 요한 고트프리트 헤르더, 고트홀트 에프라임 레싱, 프리드리히 실러, 그리고 윌리엄 워즈워스 등이 있었다. 시대의 진보적인 성격에 대한 믿음에 동의하지 않던 계몽주의의 염세주의자들이라 일컫던 이들도

독일의 낭만주의 시인이자 극작가로 유명한 쉴러는 철학자이기도 하다. 그는 윤리학과 미학에 관한 저서를 남겼다.

있었다. 예를 들면 철학에서는 지암바티스타 비코, 에드먼드 버크, 조제프 마리 드 메스트르가 있었고 그리고 문학에서는 윌리엄 쿠퍼, 쇼더 드 라클로, 마르키 드 사드 그리고 조너선 스위프트가 있었다.

조지 버클리

조지 버클리는 누구인가?

조지 버클리(1685~1753)는 현대 관념론의 창시자였다. 니콜라 말브랑슈나 고트프리트 라이프니츠 등 이전의 17세기 관념론자들과 달리 조지 버클리는 합리주의자가

아니었다. 버클리는 과학과 실증주의에 능통했고 영국 경험주의자의 위대한 삼인방
— 존 로크, 조지 버클리, 그리고 데이비드 흄 — 에 속한다.

버클리는 아일랜드의 킬케니 지방에서 태어나 열한 살 때부터 4년간 킬케니 대학
을 다녔다. 그 후 더블린의 트리니티 대학을 다녔고 1707년에 선임 연구원이 되었
으며 1724년까지 직위를 유지했다. 그의 첫 번째 저서인 《시각에 관한 새로운 이론
을 위한 에세이》는 1709년에 출판되었고 뒤이어 1710년에는 《인간의 지식의 원칙
들에 관한 협약》이란 책이 출판되었다. 1713년에는 영국으로 이주하였고 대중들의
지지를 받았던 첫 작품인 《힐라스와 필로나스의 세 가지 대화》를 출판했다. 그는 수
필가이자 풍자가였던 조너선 스위프트를 통해 앤 여왕을 알현하였고 당대의 문학
엘리트들과 친분을 맺었다.

1713년, 버클리는 대사의 군종 장교로 시칠리아를 여행하였다. 그는 이후에 데리
의 감독이었던 성 조지 애시의 가정 교사가 되어 유럽을 방문했다. 또한 1721년에
《움직임에 관하여*On Motion*》와 《위대한 대영 제국의 멸망을 예방하기 위한 수필》을
썼는데 이 책에서 그는 최근의 재정적 위기the South Sea Island Bubble(과도한 투기에서

인식에 관한 현대 심리학에 큰 영행을 미친 조지 버클리.

비롯된 주식 시장의 붕괴)가 종교와 도덕이
타락한 결과라고 주장했다. 1723년엔
조너선 스위프트의 오랜 연인이며 조너
선이 자신의 시에서 바네사라고 칭했던
네덜란드 계 아일랜드 여성 에스더 바
넘리로부터 뜻밖의 유산을 물려받았다
(버클리는 그녀를 완벽한 이방인이라고 했다).

1724년 버클리는 데리의 학장으로 임
명되어 경제적인 안정을 찾았다. 하지만
그의 꿈은 백인들뿐 아니라 흑인들과 인
디언들을 위한 기독교 대학을 버뮤다에
세우는 것이었다. 그는 그 일을 위해 돈
을 모금했으나 계획을 실행에 옮기기에

는 부족했다. 영국 의회는 그에게 2만 파운드를 수여했지만 돈은 지급되지 않았다.

버클리는 1728년에 결혼하였고 그와 아내 앤은 설립할 대학을 위한 음식을 재배하는 농장을 짓기 위해 로드아일랜드로 갔다. 그들은 그곳에서 3년간 생활하였고 이후에 영국으로 돌아갔다. 버클리는 1732년에 《정밀 철학*The Minute Philosophy*》에서 기독교를 옹호했으며, 1734년 《분석가*The Analyst*》에서 수학이 종교보다 더 모호하다고 주장하였다. 같은 해에 그는 클로인 지방의 주교가 되어 아일랜드로 돌아왔다. 아일랜드에서 그는 1753년 사망할 때까지 말년을 보내며 옥스퍼드 대학에 있는 아들을 방문하곤 했다.

버클리의 새로운 이상 이론은 무엇인가?

버클리는 르네 데카르트처럼 거리의 인지를 설명하려고 노력했다. 데카르트는 《굴절 광학》(1647)에서 주장하기를, 기하학에 대한 본질적인 지식이 기하학을 결코 공부해본 적이 없는 사람들로 하여금 물체에서 눈까지의 거리에 걸쳐 광선에 의해 형성되는 삼각형의 높이를 계산함으로써 거리 계산을 가능하게 해준다고 했다. 이는 물체로부터 눈까지의 길이인 거리는 볼 수 없다는 아일랜드의 자연주의 철학자 윌리엄 몰리녹스(1656~1698)의 주장에 기초한 것이었다. 버클리는 보이는 것은 2차원의 물체이므로, 물체와 거리의 관계는 눈의 감각과 촉감과 시간 간의 정신적인 관련성에 있다고 추론했다. 이러한 관련성들은 과거의 경험에 의존한다.

시각이 어떻게 기능하는지에 대한 버클리의 추론의 전반적인 결과는 시각적 인식이 능동적이고 학습에 의한 과정이라는 것이다. 그는 또한 존 로크와 달리 시각과 촉가에 대한 공통직인 선해늘은 없다고 주장하였다.

조지 버클리의 시각 이론은 물질의 개념과 물리적인 존재와 어떻게 연관되었는가?

버클리는 인식에 관한 현대적인 심리학에 기여한 시각 이론으로 유명하다. 그러나 그 이론에서 그는 경험주의의 주요소인 물질을 거부했다. 버클리는 우리의 증거에 기초한 물질, 즉 물질 세계가 홉스, 로크, 흄 그리고 이후에 존 스튜어트 밀, 버트

계몽주의 시대 ★

233 ★

런드 러셀과 같은 다른 경험주의자들이 가정했던 방식으로 존재하지 않는다는 점을 주장함에 있어 보편적인 감각과 과학에서 벗어났다. 이러한 입장 때문에 철학사 연구자에게 버클리는 기분 좋은 일탈이거나 장애물intractable이다.

버클리의 견해들은 터무니없는 것들로 여길 정도로 상식을 무시한다는 점에서 일탈이다. 한편 그는 19세기에 철학의 특정 분야들을 지배했으며 20세기와 21세기에도 매우 당혹스러운 진보적 운동들로 진화된 강력하고 지속적인 사상 학파를 창설했다는 점에서 방해자이다.

버클리의 관념론은 누구를 당혹스럽게 하는가?

외부 세계의 존재로 지각되는 실체를 고수하는 이들에게 버클리의 관념론은 혼란스러울 수 있다. 그의 관념론은 또한 객관적인 사실들에 관한 자신들의 작업이 이치에 맞도록 하기 위해 객관적인 현실을 믿어야 하는 많은 과학자들에게도 문제 되는 입장이었다.

"존재하는 것은 지각되는 것"이라는 조지 버클리의 말은 무슨 의미인가?

세상에 존재하는 것들에 대한 버클리의 견해에는 세 가지 것들이 있다 — 마음, 관념 그리고 하느님. 천사들은 마음이며, 세상을 구분하는 다른 방법은 영혼과 관념으로 나누는 것이다. 인간, 천사 그리고 하느님은 영혼이다. 다른 모든 것은 관념이다. 그 밖의 다른 것들은 존재가 알려져 있지 않다. 그러나 영혼과 관념만 존재한다면 세계가 어떻게 존재하겠는가?

버클리는 우리가 외부 세계라고 생각하는 것은 우리의 감각의 관념들에 추가된 하나의 관념일 뿐이라고 여겼다. 그 어떤 감각관념도 모종의 마음에 의해 지각되지 않으면 존재할 수 없다. 그래서 버클리의 모토는 "존재하는 것이 지각되는 것esse est percipi"이다. 외부 세계에 대한 관념은 본질적으로 고립된 관념에 지나지 않는다. 더욱이, 외적 실체의 존재를 지지하는 것으로서 우리가 가지고 있다고 생각하는 많은 관념들이 실은 감각관념들과 특별히 두드러지게 결합된 유형의 관념들에 불과하다. 예를 들어, '실체'와 '물리적 물체'라는 관념들은 외부세계의 어떤 것과도 대응되지 않는 단어들에 지나지 않는다. 이 단어들은 기껏해야 추가된 관념들일 따름이다. 버클리의 관점에서 보건대, 실체가 단지 또 다른 관념이라는 이런 신조는 그를 극단적인 철학적 관념론자로 만들었다.

왜 관념이 버클리에게 중요했나?

이러한 점에서 관념은 마음의 개별적인 것을 의미하는 기술적인 용어이다. 버클리의 형이상학은 우리가 아는 모든 것이 우리 마음속에 있는 우리의 관념이라는 가정에서 시작하였다(이것은 관념들이 중요한 하나의 이유이다). 우리는 어떤 것에 대한 어휘를 가지고 있으면 그에 대한 관념을 가지고 있다고 가정하는 경향이 있다. 하지만 때때로 우리는 자신을 바보로 만들고, 우리의 말들은 단지 그 말들 뒤에 아무 관념이 없는 공허한 것이 된다. 그러므로 우리는 우리가 가지고 있다고 생각하는 관념들을 실제적으로 가지고 있는지 확인해볼 필요가 있다. 단지 우리가 특정한 방법으로 언어를 사용하는 데 익숙하다는 것이 우리에게 이해될 수 있는 모든 단어들이 관념들을 일컫는다는 것을 의미하지는 않는다. 우리가 남자, 흰색, 동물 또는 물질과 같은 추상적인 일반 단어들을 성찰해볼 때 우리의 마음에는 이러한 단어들이 지칭하는 게 없다는 것이 분명해진다. 우리의 모든 관념들은 특정한 것들이나 특정한 것들의 결합에 관한 것들이다. 우리는 기존의 관념들을 새로운 방식으로 결합하거나 기존 관념들의 복제물을 만들어낼 수는 있을지라도 새로운 관념들을 창조할 능력은 결핍되어 있다 — 하느님만 이것을 할 수 있다.

기회 원인론은 현실 세계의 어떤 것도 다른 것을 야기하지 않았다는 이론이다. 하느님은 세상을 창조하면서 만물이 해야 할 일을 정했다. 그러므로 어떤 공이 다른 공을 쳐서 두 번째 공이 움직일 때, 첫 번째 공은 두 번째 공의 움직임을 야기하지 않았다는 것이다. 왜냐하면 두 번째 공은 이미 그 방향으로 움직이도록 프로그램되었기 때문이다. 기회 원인론은 관계하는 모든 것들이 마치 나란히 존재하는 한 시계의 초침이 다른 시계의 초침보다 몇 분의 1초 빠른 두 개의 시계와 같다고 주장한다. 빠른 시계의 바늘이 움직일 때 그 움직임이 다른 시계의 바늘을 움직이게 하는 것처럼 보일 뿐이다.

버클리에 의하면 두 가지 유형의 관념은 무엇인가?

버클리에 의하면, 관념은 그것들을 인식할 수 있는 하나의 혹은 또 다른 마음속에만 존재할 수 있다. 인간에게 알려져 있는 두 가지 유형의 관념은 외부로부터 마음속으로 들어오는 감각의 관념들 및 상상의 관념들이 있다. 그러나 무에서 모든 관념들을 창조하는 하느님은 감각에 대한 관념들이 없다. 왜냐하면 어떤 것도 하느님께 영향을 미칠 수 없기 때문이다. 하느님은 오로지 상상의 관념들만 가지고 있다. 어떠한 관념도 그 자체로는 아무것도 할 수 없다. 모든 관념들은 수동적이다. 단지 마음만이 행동하거나 어떤 것을 할 수 있다. 모든 관념들은 마음속에 존재해야 한다. 마음이 없다면 관념들도 없다.

조지 버클리에게 영향을 준 이는 누구인가?

버클리에 의하면, 감각에 대한 우리의 관념은 우리가 그것들을 지각하는 한 실제적인 관념이다. 그리고 우리가 그것들을 지각함에 있어, 어떤 점에서 우리는 하느님이 창조한 것에 단지 참여하고 있을 뿐이다. 그런 면에서 버클리의 세상에 대한 개념은 17세기에 니콜라 말브랑슈에 의해 제기되고 고트프리트 라이프니츠에 의해 그의 '예정조화'라는 개념을 통해 깨달은 기회 원인론의 확장이다. 이런 신조와 이 신조에 대한 버클리의 설명에 따르면, 하느님은 우리가 그의 다른 모든 피조물들과 함께 창조되었기 때문에 우리가 혜택을 받는 모든 실제적인 일을 한다.

그래서 버클리는 인간의 인식에서 하느님의 존재를 현실 자체를 구성하는 힘과 같은 것으로 확장시켰다. 그럼에도 불구하고, 그는 지식의 구성 요소로서 감각자료에 대한 자신의 강조 때문에 경험주의자로 남게 된다. 버클리에게 감각자료는 철학자들과 일반 대중이 외부 세계 또는 현실이라 부르는 것의 표상이나 지침이 아니다. 버클리에게 감각자료는 본질적으로 실제적인 물체가 아니고 외부 세계의 표상이 아니며, 하느님에 의해 창조되고 우리에게 부여된 관념들이다.

조지 버클리는 물질, 연장 그리고 르네 데카르트에 의해 확립되고 존 로크에 의해 정교화된 주된 사상들에 대해 어떻게 생각하였나?

버클리에 따르면, 물질과 연장(우주를 구성하고 있다고 여기던 물질의 주된 특성)은 추상적이고 일반적인 사고들이었다. 다시 말하면, 물질을 지칭하는 단어들은 실제의 대상들을 일컫지 않았다. 사고와 마음과 신만 존재하므로 물질과 연장은 버클리에게 존재하지 않았다. 물질과 연장에 해당하는 실제적인 것들이 없었다. 버클리는 동일한 비판을 인과관계에 관한 우리의 가정들 및 제1성질들과 제2성질들 사이의 차이점에 적용했다. 그는 이를 뒷받침하기 위해 감각 혹은 상상력의 관념을 찾았으나 실패했다. 인과관계의 경우, 버클리는 기본적으로 기회 원인론자였다.

버클리의 기회 원인론은 어떻게 다른가?

대부분의 기회 원인론자들은 사물들 간의 실제적인 인과관계가 신의 마음에서 일어난다고 생각하였다. 버클리는 그러한 견해를 지지하지 않았다. 버클리에 따르면, 우리의 감각 현상들에 대한 관념은 다른 감각 현상들에 대한 관념에 의해 규칙적으로 뒤따른다. 하지만 두 감각 현상들 간의 인과적 연결에 대한 관념은 허상일 뿐이다.

버클리는 제1성질들과 제2성질들 사이의 차이에 대해 어떻게 생각하였나?

17세기의 경험주의 철학자들은 물질의 2차 성질이 우리가 지각하는 것이라고 믿었다. 예를 들면 색깔, 소리, 질감 그리고 맛. 그들은 질량이나 수와 같은 1차 성질들은 물체를 구성하는 원자들의 특질이라고 생각했다. 우리는 1차 성질들을 지각할 수 없다. 그러나 17세기 경험주의자들은 2차 성질의 지각을 야기시키는 것은 원자들의 1차 성질들 간의 상호 작용이라고 주장했다. 예를 들면 붉은색 페인트 속의 원자들은 빛을 통해 우리의 눈과 상호 작용하여 붉은색이라는 경험을 야기시킨다. 그러나 버클리는 1차 성질들과 2차 성질 사이에 차이점이 있다는 사실을 부정하였다. 왜냐하면 질량, 연장, 크기, 수와 같은 1차 성질들을 색깔, 질감 또는 다른 2차 성질에 대한 관념 없이 생각하는 것은 불가능하기 때문이다.

왜 조지 버클리는 타르물을 그토록 좋아했는가?

어떤 전기 작가들은 조지 버클리가 일생 동안 변비로 고생했다고 주장한다. 그러다 중년에 이르러 그는 나뭇등걸 추출액인 타르물에서 안식을 얻었다고 한다. 다음은 존 팀스가 쓴 〈1760~1860년 간의 1세기의 일화〉 중 일부이다.

"배앓이로 고생할 때 타르물을 사용하여 효과를 본 버클리 주교는 《타르물의 효능에 대하여》를, 죽기 몇 달 전에는 후속 편인 《타르물에 대한 더 깊은 생각》을 출판하였다. 그리고 타르물에서 발견했던 특효가 엉터리라고 비난받았을 때 '타르물이 만병통치약임을 의심하고 있음을 공공연히 인정하고 있구나' 라고 대답했다."

휴 시모어 월폴 경은 버클리의 치료약에 관한 다음과 같은 짧은 풍자시를 남겼다. "누가 감히 경건한 광대가 한 일을 조롱하겠는가? 교회는 일어나서 그녀의 아들의 정당함을 입증하리라. 그녀는 우리에게 그녀의 주교들이 양치기들이며 양치기들이 그들의 썩은 양들을 타르로 치료한다고 말한다."

숲에 떨어지는 나뭇가지가 소리를 내는가에 대한 버클리의 대답은 무엇인가?

버클리에 의하면 우리가 감지하는 사물은 우리가 그 사물의 감각적인 특질들에 대한 지식을 알고 있을 때에만 존재한다. 우리가 그러한 특질들을 지각하지 않을 때, 예를 들면 나뭇가지가 숲 속에 떨어지는 소리와 같은 것들은 우리의 관념으로 존재하지 않는다. 그러나 이렇더라도 나뭇가지가 소리를 내지 않는다고 결론 내릴 수는 없다. 감각적인 특질들에 관한 우리의 관념들은 이를 창조한 신으로부터 오는 것이다. 만약 나뭇가지가 숲에 떨어지고 나무가 부딪히는 소리를 신이 창조한다면 신의 마음속 관념이 그러한 소리가 발생하는 것을 보장할 것이다. 설령 인간이 그것을 지각할 수 없다 해도 말이다. 동일한 추론이 버클리에 의해 안에 아무도 없을 때에도 방이 지속적으로 존재함에 적용되었다. 그것이 신의 마음에 있는 일련의 관념들로서 여전히 존재할 것이다.

뉴턴주의 과학에 대한 버클리의 비판은 무엇인가?

버클리는 우리가 움직이는 특정한 사물들과는 별도로 절대운동이라는 관념을 가질 수 있다고 생각하지 않았다. 또한 특정한 거리들과는 별도로 절대공간의 관념을 가질 수 있다고 생각하지 않았다. 그는 뉴턴의 힘과 원격작용에 대한 가설이 수학적인 계산에는 유용할지 모르지만 그것을 실재하는 실체로 단정지을 근거가 없다고 생각했다.

데이비드 흄

데이비드 흄은 누구인가?

데이비드 흄(1711~1776)은 신에 대해 지적으로 의존하지 않는 사고 체계를 구성한 서양의 첫 번째 철학자였다. 그의 무신론은 개인적인 믿음의 문제일 뿐만 아니라 신의 존재가 이성에 의해서만 알려질 수 있다는 주장들에 대한 회의론에 기초하고 있

다. 흄은 그러한 회의론을 세계에 대한 지식의 성격으로 확장시켰다. 또한 인과관계와 미래에 대한 우리의 지식이 얼마나 제한적인지를 보여주었다. 그는 최초로 철저히 근대적이고 자연주의적인 철학자였다.

흄의 삶과 경력은 어떠한가?

흄은 1711년 에든버러에서 태어났다. 그의 부친은 홈 얼의 먼 친척이었고 어머니의 가까운 친척들은 변호사들이었다. 하지만 흄은 법을 좋아하지 않았고 열다섯 살 때 철학을 좀더 배우기 위해 에든버러 대학을 떠났다. 몇 년 동안 강도 높은 공부를 하던 그는 1734년에는 몸과 영혼의 치유를 위해 의사의 치료를 받기도 했다.

곧 브리스톨에 있는 한 상인을 위한 활동과 철학적인 개가가 뒤따랐다. 그는 그곳에서 르네 데카르트의 학교인 라 플레슈 코라주에서 3년을 보냈다. 흄은 1739년 익명으로 《인간 본성에 관한 논문》이라는 저서를 출판했으나 이 책은 다른 지식인들에 의해 무시당했고, 흄은 후에 그것을 언론의 사산아라고 서술했다.

더 큰 명성을 얻기 위해(흄은 자신이 문학적인 명성에 대한 사랑이라고 표현한 것에 빠져 있었다) 그는 《인간 본성에 관한 논문》의 요약문을 완성하여 1740년에 무명으로 출판했다. 그의 다음 저서는 《인간 이해에 관한 철학적인 에세이》(1748)였는데 《인간 이해에 관한 탐구》(1758)로 제목이 수정되었다. 그 다음으로 《도덕적인 원칙들에 관한 탐구》가 출판되었다(1751). 이 책은 《인간 본성에 관한 논문》보다 더 반종교적이었다. 흄의 《자연 종교에 관한 대화》는 1750년대에 집필되었으나 흄이 죽은 후에 출판되었다. 자신의 철학적 연구의 완성과 더불어 흄은 역사(《대영제국의 역사》는 그에게 엄청난 명성을 안겨주었다), 경제학, 윤리학, 정치철학에도 관심을 기울였다. 또한 에든버러와 글래

1854년 제작된 데이비드 흄의 초상. 그는 마음의 과학을 창안하고자 모색했다.

스고 대학들의 철학과의 학과장 직위를 얻으려고 노력했으나 실패했다. 그는 1746년 3년간 세인트 클레어 장군의 비서로 임명되어 브르타뉴와 토리노를 방문했고, 1752년부터 5년간 에든버러의 애드버킷 도서관의 책임자로 일했다. 그는 당시 파리 주재 영국 대사의 개인 비서이자 사무차관이었다.

철학에서 데이비드 흄의 위대한 야망은 무엇인가?

흄은 뉴턴이 물리세계에 관한 과학을 창조했던 것과 동일한 경험주의적 방법론을 사용함으로써 마음의 과학을 창안하고자 모색했다.

흄은 마음의 과학을 창안하기 위해 철학적으로 어떻게 진행시켰나?

흄은 폭넓은 주제들에서 두 가지 주된 원칙을 설정하고 적용했다. 첫째로, 우리의 모든 지식은 감각인상이나 우리 마음의 작용에 대한 반영의 결과이다. 둘째로, 어떠한 사실도 경험 이전에 증명될 수 없다. 흄에 따르면, 인간 마음의 모든 인식은 두 가지 유형으로 나뉘는데 바로 인상과 관념이다. 그는 자연 세계의 과학들과 인간 사회에 대한 믿음은 경험적인 조사의 결과라고 주장했다. 수학과 논리학의 진리들은 세상을 조사하지 않고도 알려진다. 따라서 수학과 논리학은 세계가 아닌 인간 마음의 작용에 관한 것이다. 우리의 감각 정보는 우리에게 즉각적인 사실에 관한 지식을 주는데, 이는 우리의 관념들보다 더 강력하다. 흄이 말했듯이 가장 활발한 사고는 가장 무딘 감각보다 열등하다. 흄은 이 세계나 다음 세계의 작용들에 관한 선험적인 사고를 포함하는 이전의 철학적인 과제들을 사용하지 않았다. 그는 이러한 주장을 다음과 같이 요약하였다.

예를 들어, 만약 우리가 신성함이나 형이상학의 일부를 손으로 잡는다고 하자. 그것이 양이나 수와 관련된 어떠한 추상적인 사고를 포함하고 있는가? 아니다. 그것이 사실이나 존재와 관련된 어떠한 경험적인 추론을 포함하고 있는가? 아니다. 그렇다면 그것을 불에 소각시켜라. 왜냐하면 그것은 궤변과 환상에 지나지 않기 때문이다.

인과관계에 관한 데이비드 흄의 분석에서 받아들이기 어려운 점은 무엇인가?

흄은 원인과 결과 사이에 반드시 관련이 있다는 과학적이고 상식적인 견해를 공격했다. 그는 우리가 아무리 주의 깊게 당구공 하나가 다른 당구공을 치는 것을 관찰하더라도 첫 번째 공의 행동에서 두 번째 공의 반응을 이끌어내는 것은 아무것도 없다고 주장했다. 우리는 단지 경험에 의해서만 원인과 결과의 관계를 배운다. A유형의 사건이 B유형의 사건을 야기시킨다고 말하는 것은 과거에 A유형의 사건들 다음에는 항상 B유형의 사건들이 뒤따랐다고 말하는 것 이외에 아무것도 아니다. 이것이 흄의 '인과관계의 항구적인 연관 이론' 이다. 원인과 결과의 관념들의 연상 작용을 만들어내는 과거의 경험에만 기초하여 마음이 원인을 결과에 연관시키거나 결과를 원인에 연관시킨다. 예를 들어, 빵이라는 개념은 영양분이라는 개념과 연관되어 있다.

흄은 자아에 대하여 무엇을 말했나?

흄은 잘 알려져 있듯이 물질이나 영혼으로서의 자신의 존재에 관한 어떠한 증거도 부정했다. "나로서는 내가 나 자신이라고 부르는 것에 아주 친밀하게 접근할 때, 항상 열기나 추위, 빛과 그림자, 사랑과 미움, 고통과 쾌락과 같은 특정한 지각들에 걸려 넘어지곤 한다. 나는 지각 없이는 한순간도 나 자신을 파악할 수 없으며 지각 이외의 어떤 것도 관찰할 수 없다"고 적었다. 그는 "한 개인이 그 자신이라고 부르는 것은 하나의 지각이나 지각들의 묶음일 뿐이며 직접적인 자아의 관념은 하나도 없다"고 말했다.

귀납법에 대한 흄의 문제는 무엇인가?

흄은 과학철학자들과 인식론자들을 오늘날까지 괴롭히고 있는, 우리가 어떻게 과거나 현재로부터 미래까지 추론하는가에 관한 거대한 문제를 제시했다. 그는 우리의 과거 경험이 아무리 총체적이라 해도 과거에 일어났던 동일한 일이 미래에 일어나리라는 것을 부정하는 것은 결코 논리적 모순이 아니라고 지적했다. 태양이 내일 떠오를 것이라는 생각을 예로 들어보자. 우리는 항상 태양이 매일 떠오른다는 것을 알고 있지만 태양이 내일 떠오르지 않을 것이라고 말하는 것은 모순이 아니다. 만약 누군가 과거의 경험이 오늘 일어나는 사건들과 이후에 태양이 떠오를 것이라는 사건들 사이의 규칙성을 제시하면서 반대한다면, 흄의 대답은 우리는 그러한 규칙성이 미래에 발생하리라는 것을 알 수 없다는 것이다. 또 다른 예를 들어보면, 산소와 마찰 그리고 인화 물질은 항상 불을 일으켜왔다. 그러나 미래에는 그러한 조합이 불을 일으키지 않을 수도 있다.

흄의 귀납법 문제는 우리가 미래를 예견할 만큼 충분히 알 수 없다는 것을 벗어난다. 그의 주장은 우리가 미래를 예견할 정도로 충분히 안다 하더라도(그러한 지식이 과거의 경험을 통해 입증된 분야에서) 우리는 미래의 우리 경험 유형들이 과거의 유형들과 같으리라는 것을 알지 못한다. 물론 그는 가능성이나 분별력을 무시하지 않았다. 그가 공격한 것은 우리가 미래에 대해 확신할 수 있다는 인식이었다.

흄이 자아를 지각들로 축소시킨 것의 큰 문제점은 무엇인가?

전반적으로, 흄은 관념들이 마음을 통과하며 각각의 관념들에는 감각이 개별적으로 "존재"하거나 논리적인 관계가 "존재"하는 일종의 연극 무대로 보았다. 그는 이 무대에 접근하는 관객이 누구인지에 관해서 언급하지 않았다. 그가 찾으려 했으나 찾지 못했던 것은 "자신"이라는 용어를 통합적이고 독특한 방법으로 정당화시킬 수 있는 생각의 대상이었다. 그는 '생각의 주체' 나 자아를 찾고 있는 '나'를 찾지 않았다. 그는 누군가가 내가 자신이라고 부르는 것에 가까이 접근할 때 이 생각의 주체가 그가 찾고 있는 자신이 아니라고 단순하게 가정했다. 이것을 다르게 표현하면 흄의 자아에 대한 분석은(자신의 관념들에 대해 심사숙고하는) 분석 과정을 설명할 수 없다는 것이다. 흄은 그가 심사숙고하고 있다는 사실과 심사숙고하고 있는 자신이 바로 자신이라는 단어가 의미하는 것이라는 사실을 고려하지 않았다.

흄의 종교에 관한 견해에서 새로운 것은 무엇인가?

《자연 종교에 관한 대화》에서 흄은 신의 존재에 대한 선험적/경험적 증거들을 반박했다. 이는 종교적인 믿음에 대한 이성적인 근거에 대한 공격이었다. 선험적인 주장이나, 데카르트에 의해 사용된 존재론적인 논증에 대한 흄의 반박은 존재하는 것이 필연적으로 존재할 수는 없다는 주장이다. 말하자면, 신을 포함한 모든 것의 부재를 주장하는 것은 논리적 모순이 아니다. 그의 경험적인 논쟁들은 주로 우주론적인 논쟁들과 목적론적 논쟁에 반대하였다. 세계의 창조자가 있다고 주장하던 우주론적인 논쟁에 반대하여 흄은 우주가 어떻게 존재하게 되었는지에 관한 가설을 정당화할 만한 세상의 기원에 관한 충분한 지식을 우리가 갖고 있지 않다고 주장했다. 목적론적 논증은 집이나 시계와 같은 사물들을 만든 제작자가 있듯이 세계도 제대로 기능하는 한 특정 의도를 가진 설계자가 있어야 한다는 주장이다. 흄의 대답은 세상에 존재하는 특정한 것에 대해 진리인 것으로부터 세상 전체에 대하여 진리인 것을 추론해낼 근거가 전혀 없다는 것이다. 흄의 주장이 유효하다면, 종교적인 믿음에 대해 남은 유일한 근거는 순수한 믿음뿐이다.

흄의 감정에 관한 이론에서 특이한 점은 무엇인가?

흄은 지식에 관한 한 이성을 믿음 위에 치켜세웠지만 인간 심리학에 관해서는 우리가 우리의 감정이나 열정에 의해 대부분 동기 유발되며 이성은 항상 이러한 감정들을 도와준다고 믿었다. 다시 말해 스피노자와 달리 그는 우리가 느끼는 것이 우리 믿음의 결과라고 보는 감정에 대한 인지 이론을 갖지 않았다. 흄은 "이성은 열정의 노예이며 그래야만 한다"고 기술했다.

흄은 우리에게 자유 의지가 있다는 것을 믿었나?

그렇다. 흄은 자유 의지를 믿었다. 하지만 약간 다른 방식으로 믿었다. 그는 우리의 자유는 우리의 기존 성격에 의해 결정된다는 사실에 기초한다고 주장했다. 우리의 동기와 행동 사이에 인과관계가 없다면 칭찬이나 비난할 도덕적인 기초가 없을 것이다. 다시 말해 우리는 남이 우연히 하거나 요행으로 하는 것 때문에 남들을 칭찬하거나 비난하지 않는다. 그러므로 흄에게 있어 자유는 우리가 원하는 것을 할 자유이거나 제한이 없는 상태이다. 우리의 자발적인 행동은 무관심이나 특정한 일을 하기 위한 명분의 부재와는 다르다. 그는 "자유는 의지의 결정에 따라 실행하거나 실행하지 않을 힘을 의미한다. 이제 이 가상의 자유는 일반적으로 포로와 쇠사슬에 묶여 있지 않은 모든 사람들에게 속하도록 허용된다"라고 주장했다.

그가 기적을 명시적으로 부정한 것은 아니지만, 아마도 부정했을 성싶다. 흄의 논증들은 기적의 보고에 대한 사실성 여부를 꼼꼼히 따지는 평가의 방향을 취했다. 그런 평가에서 그는 목격자에 대한 신뢰성, 발생 시간과 거리상의 인접성 등을 검토하곤 했다. 흄은 누군가가 기적을 보고해오면 다음과 같이 질문해야 한다고 생각했다: 우리가 알고 있는 전반적인 세상사에 비추어 볼 때, 그 기적이 발생하기 쉬운가 그렇지 않기가 쉬운가?

흄은 얼마나 모순된 사람이었나?

흄은 "철학자가 되어라. 그러나 그 모든 철학 속에서 사람됨을 유지하라"란 글로 유명하다. 흄은 자신을 유순하며 개방적이고 사회적이며, 활발한 유머와 사교성이 있으나 적의에 약하고 모든 열정에 있어 절제하는 사람이라고 묘사했다. 그의 말년에 찾아든 암과의 고통스러운 투병 생활 동안에, 친구 애덤 스미스가 찾아왔는데 으외로 그는 평화로웠다. 또 자신의 무신론을 후회하지 않았으며 내세를 위해 종교적인 개종을 원하지도 않았다. 그는 일생 동안 유쾌하고 대단히 합리적인 것으로 명성이 자자해 영국에서는 '굿 데이비드the Good David'로, 프랑스에서는 '르 봉 다비데 le bon Davide'로 알려졌다.

하지만 절제 생활을 한다던 흄도 좋은 음식과 술을 대단히 즐겼고 몸무게가 300 파운드 이상 나갔다. 도 온화하다던 그와 장 자크 루소의 이야기는 다른 측면을 암

시한다.

루소가 흄의 노력 덕분에 1766년 영국에 정착했을 때 흄은 곧 그 일을 후회했다. 르 봉 다비데라는 파리의 술집에서 큰 명성을 누렸지만 사실 루소는 세계적인 유명 인사였다. 하지만 재정적인 압박을 받았고 대중의 의견에 대단히 민감했다. 루소는 이국적인 의상들을 입곤 했는데 고루한 영국 사회에서는 조롱거리가 되었다. 그러 나 흄은 루소의 평판을 돕기 위한 아무런 노력도 하지 않았다. 루소는 곧 흄의 우정 을 불신하며 그를 배신자라고 비난했다. 그런데도 문제를 잠재우는 대신, 흄은 루소 의 재정을 돕기 위해 생활비를 전해줄 정도로 가까운 친구들의 충고를 무시하고 루 소와 주고받은 편지들을 출판했다. 이 편지의 출판은 흄 자신이 그 편지들을 공개했 다는 것을 부인한 사실과 더불어 루소와의 친분을 파기시켰고 흄 자신의 선한 의지, 선한 동기에 대하여 회의주의를 불러일으켰다.

<h1 align="center">장 자크 루소</h1>

루소는 누구인가?

장 자크 루소(1712~1778)는 프랑스 혁명에 대한 동기에 누구보다도 더 많이 기여 했을 정치철학자였다. 게다가 그는 대중을 열광케 하고 푹 빠져 들게 만들 정도로 매력적인 소설들을 쓰는, 대단히 창조적인 소설가였다. 이러한 이유로 루소는 최초 의 근대적인 대중 철학자였다.

루소의 삶은 어떠했나?

비록 글 쓰는 작업에서 지적으로 어느 정도의 안정을 찾기는 했으나 루소의 삶은 때때로 궤도에서 벗어나는 듯했다. 1712년 스위스의 제네바에서 태어난 그는 자신 을 항상 도시국가의 시민으로 간주했다. 그의 어머니는 그가 출생한 지 9일 뒤 사망 했다. 아버지는 성공하지 못한 시계 제작자였고 그의 이모가 그를 키웠다. 그의 아 버지는 감성적인 사람으로 감성적인 소설들과 플루타르코스의 영웅전들을 종종 읽곤 했다.

소년 시절의 루소는 가정 밖에서 학대에 시달렸다. 《고백록》에서 루소는 목사의 누이로부터 받은 체벌의 효과에 대해 기술했다. 후에 그가 견습공으로 일했던 공증인이자 판화가도 그를 학대했다. 루소는 열여섯 살 때 제네바를 떠나 가톨릭 귀족 여성 프랑수아루이즈 드 바랑을 만났는데, 그녀는 그의 연인이 되었으며 그에게 가톨릭으로 개종하도록 권유했다.

1742년, 그는 과학 아카데미에 새로운 음악 악보 체계를 전해주기 위해 파리에 갔으나 그의 악보 체계는 거절을 당했다. 1743년 그는 이탈리아 베네치아의 프랑스 대사의 비서가 되었으나 1년도 못 되어 대사와 싸우고 비서 직을 그만두었다. 파리로 돌아온 그는 테레즈 르바쇠르라는 재봉사와 평생의 친분 관계를 맺는다. 그는 드니 디드로를 만나 백과사전에 음악에 관한 글들을 기고하기 시작했다. 루소는 예술과 과학이 인류를 이롭게 하였는가라는 문제에 대한 답변으로 디종 아카데미 대회에 자신의 글을 제출했는데 굉장히 부정적인 답을 담은 〈예술과 과학에 관한 담화〉(1750)였다. 이 글이 당선되면서 그는 유명해졌다. 그의 오페라 〈마을의 겁쟁이 Le Devin du Village〉는 루이 15세에 의해 높이 평가되었지만 루소는 왕으로부터 연금을 받지 못했는데, 그가 프랑스 음악보다 이탈리아 음악을 지지했기 때문이었다.

이후 루소는 제네바로 돌아왔고 칼뱅이즘으로 다시 개종했다. 그는 1755년 《불평등에 관한 담화》를 저술했는데, 이로 인해 디드로나 다른 후원자들과 결별하게 되었다. 이 책에서 대부분의 인간의 불평등은 천성의 결과가 아니라 사회적인 결

장-자크 루소는 인간의 성선설(자연적 선함)을 논변했다.

과라고 주장했기 때문이다(루소는 인간은 선하게 태어난다고 믿었다). 대신 아주 부유한 룩셈부르크 공작의 지지를 확보하였다. 그의 낭만 소설 《신엘로이즈》는 큰 성공을 거두었고, 1762년 《정치적 권리의 원리들》이라고도 알려진 《사회 계약설에 관하여》 외 《에밀 혹은 교육에 대하여》(1762)가 뒤이어 출판되었다. 이러한 저서들은 모두 기존의 종교에 대해 비판적이어서 프랑스 그리고 제네바의 도시국가인 캔톤에서 금지되었다. 루소는 1762년 (그의 정치적 견해들에 대한 분노에서 야기된) 체포를 피해 달아났고, 1765년 마침내 영국의 데이비드 흄의 환대를 이끌어낼 수 있었다. 그러나 이러한 상황도 효과가 없었다.

루소는 1770년에 르노라는 가명으로 프랑스에 재입국하여 파리로 갔다. 그는 영국에서 《고백록》 집필을 시작했지만 완성된 원고는 그가 사망할 때까지 출판되지 않았다. 그는 폴란드와 리투아니아 연합을 위한 헌법을 위한 추천서를 작성해달라는 초대를 받은 후 《폴란드 정부에 대한 고려》라는 책을 썼다. 이 후에 《루소》, 《장 자크 루소의 고백록》(1782) 그리고 《고독한 보행자의 몽상》(1782)이라는 그의 '대화록들'이 출판되었다. 1778년 그는 갑자기 사망하기 전까지 글루크Gluck의 오페라 〈알체스테〉에 대한 분석을 집필했다.

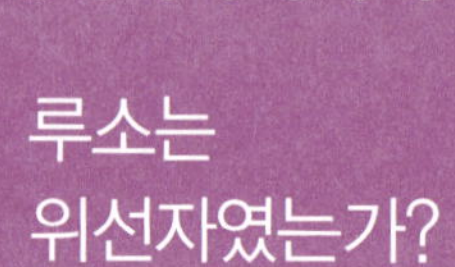

루소는 위선자였는가?

아이들은 천성적으로 선하며, 교육의 목적은 이러한 선함을 길러주는 것이라는 가정에 기초하여 장 자크 루소는 그 시대의 주도적인 교육사상가가 되었다. 그의 《에밀: 혹은 교육에 관하여》는 루소의 지도하에 한 소년의 성장 과정에 대한 아름다운 기술이다. 소년은 타락의 영향력이 덜한 시골에서 자라며 12세가 될 때까지 힘든 일을 겪어보지 않았다. 이는 아이의 천성을 이끌어내기 위한 급진적인 구성이었다. 자연은 아이들이 성인이기 이전에 아이들이기를 원한다. …… 아동들은 나름대로의 시각, 생각 그리고 느낌을 가진다. 에밀은 기술(목수 일)을 배운다. 그리고 16세에 자신의 배우자로 선택된 소피에게 소개된다. 소피는 다스림에 익숙하도록 교육받은 반면 에밀은 자기 결정의 원칙들을 교육받아왔다.

루소의 한 친구가 《에밀》에 기술된 교육 과정은 현실적이지 않다고 지적하자, 루소는 "당신 말대로 에밀과 같은 아이를 만드는 것은 불가능하다. 하지만 나는 당신이 이 책을 교육 논문으로 여길 것이라고 믿지 않는다. 오히려 이 책은 다른 글들에서 작가에 의해 전개된 인간의 성선설 원리에 대한 철학적인 작업이다"라고 하였다.

루소는 테레즈 르바쇠르와의 사이에 다섯 명의 자녀가 있었는데, 태어나자마자 고아원에 보냈다고 한다. 볼테르와 같이 루소를 싫어했던 사람들은 그 당시 대부분의 고아원 아이들이 죽는다고 지적했다. 루소의 유일한 방어는 자신이 좋은 아버지가 되리라고 생각하지 않았다는 것이었다.

만약 루소가 자신을 교육 이론가로 여기지 않았다면 부모로서 그 자신의 행동은 위선자라는 것을 의미하지 않았을 것이다. 하지만 이러한 행동이 그를 천부적으로 선하다고 증명해주는가라는 의문은 남아 있다. 그래서 위선의 문제는 쉽게 사라지지 않는다.

루소의 가장 영향력 있는 견해는 무엇이었나?

루소는 인간의 성선설을 주장하였다. 인간의 악과 부도덕을 만들어내는 것은 사회와 관습이라고 그는 느꼈다. 예를 들어, 자연 상태에서 미개한 인간은 일종의 완전한 자기애를 가지는데, 이는 사회 안에서 그가 자신이 다른 사람에 의해 어떻게 받아들여지는가에 대한 자만심이나 허영이 된다고 했다. 자연 상태에서 "인간은 자유롭다." 그러나 사회 안에서 루소가 일종의 도적질이라고 간주한 사유 재산과 다른 타락한 제도들은 인간이 모든 것에 속박되도록 하는 결과를 낳았다. 루소는 인간관계 속에서 탐욕에 의해 타락해버린 자연적인 연민과 체계화된 종교에 의해 왜곡된 단순한 경건성을 가정했다. 인간의 선함에 대한 이러한 이상은 《예술과 과학에 대한 담화》(1750)와 그의 소설들에서 제시되었다. 《사회 계약설에 관하여: 정치적 권리의 원리들》(1762)에서 루소는 토머스 홉스와 존 로크가 주장한 "자유가 주어진 상황에서 어떻게 좋은 정부가 구상될 수 있으며, 그러한 정부는 어떠할 것인가?"에 관한 질문들을 다루었다.

　루소는 개인의 자유는 계약의 체결 속에서 공동체에 양도된다고 가정하였다. 그에 대한 보답으로 개인은 자신의 권리를 보호받는 시민이 된다. 하지만 이것은 능동적인 시민의 모델이다. 왜냐하면 개인은 자신의 이익을 위해 행동하는 동시에 공공의 이익에 합의하도록 요구되기 때문이다.

루소는 자유 사회를 지지하였나?

　정확히 그렇지는 않다. 토머스 홉스와 같이 그는 개인의 자유를 수호하기 위해서는 정부 관료들이 필수적이라고 주장하였다. 일단 그들이 사회 계약에 들어가게 되면 시민들은 자주권을 보유한다. 그러나 공공의 선, 즉 공동체에 이익이 되는 것은 입법자들에 의해 법으로 집행된다. 이러한 공공의 선은 때때로 단순히 다수에게 이익이 되는 것과는 반대점에 놓일 수도 있다. 이상적인 사회에 대한 루소의 제안은 그런 사회의 목적이나 목표에 집중되어 있었다. 그는 직접 민주주의가 일반적인 소규모 사회에서는 그러한 목적을 달성하기 위한 가장 좋은 수단이라고 생각했다. 하지만 대규모 사회에서는 대표 민주주의나 심지어 왕정이 보다 적절할 것이라고 생각했다. 루소는 또한 모든 시민들을 하나로 응집시키고 사회적 일관성과 안정을 위해 시민들의 참여를 요구하는 일종의 국가 종교를 옹호했다.

토머스 리드와 제러미 벤담

왜 토머스 리드가 중요한가?

　토머스 리드(1710~1796)는 19세기 전반기를 통해 영국 철학의 주류였고, 20세기의 관념론에 대한 공격 속에서 G. E. 무어에 의해 부활된 스코틀랜드 상식 철학의 창시자이다. 리드의 기본적인 기여는 당시에 데이비드 흄에 의해 사용되었으며 존 로크와 조지 버클리와 같은 선구자들이 보여주었던 철학에서의 관념의 학설에 대한 비판이었다.

리드는 우리가 알고 있는 것이 감각이나 마음속의 관념일 수 없다고 믿었다. 왜냐하면 감각으로 알 수 있는 사물에 대한 우리의 경험이나 동작이 우리의 자아에 대한 경험들의 직접성을 설명할 수 없기 때문이다. 리드는 상식적으로 가정하듯이 우리가 직접적으로 세상의 실제 사물들을 알고 있다고 생각했다. 예를 들어 당신이 타이프를 치면서 컴퓨터 스크린을 볼 때 당신은 스크린의 생각이 아닌 스크린 자체를 인식한다. 그의 상식은 관념, 감각 또는 인상에 의한 마음의 간섭 없이 직접적으로 세상에서 인식 주체의 위치를 주장하는 것이었다.

토머스 리드는 경험주의자들이 잘못되었다고 말하는 것 이외에 자신의 견해를 가졌는가?

그렇다. 그리고 리드는 종종 계몽주의 철학자로 간주되지만 한동안 큰 영향력을 가지고 있었다. 그는 애버딘의 킹스 칼리지에서 강연하였고, 글래스고 대학에서 도덕 철학과의 학과장을 맡았다. 그의 주요 저서로는 《상식의 원칙들에 관한 인간 마음의 연구》(1764), 《인간의 지적 능력에 관한 에세이》(1785), 그리고 《인간의 능동적 힘에 관한 에세이》(1788)이 있다.

지식에 대한 경험주의자의 대표적인 이론을 거부한 리드는 정신적 능력의 측면에서 지식에 대한 직관주의적인 이론을 발전시켰다. 리드는 우리가 개념과 확신의 타고난 능력을 가지고 있다고 생각했다. 우리가 초기의 외양, 보편성 그리고 불가항력성에 의해 식별할 수 있는 첫 번째 원칙들이 있다. 우리는 불가항력적 원칙들을 부정할 수 없다. 예를 들어, 감각들은 우리의 감각 기관들에 새겨진 인상들과 함께 제1성질들과 제2성질들에 대한 우리의 개념들을 야기하는 마음의 작용이다. 따라서 미각은 그 사물 속에 그러한 감각을 야기하는 특징이 있음을 암시한다. 리드는 자료가 눈동자의 둥근 표면에 받아들여지고 눈의 내부에서 처리된다고 추론하였다. 그는 가시적 공간은 굽은 공간에 대한 비유클리드 기하학을 가지고 있다고 결론지었다(그는 비유클리드 기하학을 가정함에 있어 자신의 시대보다 한 세기 정도 앞섰다).

지각 및 기억 능력과 더불어 리드는 동일한 행동에 대한 사람들의 개념에 따라 정의와 불의에 대한 서로 다른 개념을 낳는 도적적 능력을 가정했다. 또한 행동의 원리

에 따라 행동을 유발하는 적극적인 힘들을 가정했다. 리드가 언급한 힘이란 마음의 능력들을 의미한 것 같다. 행동의 원칙들은 동물적인 원칙들(식욕이나 신체적인 욕망 등과 같은)과 이해와 의지를 포함하는 이성적인 원칙들이었다.

지식 과정의 측면에서 볼 때, 두뇌에서 진행되고 있는 일에 관한 신체 심리학의 문제로서 경험주의자들이 주장처럼 관념들이나 표상들이 있을 수 있다. 그러나 리드가 지적했듯이 마음속에서 우리의 직접적인 경험은 관념이나 감각에 의한 것이 아니라 우리가 감지하는 사물에 관한 것이다.

토머스 리드는 자유 의지에 관해 무엇을 믿었나?

리드는 우리가 어떤 행동에 대한 개념과 그것을 하고자 하는 의지가 있기 때문에 그 일을 할 수 있는 것이라고 믿었다. 리드는 데이비드 흄이 주장했듯이, 자유란 우리가 의지에 따라 행동하는 것은 충분치 않으며 무엇을 하려는 의지를 가질지 선택할 힘을 가져야 한다고 생각했다. 왜냐하면 의지가 행동 목표에 필수적이며, 수단에 대한 힘 없이는 목표를 이룰 힘이 없기 때문이다. 당신의 자유로운 행동은 당신에 의해 야기된 것이며, 당신의 자유에 대한 확신이 당신의 능력으로부터 일어나므로 당신이 원인이 된다.

제러미 벤담은 누구인가?

제러미 벤담(1748~1832)는 아리스토텔레스의 덕 윤리학과 칸트의 도덕 윤리학과 함께 서구 철학에서 윤리학의 세 가지 주된 흐름 중 하나로 여기는 공리주의 도덕 체계의 창시자이다.

벤담의 일생과 경력은 어떠했나?

벤담은 런던의 하운즈디치에서 태어났으며, 열두 살의 나이에 옥스퍼드의 퀸스 대학에서 공부했다. 졸업 후에는 변호사가 되기 위해 링컨즈 인에 들어갔고 1767년에 변호사 협회에 가입했다. 하지만 그는 변호사로 개업하지 않고 대신 민법과 형법의 전반적인 체계를 개혁하는 일에 헌신했다. 벤담은 기존의 법 이론이 모순적이고 처벌 제도가 너무 가혹하며 집행 비용이 많이 든다고 생각했다. 벤담의 법에 대한 글들은 1811년까지 출판되지 않았던 법 개혁에 관한 작업으로 시작되었다. 그리고 벤담의 《블랙스톤의 논평에 관한 논평》은 1928년까지 출판되지 않았다. 벤담은 많은 글을 썼지만, 글 마무리는 언제나 체계적이지 못했다. 그는 블랙스톤 비평의 일부를 《정부에 관한 단편》(1776)과 《도덕과 법 제정의 원칙들에 대한 입문》(1789)으로 출판했다.

벤담은 자신의 헌법 규정을 위해 러시아의 캐서린 대제의 지지를 얻으려고 노력했다. 그는 1792년 프랑스 혁명 이후 프랑스 시민이 되었으며, 그의 견해들은 미국에도 영향을 주었다. 그러나 벤담은 자신이 철학적인 진보주의자들의 지도자로서, 벤담주의자들에게 영감을 주었던 영국에서 가장 정치적 영향력이 있었다. 이 두 그룹은 벤담의 쾌락의 원칙이나 실용주의 원칙이 세상을 더 낫게 바꾸는 데 사용될 수 있다고 생각했다. 존 스튜어트 밀의 아버지였던 제임스 밀은 위대한 19세기 영국 공리주의 철학자로 벤담의 가까운 친구였다. 벤담은 유니버시티 칼리지에서 〈웨스트민스터 리뷰〉라는 저널을 발간하기도 했다.

벤담의 공리주의 원칙은 무엇인가?

제러미 벤담은 법 제정자들을 통해 법률 체계를 개혁하려 했다. 그는 법 제정자들이 동정과 연민에 지나치게 영향을 받는다고 생각했는데, 이를 독단주의라고 불렀다. 법 제정자들은 성적인 범죄처럼 아무도 다치지 않는 경우에도 연민에 따라 처벌했으나 더 큰 고통의 원인들은 처벌하지 않았다. 벤담은 법적인 의무들이 행복을 증가시키고 고통을 줄이는 목적에 기초하기를 원했다. 이것이 그의 공리주의의 원칙이었다. 이 원칙과 더불어 다른 가치들은 불필요했다. 법적인 의제들은 철폐될 수 있고 권리

에 관한 주장은 허튼소리라고 벤담은 믿었다.

쾌락의 계산법은 무엇인가?

제러미 벤담에 의하면, 행동 과정들은 이와 관련된 모든 이들에 의해 경험되는 쾌락과 고통의 측면에서 그 결과에 따라 선택되어야 한다. 모든 사람은 하나일 뿐이고, 누구도 하나 이상이 아니다. 모든 쾌락은 동일한 것이라고 믿은 벤담의 유명한 말에 따르면 "쾌락의 양이 동일할 때, 푸시핀도 시와 마찬가지로 유익하다"(푸시핀은 당시의 볼링 게임이었다). 예를 들어 처벌은 미래의 범죄를 억제하는 결과의 측면에서만 정의롭거나 정의롭지 못하다. 벤담의 쾌락 계산법은 문자 그대로 쾌락과 고통을 이러한 요인들에 따라 수량화하는 것으로 이루어져 있다. 얼마나 가까이 혹은 멀리에서, 얼마나 오랫동안 지속되며, 얼마나 강력하고, 어떻게 동일한 유형의 쾌락이나 고통을 유발할지와 얼마나 많은 이들이 영향을 받을지에 따른다.

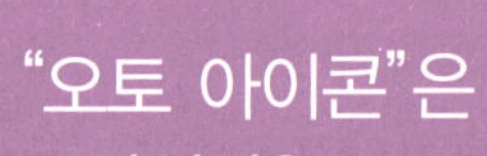

"오토 아이콘"은 무엇인가?

제러미 벤담은 런던에 유니버시티 칼리지를 설립해 자신의 방부 처리된 시체를 포함한 오토 아이콘이라는 것을 양도했다. 1832년 사망한 그는 자신의 시신을 보존하여 큰 캐비닛 속에 전시하게 했다. 대학 위원회는 동률의 투표가 나오면 해결을 위해 벤담에게 의존했다고 전해지나 대학 위원회는 전적으로 이를 부인하고 있다. 오토 아이콘에 전시된 머리는 가짜이며 말썽꾸러기 학생들에 의해 훼손된 이후 벤담의 원래 머리는 다른 곳에 좀 더 안전하게 보관되었다.

형무소 개혁에 대한 벤담의 주된 제안은 무엇이었나?

자신의 감옥 편지에서 벤담은 모든 수감자들이 지속적으로 감시를 받는 새로운 유형의 감옥 건물을 제안하였다. 그는 수감자들의 생활을 모든 면에서 통제하게 될 이러한 건물의 정교한 청사진을 제작했다. 그것은 인본주의적인 목적으로 의도되었으나 수감자들의 마음을 통제하는 데 대단히 효과적인 방법이었다.

이마누엘 칸트

칸트는 계몽주의 시기의 중요한 인물이었는가?

그렇다. 이마누엘 칸트(1724~1804)는 경험주의와 과학이 발원될 수 있는 이성 체계를 정립하였으므로 어떠한 계몽주의 철학자들보다 19세기에 지적으로 가장 영향력이 있었다. 칸트는 그의 합리주의가 경험주의를 감안하였으므로 이론적으로 합리주의와 경험주의 사이에 남아 있던 긴장들을 종식시켰다. 그러한 면에서 그는 이성의 시대의 정수였다. 물론 칸트를 무시한 이들에게는 철학의 분야가 여전히 경험론, 관념론 혹은 합리론으로 남아 있었다.

이마누엘 칸트의 생애에 관하여 알려진 것은 무엇인가?

이마누엘 칸트는 동프로이센의 쾨니히스베르크에서 태어났다. 그의 부친은 마구(馬具) 제조자였고 조부는 스코틀랜드계 이민자였다. 지방 고등학교를 다닌 칸트는 쾨니히스베르크 대학에서 철학자 마르틴 크누첸에게 교육을 받았다. 그는 가정 교사로 일했고 석사 학위를 받기 위해 학교로 돌아왔다. 이후 칸트는 시간 강사로 물리학, 수학, 인류학, 지리학과 약간의 철학을 가르쳤다(인류학과 지질학 강의에서 그는 지배적 견해인 유럽 인종의 아시아인과 아프리카인들 대한 우세성에 관해 가르쳤다). 가난했던 그는 1770년 쾨니히스베르크 대학의 논리학과 형이상학의 학과장의 직위를 얻었다.

칸트가 대단히 존경했던 장 자크 루소와 같은 다른 지성인들은 자신들의 명예와 생계를 이어가기 위해 택했던 직업 및 지위와 그 과정에서 발생되는 인과관계로 정치적인 모험과 더불어 끊임없이 이주하고 여행했다. 하지만 칸트는 예외였다. 그는 동프로이센 지역을 한 번도 떠나지 않았고 평생 동안 쾨니히스베르크(현 칼리닌그라드)에서 독신으로 지냈다. 그리고 프로이센의 왕이 1794년 칸트에게 더 이상 종교에

255 ★

이마누엘 칸트는 경험주의와 과학이 유래될 수 있는 이성의 체계를 정립했다.

대한 책을 출판하지 말라고 부탁했을 때 동의하였다. 칸트는 허약했던 몸을 잘 관리해 80세까지 살았다. 그는 여행자들에게 도움을 받아 외부 세계에 대한 정보를 위한 작품들을 출판했고, 친구들과의 식사를 즐겼으며, 대학 학장을 포함한 전문적인 직책들을 수행하는 데 만족했다. 칸트의 초기 작품들은 자연과학 분야였다. 가장 주목할 만한 것은 《자연의 일반적인 역사와 천국의 이론》(1755)이었고 대작은 《순수 이성 비판》인데, 1781년 마침내 출판되었을 때 소수의 사람들만 이해할 수 있었다. 칸트는 《모든 미래의 형이상학에 대한 서설》(1783)에서 자신의 견해들을 접근하기 쉽게 만들려고 노력했다. 1790년에 《실천 이성 비판》과 《판단력 비판》이 뒤따라 출간되었다. 계속해서 1793년과 1797년에는 《단순 이성의 범위 안의 종교와 도덕의 형이상학》을 출판했다. 칸트는 이 시기에 유명해졌으나, 젊은 사상가들이 칸트 자신보다 그의 체계를 더 잘 설명했다. 그는 사망할 당시 쓰고 있던 자신의 '사후 작품'에서 이들에 대한 자신의 대답을 기록하고 있었다.

오늘날까지 철학자들은 칸트가 어떻게 마음이 기능하는가에 대한 설명을 제시했는지 아니면 우리가 어떻게 지식을 바라보아야 하는지에 대한 비판적인 이론을 제시했는지에 관해 논쟁한다. 양자의 경우 모두 칸트의 인식론과 형이상학은 둘 다 선험적이다. 그의 인식론은 알려진 것을 설명하기 위해 알려져 있는 것으로부터 그렇게 되어야 하는 것으로 선천적 지식을 추론한다는 점에서 선험적이다. 그리고 그의 형이상학은, 궁극적으로 존재하는 것은 우리가 비록 이성의 특정한 원칙들에 따라 존재하는 대상을 가정할 수 있다 해도 우리의 직접적인 지식과 완전한 이해를 벗어난다는 점에서 선험적이다.

왜 이마누엘 칸트의 인식론과 형이상학은 선험적인가?

오늘날까지 철학자들은 칸트가 마음의 기능에 대한 설명을 어떻게 제시했는지 혹은 우리가 어떻게 지식을 바라보아야 하는지에 대한 비판적인 이론을 어떻게 제시했는지에 관해 논쟁한다. 양자의 경우 칸트의 인식론과 형이상학은 둘 다 선험적이다. 그의 인식론은 알려진 것을 설명하기 위해 알려져 있는 것으로부터 그렇게 되어야 하는 것으로서 선험지식을 추론한다는 점에서 선험적이다. 그리고 그의 형이상학은 궁극적으로 존재하는 것은 우리가 비록 이성의 특정한 원칙들에 따라 존재하는 대상을 가정할 수 있다고 해도 우리의 직접적인 지식과 완전한 이해를 벗어난다는 점에서 선험적이다.

이마누엘 칸트의 코페르니쿠스적 혁명은 무엇인가?

코페르니쿠스가 우주의 중심을 지구에서 태양으로 바꾸었듯이 칸트는 과학에 의해 연구된 것처럼 외부 세계에서 마음에 이르기까지 현실의 기본적인 원칙들과 범주들을 재배치했다. 존 로크처럼 칸트는 마음의 힘에 대한 조사와 이성적으로 정당화될 수 없는 형이상학적인 주장들을 거부할 목적을 가지고 시작했다. 칸트는 시간과 공간에서 실제적인 경험을 이해할 인간의 이성적인 필요성과, 다른 이성적인 존재들과 함께 살아가야 할 실제적인 필요성을 가정했다. 이러한 요구 조건을 충족시킬 수 있는 원칙들을 추구하면서.

1770년 칸트는 《감성적이고 지성적인 세계의 형식과 원칙들에 대하여》에서 우리의 공간과 시간 지식은 현상에 관한 것이며, 그럼에도 불구하고 우리는 그러한 현상들 뒤에 존재하는 것에 대해 제한적인 주장을 할 수 있다고 주장했다. 이것이 비판 철학으로 알려진 것의 토대였다. 칸트의 혁명적인 주장은 공간과 시간이 우리 감성의 형식이기 때문에 우리는 공간과 시간에 대한 선천적인 지식을 가지고 있다는 것이다. 공간은 외부 세계의 경험의 조직이다. 반면에 시간은 내부 세계의 경험의 조직이다(이후에 《순수 이성 비판》의 두 번의 출간이 이어졌고, 비판에 대한 대응으로 그사이에 《어떤 미래의 형이상학에 대한 서설》이 출판되었다).

아니다. 칸트는 인간의 보편적 경외심을 채워 주는 것으로 "머리 위로 별이 가득한 하늘" 뿐만 아니라, 실천이성의 주체인 "내 마음 속의 도덕률"을 강조했다. 그는 또한 자신과 신존재의 믿음에 관해서도 측기할 만한 언급을 했다.

선천적 종합판단에 대한 칸트의 개념은 무엇인가?

칸트에 의하면, 지식이 세상에서 경험될 수 있는 사물에 관한 것이라면 종합적이거나 확장적이다. 경험 없이 알 수 있는 것이라면 그것은 **선천적**이다. 칸트에게 동기를 부여하는 형이상학적 질문은 "사전 지식 없이 세계에 대한 특정한 원리들을 아는 것이 어떻게 가능한가?"이다. 칸트의 해결책은 그러한 원칙들에 선험적인 추론을 적용함으로써 그러한 원리들 없이는 경험이 불가능하다는 것을 보여주는 것이었다. 예를 들면 인과관계와 관련하여, 의식은 현실에서 필요한 연관성들에 기초한 질서 정연한 경험을 필요로 한다. 이것이 데이비드 흄이 인과관계를 지속적인 결합으로 축소시킨 데 대한 칸트의 대답이다. 그는 세계 안에 실제적인 인과관계가 있다고 가정해야만 세계가 우리에게 타탕하다고 주장함으로써 지속적인 (사건들의) 결합이 곧 존재하는 모든 것이라는 흄의 회의주의를 배격했다. 《모든 미래의 형이상학에 대한 서설》(1783)에서 칸트는 흄이 자신을 "독단적인 잠"에서 깨웠다고 말했다.

이마누엘 칸트의 도덕 체계는 무엇인가?

칸트의 도덕의 출발점은 좋은 결과를 가지기 때문에 수단적으로나 가언적으로 좋은 것들과 본질적으로 좋은 것들의 차이점이다. 자체로서 좋은 유일한 것은 좋은 의지 혹은 선행이다. 이들 없이는 다른 모든 재능들은 단지 분노의 원인이 될 수 있다. 도덕은 이성적인 존재를 위한 것이고, 이성적인 존재들은 행위의 원칙들을 필요로 한다. 이성적 존재들의 공동체 혹은 윤리에 따라 행동하는 사람들의 왕국(인륜의 왕국)에서 행위가 자주적인 것이라면 선한 것이다.

칸트에 따르면, 이성적인 존재는 자주적이고 자기 통제적이다. 이성적인 존재가 자신을 통제하기 위해 사용하는 규율들은 절대적이다 — 칸트가 정언적이라고 부른, 그러한 규율들은 강제적이고 그 자체를 위해 존재한다. 대조적으로 가언적인 규칙들은 무언가를 일으키기 위해 준수된다. 예를 들어, "선량한 사람들을 해하지 말라"는 정언적인 규칙이고, "너의 채소를 먹으라"는 가언적인 규칙일 것이다.

칸트의 정언명령은 무엇인가?

일반적으로 칸트는 정언명령과 관련해서 두 가지 정식화를 꾀했다고 해석된다. 첫째는 당신의 의지의 준칙이 보편적 입법의 원리로 타당하도록 행위하라는 것이고, 둘째는 모든 사람을 단지 수단으로서만 대하지 말고 언제나 목적으로 대하라는 것이다.

특히 첫째 격률에 대해서 풀어 말하면, "당신의 행동 격률, 혹은 그것을 기술하는 일반화가 당신에 의해 일반 규칙으로 의도되어 다른 이성적인 주체들이 따를 수 있도록 행동하라"는 것이다. 달리 말하면 선량하고 이성적인 존재로서 당신은 모든 사람들이 하리라고 기대할 수 있는 행동만을 하라는 것이고, 줄여 말하면, 당신이 하고자 하는 것이 동시에 예외 없이 누구에게나 통용될 수 있는 것으로만 반드시 행하라는 것이다.

따라서 정언명령의 시험은 모든 사람들이 그 명령에 따를 때 어떤 일이 일어나는가를 따져보면 된다. 특정한 경우에 좋은 결과를 가져온다고 해도 모든 경우에 좋은 결과를 가져오지는 않을 수도 있다. 예를 들어 격률이 "교통법규를 준수하라"이고, 다른 차들이 없는 상황에서 빨간불이 들어왔을 경우, 그냥 통과하는 결과들이 무해할지라도 당신은 그럴 수 없다. 일반적인 모든 경우는 (즉, 정언적으로는) 다른 차들이 없음을 특별히 고려하지 않기 때문이다. 혹은 칸트 자신의 예를 들어 격률이 "거짓말 하지 않는 것"이라면, 당신이 소재를 알고 있는 당신 친구를 어느 미친 사람이 찾고 있다고 할 경우에도 당신은 모른다는 거짓말을 할 수 없다. 왜냐하면 결과가 좋을 때마다 빠짐없이 모든 사람이 거짓말을 하도록 전적으로 허용하는 것이

(즉, 정언적 허용이) 의도될 수가 없기 때문이다. 칸트의 또 다른 예를 들어보면, 당신은 아무리 비참해도 자살할 수 없다. 왜냐하면 당신은 선한 행동으로서의 자살을 정언적으로는 의도할 수 없기 때문이다.

그렇다. 그는 매우 정확한 삶을 살았다. 그래서 이웃들은 그가 매일 하는 산책에 맞춰 시계의 시간을 맞출 수 있었다고 한다. 1770년대에 그는 전기 작가들이 칸트의 '침묵의 시기'라고 부르는 시기에 빠져든다. 그는 감성과 지성이 어떻게 연관되어 있는가를 해결하는 과제를 설정한다. 인생을 즐기는 사람이 전혀 아니었던 칸트는 최소한의 사회적인 접촉도 피했다. 그러나 그는 그의 삶에서 일어나는 일에 대해 솔직하였고, 사회적인 변명들을 하지 않았다. 그래서 한 학생이 그를 외부 세계로 끌어내려 했을 때 다음과 같이 대응했다.

"어떠한 변화도 나를 불안하게 만듭니다. 그것이 나의 상황들을 나아지게 만들 가능성이 있다고 해도 말입니다. 그리고 나는 나의 자연적인 본성에 의해 그토록 가늘고 약하게 지어놓은 운명의 줄들이 더 길게 이어지기를 바란다면 내가 주의를 기울여야 한다는 것을 알고 있습니다. 나의 안녕을 챙겨줄 정도로 나에 대해 친절한 사람들이나 친구들에게 가장 큰 감사를 보냅니다. 그러나 동시에 나의 현재 상황을 방해히려는 어떠한 것에서든 보호해주기를 아주 겸손하게 요청합니다."

이마누엘 칸트의 정언명령은 황금률과는 다른 것인가?

그렇다. 황금률에 따르면, 남들이 우리에게 해주기를 원하는 만큼 우리는 행동해야 한다. 만약 우리의 취향이 변태적이거나 우리 자신의 복지에 대해 무관심하다면 황금률은 타락과 폭력적인 행동들을 허용할 것이다. 하지만 그러한 행동들은 결코 정언적으로 의도되지 않을 것이다. 더욱이 칸트의 체계는 다른 모든 이성적인 개인들의 사회를 향한 개인의 선한 의지에 강력하게 기초하고 있다. 이는 장 자크 루소의 공공의 선 개념에 빚을 지고 있다. 실제로 칸트는 루소의 도덕 철학을 대단히 높이 평가했다.

칸트의 정언명령의 두 번째 공식은 무엇인가?

칸트에 의하면, 모든 이성적인 존재들은 본질적으로 가치가 있다. 윤리의 왕국에서는 어느 누구도 다른 사람의 목적을 위한 수단이 아니다. 일상의 세계에서 우리가 하는 일과 우리의 신분은 가치를 가지고 있다. 하지만 윤리의 왕국에선 가격은 없고 존엄성만 존재한다. 정언 명령의 두 번째 공식은, 인간은 인간(다른 사람이나 자기 자신)을 목적으로 다루어야 하며 결코 수단으로 다루어서는 안 된다. 달리 말해서 사람들을 이용하지 마라.

칸트의 자아 이론은 무엇이었나?

칸트는 경험적 자아와 선험적 자아를 구별했다. 경험적 자아는 우리가 일반적으로 자신이라 생각하는 것이고 경험할 수 있다. 선험적 자아는 경험을 위한 사고와 직관의 근본적인 구조들의 필수적인 원천이다. 선험적 자아는 사고의 대상으로 알려져 있고 직접적인 경험 대상으로는 알려져 있지 않다.

신의 존재에 대한 칸트의 증거는 무엇인가?

칸트는 존재가 사물의 질이나 특징이 아니라는 근거하에 존재론적인 논증을 배격했다. 칸트에 따르면, 우리는 스웨터가 붉은색의 양모이고 그것이 존재한다고 말할 수 없다. 그는 최초 원인 논쟁을 존재론적인 논증에 일부 근거하고 있다 하여 배격했다. 그리고 목적론적 증명은 우주의 건축자나 설계자를 증명할 뿐, 창조자를 입증하지 못한다는 근거하에 목적론적 증명을 배격했다. 칸트는 윤리적 행위자가 그 자신이 신의 존재 없이 스스로 자신의 목적을 달성할 수 없다는 것을 알기 때문에 신의 존재에 대한 도덕적인 증거가 있다고 생각했다. 결과로 나타나는 신에 대한 믿음은 개인적인 확신의 문제이다. 즉, "신이 있다는 것이 도덕적으로 확실한 것이다"가 아니라 "신이 있다고 내가 도덕적으로 확신한다"라는 것이다.

메리 울스턴크래프트와 윌리엄 고드윈

다른 계몽주의 사상가들 중 누가 철학과 가장 직접적으로 관련되어 있는가?

철학 분야에서 주목할 만한 계몽주의 사상가들 중에 《프랑켄슈타인》의 작가 메리 울스턴크래프트 셸리의 어머니인 메리 울스턴크래프트(1759~1797)가 있다. 그녀는 패미니즘 사상의 토대가 되었으며, 그녀의 남편은 결정론적 공리주의로 알려진 무정부주의자이자 정치철학자인 윌리엄 고드윈(1756~1836)이었다. 프랑스의 철학자들, 특히 백과사전 편찬자들은 사회와 정부에 대한 급진적 사고에 기여했다. 볼테르(1694~1778)는 핵심이 되는 철학적인 견해들을 폭넓은 대중에 전달했다. 일반적으로 계몽주의 사고는 미국 식민지들과 미국의 설립의 원칙들에 강한 영향을 주었다.

메리 울스턴크래프트는 누구인가?

메리 울스턴크래프트는 서구에서 현대 패미니즘의 창시자로 여기고 있다. 그녀는 프랑스 혁명 기간 동안에 글을 썼으며, 《여성의 권리 옹호》에서는 여성의 평등을 위한 논쟁들에 기여했고, 《남성의 권리 옹호》에서는 민주적인 개념들에 기여했다. 그 밖에도 소설 및 자서전적인 여행 수필과 교육에 관한 짧은 글들도 저술했다.

울스턴크래프트의 주된 정치적 견해들은 무엇이었나?

《남성의 권리 옹호》(1790)에서 그녀는 아일랜드 정치가이자 정치 이론가인 에드먼드 버크의 프랑스 혁명의 이상들(자유, 평등, 동포애)에 관한 보수적인 공격에 반격을 가하였다. 버크의 관습과 전통에 대한 지지가 노예 제도를 용인하는 것을 의미한다는 그녀의 주장은 하루아침에 그녀를 유명하게 했다. 울스턴크래프트가 여성을 인간으로 인정하자는 분명한 메시지를 주장했던 《여성의 권리 옹호》(1792)는 진보주의적인 사고이며 혁신적이었다.

울스턴크래프트의 여성을 대표하는 주장은 무엇인가?

메리 아스텔과 엘리자베스 엘스톱은 여성을 사고하는 개인으로 인정해야 한다는 논쟁에서 울스턴크래프트에게 선구자였다. 아스텔은 여성이 교육받을 권리를 타고 났다고 주장했다. 그 주장의 근거는 여성이 남성처럼 신이 부여한 사고 능력을 가지고 있다는 것이었다. 여성을 교육시켜야 한다는 그녀의 주장의 정당성은 교육이 여성들을 더 나은 아내이자 어머니로 만들 수 있다는 것이었다. 울스턴크래프트는 아스텔의 견해를 공유하며 더욱 체계적으로 변호했다. 그녀는 또한 현재의 특권 있는 여성을 '순종적인 인간' 또는 '장난감'으로 취급하는 것이 그들에게는 모욕적인 것이라고 주장했다. 그녀는 장 자크 루소가 소설 《에밀》에서 여성은 남성에게 즐거움을 제공하도록 교육받아야 한다고 주장한 데 대해, 맹렬히 비난했다. 그녀는 여성의 성에 대해 그리고 난봉꾼들에 의한 여성의 감성적인 상처들에 대해 공개적으로 글을 썼고, 여성은 감성적이고 연약하도록 교육받는다고 주장했다.

울스턴크래프트의 이론적인 혁신은 무엇인가?

메리 울스턴크래프트는 〈여성의 성을 변호하는 에세이: 남성의 강탈 – 관습의 전제 정치(특히, 이곳 영국에서의)〉에서 여성들은 사회가 그들에게 부여하는 역할들 때문에 현재의 특징들을 가지게 되었다고 말한 17세기 무명 작가의 주장을 발전시켰다. 그러나 이러한 이유로 남성들을 비난하지는 않았고, 여성들이 남성들보다 우세하거나 동등하다고 주장하지도 않았다.

울스턴크래프트의 정치적 · 사회적 이론에 대한 일반적인 기여는 두 가지이다. 첫째로, 그녀는 어떻게 여성들의 관습적인 성장이나 사회에서 부여된 역할들이 여성들로 하여금 여성에게 자연스럽다고 여기는 특징들을 계발시키게 했는지에 대한 상세한 분석을 제시하였다 — 감성적 · 복종적 · 충동적이며 허영적인 특징들. 둘째로, 추론이 인간의 행복을 향상시키는 데 사용될 수 있다는 가정을 추구하였다. 그녀는 두 주요 저술에서 사회의 진보와 인간의 평등을 지지하는 것이 이성적인 남성과 여성 모두의 의무라고 가정했다. 울스턴크래프트의 진보성은 차별당하거나 억압받는 사람들의 삶의 조건에 집중되었는데, 이는 17세기의 주도적인 남성 정치철학자들에

게서는 물론 계몽주의 시기에도 볼 수 없었다. 그런 점에서 그녀는 혁명적인 사상가였다.

울스턴크래프트는 결혼에 반대하였나?

아니다. 메리 울스턴크래프트는 결혼이 남편과 아내가 진정한 친구가 될 수 있도록 개혁되어야 한다고 믿었다. 그녀는 여성의 미덕의 전부가 성적인 순결에 있다고 생각하지 않았고 여성도 남성들처럼 그들을 계발할 기회를 가져야 한다고 생각했다. 여성이 성적으로 위험하고 공격적인 성별이라는 17세기의 믿음에서 떨어져 나와 그녀는 여성의 순결에 대한 가장 큰 위험은 남성들이 순결을 자신들의 진지한 덕목으로 고려하지 않는 것이라고 썼다.

울스턴크래프트의 생애는 그녀의 작업들을 어떻게 불투명하게 만들었나?

메리 울스턴크래프트의 생애는 그녀의 동료들이나 많은 후대의 사상가들에게 충격적일 정도로 혼란스러웠다. 서른일곱의 나이로 아이를 출산하다가 메리가 죽었을 때 그녀의 남편 윌리엄 고드윈은 《여성의 권리 옹호에 대한 회고록》을 썼다. 근대 무정부주의의 창시자인 고드윈은 시인 로버트 사우디에게서 "죽은 아내를 발가벗기려는 모든 감정의 욕구"라는 비난을 받았으며, 리처드 폴웰이 출판한 《성이 없는 여성, 시》(1798)라는 풍자에서 비난을 받았다.

메리 울스턴크래프트는 런던의 스피털필즈에서 태어났는데, 아버지는 돈을 낭비하였고 그녀의 작은 유산까지 차지했다. 그는 술주정뱅이였고 메리의 어머니를 폭행했다. 그녀의 누이 에버리나와 엘리자도 불행한 결혼 생활을 했다. 10대 때 메리는 제인 아든과 친구가 되었는데 아든의 가족들은 지적인 취향을 가지고 있었다. 패니 블러드와도 친구가 되었던 매리는 이후에 뉴윙턴 그린에서 그녀와 학교를 설립했으며 이 학교는 '논쟁하는 공동체'로 알려지게 되었다.

하지만 결혼했던 블러드가 병에 걸려 죽자 학교는 붕괴되고, 울스턴크래프트 역시 가정교사로 일하면서 글을 써 생계를 꾸리기로 결정한 지 1년 후에 학교를 떠났다. 이는 당시의 여성에겐 대단한 야심이었다. 울스턴크래프트는 자신을 새로운 인류의 첫 번째 사람이라고 불렀다. 런던에서 그녀는 출판업자인 조지프 존슨의 도움을 받았다. 그녀는 토머스 페인과 윌리엄 고드윈을 포함한 클럽의 회원이 되었고, 프랑스어와 독일어를 배운 후에 이 두 언어의 텍스트를 번역하며 생계를 꾸렸다. 그녀는 기혼이었던 예술가 헨리 퓌젤리와 관계했는데, 그의 아내가 플라토닉한 삼각관계를 거부하자 퓌젤리는 그녀를 외면했다.

이후 그녀는 《남성의 권리 옹호》와 《여성의 권리 옹호》를 저술하였고, 루이 16세가 교수형을 당하기 한 달 전에 프랑스를 여행했다. 거기에서 그녀는 모험가인 길버트 임레이와 사랑에 빠져, 그와의 사이에서 딸 패니를 낳았다. 하지만 임레이는 메리를 거절하고, 그녀는 영국에 돌아와 두 번 자살을 시도했다. 그 후 그녀는 고드윈과 사랑에 빠져 결혼하여 그들의 딸 메리는 합법적인 자녀가 되었으나 이 부부는 별거에 들어갔다. 그들의 딸 메리는 《프랑켄슈타인》의 작가 메리 셸리가 되었다. (메리와는 아버지가 다른 언니인) 패니는 스물두 살의 나이에 자살했다.

윌리엄 고드윈은 누구인가?

메리 울스턴크래프트의 남편인 윌리엄 고드윈은 소설가이자 정치적인 진보주의자로 잘 알려졌다. 《정치적 정의에 관한 탐구》에서 그는 공리주의와 무정부주의를 옹호했다. 그는, 정부가 편견을 만들어내기 때문에 인위적으로 개인들을 타락시킨다고 믿었다. 그는 큰 국가 대신 개인들을 독특한 존재로서 잘 알 수 있도록 인간은 정부가 없는 작은 공동체에서 살아야 한다고 주장했다. 그러할 때만 인간들이 그들의 이웃에 대한 동정을 느끼는 것이 가능하다고 생각했다.

고드윈은 자유 의지가 없기 때문에 처벌에는 효과가 없다고 생각했다. 고드윈에 따르면, 미덕은 동정심에 기초하며 동정심은 우리로 하여금 최대 다수의 인간을 위해 가장 큰 행복을 가져다줄 수 있도록 동기를 부여한다. 고드윈은 이러한 행복의

원칙 이외의 다른 가치들은 사용하지 않았다. 또한 그는 동정심이 모든 이들을 보호하는 역할을 할 수 있기 때문에 권리는 불필요하다고 생각했다.

계몽사상가들

계몽사상가들은 누구인가?

계몽사상가란 말은 미국 혁명과 프랑스 혁명에 이르는 기간 동안 세계 질서의 변화를 옹호했던 모든 지식인들을 일컬으며, 또 그렇게 사용되어왔다. 그런 점에서 데이비드 흄, 제러미 벤담 그리고 벤저민 프랭클린은 모두 계몽주의 사상가들이었다. 그러나 철학에 대한 이해 가능한 이야기를 하기 위해서는 이 용어를 프랑스의 백과전서파 사람들과 애덤 스미스, 에드워드 기번, 고트홀트 레싱 그리고 체사레 베카리아에게 한정시키는 것이 마땅하다.

백과전서파의 목적은 무엇이었나?

백과전서파의 목적은 동시대의 방대한 전집 속에 그 당시의 모든 분야의 것들을 수집하는 것이었다. 주요 기고가들은 데니스 디드로, 장 르 롱 달랑베르, 폴 앙리 디트리히 돌바크 그리고 샤를 루이 세콩다 몽테스키외 남작과 장 자크 루소, 볼테르였다. 이들의 작업은 인본주의적이고 과학적이었다. 그러나 반성직자적인 주제들은 비록 1777년까지 작업이 지속되기는 했지만 1750년에 국왕의 검열을 불러왔다. 이 작업에는 140명의 기고자들 및 150명의 작가들과 판화가들이 참여했다. 총 35권으로 출판된 전집은 약 7만 개가 넘는 항목이 수록되어 있다.

디드로, 달랑베르, 돌바크 그리고 몽테스키외에 대해 개인적으로 특기할 만한 것은 무엇인가?

데니스 디드로(1713~1784)는 백과전서의 편집자였다. 그의 《회의주의자의 산책》(1747)은 기독교에 대한 맹렬한 공격이었다. 우주가 전적으로 물질이며 진화한다는 그의 주장이 담긴 《맹목에 대한 편지》(1749)로 인해 짧은 투옥 생활을 해야 했다. 디드로의 코미디들은 이류로 간주되었으나 그의 문학적인 분석들은 문학비평의 새로운 장르를 창조했다.

장 르 롱 달랑베르(1717~1783)는 백과전서파 프로젝트의 주요 철학자였다. 《예비적인 담화》에서 그는 인간의 철학을 성령론, 논리학 그리고 윤리학으로 분류했다. 그는 우주의 물질은 알 수 없다고 주장했으며 《철학의 요소들에 관한 에세이》(1759)에서 그 분야를 (겉보기)현상들의 비교라고 정의하였다.

폴 앙리 디트리히 돌바크 남작(1723~1789)은 백과전서의 주요 기고자였다. 그는 파리 의회의 법무관이었고, 철학적인 저녁 모임들을 주최했다. 그는 디드로의 자연주의를 체계화하여 철학을 가톨릭 교회에 반대해 적용시킨 익명의 반종교적인 논문들을 출판했다. 그는 존재하

데니스 디드로는 문학비평 분야를 개척했다는 평가를 받는다.

는 모든 것은 완전히 결정된 우주 속에서 물질과 움직임에 기초한다고 주장했다. 돌바크는 기독교의 덕목들은 자연적이지 못하며 경건함은 환상주의이고 교회의 지도자들을 비도덕적이라고 생각했다. 또한 그는 공리주의자였다.

샤를 몽테스키외(1689~1755)는 주요한 정치적인 백과전서파 인물이었다. 그의 가장 유명한 업적은 《법의 정신》(1740~1748)인데, 이 책에서 정부가 공화정과 왕정 그리고 폭정으로 분류될 수 있으며 각각 정치적인 미덕이나, 명예와 두려움에 의해 연유된다고 주장했다. 정부의 유형들은 국민의 성격이나 역사 그리고 지리에 달려 있다. 행정, 입법, 사법권이 분리된 헌법적인 정부는 자유를 수호할 수 있는 유일한 형태이다. 이러한 생각은 미국 헌법의 입안자들에게 영향을 끼쳤다.

애덤 스미스의 업적은 왜 중요한가?

애덤 스미스(1723~1790)는 자본주의의 경제 체제를 정의하였고, 동시에 《국가의 부의 성격과 원인들에 대한 탐구》(1776)에서 근대 경제학을 창립했다. 그는 국가가 번영할수록 인간의 삶이 개선되리라는 가정하에 어떻게 국가가 부유해지는가의 문제에 답하려 했다.

또한 산업화 과정에서 현재의 노동력 분산의 중요성을 분석하였고, 이윤의 동기에 기초한 자유 경쟁을 주장했다. 이것이 경제적인 자유주의, 즉 자유방임주의이다. 그는 부를 획득함에 있어서의 이기심은 시장의 보이지 않는 손을 통해 모두를 위한 더 나은 조건들을 낳을 것이라고 주장했다.

애담 스미스는 자본주의 경제체제를 정의했으며, 근대 경제학의 토대를 정립시켰다.

에드워드 기번은 무엇을 기여했나?

에드워드 기번(1737~1794)은 《로마 제국의 쇠퇴와 몰락》을 썼는데 1776년에서 1788년 사이에 출판된 이 두꺼운 책은 아직까지 읽힌다. 기번은 로마의 시민들을 비굴하고 소심하게 만든 야만족들의 침략과 기독교의 타락 때문에 로마가 망했다고 주장했다.

고트홀트 레싱은 누구인가?

고트홀트 레싱(1729~1781)은 독일의 계몽사상가를 대표했는데, 이는 보수주의와 엄격한 검열 때문에 어려운 일이었다. 《현자 나탄》(1779)에서 그는 유대인들의 관용과 종교를 넘어선 인간 평등을 주장했다. 《인류의 교육에 관하여》(1780)에서는 모든 종교는 인류가 종교로부터 돌아서서 순수한 이성으로 향해 가는 시점까지 인류 진보의 일부라고 주장하였다.

체사레 베카리아는 어떤 개혁을 옹호했나?

체사레 베카리아(1738~1794)는 《범죄와 형벌에 관하여》(1764)를 썼는데, 이는 형벌이 응징을 목적으로 한다는 생각에 반대하는 데 큰 영향을 주었다. 그는 수감 생활의 목적은 사회의 보호와 범죄자들의 갱생이라고 생각했다. 베카리아의 책은 19세기 중반까지 일상적인 형벌로서 고문과 불구로 만드는 것을 철폐하는 데 영향을 주었다.

볼테르는 누구인가?

'볼테르'는 희곡 작가, 시인, 수필가이자 아이작 뉴턴 경을 대중화한 프랑수아마리 아루에(1694~1778)의 필명이다. 그의 《철학적인 편지》(1734)와 《철학적인 사전》(1764)은 뛰어난 위트와 사회 정의감을 표현하고 있다. 그는 고트프리트 라이프니츠를 자신의 풍자 소설 《캉디드》에서 대책 없는 낙관론자로 조롱했다. 볼테르는 현 세계가 가능한 세계들 중에 가장 나은 것은 아닐지라도 특정한 문제들에 대해 개선이 가능하다고 믿었다.

볼테르의 경험주의는 인간의 지식이 일반적으로 대부분의 사람들이 영위하는 삶에 적합하다고 생각했던 온건한 회의론자라는 점에서 존 로크의 경험주의와 유사했다. 달리 말하면, 우리는 우리가 알 필요가 있다는 것을 안다. 그는 관용을 옹호하며 기독교의 편협함에 반대했다. 동일한 맥락으로 그는 문명보다 단순함을 극찬하는 면에서 장 자크 루소처럼 급진적이지 않았다. 그는 루소의 사회 계약설 사본을 받은 후에 다음과 같이 대답했다. "나는 인류에 반하는 당신의 새 책을 받았습니다. 그리고 그것에 대해 감사합니다. 우리 모두를 바보로 만드는 일에 있어 그토록 영리함이 사용된 적이 없었습니다. 당신의 책을 읽노라면 네 발로 걷기를 원하게 됩니다. 하지만 나는 그 습관을 60년 이상 잊고 있었습니다. 불행히도 나는 네 발로 걷기를 다시 할 수 없다고 느낍니다."

볼테르의 생애에 관한 재미있는 일은 무엇이었나?

볼테르는 아주 극적인 삶을 살았다. 예수회 학교에서 고전적인 교육을 받은 그는

재치있는 극작가 겸 시인이자 수필가인 볼테르는 아이작 뉴턴과 존 로크를 프랑스에서 널리 대중화시킨 인물이기도 하다.

법 대신 문학을 택했고 뒤이은 그의 풍자들은 파리에서의 추방과 네덜란드로의 망명을 낳는다. 그는 거의 1년 동안을 바스티유 감옥에서 보냈다. 이러한 일들은 스물네 살이 될 때까지 있었다.

볼테르는 반 세기 동안 프랑스에서 가장 훌륭한 희곡 작가라고 믿었다. 한 기사와의 불화로 인해 볼테르는 다시 바스티유에 머물렀는데, 이후 영국으로 가서 영어와 철학 그리고 영국의 정치를 배웠다. 1734년에 그는 다시 파리로 피신한다. 그리고 다음 15년 동안 로레인의 마르키 뒤 샤틀레에게서 물리, 형이상학, 역사를 배웠다. 이 시기에 그는 또한 법정에 있었는데 루이 15세의 정부였던 마담 퐁파르두의 보호를 받았다.

볼테르는 프랑스의 사료 편찬자가 되었고 1746년에는 프랑스 아카데미 회원이, 1750년에는 프로이센의 프레드리히 대제의 철학 시인에 임명되었다. 하지만 그들은 3년 후에 반목하게 되었고, 볼테르는 스위스 제네바에 성을 그리고 프랑스에 토지를 구입했다. 볼테르는 프랑스에서 1762년 고문을 받고 사형당한 장 칼라스를 변호했다. 볼테르는 이 시기에 아주 부유했으며 교회의 압제에 대항하는 명분에 자신을 헌신했다. 여든셋의 나이로 파리로 돌아와 칭송을 받던 그는 곧 사망했다. 그리고 파리 외곽에 묻혔다가 이후 판테온으로 옮겨갔고, 왕정복고기에 다시 파헤쳐졌다(이후 볼테르의 시신은 완전하게 다시 맞추어지지 않았다).

철학에 대한 볼테르의 주된 기여는 무엇이었나?

《철학적인 편지》의 일부로 출판된 저서 《영국에 관한 편지》(1734)에서 볼테르는 프랑스의 독자들에게 존 로크와 아이작 뉴턴의 사상을 소개하면서 동시에 프랑스 혁명의 계기가 된 고대 정권들에 대한 정치적인 비판을 했다. 이전 세기에 수용주의

(상황을 바꾸려 하지 않고 묵묵히 그대로 받아들이는 삶의 자세 — 옮긴이)를 설교하며 지상에서의 고통이 천국을 위한 훌륭한 준비라고 주장했던 파스칼(1623~1662)에 맞서 볼테르는 지상에서 현재 삶의 개선을 주장했다. 볼테르의 《철학 사전》에 실린 〈존 로크에 대한 편지〉는 로크에 의해 제기된, 사물이 사유할 수 있다는 가능성을 다루었다. 하지만 그는 말년에 그러한 물질주의가 계몽주의 사상가들에 의해 무신론을 옹호하는 데 이용되자 물질주의에 대한 부정적인 입장으로 후퇴했다.

볼테르의 종교적인 관점은 무엇이었나?

볼테르는 17세기의 뛰어난 수학자 블레즈 파스칼의 가정을 거부했다. 파스칼의 《팡세》의 다음 구절은 유명한 가정이다.

“신이 있는지 또는 없는지.” 우리가 어느 편에 설 것인가?

이성은 여기에서 어느 쪽이라도 결정할 수 있다. 우리를 분리시킨 무한한 혼란이 있다. 이러한 무한한 거리의 극단에서 노름이 이루어지고 있으며 앞부분이나 뒷부분이 나올 것이다. 그러면 어느 쪽을 선택할 것인가?

한번 살펴보자. 당신은 선택해야 하므로 무엇이 당신을 가장 덜 흥미롭게 하는지 살펴보자. 당신은 진리와 선함의 두 가지를 잃어버릴 수 있다. 그리고 두 가지를 위험하게 할 수 있다. 당신의 이성과 의지, 당신의 지식과 행복, 그리고 당신의 본성은 실수와 불행의 두 가지를 멀리해야 한다. 당신의 이성은 다른 것이 아니 특정한 것을 선택함에 있어 더 이상 놀라지 않는다. 당신이 빈드시 선택해야 하기 때문이다. ……그렇다면 당신의 행복은?

신이 있다고 가정한 후 이득과 손실을 비교해보자. 당신이 이긴다면, 당신은 모든 것을 얻는다. 당신이 지면 당신은 아무것도 잃지 않는다. 그렇다면 망설임 없이 신이 존재한다고 내기하라.

다시 말해 신이 존재하는지 모를 때, 우리에게는 두 가지 선택이 있다. 우리는 신이 있다는 전제하에 우리의 삶을 기초할 수 있다. 그러한 경우에 신이 존재한다면,

벤자민 프랭클린(왼쪽), 토마스 제퍼슨 등과 같은 미국 건국의 초석 인물들은
계몽주의 시대의 활력을 흡수했고 자유와 민주주의 이념을 쏟아냈다.

우리는 천국에 갈 것이다. 하지만 신이 존재하지 않는다고 가정해보라.

신이 있다고 내기하는 편이 훨씬 낫다. 만약 신이 없다 해도 우리는 아무것도 잃지 않기 때문이다. 반면 우리가 신이 없다는 데 내기를 걸었는데 정말 신이 없다면, 우리는 단순히 우리의 비참함을 확인할 뿐이다. 그러나 신이 있다고 판명된다면 우리는 죽음과 함께 지옥에 갈 것이다.

볼테르는 이러한 사실을 받아들이려 하지 않았다. 볼테르는 자연 속에 분명 존재하는 설계는 조물주, 본인, 최고의 지성과 같은 신의 존재의 증거라고 믿었다. 하지만 그는 신이 인간의 관심사에 무심하다 생각하고 악의 문제를 해결하려고 했다 — 어떻게 지혜롭고 전능한 신이 악이 존재하도록 허락할 수 있는가?

볼테르는 리스본 지진과 1755년 성인들의 날(All Saints Day)에 발생해 수천 명을 죽인 해일에 크게 상심했다. 〈리스본의 재앙에 대한 시〉(1755)에서 그는 라이프니츠의 낙관론과 원죄의 원칙 모두를 거부했다. 그는 인간이 할 수 있는 일은 그러한 악을 수용하고 계속 경배하는 일이라고 결론지었다. 《자디그와 다른 글들》에서 그의 종교적 경외심은 더욱 강조되었다. 그는 나머지 생애 동안 공자와 퀘이커교도의 가르침에 관심을 갖고 관용의 자세를 견지했다. 말년에 볼테르는 관용이 없는 가톨릭 교회를 공공연히 공격했다. "당신으로 하여금 터무니없는 것을 믿게 할 수 있는 이들은 당신이 잔혹한 짓을 저지르게도 할 수 있다."

조너선 에드워즈는 누구인가?

조너선 에드워즈(1703~1758)은 프린스턴 대학의 제3대 총장이었다. 하지만 선출된 지 1년 후에 죽는다. 그는 예일을 다녔고 뉴욕에서 설교했으며 1729년 매사추세츠 영적 대각성 운동의 지도자였다. 그의 신학은 칼뱅주의의 청교도적인 형식이었다.

에드워즈의 철학적 관심은 케임브리지의 플라톤주의자인 니콜라 말브랑슈와 존 로크였다. 그는 관념론자로서, 인간의 마음은 사상들과 감각들로 이루어져 있으며 신이 유일한 참된 본질이라고 주장한 조지 버클리와 유사했다.

계몽주의는 어떻게 미국에 영향을 미쳤는가?

미국은 19세기 말과 20세기 초까지도 고유의 철학적 전통을 구축하지 못했다. 한편 내부 혁명과 새로운 공화국 건립 이전의 기간 동안 압제적 정부로부터의 자유와 개인의 존엄성 및 사유재산에 대한 권리 등의 계몽주의적 개념에 대한 고취가 고도로 팽배해졌다.

이 같은 낙관적 개념들은 토머스 페인, 벤저민 프랭클린, 토머스 제퍼슨 등과 같은 미국 지도자들의 글들을 통해서 계몽주의적 영감의 고취를 확산시켰다. 그 결과, 개인의 자유에 대한 규약에 따른 미국 주정부로부터의 교회의 분리는, 압제적인 정부 종교에 대항하고 사상과 언론의 자유를 추구하는 것으로서, 정권 분립 및 정부 불신임권과 마찬가지로 계몽주의 이념에서 직접적으로 비롯된 것이다.

그렇지만 방임주의와 노골적인 인종주의 또한 오랫동안 유럽적인 (계몽주의) 현상으로 남아 있었던 점도 기억해야 한다. 18세기 말 미국 청교도의 종교철학이

발흥한 것은 이에 대한 조나단 애드워드(1703~1758)의 각성에서 비롯되고 "위대한 깨달음"으로 알려진 뉴잉글랜드에서의 거듭나기 — 운동을 통해서였다.

조녀선 에드워즈의 신에 대한 견해에서 독창적인 것은 무엇인가?

조녀선 에드워즈는 신이 사랑하고 자신에 의해 기쁨을 얻으며 자신에 대한 이러한 기쁨의 일부로 우리와 다른 피조물들을 창조했다는 견해를 발전시켰다. 그는 하느님의 사랑은 공평무사하며 하느님은 지극히 아름답고 전 세계를 그의 사랑스러움으로 통합시킨다고 가르쳤다. 반면에 인간들이 보는 아름다움은 2차적이며 하느님이 보는 것의 불완전한 복사본이다.

조녀선 에드워즈는 죄인들에게 자애로웠는가?

전혀 아니었다. 조녀선 에드워즈는 많은 인간들이 타락하여 지옥이 그들을 기다린다고 생각했다. 1741년 그의 설교 〈분노한 하느님의 손안의 죄인들〉에서는 이러한 사실들에 대한 기쁨이 드러나 있다. 에드워즈는 죄인들이 징벌을 받을 뿐 아니라 하느님 자신은 그들의 고통에 대한 연민이 없다고 믿었다. 그는 다음과 같이 썼다.

당신이 신의 연민을 구하기 위해 울부짖는다면, 그는 당신을 조금도 연민하지 않으며 어떠한 관심이나 호의도 보이지 않을 것이다. 대신 그는 당신을 발로 밟을 것이다. 그는 당신의 전능자가 밟는 무게를 당신이 견딜 수 없다는 것을 알지라도 개의치 않을 것이다. 그는 무자비하게 당신을 발로 뭉개버릴 것이다. 그는 당신의 피가 터져나오게 하고 그것이 튀어 오르게 해서 옷 전체에 얼룩이 지게 만들 것이다. 그는 당신을 싫어할 뿐만 아니라 당신을 대단히 경멸할 것이다. 어떠한 장소도 당신에게 적당하다고 여기지 않을 것이다. 당신은 거리의 진흙처럼 그의 발아래 짓밟히게 될 것이다.

그리고 선한 자들이 신을 닮으려고 노력하는 한, 에드워즈는 그들이 죄인들의 지옥에서의 고통을 즐기는 것이 타당하다고 생각했다. 1758년 《왜 영광의 자리에 있는 성인들이 저주받은 자들의 고통을 보고 즐거워할 것인가?》에서 에드워즈는 다음과 같이 썼다.

성인들이 자신들과 동일한 상황에 있던 동료 피조물들이 얼마나 비참한지를 볼 때, 그들의 고통의 연기와 그들이 타는 격렬한 화염을 볼 때, 그리고 그들의 괴로운 비명과 울부짖음을 들을 때, 그리고 자신들이 더없이 행복한 상태에 있으며 영원히 그런 상태에 있을 것이라는 것을 알 때 얼마나 기뻐할 것인가?

반계몽주의 인물들

어떤 반계몽주의 인물이 철학에 가장 지속적인 영향력을 끼쳤는가?

지암바티스타 비코는 최근에 중요한 철학자로 재발견되었다. 에드먼드 버크는 근대에 가장 보수적인 인물이었다. 조제프 드 메스트르도 유사한 견해를 주장했다. 또한 조너선 스위프트는 기득권층에 대한 통렬한 비판가로 언급할 만하며 마르키 드 사드는 타락한 극단적 주변인적인 특성을 대표한다. 그의 주변인적인 특성은 후에 19세기와 20세기의 진보주의자들에 의해 계승되었다. 그럼에도 사드는 진정으로 극단적인 인물로 기억된다.

지암바티스타 비코는 그 시대의 독특한 철학자였나?

지암바티스타 비코(혹은 조반니 바티스타 비코, 1668~1744)는 이탈리아 철학자로, 역사에 대한 근대적인 이해와 역사철학을 창안한 공을 인정받은 법학자였다. 그는 과거의 견해들에 대한 분석들과, 그러한 견해들이 시간이 지남에 따라 어떻게 발전하였는지에 대한 설명을 제공했다. 그러한 점에서 비코는 지적인 역사를 발전시켰다.

비코는 일생 동안 다른 계몽주의 사상가들과 교류했나?

아니다. 지암바티스타 비코의 상황은 그에게 지적인 직업의 즐거움을 허락하지 않았다. 이탈리아 밖에서는 요한 게오르크 하만과 요한 고트프리트 헤르더와 같은 독일의 지식인들만 그를 알았다. 이탈리아는 그의 생애 동안 통일되지 않았다. 스페인, 오스트리아, 프랑스 등이 나폴리를 점령함에 따라 계속적인 혼란에 휩싸였다. 도시 내의 예수회의 성장으로 인한 정치적인 혼란이 거기에 더해졌다.

비코의 부친은 나폴리의 서점 주인이었다. 어린 시절 두개골에 골절상을 입은 비코는 3년 동안 학교를 다니지 못했다. 그래서 혼자 독서를 했다. 대학에 등록했을 때, 그는 규율을 잘 따르지 않는 학생으로 판명되었다. 그는 법학에 안착하기 전 논리학과 중세 스콜라 철학에 집착했다. 그러나 10대 시절 아버지의 소송을 도운 후로는 법에 관심을 갖지 않았다. 1685년 이후 10년 동안 비코는 가정 교사로 일하며 철학, 역사, 윤리학, 법학 및 시 분야를 독학으로 공부했다. 그는 수학을 좋아하지 않았으며 과학에도 관심이 없었다. 비코가 1695년 나폴리 대학의 수사학 교수가 되었을 때 대학은 르네 데카르트의 철학 연구에 전념하는 데카르트 센터였다. 그런데 비코는 데카르트주의의 많은 측면, 특히 합리론에 반대했다. 1699년부터 1708년까지 비코는 매년 대학의 신년사를 담당했다. 그 강연들 중 발전한 에세이 가운데 하나인 〈우리 시대의 연구 방법에 관하여〉(1709)는 자유주의 교육에 대한 옹호 때문에 잘 받아들여졌다. 이후 1709년의 강연 〈이탈리아인들의 가장 고대의 지식에 관하여〉가 책으로 출판되었다. 1722년에 세 권으로 된 《보편적인 법》이 완성되었고, 1725년엔 자서전과, 1730년과 1744년에 개정된 《새로운 과학》이 출판되었다. 하지만 비코는 민법과의 학과장으로 승진하지 못했고 생계를 위해 시와 풍자 작품들을 써야 했다. 그는 점점 냉소적이 되었고 그의 일생에 걸친 우울증은 더해갔다. 그러다 고통스러운 질병으로 1744년에 사망했다.

비코의 사상은 계몽주의와 어떻게 대치되었나?

비코의 주된 주제는 "생각의 순서는 사물의 순서를 따른다"라는 것이었다. 반대로 계몽주의의 주제는 "사물의 순서가 생각의 순서를 따른다"였다. 즉, 비코는 관념들이 물질적인 실제의 결과라고 생각한 데 반해 계몽주의 낙관론자들은 현실이 이성에 의해 유도될 수 있다고 주장했다. 또한 비코는 인간의 사건들의 순환적인 전개를 믿은 반면에 계몽주의의 대표적인 믿음은 진정한 변화를 의미하는 전개가 존재한다는 것이었다.

비코는 데카르트주의를 반대했나?

비코는 르네 데카르트가 수학과 자연철학을 지나치게 애호한 나머지, 예술, 법 그리고 역사를 지식의 타당한 분야로 여기지 않거나 혹은 소홀히 했다고 결론 내렸다. 비코는 또한 데카르트가 수학이 도출한 것과 같은 유형의 확실한 지식을 과학에서 추구한 것이 올바르지 않았다고 생각했다. 첫 번째 책 《고대 이탈리아인의 지식》(1710)에서 비코는 데카르트가 그 자신의 존재에 대한 자각을 첫 번째 철학적인 원칙으로 삼은 것과 신의 존재를 이성만으로 증명하려 한 것이 잘못되었다고 주장했다. 비코 자신의 견해는, 마음은 스스로를 만들어내지 않으며 그러한 이유로 마음이 그 자신에 관한 지식을 어떻게 가지고 있는지 알 수 없다고 하였다. 비코는 수학적, 심지어 과학적인 확실성에 대해서는 데카르트가 주장하듯이 분명한 관념들을 통해 수학적·과학적 확실성에 도달할 수 있다고 생각하지 않았다. 그는 수학적인 지식은 인간의 마음이 수학적인 진리를 위한 기준을 만들었기 때문에 혹은 우리가 수학을 만들었기 때문에 확실히 진리라고 주장했다. 그러나 신이 물질적인 우주를 만들었으므로 신만이 우주에 대한 확실한 지식을 가질 수 있다고 믿었다. 비코는 우리가 자연에서 혹은 과학적인 실험을 통해 사물을 만들 때 우리는 가설의 검증을 통해 지식을 얻을 수 있다고 인정했다.

비코는 《스스로가 쓴 지암바티스타 생애》 (1725~1728)에서 3인칭으로 자신에 대한 이야기를 하며, 주위 환경들이 그의 기질에 미친 영향과 글을 쓰기 전에 그의 생각들이 어떻게 발전했는지를 분석했다. 따라서 그의 자서전은 그의 지적인 역사이다. 그것은 다음과 같이 시작한다.

"시뇨르 지암바티스타 비코는 1670년에 나폴리의 강직한 부모 밑에서 태어났는데 그의 부모는 그에게 좋은 명성을 남겼다. 부친은 활발하고 유머가 많았으며 모친은 아주 우울한 성격이었지만, 두 분 모두 이 작은 아들의 좋은 성격 형성을 위해 노력했다. 소년 시절 그는 아주 활발하고 거침이 없었다. 그러나 일곱 살 때 높은 사다리에서 바닥으로 떨어져 오른쪽 두개골이 골절되어 다섯 시간 동안 움직임이나 의식이 없었다. 골절로부터 종양이 생겨났고 깊은 상처들로 인해 많은 피를 흘렸다. 그래서 외과 의사는 부서진 두개골과 오랫동안의 혼수상태를 고려하여 그가 죽거나 신경이 둔해질 것이라고 예언했다. 하지만 하느님의 은혜로 이러한 진단들 중 어느 것도 일어나지 않았다. 그러나 이러한 병과 회복의 결과로, 이후 그는 독창적이고 심오한 사람들에게 필연적으로 속한 우울하고 신랄한 성격을 지닌 채 성장했다. 즉, 독창성을 통해 번개와 같이 번뜩이며, 명상을 통해 재담이나 거짓말에서 재미를 찾지 않는 이들처럼……."

지식으로서의 비코의 새로운 역사관은 무엇이었나?

역사를 뒤죽박죽된 허구와 개별적인 사실들로 본 데카르트주의자들과 달리 비코는 역사가야말로 인간이 만든 세계의 이야기를 연구하는 사람이므로 과학자보다 더 많은 확실성을 이룰 수 있다고 생각했다.

그는 자연 상태에 대한 개념과 고정된 불변의 인간 본성을 다른 방법으로 설정하는 것으로 시작하는 휘호 더 흐로트, 토머스 홉스, 그리고 다른 철학가들에게 동의

하지 않았다. 그는 시대착오적인 생각을 경계했다. 즉, 단어가 과거에도 현재와 동일한 의미를 가졌다고 가정하는 것이나, 사람들이 언제나 같은 방법으로 사고해왔다고 가정하는 것을 말이다. 비코는 역사적인 사건들이 인간의 관념들을 변화시킨다고 믿었다. 그래서 모든 이론을 그 이론이 취급하는 주제가 형태를 잡아가기 시작하는 시점에서 시작해야 한다고 믿었다. 비코에 따르면, 역사가가 과거 사람들의 마음과 감정을 발견하는 방법은 그들의 언어, 신화, 관습들을 해독하는 것이다. 예를 들면, 그는 한 시대에 은유, 신화, 우화로 여기는 것들이 과거의 사람들에게는 글자 그대로 진리였을지 모른다고 믿었다.

비코의 순환적인 역사관은 무엇인가?

비코는 각각의 사회 속에 지배적인 문화적 양상들이 있다고 믿었다. 그러므로 법, 종교, 정치, 예술, 그리고 예의범절은 모두 특정 시기와 장소에서 일치하는 경향이 있다. 예를 들면, 그는 아테네의 법과 소크라테스 이전과 소크라테스 시대 철학자들 사이의 연관성을 이끌어냈다. 그의 순환적인 역사관 혹은 코시 에 리코시(corsi e ricorsi)라고 불렀던 것에서, 사회는 유기적으로 발전하고 나이를 먹으며 쇠퇴한다. 그는 원시적인 상황, 신들의 시대, 그리고 과두 정치로 통하는 영웅들의 시대나 부유한 자들에 의한 통치를 가정했다. 이후에는 계급 투쟁으로 특징짓는 인간들의 시대가 뒤따르며 사회가 쇠퇴할 때까지 지속된다. 비코는 이 이론을 신화적인 창설자인 로물루스와 레무스에서 시작하여 외부의 야만인들의 지나친 유입으로 종말을 맞은 로마의 역사에 적용했다.

비코는 역사의 순환이 어디서 시작된다고 믿었는가?

비코는 신이 그의 거룩한 섭리 속에 역사의 순환을 허락했다고 생각했다. 이는 비코가 실제로 일어나는 일과는 다른 목표나 목적을 인간들이 가지고 있을지 모른다는 사실과 양립한다고 주장한 견해이다. 이 견해는 프리드리히 헤겔의 "이성의 교지 the cunning of reason"의 관점에 영향을 주었다고 믿어진다. 일반적인 견해는 역사가 언제나 사람들이 의도한 것과는 다른 것이 되어버린다는 점이다.

에드먼드 버크의 정치적 배경과 믿음은 무엇이었는가?

만민평등이란 달성할 수 없는 목표라고 믿었던 영국 정치가 에드먼드 버크는 철학적으로 비관주의자였다.

에드먼드 버크(1729~1797)는 1765년에서 1794년까지 영국 하원의 의원이었다. 철학보다 문학에 치중했던 경력 초기에 그는 예술에 대한 낭만적인 견해를 제기했다. 정치인으로서의 그는 검증된 권리나 관습들을 옹호하는 정치적 변화를 지지했고 이상이나 추상적인 견해들에 기초를 둔 정치·사회적 변화를 거부했다. 예를 들어 그는 프랑스 혁명의 자유, 평등, 동포애의 이상들에 대해서는 반대했지만 아일랜드의 독립운동과 미국 혁명은 지지했다.

에드먼드 버크의 생애에 관한 중요한 사실들은 무엇인가?

에드먼드 버크는 1729년에 아일랜드에서 태어났다. 그는 더블린에 있는 트리니티 대학을 졸업한 뒤 법을 공부할 목적에 영국으로 이주했다. 그러나 변호사로서 개업하지 못하고 대신 《자연 사회에 대한 옹호》와 《숭고함과 아름다움에 대한 우리의 견해에 대한 철학적인 탐구》를 저술했는데 두 책 모두 1756년에 로버트 도들리에 의해 출판되었다. 도들리는 버크에게 《영국 역사의 요약》이라는 책도 쓸 것을 주문했으나 완성하지 못했다. 버크의 《자연 사회에 대한 옹호》는 의도적으로 토리당의 정치인이던 볼링브로크의 문체로 쓰였는데 문명과 비교하여 온전한 자연의 상태를 과도한 방법으로 칭찬했다. 버크는 반대의 상태를 옹호했지만, 그의 볼링브로크 모방이 너무나 흡사해 많은 독자들은 볼링브로크가 실제로 그 책을 저술했다고 생각했다.

버크의 예술에 대한 이론은 고전주의자들의 명료함의 가치와 상반되었다. 그는 위대한 예술은 신비스러우며 연상을 일으키고, 고귀함은 두려움을 불러일으킨다고 생각했다. 그는 "우리의 모든 경외심을 야기시키고, 우리의 열정을 자극시키는 것은 사물에 대한 우리의 무지이다"라고 썼다.

정치 이론에서 버크의 주된 견해는 무엇이었는가?

에드먼드 버크는 세상에는 실제적인 악이 존재하고 불평등은 필연적이라고 믿은 기독교 염세주의자였다. 버크에 따르면, 인간 사회에 대한 가장 최선의 전망은 세대를 거쳐 안정성을 입증해온 전통과 관습에 집착하는 것이었다. 그는 프랑스 혁명이 사회를 변혁하려는 시도들로부터 얼마나 큰 해악을 일으켰는지를 보여주었다고 생각했다. 추상적인 이상들에 의해 동기 부여된 이러한 변화에의 시도들은 힘든 삶을 살아야만 할 운명의 사람들에게 거짓된 희망과 헛된 기대를 일으켰다. 1790년 《프랑스 혁명 회고》에서 그는 형제애에 대한 대화를 "위선적인 횡설수설"이라고 일컬었다.

조제프 드 메스트르의 견해들이 에드먼드 버크의 견해와 어떻게 유사했는가?

조제프 드 메스트르(1753~1821)는 토미니즘(토마스 아퀴나스의 가르침)에 따라 전통적인 사회를 회복하려고 시도했던 로마 가톨릭의 정치 이론가였다. 그는 1796년의 《프랑스에 대한 고찰》에서 프랑스 혁명을 사악한 것이라고 보았다. 그러나 드 메스트르는 버크보다 한 발 더 나아가 가톨릭교회가 계몽주의 철학을 이길 것이라고 믿었다. 1810년의 〈정치적인 구성체들의 발생 원리에 관한 수필〉에서 그는 질서와 훈련에 대한 인간의 신이 부여한 근본적인 열망을 묘사했다.

조제프 드 메스트르는 얼마나 중요했나?

《자유와 자유의 배신》에서 철학가이자 역사가인 아이자이어 벌린(1909~1997)은 드 메스트르를 계몽주의 시기의 자유에 대한 중대한 적으로 간주했다. 19세기에 프랑스의 문학비평가 에밀 파게(1847~1916)는 드 메스트르를 "완고한 완벽주의자, 격렬한 신정주의자, 비타협적인 정통주의자이며 교황과 왕과 교수형 집행인으로 이루어

계몽주의 시대

진 괴물 같은 삼위일체의 제자, 가장 완고하고 속이 좁으며 가장 융통성 없는 교조주의의 옹호자, 중세에서 온 어두운 인물, 한편 학식 있는 의사, 재판관, 한편으론 사형 집행인인 자"로 묘사했다.

조제프 드 메스트르는 가톨릭교회가 결국은 객관적이고 과학적인 계몽적 사고의 세계를 성취하리라고 믿었다.

걸리버 여행기를 쓴 풍자작가로 유명한 조너선 스위프트는 인간을 특별히 이성적인 존재로 여기지 않았다.

조너선 스위프트는 계몽주의의 가치에 반대했나?

조너선 스위프트(1667~1745)는 인간 본성의 이성을 믿지 않았던 신실한 크리스천이었다고 간주된다. 하지만 질서가 세워지는 순간 무너지기 시작한다고 생각했다. 1709년 《이성의 발전과 예의범절의 개혁을 위한 프로젝트》에서 앤 여왕에게 동시대의 악에 대항해 도덕적인 십자군 전쟁을 시작하라고 간청했다. 하지만 스위프트의 아이러니는 도덕적 개혁을 위한 그의 특징적인 방법이 풍자와 비꼼을 통해서였다는 점이다.

그는 픽션의 시도와 집필자적인 호소력을 통해 그 시대의 존경받는 이들을 조롱했다. 그 때문에 아일랜드에서 가난한 이들의 형편을 위한 지지를 얻을 수 없다는 것이 분명해졌을 때 그와 그의 친구들은 바보들에 대항한 활동에 관여하기 위해 스크리벨러스Scribelous 클럽을 세웠다. 스위프트는 풍자 소설 《걸리버 여행기》(1726)

로 가장 유명하다. 1729년 쓴 〈가난한 사람들의 아이들이 부모나 국가에 짐이 되는 것을 예방하기 위한 온건한 제안서〉는 아일랜드의 가난한 이들의 처우에 대한 충격적인 비판이었는데, 여기에서 그는 영국의 부재지주들의 식탁을 화려하게 장식했던 전통적인 거위들 대신 차라리 그들의 아이들로 대체되어야 한다는, 엽기적으로 비꼬는 주장을 했다.

조녀선 스위프트는 미쳤었나?

어떤 이들은 그의 후기 글들이 표현한 지저분하고 외설적인 관심에 기초하여 그가 미쳤다고 생각했다. 예를 들면, 1732년 자신의 시 〈그 숙녀의 의상실〉에서 여성이 몸을 씻고 빗질하고 옷을 입고 화장하는 과정을 통해 구역질 날 만큼 신체적 악취의 긴 목록을 병적으로 묘사하면서, 후반부에 다음과 같이 썼다. "구역질 난 스트레폰은 훔쳐가버렸다./그의 성적인 발작을 반복하며/오! 셀리아, 셀리아, 셀리아 제기랄!"

동시에, 스위프트는 또 하나의 이상한 시 〈아름다운 젊은 요정이 침대로 간다〉를 썼다. 이 시는 자신을 돋보이도록 만든 보철물들을 포함한 자신의 모든 부분들을 혐오스럽게 제거하는 여성에 관한 것이다. 스위프트는 여성들의 거짓에 대한 집착증이 있었다. 그는 영국 국교회의 목사였지만 자신의 학생이었던 에스더 바넘리와 17년간의 연애를 했는데 그녀의 동생인 에스더 존슨을 위해 그녀를 거부한다. 에스더 바넘리 혹은 스위프트에게는 바네사라고 알려진 그녀는 조지 비클리에게 유산을 남긴 친구였다

1742년에 스위프트는 정신과 기억력이 온전치 못한 것으로 판명되었고, 자신의 일들을 처리할 수 없었다. 1745년 스위프트는 사망하면서 정신 요양원을 설립하기 위한 토지를 남겼다. 하지만 그는 심리적인 원인들 때문에 미친 것이 아니었다. 그보다는 메니에르병이라고 하는, 당시에는 잘 이해되지 않았던 생리학적인 병인 미로성 현기증을 앓았다. 그의 마지막 유언은 "나는 바보이다"였다. 스위프트의 묘비에는 영어로 다음과 같이 쓰여 있다. "분노가 더 이상 마음을 괴롭게 할

마르키 드 사드는 누구인가?

도나시앵 알퐁스 프랑수아 드 사드(1740~1814)는 프랑스의 귀족(후작)으로, 충격적인 포르노적 작품들 《쥐스틴미덕의 불행들》, 《쥘리에트덕이 후하게 보상받다》, 《소돔의 120일부도덕함의 학교》, 《근친상간》, 《사랑의 범죄》들로 가장 잘 알려진 혁명가였다. 악과 죄에 집중하지 않았던 시대에 그는 자신의 작품들 때문에 30년을 감옥뿐 아니라 정신 요양소에서 보냈는데 사디즘이라는 용어는 그의 이름에서 나왔다.

마르키 드 사드의 삶에 관한 구체적인 사실들은 무엇인가?

사드는 콩데의 궁전에서 태어났다. 부친은 백작이었고 어머니는 공주의 시녀였다. 그는 예수회 소속 대학을 다녔고 7년 전쟁에서 기병연대의 연대장을 지냈다. 7년 전쟁 후 그는 자신이 사랑했던 여인의 언니와 결혼하여 두 아들과 딸 하나를 두었다. 1766년 그는 라코스트에 있는 자신의 성에 극장을 지었다(1990년대에 패션 디자이너 피에르 카르댕은 연극 제작을 위한 장소로, 그 성의 유물들을 구입하였다). 그는 방탕아였으며 종과 창녀들을 포함한 양성의 젊은 남녀들을 성적으로 학대했다고 한다. 그러다 1768년, 로즈 켈레르라는 여성을 납치하여 학대한 혐의로 기소되었다. 그 여성이 도망한 이후 그는 신성 모독죄로 기소되었는데, 이는 당시에는 성적인 범죄들보다 더 심각한 범죄였다.

그 후로도 파리의 창녀들이 사드의 학대에 대해 불평하자 그는 자신의 성

폐허가 된 사드 후작의 성(城).
외설적 집착으로 유명한 사드이지만 그의 성애에 관한 사고는 심리학과 철학 분야에 영향을 주었다.

으로 도피했다가 처제와 관계를 맺어, 그의 장모가 왕으로부터 체포 영장을 발부받았다. 계속되는 체포와 도주 동안 그의 아내는 공범이 되었다. 그는 바스티유에 투옥된 이후 샤랑통의 정신 병원에 감금되었는데 정신 병원에서 수도원장이 그에게 희곡을 쓰도록 허락했다. 1790년 그가 석방되었을 때, 부인은 그와 이혼했다.

사드의 노력의 지적인 덕목은 무엇이었나?

사드는 1790년에 국회에 선출되었고 직접 선거를 요구하는 정치적인 선전 책자를 썼다. 시몬 드 보부아르와 다른 20세기 실존주의자들은 그의 작품 속에 나타난 자유의 급진적인 원리를 해석했다. 인간의 삶에 있어 성(性)의 중요성에 대한 사드의 강조는 지그문트 프로이트를 앞질렀다고 일컫는다. 다른 이들은 그의 작품에서 허무주의의 씨앗을 보았다. 또 20세기의 심리 분석가인 자크 라캉은 사드의 윤리학은 이마누엘 칸트의 정언 명령과 상반된다고 주장했다. 20세기의 남녀평등주의자인 안드레아 드워킨(1946~2005)은 모든 이성애적인 포르노그래피의 폭력적이고 여성 혐오주의적인 특성을 보여주기 위해 사드를 분석했다.

오늘날에도 마르키 드 사드에 대한 관심은 여전한가?

그렇다. 사드는 매력적이고 불가사의한 영화의 주제로 자주 쓰였다. 1969년도 영화 〈드 사드〉가 독일에서 촬영되었고 감독이 누구인지에 대한 추측은 오늘날까지 지속되고 있다. 1996년 사드는 흥행작은 아니었던 〈암흑의 왕자Dark Prince〉로 다시 한 번 조명을 받았다. 가장 최근이 작품은 제프리 러시가 사드로, 케이트 윈슬렛이 마들렌(마르키와 관계를 맺는 10대)으로, 호아킨 피닉스가 쿨미어의 수도원 원장으로, 마이클 케인이 닥터 루아예콜라르로 출연한 2000년도 영화 〈퀼스Quills〉이다.

〈퀼스〉의 배경은 나폴레옹 시대의 프랑스의 한 정신 병원이며 사드는 그가 글에서 원색적으로 표현하는 육욕적이고 타락한 견해들 때문에 수감되었다. 투옥 동안에도 그는 자신의 원고들을 외부에서 출판되도록 했다. 나폴레옹은 이 사실에 신경이 쓰여 사드를 치료하도록 정신과 전문의인 루아예콜라르 박사를 보낸다. 루아예콜라르는 자신의 젊은 아내를 학대하는 위선자이다. 영화는 원장과 사드의 갈등을

보여준다. 원장은 서서히 미쳐가고, 사드는 자신의 견해가 다른 사람에게 끼친 영향 때문에 가책을 느낀다.

전체적으로 〈퀼스〉는 꾸밈없는 포르노그래피에 불과했을 작품과 공존했던 마르키 드 사드의 지속적이고 신랄한 풍자를 드라마화한, 미학적으로 세련된 영화로 평가받는다. 사드는 이성 시대의 낙관주의를 무시함에 있어 지배적인 무기를 사용했다.

19세기 철학

NINETEENTH CENTURY PHILOSOPHY

현대 철학적 사고의 기초인 19
세기 철학의 특징은 무엇인가?

19세기 철학자들의 사상 학파와 분석 방법들을 현대 철학가들이 여전히 사용하고 있다는 점에서 철학은 19세기에 완전히 현대화되었다고 할 수 있다. 현대 철학은 경험주의와, 경험주의에 반하는 반응들로 특징지을 수 있다. 현대 철학은 여전히 그 토대 위에서 연구하는 동시대의 사상가들을 위한 고전적인 기반으로 사용되고 있는 일련의 탐구들이다. 현대 철학의 주요 창시자들은 19세기와 20세기 초반에 번성했는데, 실존주의와 현상주의 혹은 대륙 철학, 미국 철학 즉 실용주의, 현재 과학철학으로 알려진 것을 포함한 앵글로 아메리칸 분석철학 그리고 후기 구조주의, 후기 현대주의, 남녀평등주의 그리고 인종과 후기 식민주의 철학을 일으킨 문제들로 무대를 세웠다.

현대 철학의 특징적 각인은 다른 분야들을 철학적으로 새롭게 인식하는 것이었다. 즉 사회 비평, 정치학, 물리학, 심리학, 수학, 논리학 그리고 문학과 철학적 사고의 창시자이며 대상인 인간에 대한 새로운 이해들이다.

19세기 경험주의

19세기 경험주의에 영향을 미친 것은 무엇인가?

경험주의는 과학, 윤리학, 정치학 분야에 적용되면서 전반적인 철학적 방법론으로 체계화되었다. 이는 서로의 의견에 동의하지 않던 두 사람, 즉 윌리엄 휴얼과 존 스튜어트 밀 그리고 실증주의라 불리는 새로운 사상 학파를 창설한 세 번째 인물인 오귀스트 콩트의 작업 때문이다.

콩트는 사회학을 창설하는 데에도 중요했으나 그의 방법론 때문에 경험주의자로 간주된다. 휴얼은 과학과 그것의 대중화에 주력했다. 밀은 그의 경험주의가 휴얼의 경험주의보다 경험주의 철학자들에 의해 더 쉽게 수용되었으므로 경험주의적 과학에 대한 유기적인 설명을 철학 분야로 이끌어올 수 있었다. 밀은 또한 경험주의를 윤리학, 정치철학 그리고 여성들을 위한 권리로 확장하였다. 콩트는 지금까지 가장 극단적인 경험주의자였다. 그리고 20세기에 실증주의는 일반적으로 철학을 하는 방법으로 다시 연구되었다.

윌리엄 휴얼

윌리엄 휴얼은 누구인가?

윌리엄 휴얼(1794~1866)은 기계 역학, 광물학, 지질학, 천문학, 정치 경제학, 신학, 교육, 법, 건축, 윤리학, 과학철학, 그리고 그가 "조수학tideology(조수 간만의 흐름을 연구하는 분야)"이라 명명했던 분야에 기여한 박학자였다. 그는 과학의 발전을 위한 영국 협회의 창설자이자 회장이었고, 로열 소사이어티의 특별 회원이었다. 휴얼은 예술가와 비슷한 과학자라는 용어를 발명했으며 19세기의 영국 교육에 있어 가장 큰 영향력을 끼친 인물이었다.

휴얼의 생애에 관한 주요 사실은 무엇인가?

윌리엄 휴얼은 1794년에 랭커스터에서 출생했다. 그의 부친은 목수였으며 어머니는 시인이었다. 헤버섐 문법 학교에서 수학했으며 장학금으로 케임브리지의 트리니티 대학을 다녔다. 그는 스물여섯 살이던 1820년에 왕립학회 회원에 선출되었고 영국 국교회 목사로 임명받은 후에 1828년부터 1832년까지 트리니티 대학 광물학과의 학과장이 되었다. 1838년에는 윤리철학과의 교수가 되었다.

휴얼은 코델리아 마셜과 결혼하였고, 트리니티 대학의 학장과 케임브리지 대학의 부총장이 되었다. 코델리아가 사망하자 친구의 누이인 레이디 애플렉과 재혼했는데 그녀가 사망한 뒤 휴얼은 승마 사고로 세상을 떠났다. 그의 업적은 20세기 중반까지 대부분 도외시되었다가 그의 경험주의적이고 이론적인 업적에 대한 관심이 불붙으며 엄청나졌다.

휴얼의 지식의 토대가 되는 대조는 무엇이었나?

휴얼은 지식의 모든 행동에 우리가 관념과 인식이라고 부르는 두 가지의 반대되는 요소가 있다고 주장했다. 휴얼은 이마누엘 칸트의 영향을 받아, 과학적인 정보가 세상의 객관적인 사실에 대한 순전한 모음이 아니며 과학적인 지식에 도달하기 위해서는 관념의 사전 체계가 필요하다는 칸트의 믿음을 공유했다. 하지만 칸트처럼 적극적으로 과학적인 지식을 위한 가능성을 추구하지는 않았다. 즉, 칸트와 달리 휴얼은 인간에게 알려진 세계는 인간의 마음으로부터 독립적으로 존재한다고 생각했다. 휴얼은 자신이 감각론 학파라고 부른 것 속에서 귀납법과 관찰을 강조한 경험주의자들처럼 나아가지도 않았다.

윌리엄 휴얼은 과학의 방법을 어떻게 기술했는가?

휴얼은 1837년에 펴낸 《귀납과학의 역사》에서 과학적 방법론을 3단계 과정으로 기술했다. 고립된 사실들이 주어지는 "도입부"로 시작하여, 규칙들 혹은 일반화된 사실들을 향해 개진되는 중간 과정을 거쳐, '귀납적 기간' 동안 과학자들에 의해서 하나의 이론으로 만들어지는 "종합화" 단계에 이르게 된다. 여기서 마지막 단계는 이론이 더욱

세련화되고 새로운 사실들에 적용되기도 하는 후속 과정과 연결된다.

윌리엄 휴얼의 감각론 학파는 무엇을 의미하는가?

휴얼은 모든 지식이 감각적인 경험의 결과라고 주장하던 경험론자들의 견해를 무시하려 했다. 혹은 휴얼이 생각한 것은 단순한 감각이었다.

윌리엄 휴얼의 주된 관념은 무엇이었는가?

휴얼은 공간, 시간, 원인, 유사와 같이 무의식적인 추론을 가능하게 함으로써 사물에 대한 우리의 인식을 이끌어내도록 우리가 감각들을 구조화하고 관련지을 수 있도록 해주는 특정한 근본적인 관점들을 가정했다. 그는 각각의 과학들이 주제를 인식하는 각각의 특별한 근본적인 관념을 가지고 있다고 생각했다. 예를 들면, 기하학을 위해서는 공간의 관념, 역학을 위해서는 원인의 관념, 화학을 위해서는 물질의 관념 등이다. 과학의 근본적인 관념들은 역학에서 원인의 관념이 힘의 관념으로 수정되듯이 과학의 요구 조건들을 충족시키기 위해 수정될 수 있다.

윌리엄 휴얼은 어떤 면에서 이마누엘 칸트와 이견을 보였나?

휴얼은 근본적인 관념들의 수를 제한하지 않으며, 우리가 우리의 근본적인 관념들과는 독립적으로 현재 존재하는 세계에 대한 객관적인 지식을 가질 수 있다고 주장한 점에서 칸트와 이견을 보였다. 한편, 칸트는 우리는 사물의 본질을 알 수 없으며 우리의 범주들이 우리로 하여금 이해가 가능하도록 해주는 것들만 알 수 있다고 주장했다. 휴얼은 신을 우리의 근본적인 관념들의 창조주라고 가정하며 신이 그것들을 창조하였기에 이러한 관념들이 현실과 일치한다고 주장했다.

윌리엄 휴얼의 귀납법 이론은 무엇이었나?

《그들의 역사 위에 세워진 귀납적인 과학들의 철학》(1840, 개정판 1847, 증보판 1858)에서 휴얼은 현상학적인 법이나 일반화 그리고 인과법이나 일반화를 구성하기 위해 사용되는 발견자의 귀납법에 집중했다. 이것이 그가 종합을 프랜시스 베이컨의 원리들의 혁신이라고 묘사했던 대목이다.

종합에서 마음은 일반화하는 데 사용될 수 있는 개념을 사실들에 덧붙인다. 예를 들어, 휴얼은 천문학자 요하네스 케플러가 화성의 궤도들을 종합한 것으로 기술했다. 휴얼은 발견은 새로운 사실의 결과로 일어나지 않으며 올바른 개념을 존재하는 사실에 적용함으로써 일어난다고 주장했다. 그러므로 휴얼에 의하면, 케플러는 그의 일식 개념을 덴마크의 천문학자인 튀코 브라헤에 의해 이미 수집된 화성의 궤도에 대한 사실들에 적용했다.

휴얼은 사실들을 종합하기 위해 올바른 개념을 선택하는 것은 단순한 관찰이나 추측에 의해 이루어질 수 없고, 보는 것보다 더 많은 것을 추론하는 마음속의 특별한 과정을 필요로 한다고 믿었다. 일단 이론들이 완성되면 이것들은 빛의 파장, 궤도의 모양 그리고 중력과 같은 보이지 않는 것들로 확장될 수 있다. 달리 말하면, 휴얼은 우리가 항상 우리로 하여금 경험을 해석하고 그것을 능가하도록 도와주는 무언가를 마음속에 지닌 채 경험에 접근한다고 생각했다.

영국 과학 협회란 무엇인가?

영국 과학 협회의 목적은 과학을 장려하고 과학과 기술이 대중에 다가가도록 하는 것이다. 그러나 협회의 웹사이트에는 협회의 주요 창설자로 윌리엄 휴얼이 아닌, 1815년 만화경을 발명한 데이비드 브루스터가 등재되어 있다.

협회는 현재 3000명의 회원이 있으며 주로 과학의 대중화에 관심을 기울이고, 1만 2000명의 회원을 가진 젊은 과학자 프로그램을 지원하고 있다. 1932년 이래 매년 영국 과학 협회는 수백 명의 연설자들을 통해 과학 축제를 열어왔다. 다음의 웹페이지에서 협회의 현재 활동을 알 수 있다. http://www.the-ba.net/the-ba/.

윌리엄 휴얼은 추론 결과의 일치, 일관성, 예측성 등이 이론들을 테스트하기 위해 어떻게 적용되어야 한다고 생각했나?

과학 이론들은 추론 결과의 일치, 일관성 그리고 예측성의 시험을 통과해야 한다. 일치는 이론을 검증하는 새로운 경우를 일컫는다. 이론의 일관성은 새로운 종류의 사실들을 설명하는 능력이다. 이론의 일관성은 시간이 경과할수록 증가해야 한다. 또한 예측들은 정확해야 한다. 일단 이론들이 그러한 테스트들을 통과하면 이론들과 기초적인 과학적 원리들은 필수적인 것이 된다. 이론들의 의미를 이해했다면 이론들을 부정하는 것은 모순이다.

존 스튜어트 밀

왜 존 스튜어트 밀이 중요한가?

존 스튜어트 밀(1806~1873)은 오늘날까지 미덕 윤리학과 의무론과 더불어 세 개의 주요 철학적 도덕 체계 중 하나인 공리주의를 성문화한 윤리학에 대한 업적 때문에 연구되고 있다. 하지만 그는 영국의 진보주의자로서 중대한 정치적인 영향력을 가졌으며, 과학의 경험주의적인 철학을 성문화하였다. 민주주의의 발전과 과학철학에 대한 그의 기여는 너무나 영향력이 커 그 권위를 추적할 필요도 없이 정치적으로나 과학의 정의들의 측면에서 당연하게 여겨진다.

존 스튜어트 밀의 업적들은 무엇인가?

밀의 부친의 관심과 인맥은 아들의 인생 방향을 설정했다. 하지만 밀은 궁극적으로 자기 삶의 경험과 부인의 영향 때문에 스스로의 길을 선택했다. 밀의 부친 제임스는 철학자이자 경제학자이며 동인도 회사의 관리였다. 존 스튜어트 밀 역시 영국 정부가 1857년 인도에서 회사의 경영권을 인수하여 은퇴할 때까지 일했다. 밀은 1830년대에 〈웨스트민스터 리뷰〉를 편집하였고, 1865년과 1868년에는 국회 의원 신분이었다. 전반적으로 밀은 영국의 교육받은 대중이 정치, 사회, 경제적인 문제들

에 대한 과학적인 해결책을 수용하도록 하는 데 전념했다. 하지만 그의 일생을 살펴
보면 인본주의적인 관심에도 큰 가치를 부여했음을 알 수 있다.

존 스튜어트 밀의 중요 출판물은 무엇인가?

《논리학 체계》(1843)에서 밀은 논리학에서 사실에 대한 결론들이 어떻게 정당화되
는가를 보여주는 증거의 체계를 덧붙였다. 또한 프랜시스 베이컨의 인과관계 분석
을 현대화하였고, 원인들이 논리적으로
결과와 연관되어 있지 않으며 인과관계
들은 사건의 유형들의 지속적인 결합에
불과하다는 데이비드 흄의 이론을 발전
시켰다.

《정치적인 경제의 원리들》(1848)에서
밀은 경제학에서 측정된 것과 환경 보전
과 인구 제한 같은 인간적인 가치들 사
이의 차이를 인식하였다. 그는 이상적인
경제는 노동자들이 소유한 협동체로 구
성되어 있어야 한다고 주장했다.

존 스튜어트 밀은 영국의회 의원이었으며, 정치이론
가, 경제학자이자 공리주의 철학자이기도 했다.

밀의 《자유에 관하여》(1859)는 사회적 의견의 수평 효과에 대한 공격으로, 그의 가
장 열정적인 업적이었다. 밀은 민주적인 사회는 삶의 방식에 있어 많은 개인적인 실
험을 허락하지 않는 사회의 구성원들에 대한 제약들을 강요한다고 생각했다. 보다
보수적이던 동시대의 인물들은 그가 옹호했던 의견의 자유뿐만 아니라 다른 이들이
악으로 간주하는 것이 그들을 해롭게 하지 않는다면, 그들은 그 악을 행하는 개인에
게 간섭할 권리가 없다는 그의 생각에도 반대했다. 그의 《공리주의》(1861)는 최대 다
수를 위한 최대 행복을 주장했고, 가장 큰 선은 행복이라고 정의했다.

그의 《여성의 종속화》(1869)은 고전적인 남녀평등 저서로 남아 있다. 그리고 마지
막 저서 《종교에 관한 세 편의 에세이》(1874)는 종교에 대한 이성적인 견해였지만 불
가지론이나 무신론적이지 않았다. 밀은 신은 있지만 세상에 존재하는 인간의 고통

이 신이 인간에 대해 자비롭지 않은 것처럼 만들어버렸다고 추론했다.

존 스튜어트 밀은 제러미 벤담의 쾌락 이론을 어떻게 생각했나?

제러미 벤담은 그 자체로서 유일하게 선한 것은 쾌락이라는 개념을 소개하였고, 밀이 윤리학을 저술할 때까지 벤담의 개념은 벤담의 쾌락 원칙으로 널리 알려져 있었다. 그런데 밀은 쾌락의 가치는 인정하였으나 행복에 더 관심이 있었다.

존 스튜어트 밀은 높은 수준의 쾌락과 낮은 수준의 쾌락의 차이를 어떻게 정의했나?

밀은 단순한 양적 계산이 도덕적 결정을 내리는 데 사용될 수 있다고 생각하지 않았다. 그는 즉각적이고 신체적인 충족 또는 기쁨과 관련된 낮은 수준의 쾌락들과, 늦게 찾아오는 만족과 이를 위한 노력을 요구하는 높은 수준의 쾌락이 있다고 주장했다. 예술, 문학, 시 그리고 우정의 배양과 향유에서 찾을 수 있는 높은 수준의 쾌락들은 낮은 수준의 쾌락들보다 나은 것이다. 높은 수준의 쾌락들이 더 낫다는 밀의 증거로 거론된 것은 낮은 수준의 쾌락과 높은 수준의 쾌락을 둘 다 겪은 이들의 경험담이었다.

존 스튜어트 밀은 사회주의자였나, 자본주의자였나?

실용성의 원칙을 정부와 사회단체에 적용함에 있어 밀은 자유 시장의 생산적인 결과들을 인정했다. 하지만 그는 생산의 공공 소유가 극단적인 가난을 제거함으로써 더 많은 사람들에게 혜택을 줄 것이라고 생각했다. 그는 시민들이 정보를 잘 받고 정부가 감정에 기반을 둔 단순한 다수의 다스림이 아닌 한, 민주적인 정부를 믿었다.

존 스튜어트 밀은 성장 과정에서 쾌락의 원리에 심취할 많은 기회를 가졌나?

쾌락의 원리는 제러미 벤담의 공식과 동일하게 밀의 청년기에 적용되지 않았다. 비록 그것이 밀의 심화된 공리주의에 있을지라도 여기에선 높은 수준의 쾌락과 낮은 수준의 쾌락을 구별했다. 밀의 아버지 제임스는 친구 벤담의 도움으로 어린 밀을 집에서 교육시켰다. 존은 세 살 때 그리스어를, 다섯 살 때에 라틴어를, 열두 살까지 논리학을, 그리고 열여섯 살까지는 경제학을 배웠다. 또한 그는 진보적인 정치적 프로그램들을 통해 최대 다수를 위한 선을 증진시키는 사회적인 사명 속에 교육을 받았다. 덕분에 밀은 스무 살 때 신경 쇠약에 걸렸다. 전기 작가들은 그의 엄격했던 어린 시절 교육이 정서 불안의 원인이었다고 믿는다. 그의 교육에서는 인문학이 소외되고 또래 집단과의 사회적 교류 또한 공부를 위해 제한되었다.

그 후 밀은 좀 더 인문학적인 감수성을 발달시키기 위해 문학 과정을 시작한다. 그는 낭만주의 시와 요한 볼프강 폰 괴테를 읽었고, 벤담의 단순한 쾌락의 계산법을 다시 생각하기 시작했다. 결과는 수준 높은 쾌락과 수준 낮은 쾌락 간의 밀의 유명한 구별과, 벤담의 성격을 망각적이고 교양이 없다고 가차 없이 평가하는 것으로 나타났다. 1838년에 《런던》과 〈웨스트민스터 리뷰〉에서 처음 출간되고, 1859년 자신의 《논문들과 토론, 제1권》을 위해 개정된 에세이 《벤담》에서 말이다.

존 스튜어트 밀은 왜 다수의 지배를 불신했나?

밀은 《자유에 관하여》(1859)에서 사회 전체가 다수의 단순한 의견과 열망에 의해 흔들릴 수 있다고 주장했다. 이러한 이유로, 언론의 자유는 필수적이었다. 설령 언론의 자유를 억압하려는 이들이 옳다 해도 그들이 자신들의 주장을 새로 제기하지 않는다면, 그들은 올바른 결론을 단순한 미신으로 만들어버릴지도 모른다. 그래서 밀은 일반적으로 이성적인 인식론이나 지식을 구성하는 것에 대한 공유된 이론을 장려함에 있어 언론의 자유의 유용성 때문에 표현의 자유를 신뢰했다.

그는 사람들이 단순한 의견에 반대하고 알려진 것에 기초하여 기준을 갖는 것이 중요하다고 생각했다. 밀에 의하면, 만약 언론의 자유가 있고 대중의 불일치가 있다면, 지배적인 정당들은 자신들의 견해에 대한 이유를 제시해야 한다. 달리 말해, 밀은 언론의 자유가 좋은 논쟁들을 장려할 것이며 좋은 논쟁들은 정보를 얻은 대중을 낳을 것이라고 생각했다. 밀에 따르면, 지식은 이성과 믿음의 정당화를 요구했다.

존 스튜어트 밀의 공리주의 공식은 무엇인가?

밀은 유용성의 원리가 개인의 행동과 집단적인 가치들을 설명하는 데 어떻게 사용될 수 있는지를 보여주었다. 자신의 행복을 추구하는 개인들의 결과로서, 개인적인 목표로서 사회의 선이 하나의 결과일 수 있다. 밀의 설명에 의하면, 정의와 같은 사회적 가치들은 단순히 추상적인 것들로 사회를 이롭게 하지 않으며 개인들이 사회적 가치들을 자신들의 삶 속에서 추구할 때만 이롭다.

존 스튜어트 밀의 종교적 믿음에 대한 최종 평가는 무엇이었나?

밀은 이 세계의 악을 볼 때 전능하면서도 인간을 사랑하는 신이 존재하는 것은 불가능하다고 결론 내렸다. 대신 덜 전능하지만 그럼에도 불구하고 자비로운 신이 존재할지 모른다고 생각했다. 전체적으로 밀은 인간이 교육의 향상과 사회적인 단체들을 통해 지상에서 자신들의 행복을 통제할 수 있다고 믿었다. 그럼에도 그는 자신들의 도덕을 예수 그리스도의 가르침에 기초하여 형성한 사람들에게서 종교의 유용성을 보았다.

《여성의 종속화》에서 보여진 존 스튜어트 밀의 진보적 사고는 무엇이었나?

밀은 이성에 근거한 입장보다 비이성적인 근거들에 기초한 입장에 대항하여 논쟁하는 것이 더 어렵다고 말하면서 《여성의 종속화》(1869)를 시작한다. 르네 데카르트도 《명상록》 도입 부분에서 유사한 주장을 했다. 비이성적인 견해들을 주장하는 이들은 이성적인 논쟁에 의해 자신들의 견해를 바꾸도록 설득당하지 않을 것이며, 그것이 본능의 결과라고 주장할 정도로 자신들의 의견을 위한 더욱 심오한 기초를 찾으려 할 것이다.

이는 밀이 글을 쓰던 당시의 여성의 상황이 단순히 남성으로 태어났기에 모든 남성들이 누렸던 권력과 더불어 힘이 곧 정의라는 오랜 역사적 전통의 결과물이었다는 밀의 주장을 위한 단초를 제공했다. 그는 이러한 상황을 몇 가지 근거에 기초해 노예제도에 비유했다. 여성들은 교육과 생산적인 고용을 위한 수단들을 박탈당한 채 그들의 생계를 위해 남성들에게 전적으로 의존했다. 여성들은 결혼 생활에서 자신들의 육체나 자녀들에 대한 통제권이 없었다. 여성들은 투표하거나 토지를 소유할 권리와 같은 시민으로서의 권리가 없었다. 그리고 여성들은 법적인 도움 없이 결혼 생활에서 폭력과 성폭력에 노출되었다. 또한 밀은 여성들이 멍청함, 외모에 대한 집착 그리고 남성에 대한 경배나 순종과 같이 자신들을 남성들에게 바람직한 종속물로 만들려는 마음과 성격의 특성들을 나타내도록 훈련받는다고 주장했다. 남성들은 모든 여성들이 아내와 어머니가 되기를 원한다고 생각했는데, 이러한 점은 남성들이 여성을 교육과 전문적인 직업에서 제외시키는 것을 모순되게 만들었다. 또한 비록 결혼이 계약 관계처럼 보여도, 여성들은 결혼의 유무를 승낙할 어떠한 자유도 갖지 못했다. 그 이유는 그들 스스로 생계를 꾸릴 수 없었기 때문이다.

여성들이 남성들과 동등한 존재가 아니라는 기성의 주장들에 반하여, 밀은 여성들이 결혼에서의 그들의 상황과 교육의 부재에 의해 억압받고 있는 한, 남성들은 여성들의 참된 능력이 무엇인지 거의 알지 못한다고 주장했다. 그는 최고의 남성적인 성격들과 최고의 여성적인 성격들은 분명 동등하다고 주장했다.

존 스튜어트 밀의 결혼에 대한 견해는 무엇이었나?

밀은 인간의 덕은 대등한 사람들 간의 우정에서 가장 활발하게 꽃피운다고 결론지었으며 서로의 기호와 능력을 획득하여 두 성격을 실제로 풍요롭게 하는 것이 결혼의 이상이라고 결론지었다. 공리주의자로서의 밀은 결혼을 위해 대등한 두 사람 간의 우정의 이상을 정당화했다. 그는 이러한 이상이 인류의 전반이 여태까지 히지 못했던 문명사회에 대한 기여를 하도록 허락할 것이라고 주장했다. 또한 그는 여성들이 이미 도덕적인 힘과 이타적인 충동들을 보여왔고, 시민과 직업을 가진 여성들의 참여가 문명화된 가치들을 발전시킬 것이라고 믿었다.

존 스튜어트 밀의 여성에 대한 견해는 어떤 영향을 미쳤나?

밀은 교육받은 남성들이 여성들의 전통적인 역할을 감상화하는 것이 유행이던 시기에 이러한 견해를 표현했다. 예를 들면, 그러한 감성화는 사회사상가이자 비평가

인 존 러스킨의 《깨와 백합》이나, 영국 작가이자 비평가인 코번트리 팻모어의 《집의 천사》에서 보인다. 많은 종교 권위자들과 정치 지도자들이 이러한 밀의 의견에 분노하고 충격을 받았다. 한편으로, 여성 참정권 운동은 이미 영국과 미국에서 시작되었는데 유명한 철학자이며 대중적인 인물인 밀의 지지는 큰 도움이 되었다.

그럼에도 불구하고, 여성들이 양국에서 선거권을 얻은 것은 《여성의 종속화》(1869)가 출판되고 50년이 지나서였다. 밀이 여성들을 위해 옹호했던 권리들은 현재 대부분 당연시되지만 어떤 남녀평등주의자들은 밀이 가정 내의 가사 분담 문제를 언급하지 않은 것이 여성 해방을 위한 그의 주장들을 불완전하게 만들었다고 믿는다. 일단 해방되더라도 대다수의 여성들은 여전히 아내와 어머니로 살기를 선택할 것이라는 밀의 기본적인 가정도 마찬가지였다. 그리고 밀이 여성의 개인적인 발전을 강조한 것은 인간으로서 여성들의 자주적인 측면에서라기보다는 그들의 전통적인 역할의 측면에서였다.

존 스튜어트 밀의 논리학과 과학적 방법론에 관한 견해는 무엇인가?

무엇보다도, 밀은 연역적인 논리는 증거를 위해 직관이 아니라 오히려 내적인 일관성에 의존한다고 주장했다. 모든 과학의 근본적인 가정들이나 원리들은 경험에 기초하고 있다. 자연이 일치하며 질서 정연하다는 공유된 과학적 원리는 연역법을 통해 예들을 확인하는 간단한 계산으로 증명된다. 더 구체적인 인과관계의 설명은 필요충분조건들을 요약하는 것 이상을 한다. 결과가 일어날 때 필요조건은 반드시 존재해야 한다. 충분조건이 존재할 때 결과는 반드시 존재해야 한다. 예를 들면, 뇌에 총알이 박히면 대부분의 경우 죽음을 초래한다. 하지만 사람들은 다른 원인들로도 죽기 때문에 필요조건은 아니다. 산소는 불을 일으키기에 필요조건이다. 하지만 불은 산소뿐 아니라 마찰과 발화 물질도 필요하기 때문에 충분조건은 아니다.

또한 밀은 산수와 기하학의 기본적인 원리들은 연역법으로 증명될 수 있다고 생각했다. 그는 오귀스트 콩트와 더 일반적인 과학들에 대한 법칙들은 좀 더 특수한 과학들에 관해 알려진 사실들로부터 도출될 수 있다는 사회과학에 대한 통합적인 견해에 동의했다. 예를 들어 개인 행동 관찰은 심리과학을 낳을 수 있고, 개인들의 심리 관찰은 사회과학 혹은 사회학을 낳을 수 있다. 그러나 수학과 사회과학 분야에서의 많은 이론적인 작업들은 밀의 견해가 유용하다고 보지 않았다.

해리엇 테일러(1807~1858)는 존 스튜어트 밀의 부인이었다. 그는 신경 쇠약에서 회복되고 있던 스물다섯 살 때 그녀를 만났다. 그녀는 열여덟 살 때 존 테일러와 결혼해 그와의 사이에 세 아들을 두었다. 밀과 해리엇 테일러는 해리엇의 남편이 결혼한 지 20년 후 사망할 때까지 플라토닉 관계를 유지했다. 한번은 테일러 부부가 별거에 들어가 해리엇은 자신의 딸과 함께 살았고, 존은 세 아들을 양육했다.

어떤 남녀평등주의자들은 해리엇이 밀의 《여성의 종속화》와 《자유에 관하여》와 같은 다른 작품들의 실제 저자라고 믿는다. 밀은 후자의 작품에 대한 그녀의 공을 인정했다. 테일러와 동시대를 살았던 중상모략가들은 그녀를 가리켜 "멍청한 여자"라고 했는데, 그녀가 단지 밀의 의견을 되풀이하는 데에만 능숙해 보였기 때문에 밀의 조력자처럼 보인다고 했다. 테일러는 자신의 이름으로 거의 출판하지 않았다. 그녀는 여성들의 권리를 위한 최초의 탄원을 실시했던 켄싱턴 협회의 창립 회원이었으며 〈먼슬리 리포지터리〉라는 유니테리언교의 저널에 글들을 기고했다. 밀은 그녀에게 대단히 헌신적이었으며 그녀가 죽은 후에 다음과 같이 썼다.

"내가 그녀의 무덤 속에 묻힌 위대한 사상들과 고귀한 감정들의 절반이라두 세상에 해석해줄 수 있다면, 그녀로부터 도움을 받지 않고 내가 쓸 수 있는 어떠한 작품보다도 나는 세상에게 더 위대한 도움이 되는 매개체가 될 것이다."

오귀스트 콩트

오귀스트 콩트는 누구인가?

이시도어 마리 오귀스트 프랑수아 사비에르 콩트(1798~1857)는 당대의 저명한 사회학자로서 영향력을 가졌으며 '소셜로지'라는 용어를 만들어 내기도 했다. 그는 최초의 서구 사회학자였다. 콩트는 자신이 수학했던 파리의 폴리테크니크에서 한동안 수학을 가르쳤다. 입원을 한 적이 있을 정도로 정신병이 그의 작업을 방해했지만 그래도 그가 (이혼으로 끝난) 결혼 생활 동안 자신의 주요 작품들을 완성할 수 있을 만큼 안정되었다. 이후 플라토닉 관계로 사랑했던 여인이 죽자, 그는 새로운 인류의 종교를 창설하려는 사명감을 가졌다.

오귀스트 콩트는 "사회학"이라는 용어를 주조한 것으로 평가받는다.

콩트는 1830년부터 1832년까지 여섯 권의 책으로 된 《실증주의 철학 강좌》를 썼다.

콩트의 실증주의는 무엇이었나?

콩트는 오늘날까지 통계학과 비즈니스 모델에서 결정을 내리는 데 필요한 자료 연구에 수학을 사용하는 것을 옹호했다. 그는 우리의 지식이 모두 관찰로부터 오며, 관찰될 수 없는 물리적 물체에 관해 무언가를 아는 것이 불가능하다고 역설했다. 콩트는 과학의 목적은 예측이며 설명은 예측과 동일한 구조를 가지고 있다고 말했다. 콩트가 의미한 것은, 일어날 일에 대한 예측을 발생시키는 이론은 이미 일어난 일도 설명할 수 있다는 것이다. 예를 들어, 우리의 이론이 마찰, 산소 그리고 인화 물질이 불을 일으킬 것이라고 가정하자. 이로부터 우리는 성냥을 긋는 일이 불꽃을 일으킨다는 것을 예측할 수 있다. 또한 왜 성냥을 긋는 것이 불을 일으키는지를 설명할 수 있다. 콩트는 상상은 항상 관찰에 의해 확인되어야 한다고 생각했다.

오귀스트 콩트의 사회학에 대한 견해는 무엇이었나?

콩트는 모든 과학의 분야에는 신학적, 형이상학적 그리고 과학적인 혹은 확증적인 세 가지 역사적인 단계가 있다고 믿었다. 신학적 단계는 초자연 세계의 종교적인 제한이나 믿음을 포함한다. 형이상학적 단계는 권위자 위에 정치적인 자유의 정당화를 포함한다. 과학적 단계에서는 사회 문제에 대한 해결책이 발견될 수 있다. 단계들의 이러한 법들을 결합함으로써, 콩트는 일종의 '백과사전적인 법'을 발전시켰다. 이에 따르면, 모든 과학들은 위계질서상에서 순서를 매길 수 있는데 사회학이 가장 높고 모든 다른 과학들을 포함하였다. 콩트는 다음과 같이 썼다. "모든 이론이 관찰된 사실들에 기초해야 하는 것이 사실이라면 사실들이 이론들의 지도 없이 관찰될 수 없다는 것도 동일하게 사실이다." 그러므로 그는 사실들과 이론들 사이에 상호 관련성을 주장했는데, 이는 오늘날까지도 유효하다.

오귀스트 콩트는 이타주의를 믿었는가?

그렇다. 사실 콩트는 자기 자신의 이익에 대가나 희생을 치르더라도 남을 돕고 섬기는 의무를 의미하는 이타주의라는 말을 탄생시켰다.

직관주의

19세기의 직관주의는 무엇이었나?

모든 철학적인 체계들은 추론할 수 없거나 이전의 논증에 의해 입증될 수 없고 의심을 해결할 방법이 없는 직관을 위한 자리를 어느 정도 가지고 있다. 윌리엄 휴얼의 과학철학은 종종 아주 추론적이기는 하지만 직관적이었다. 그러나 휴얼은 명백히 직관주의자의 도덕 이론을 가지고 있었다. 다른 주목할 만한 19세기 직관주의자들은 윌리엄 해밀턴, F. H. 브래들리, 헨리 시지윅, 제임스 마티노, 그리고 19세기 말과 20세기 초에 앙리 베르그송이 있었다.

윌리엄 휴얼의 직관주의적 도덕 철학은 무엇인가?

휴얼은 양심이 도덕적인 선과 악의 인식을 가능케 한다고 주장했다. 하지만 그는 양심을 별개의 도덕적 능력으로 보지 않고 "도덕적인 주체들에 행사되는 이성"으로 보았다. 도덕적인 법들은 이성 자체에 의해 발견될 수 있는 이성의 중요한 원칙들이다. 그는 도덕적인 법들을 자명한 필수적인 진실들로 간주했다.

<table>
<tr><td>

존 스튜어트 밀은 윌리엄 휴얼의 도덕적 직관주의를 어떻게 비판했나?

</td><td>

휴얼의 도덕적 직관주의에 대한 밀의 비판은 직관주의가 필요한 진실들이 언제나 진리이기 때문에 도덕은 발전할 수 없다는 점을 암시한다는 점이었다. 밀은 더 나아가 휴얼이 필수적인 도덕적 진리들은 현상을 유지시킬 수 있다고 주장한 것과 노예 제도, 여성의 동의 없는

</td></tr>
</table>

결혼, 그리고 동물에 대한 잔혹 행위를 지지한 점을 비판했다. 하지만 밀은, 과학의 근본주의 견해들과 더불어 휴얼은 우리가 도덕과 관계있는 모든 법을 알지 못할 것이라고 주장했다는 점을 간과했다. 그러므로 이러한 규칙들을 발견하는 것이 도덕적인 진보를 허락했다.

스코틀랜드의 상식 철학은 무엇인가?

토머스 리드와 데이비드 흄이 주장한 인간 지식에 관한 현실주의자의 견해는, 우리가 아는 것은 세계의 실제 사물이며 관념이 아니라는 것이다.

윌리엄 해밀턴은 누구인가?

윌리엄 해밀턴(1788~1856)은 에든버러의 스코틀랜드 대학 교수였다. 그는 스코틀랜드의 상식 철학에서 조건화된 철학philosophy of the conditioned으로 유명하다.

그는 우리가 사물의 본질을 알 수 없다는 이마누엘 칸트의 주장에 동의했을 뿐 아

니라 토머스 리드의 자연주의에도 동의했다. 우리가 세상의 사물들을 직접 안다는 리드의 견해와, 우리가 사물들을 본질 자체로 알지 못한다는 칸트의 견해는 모순되는 것이다. 해밀턴은 그것들이 직관을 통해 통합될 수 있다고 믿었다.

존 스튜어트 밀은 《윌리엄 해밀턴 경의 철학에 대한 조사》(1865)에서 과학적인 원리들이 직관적으로 타당하며, 밀이 생각하였듯이 인과론적인 설명을 제공할 수 있는 능력 때문에 타당한 것이 아니라는 해밀턴의 인식을 강하게 공격했다.

윌리엄 해밀턴의 조건화된 철학은 무엇인가?

해밀턴은 기술되거나 분류된 것을 조건화되었다고 부르고, 기술이나 분류되지 않은 것을 조건화되지 않았다고 불렀다. 그의 철학은 조건화된 것과 조건화되지 않은 것 사이의 균형을 창조하려는 시도였다. 해밀턴은 사고로 품을 수 있는 모든 것은 서로에게 모순되어 둘 다 진리일 수 없으나 상호 모순되어 한 가지는 진리여야 하는 두 개의 극단 사이에 존재한다고 기술했다. 마음의 법은, 즉 생각 가능한 것들은 모든 관계 속에서 생각이 불가능한 것들에 묶여 있다. 해밀턴은 무한한 것은 인식 불가능하고 생각할 수 없다는 신학적인 믿음을 주장했다.

프랜시스 허버트 브래들리는 누구인가?

프랜시스 허버트 브래들리(1846~1924)는 19세기 영국 합리주의의 주된 창립자이지만 직관론자로도 영향력이 있었다. 그의 주요 업적은 《윤리학 연구》(1876)인데, 도덕이 어떻게 개인의 의식과 사회적인 제도들이 일부가 될 수 있는지를 실명하려 했다. 그는 개인들이 도덕이 자신들의 사회적인 지위에 따른 행동 속에서 스스로 실현시켜야 하는 본질적인 가치라는 것을 믿어야 한다고 주장했다. 선한 자아들은 나쁜 자아들이 억압될 때만 실현될 수 있다. 그러므로 선한 자아는 악한 자아를 필요로 하고, 도덕은 자아가 기독교에의 복종을 통해 죽지 않으면 결코 완전하게 실현될 수 없다.

프랜시스 허버트 브래들리는 이상주의자였나?

브래들리가 이상주의자였는지는 확실하지 않지만 그는 특별한 존재에 대한 우리의 직접적인 경험이 우리가 현실이라 부를 수 있는 것이라고 믿었다. 두 번째 저서 《논리학의 원리들》(1883)에서 브래들리는 자신의 윤리학을 설명할 형이상학적 체계를 구성하려고 시도했다. 사고는 판단 속에 구체적으로 나타나는데, 판단은 진리이거나 거짓이어야 한다. 관념들은 판단의 내용물이고 현실을 나타낸다. 관념들은 또한 사물의 종류들을 나타내는데, 각각의 구성원은 개인들이다(사물의 관점에서). 예를 들어 당신은 특별한 애완견 로버에 대한 관념을 가질 수 있고 그 관념은 로버를 나타낸다. 하지만 당신은 모든 개를 대표하는 개에 대한 관념을 가지고 있다.

하지만 모든 판단들은 특정한 보편적인 연관들이 현실에서 존재한다고 주장하는 가설들이다. 예를 들어, 누군가가 개들은 인간의 좋은 친구라는 판단을 한다면 그 사람은 모든 개에게 적용되는 일반적인 점에서 개들이 모든 인간에게 적용되는 일반적인 관점으로 좋은 친구라고 주장하는 것이다. 하지만 그러한 판단은 가설적이다. 왜냐하면 당신은 당신에게 좋은 친구가 아닌 개를 갖게 될지도 모르기 때문이다.

현실은 세상에 존재하는 모든 것들의 합이고, 그러므로 현실은 브래들리가 확실한 전체라고 부른 것이다. 인간은 자신이 가진 경험에 의해 현실과 직면한다. 즉, 판단은 추상적인 데 비해 현실은 특수한 것이다. 이러한 이유로 사고는 결코 현실을 완전히 반영할 수 없다. 다른 방법으로 말하면, 실재하는 세계는 우리에 의해 완전히 기술되거나 분류될 수 없다.

마지막으로 《현상과 실재》(1893)에서 브래들리에 따르면, 경험으로서의 실재는 모두 조화 속에 섞여든다. 브래들리는 '더 큰', '더 작은', '전', '후'와 같은 관계들은 실재가 아니라 현상이라고 생각했다. 관계들은 실재의 직접적인 경험에 의한 사고에서 추출된다. 이 직접적인 경험은 절대적인 것이다. 그리고 놀랍게도 브래들리는 절대적인 것 혹은 우리의 경험의 합이 진정한 실재라고 결론지었다(우리의 경험이 단순한 경험일 경우와 달리). 달리 말하면, 브래들리는 우리의 경험들은 실재에 대한 경험들이며 우리의 모든 경험들은 실재를 구성한다고 주장했다.

프랜시스 허버트 브래들리는 어떤 사람이었나?

브래들리는 1870년 옥스퍼드의 머튼 대학에서 특별 연구원이 되었다. 이것은 가르치는 직무가 없는 종신직으로 결혼하면 지위가 상실되었다. 브래들리는 결혼하지 않았고 죽을 때까지 대학 교정에서 살았다. 1871년, 신장염에 걸리자 그는 대학 운영 참여 외의 다른 사회적 모임들은 피했다. 그래서 영국 아카데미의 창립자가 될 기회를 거절했다. 16년간 그의 이웃이었던 R.G. 콜링우드는 후에 회고하길 "나는 그와 몇백 미터 거리에 살았지만 결코 그를 응시한 적이 없다"라고 했다.

헨리 시지윅은 누구인가?

헨리 시지윅(1838~1900)은 직관론자라기보다는 상식과 공유된 직관들의 결합을 이용해 그 시대의 도덕 이론들을 평가하려 했던 최초의 현대 도덕 이론가였다. 케임브리지 대학의 교수로서 그는 여성들을 위한 첫 대학인 뉴넘을 설립하는 데 적극적이었다. 그의 부인 엘리너 밀드레드 밸푸어는 1892년 뉴넘의 총장이 되었는데, 그녀의 형제인 아서는 나중에 영국 총리가 되었다. 시지윅 부부는 많은 개정과 초심리학에 대한 조사들을 포함한 지적인 프로젝트에 공동으로 참여했다. 시지윅의 주된 업적은 《윤리학의 방법》(1874)과 《윤리학의 역사 개관》(1886)이다.

시지윅의 심령 현상에 대한 관심은 무엇이었나?

헨리 시지윅은 1892년 심령 연구 협회 창립을 도왔고, 그의 아내 엘리너는 적극적인 참가자였다. 시지윅 부부는 사회의 작업이 사후 세계와 같은 종교적인 주장들을 확인할 수 있다고 믿었다. 그들은 사후 세계가 이승의 삶에서 도덕을 위한 동기로서 필수적이라고 믿었다. 1900년 헨리가 사망하자 엘리너는 헨리와 의사소통했다고 믿었지만 믿을 만한 증거는 없다.

도덕 이론이란 무엇인가?

도덕 이론은 다른 도덕적·윤리적 체계들에 대한 지적인 평가나 비교이다. 예를 들어, 우리가 결과주의와 의무론을 비교한다면 우리는 도덕 이론 안에서 연구하고 있는 것이다. 자신의 도덕적인 시스템을 주장하는 사람은 누구나 어느 정도의 도덕 이론을 갖고 있는 것이다. 예를 들어, 제러미 벤담은 인간의 권리를 허튼소리로 일축하면서 권리에 대한 담화를 쾌락에 대한 계산으로 바꾸길 원했다. 그리고 이마누엘 칸트는 가언적 판단과 정언적 판단을 구별하고 후자를 우선시했는데 이는 둘 다 도덕 이론으로부터 나왔다.

헨리 시지윅은 도덕 이론에 무엇을 기여했나?

첫 번째로 시지윅은 제러미 벤담과 존 스튜어트 밀의 고전적인 공리주의에 대한 가장 명료한 설명을 제시하여 그 자신이 종종 공리주의자로 여기고 있다. 그러나 두 번째로 에고이즘, 공리주의 그리고 가장 교훈적인 것으로 남아 있는 직관주의에 대한 비교 분석이다(에고이즘은 우리가 항상 우리 자신의 이익에 따라 행동해야 된다는 도덕 체계이다).

시지윅은 상식적 도덕 원리들과 세 가지 체계들의 주된 주장들을 조사하여, 직관에 의하면 아무것도 자명하거나 확실하지 않다고 결론 내렸다. 그는 공리주의는 우리가 무엇을 해야 할지 모르고 안내를 필요로 할 때 유용할 수 있으나 공리주의의 기본 원리들은 직관에 의존한다고 생각했다. 그러나 에고이즘은 자명해 보이며 공리주의와 종종 상충해 시지윅은 이러한 모순을 자신은 해결할 수 없다고 시인했다.

제임스 마티노는 누구인가?

제임스 마티노(1805~1900)는 영국의 종교 직관론자였다. 주요 저서로는 《윤리 이론의 유형들》(1885)과 《종교의 연구》(1888)가 있다. 그의 중요한 업적은 이마누엘 칸트의 형이상학에 관한 종교적인 해석을 발전시킨 것이었다.

제임스 마티노는 어떻게 이마누엘 칸트의 형이상학을 종교적으로 만들었나?

마티노는 현상적인 세계가 실제의 사물들이 인과관계에 의해 연관되어 있는 본체의 세계(우리가 경험할 수 없는 사물들의 세계)를 반영한다고 주장하기 위해 직관에 의존했다. 그는 이러한 실재가 하느님의 의지의 결과라고 주장했다. 윤리학에서 그는 우리가 동기를 우선 선택하고 다음에 행동을 선택한다고 주장했다. 직관은 우리에게 어느 것이 차원 높은 동기인지를 알려주고, 가장 차원 높은 동기는 경외심이라고 했다(경외하려는 욕망은 우리의 가장 훌륭한 행동들을 동기 부여한다는 점을 의미했다).

앙리 베르그송은 누구인가?

앙리 베르그송(1859~1941)은 프랑스 대학의 교수였고, 1927년 노벨 문학상 수상자였다. 그는 《시간과 자유 의지》(1889)로 유명한데, 이 책에서 동일한 간격으로 나눌 수 있고 객관적으로 측정할 수 있는 시간은 우리가 직접 경험하는 실제의 시간과 동일하지 않다고 주장했다. 《물질과 기억》(1896)에서는 진화에 대한 그의 후기 저서와 일관된 심신 이론을 제공했다. 이 이론에서 그는 다윈이 주장한 자연의 선택이 아니라 창조적인 욕구가 진화를 일으키는 것이라고 주장했다. 《형이상학 입문》(1903)에서는 시간에 관한 자신의 이론에 더 많은 지지를 보냈다.

앙리 베르그송은 객관직인 측정 가능 시간은 실재하는 시간과 같지 않다는 논변으로 가장 잘 알려져 있다.

《창조적인 진화》(1907)에서는 생명력이 진화를 설명하는 데 필수적이라고 주장하였고, 《도덕과 종교의 두 원천》(1935)에서는 두 유형의 사회, 즉 자유롭고 개혁과 창조성을 허락하는 사회와 정체되고 보수적이며 억압적인 사회가 있다고 주장했다.

베르그송은 웃음에 관한 1900년도의 분석을 저술했는데, 이는 그가 유머라는 개념에 매우 관심이 많았음을 보여준다. 그는 코미컬comical이 이성에 의해 완전히 이해될 수 없는 삶의 일부라고 생각했다.

베르그송에 의하면, 웃음은 무관심의 상태를 필요로 하는데, 이는 웃음이 감정보다 더 큰 적이 없기 때문이다. 그는 더 나아가 웃음은 마음의 찰나적인 무감각을 요구하며 그것의 호소력은 순수하고 단순한 지성에 있다고 했다.

익살스러우려면 찡그린 얼굴이나 기계적인 걸음걸이와 같이 무엇인가는 경직되어야 한다. 이러한 경직에 대한 우리의 인식은 웃음에 의해 깨어진다. 일반 언어는 이 점에 관해 베르그송이 옳음을 증명한다. 왜냐하면 우리는 무엇인가가 우스울 때 '웃기는cracked up'이나 '깨는broken up'이라고 말하기 때문이다. 우리의 관심을 영혼이나 도덕의 영역에서 신체로 돌려놓는 어떠한 것이라도 웃긴 것이라고 베르그송은 말했다. 예를 들어, 연설에서 격앙된 순간에 재체기를 하는 연설자 같은 경우이다. 베르그송은 코미디의 목적이 기계의 시대에서 삶에 대한 확증이라고 보았다.

베르그송은 어떻게 실제의 시간과 자유 의지를 연관시켰나?

베르그송에 따르면, 실제의 시간은 과학적인 시간처럼 공간 속에 한 선 위의 점들로 생각될 수 없다. 실제 시간은 직접 우리 안에서 직관으로 알게 된다. 그것은 자발적인 자유 행위의 기초이다. 우리의 자유 의지는 예측 불가능한 우리의 자발적인 자유 행위이다. 직관과 분석은 이러한 구분과 유사하다. 직관은 직접적으로 지속 시간을 이해하며 그것을 검사한다. 반면, 분석은 지속 시간을 변하지 않는 개념들로 나눈다.

수학과 논리 철학

철학자들은 왜 19세기 동안 수학, 기하학 그리고 논리학에 관심을 가지게 되었나?

철학자들은 항상 이러한 주제들을 연구해왔다. 그런데 19세기에는 과학과 기술 혁신이 무서운 속도로 이루어지고 있었다. 세계의 변화는 고차원적인 학문에 자극제가 되었고, 철학자들은 과학과 수학의 새로운 연구에 관심을 기울였다. 논리학은 아리스토텔레스 이후 철학적인 주제였는데, 그래서 새로운 형태의 논리학은 논리학자가 아닌 철학자들에게 흥미로운 것이었다.

수학과 논리 철학과 관련하여 19세기에는 어떤 진전이 있었나?

19세기 동안에 확률의 논리학 이론이 제기되었고, 비유클리드 기하학이 발견되었으며, 과학적인 첫 원리들의 객관성과 필수적인 진리들이 의심되었고, 새로운 논리학의 표시법 체계가 고안되었으며, 수학이 논리학으로 축소될 수 있다는 가능성이 소개되었다.

피에르 시몽 라플라스는 누구인가?

피에르 시몽 라플라스(1749~1827)는 고전적인 확률의 이론을 설명한 수학자이자 전문학자였다. 그는 군사 학교를 비롯해 파리의 여러 학교에서 가르쳤다.

피에르 시몽 라플라스의 확률 이론은 무엇인가?

우리가 확실한 것을 알지 못한다는

수학자이자 천문학자인 피에르 시몽 라플라스는 확률 이론으로 유명하다.

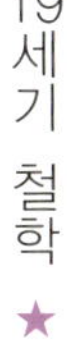

사실은 확률의 개념을 출발시킨다. 우리가 모든 사건이 원인을 가진다고 확고히 가정한 채 세상을 바라보기 때문에 사건의 확률은 우리가 아는 것과 우리가 알지 못하는 것의 결합에 달려 있다. 라플라스의 확률 이론은 n개의 사건들 중 하나가 일어날 것이라고 믿을 이유가 없다면 각기 일어날 일의 확률은 1/n이다. 예를 들어 임의로 선택된 일주일의 어떠한 날이 화요일이나 목요일 확률은 2/7이다.

장차 역사상 가장 유명한 프랑스의 최고 권력자가 될 사나이, 보나파르트 나폴레옹은 라플라스의 제자들 중 한 명이었다. 라플라스의 기념비적인 〈확률 해석론〉(1812)은 실제로 나폴레옹에게 헌정되었다.

비유클리드 기하학은 무엇인가?

유클리드 기하학은 많은 공리들에 의존하는데 그중 가장 중요한 것은 평행성의 성질과 관련되어 있다. 비유클리드 기하학은 유클리드의 원리들을 바꾸어버렸다. 그것은 물리학, 그중에서도 특히 알베르트 아인슈타인의 상대성 이론에서 4차원의 개념을 가능케 하는 데 응용되었다.

카를 프리드리히 가우스(1777~1855)는 비유클리드 기하학의 원리들을 고안한 첫 인물이었다. 하지만 그는 자신의 생각들을 출판하지 않아 공헌은 야노시 보여이(1802~1860)와 니콜라이 로바쳅스키(1792~1856)에게 주어졌다(이들은 독자적으로 연구했다). 그들은 선 하나만이 독립된 같은 평면에 있는 선과 평행인 평면의 한 점을 통과한다는 유클리드의 가정을 거부했다. 그들의 새로운 체계에서는, 한 선이 한 개 이상의 평행선을 가질 수 있으며 삼각형의 내각의 합은 180도보다 작을 수 있다.

19세기 중반에 이르러 베른하르트 리만(1826~1866)은 직선들이 항상 만나므로 평행선은 없으며 삼각형의 각의 합이 180도 이상이 되는 기하학을 발전시켰다(유클리드 기하학에서 평행선들은 결코 만나지 않으며, 삼각형의 각의 합은 언제나 180도이다). 또한 리만은 한 발 더 나아가 공간 범위의 일부로서 공간의 무한성과 동일한 공간의 곡률과 관련되어 있는 거리가 측정될 수 있는 무한한 측정치를 구분했다. 리만은 가우스의 새로 출판된 저술로 돌아와 삼각법의 측면에서 로바쳅스키와 보여이에 의해 처음 소개된 거리에 대한 새로운 개념들을 설명했다. 기본적인 내용은 표면 자체가 추가된 기학학적 성질이나 응용 가능한 기하학에 대한 참고 없이도 호(弧)의 길이는 표면 위 두 점 간의 최단 거리라고 이해될 수 있다는 것이다.

1868년, 에우제니오 벨트라미(1835~1900)는 평면상의 원 안에서 보여이 타입의 2차원적 공간 모델을 설명했다. 이는 비유클리드 기하학의 일관성이 유클리드 기하학의 일관성에 의존한다는 것을 입증하였고, 회의론자들에게 비유클리드 기하학이 타당하다는 것을 확인시켜주었다.

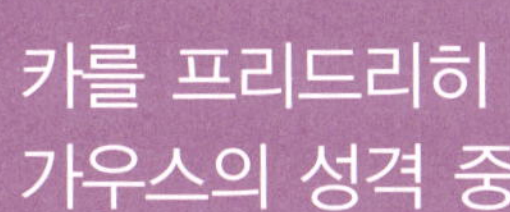

가우스는 소심하고 보수적이며, 가르치는 일이나 자신의 일을 방해받는 것을 싫어했다. 또한 젊은 수학자들과 협력하거나 그들을 도와주지 않았고 참견받는 것도 싫어했다. 한번은 문제를 풀기 위해 골몰해 있을 때 그의 아내가 죽어간다는 소식을 듣게 되었다. 그러자 "내가 끝날 때까지 잠깐 기다리라고 얘기해주게나!"라고 대답했다고 한다.

비유클리드 기하학은 어떻게 다른 분야에 영향을 끼쳤나?

비유클리드 기하학으로 인해 공간과 기하학의 관계는 사람들의 인식을 바꾸었고 공간 자체가 구부러져 있는가의 질문이 제기되었다. 이는 기하학 전체를 가설적으로 보이게 했고, 일부로 하여금 선험 지식의 가능성에 대해 의구심을 갖게 했다. 즉, 공간이 반드시 유클리드적이지 않고 공간의 다른 알려지지 않은 기하학들이 있다면, 우리가 공간에 대한 선험 지식을 가지고 있다고 말하는 것은 무슨 의미인가? 또

한, 공간의 굴곡에 대한 견해는 알베르트 아인슈타인의 상대성 이론에도 영향을 주어 물리와 우주에 관한 우리의 개념에 영향을 끼쳤다.

벤 다이어그램이란 무엇인가?

영국의 철학자이자 논리학자인 존 벤(1834~1923)은 자신의 이름을 따 겹치는 원들로 이루어진 논리학 다이어그램 체계를 발명했다. 그것들은 추론의 타당성을 실험하거나 입증하기 위해 사용될 수 있다. 벤 다이어그램은 집합들의 합과 집합들 사이의 관계들을 보여주는데, 논리 이론에서 유용하다.

쥘 앙리 푸앵카레는 누구인가?

쥘 앙리 푸앵카레(1854~1912)는 수학자, 물리학자, 과학철학자였다. 그는 우리가 세계에 대한 종합적인 선험 지식(경험에 기초하지 않은 현실에 적용되는 확실히 참된 지식)을 가지고 있다는 이마누엘 칸트의 주장에 대한 수정을 제시함으로써 비유클리드 기하학의 발견에 응답했다.

그의 제안은 보수주의로 알려지게 되었는데, 즉 유클리드 기하학이 가장 단순한 기하학적인 관습들을 가지고 있어 물리학자들에게 적절하기 때문에 물리학자들이 유클리드 기하학을 지속할 것이라는 것이다. 이런 제안은 수학에서 오래가지 못했다. 알베르트 아인슈타인이 자신의 일반 상대성 이론에서 공간의 굴곡이 비유클리드 기하학의 원리들을 따른다는 것을 보여주었기 때문이다. 그러나 보수주의의 더 큰 원리, 즉 과학의 진리가 특수한 규칙들의 합의에 의존한다는 것은 20세기의 과학적 진리의 개념으로 부활하게 되었다.

고틀로프 프레게는 누구인가?

고틀로프 프레게(1848~1925)는 수학적인 진리가 현실에 관해 종합적이라는 이마누엘 칸트의 주장이 틀렸다고 생각했던 예나 대학의 수학 교수였다(칸트는 수학적인 진리들은 종합적인 경험인데, 즉 세계에 관하여 진리이며 세계의 경험으로부터 독립적으로 알려진 것이라는 것이다). 그의 임무는 수학의 개념들이 어떻게 논리의 측면에서 정의될 수 있는가를 보여줌으로써 수학의 정리들이 논리적인 진리로 보이도록 하는 것이었다. 만약 수학이 이러한 방법에 의혜 논리학으로 축소될 수 있다면, 그것은 수학이 단지 정의만이 진리이며 경험적인 내용이 없다는 것을 보여주어 수학은 세계와 관련이 없다는 것을 나타내는 것이다.

이에 따르면, 칸트가 주장한 대로 수학은 선험적이며 종합적인 것이 아닐 것이다.

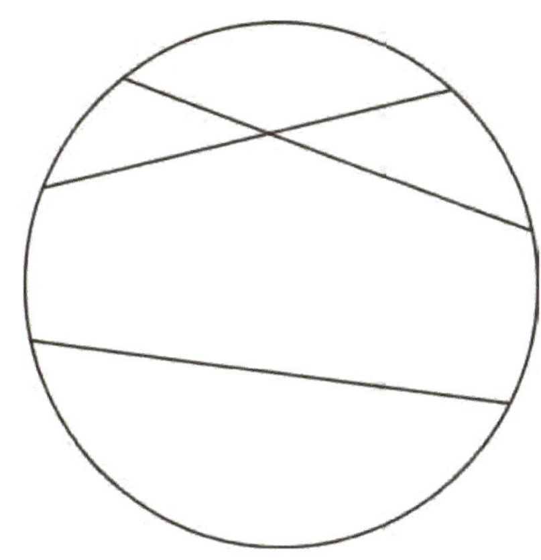

벨트라미가 제안했던 n차원 쌍곡기하학 모델에서는 점들이 n차원 단위구체(위 도식에서는 2차원 단위원판) 내부에서의 점들로 표현되고, 직선들은 그런 구체상의 현 또는 양 끝점(이 도식에서는 2차원 원판의 원주상의 두 점)을 잇는 선분으로 표현된다. 쌍곡기하학 모델에서는 한 직선 바깥의 한 점을 지나는 평행선이 여럿이라는 사실 때문에 유클리드 기하학과 다른 비유클리드 기하학이다(이 그림은 3차원상에 나타낸 쌍곡평면 모델)

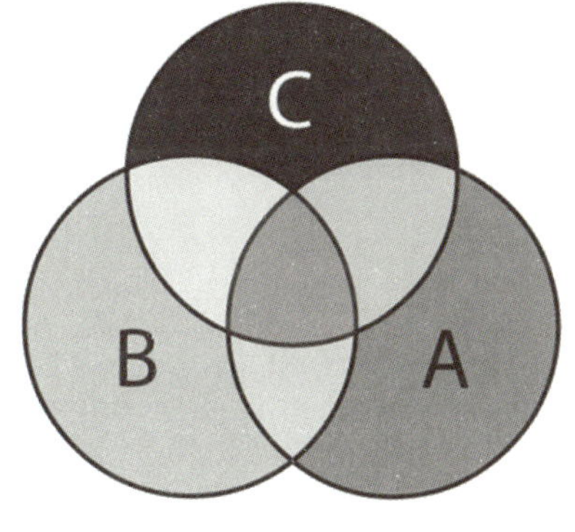

집합 A, B, C의 벤 다이어그램. 집합들이 중첩된 영역은 원소들이 공통이다. 따라서 이 도식에서는 집합 A와 B, B와 C, C와 A가 각각 중첩되며, 그 중에는 집합 A, B, C가 모두 중첩된 영역도 있어서 세 집합 모두에서 공통인 원소도 있음을 알 수 있다.

논리 철학에서 고틀로프 프레게의 주된 혁신은 무엇인가?

프레게는 술어를 기능어로, 주어를 논항으로 취급했다. 그러므로 "소크라테스는 죽는다"는 기능어 '죽는다'가 논항인 '소크라테스'에게 적용되는 것이다. 자신의 《개념에 대한 메모》(1879)에서 프레게는 또한 '모든'과 '~있다'와 같은 단어와 용어들을 논리적인 양화사로 취급하는 간단한 방법을 소개했다. 논리적인 수량화는 변항을 논의되고 있는 것과 연결시키는 표기 체계이다. 예를 들면, 문장 "오늘 살아 있는

모든 사람은 언젠가 죽을 것이다"에서 '오늘 살아 있는 모든 사람' 은 논의되고 있고
'모든' 은 전칭양화사이다. 프레게의 이러한 시도는 오늘날에도 여전히 유효하다.

프레게의 언어 이론은 〈기능과 개념〉, 〈개념과 사물에 관하여〉 그리고 〈감각과 추론〉 등 세 편의 에세이에 전개되어 있다. 그는 신분에 관한 진술문은 사실이고 정보를 담고 있다고 주장했다. 예를 들면, "비너스는 비너스이다"라는 문장은 나에게 아무것도 말해주지 않는다. 그러나 "아침 별은 저녁 별이다"라는 문장은 "비너스는 비너스이다"라는 문장과 같은 의미를 갖고 있음에도 정보를 담고 있다. 왜냐하면 비너스는 아침 별이기도 하고 저녁 별이기도 하기 때문이다.

어떻게 이것이 가능할까? 프레게의 설명은 감각과 추론 사이에 차이가 있다는 것이었다. 이 경우에 추론은 실제의 금성이다. 그러나 감각은 그 행성이 어떻게 '아침 별' 이라는 용어에 의해 일컫는가이다(해가 뜨기 전에 동쪽 하늘에 있는 밝은 물체) 그러므로 '아침 별' 은 금성 자체를 상징하지 않으며 금성이 어떻게 제시되는가의 감각을 상징한다. 이것이 동일해 보이는 두 문장이 사실은 다른 이유이다. 또한 이것은 "금성이 금성이다" 또는 "아침 별은 아침 별이다"가 정보를 담고 있지 않은 이유이기도 하다. 하지만 "금성이 아침 별이다"라고 말하는 것은 정보를 담고 있다.

고틀로프 프레게는 어떻게 수학을 논리학으로 축소시키려 했는가?

《산술의 기초》(1884)에서 프레게는 논리 또는 사고의 법칙은 우리가 어떻게 생각하는가에 대한 기술이 아니며, 단어들은 그 자체로는 의미를 갖지 못하고 문맥 속에서만 의미를 갖는다고 주장했다. 두 권으로 된 《산수의 기본적인 법칙들》(1893, 1903)

에서 프레게는 모든 술어들이 논리적으로 기술될 수 있는 품사를 결정한다는 것을 진지하게 보여줌으로써 자신의 연구를 시작했다. 예를 들어, 빨간색이란 단어는 술어이고, 빨간 종류의 유형들을 결정한다.

고틀로프 프레게는 수학을 논리학으로 축소시키는 데 성공했는가?

아니다. 프레게의 《산수의 기본적인 법칙들》(1893)을 인쇄소로 보냈을 때 그는 영국 철학자이며 역사학자이고 수학자인 버트런드 러셀로부터 편지 한 장을 받았는데, 편지에서 그는 자신의 유명한 역설을 소개했다. "자신의 원소들이 아닌 모든 집합들의 집합은 자신의 원소인가 아닌가?" 이 알기 쉬우면서도 모순적인 질문에 그는 아무런 대답을 할 수 없었다.

프레게는 자신의 추론에 대한 논리적인 기초가 없음을 인정해야 했다. "과학자에게는 자신의 연구가 막 완성되었을 때 그 기초가 붕괴되는 일을 당하는 것보다 더 불행한 일은 없다. 나는 나의 작업이 인쇄가 거의 끝났을 때 버트런드 러셀로부터 온 편지를 받고 이러한 입장에 처했다." 이 사건의 아이러니는 러셀이 수학을 논리학으로 축소시키기 위해 자신의 연구를 시작하였다는 것이다. 그리고 이 일은 실패했다.

독일의 관념론

독일의 관념론은 무엇인가?

이것은 현실이 물리적이 아니라 심리적이라고 주장한, 19세기에 발전된 철학적인 관점이었다. 주요 작가로는 게오르크 빌헬름 프리드리히 헤겔이 있다. 또한 헤겔적인 사고의 영국과 미국의 부류도 있었다.

19세기 독일 관념론자들은 플라톤이나 조지 버클리와 어떻게 다른가?

19세기 이전에, 관념론은 보이지 않는 실재들의 존재를 가정하고 세상에서 감각될 수 있는 것보다 감각될 수 없는 것에 대한 더 큰 실재를 주장했던 개인 작가들의 사고 훈련이었다. 플로티노스와 다른 신플라톤주의자들을 제외하고 19세기 이전의 관념론은 인간이 실재를 인식하는 것과 같은 인식된 실재와는 독립적으로 개별적인 영역에서 존재하던 실재들이나 구조들을 가정하는 것으로 제한되었다.

이와 대조적으로 19세기 관념론자들은 이상적인 실재들과 구조들을 가정했으며 인식된 세계와 그 세계 속의 사건들에 직접 영향을 주는 방향으로 실재와 구조들의 기능을 기술했다. 의학적인 비유로, 19세기 이전의 관념론자들이 철학적인 해부학자들과 같았다면 19세기의 관념론자들은 철학적인 생리학자들의 기능을 했다. 이 마지막 부분은 특히 프리드리히 헤겔을 떠올렸을 때 사실이다. 비록 그 전에 이마누엘 칸트의 작업과 요한 고틀리프 피히테와 프리드리히 셸링이 칸트의 작업을 계승하려 한 방향이 없었다면 헤겔은 자신의 체계를 구성하지 못했을 터이지만 말이다.

요한 고틀리프 피히테

요한 고틀리프 피히테는 누구인가?

요한 고틀리프 피히테(1762~1814)는 19세기 독일 관념론 학파의 창시자이자 이마누엘 칸트와 프리드리히 헤겔 사이의 지적인 연결자라고 여겨진다.

요한 고틀리프 피히테의 경력 중 주목할 만한 것은 무엇인가?

라이프치히 대학의 학생으로서 피히테는 스피노자의 철학을 공부했다. 그리고 이마누엘 칸트를 접한 후에 《모든 계시에 대한 비평 시도》(1792)를 저술했는데, 이 책에서 그는 도덕이 종교의 주요 부분이라는 것을 보여주려고 했다. 이것은 도덕에 관한 이해는 종교에 관한 이해를 필요로 한다는 칸트의 견해에 영감을 받은 것이었다.

피히테가 쾨니히스베르크에서 이마누엘 칸트를 만난 후에 그의 첫 번째 책인 《모든 계시에 대한 비평 시도》가 나타났다. 그것은 종교적인 계시와 칸트 철학 사이의 관련성을 도출하였다. 피히테는 출판 전에 칸트에게 그것을 보여주지 않았고, 피히테의 이름은 책의 저자로 등장하지 않았다. 그래서 책은 칸트가 지은 것으로 생각되었다. 칸트가 이 오해를 해결하고 피히테를 높이 칭찬하자 피히테는 즉시 유명해졌다. 한 독자는 이렇게 썼다. "가장 충격적이고 놀라운 소식은…… 칸트 이외에 아무도 이런 책을 쓸 수 없었을 것이라는 것이다. 철학의 하늘에서의 세 번째 태양에 관한 이 놀라운 소식은 (다른 두 태양은 칸트와 르네 데카르트이다) 나를 엄청난 혼란에 빠뜨렸다."

요한 고틀리프 피히테의 경력에서 가장 중요한 사실은 무엇인가?

피히테는 1794년 예나 대학의 철학 교수로 임명되었는데, 그곳에서 학생들의 술취함, 방탕함, 그리고 다툼을 비판하기 위해 도덕적 의무에 대한 칸트의 사상을 확장하였다. 1795년에 그는 〈철학 저널〉 편집자가 되었고 그의 친구가 써준, 자신이 출판하려 하는 글의 서문에서 하느님은 우주의 도덕적 질서라고 기술했다. 이 책이 무신론적인 견해라는 다소의 불평이 일자 직센 주 정부와 다른 주들은 〈철학 저널〉을 탄압하며 피히테를 예나에서 추방하라고 요구했다.

피히테는 글로써 자신을 변호하고 난 뒤 대학교수 직을 사임하겠다고 협박했는데, 예나 대학 측은 그의 협박을 제안으로 받아들여 즉시 수락했다. 그래서 그는 직위를 잃게 되었다. 그리고 한참 후인 1810년, 베를린 대학의 첫 철학 교수가 되었다.

피히테의 독립적인 철학은 《지식 과학의 기초》(1794)에서 처음으로 서술되었으며, 《인간의 소명》(1800)에서 대중에 알려졌다. 1796년 그는 《천부적인 권리의 기초》를 썼는데, 이는 자연법을 다룬 것이었다. 1808년, 그는 프랑스 치하의 베를린에서 일련의 '독일 민족을 향한 연설들' 을 하였다(1922년 《독일 민족에게 고함》이란 제목으로 출판되었다).

이러한 저술과 연설들에서 피히테는 공익을 주장하며 프랑스의 독재자 보나파르트 나폴레옹에 대한 저항을 지지했다.

요한 고틀리프 피히테의 철학에서 독창적인 개념들은 무엇인가?

피히테는 자신이 독단주의라고 불렀던 것, 즉 인간으로부터 독립적인 외부 세계가 있다는 견해와 그들이 가치 있게 여기는 것들에 반대했다. 그는 무신론, 물질주의 그리고 결정론은 객관적인 실재에서 그러한 믿음들의 결과이며, 이것이 도덕에 해롭다고 생각했다. 이마누엘 칸트의 체계조차 사물들을 본질로 가정하는 점에서 독단성을 가지고 있었는데 이는 알 수 없었다. 이러한 독단주의의 문제들에 대한 피히테의 해결책은 관념론이었다 — 마음이 모든 것을 창조한다.

요한 고틀리프 피히테의 관념론은 어떻게 자유와 연관되었나?

피히테는 우리가 세계에서 활동할 뿐만 아니라 생각하기도 하는 능동적인 존재로서 자신에 대한 성찰을 통해 우리가 알아차릴 수 있는 것은 우리의 자발성이라고 생각했다. 이로부터 궁극적인 실재는 순수한 활동의 근원인 "선험적 자아"라는 사실이 따라 나온다. 칸트를 따라 피히테는, 한 사람이 사고하는 동안 알게 되는 자아 뒤에는 지각되지 않은 자아가 있다고 생각했다. 피히테는 이러한 자아의 자유를 실현하기 위해서는 (지각되지 않은 자아까지 감안할 줄 아는) 성숙이 요구된다고 믿었다. 이처럼 그는 성숙하지 못한 사람들은 (자아의 단편적인 면만 보는) 독단주의에 집착한다고 생각했다.

요한 고틀리프 피히테의 정치철학은 무엇이었나?

《천부적인 권리의 기초들》(1796)에서 그는 개인주의를 옹호했으나 시간이 지남에 따라 견해는 바뀌었다. 그의 《독일 민족에게 고함》(1808)은 공익과 관련된 관심사를 옹호하고 이기적인 행위들을 비난했다. 그는 자기중심주의를 도덕적으로 지지할 수는 없으나 독일 민족은 그들의 타고난 성격과 언어의 탁월함 때문에 높은 수준에 오를 수 있다고 주장했다.

<h1 style="text-align:center">프리드리히 셸링</h1>

프리드리히 셸링은 누구인가?

그의 시대의 문학적인 그리고 예술적인 낭만주의는 아르투어 프리드리히 빌헬름 요제프 셸링(1775~1854)의 철학에 깊은 영향을 주었다. 그는 튀빙겐 슈티프트(뷔르템베르크에 있는 개신교 신학교)에서 수학했고, 1792년에 그곳의 철학과를 졸업했다. 이후 귀족 청년들의 가정 교사로 일하며 라이프치히 대학에서 수강했다. 스물세 살 때는 예나 대학으로부터 철학을 가르쳐달라는 전례 없는 제의를 받는다. 그는 이후 뷔르츠부르크, 에를랑겐, 뮌헨, 그리고 마지막으로 베를린 대학에서 학과장으로 봉직했다. 이 대학들은 그가 헤겔주의자들에게 반대하리라 기대했었다. 철학에서 그가 탐구한 것은 미학적인 것이었고, 그는 《초월적인 관념론의 체계》(1800)에서 발전된 신의 자연철학으로 알려지게 되었다.

프리드리히 셸링의 주요 논제는 무엇이었나?

셸링은 물질적이고 정신적인 본성 전체가 의식으로 향하는 길 위의 정신이라고 믿었다. 그러나 의식, 즉 인간의 자아는 본성의 창조자이다. 삶은 기계적이거나 비활성 용어들로 설명될 수 없다.

셸링은 특수한 존재의 일반적인 형태인 자기력이 빛이나 남성성이 되기도 하고 무거운 불활성이나 여성성이 되기도 하는 일종의 연금술적인 사고를 부활시켰다. 일상적인 언어에서 (이 믿음에 관해 평범한 것은 아무것도 없지만) 연금술사들은 존재하는 것들이 가벼운 무게의 공기와 같은 존재로 자신을 드러낼 수 있는 자석과 같은 것들과, 또는 무겁거나 조밀한 존재로 자신을 드러낼 수 있는 것들로 이루어져 있다고 믿었다.

그는 존재하는 실체는 우리가 알고 있는 세계와 더불어 시간 자체를 창조한, 자유

로운 자발적 활동 중에 있는 절대자로부터 분리되었다고 믿었다. 말하자면, 우리가 실체로 지각하고 있는 것들은 절대자로부터 분리된 것으로서, 그런 분리 자체는 자발적인 자유의 분출이 절대자 안에서 일어났기 때문이다. 또 다른 분리의 결과는 시간의 등장이었다. 이것은 말하자면, 절대자는 시간 밖에 존재한다는 것이다.

셸링은 예술 분야뿐만 아니라 과학 분야의 신낭만파들 사이에도 추종자를 가졌는데, 오늘날과 마찬가지로 19세기의 낭만파들은 세계에 대한 유사−신비주의적인 설명을 좋아했기 때문이다. 예를 들어 로렌츠 오켄(1774~1851)은 생명 전체가, 셸링의 의미로는 그 본성이 무의식적 마음인 바, "원초적인 반죽덩어리"로부터 유래하는 것으로 가정했다. 오켄의 생각과 셸링의 사고 사이의 연관 관계는 다듬어지지 않은 사고의 집합체가 어떻게 다른 이들에게 영감을 줄 수 있는지를 보여주는 것 이외에 전혀 분명하지 않았다.

프리드리히 셸링의 문화 미학에 대한 견해는 어떠했나?

셸링은 역사란 절대자가 끝맺음을 할 때 결말이 날 드라마라고 믿었다. 하느님은 예술가이며 우주는 그의 예술 작품이다. 종교의 주된 가치는 도덕에 있지 않고 아름다움에 있다.

프리드리히 헤겔

프리드리히 헤겔은 누구인가?

순전히 지적 능력만 본다면 게오르크 빌헬름 프리드리히 헤겔(1770~1831)은 아마도 19세기의 가장 뛰어난 사상가일 것이다. 그는 아리스토텔레스적인 명료함은 아니어도 아리스토텔레스적인 이해력으로 전 세계에 대해 생각할 수 있는 철학자였다. 또한 비종교적이고, 신플라톤적이며, 후기 계몽주의의 존재, 즉 단순한 유한적인 존재들이 경험하는 일상의 현실에서 그의 작업을 통해서만 관찰되며 헤겔 자신의 논리를 통해서만 추론되는 존재에 대한 관념론자적 가정으로 유명하다.

프리드리히 헤겔의 주요 경력은 무엇인가?

헤겔은 세 자녀들 중 가장 연장자였다. 그의 부친은 비텐베르크 공작 영지의 하급 정부 관리였고 어머니는 그가 열한 살 때 사망했다. 그는 튀빙겐 대학의 부속 기관인 슈티프트(신학교)에 다녔다. 그의 룸메이트는 위대한 독일의 낭만파 시인 요한 크리스티안 프리드리히 횔덜린과 그의 동료이자 지적 대립자가 된 철학자 프리드리히 셸링이었다(그들은 이성의 중요성을 토론했는데 헤겔은 그것을 확언하였고, 셸링은 관심이 없음을 표명했다). 헤겔은 졸업한 후 베른에서 가정 교사로 일하다가 프랑크푸르트로 이사했다. 그 후 아버지가 사망하며 충분한 유산을 남겨 헤겔은 대학에서의 지위를 위해 학문적인 연구에 전념할 수 있었다. 그의 초기 관심사는 이성의 유동적인 인식들과 비제도화된 기독교를 화해시키는 것이었다.

1805년에 셸링은 헤겔이 예나로 이사하는 것을 도왔고, 그곳에서 헤겔은 몇 년간 강의하며 예나 대학의 교수가 되었다. 이 당시 헤겔은 그의 초기 에세이들에서 표현된 대로 계몽주의가 약속한 자유에 대한 의구심을 갖고 있었다. 그는 고대 그리스의 사상과 생활 방식을 사랑했고, 계몽주의의 권리들이 새로운 형태의 억압을 초래할 것이라고 믿었다. 이는 프랑스 혁명의 경험에서 나온 우려였다. 더 깊은 철학적 수준에서, 그는 인간에게 매우 고귀한 것을 발전시키려면 사회와 정부가 필요하다고 생각했다. 이 견해는 정부가 천부적인 인간의 권리의 적이라고 가정한 개인 권리의 원칙과 상충했다.

예나에서 그는 셸링과 함께 〈철학 비평 저널〉을 공동 편집했는데, 이 안에서 요한 고틀리프 피히테와 셸링 자신의 연구의 관점에서 이마누엘 칸트의 선험석 관념론의 결과를 탐구하는 데 전념했다. 헤겔은 1806년 10월 나폴레옹이 승리한 후 대학이 문을 닫자 예나를 떠났다. 이후 바이에른에서 나폴레옹을 지지하는 신문을 발간하였고, 1808년 뉘른베르크의 고등학교 교장이 되었다.

1807년, 중요한 《정신 현상학》이 출판되었고, 그 후 《논리의 과학》(1812)으로 하이델베르크의 교수 직을 얻게 된다. 1818년, 그는 자신의 마지막 직위인 베를린 대학의 교수 직을 맡아 역사철학, 철학사, 미학 그리고 종교철학 등을 폭넓게 강의한다. 이들 중 많은 수가 헤겔의 사망 뒤 그의 노트와 학생들의 노트들이 정리된 후에야

출판이 가능했다. 헤겔의 《권리철학의 기초: 천부 권리와 정치학 요약》은 1821년에
출판되었다.

셸링이 예나에서 교편을 잡고 있을 때 셸링은 독일의 낭만파들에게 존경받던 독일의 시인 아우구스트 빌헬름 폰 슐레겔과 그의 부인 카롤리네와 가까운 친구였다. 그때 셸링과 슐레겔의 딸인 아우구스트 간에 혼담이 있었다. 그러나 1800년 셸링이 간병을 맡아왔던 아우구스트가 이질로 사망했다. 처음에는 이 죽음에 대해 셸링이 비난을 받았지만 후대의 전기 작가들은 아우구스트의 죽음이 그 당시에는 의학적으로 피할 수 없었을 것이라며 셸링의 책임이 아님을 주장하였다.

이후 셸링과 카롤리네는 서로 사랑하는 사이가 되었고, 슐레겔은 예나를 떠나 베를린으로 이사했다. 나중에, 요한 볼프강 본 괴테가 부부의 이혼을 도왔는데, 셸링과 카롤리네는 예상되는 추문을 피해 예나를 떠난 후 결혼했다.

프리드리히 헤겔의 주요 사상은 무엇이었나?

헤겔의 체계는 설명하기 어려운데, 이는 각 부분들이 서로 관련되어 있어 체계의 한 측면을 설명할 경우 다른 측면들까지 이야기해야 해 해설자가 어디에서부터 시작해야 할지 분명하지 않아서이다. 헤겔이 자기 작업의 진척을 설명한 순서는 좋은 지침이 아니다. 왜냐하면 그의 체계 구조는 진척을 설명하기 위해 전제되어야 하기 때문이다. 달리 말하면, 헤겔은 전체적인 체계의 다른 부분들에 대해 쓰면서 전체 체계를 마음에 두고 있었기 때문이다. 헤겔의 전제들로 인식될 수 있는 몇 가지 중요한 요소들이 있다.

- 인간은 역사를 가지고 있으나 자연은 그렇지 않다.
- 모든 사람은 사실에 대한 동일한 범주들을 가지고 있지 않다.
- 인간의 사상은 발전한다.
- 철학은 종교에 대한 이성적인 설명을 제시해야 한다.
- 사회적 안정은 프랑스 혁명 이후에 가능하다.
- 개인의 독립은 단일화된 사회에서 가능하다.
- 사물의 본질이 체계이고, 지식의 체계는 그것을 반영해야 한다.

프리드리히 헤겔은 아리스토텔레스의 포괄적 비전을 가지고 전체 세계에 관해서 생각할 수 있었던 철학자이다.

프리드리히 헤겔의 체계는 무엇인가?

헤겔에 따르면, 지식은 순수한 존재가 주제인 논리학으로 시작한다. 논리학은 항상 역사 안에서 달성되므로 우리는 논리를 순수한 형태로 보거나 경험하지 않으며 사건들 간의 관계들로부터 그것을 추론해야 한다. 과거의 철학은 절대적인 지식이나 철학적 학문으로 발전해온 의식의 다른 형태들을 표상한다. 의식의 발전은 다른 형태의 의식들이 모순되고 그들의 내적인 변증법이 새로운 형태의 출현을 통해 모순을 해결하기 때문에 발생한다. 이 변증법은 의식들 간의 대화가 아니며, 의식이 의식하고 있는 것의 내적인 발전이다. 헤겔은 절대적인 지식을 향한 이런 의식의 발전을 연대화할 수 있다고 보았다. 왜냐하면 그것은 헤겔의 철학적인 작업을 통해 달성될 수 있다고 보기 때문이다.

절대적인 지식이 달성된 후에는 무슨 일이 일어나는가?

프리드리히 헤겔의 과학은 이마누엘 칸트의 선험적인 범주들의 체계를 아리스토텔레스의 실재 세계에 대한 논리학에 통합시키는 데 목적을 두고 있다. 헤겔은 자신의 사고 과정을 존재, 본질, 개념의 세 영역으로 나누었는데, 각각은 다시 세 부분으

19
세
기
철
학
★

로 나뉜다. 자연의 각 범주에서의 모순들은 그것을 계승하는 범주들로 이끄는 해결책을 필요로 한다.

헤겔에 따르면, 자연 자체는 논리적인 방법으로 발전해왔으며 자연에 대한 우리의 지식 형태에서 더 큰 추상성을 불러왔다. 헤겔은 일상적이고 현실주의자적인 면에서 사물 자체와 그 사물들에 대한 우리 지식 간의 차이를 명확하게 구별하지 않았다. 헤겔에게 자연의 더 큰 복잡함으로의 진보는 인간 지식의 진보와 상응한다.

헤겔의 체계는 순전히 추상적인가?

헤겔의 체계를 이해하기 위해서는 아주 추상적인 사고가 요구된다. 하지만 체계 자체는 현실에 대한 문자적인 설명으로 제시된다. 범주들은 그것들을 표현하는 물리적인 자연 속에 문자적으로 포함되어 있다. 공간은 낮은 범주의 존재를 표현하고 살아 있는 유기체들은 높은 범주의 개념, 목적 그리고 생명을 표현한다. 그러므로 사고 체계의 발전은 실제 세계의 발전 가운데 분명해진다. 사고 혹은 절대자는 존재하는 모든 것들의 궁극적이며 실제적이고 명확한 원리라는 점을 제외하고 말이다.

인간의 마음은 헤겔 관념론의 어디에 부합하는가?

프리드리히 헤겔에 따르면 인간의 정신, 마음 또는 영혼은 현실을 형성하는 동일한 범주들로 구성되어 있다. 이러한 범주들은 관념으로서의 시간이 흐르는 가운데 개인의 삶 속에서 그리고 인류 전체의 삶 속에서 하나로 발전한다. 정신의 세 단계가 있는데 두 번째 단계가 첫 번째보다 높고 세 번째 단계는 두 번째보다 높다. 첫 번째 단계는 주관적인 정신으로 개인적인 심리이다. 두 번째 단계는 객관적인 정신 혹은 전통, 규칙 그리고 사회 제도들이다. 마지막 세 번째 단계는 예술, 종교 그리고 철학 속에 분명히 나타나는 절대적인 정신이다. 정신이 자신을 이해하면 자유로워져서, 자신을 인식하거나 의식하게 된다. 정신은 정신이 아닌 것을 보존하고 파괴하며 양성한다.

프리드리히 헤겔이 그 당시의 현 상태를 칭송했던 글들을 보면 급진주의자가 아니었다. 그러나 청년기에는 아마도 급진주의자였을 것이다. 열여덟 살에 그는 튀빙겐의 슈티프트에서 수학했지만 학업과 설교들에 지루해하며 아리스토텔레스, 스피노자, 볼테르, 루소의 저서 읽기를 더 좋아했다. 그럼에도 그는 뛰어난 학생이어서 스무 살에 철학박사 학위를 받고 3년 후엔 신학과정 수료증을 취득한다. 그의 동기들은 놀러 가거나, 맥주를 마시거나 파티를 할 때 그를 '노인'이라고 불렀다. 그들은 모두 프랑스 혁명에 들떠 있었고 1792년에 헤겔은 플라톤, 칸트 그리고 F. H. 야코비의 연구에 몰두하던 학생 클럽에서 "가장 진지한 자유와 평등의 대변자"라고 불렸다.

헤겔의 룸메이트는 시인 크리스티안 프리드리히 횔덜린과 철학자 프리드리히 셸링이었다. 횔덜린으로부터 그는 고대 그리스를 사랑하는 법을 배웠다. 그들은 모두 튀빙겐의 정치적·기독교적 정체 상태에 항거했다. 1792년 7월 14일에 헤겔, 횔덜린 그리고 셸링은 튀빙겐 신학교의 들판에 자유의 나무를 심었다고 전해지지만 전기 작가들은 이것이 실제로 있었던 일이 아니라고 한다.

헤겔은 낭만주의 철학자가 아니었다. 하지만 그의 생애는 약간의 낭만적인 요소가 있었다. 그가 《정신 현상학》(1807)을 완성하고 있었을 때 크리스티나 부르크하르트는 자신이 그들의(즉, 헤겔과 크리스티나의) 아기를 임신하였다고 알려주었다. 헤겔의 사생아인 루트비히는 1807년 2월에 태어났다. 그는 나폴레옹이 예나를 점령하던 1807년 10월 18일에 원고를 완성했다.

1811년, 마흔한 살이 된 헤겔은 당시 스무 살이던 마리 폰 투허와 결혼했다. 마리의 귀족 출신 가족이 결혼을 반기지 않아 정부 관료인 친구가 중재해야 했다. 구애 기간 동안 헤겔은 그녀에게 그녀와 결혼하는 것은 영원한 축복으로의 승천이라고 일컬으며 (진부하다고 생각되는) 낭만적인 시를 썼다.

프리드리히 헤겔은 정신의 가장 높은 형태가 무엇이라고 생각했나?

헤겔 시대의 현대적인 상태는 그에 의해 절대 정신의 정수라고 여겨졌다. 이 상태는 그 구성원들을 형성하고서 그들에게 개인적인 자유를 허락하는 일관된 상태이다.

"우파" 헤겔주의자와 "좌파" 헤겔주의자는 누구인가?

프리드리히 헤겔의 사상에 대한 적극적인 관심은 1843년 그가 사망하면서 이내 사그라졌다. 그럼에도 불구하고 그의 영향력은 20세기의 사상에도 발휘되고 있다. 그의 사상들은 프로이센의 상태가 철학과 기독교의 최종적인 결합을 상징한다고 믿었던 "우파 헤겔주의자들"과 루트비히 안드레아스 폰 포이어바흐와 헤겔에 의해 제기된 변증법을 이용해 정치적으로 혁명적인 미래를 해석했던 카를 마르크스를 포함한 "좌파 헤겔주의자들"에 의해 해석되었다.

아르투르 쇼펜하우어

아르투르 쇼펜하우어는 누구인가?

아르투르 쇼펜하우어(1788~1860)는 그 자신이 낙관적인 바보들이라고 무시했던 다른 독일 관념론자들로부터 영향을 받았다. 프리드리히 헤겔과 우파 헤겔주의자들이나 좌파 헤겔주의자들과 달리, 세계를 형성하고 작동케 하는 관념에 대한 그의 견해는 비관주의적이었다.

아르투르 쇼펜하우어의 삶에서 주목할 만한 점은 무엇인가?

독일에서 교육을 받은 쇼펜하우어는 유년기에 프랑스, 네덜란드, 스위스, 오스트리아 그리고 영국을 여행했다. 전기 작가들이 자살 때문이라고 한 부친의 사망 이후 그의 어머니 요하나 트로이스너는 바이마르로 이주해 저명한 소설가가 되었다. 그녀는 쇼펜하우어를 요한 볼프강 본 괴테, 아우구스트 빌헬름 슐레겔 그리고 그림 형제에게 소개시켰다.

쇼펜하우어는 괴팅겐 대학에서 의학을 공부했고 베를린 대학에선 철학을 공부하였으며 예나 대학에서 박사 학위를 받았다. 이후 그는 프랑크푸르트에 살았다. 그의 박사 학위 논문《충분한 이성의 원칙의 네 가지 뿌리에 관하여》(1813)는 그의 철학의 기초를 형성했는데, 가장 중요한 업적인 《의지와 표상으로서의 세계》(1818)에서 체계적으로 드러나 있다.

아르투르 쇼펜하우어의 주된 사상은 무엇이었나?

쇼펜하우어는 남다른 영감에 기초하여 이마누엘 칸트의 형이상학에 관한 독창적인 해석을 제시했다. 그는 이렇게 썼다. "나는 나의 최고 업적을 칸트의 연구들과 힌두교와 플라톤의 성스러운 글들이 남긴 인상에 빚지고 있다." 박사 학위 논문에서 그는 칸트의 현상적인 세계 혹은 쇼펜하우어가 표상의 세계라고 부른 우리의 경험 세계는 그가 다음과 같은 방법으로 진술한 "충분한 이성의 원칙"에 복종한다고 했다. "모든 가능한 사물들은 한편으론 결정된 채로, 또 한편으론 결정하는 채로 다른 사물들과 필수적인 관계에 있다. 즉, 모든 것이 원인인 동시에 결과이며 이런 관계들은 필수적이다. 다시 말하면, 이러한 관계들은 논리적인 모순 없이 부정될 수 없다는 것이다."

쇼펜하우어는 프리드리히 헤겔과 같은 독일 관념론자들보다 염세적인 세계관을 가졌던 것으로 알려졌다.

쇼펜하우어에 따르면, 칸트의 본질적인 세계 혹은 사물 그 자체는 우리가 그것들이 존재한다는 사실 외에 아무것도 모르는데, 우리의 내적인 실재 즉 우리의 의지를 통해 알 수 있게 된다. 다시 한 번 칸트를 따르면, 수학이나 수는 현상들을 경험하는 것을 가능하게 해주는 마음의 투영이기 때문에, 쇼펜하우어는 본질적인 세계에는 숫자가 없다 — 즉 본질적 세계는 하나이다 — 라고 생각했다. 만약 이러한 주장이 사실이라면 이는 경험에서 결과를 갖지 못할 것이다. 왜냐하면 이것은 무엇이 경험을 구성하는가를 기술하려는 노력이기 때문이다.

아르투르 쇼펜하우어는 우리가 어떻게 본질적인 의지를 가장 잘 의식할 수 있다고 했는가?

특히 자연과 음악의 미적인 경험을 통해 우리는 본질적인 세계를 의식할 수 있다. 쇼펜하우어의 자연 감상 이론은 이마누엘 칸트(1724~1804)의 숭고성 개념을 다듬은 것이다. 쇼펜하우어는 아름다움의 경험에는 평화가 있으나 폭풍을 보는 것과 같은 숭고한 경험은 능동적인 참여를 필요로 한다고 생각했다. 그래서 관찰자는 "자유로운 찬미에 의해" 숭고한 대상을 관조함에 있어 자신을 (개인적인) 의지로부터 멀리 떼어놓는다. 음악은 절대적인 본질적 의지의 순수한 표현이다. 보편적인 의지를 표현하는 음악을 들음에 있어 우리 자신의 개인적인 의지들을 넘겨 지나침으로써 우리는 직접적으로 보편적인 주제가 된다.

아르투르 쇼펜하우어 자신의 줄임말 WELT는 무엇을 의미하는가?

쇼펜하우어는 의지의 편재가 고통을 끊임없이 일으키는 이유라고 생각했다. 그는 welt, 즉 세계란 말로 이를 표현하기 위해 머리글자를 고안하기도 했다. WELT의 글자들은 Weh(고뇌), Elend(비참), Leid(고통), 그리고 Tod(죽음)를 나타낸다. 쇼펜하우어는 이것으로부터 벗어나는 유일한 길은 불교의 고상한 진리들을 수용함으로써 의지를 포기하는 것이라고 생각했다 — 인생은 고통이고 욕망은 고통을 초래하며 욕망을 제거하는 것은 고통을 제거한다. 욕망은 성자와 같은 삶을 통해서만 제거될 수 있는데 이는 순결, 몸 낮춤 그리고 극빈을 요구한다.

쇼펜하우어의 도덕 체계는 무엇인가?

쇼펜하우어는 우리는 아무도 피해를 입혀서는 안 되며 우리가 할 수 있는 한, 다른 이들을 도와야 한다고 믿었다. 이것이 어려운 것은 우리가 자신의 개인적인 여러 의지들과 직접 접촉하는 피상적인 단계에 있기 때문이다. 본질적인 영역에서는 단지 하나의 의지만이 있으며, 우리는 모두 그것(단일한 의지)의 일부이다. 따라서 다른 사람을 해치는 것은 우리 자신을 해치는 것이다.

쇼펜하우어는 고집이 세고, 사람을 싫어했으며 특히 여자를 싫어했다 — 간단히 말해 사람들과 어울리는 이가 아니었다. 베를린 대학에 있는 동안, 그는 요한 피히테를 '허풍쟁이'라고 불렀다. 그가 후에 쓰길, "피히테, 셸링 그리고 헤겔은 내가 보기에 철학자들이 아니다. 왜냐하면 그들은 철학자의 첫 번째 요구 조건인 진지함과 탐구에 대한 정직성이 없기 때문이다. 그들은 뭔가가 되기를 원하기보다는 뭔가인 것처럼 보이길 원하는 궤변론자들이다. 그들은 진리가 아닌 자신들의 이익과 세상에서의 출세를 추구했다".

쇼펜하우어의 입장에서 볼 때 인간들은 그랬다. 20대 무렵의 쇼펜하우어는 바이마르 공작의 정부를 짝사랑했다. 그와 성공한 소설가인 그의 어머니는 아들이 그녀의 손님들을 대하는 방식 때문에 다투었고, 그는 스물여섯 살 이후로 어머니를 두 번 다시 보지 않았다. 그가 생각하는 여성의 모습은 다음과 같다.

"간호사나 어린아이를 가르치는 교사들로 사는 것이 가장 어울리는데, 이는 그들이 유치하고 하찮으며 근시안적이기 때문이다. 한마디로 말해, 그들은 평생 동안 덩치 큰 어린이들이다. 작고, 어깨가 좁으며, 엉덩이는 넓고 다리가 짧은 종족이다. 그들은 어떤 것에 대해서도 제대로 알지 못한다. 그리고 그들은 천재성이 없다."

이런 태도 때문인지 쇼펜하우어는 적어도 여자 하인 한 명 정도는 학대했다고 전해진다. 노년에 그는 강아지와 함께 혼자 살았다.

쇼펜하우어의 영향력은 무엇인가?

쇼펜하우어의 철학적인 관념들은 프리드리히 니체에게 영향을 주었고, 그의 무의식적인 의지에 대한 개념은 지그문트 프로이트의 심리학 개념 형성에 영향을 주었다. 또 쇼펜하우어는 문학에 심오한 영향을 주었고, 동양 철학을 자신의 체계에 접목시킨 최초의 중요한 서양 철학자였다.

버나드 보즌켓

버나드 보즌켓은 누구인가?

버나드 보즌켓(1848~1923)은 1870년부터 1881년까지 유니버시티 칼리지에서, 1903년부터 1908년까지는 옥스퍼드의 세인트앤드루에서 학생들을 가르친 영국의 헤겔주의자였다. 그의 이름은 프랑스의 위그노 선조로부터 물려받은 것이다. 그는 상속받은 재산으로 런던에서 사회 운동을 추구하는 일이 가능해지자 옥스퍼드를 떠났다. 주요 업적들은 1911년과 1912년에 행한 길퍼드 연설의 출판본인 《개별성과 가치의 원칙》(1912), 《개인의 가치와 운명》(1913)에 나타나 있다.

보즌켓은 자신의 논리적 원리들의 체계로 절대자의 존재를 설명했고, 개인주의에 대한 공동체적 가치를 옹호했다. 그는 그때 당시와 이후 영국의 주도적인 미학자였다.

버나드 보즌켓은 공동체의 가치에 관해 자신이 가르친 것들을 실천했나?

그렇다. 보즌켓은 1880년대와 1890년대 그리고 20세기의 첫 20년 동안 영국 윤리 협회, 자선 조직 협회 그리고 윤리학과 사회 철학의 런던 스쿨 등과 같은 많은 자선 단체와 교육 단체에서 적극적으로 봉사했다. 《국가의 철학적 이론》(1923)과 《도덕적 자아의 심리학》(1897)은 그가 성인 교육 집단들을 대상으로 한 대중 강연에 바탕을 두었다.

1895년 그는 사회 활동가이자 개혁가인 헬렌 덴디와 결혼했는데 헬렌은 1905년에서 1909년까지 황실 위원회의 빈민법 분야에서 일했다. 보즌켓 부부는 사회 개혁을 공고히 하는 가장 최선의 방법은 개인의 성격을 계발시키는 교육을 통해서라고 믿었다. 이러한 견해는 종종 이들 부부를 당시의 주도적인 사회 활동가들

버나드 보즌켓의 관념론자 원리는 무엇이었나?

보즌켓은 프리드리히 헤겔의 절대자에 대한 인식에 대단히 큰 빚을 지고 있음을 인정하였고, 이것이 의미심장한 출발점이긴 했어도 헤겔 철학에 대한 자신의 기여들에 관해 겸손했다. 보즌켓에 따르면, 동일한 사실에 대해 반대되는 견해들이 있을 때 경험에서의 모순들이 일어난다. 진리는 그러한 모순들을 더 큰 그림에 통합시켜 제거함으로써 달성될 수 있다. 인간의 경험 전체는 그러한 진리들을 모두 포함하고 있는데 그것이 절대자이다. 이것으로부터 보즌켓은 헤겔에 대한 경험주의자적인 해석을 가졌음을 알 수 있는데, 이는 그 자체가 모순인 견해였다.

보즌켓은 또한 절대자는 모든 상충하는 욕망들을 포함하며 그것들 모두를 만족시킨다고 주장했다. 어떤 것의 가치는 욕망을 만족시키는 능력에 달려 있으므로 절대자는 모든 가치들의 기준이다. 우리는 절대자에게 복종함으로써 특수한 형태의 우리의 욕망들을 가장 잘 실현시킬 수 있다. 이러한 복종은 종교를 의식하는 것이다.

사회 철학과 관련한 버나드 보즌켓의 주된 견해는 무엇이었나?

보즌켓은 인간이 공동체 속에서만 자신들의 개인적인 목표들을 성취할 수 있다고 말했다. 개인적으로나 집단적으로 우리는 모두 상충되는 욕망들이 조화를 이룰 수 있기를 소망한다. 공동체적 수준에서 이것은 일반적인 의지이다. 일반적인 의지에 지배를 받는 것은 해방을 초래할 것이다. 일반적인 의지는 모든 시민들에게 가장 좋은 것을 실현시키는 것을 목표로 하는 현대 국가의 기초이다.

버나드 보즌켓의 미학 이론은 무엇이었나?

보즌켓은 《미학의 역사》(1892)에서 미의 역사적인 발전을 제시했다. 고대에 미는 모방이었으며 헤겔의 객관적인 관념론 철학에서 미는 실재 자체였다. 이마누엘 칸트를 따라 그는 우리가 사물들이 아름답다고 경험하는 것은 그것들이 지각 가능한 형태들로 이성의 구조들과 조직하는 특성들을 제시하기 때문이라고 주장하였다.

물질주의, 마르크스주의 그리고 무정부자들

근대의 유물론, 마르크스주의, 무정부주의의 기원은 무엇인가?

이들은 모두 헤겔주의에 대한 저항이었다. 사회 안 정치적인 운동으로서 그들은 프랑스 혁명으로부터의 자연적인 역사의 발전을 대변했고, 러시아의 봉건주의와 유럽의 산업 혁명에 반대하는 움직임이었다.

카를 마르크스는 인간의 역사를 경제적 계급들 간의 끊임없는 투쟁의 역사로 보았다.

유물론이란 무엇인가?

일반적인 철학의 관점에서 유물론은 물리적이고 물질적인 것들만 실제라고 하는 주의이다. 정치적인 마르크스주의자적 관점에서 유물론은 경제적인 조건들과 거래들이 역사의 과정을 결정한다는 신조이다.

마르크스주의란 무엇인가?

마르크스주의는 카를 마르크스에서 유래한 주의로, 인간 사회는 사회적 계급들로 나뉘어 있고, 계급들 간의 물질적인 혹은 경제적인 투쟁이 역사의 큰 단계에서 가장 중요한 사건들이라고 본다.

무정부주의는 무엇인가?

무정부주의는 인간의 행복과 안녕은 강력한 정치적인 구조들이 없을 때 가장 잘 구현된다는 정치적인 신조이다. 무정부주의자들은 민중에 의해 권력이 작은 단위들로 분산되는 것을 추구했다.

루트비히 안드레아스 폰 포이어바흐

루트비히 안드레아스 폰 포이어바흐는 누구인가?

루트비히 안드레아스 폰 포이어바흐(1804~1872)는 독일 관념론을 일종의 신학 또는 종교의 이성화라고 비판했다. 그의 계획은 프리드리히 헤겔의 개인과 절대자의 관계를 뒤집는 것이었다. 헤겔에게 개인이 절대자의 결과나 표현이라면, 포이어바흐에게는 절대자가 개인의 결과나 표현이었다. 포이어바흐의 주요 업적은 《헤겔 철학의 비판》(1839), 《기독교의 본질》(1841), 《미래의 철학 원칙들》(1843), 《종교의 본질》(1846)들이다. 그는 카를 마르크스와 협력하였고, 1840년대 후기의 혁명기에 적극적이었으나 직장 생활과 같은 대중적인 삶에서 은퇴하여 가난하게 죽었다.

루트비히 포이어바흐는 어떠한 유형의 유물론자였나?

포이어바흐는 역사주의적인 유물론자였다. 그는 진리, 실재 그리고 감각은 동일하다는 절대적인 헤겔주의적인 가정을 이끌어내려 했다. 그러나 포이어바흐는 절대자 속에서 이성과 의식을 찾아냄으로써 프리드리히 헤겔이 인간의 본질을 절대자에게서 분리시켰다고 생각했다. 그는 지각 있는 사람만이 진정한 실재의 존재이며 사고는 이러한 인간의 산물이다, 그 반대의 경우는 틀렸다고 주장했다. 그에게는 하느님이나 절대자는 우리 자신을 우리에게 보이는 것일 뿐이었다. 철학의 연구는 인간의 상황 속에서 인간과 더불어 시작하는 것이다. 인간은 단순한 사물이나 의식이 아니었다.

루트비히 포이어바흐의 견해들은 받아들여졌나?

그는 기독교에 비판적인 책을 출판한 뒤 철학 박사 학위를 취득했던 에를랑겐 대학에서 해고당했다. 이후 그는 더 이상의 학문적인 직업을 구할 수 없었고, 프리드리히 헤겔 비판도 그의 상황에 도움이 되지 못했다.

루트비히 포이어바흐는 다른 이들에게 어떠한 영향을 주었나?

포이어바흐는 카를 마르크스와 많은 다른 이들에게 직접적인 영향을 주었다. 존재하는 개인에 대한 그의 철학적인 출발점은 실존주의를 앞섰다. 종교가 어떻게 연구되어야 하는가에 대한 그의 견해는 사회학, 역사학 그리고 종교에 대한 비종교적인 연구들을 가능하게 했다.

루트비히 포이어바흐는 인간이 무엇이라고 결론내렸나?

《미래의 철학 원칙들》(1843)에서 포이어바흐는 많은 채식주의자들이 동조하는 말을 했다. 'Der Mensch ist, was er isst', 즉 인간은 그가 먹는 것 자체라는 것이다. 그러나 이에 대한 전반적인 사상은 단순히 음식과 관련된 것이 아니었다. 1850년에 쓴 이전의 문장은 다음과 같다.

"음식의 원칙은 큰 윤리적·정치적 중요성을 지닌다. 음식은 피가 되고 피는 심장과 사고와 마음의 덩어리인 뇌가 된다. 인간의 음식은 인간의 문화와 사상의 기초이다. 국가를 발전시키기를 원하는가? 국가에 죄를 비난하는 연설보다 더 좋은 음식을 주어라."

포이어바흐는 인간의 음식이 어떻게 인간의 사상이 되는가와 씨름했다. 그의 해결책은 종교의 본질을 인간의 본질로 전환시키는 것이었다. 그러나 마르크스는 인간에게서 추상성을 찾으려는 그를 비판했고, 개인을 사회적·경제적인 관계들의 집합으로 이해하기를 좋아했다.

마르크스주의

카를 마르크스는 누구인가?

카를 마르크스(1818~1883)는 독일의 혁명가이자 공산주의와 사회주의를 정치적인 운동과 사상의 체계들로 설립한 현대 사회와 경제의 철학자였다. 그는 또한 현대의 노동조합 운동의 원동력으로 평가받는다. 마르크스의 초기 작업들은 유토피아적이라고 여기는데, 그의 생애 동안에는 출판되지 않았다. 그가 프리드리히 엥겔스와 함께 저술한 〈공산당 선언〉(1848)이 덜 가설적이고 독자들에게 더 쉽게 다가가지만 그의 대표작은 《자본론》(1867년, 1885년 그리고 1894년에 출간됨)이다.

마르크스와 엥겔스가 저술하던 시기에 다음과 같은 조건들은 산업화된 국가들에서 노동자들을 위해 존재하지 않았다 — 최저 임금법, 건강 보험, 연금 제도, 작업장 안전 규정, 아동 노동 금지법, 교대 근무 시간과 주당 노동 시간. 노동자의 자녀들을 위한 폭넓고 의무적인 공공 교육도 없었다. 이러한 조건들 중 어떤 것들은 여전히 산업화된 국가들에서 보편화 되어 있지 않으며 아시아, 아프리카 그리고 남아메리카에서는 전혀 존재하지 않을지 모르지만, 오늘날에는 근본적인 인간의 복지로서 당연시되고 있다.

프리드리히 엥겔스는 누구인가?

프리드리히 엥겔스(1820~1895)는 카를 마르크스와 함께 마르크스주의를 정초했다. 〈공산당 선언〉과 더불어 그들은 《성스러운 가족》(1844)과 《독일 이데올로기》(1845)를 공동으로 저술했다. 엥겔스의 《영국 노동 계급의 상황》(1844)은 당시 노동자들의 고통스러운 삶을 묘사했다. 엥겔스는 《유토피아적이고 과학적인 사회주의》(1880)와 《반(反)뒤링론》(1878)을 썼고 《자연의 변증법》(1883)에

프리드리히 엥겔스는 카를 마르크스와 함께 공산주의 이념을 정초했다.

서는 역사적인 유물론을 자연과학과 연관지으며 자연과 사상의 보편적인 법이 있다고 주장했다.

엥겔스의 가장 큰 업적은 마르크스의 사상을 좀 더 접근하기 쉽고 대중적인 형식과 용어로 제시했다는 점이다.

엥겔스의 아버지는 직물 가공업자로, 어린 엥겔스는 맨체스터에 있는 아버지의 공장에서 일했는데, 결국 주인이 되었다. 엥겔스는 평생 동안 마르크스를 재정적으로 도왔으며 마르크스가 죽은 후에는 그의 자녀들을 도와주었다. 그는 마르크스가 죽은 후에 마르크스의 《자본론》을 편집했다.

마르크스와 엥겔스는 자신들의 철학에서 무엇을 썼나?

인간은 살기 위해 노동을 해야 한다. 마르크스와 엥겔스는 역사를 헤겔의 변증법적인 과정이라고 하였다. 즉, 다른 노동 계급들이 발전해오면서 19세기에 정부를 통제하는 부르주아 소유 계급과 자본가들을 위해 노동력을 제공하며 착취당하는 프롤레타리아, 즉 노동 계급을 낳았다고 보았다. 자본주의는 소유자가 생산과 시장의 확대를 통해 이윤을 추구하는 경제체제이다. 그들의 이윤은 그들이 버는 돈에서 재료비와 시설비 또는 자본, 그리고 노동자에게 지불되는 임금을 뺀 결과이다.

생산 체계에서 노동자는 고용주에 의해 착취당하기 때문에 노동, 즉 노동 계급의 일은 잉여 가치를 발생시킨다. 노동자는 집에 가서 먹고 자고, 가족의 재생산만 할 수 있을 정도의 임금을 받는데, 이는 그의 노동력을 재생산해서 계속 노동자로 기능할 수 있게 한다. 즉, 노동자 삶의 모든 측면은 이윤을 극대화할 수 있도록 고용주들에 의해 착취당한다. 그 결과로 노동자들 특히 19세기 산업 사회에서 폭넓은 노동력을 구성했던 이들은 빈곤했다.

노동계급과 소유계급 둘 다 자신들의 이데올로기를 가지고 있다. 낡은 사상은 소유계급의 이데올로기이다. 즉, 소유계급은 세계를 자신의 지위를 정당화시키는 방법으로 바라본다. 예를 들어, 큰 부를 소유한 이들은 근면한 노동으로 그것을 획득했다고 믿는 것이다. 한 사회에서 정치적으로 지배적인 계급은 경제적으로 생산의 주요 수단을 장악한 계급이다. 일반적으로 어떤 사회적인 계급 이데올로기는 그 계급이 사회 속에서 지배적인 생산 수단의 측면으로 볼 때 어디에 속해 있는가의 결과이다.

노동자들과 다른 이들은 고용주들이 노동자들을 단순히 이익을 창출하는 상품으로 취급할 때 자기 자신의 노동으로부터 소외되는 인간이라는 사실을 깨달을 필요가 있다. 이러한 상황에 대한 단기적인 해결책은 노동자들이 단결하여 더 나은 임금과 노동 조건을 요구하는 것이다. 장기적인 해결책은 자본주의가 내적인 모순들을 통해 스스로를 파괴시키는 역사적인 과정이다. 이전의 노동자들은 단순히 하루를 먹고살기 위해 노동하는 대신 자기 성취적인 활동을 추구할 수 있는 사회주의자가 될 것이다.

카를 마르크스는 빈곤 속에 살았는가?

그렇다. 혁명적인 글 때문에 브뤼셀과 파리에서 추방당한 후 마르크스와 그의 가족은 런던에서 안식처를 찾았다. 하지만 1850년 집세를 내지 못해 첼시에 있는 방 두 개짜리 아파트에서 쫓겨났다. 그들은 소호에서 더 싼 숙소를 찾아 6년 동안 생활했다. 프리드리히 엥겔스는 마르크스를 돕기 위해 독일에 있는 그의 아버지에게 돌아갔다. 두 사람은 20년 동안 이틀마다 서로에게 편지를 썼다. 이 시기에 마르크스는 영국 박물관의 독서실에서 정기 간행물들과 〈이코노미스트〉를 다시 읽으며 자본주의를 이해하려고 했다.

마르크스의 첫아이 프란치스카는 소호의 아파트에서 태어났지만 1년 만에 숙었다. 엘레노는 1855년에 태어났는데 그해에 에드가는 마르크스의 세 번째로 죽은 아이가 됐다. 마르크스 가족은 소유한 것이 거의 없었다. 한번은 마르크스가 집을 나설 수 없었는데, 제니가 식료품을 사기 위해 그의 바지들을 전당포에 맡겼기 때문이다. 하지만 일요일에는 가족 모두 햄스테드로 피크닉을 가기도 했다.

마르크스가 〈뉴욕 데일리 트리뷴〉에 기고한 글들로 수입을 얻기 시작하고 제니의 어머니가 그녀에게 약간의 유산을 남겼을 때, 그들은 켄티시 타운으로 이사할 수 있었다.

1856년에 제니는 사산아를 낳았는데, 그 후에 천연두를 앓았다. 그녀는 이 병을 극복했지만, 귀가 멀고 흉터가 남게 되었다. 마르크스 자신도 병에 걸리자 엥겔스에게 보내는 편지에서 "그토록 비천한 삶은 살 가치가 없다"라고 했다. 1863년 마르크스는 종기에 걸리자, "이것은 정말로 프롤레타리아의 병이다"라며 위안을 받았다.

무정부주의

무정부주의란 무엇인가?

무정부주의는 자유와 평등의 이상에 기초를 둔 이론이자 정치적인 움직임이다. 모든 형태의 지배, 권위 그리고 복종은 정당하지 못한 힘에 의해 지탱되는 것으로 간주된다. 국가와 국가를 지탱하는 모든 제도들과 국가에 의해 유지되는 모든 제도들은 수용될 수 없는 것이다. 사회는 구성원들이 공동의 목표를 향해 협력하고 함께 삶을 꾸려나가는 소규모의 자치적인 공동체들로 재편되어야 한다. 영국의 저널리스트이자 정치철학자인 윌리엄 고드윈은 18세기에 현대적인 무정부주의를 창시하였고, 19세기에는 피에르 조제프 프루동, 미하일 알렉산드로비치 바쿠닌(1814~1876), 그리고 표트르 알렉세예비치 크로폿킨(1842~1921)이 주도적인 인물들이었다.

피에르 조제프 프루동은 누구인가?

피에로 조제프 프루동(1809~1865)은 '무정부주의'라는 말을 만든 프랑스의 사회 이론가였다. 그는 《재산이란 무엇인가?》(1840)에서 재산은 도둑질이라고 선언했다.

피에르 조제프 프루동의 사상에서 새로운 점은 무엇이었나?

장 자크 루소는 토지 재산에 관해 이야기하면서, 재산이 도둑질이라는 프루동과 유사한 주장을 하였다. 그러나 프루동이 더 혁신적인 점은 고용주가 노동자들이 일한 대부분의 결과를 빼앗는다는 것이었다.
노동자들은 그들의 노동 자체뿐만 아니라
모든 노동의 결과들에 대한 권리가 있었기
때문에, 개인과 작은 집단들의 손에 집중된
사유 재산의 양은 제한되어야 한다. 이는
경제 체제에서 가난한 사람들을 위한 무이
자의 대출을 승인해주는 은행을 세우기 위
해서 개혁이 필요하다. 국가는 와해되고 대
신에 전 세계적인 집단들의 단체가 있을 것
이라는 것이 프루동의 생각이었다.

'무정부주의'라는 말을 만든 사회이론가 프루동
은 현대 사회에도 영향력을 미치고 있다.

피에르 조제프 프루동의 지속적인 영향력은 무엇이었나?

그의 사상은 다른 19세기의 무정부주의자들과 더불어 제1차 세계대전 이후에 무
시되었지만 프루동의 사회적인 사상들의 일부는 현대의 경제 조직에서 여전히 영향
력을 미친다. 이러한 예들로는 협동주택, 협동 작물 생산 및 협동 구매 계획 그리고
대규모 산업에서 노동자들의 경영진으로의 참여 등이었다.

미하일 바쿠닌과 카를 마르크스는 잘 어울렸는가?

바쿠닌과 마르크스는 신랄한 적이었다. 마르크
스는 국제 노동자 협회에서 바쿠닌을 추방시
키기 위해 캠페인을 벌였다. 마르크스와 바쿠닌의 격
렬한 적대관계는 서구 사회주의의 역사에서 잘 알려
진 부분이다. 국제 노동자 협회의 공동 회원으로서
마르크스는 바쿠닌을 "이론적인 지식이 전무한 사람"이라고 일컬었다. 바쿠닌은
마르크스가 "머리부터 발끝까지 전체주의자로서, 그에게는 자유의 본능이 부족하
다"라고 했다. 마르크스는 바쿠닌이 음모가라고 했지만, 1848년에 바쿠닌이 폴란
드인들을 체포하는 책임을 띤 러시아 간첩이라는 (러시아 대사에 의해 시작된) 거짓

루머를 출판한 것은 마르크스였다.

피에르 조제프 프루동은 왜 여성의 권리에 반대했나?

프루동은 《창부 정치》(1875)에서 만약 여성들에게 선거권이 허락되고 남성들과 법적으로 동등한 권리들을 확보한다면 결혼 제도는 시간이 지나면서 쇠퇴할 것이라고 했다. 왜냐하면 여성들은 자신들을 재정적으로 돕기 위한 남성들을 필요로 하지 않을 것이기 때문이었다. 프루동은 남성과 여성의 이러한 독신 상태는 매춘을 확장시킬 것이라고 생각했다.

피에르 조제프 프루동은 카를 마르크스의 친구였나?

아주 잠깐 동안만 그랬다. 마르크스는 《재산은 무엇인가》(1840)가 출판된 후 프루동에게 편지를 썼고, 그들은 파리에서 친구가 되었는데 마르크스는 당시 망명 생활을 하고 있었다. 그러나 마르크스는 프루동의 《가난의 철학》(1847)에 대해 《철학의 가난》(1880)으로 응수했다. 이어진 논쟁은 국제 노동자 협회에서 무정부주의자들을 마르크스주의자들과 분리시켜놓았다. 프루동은 또한 미하일 바쿠닌의 추종자들과도 논쟁을 벌였는데, 이들은 프루동의 생각들, 즉 평화적인 혁명 이후의 노동자 협동조합, 농민의 토지와 공장의 소유에 대해 반대했다.

미하일 바쿠닌은 누구인가?

미하일 바쿠닌(1814~1876)은 러시아의 무정부주의자로, 1840년에서 1849년까지 그리고 1861년부터 1871년까지 유럽에서 활동했던 혁명가였다. 이 두 시기 사이에 그는 유럽과 러시아에서 투옥되었고 한동안 시베리아로 추방되었다. 그의 견해는 상충된다고 평가받는데, 이는 그가 대중의 자유를 향한 본능이 혁명을 일으킬 것이라고 믿은 동시에 혁명은 교육받은 엘리트들에 의한 계획의 결과여야 한다고 주장했기 때문이다.

(유럽에서 활동하던) 첫 번째 시기에 바쿠닌은 노동자들의 요구를 기존 체제와 화해

시키려는 자유주의적인 계획들을 비판했으며, 특히 교회와 국가에 대해 몹시 비난했다. 두 번째 시기에는 '과학에 대한 삶의 반항'을 요구하며 공공 정책에 대한 기술적인 접근들의 지배, 또한 과학주의를 공격했다. 전반적으로 바쿠닌과 그의 추종자들은 마르크스주의의 발전에 반대했다.

표트르 크로폿킨은 누구인가?

표트르 크로폿킨(1842~1921)은 아마도 마르크스주의자들과 무정부주의자들 중에서 가장 온건한 사람이었을 것이다. 그는 지질학에 대한 연구과 찰스 다윈에 대한 지식을 토대로 무정부-공산주의를 위한 과학적인 토대를 제공하려고 노력했다. 그는 러시아를 세웠다고 전해지는 루릭의 후손이라고 주장하는 러시아의 왕자였다(일부는 루릭이 역사적인 실존 인물이 아니며, 설령 실존 인물이라 해도 그의 자손들이 누구인지 입증하기 어렵다고 한다).

표트르 크로폿킨은 과학과 진화론 개념들로 순화된 공산주의 견해를 지닌 러시아 왕자 출신의 인물이다.

크로폿킨은 또한 1911년에 출판된 브리태니카 백과사전의 유명한 열한 번째 개정판에서 무정부주의란 말을 첨가시켰다. 이 개정판은 19세기의 선두적인 지식 분야의 전문가들에 의해 작성되었고, 여전히 높이 평가된다(이 개정판의 전집 전제는 현새 온라인 상에서 무료로 구할 수 있다).

표트르 크로폿킨은 어떻게 그의 인생철학을 형성하였나?

크로폿킨의 부친은 장군이었고, 크로폿킨은 프룬제 군사 학교(귀족 자제들에게 군 복무를 위한 준비를 시키던 제정 러시아의 군사 학교-옮긴이)에서 교육을 받았으며 차르 알렉산드르 2세의 시종이 되었다. 그는 아무르 강 유역의 마운티드 코사크 기병대에서 장교로 임명받아 시베리아로 갔는데, 그곳에서 형벌 제도를 연구했다. 그때 그가 본

것이 그를 억압적인 형태의 정부에 저항하도록 만들었다.

20대에 크로폿킨은 원정대를 이끌고 시베리아의 여러 지역들을 방문하면서 빙하와 동아시아의 사막들과 산악 지방을 발견하게 되었다.

그는 피에르 조제프 프루동의 글들을 읽고 도망치려 했던 폴란드 죄수들을 사형시킨 데 항의하여 사임했다. 그는 핀란드의 에스커(빙하가 녹으면서 생긴 좁고 기다란 제방 모양의 흙더미-옮긴이)를 탐험한 뒤 1872년에 러시아 지질학 학회의 서기 자리를 제안받았으나 망명한 급진주의자들을 만나기 위해 스위스로 갔다.

크로폿킨은 쥐라의 시계 제작자들 사이에 있던 바쿠닌의 추종자들을 만난 후에 무정부주의자가 되기로 결정했다. 그 시계 제작자들은 폭넓은 산업 혁명의 일부가 아닌 양심적인 기술자들이었고, 유대가 긴밀한 공동체 속에서의 그들의 협동은 크로폿킨을 감동시켰다. 그는 러시아로 돌아가 지하 운동에 가담했다가, 1874년에 페트로파블로프스크 요새에서 투옥되었다. 유럽으로 도망친 그는 1879년에 정기 간행물 〈반역자 Le Revolté〉를 창간했고 1881년 런던 국제 무정부주의자 회의에 참가한다. 1882년 프랑스 리옹에서 그는 국제 노동자 협회의 회원이라는 이유로 5년 감옥형을 선고받는다. 그러나 대중의 항의로 일찍 석방되어 영국으로 가서 지내다가 1917년 러시아 혁명 후 러시아로 돌아온다.

크로폿킨이 영국에서 지낼 때 그는 학자로 일했다. 과학 잡지들과 출판업자들이 그의 글들을 출판했는데 가장 중요한 출판물은 《한 혁명가의 회고록》(1899), 《상호 협동: 진화의 한 요인》(1902), 《근대 과학과 무정부주의》(1912)였다. 그의 마지막 작품 《윤리학》은 1924년에 그가 러시아에서 사망한 후 출판되었다. 크로폿킨의 말년은 스스로에게 실망스러웠다. 러시아 혁명 말기는 그의 무정부주의의 이상을 무색케 했다. 그는 10월 혁명 이후의 테러에 대해 볼셰비키 정권을 비난했다.

크로폿킨의 제안들은 소비자의 필요에서 시작한다. 그는 피에르 조제프 프루동이 제안한 집단생산조합 대신 자유배급창고를 생각했다. 주된 결합력은 생산 목표 대신 사회적인 결속에 기반하는 것이었다. 《빵의 정복》에서 크로폿킨은 자기 체계의 세부 사항들을 완성하려고 시도했는데, 이는 이전에 토머스 모어의 《유토피아》(1516)에서 발전하고 간행물 〈반역자〉를 창간하면서 함께 일했던 프랑수아 뒤마르테레에 의해 알게 된 견해들에 기초하고 있다.

사회 속에서 다원주의에 대한 크로폿킨의 견해는 무엇이었나?

크로폿킨은 동물사회나 인간사회에서 경쟁이 좋은 생존전략이라고 생각하지 않았다. 《상호 협동: 진화의 한 요인》에서 그는 다음과 같이 기술했다.

동물의 세계에서 우리는 종의 대다수가 사회 속에서 살아가는 것을 본다. 그리고 그들이 협동해서 생존 투쟁을 위한 가장 좋은 무기를 찾는 것을 보아왔다. 물론 폭넓은 다원주의적 관점에서 단순한 생존의 수단을 위한 투쟁이 아닌 종에게 불리한 모든 자연 조건들에 대한 투쟁으로 이해되었다. 개체들의 투쟁이 최소한으로 줄어들고 상호 협동의 실천이 가장 큰 발전을 획득해온 동물의 종들은 한결같이 가장 수가 많고 가장 번성하며 미래의 발전에 가장 열려 있다. 이 경우에 얻은 상호 보호, 오래 살아남으며 경험을 축적할 가능성, 더 높은 지적인 발전 그리고 사회적 습관들의 증가는 종의 유지와 확장 그리고 더 진보적인 진화를 확고히 해준다. 반대로 사회성이 없는 종들은 쇠퇴하도록 되어 있다.

그러나 크로폿킨은 혁명이 인간 진화의 일부이며, 무정부주의가 근대의 억압적인 제도들에 의해 왜곡되기 이전 상황으로의 복원이라고 주장했다. 인간은 천성적으로

사회적이기 때문에 정부는 불필요한 것이다.

심리학과 사회 이론

철학적으로 19세기의 심리학과 사회 이론에 관해 중요한 것은 무엇인가?

19세기에 심리학과 사회학이 철학에서 분리되어 독립적인 분야들로 발전할 토대가 마련되었다. 심리학과 사회학이 철학에서 분리된 이유는 주제 및 방법론의 차이 때문이었다. 후자와 관련하여 빌헬름 딜타이는 자연과학이 원인을 추구하는 반면에 역사, 심리학, 문헌학 그리고 철학 등의 인문학은 이해할 필요성에 의해 특징짓는다는 주장을 하면서 그의 시대를 가장 좋은 경우로 들었다.

그러나 20세기에 원인들을 찾기 위한 양적 방법론과 실험들은 심리학과 사회학의 중요한 분야들을 특징지었다. 수량화와 원인 규명은 경제학의 특징이 되었는데 20세기가 될 때까지 정치철학, 사회학, 철학으로부터 명확하게 독립되지 않았다. 그러나 19세기에 인식론, 윤리학, 정치철학 및 혁명비평으로부터 심리학과 사회학의 분리는 주요한 성과였다.

프란츠 브렌타노

프란츠 브렌타노는 누구인가?

프란츠 브렌타노(1838~1917)는 뷔르츠부르크 대학과 빈 대학에서 학생들을 가르쳤고, 오스트리아의 철학자인 알렉시우스 마이농, 현상학의 창시자인 에드문트 후설, 그리고 심리 분석의 아버지인 지그문트 프로이트에게 영향을 주었다.

그는 1864 로마 가톨릭의 성직자로 서품을 받았으나 교황 무류설에 대한 논쟁에 참여한 후 서약을 포기했다. 그는 결혼하기 위해 빈 대학의 교수 직을 사임한 후 다시는 그 직책을 얻을 수 없었다. 후에 실명하게 되었지만 그럼에도 불구하고 죽을 때까지 철학의 각 세부 분야에 대한 글들을 썼다. 브렌타노의 주요 글들은 《경험적 입장에서의 심리학》(1874)과 《옳음과 잘못됨의 기원에 관한 우리의 지식》(1889)이다.

브렌타노는 판단이 올바르거나 그를 수 있으며 사랑과 미움에 대해서도 동일하다고 말했다. 어떤 것이 좋은 것이면 그것을 올바르지 않게 사랑하는 것은 불가능하다. 사랑과 미움에 있어 올바름은 올바르지 못함처럼 객관적이다. 브렌타노는 그러한 올바름에 관한 직관주의자였다. 즉 그는 우리가 즉각적, 직접적으로 감정과 대상 사이의 "적합성"에 대해 의식할 수 있다고 생각했다.

브렌타노의 경험주의 심리학에 대한 주된 기여는 무엇이었나?

브렌타노의 중요성은 의식적인 상태와 태도의 지향성에 대한 강조에 있다. 그는 버트런드 러셀이 "명제적 태도들propositional"이라고 정의한 사고, 믿음, 희망, 욕망과 같은 것들은 특정한 목적을 향한다고 지적했다. 예를 들어, 당신이 사과를 생각하고 있다면 당신이 지향하는 물체는 당신이 생각하고 있는 사과이다. 만약 당신이 새 차를 원한다면 당신이 욕구의 목적으로 지향하는 것은 그 차이다.

물리적인 상태들은 이러한 식으로 지향적이지 않기 때문에, 지향성은 정신적인 것이 물리적인 것으로부터 구별될 수 있는 기초이다. 브렌타노는 세 가지 종류의 다른 의도들을 구별하였다 — 관념, 판단, 사랑과 미움의 현상. 감정과 의지력이라고 알려진 마지막 것은 도덕과 직접 관련되어 있다.

브렌타노 원칙의 초기 이론은 — 내재적인 지향성이라 불리는 — 의도된 대상은 어떤 식으로든 문자 그대로 마음속에 있다고 제안했다. 그는 후에 의식을 위한 정신적인 대상이 항상 존재하지만 그 대상은 문자 그대로 존재할 필요가 없다고 설명했

다. 요지는 우리가 존재하지 않는 것에 관해 생각할 수 있다는 것이다. 존재하는 사고의 대상들은 존재하는 다른 대상들과 엄격한 관계를 갖고 있으나 존재하지 않는 사고의 대상들은 엄격한 관계에 있지 않다.

알렉시우스 마이농

알렉시우스 마이농은 누구인가?

알렉시우스 마이농(1853~1920)은 오스트리아 렘베르크에서 태어나 프란츠 브렌타노와 함께 철학을 공부했다. 브렌타노는 마이농에게 데이비드 흄의 저서들을 읽는 과제를 내주었고 이는 흄에 관한 책을 출간하는 결과를 낳았다. 그중 하나는 추상성에 관한 것이고 다른 하나는 관계에 관한 것인데, 1877년과 1882년에 각각 《흄-연구》로 출판되었다. 마이농은 브렌타노처럼 분석 현상학자로 간주된다. 소위 말하는 대륙적인 전통의 현상학자들과 달리 그는 논리학의 엄밀함을 자기 성찰에 적용했다. 오스트리아 그라츠에 심리학 연구소를 설립하고 교수로 일했던 마이농은 대상과 가치에 대한 이론으로 가장 잘 알려져 있으며, 주요 저서는 《가정에 관하여》(1902)이다.

알렉시우스 마이농의 심리학 이론은 무엇인가?

마이농은 정신적인 경험을 행위, 내용 그리고 대상으로 나누었다. 그는 브렌타노의 지향성 이론의 기초에 대해 연구했는데, 이는 모든 정신적인 상태가 대상을 지향한다는 것이다. 정신적인 행위, 즉 행위 요소는 주체가 대상으로 향하는 방법이며 특별한 내용, 즉 '내용 요소'는 그것의 초점이다. 예를 들어, 사과를 생각하는 것과 사과를 원하는 것은 다른 행위이다. 한편 사과를 생각하는 것과 차를 생각하는 것은 내용적인 차이이며 한 곳에서 다른 곳으로 가는 것은 초점의 변화이다.

마이농의 대상 이론은 전통적인 존재론을 우회했는데, 이는 의도된 대상으로서 (프란츠 브렌타노의 관점에서) 모든 대상들이 존재해야 할 필요가 없었기 때문이었다. 사실, 마이농은 형이상학의 역사에서 존재를 향한 편견을 강조했는데 그는 이것을 "사실적인 것을 선호하는 편견"이라고 했다. 각 대상은 개성을 가지고 있는데, 이는 핵심적인 특징들을 통해 주어진 것이다. 대상들이 성격들을 소유하고 있으므로, 존재하지 않는 대상들에 관한 진술문도 사실일 수 있다. 왜냐하면 대상들이 어떠한가는 그것들의 존재와는 독립적이기 때문이다. 예를 들어 유니콘이 실제로 존재하지 않아도 분홍색 유니콘은 정말 분홍색을 띤다.

마이농은 존재하지 않는 대상들에 관해 진지하게 생각했는가?

그렇다. 이 때문에 그의 명성이 많이 실추되었다. 버트런드 러셀이 자신의 유명한 글 〈외연에 관하여〉(1905)에서 마이농을 조롱했기 때문이다. 하지만 테렌스 파슨스(1939~)와 로더릭 치좀(1916~1999)과 같은 20세기 철학자들은 마이농의 존재론의 일관성과 존재하지 않는 대상에 관해 논의하는 것의 유용성을 옹호했다. 마이농은 존재하지 않는 대상들은 단순히 가능한 것과 가능하지 않은 것도 포함한다고 믿었다. 그는 냄새나 모양과 같이 존재는 단순히 대상의 특질이며, 그래서 이를테면 허구적 인물은 그런 특질을 결여한 것일 뿐인데, 마이농 자신은 그것을 가지고 있다고 했다.

알렉시우스 마이농의 가치에 관한 이론은 무엇인가?

우리의 감정과 욕망은 가치를 분별하는 인지적인 능력을 가지고 있다. 이것은 우리의 감정과 욕망이 생각할 수 있다는 것은 아니지만 종종 우리의 마음보다 더 빨리 우리에게 세계에 대한 것을 말해준다는 의미이다. 대상들 — 우리가 지향하는 것들 — 은 가치 특성을 제공한다. 예를 들어, 사과의 냄새는 나로 하여금 *그*것을 믹도록 유도한다. 사과는 먹기에 좋다는 가치를 지니고 있다. 일몰은 빛의 굴절이나 공기 중 오염의 양에 관한 사실들로 축소되지 않는 특질인 아름다움을 선사한다. 선함, 아름다움, 호감, 바람직함 그리고 다른 종류의 의무(일반적인 범주의 우리의 의무)와 같은 가치 보편자들도 있다. 마이농은 선의 관념들과 관련된 '디그니타티브 dignitative'와 의무의 관념들과 관련된 '디시데라티브 disiderative'를 구분했다.

지그문트 프로이트

심리학과 철학은 어떻게 관련되어 있는가?

19세기 전까지 마음의 철학과 심리학 사이에는 뚜렷한 구분이 없었다. 심리 과학은 20세기 초기까지는 그 자체로서 존재하지 않았다. 지그문트 프로이트와 같은 심리 과학 분야 초기의 역사적인 인물들은 철학자들에게 흥미를 일으키는데, 이는 인간의 마음에 관한 그들의 이론이 철학자들이 고려해야 할 방식으로 인간의 천성에 대한 개념들을 변화시켰기 때문이다.

지그문트 프로이트는 정신분석학과 그에 대한 임상 실습 분야의 선구자로 꼽힌다.

지그문트 프로이트는 누구인가?

지그문트 프로이트(1856~1939)는 심리 분석 이론과 임상 실습의 창시자였다. 그는 초기 유년기의 경험이 개성과 성격을 형성하는 데 있어 일생에 걸친 영향을 준다는 견해를 발전시켰다. 유년기 교육의 중요성은 플라톤에 의해서도 강조되었으나 프로이트는 유년기의 감성적인 경험을 중시한 최초의 인물이었다. 프로이트는 또한 자신에 대한 이해는 즉각적으로나 자동적으로 일어나지 않으며 특수한 유형의 반성을 요구한다는 개념이 널리 받아들여지도록 하는 데 공헌하였다. 고대 그리스인들은 "너 자신을 알라"는 격언으로 유명하다. 그러나 프로이트의 두드러진 공헌은 다른 층의 자아가 있다는 것이었다.

프로이트의 주요 작품들로는 《꿈의 해석》(1900), 《성 이론에 관한 세 가지 이론》(1905), 《문명과 그것의 불만족》(1930)이 있다. 또한 그의 이론들을 건강한 사람들에게 적용한 것들 중 특히 흥미로운 것은 《일상의 정신 병리학》(1901)이다.

지그문트 프로이트를 자신의 연구로 이끈 사항들은 무엇인가?

프로이트는 독일 프라이베르크에서 태어나 오스트리아 빈에서 성장했으며 빈 대학에서 신경학을 전공했다. 1886년 프로이트는 마르타 베르나이스와 결혼하여 여섯 명의 자녀를 두었다. 그중 막내였던 아나는 유명한 정신 분석가가 되었고 가장 어린 아들이었던 에른스트는 20세기의 유명한 초상화가인 루시안 프로이트의 아버지이다. 프로이트의 전기 작가들은 프로이트 가족의 삶은 행복하고 안정되었으며, 그의 놀랍고 독창적인 심리학적 이론들을 둘러싼 논쟁에 대한 지지를 제공할 수 있었다고 평가한다.

프로이트의 멘토인 J. M. 샤르코와 요제프 브로이어는 히스테리를 연구했고 프로이트는 이 병의 심리적인 측면에 관심을 가졌는데, 히스테리 환자들은 특별한 질병 없이도 신체적인 증상들을 보이기 때문이다. 프로이트와 샤르코는 《히스테리 연구들》(1895)에서 어떻게 대화가 히스테리의 치료법으로 환자들의 생각을 변화시킬 수 있는지에 관한 자신들의 임상적인 발견들을 출판했다. 그리고 프로이트가 히스테리의 원인으로 성적인 해설을 발전시켰을 때 브로이어는 그를 멀리 했다.

지그문트 프로이트의 히스테리에 대한 해석은 무엇인가?

우선 프로이트는 자신의 멘토인 요제프 브로이어와 함께 히스테리를 앓고 있는 사람들은 정신적 외상의 기억들을 가지고 있다는 가설을 발전시켰다. 치료는 이러한 기억들을 다시 부활시켜 초기에 그 기억들과 관련된 감정을 배출시키는 것이다. 프로이트는 억압의 근원이 남자 친척에 의한 성적인 학대라고 생각했다. 그는 히스테리의 유일한 원인이 억압된 기억들이라면 히스테리한 증상들로 분출됨으로써 해결되지 말아야 할 이유가 없다는 것을 깨달은 후에 '유혹 이론'을 개정하였다. 프란츠 브렌타노와 알렉시우스 마이농을 인용하여 프로이트는 핵심이 되는 것은 억압된 욕망의 형태로 드러나는 환상일 수도 있다는 이론을 발전시켰다. 그 결과, 프로이트는 오이디푸스 이론을 제시하게 된다.

19세기 철학 ★

349 ★

프로이트의 오이디푸스 이론은 무엇인가?

프로이트는 소포클레스의 희곡 중 자신의 어머니와 사랑에 빠지기도 한 오이디푸스에게서 이름을 따 어린아이의 모성애 갈망을 오이디푸스 콤플렉스라고 이름 붙였다.

오이디푸스 이론 또는 프로이트의 오이디푸스 콤플렉스 견해는 인간의 심리에는 지속적인 성적 욕망들과 이를 표현하는 데 대한 억압이 존재한다는 프로이트의 본능 이론에 기초하고 있다. 성적 욕망과 억압은 리비도 대 에고 혹은 유년기와 중년기의 자기 보전이라는 형태를 취한다. 그리고 노년기에는 에로스, 즉 욕망의 삶 대 죽고자 하는 소원인 타나토스의 형태를 취한다(프로이트가 죽고자 하는 소원이 무생물적인 상태로 돌아가고자 하는 모든 인생의 열망의 인간적인 표현이라고 생각했다는 것이 흥미롭다). 오이디푸스 콤플렉스는 아이가 부양자에 대한 지속적인 인간적 의존의 결과로, 어머니를 열망하는 상황에서 나타난다. 남자 아이들은 자신의 아버지가 거세를 통해 처벌할 것이라는 두려움을 갖는다. 여자아이들은 최초의 어머니에 대한 오이디푸스적인 동경을 남근에 대한 부러움이 동반된 일렉트라 콤플렉스를 통해 아버지에게로 전환시킨다. 이 모든 것은 후에 각각 남성과 여성으로 표현되고 인식되는, 능동적이고 수동적인 원리들의 측면에서 무의식적으로 일어난다.

심리치료의 주된 과정은 억압된 에너지를 감정을 정화하는 방향으로 분출시키는 것을 지향하므로 쾌락의 원리가 프로이트의 주요한 설명 도구이다. 그는 무의식적인 것들을 등장시켜서 변덕스런 기분이나 일상적인 기능 및 기억의 장애 등을 설명할 수 있는 방법에 이 원리를 적용시켰다. 정신분석에서 꿈과 자유연상은 무의식적인 갈등, 특히 오이디푸스적인 환상들에 다가가도록 하는 데 사용될 수 있다.

지그문트 프로이트는 자신을 분석하였나?

그렇다. 그리고 몇 가지 예들은 그가 완전히 드러내려고 의도했음을 보여준다. 자신의 오이디푸스 콤플렉스에 대해 그는 친구에게 편지를 썼다.

나는 나 자신 속에서도 어머니와 사랑에 빠지고 아버지를 질투하는 현상을 발견했다. 그리고 이제 나는 이것을 아동기 초기의 일반적인 현상이라고 여긴다. 히스테리를 부리는 아이들처럼 어리지는 않다고 해도 말이다.

또한 그는 문학 속의 인물들과 작가들을 분석하려고도 했다. 그는 셰익스피어의 햄릿에 관해 다음과 같이 썼다.

순간적으로 동일한 것이 햄릿의 밑바닥에도 있을지 모른다는 생각이 머리를 스쳐갔다. 나는 셰익스피어의 의식적인 의도에 관해서는 생각하지 않는다. 하지만 셰익스피어의 무의식이 그의 남자 주인공의 무의식을 이해했다는 점에서 실제의 사건이 셰익스피어로 하여금 자신을 대표하도록 했다고 믿는다.

또한 프로이트는 자신의 기억들, 말의 실수들 그리고 꿈들을 분석하기 위해 수집했다. 1936년의 〈아크로폴리스의 기억에 대한 방해〉에서 그는 자신이 1904년 그리스의 아크로폴리스를 방문했을 때 왜 의심스럽고 불안해했는지를 설명했다.

틀림없이 어떤 죄책감이 그토록 먼 길을 갔다는 데 대한 만족감에 얽혀 있었다. 여행에 대해 뭔가 잘못된, 초기부터 금지되어온 것이 있었다. 그것은 더 유년기의 아버지에 대한 과도한 평가를 대신한 저평가와 더불어 자신의 아버지에 대한 아이의 비판과 관계가 있었다. 성공의 본질은 자신의 아버지보다 더 멀리 나아가는 것처럼 보인다. 그리고 자신의 아버지보다 탁월한 것은 여전히 금지된 것처럼 보인다.

프로이트의 아버지는 너무나 가난해서 그러한 여행을 할 수 없었을 뿐 아니라 아크로폴리스에 관심을 가질 만큼 교육을 받지 못했다.

허버트 스펜서

허버트 스펜서는 과학만이 진정한 지식을 밝혀 주는 방법이라고 믿은 무신론자였다.

허버트 스펜서는 누구인가?

허버트 스펜서(1820~1903)은 철학가이자 사회 개혁가로 〈이코노미스트〉지의 부편집장이기도 했다. 또한 그는 조지 엘리엇이 편집자로 있는 동안 〈웨스트민스터 리뷰〉에 글을 기고하기도 했다. 스펜서는 무신론자였고 인문학에 대한 교육을 받지 못했는데, 그는 과학만이 유용한 지식을 생산할 수 있다고 믿었다. 《윤리학》에서 그는 제러미 벤담의 공리주의와 존 스튜어트 밀의 행복이 진정한 목적이라는 견해를 결합시켜 쾌락과 고통은 행복과 불행의 증거라고 주장했다.

스펜서는 찰스 다윈의 《자연의 선택에 의한 종의 기원에 관하여》(1859)의 출판을 앞지르는 혁명적인 견해들로 유명하다. 스펜서의 주요 출판물로는 1850년대에 연구를 시작했던 《종합 철학의 체계》와 1884년의 《인간 대 국가》가 있다.

허버트 스펜서는 어떤 사람이었나?

병약한 아이였던 스펜서는 그의 아버지와 엄격한 신교 성직자인 삼촌으로부터 가정 교육을 받았다. 한번은 사교 행사에서 누군가 삼촌에게 조카가 왜 춤을 추지 않느냐고 물어보자 "스펜서는 춤을 추지 않는다"라고 대답했다.

조지 엘리엇이라는 필명으로 더 잘 알려진 소설가 메리 앤 에번스는 스펜서와 친밀한 우정을 유지했다. 대중적인 장소와 오락을 좋아하지 않았던 스펜서도 그녀와는 식당이나 오페라 관람을 갔다. 전기 작가들은 스펜서가 그녀에게 청혼했다면 엘리엇이 그와 결혼했을 것이라고 믿는다. 그녀는 "이 철학가의 삶은 위대한 이마누엘 칸트의 삶과 마찬가지로 이야깃거리를 별로 제공하지 않는다"라고 스펜서에 대해 말했다.

《새로운 철학 체계의 첫 번째 원칙들》(1880)이 출판된 후에 스펜서는 불면증과 아편 투약으로 인한 질병을 앓았다. 그는 아주 폐쇄적이 되어 때때로 다른 사람의 말을 듣지 않기 위해 귀마개를 하곤 했다. 비록 그가 미터법과 같은 공공적인 대의를 옹호하고 보어 전쟁에 반대했으나 말년에는 인간적인 교류 없이 보냈다.

허버트 스펜서의 진화에 대한 견해는 무엇이었나?

스펜서에 따르면 변화는 단순함에서 균일함, 균일함에서 일치함, 일치함에서 복잡함, 복잡함에서 이질성, 이질성에서 다양성으로의 발전을 나타내는 진화의 법칙에 따라 일어난다고 믿었다. 어떤 단계에서도 변화하는 모든 부분들은 전체의 부분이다. 스펜서는 그에 대한 증거로서 물리학, 생물학, 심리학, 사회과학의 예들을 인용했다. 사회는 원시적인 균일한 형태에서 복잡하고 발전된 형태로 진화하며 구성 요소들은 다른 기능들을 한다고 지적했다.

스펜서는, 변화는 고유한 내적인 규칙들을 따른다고 생각했기 때문에 사회의 진보는 사회 복지나 무역의 규정과 같은 외적인 행위들의 결과일 수 없다고 믿었다. 교육에서 그는, 아이들에게 그들을 다른 이들과 가장 잘 경쟁할 수 있도록 해주는 기술들을 가르쳐야 한다고 믿었다. 스펜서의 견해들은 사회적 다원주의자들에 의해 수용되었는데, 이들은 사회를 위한 '적자생존의 원리들'을 옹호하였고 일반적으로 사회 개혁에 반대했으며 구체적으로는 자본주의적인 경쟁을 옹호하였다.

사회학과 철학

사회학은 철학과 어떻게 연관되어 있나?

사회적인 그리고 정치적인 철학가들은 사회에 대해 토론하고 문화를 비평한다. 사회학은 이런 그들에게 그들이 토론하는 것에 대한 사실적인 정보들을 줄 수 있는 학문이다.

에밀 뒤르캥은 누구인가?

에밀 뒤르캥(1858~1917)은 보르도와 파리에 있는 대학들에서 가르쳤고 프랑스에서 사회학이라는 학문적인 분야를 창설한 사람이다. 그의 목적은 사회학을 고유한 연구 대상을 가진 실제적인 과학으로 발전시키는 것이었다. 이러한 면에서 그의 주된 기여는 사회가 사회를 구성하는 인간 개인들의 본성이나 행동으로 축소될 수 없다는 주장이었다. 그의 작품들은 《사회에서 노동의 분화》(1893), 《사회학의 방법의 규칙들》(1895), 《자살》(1897), 그리고 《종교적인 삶의 초보적인 형태들》(1912)이다.

에밀 뒤르캥의 주된 견해는 무엇이었나?

뒤르캥은 '무리', 즉 비체계적인 조직이 가장 단순한 형태의 사회라 생각했고 현존하는 부족 사회들은 자신들의 '무리'의 가까운 과거로부터 사회 조직 구성에 대한 단순한 방법들을 발전시켜왔다고 분석했다. 사회의 복잡함은 혁명적인 과정이며, 그 당시의 사회들 속에서 뒤르캥은 개인주의와 오래된 연대의 형태의 와해와 같은 사회의 복잡함을 수반하는 문제들을 다루었다. 현대적인 사회는 노동의 분화에 기초하고 있었으므로 이러한 문제들을 해결하는 가장 최선의 방법은 전문적인 조직과 무역 조직들을 통해서였다. 뒤르캥은 종교가 인간의 삶을 형성한 이러한 사회적인 양식들과 전통들에 대한 존경으로 이해될 수 있다고 믿었다.

에밀 뒤르캥은 자살의 연구에 무엇을 기여했나?

첫 번째로, 뒤르캥은 자살을 다음과 같이 정의했다. 자살이란 용어는, 희생자 자신이 이러한 결과를 초래하리라 알고 있는, 자신의 긍정적이거나 부정적인 행위의 결과에 따라 직간접적으로 일어나는 모든 경우의 죽음들에 적용된다. 두 번째로, 그는 현대 사회에서의 자살률을 체계적으로 목록화하고 자료들을 네 개의 주요한 유형들, 즉 자기 본위적, 이타적, 혼란적 그리고 숙명적 유형들로 분석했다. 자기 본위적인 자살은 불충분한 사회적인 관계로부터 일어나며, 이타적인 자살은 지나친 사회적인 관계 속의 참여로부터 일어난다. 혼란스러운 자살은 특히 경제적인 박탈과 같은 현 시대에서 전형적인 상황들인 급박한 또는 만성적인 위기들의 결과였다. 숙명적인 자살은 노예와 같이 어려운 삶의 상황의 예외적인 조건들에서만 발생했다.

게오르크 지멜은 누구인가?

게오르크 지멜(1858~1918)은 철학자이자 초기 사회학자였다. 그는 베를린에서 태어나 인생의 대부분을 베를린에서 살았다. 지멜은 윤리학, 역사철학, 교육, 종교, 예술 그리고 돈과 같은 다양한 주제들에 관해 글을 썼다. 그의 문체는 당시의 독일 철학자들이 그러하듯이 분석적이기보다는 주제를 벗어나곤 했다.

인생철학으로서 지멜은 삶을 삶 자체 이상으로 보았다. 달리 말하면 인간의 생물적인 조직이나 그 과정 이상으로 보았는데, 이는 삶이 특히 문화적인 창조력에서 생산적이기 때문이었다. 아마도 지멜의 가장 두드러진 저서는 그 당시나 이후로 철학자들이 거의 직접적으로 다루지 않는 주제인 《돈의 철학》(1900)일 것이다. 그는 또한 패션에 대해서도 글을 썼다.

게오르크 지멜의 패션과 돈에 대한 사상은 무엇이었나?

지멜은 개인들의 개별적인 자아와 사회적인 자아를 구별하고, 후자를 복잡한 사회에서 기능하기 위해 필수적이라고 보았다. 패션과 돈은 둘 다 상징적인 유용성을 지니고 있었다. 지멜은 패션은 도시의 삶에 국한된다고 믿었다. 이는 패션은 사회적인 관계의 다양성을 강화시키고 사회적인 이동을 증가시키며 낮은 계층의 개인들이 상위 계층의 스타일과 패션에 대해 의식하는 것을 허용하기 때문이라고 보았기 때문이다.

그의 돈에 대한 견해는 돈이 가치를 가질 뿐 아니라 교환의 객관적인 형태로 기능할 수 있다고 느꼈다는 점에서 유사했다. 돈을 통해 복종과 지배가 표현될 수 있는 동시에 돈은 사회 속에서 좀 더 많은 자유를 허락한다. 또한 지멜은 특수한 어려움과 사회적인 정체성의 위기들을 야기할 수 있는 돈의 능력 속에서 돈의 사용의 단점을 인식했다.

마리루이스 엔켄도르프는 누구인가?

그녀는 게오르크 지멜의 아내였던 게르투르트 키넬의 필명이었는데, 이 필명으로 자신의 철학적인 저서들을 출판했다. 지멜 부부는 지식인들을 위한 카페를 운영하였으나 보수적이고 부르주아적 삶을 영위했다. 그들에게는 아들이 하나 있었다.

막스 베버는 누구인가?

막스 베버(1864~1920)는 프라이부르크, 하이델베르크 그리고 뮌헨 대학에서 학과장을 역임했다. 전기 작가들은 그가 앓고 있던 신경성 질병 때문에 그의 학자로서의 경력이 길지 못했다고 한다. 그의 주된 연구는 서구의 발전에서 현대 생활의 지배적인 특징들을 이해하는 것이었다. 그의 가장 유명한 작품은 《프로테스탄트 윤리와 자본주의 정신》(1904)이다.

막스 베버는 경제와 종교를 흥미롭게 결합시켰다.

막스 베버는 어떻게 개신교와 자본주의를 관련지었나?

베버는 자본주의가 투자를 필요로 한다는 것과, 투자는 생계를 위해 필요한 것보다 더 많은 돈을 요구한다는 것을 알았다. 그는 그러한 축적의 동력은, 일에 가치를 부여하고 일의 결과에 대한 향락의 가치를 평가 절하하는, 개신교 교회들에서 장려되는 일종의 금욕주의라고 믿었다. 베버는 다른 종교들이 자본주의가 아닌 사회들에서 지배적인 데 주목했다.

베버는 자본주의를 가능하게 만든 정신적인 과정을 합리화라 불렀고, 경제학뿐 아니라 능률적이고 규칙에 기초한 서구의 정부에서 합리화가 존재함을 인식했다. 그는 자유로운 정치 체제가 국제적인 경쟁 속에 있는 국가들, 특히 독일에 장점일 수 있다고 생각했다. 또한 관습을 중시하지 않는 과학적인 세계관은 세계가 꿈에서 깨어나도록 했다고 믿었다.

베버는 관료 체제의 합리화를 위해 가능한 교정 방법은 카리스마를 가진 지도자들을 낳게 될 민중 민주주의라고 생각했다.

막스 베버는 금욕적이었나?

그렇다. 베버의 부친은 쾌락적이고 깊이가 없었으나 어머니는 교양이 있었다. 그리고 베버는 숙모와 삼촌 부부로부터 지적이고 도덕적인 훈육을 받았다. 1880년대에 그가 엘베 강 동쪽의 농부들에 대한 연구를 시작했을 때 1년에 900쪽에 달하는 글을 썼는데, 베를린 대학의 전임 강사 자리와 관련 있었다. 그의 자기 관리는 엄격했고 매일의 스케줄을 시간별로 나누었다. 1893년 그는 고종사촌인 마리아네 슈니트거와 결혼했다. 하지만 그 결혼은 성적 관계가 아니라 지적 탐구를 추구하는 동반자적 관계였을 뿐이다.

대륙 철학
CONTINENTAL PHILOSOPHY

대륙 철학은 무엇인가?

실존주의, 현상학, 비평 이론, 구조주의는 모두 현대 대륙 철학을 대표한다. 실존주의는 한 개인의 관점에서 시작해 모든 개인들에게 적용되는 세계에 대한 철학적인 관점이다. 현상학은 개인의 앎과 이해의 과정들이 좀 더 추상적이고 체계적으로 발전한 것이다(실존주의자들은 현상학자들보다 더 문학적인 경향이 있다). 비평 이론은 마르크스주의의 이론적인 방법론이 20세기에 발전한 것이다. 구조주의는 사회 비평에 다양한 대륙적인 전통들을 적용한 것으로, 사회 구조들의 분석을 낳았다.

이들의 한 가지 공통점은 원래의 토대가 되는 사고들이 유럽의 사상가들로부터 왔다는 것이다. 그러나 지리적인 것 이상이 대륙 철학에 내포되어 있나. 1930년대에 철학이 고등교육의 한 전문 분야가 된 이후 20세기의 미국 대학들에서 철학과(哲學科)의 강단철학을 지배했던 영미 분석철학은 종종 유럽 대륙 철학과는 대조적인 부분들이 보인다. 하지만 미국이 보인 유럽 대륙과의 이런 대조는 철학과의 경우에만 유독 두드러진 것이었음을 상기할 필요가 있다. 일례로 미국 내 대학의 영어과, 독일어과, 프랑스어과 등에서는 20세기 내내 유럽의 대륙 철학을 자신들의 교과과정에 적극적으로 흡수시켰다. 더욱이 대륙 철학은 미국의 전문철학자들 사이에서 유일한 사생아의 위치에 있었던 것도 아니다. 왜냐하면 1950년대 이후 실용주의로

알려진 미국 철학에도 똑같은 일이 발생했기 때문이다.

실존주의

실존주의는 무엇인가?

실존주의는 인간 개인 존재의 구체적인 현실에서 시작되는 철학이다. 매일매일의 삶 속에서 인간들이 공유하는 것은 지식과 현실의 상황을 위한 토대가 된다. 실존주의는 1인칭의 사람, 즉 '나'의 인간적인 경험에 초점이 맞추어져 있다.

실존주의와 현상학은 역사적으로 어떻게 관련되어 있나?

실존주의와 현상학은 1인칭의 관점에서 인간 현실의 사실들로부터 시작한다. 두드러진 사상의 전통으로서, 두 사상은 19세기에 뿌리를 두고 있으며 실존주의는 표도르 도스토옙스키(1821~1881), 쇠렌 키르케고르(1813~1855), 그리고 프리드리히 니체(1844~1900)로 거슬러 올라가며 현상학은 프란츠 브렌타노(1837~1917)로 거슬러 올라간다. 엄밀히 말해서, 20세기의 몇몇 실존주의 철학자들이 (19세기의 선행 실존주의 연구에서보다 오히려) 19세기 현상학자들의 연구에서 자신들 작업의 기초를 얻기는 하지만, 역사적으로는 실존주의가 현상학보다 오래되었다.

쇠렌 키르케고르

쇠렌 키르케고르는 누구인가?

쇠렌 키르케고르(1813~1855)는 종교적인 믿음을 모든 합리적이고 이성적인 것으로부터 개인적이고 감정적인 도약으로 격찬했던 덴마크의 기독교 실존주의 철학자였다. 그는 그의 마음과 자기 삶의 감정적인 상황들을 바탕으로 글을 썼다.

쇠렌 키르케고르의 삶에서 감정적인 조건들은 무엇이었나?

키르케고르의 아버지 미카엘은 자신의 정부를 두 번째 아내로 맞이한 아주 우울한 사람이었다. 그는 자신이 신의 진노를 받았으며, 다섯 자녀가 그보다 일찍 죽자 벌을 받고 있다고 느꼈다 ― 아내를 결혼 전에 임신시킨 것과 10대의 목동 시절, 나쁜 날씨를 탓하며 신을 저주한 것이 그가 생각한 죄였다.

키르케고르는 병약한 소년이었으나 자기보다 큰 남자아이들을 풍자와 조롱으로 눈물 흘리게 만들 줄 알았다. 그가 코펜하겐 대학에서 배운 헤겔주의에 매력을 느끼지 못한 이유는 진리, 즉 그가 살고 죽을 수 있는 관념을 다루지 않기 때

덴마크의 실존주의 철학자 쇠렌 키르케고르는 종교적 신앙을 자신의 철학의 바탕으로 삼았다. 크리스티안 올라비우스 작품 속 키르케고르.

문이었다. 루터주의 종교도 그에게는 호소력이 없었으며 현세적인 쾌락이 가장 중요한 것이라고 믿어, 한동안 값비싼 음식과 술을 탐닉하고 유행하는 옷을 입었다(그의 아버지는 양털 상인으로 부유했다). 하지만 그의 아버지의 절망감은 늘 그를 따라다녔고, 그도 곧 절망감에 휩싸였다.

키르케고르는 1841년 레기네 올센과 약혼할 당시 목사가 되려고 했다. 열네 살의 올센을 만나 깊은 사랑에 빠졌던 그는 그러나 약혼을 파기하였고, 그녀는 곧 자신의 가정 교사였던 프레데리크 슐레겔(나중에 덴마크령 동인도의 주지사가 됨)과 결혼했다. 독창적인 삶이 기다리고 있던 키르케고르는 평생 결혼하지 않기로 마음먹으면서 루터교의 목사 역시 되지 않기로 결정했다.

키르케고르는, 철학은 체계를 구성하는 것이나 분석하는 것이 아니며 오히려 개인적인 존재의 표현이라고 믿었다. 그는 교수들을 존경하지 않았는데 그들이 자신의 주관성을 어떠한 방법으로도 이해할 수 없다고 생각했기 때문이다.

키르케고르의 가장 중요한 작품들은 모두 1840년대에 쓰였으며 《이것이냐 저것

이냐: 삶의 단편》(1843), 《두려움과 동요》(1843), 《두려움의 개념》(1844), 《철학적인 단편들》(1844), 《비과학적인 후기를 결론짓기》(1846), 《죽음에 이르는 병》(1849)이 있다. 자서전적인 글들과 논문들은 그의 개인적인 사고와 느낌들에 대해 상당한 부분을 알 수 있게 해줬다. 하지만 자신의 모든 것을 드러내고자 했던 것이 아닌 키르케고르는 다음과 같이 쓴다.

> 내가 죽은 후에 아무도 나의 글 속에서 무엇이 진정으로 나의 삶을 채웠는지에 관한 단 하나의 설명도 발견하지 못할 것이다(그것이 나의 위로이다). 아무도.

키르케고르는 자신의 임종이 가까웠을 때 다음과 같이 말하면서 목사의 성례를 거부했다. "목사들은 왕의 신하들이다. 왕의 신하들은 기독교와 아무 상관이 없다." 묘비명에는 그가 요청한 대로 다음과 같이 적혀 있다. '그 개인.'

쇠렌 키르케고르는 자신의 주된 소명을 무엇이라고 여겼나?

키르케고르는 자신의 주된 소명이 기독교 국가에 기독교를 다시 소개하는 것이라고 느꼈다. 그에게 기독교는 존재의 방식이었다. 그는 인간들만이 외적인 실체를 가진 신과 반대되는 내적인 실체를 가지고 있기에 존재한다고 생각했다. 그에게 믿음은 신을 향한 하나의 타오르는 질문에 대한 대답에 있어서의 내적인 도약이었다.

쇠렌 키르케고르는 왜 프리드리히 헤겔이 자신에게 편지를 쓰지 않았다고 생각했나?

무엇보다도, 케르케고르는 모든 것의 체계를 완성했다는 프리드리히 헤겔의 주장을 진지하게 받아들이지 않았다. 키르케고르는 모든 것이 신에 의한 체계로 간주될 수 있지만 불완전한 존재인 인간 사상가는 누구라도 그러한 관점을 가질 수 없다고 생각했다. 그는 또한 헤겔이 이룩했던 철학적 전통, 즉 지적인 의심이 철학의 시작이라는 가정을 거부했다. 키르케고르는 철학의 시작은 경외심이라고 생각했다. 또 실제적인 의심은 지적으로 해결될 수 없으며 의지적인 행동을 요구한다고 생각했다. 마지막으로, 키르케고르는 신이나 절대자가 세상에 임박할 수 있다고 생각하지 않았는데, 이는 신이야말로 이성적인 이해를 초월하는 궁극적인 자이기 때문이다.

키르케고르의 헤겔에 대한 가장 큰 불만은 헤겔이 궁전을 지었으나 그 궁전 밖의 초라한 집에서 사는 사람과 같다는 것이었다. 이 말은 자신의 위대하고 정교한 체계를 구성함에 있어 헤겔은 구체적인 개인으로서 자기 자신의 존재를 소홀히 했다는 점이었다.

쇠렌 키르케고르의 갈망하던 질문은 무엇이었나?

키르케고르에게 가장 중요한 질문은 신이 존재하느냐와, 고로 사후 세계가 존재하느냐였다. 그는 이 질문이 타당한 사실들의 순위 결정이나 어떠한 종류의 지적인 과정을 통해서도 답변될 수 없다고 생각했다. 이것은 이성적인 질문이었지만 어떠한 답도 없었다. 수용 가능한 유일한 답은 개인에 의한 믿음의 실제적인 도약이었다. 더욱이 이 세계의 사실들이 신과 사후 세계의 가능성을 터무니없는 것으로 만들어버리는 한, 이러한 터무니없음은 그 자체가 믿음의 시험대이다. 어떤 것이 더 터무니없어 보일수록 그것을 믿기 위해서는 더 큰 믿음이 필요하다. 키르케고르는 큰 믿음이야말로 기독교인이 되기 위한 열쇠라고 생각했다. 이러한 목적을 위해 그는 아브라함과 이삭의 성경 이야기를 이용했다. 하느님은 아브라함에게 이삭을 데리고 산으로 올라가 그를 제물로 바치라고 명한다. 이러한 행동은 정상적인 관점에서는 병적인 것이다. 그러나 종교적인 관점에서는 믿음의 도약이 일어나는 본보기의 정수이다.

쇠렌 키르케고르의 삶의 방법의 단계들은 무엇이었나?

키르케고르는, 믿음은 삶의 방법에서 세 단계를 통한 자기 발전에서 선택을 요구한다고 주장했다. 각각의 단계는 인생에 대한 다른 견해이다. 첫 번째로, 욕구의 만

대륙 철학 ★

363 ★

족에 전념하고 그것의 정제된 형태인 예술의 감상에 전념하는 순간의 미적인 삶이 있다. 하지만 이러한 삶에서 부족한 것은 헌신이다. 헌신은 긴 시간에 걸쳐 통합된 자아를 추구하는 것으로서, 윤리적인 삶인 두 번째 단계에서 발견된다. 마지막 단계인 세 번째 단계는 종교적인 삶이다.

키르케고르는 저주받았나?

키르케고르는 저주를 스스로 받는 방법의 소유자였다. 레기네 올슨의 문제뿐만이 아니었다—그는 그녀와의 약혼을 파기하고 나서 평생토록 후회했다. 1845년에서 1846년 사이에 일명 코르사르 사건이 있었는데 비호의적인 리뷰를 받은 후에 그는 《문학적 감시행위의 변증법적인 결과》에서 다음과 같은 글을 썼다.

"코르사르처럼 많은 독자들과 다양한 종류의 사람들에 의해 읽히고, 무시와 경멸 그리고 결코 답을 얻지 못하는 등의 이유로 인정을 받아온 논문에서 문학적이고 도덕적인 사물들의 질서를 표현하기 위해 — 빈약한 영향력과 지대한 노력을 통해 이 논문이 도출하려고 노력해온 (사실의) 전도 속에 반영되어 있는 — 글에서 할 수 있는 유일한 것은 이 논문에서 칭송받고 영원히 죽지 않는 누군가가 같은 논문에 의해 비난을 받도록 지원해보는 것이다. ……내가 비난을 받도록 요구해도 되겠습니까 — 코르사르에 의해 영구히 이름이 남는 것의 개인적인 상처가 너무나 크다."

그리고 그의 모든 개인적인 약점과 결함에 대한 — 그는 작고 허약했으며 등에 혹을 가지고 태어났다 — 너무나 신랄한 풍자와 조롱에 사람들과의 접촉이 불안하다고 기술했다. 비록 푸줏간의 소년이라 할지라도 말이다. 이것은 자아도취적인 병이 아니라 코펜하겐의 어디를 걷더라도 저속한 신문들에 의해 흥미거리가 되어 기사화되는 상황에 처한 유명인사였기 때문이다. 이것은 산책과 다양한 사람들과의 대화로 기분 전환을 하던 그에게는 재앙이었다.

쇠렌 키르케고르에게는 한 가지 유형의 종교적 삶만 존재했나?

아니다. 키르케고르는 둘 사이를 구별했다. 첫 번째로, 개인은 신에 대한 자신의 개념을 사용하여 죄책감을 해결하기 위해 신과 관련을 맺는다. 두 번째로, 아브라함과 이삭의 이야기에서처럼 "윤리성의 목적론적인 유보"가 있다. 이와 같은 윤리 초월적 신조가 함축하는 바는, 진정한 종교는 사회적으로 옳고 선하다고 여겨지는 것보다 더 높고 중요한 목적을 가지고 있다는 것이다.

표도르 도스토옙스키

왜 실존주의 철학자들은 도스토옙스키를 자신들과 같다고 주장했나?

위대한 러시아의 소설가 표도르 미하일로비치 도스토옙스키(1821~1881)는 인간 조건의 어려움과 그 자신과 그의 소설 속 인물들이 고통스러워한 보편적인 문제들에 대한 깊은 이해로 인해 실존주의의 현대적인 철학적 전통에 대한 영감으로 여겨진다.

프리드리히 니체(1844~1900)는 "도스토옙스키야말로 내가 무언가를 배울 수 있는 유일한 심리학자"라고 하였다. 그는 도스토옙스키의 《지하 생활자의 수기》(1864)를 두고 (평하기를) "피로 진리를 절규하였다"고 칭송했다.

사실상, 《지하 생활자의 수기》에서 도스토옙스키는 이후의 실존주의 작가들에게 반(反)영웅의 아이콘이 되어버린 자기 경멸적인 인물을 소개한다. 이 등장인물의 첫 번째 대사는 "나는 아픈 사람입니다"이고, 이어지는 생각 끝에 마구 고함을 치다가 다시 되새기곤 하는 그의 모습은 문제가 되고 있는 질병이 정신의 문제라는 점을 분명히 보여준다. 이 질병은 이성적으로 혐오할 대상이 되는 질병이 결코 아니다(현대의 실존적 병리현상의 예후였던 것이다).

도스토옙스키는 종교적인 믿음 속에 단순성을 드높이는 것으로 잘 알려져 있지만 《죄와 벌》(1866)과 같은 작품들이나 자신의 삶 속에서는 그러한 견해에 쉽게 도달하기 어렵다. 그의 걸작 《카라마조프의 형제들》(1881)에서 이반은 무신론자이며, 그의 동생

대륙 철학
★

러시아의 표도르 도스토옙스키는 극단적으로 험난한 인간의 삶의 조건 속에서의 자신의 믿음을 카라마조프가의 형제들, 죄와 벌 등과 같은 소설을 통해서 표현했다.

알료샤는 신부가 되려 한다. 이 소설 속 유명한 '대심문관'의 대화에서 이반은 어떻게 선한 하느님이 무고한 어린아이들의 고통을 허락할 수 있는가를 물음으로써 알료샤에게 문제의 본질에 접근하도록 유도한다. 이반은 주인의 개들에게 돌을 던졌다는 이유로 주인이 개들로 하여금 물어뜯게 한 농부의 아이 이야기를 한다. 알료샤는 도스토옙스키의 친한 친구이자 로마 가톨릭과 러시아 정교의 결합을 소망했던 러시아의 철학가 블라디미르 세르게예비치 솔로비요프(1853~1900)를 모델로 삼았다고 전해진다.

도스토옙스키 삶의 어떤 측면이 인간의 어려움에 대한 그의 관심에 영향을 주었나?

도스토옙스키의 아버지는 폭력적인 알코올 중독자였다. 또한 모스크바의 빈민들을 위한 마린스키 병원의 단골인사였다. 아홉 살 때부터 간질로 고생했던 도스토옙스키는 부모의 염려에도 불구하고 환자들의 불행과 그들이 들려준 자신들 삶에 대한 이야기에 빠져들어 마린스키 병원 이곳저곳을 돌아다녔다. 그의 첫 번째 책인 《가난한 사람들》(1846)은 당시의 교육받은 대중에 의해 무시되고 잊혔을 가난한 이들의 개인적인 인간성을 알리고 있다. 1849년에 도스토옙스키는 페트라셰프스키 서클이라는 진보적인 지식인들의 모임에 참여한 이유로 체포되었다. 그는 사형 선고를 받았지만 차르 니콜라이 2세는 그의 사형이 집행되는 것을 원하지 않았다. 그럼에도 불구하고 엄청난 추위 속에 사형 집행을 기다리며 몇 시간 동안 서 있던 경험은 도스토옙스키를 일생 동안 괴롭혔다고 한다. 이후 그는 4년간 중노동을 위해 시베리아로 유배되었고 이 기간의 경험을 다음과 같이 썼다. "여름엔 참을 수 없을 정도의 갑갑함. 겨울엔 견딜 수 없는 추위. 바닥은 모두 썩어 있다. 바닥의 먼지는 1인치나 되고 미끄러워서 넘어질 수 있다. 우리는 드럼통의 청어들처럼 취급되었다. 벼룩, 이 그리고 검은 딱정벌레들이 넘쳐난다."

　도스토옙스키의 형제와 아내가 같은 해 사망하자, 그는 깊은 절망감에 빠져 도박꾼이 되었다. 결국 돈이 바닥난 그는 《죄와 벌》(1866)을 급히 썼다. 그후 《도박자》(1867)집필을 도왔던 20세의 속기사와 결혼하면서(1867) 삶이 안정되었다. 이 책은 파괴적인 도박에 빠진 한 늙은 여성을 묘사하고 있지만 그 안에는 도스토옙스키 자신의 강한 충동도 묘사했다고 보여진다. 도스토옙스키는 러시아의 휴양지인 스타라야에서 기종과 폐출혈을 일으킨 간질 발작으로 죽기 전까지 수년간을 살았다. 그의 장례식에는 4000여 명의 사람들이 모여들었다.

프리드리히 니체

프리드리히 니체는 누구인가?

　프리드리히 니체(1844~1900)는 대단히 직접적인 비평 문체가 그를 실존주의자로 여기도록 만들어버린 철학의 인습 타파론자였다. 니체에게 있어 더욱 근본적인 점은, 그 시대에 인정받던 가치들을 옹호하던 이들보다 더 위대하고, 더 영민하며, 더 창조저이고, 후대의 독자들에게 훨씬 더 자유적이었던 저항하는 개인의 관점에서, 그가 부르주아 문화, 기독교, 경험주의적 이성, 이타주의적 윤리에 대한 비평을 어떻게 발전시켰는가였다. 도스토옙스키와 다른 이들이 좀 더 보수적인 종교적 가치들의 회귀를 희망하며 근대주의를 비판한 반면, 니체는 과학을 서구 역사의 따분함을 초월하기 위한 방법으로 이용하게 될 이후의 세대를 보았다.

프리드리히 니체는 자신의 철학을 어떻게 바라보았나?

　한 가지 아이러니는 니체가 자신이 그토록 존경했던 과거의 귀족들이나 그가 전령이 되었던 지식과 용기를 지닌 새로운 시대의 사람들과 같은 자신의 영웅들과는

프리드리히 니체는 당시의 여러 가지 가치들을 거부했던 동시대의 다른 철학자들보다 앞을 내다보는 전향적인 사상을 가졌다.

달랐다는 점이다. 그의 삶은 프로이센의 다소 안정된 방식으로 시작되었다. 루터교 목사의 아들이었던 아버지는 니체가 네 살이 되었을 때 뇌의 연화라는 증상으로 사망한다. 루터교 목사의 딸이었던 그의 어머니 프란치스카는 프리드리히가 태어났을 때 겨우 열여덟 살이었다. 자신의 선조가 폴란드계 귀족이라는 니체의 믿음과 달리 그들 중 많은 수가 푸줏간 주인들이었다. 니체가 여섯 살이 되던 해에 남동생이 죽자 니체와 어머니와 누이는 나움부르크로 이사한다. 니체는 어머니와 누이, 할머니와 두 명의 결혼하지 않은 이모들과 함께 살았는데 전기 작가들은 여성들로만 이루어진 이러한 환경이 성인이 된 니체의 심리적인 건강에 해가 되었다고 주장한다. 그들은 《차라투스트라는 이렇게 말했다》(1883~ 1885)에서와 같은 작품들 속에 나타난 여성들에 대해 니체가 보여준 적대감을 설명하기 위해 이러한 환경을 언급한다. "여성에게 갈 때는 회초리를 들고 가라."

기숙 학교에서 니체는 편두통을 앓았다. 니체가 광인이었던 횔덜린의 시에 영향을 받자 교사들은 이것을 반기지 않았다. 니체는 본 대학에서 신학과 고전 문헌학을 연구했으나 라이프치히 대학에서는 문헌학만 공부했다. 그는 1867년에서 1868년 사이에 잠시 군 복무를 하는 동안 말을 타다가 안장 머리에 부딪혀 가슴을 다친 후 제대했다. 그의 나이 겨우 스물넷이었을 때 교사들은 그가 전도유망하다 생각했고, 그는 바젤 대학의 고전 문헌학 교수가 되었다. 바젤로 이사해 스위스 시민이 된 니체는 1869년 정교수가 되었다. 1870년에는 휴가를 받아 프랑스와 프로이센 간의 전쟁에 간호병으로 복무했으나 이질과 디프테리아를 얻어 바젤로 돌아왔다. 1873년에 니체는 박사 학위를 받았고, 1879년 건강상의 이유로 교수 직을 사임한다. 그 후에도 니체는 9년 동안 계속 글을 쓰고 여행했다.

프리드리히 니체의 주요 작품들은 무엇인가?

중요한 업적으로 평가 받고 있는 니체의 주요 작품들은 열 권의 책들로 되어 있다. 가장 유명한 작품들로는 《비극의 탄생》(1872), 《유쾌한 과학》(1882), 《차라투스트라는 이렇게 말했다》(1883년부터 1885년까지 네 부분으로 출판됨), 《선과 악을 넘어서》(1886), 《도덕의 계보》(1887), 《적그리스도》(1888)가 있다. 또한 《보라, 이 사람이로다》(1888, 빌라도가 가시 면류관을 쓴 예수를 가리킨 말 – 옮긴이)도 있다. 이는 볼테르에게 헌사한 것이며, 자신의 작품들에 대한 에세이인 《왜 내가 그러한 좋은 책들을 쓰는가》라는 책도 포함되어 있다(1888).

니체의 병의 성격은 무엇이었나?

이 질문에 관해서는 많은 논란이 있다. 니체가 라이프니츠 대학에 봉직하던 시기에 매독 때문에 치료를 받았으며, 그가 사망할 때는 3기의 매독을 앓았다고 전해진다. 니체는 금욕적인 삶을 살았으므로 그가 언제 이 질병에 걸렸는지는 확실하지 않다. 아마도 니체가 학생이었을 때 한두 번 정도 갔던 매춘굴이 원인이었을 것이다. 니체의 건강은 일생 동안 좋지 않았다. 시력은 약했고, 위장통을 겪어 산책을 하고 약을 많이 복용하며 스스로 치료했다. 1889년 1월, 니체는 토리노 거리에서 쓰러졌는데 그때 그는 두들겨 맞은 말을 팔로 감싸고 있었다. 다음 며칠 동안 그는 자신이 독일인 의사들에 의해 아주 참혹하게 십자가에 달렸다는 주장과 함께 독일 황제가 로마에 보고해 자신을 총살당하게 해달라고 하는 내용의 비정상적인 편지를 친구들에게 보냈다. 친구들이 이런 니체를 이탈리아에서 데려오자, 니체의 어머니는 예나의 치료소에 입원시켰다. 그러나 치료 효과가 없어 다시 집으로 데리고 왔다.

1893년, 누이의 남편이 파라과이에서 자살하자 니체는 누이에게 갔다. 그녀는

대륙 철학 ★

니체의 원고들을 편집하여 출판했으며 니체를 그의 친구들로부터 격리시켰다. 1897년 모친이 사망하자, 엘리지베스는 니체를 바이마르로 데리고 와 사람들에게 보인다. 니체는 의사소통을 하지 않았으나 그녀는 니체에게 옷을 입혀 사람들이 볼 수 있도록 했다. 그 당시, 니체는 유명 인사였다.

프리드리히 니체가 말한 '비극의 탄생' 이란 무엇인가?

니체는 매일매일의 현실을 기반으로 하는 실제 세계는 의지로 구성되며, 음악에서 가장 잘 인식된다고 보았던 아르투르 쇼펜하우어(1788~1860)의 영향을 받았다. 니체에 의하면, 예술의 한 형식으로서 비극은 그리스인들의 삶과 인생 자체의 혼란스럽고 슬픈 성격에 대처하려는 고대의 그리스인들에 의해 소크라테스 이전에 발전된 것이었다.

비극은 이성의 신 아폴론에 의해 창조된 이성적이고 아름다운 세계에서 관객들로 하여금 무질서가 난무하는 기저의 현실에도 참여하게 하는 극적 구조를 갖는다. 니체는 이러한 기저의 무질서계, 하지만 모든 것을 고통 속에서도 의미심장한 전체로 통합시키는 도취의 충동계를 일컬어 그리스인들의 삶에서 "디오니소스적 Dionysian" 인 또 하나의 세계라고 했다. 따라서 이성이라는 아폴론적인 요소는 무질서라는 디오니소스적인 요소가, 코러스(합창)로 표현되는 관객들의 대리 참가를 위해, 비극이라는 극적 형식으로 통합되는 것을 가능하게 했다.

박사 학위 논문인 〈비극의 탄생〉(1872)에서 니체는 가장 위대한 비극 작가 소포클레스를 인용했다. 미다스 왕이 숲 속에서 오랫동안 디오니소스의 친구인 현자 실레노스를 찾기 위해 기다렸지만 만나지 못한다. 실레노스가 마침내 왕의 수중에 들어왔을 때, 왕은 인간에게 무엇이 가장 좋은 것이고 가장 바람직한 것인지를 묻는다. 실레노스는 침묵하다가 왕의 계속된 재촉에 마침내 날카로운 웃음을 터뜨리고는 이런 말들을 쏟아낸다. "가련하고 덧없는 종족, 운과 비참함의 자녀들이여! 당신은 왜 나에게 당신이 듣지 않는 것이 합당한 것을 말하라고 명령하는가? 가장 최선의 것은 당신이 전혀 도달할 수 없는 것이다. 즉 태어나지 않는 것, 존재하지 않는 것, 그리고 아무런 존재도 되지 않는 것이다. 그러나 당신에게 차선의 것은 일찍 죽는 것이다.”

니체의 ‘유쾌한 과학’의 개념은 무엇인가?

일련의 격언들에서 니체는 철학을 인생에 대한 예찬이라고 옹호했다. 이는 니체가 1870년대에 자신의 글들을 통해 교양 없는 자들이라고 비판한 독일 지식인들의 어리석은 관습과는 대조적인 것이었다. 니체는 자신의 과학적인 이상들을 자신이 ‘영원한 반복’이라고 부른 윤회로서 우주론적이고 신플라톤적인 인생의 교훈으로 마무리 지었다. 모든 이들의 삶은 무한적으로 반복되며, 인생이 살아갈 가치가 있는가에 대한 점검은 모든 순간이 미래의 삶에서 그 순간의 무한적인 반복인가에 달려 있으며, 기쁨도 마찬가지이다.

니체가 칭송했던 것은 다음과 같은 존재이다. 가장 숭고한 영혼의 이상ideal으로서, 살아 있으며 세계에 대해 단언할 수 있는 인간존재이자 존재했던 모든 것들 및 존재하는 모든 것들과 더불어 조화롭게 존재할 수 있음을 익히 배웠을 뿐만 아니라, 존재했거나 존재하는 모든 것들이 영원히 반복되기를 소망하기도 하는, 그런 존재. 그리고 비록 니체는 우리가 영원토록 반복된다고 생각하긴 했지만, 그렇게 계속적으로 일어나는 일에는 매 경우마다 선택의 순간이 내재되어 이어진다고 보았다(형식면에서 이러한 관점은 《비극의 탄생》에서 다시 구현된다. 지고한 영혼과 이성의 힘이 이제껏 일어났고 일어나게 될 최악의 경우를 확증시켜준다).

니체의 《차라투스트라는 이렇게 말했다》에서 차라투스트라는 무엇을 이야기했나?

《차라투스트라는 이렇게 말했다》에서 니체는 페르시아의 종교인 조로아스터교를 창시한 선지자의 이름을 딴 동명의 주인공의 사상을 제시한다. 일련의 격언들로 제시된 차라투스트라의 목적은 기독교 신의 사망과 진정한 인간 영웅의 부재에 의해 초래된 공백 상태를 채울 초인간의 도래를 준비하는 것이다. 인간의 삶은 예술가들이 작품을 창조하듯이 창조될 것이다.

대륙 철학

프리드리히 니체의 초인의 특징은 무엇인가?

니체는 초인을 기독교가 더 이상 살아 있는 종교가 아닌 시대에 가치들을 창조한 새로운 유형의 인간이라고 가정했다. 이상적인 크리스천과 달리, 초인은 온순하거나 자신의 힘에 대해 부끄러워하지 않을 것이다. 그는 천국을 믿을 필요가 없이 지상에서의 삶을 온전히 사랑할 것이다.

페르시아의 고대 종교를 창시한 예언자 조로아스터(혹은 차라투스트라)가 니체의 "초인" 개념에 영감을 주었다.

프리드리히 니체의 종교관은 무엇인가?

《선과 악을 넘어》(1886), 《윤리학의 계보》(1887), 《적그리스도》(1888)에서 니체는 기독교를 강자들에 대한 약자들의 분노의 연약한 윤리학으로 묘사했다. 그는 기독교 이전에 '금발의 야수들'이 잔혹하고 대담한 행동들을 통해 사람들의 주인이 되었다고 생각했다. 그러한 고대의 지배 계급은 당연히 보다 힘없는 많은 이들에게 잔혹했다. 잔혹한 지배자들은 그들의 약한 백성들을 천하다고 본 반면, 자신들의 특징인 자만심, 용기, 전통에 대한 존중 그리고 서로에 대한 충성이 그들의 미덕을 구성했다. 고대 귀족 계급의 가치 체계는 사제 계급의 책략에 의해 파괴되었는데, 이들은 자신들의 잔혹함을 내적으로 돌리고 억압받는 대중인 자신들에게 고통을 주는 것은 비도덕적인 것으로 인식하도록 했다.

그러므로 니체에 따르면, 기독교는 도덕의 노예였다. 삶에 대한 기독교의 무용함은 죽임을 당한 하느님을 예배하고 천국에서의 기쁨에 대한 소망을 위해 지상의 생기발랄함을 거부하는 데서 여실히 드러난다. 그는 기독교가 힘없는 이들을 위한 힘없는 종교이자 노예들을 위한 노예의 윤리를 지닌 노예의 종교라고 생각했다. 하지만 그는 강자들에게 경고했다.

우리는 우리가 독립과 자기 주권을 가진 운명인지를 알기 위해서는 자신을 시험해야 한다. 그리고 제때 해야 한다. 이 시험이 우리가 할 수 있는 가장 위험한 게임이고, 종국에는 아무런 증인이나 판사도 없이 우리 자신 앞에서만 행해야 하는 시험일지 모르나 시험을 회피해서는 안 된다.

프리드리히 니체가 말한 힘은 무슨의미인가?

자신의 저서 《권력에의 의지》(1901년 사후 출판된)에서 니체는 개인의 다른 이들에 대한 통제보다 개인의 권력과 힘에 더 관심을 갖는다. 니체는, 세계는 끊임없이 변화하며 살아 있는 것들이 살아 있음을 향유할 수 있는 유일한 길은, 이상에 대한 지식이나 불변의 존재들에 의해서가 아니라, 지속적으로 증가하는 자신의 권력에 의해서라고 믿었다. 이러한 삶에 대한 의지는 니체에게 권력에 대한 의지와 동일한 것인데, 이는 존재가 지속적인 투쟁이기 때문이다. 초인에 의한 가치들의 전면적인 변신은 새롭고 성공적인 삶의 모양으로, 이러한 권력에 대한 의지의 미래의 단계를 나타낼 것이다.

니체는 (나치의) 탄압을 옹호한 것으로 해석될 소지가 있는가?

니체는 인간의 약점에 대한 강인한 극복을 찬양했기 때문에 일부 사람들은 실제로 그렇게 해석하기도 했다. 더구나 독일에서 나치가 정권을 잡았을 때 니체의 여동생은 오빠의 작품들이 제3제국 The Third Reich(즉 나치 정권하의 독일, 1933~1945)에 영합하는 철학임을 보임으로써 모종의 혜택을 누리려고 했었다. 이렇게 해서 왜곡된 니체의 명성은 발터 카우프만이 니체 철학을 개인적 자유의 추구로 재해석해 영어권에 체계적 번역본을 전한 1960년대까지 계속되었다. 오늘날 니체를 좋아하는 대부분의 현대 철학자들은 〈모든 개인이 "무리들"로부터 이탈될 만큼 강해질 수 있는 자유를 가졌다〉는 것이 니체가 의미했던 것임을 알고 있다.

장 폴 사르트르

장 폴 사르트르는 누구인가?

장 폴 샤를 에마르 사르트르(1905~1980)는 20세기 실존주의의 대표였다. 그의 가장 대중적인 사상은 실존주의에 무신론적이고 허무주의적이며, 흡연하고 술 마시고, 카페에 자주 드나들고, 프랑스의 지식인들과 함께 사상에 대해 논쟁하며, 자유연애를 실천하는 어두운 측면을 부여했다. 사르트르는 파이프 담배를 피웠고, 키가 작았으며, 체격이 다부지고, 근시에, 각막이 흐린 눈을 가지고 있었다. 동시대인들에게는 나치에 대한 프랑스의 저항 때문에 유명했고, 베트남 전쟁에 반대했던 사르트르는 1964년 노벨 문학상 수상을 거절했는데, 이 상을 가능하게 만든 부르주아적이고 군사적인 문화에 반대했던 그의 정치적인 견해 때문이었다.

사르트르의 주요 실존주의 작품들은 다양한 희곡과 수필로 이루어져 있다. 장편소설 《구토》(1938), 철학적인 작품 《상상력》(1936), 《자아의 초월》(1937) 그리고 《존재와 무》(1943) 등이 있다. 그의 마르크스주의는 출판되지 못한 세 권의 작품인 《변증법적 이성 비판》(1958~1959)에서 발전되었다.

장 폴 사르트르는 20세기 실존주의의 아이콘이었다.

장 폴 사르트르의 실존주의는 무엇인가?

사르트르는 무신론자였다. 때문에 인간은 세계에서 혼자이며 더 많은 힘이 없다는 전제에서 시작했다. 인간은 스스로의 천성이라는 개념을 만드는 존재이므로 고정된 인간의 성격은 없다. 즉, 인간이 스스로를 형성한다. 자신을 만들어가는 이러한 능력에는 인간이 무엇을 만드는가에 대한 책임이 따른다. 그리고 이것은 엄청난 고통을 초래하는데 인간이 자신을 형성하면서 포함시킬 것들을 선택해야 하기 때문이다. 살아 있는 인간은 항상 탈출구가 없는 다양한 상황에 처해 있다.

개인의 삶에는 다른 이들도 존재하고, 그들은 당신과 동일한 종류의 자유를 가지고 있다. 이는 협동적이고 지속적인 사랑의 인간관계를 지극히 어렵게 만든다. 개인은 결코 자기 자신을 이해하듯이 타인을 완전히 이해할 수 없다. 다른 이들도 같은 상황에 처해 있기 때문에 결국 다른 사람은 될 대로 되라는 것이다. 친밀한 관계에 대한 사르트르의 견해는 절망적인데, 바람직한 인간은 바람직한 대상이 되는 것과는 거리가 멀다. 이는 바람직한 인간은 자신의 자유를 가지고 있기 때문에 완전히 대상이 될 수 없다는 것이다.

자신의 자유와 상황을 수용하는 것이 좋은 믿음에 있기 위해선 둘 다 필요하다. 약한 믿음을 가지고 살아가는 사람은 자신의 자유와 책임을 부정하거나 자신이 처한 상황의 현실을 부정한다. 모든 것은 선택하는 것이며, 개인을 극단이나 광적인 상태로 몰고 가는 감정들 역시 선택하는 것이다. 개인이 선택하지 않은 것은 그것이 가장 어려운 상황이라 하더라도 개인의 자유를 부정하지 못한다. 상황에 의미를 부여하는 것은 개인이다. 예를 들면, 머리에 총을 겨누고 있을 때에도 개인은 살지 죽을지의 선택권을 가지고 있다.

장 폴 사르트르의 자유에 대한 견해의 기초는 무엇인가?

사르트르는 자유가 인간의 의식 구조 속에 내재해 있다고 주장했다. 의식한다는 것은 자유롭다는 것이다. 의식에는 아무런 전제되는 까닭이 없으며 사발적인 용솟음이다. 의식은 그 자체로는 아무것도 아니다. 왜냐하면 의식은 항상 의식 자체가 아닌 다른 것에 대해 의식하기 때문이다. 의식은 자유이다. 따라서 의식은 자체로 살아 있는 것이 아니다. 사르트르는 의식을 향자존성pour-soi으로, 다른 모든 것을 본질en-soi이라고 불렀다. 얼핏 보기에는 그가 인간의 세계를 향자존성과 본질로 구분한 것이 르네 데카르트의 정신과 물질이라는 두 가지 실체의 주장을 닮았으나, 사르트르는 데카르트의 정신적인 실체의 관념에서 좀 더 나아갔다.

사르트르에 따르면, 《구토》(1938)의 주인공처럼 한 개인의 과거 중 칭찬할 만한 행

동이나 성격의 특징들은 즉자en-soi의 상태를 가진다. 예를 들면, 자신이 그렇게 성장했기 때문에 자신의 의무를 성취하도록 운명지어졌다거나 자신의 게으름이 규율에 따르는 일들을 불가능하게 한다고 믿는 것은 잘못된 믿음이라는 것이다. 사람들은 자신의 배경, 약점들이나 강점들이 현재에 행동을 위한 동기가 되도록 하는 데 책임이 있다.

장 폴 사르트르는 유대인이었나?

이 질문은 사르트르의 가까운 추종자들 사이에 벌어진 오래된 논쟁 가운데 하나이다. 그들의 논쟁은 그다지 철학적이지 않았는데 그건 누가 사르트르의 계보를 잇고 그의 사망 후 그를 대변할 것인가에 관한 경쟁이었기 때문이다.

7년간 사르트르의 비서로 있었고, 《호프 나우 *Hope Now* 1980년 인터뷰》(1996)에서의 40시간 동안의 기록된 대화들을 원고로 옮겼던 전 마오주의자인 베니 레비에 따르면, 사르트르는 메시아의 도래에 대한 희망을 표현했다.

장 폴 사르트르는 어떠한 유형의 마르크스주의자였나?

《변증법적 이성 비판》(1960) 서문에서 사르트르는 처음에 자신의 실존주의 철학은 역사적인 과정으로서 마르크스주의의 부록에 불과하다고 주장했다. 하지만 이 말의 의미를 설명하면서, 그는 압제받는 자들을 위한 마르크스주의적 해방의 성공이 자신이 모든 이들에게 가능하다고 서술한 자유를 위해 필수적이라고 주장했다. 달리 말하면, 그는 마르크스주의의 목적을 자신이 기술한 자유의 실현으로 보았다.

어찌 보면 이는 그가 자유를 보편적인 인간 조건으로 기술한 것과 상반된다. 그러나 다른 면에서 사르트르는 억압받는 자들이 자신들의 개인적인 자유에 기초하여 집단적인 자유를 위해 연합하고 협력하는 힘을 가지고 있다고 믿었다. 그래서 비록 그가 마르크스주의를 수용하기는 했지만, 개인의 의식이 사회적인 계급을 형성하는 정치적·경제적 요인들의 결과라는 결정론적인 전제를 수용하지는 않았다.

시몬 드 보부아르는 누구인가?

시몬 드 보부아르(1908~1986)는 서구에서 제2의 물결을 시작한 철학자로 유명하다. 그녀는 여덟 살에 글을 쓰기 시작했고, 오랜 인생의 동지인 장 폴 사르트르를 도와 〈레 탕 모데른Les Temps Modernes〉지를 창간했다.

보부아르의 주요 작품으로는 《초대받은 여자》(1943), 《타인의 피》(1945), 《레 망다랭》(1954)과 철학적 작품인 《중의성의 윤리학》(1947), 《두 번째 성》(1949), 《노년》(1970) 등이 있다. 그녀는 또한 《착한 딸의 회고록》(1958) 등과 같은 자서전적 작품들도 썼다. 보부아르는 사르트르의 인생 말기의 위대한 몰락을 《아듀: 사르트르여 안녕》(1981)에서 거침없이 기술했다.

보부아르는 또한 사르트르에게 연락한 18세의 젊은 알제리계 유대인 학생인 아를레트 엘카임과 격렬하게 논쟁했다. 사르트르는 그의 철학을 주제로 엘카임과 토론하는 것을 즐겼고, 자신의 평생 습관이었던 카페에서 글쓰기 대신 엘카임의 아파트에서 글쓰기를 좋아했다. 나중에 사르트르는 그녀를 입양하고 프랑스의 남쪽 지역에 집을 사주었는데 그곳은 그들의 여름 별장이 되었다.

보부아르에게는 실비 르 봉 보부아르라는 입양한 딸이 있었는데 그녀와는 낭만적인 관계를 유지했지만 실비는 후에 그것을 플라토닉한 관계였다고 회고했다. 실비는 보부아르와 사르트르에 관한 《대화 Tete-a-Tete》를 저술했다.

2005년에 60대가 된 실비와 사르트르의 딸은 사르트르와 보부아르의 문학적인 재산들에 대한 권리들을 주장하며 대화를 단절할 정도로 사이가 나빴다. 사르트르와 보부아르는 편지를 통해 서로 불가분 연결되어 있었기 때문에 그들의 문학적인 상속자들 간의 복잡한 논쟁은 상상할 수 없을 정도였다. 2005년에 실비는 철학 교사로 은퇴했고, 아를레트는 은둔적인 삶을 살고 있었다. 두 사람은 몇 년 동안 파리의 같은 지역, 가까운 거리에서 살았다.

보부아르는 대단히 술을 좋아해 말년에는 더욱더 많은 술을 마셨고 또한 암페타민에 중독되어 있었다. 1986년 그녀가 사망했을 때 사르트르의 묘지에 묻힘으로써

사르트르와의 관계는 영원해졌다.

시몬 드 보부아르의 《중의성의 윤리학》은 무엇인가?

보부아르는 제2차 세계대전 이후 정치에 실망감을 드러내며, 대중의 행동과 정당 지도자들과 그들의 추종자들 그리고 동료들 간의 관계의 중요성을 역설했다. 그녀는 장 폴 사르트르의 실존주의 철학을 정치에 적용하였고 자유로운 개인들로서 자신들의 정치적인 행동에 책임을 지지 않는 이들의 특징인 심각함의 정신(the spirit of seriousness)을 비판했다. 사르트르는 윤리학에 대해 글을 쓰지 않았지만 보부아르는 윤리적인 입장과 결정은 필연적인 열정과 상황으로부터 일어날 것이라고 생각하였다. 보부아르의 《중의성의 윤리학》(1947)에 대한 가장 올바른 해석은 윤리학 자체가 중의적인 것이 아니라 윤리학은 실존주의자의 관점에서 다소 임의적이라는 것이다.

시몬 드 보부아르와 사르트르. 그녀는 제2기 페미니즘의 기수로 평가된다.

시몬 드 보부아르는 페미니스트로서 어떻게 영향을 미쳤나?

여성들이 대중적인 삶에서 소외받던 — 프랑스에서 여성들은 1944년에 선거권을 부여받았다 — 시기에 글을 쓰면서 보부아르는 여성들의 삶의 단계에 집중하여 그들의 지위에 대한 종합적인 설명과 분석을 제공했다. 남성들과 달리 여성들에게는 생물학이 곧 운명이라고 그녀는 말했다. 그녀는 특별히 여성들의 종속적인 위치에 대해 동정심을 갖지 않았는데, 이는 남성들에게 기대되는 주도적이고 적극적인 역할에 반하여 여성들이 너무나 쉽게 자신들의 2차적인 수동적 역할들을 받아들인다고 생각했기 때문이다.

보부아르는, 여성들은 남성에 의해 대상화될 뿐만 아니라 자신들을 대상화시키는 데 너무 쉽게 만족하는 인간으로서, 여성 자신의 인간적인 자유를 실현함으로써 그들의 대상적인 지위를 초월할 수 있는 방법들은 제시하지 않았다. 그러나 그녀는 지적인 삶에 있어서뿐만 아니라 사회적이고 정치적인 능동주의에 있어 여성들이 제2의 성이라는 점을 인정하고 역설했다.

다른 실존주의자들

종교적 실존주의와 인본주의적 실존주의가 기여한 것은 무엇인가?

종교적 실존주의자들은 사르트르적인 자유에 대한 사상들을 유대 기독교의 전통과 화해시켰다. 인간적인 실존주의자들은 실존주의의 더 추상적인 면들을 문학으로 불러들이거나 그것들을 철학적인 다른 방향으로 발전시켰다.

주요 종교적 실존주의자들의 사상은 무엇이었나?

마르틴 부버(1878~1965)는 기독교도들이 신과 직접적이고 개인적인 관계를 가지는 반면에 유대교인들의 신과의 관계는 공동체 구성원이라는 사실에 의해 중재된다고 강조하며 실존주의를 유대교와 연관시켰다. 1938년 빈을 떠나 예루살렘 히브리 대학의 교수를 지낸 부버는 유대인들과 아랍인들을 화해시키려 했다. 부버는 인간적인 그리고 종교적인 관계들에서 주체적이고 객체적인 형식의 지식을 비판했다. 이를 대신해 그는 다른 사람의 주체성을 인정하는 '나와 당신'의 관계를 옹호했다. 그의 주요 작품은 《나와 당신》(1923)이다.

카를 야스퍼스(1883~1969)는 인간이 존재의 목표, 즉 자기 삶에 대한 이해에 기초한 확실한 자아를 향한 자신을 발견하는 일을 행할 수 있도록 철학이 도와야 한다고 생각했다. 야스퍼스는 전통 신학자가 아니었으나 결코 개인의 영적인 동경들을 다루지 않았다. 주요 작품들로는 《철학》(1932), 《역사의 기원과 목표》(1949), 《지혜의 길》(1950) 등이 있다. 가브리엘 마르셀(1889~1973)은 철학자이자 극작가이며 인간의

존재를 공동체적인 측면과 개인적인 관계들의 측면에서 다루었다. 그는 쇠렌 키르케고르와 부버의 영향을 받아 '나' 대신 '우리'를 강조하였다. 또한 철학을 베르그송적 직관주의로 접근했는데 논쟁을 통해 자신의 견해에 도달하기보다는 자신의 통찰력에 의존했다. 작품으로는 《존재의 미스터리》(1951), 《인간과 대중 사회》(1955)가 있으며 그의 하버드 대학에서의 윌리엄 제임스 강연(1961, 1962)은 《인간의 존엄성의 실존주의적 배경 *The Existential Background of Human Dignity*》으로 출판되었다. 시몬 베유(1909~1943)는 파리의 유대인 가정에서 태어났으나 좌파의 생디칼리슴, 즉 노조를 산업체와 정부의 통제하에 두려는 목표를 지닌 마르크스적인 정치적 움직임으로 전향했다. 이후 그녀의 종교적인 생각은 신플라톤주의, 기독교 그리고 유대교의 신비주의의 통합이었다. 그녀는 스페인 내전 동안 민주적으로 선출된 정부를 대표하는 활동가였고 제2차 세계대전 때는 프랑스의 레지스탕스 운동에 참여했다. 시몬은 마르크스주의가 일부 사람들에게 종교가 되었음을 비판하고 자본주의의 비인간적인 역기능들에 반대했다. 그녀의 해결책은 근본적인 인간의 필요에 따른 의미 있는 일이었다. 사후에 출판된 그녀의 주요 작품으로는 《엄숙함과 은혜》(1947), 《억압과 해방》(1955)이 있다.

인본주의적 실존주의자들의 사상은 무엇이었나?

한스 요나스(1903~1993)는 실존주의뿐만 아니라 현상학의 영향도 받았다. 그러나 그의 가장 독창적인 몇몇 작품들은 환경적인 문제와 삶의 성격에 대한 사고들과 직접 관련되어 있다. 《책임의 명법》(1979)에서 요나스는 지구를 위해 기술의 침입과 싸울 도덕적인 책임을 주장한다. 《삶의 현상》(1966)에서는 살아 있는 개체들을 객관화시키고 개체들의 행동을 단순한 화학이나 기계적인 유전의 힘으로 설명하려는 생물학적 접근 방법에 반대한다. 요나스의 확고한 논지는 모든 살아 있는 형태는 단세포라 할지라도 일종의 의식을 가지고 있으며 고유한 물질성과 세계에 대한 관점으로부터 발전한다는 것이다. 세포 수준의 생물의 의식은 마음의 존재를 의미하는 것이 아니며, 살아 있는 개체가 자신의 생명을 연장시키는 방향으로 행동하는 것으로 충분하다는 것이다.

에마뉘엘 레비나스(1906~1995)는 본래 리투아니아 출신의 프랑스 유대계 철학자였다. 레비나스는 개인의 마음 이외의 것들이 관념에서나 다른 정신적인 내용에서 그러한 마음으로 대변되는 철학적인 전통을 비판했다. 그는 의식을 이해하기 위한 패러다임은 인간들과의 일대일 상호 작용이라고 생각했다. 그러한 상호 작용은 특수하고 설명할 수 없을 뿐만 아니라 측량할 수 없을 만큼 중요하다. 레비나스의 주요 작품으로는 《전체성과 무한》(1964), 《존재의 저편 혹은 본질 너머》(1974), 《차이와 초월》(1999), 《우리 사이에》(1998) 등이 있다.

알베르 카뮈(1913~1960)는 쇠렌 키르케고르처럼 한 가지 지속적인 의문을 가졌다. 그것은 인간이 왜 자살해서는 안 되는가였다. 이 질문은 그가 인간의 상황을 터무니없고 신의 부재와 더불어 의미를 찾는 영원한 좌절된 탐구라고 인식한 데서 오는 것이었다. 카뮈는 장 폴 사르트르의 친구였다. 하지만 그들은 카뮈가 혁명적인 투쟁을 뒷받침하는 자신의 에세이 《저항》(1951)에서 공산주의자의 독재를 비판하며 서로 소원해졌다. 그의 소설 《페스트》(1947)는 인간의 삶에서 죽음의 존재를 극화하였고, 논픽션 에세이 《시시포스의 신화》(1942)에서는 부조리를 발견하고 그것에 저항함으로써 의미를 찾을 수 있다고 주장한다. 제우스가 내린 시시포스의 형벌은 산 꼭대기를 향해 큰 바위를 굴리는 것인데 산 정상에 다다르면 바위가 굴러내려 다시 시작해야 한다. 그의 죄는 죽음을 연결시켜놓고 자신을 죽음으로부터 도주시킨 것이다. 카뮈는 1957년에 노벨 문학상을 받았고, 자동차 사고로 인한 사망은 자살 의혹을 받고 있다.

폴 리쾨르(1913~2005)는 실존주의, 현상학, 윤리학, 심리학 그리고 언어 이론을 포함하는 다양한 주제들에 관해 글을 썼다. 그의 모든 작품들은 철학사에

명석한 소설가 알베르 카뮈는 《반항인The Rebel》등과 같은 작품을 통해서 신이 없는 세계에서의 인간의 삶의 의미를 이해하기 위해 고심했다.

서 주요 인물들과의 깊은 관련으로 구별된다. 그의 《자유와 본성》(1950)은 사르트르의 자유에 관한 이론에 대한 반대로 받아들여졌다. 리쾨르는 의지는 언제나 비자발적인 요소를 가지고 있는데, 이것이 일종의 내재된 저항 역할을 한다고 주장한다. 자발적인 것은 동기, 결정, 승낙으로 구성되는데 각각은 비자발적인 순간을 가지고 있다. 비자발적인 순간들은 출생, 사망, 이미 계발된 성격, 신체 그리고 무의식이다(첫 번째로 사르트르가 자유를 의지의 행위들과 동일시했는지는 분명치 않다. 왜냐하면 자유는 모든 의식에서 존재하기 때문이다. 두 번째로 사르트르는 우리가 비자발적이라고 수용하거나 인정하는 것은 그러한 특별한 의미를 부여하는 자유로운 선택을 요구한다고 했다).

현상학

에드문트 후설

에드문트 후설은 누구인가?

에드문트 후설(1859~1938)은 현상학을 체계적인 철학의 방법으로 세운 사람으로 인정받고 있다. 또한 그는 중요하고 새로운 논리학과 수학적 관점을 창조했는데, 이것들을 경험적으로 발견된 심리학적인 사고의 규칙들로부터 분리시켰다. 후설의 주요 작품들은 《논리적인 조사들》(1900), 《현상학의 개념》(1907), 《순수 현상학과 현상학적인 조사에 관한 견해들》(1913)이다.

에드문트 후설의 삶과 경력에 관한 주요 사실들은 무엇인가?

후설은 제2차 세계대전 이후 체코슬로바키아의 일부가 되었으며 현재 체코 공화국에 속한 모라비아의 프로스니츠에서 태어났다. 그의 가족은 유대인이었다. 후설은 라이프치히 대학과 베를린 대학에서 수학을 공부했으며, 1883년에 《변분법에 관한 기고》를 써 빈 대학에서 철학 박사 학위를 받았다. 다음 2년 동안 그는 프란츠 프렌타노에게서 심리학과 철학을 공부했고, 이후 대학에서의 강의를 준비하기 위해

할레 대학의 브렌타노 밑으로 갔다. 그는 《수의 개념에 관하여》를 썼는데, 4년 후인 1891년에는 이를 《산수의 철학》으로 개정했다.

1886년, 후설은 기독교로 개종하여 에드문트 구스타프 알브레히트 후설이라는 이름을 얻었다. 이듬해에 말비네 슈타인슈나이더와 결혼해 딸 하나와 아들 둘을 낳았다. 그리고 그녀는 그의 작품에 대한 귀중한 정보의 근원이었다. 1901년, 후설 가족은 괴팅겐으로 이주했다. 그는 1906년에 교수로 승진했고 다음 해에는 브렌타노를 보기 위해 이탈리아로 여행을 했다. 후설은 이 시기에 빌헬름 딜타이를 비롯해 선도적인 수학자들 및 철학자들과 그들의 연구에 대해 서신 왕래를 했다. 독일의 심리학자이자 철학자인 카를 야스퍼스가 1913년에 후설을 방문했는데 《이념들》이 출판된 해였다. 제2차 세계대전에서 부상당한 아들 볼프강을 방문하는 동안 후설은 니코틴 중독을 경험했다. 1916년에 후설은 프라이베르크 대학의 교수로 임명되었지만 같은 해 볼프강은 전투 중 사망했다. 다음 2년 동안 마르틴 하이데거와 에디트 슈타인은 그의 조수였는데, 하이데거를 위해 강사 자리를 마련해주었고 1919년에는 조교수가 되도록 도와주었다. 이후 10년 동안 후설과 하이데거는 서로 연락하며 사상과 원고들을 주고받았다.

유대인이란 출신 때문에 1933년 독일 정부는 후설이 프라이베르크 대학의 도서관 및 독일의 다른 학술 기관 도서관 사용을 금지했다. 그러나 즉각적인 대중의 저항 때문에 그는 법령으로 일주일 만에 복직되었다. 후설은 그 일이 있은 몇 달 후에 독일 아카데미에서 사임했다. 그의 사임은 프라이베르크 대학에서의 사건뿐만 아니라 그 당시 독일에서 고조되고 있던 유대인들에 대한 위협 때문이었다. 그는 사우스 캘리포니아 대학의 철학 학교에 임명되었으나 조교인 오이겐 핑크와 함께 갈 수 없자 그 자리를 거절했다.

후설은 1937년에 있었던 파리 철학자들의 모임에 참여가 허락되지 않았다. 다음 해 그는 사망했고 장례식에서 10년 동안 후설의 헌신적인 연구 조교였던 오이겐 핑크는 후설을 찬양하는 헌사를 하였다. 하지만 후에 핑크는 후설의 철학적인 관점으로부터 하이데거의 관점으로 전향했다.

후설은 평생 동안 여섯 권의 책을 출판했으며 방대한 분량의 논문과 원고들을 남

겼는데 나치가 파괴할 것을 두려워한 벨기에의 철학자 헤르만 레오 반 브레다
(1911~1974)가 독일에서 빼내왔고 제2차 세계대전 이후에 루뱅이 후설 기록 보관소
의 일부가 되었다.

에디트 슈타인은 누구인가?

에디트 슈타인(1891~1942)은 1998년에 교황 요한 바오로 2세에 의해 성 테레사 베
네딕트로 시성되었다. 그녀는 당시 독일 제국의 일부였던 유럽 중앙의 실레지아 지
역에서 엄격한 유대교 가정에서 태어났다. 1922년에 로마 가톨릭으로 개종하였으
며 1934년에 맨발의 카르멜회에 가입했다. 카르멜회가 슈타인의 안전을 위해 보냈던 네덜란드에서 유대인 개종자들에 대한 보복으로 그녀와 그녀의 언니 로사는 아우슈비츠 수용소로 이송되었다가 1942년 수용소의 가스실에서 사망했다.

에드문트 후설의 제자인 에디트 슈타인은 진통제를 과다 복용한 어린 아이를 구한 이적을 실현해 성자의 반열에 시성되었다. 캐나다 우표에 들어간 에디트 슈타인.

슈타인은 괴팅겐 대학에서 에드문트 후설의 학생이었다. 그리고 다음엔 프라이베르크 대학에서 그의 조수가 되었다. 그녀의 박사 학위 논문은 〈공감의 문제에 관하여〉였다. 그녀는 후설의 원고들을 출판하기 위해 마르틴 하이데거와 함께 일한 후에 프라이베르크 대학의 교수가 되었다. 하지만 유대인 여성이었던 그녀는 프라이베르크 대학 및 다른 독일 대학에서 더 이상의 연구를 금지당했다. 그녀는 마침내 후설의 조수 직을 포기하고 가톨릭 여학교에서 학생들을 가르치며 토마스 아퀴나스 및 가톨릭 철학 전반에 관해 공부했다. 그녀는 뮌스터의 교육을 위한 연구소 강사가 되었으나 1933년 반유대주의법 때문에 포기해야 했다. 그해는 그녀의 동료였던 마르틴 하이데거가 프라이베르크 대학 총장이 된 해였다.

에디트 슈타인이 행했다고 믿어지는 기적은 친척들의 기도에 대한 응답으로, 아세

트아미노펜을 과다 복용한 아이를 치유한 것인데 일부 유대인들은 그녀가 실제 순교를 당했는지 확실치 않다고 주장한다. 그녀의 유산들로는 수많은 글들이 있는데 몇몇 작품들은 1980년대와 1990년대에 영어로 번역되었다. 《유대인 가족의 삶: 그녀의 미완의 자서전적 해설》(1986), 《공감의 문제에 관하여》(1989), 《여성들에 관한 에세이》(1996), 《숨겨진 삶》(1993) 등이 그 안에 속한다. 슈타인은 또한 《지식과 믿음》, 《유한하고 영원한 존재: 존재의 의미를 향한 상승의 시도》, 《심리학의 철학과 인문학들》, 《편지들에서의 자기 묘사》 등을 썼는데 아직 영어로 번역 출판되지 않았다.

에드문트 후설의 지향성의 원칙은 무엇인가?

후설은 수학적인 기호들이 가진 것과 동일한 지향적인 대상들의 객관성이 모든 사물들뿐만 아니라 인식의 대상들과 인과관계, 상황의 형편 그리고 관계들과 같은 범주적인 대상들에도 적용된다고 생각했다. 우리가 대상을 묘사할 때는 그 대상에 대한 지적인 직관을 가지고 있거나 우리의 의도가 완성된 것이다. 비록 우리가 알지 못하는 것의 측면에서 대상에 대한 우리의 의도는 공허할지 모르지만 말이다.

우선, 후설은 의식 속에서 우리에게 주어진 것은 칸트의 본질 그 자체가 아니라고 생각했다. 그는 나중에 겉보기의 다양성 속에서 본질 그 자체는 의식으로 주어질 수 있다고, 즉 알려질 수 있다고 주장했다. 이러한 견해는 관념론이라는 비난을 받았는데 후설에게는 모든 대상들이 의식의 대상들이기 때문이었다. 후설은 나중에 의식에 주어진 물자체가 그 자체로 온전한 실체로서가 아닌 의식의 완전한 대상으로서 의식에 주어졌을 뿐이라고 자신의 입장을 완화했다.

기본적으로 후설은 우리가 아는 모든 것은, 그것이 진리라 하여도, 마음속에 있는 하나의 관념과 같은 것이라고 주장했다(예를 들면, 나의 고양이는 내가 이 글을 쓰는 동안 나의 컴퓨터 위에 앉아 있다. 그것은 사실이다. 그러나 내가 그것을 의식적으로 의식함에 따라 그것은 나의 마음속의 관념이 된다).

먼저, 후설은 우리 앞에 있는 실제 대상들을 세는 결과로서의 수들과 상징기호로서의 수들을 분별했다. 대부분의 수학에서는 수들을 기호로서 다룬다. 여기서 후설이 주장한 것은, 명제나 보편자들과 마찬가지로, 기호적인 수들은 **심리주의**에서 주장하는 것과 같은 모종의 정신적 상태로 환원될 수가 없다는 것이었다. 브렌타노(1837–1917)의 지향성 개념에서 파악되는 의식의 지향적 대상들처럼, 이들 수학과 논리학의 실체들(즉 수들)은 객관적인 존재들로 파악된다는 것이다.

후설의 현상학적인 방법은 무엇인가?

후설은, 철학가의 임무는 정신적인 내용물의 실제에 대해 관여하지 않고 마음속에 내재된 것을 기술함으로써 의식의 지향적인 대상들을 경험적으로 환원시키는 일을 수행하는 것이라고 생각했다. 다시 말하면, 후설은 우리에게 특정하게 보이는 것을 그것이 그렇다고 단정하지 말고 기술해야 한다고 생각했다(예를 들어, 나의 고양이는 컴퓨터 위에 앉아 있다. 그러나 후설은 내가 나의 인상에 집중하거나 나의 마음속에 컴퓨터 위에 앉아 있는 고양이에 대한 대표성에 집중해야 한다고 생각했다).

이것은 세상에 존재하는 실제적인 사물들을 대하는 일반 사람들과 과학자들의 자연스러운 태도와 구별되는 특별한 관점이다. 후설에게는 꿈이나 환상과 같은 의식의 내용과 현실에서 일어나는 일에 해당하는 의식의 내용 간에 철학적인 구별이 없다. 그러나 후설에게는 다른 유형의 환원들이 존재했다. 가장 주목할 만한 것이 진리와 의식 대상들의 실제가 하나로 묶인 판단 정지epoche이다. 이러한 진리와 실체를 하나로 묶는 것은 진리와 실체에 관여하지 않는 것과 정확히 같은 것이다. 후설은 내가 컴퓨터 위에 있는 고양이와 그에 대한 나의 지각을 기술하기를 원했을 것이다. 그렇지만 그 고양이가 실제로 나의 컴퓨터에 앉아 있다고 주장하는 것은 피하길 원했을 것이다.

또한 영향력이 있는 것은 그것의 주체로서 의식 자체의 행위들을 가진 후설의 직관적 환원과 의식 대상들의 본질과 관련되어 있는 직관이었다.

그래서 의식이 행하는 지각의 분석은 직관적 환원의 예이다. 반면에 지각되고 있는 것에 대한 분석은 시각적 직관의 예일 것이다. 이러한 구별은 장 폴 사르트르의 철학에서 매우 영향력 있다고 입증되었는데, 특히 그는 아는 것으로서의 의식과 우리가 의식하거나 알고 있는 대상을 구별하였다.

에드문트 후설은 어떻게 자아의 두 유형을 구별하였나?

첫째로, 후설은 심리적인 자아, 즉 의식의 지향적인 행동들을 소유하고 일으키는 자아가 있다고 설명하였다. 심리적인 자아는 세상에 존재한다. 왜냐하면 우리는 그것을 자아로 인식할 수 있기 때문이다. 그러나 또한 초자아가 있다. 이를 위해 하나의 세계가 존재하고 진리와 관련되어 있다 — 초자아는 세계를 의도한다. 초자아는 심리적인 자아가 존재하는 것을 가능하게 해주며 심리적인 자아가 어떻게 기능할지를 결정한다.

마르틴 하이데거

마르틴 하이데거는 누구인가?

마르틴 하이데거(1889~1976)는 처음에 실존주의를 현상학과 결합시킨 현상학적인 존재론자였으나 나중에 자신의 진정한 관심은 존재론이라고 밝힌다. 그는 서구 철학의 거성들 중 한 명이라 일컬어지며 어느 사상가보다 20세기의 대륙 철학에 직접적이고 지속적인 영향을 끼쳤다.

하이데거는 철학사에 대해 광범위하게 글을 쓰면서 자신의 현상학적인 분석들을 발전시켰다. 주요 저서로는 그의 박사 학위 논문 《심리주의에서 판단의 원리》(1914), 자격 부여 논문(유럽에서는 박사 학위자들이 두 개의 논문을 쓴다. 하나는 학자로서 박사 학위를 얻기 위한 것이고 다른 하나는 대학에서 강의하기 위한 자격을 위한 것이다)인 《둔스 스코투스의 정언과 중요성의 원칙》(1914), 가장 유명한 《존재와 시간》(1927), 그리고 《형이상

학 입문》(1953), 《사고라 불리는 것》(1954), 《철학이란 무엇인가?》(1956), 《언어로의 도상》(1959), 《니체 1과 2》(1961), 《현상학과 신학》(1970)이 있으며 하이데거의 강연 원고들은 1975년에 일부가 출간되었다(그의 전체 작품은 100권 이상이 될 것이다). 하이데거는 또한 예술과 시에 대한 글과 《기술에 관한 질문》이라는 책으로도 유명하다.

하이데거가 말한 존재론은 무엇인가?

존재론은 모든 사상가들이나 이론가들과 관련되어 있는 일반적인 관점에서 존재에 관한 연구를 일컫는다. 예를 들어 경험주의자들은 그들이 존재한다고 믿는 대상들이 있다는 점에서 존재론을 가지고 있다. 하이데거에 따르면, 존재론은 철학의 처음이요 끝인 주제로서, **존재**에 관한 연구이다. 존재는 존재하는 모든 것을 포함하는 존재 그 자체이다. 그러나 개별적 인간의 의식에서는 존재가 곧 자기 존재의 첫 번째이자 최우선인 조건이다.

이것이 혼란스럽게 느껴지는 독자들에게는 나치 시기에 개의 방황에 대한 사실적인 묘사를 통해 하이데거의 용어를 패러디한 귄터 그라스의 1963년 소설 《개의 세월》이 도움이 될 것이다. 더 학문적인 것을 원한다면 테오도어 아도르노의 《진실성의 용 *The Jargon of Authenticity*》(1973)가 있다.

하이데거는 하이데거주의자들을 어떻게 당혹스럽게 했나?

나치가 정권을 잡았을 때 하이데거의 정치적인 믿음과 행동은 다음과 같이 기록된 사실들에 기초하여 많은 논란을 불러일으켰다.

하이데거는 나치의 당원으로 1933년부터 1945년까지 신고식을 치렀다. 히틀러가 정권을 잡은 지 석 달 뒤인 1933년 5월, 프라이베르크 대학 총장 취임 연설에서 그는 학생들과 교수들에게 "우리 국민이 미래의 역사를 향해 시작한 행진"과 "흙과 피에 뿌리내린 강인함을 가장 깊숙이 보전하기 위한 힘"을 언급하며 새로운 정권에 협력할 것을 요청하였다. 1933년 6월 그는 하이델베르크 대학 학생 협회에 하이델베르크 대학이 폴크스게마인샤프트(대중의 공동체)에 통합되어야 하며 국가와 하나로 연합되어야 한다고 말했다. 1933년 8월, 그는 총장이 교수들에 의해 선출되는 대신 나치의 교육부 장관에 의해 임명되도록 하는 법을 제정하였고 1933년 10월에 자신이 임명되었다. 1933년 11월에는 인종 청소에 관한 나치 법을 프라이베르크의 학생들에게 적용하여 아리안계 학생들에게 재정적인 지원을 해주고 유대인 학생들이나 마르크스주의자들에게는 재정 지원을 해주지 않았다.

하이데거는 또한 프라이베르크 대학의 다수의 유대계 또는 정치적으로 의심스러운 교수들을 나치 정권에 밀고했는데, 그 안에는 1953년 노벨 화학상을 수상한 헤르만 슈타우딩거와 괴팅겐 대학에서 가르치고 있던 실용주의 철학자 에두아르트 바움가르텐 등이 있다. 가톨릭계 지성인이었던 막스 뮐러도 하이데거에 의해 해고되어 강사 자리를 금지당했다. 하이데거의 지도 교수였던 에드문트 후설 또한 루터교로 개종했음에도 불구하고 유대인이라는 이유로 프라이베르크 대학의 도서관 사용을 금지당했다(하이데거와 후설의 지적인 관계는 데이비드 배리슨과 대니얼 로스가 2004년에 감독한 영화 〈이스터〉에서 다루고 있다).

하이데거는 1934년 대학 총장을 사임한 뒤에는, 다음 해 "국가적 사회주의의 내적인 진리와 위대함"에 대해 언급하였다. 그는 적어도 1960년까지 악명 높은 요제프 멩겔레 박사를 연구자로 고용했던 베를린의 인종 위생학 연구소 소장이던 오이겐 피셔와 친밀한 관계를 유지했다.

하이데거는 제2차 세계대전 이후에도 나치주의를 포기하지 않았다. 1949년 기술에 관한 그의 강연에서 "농업은, 가스실에서 시체를 만들어내는 것이나 시골의 고립화와 아사 또는 수소 폭탄의 생산과 마찬가지로 이제 기계화된 산업이다"라고 말하며 농업의 기계화를 언급했다.

하이데거가 살해된 유대인들을 농업 생산품에 비교한 것에 많은 이들이 격분했다. 사망 전의 마지막 인터뷰에서 하이데거는 사상의 주된 임무를 기술과의 만족할 만한 관계를 이룩하는 것이라고 기술하였다. 그는 국가적 사회주의는 그러한 목표를 가지고 있지만 사람들은 오늘날 일어나고 있으며 지난 300년 동안 진행되어온 것과의 명백한 관계를 얻기 위한 자신들의 생각에서 너무 제한되어 있다고 말했다. 나치에 대한 그의 가장 큰 실망은 기술 문제를 다루는 데 실패한 점이었다.

매우 그렇다. 특별히 공간과 시간에 대한 그의 현상학적인 분석에서 더욱 그렇다. 이마누엘 칸트처럼 하이데거는 공간과 시간이 경험을 위한 필요조건으로서 대상이 된다고 생각했다. 그러나 칸트와 달리, 하이데거는 공간과 시간이 마음의 필수적인 범주라고 믿지 않았다. 오히려 공간과 시간은 존재자가 확실히 존재하던 방식 속에 분명히 드러난 인간의 경험의 존재론적인 구조였다.

마르틴 하이데거의 삶에서 중요한 사실들은 무엇인가?

하이데거는 1889년에 자신이 평생 동안 긴밀한 관계를 유지했던 독일의 메스키르히의 블랙 포레스트에서 태어났다. 그는 1906년부터 프라이베르크에서 김나지움(고등학교)을 다녔으며 프란츠 브렌타노의 《아리스토텔레스에 따른 존재의 다양한 의미에 관하여》(1862)를 읽었다. 그는 예수회 사제가 되기를 원했으나 거부되자 프라이베르크의 루트비히 대학에서 가톨릭 사제가 되기 위한 준비를 했다. 그는 거기서 에드문트 후설의 작품들을 읽고 스승들의 재촉을 받아 신학에서 철학과 수학으로 전과하였다.

그는 엘프리데 페트리와 1917년 결혼한 후 독일 육군에 입대하여 상병으로 진급하였으나 건강상의 이유로 제대했다. 후설의 조교이자 카를 야스퍼스의 동료로 하이데거는 철학에서 두각을 나타냈고 마르부르크 대학의 조교수가 되었는데 조교수 직을 보장받기 위해 몇 달 동안 《존재와 시간》(1927)을 썼다. 이 작품 후에 잘 알려진 케흐레kehre, 즉 사고의 전환을 경험하고 《형이상학 입문》(1953)을 저술하게 된다.

그의 학생들 중에는 장래의 철학자 허버트 마르쿠제와 정치 이론가이자 철학자인 해나 아렌트가 있는데, 해나 아렌트가 독일을 떠나야 했을 때 하이데거와 연인이 되었다(유대계 지식인이었던 그녀는 게슈타포에게 심문을 받은 후 위험에 처해 있었다). 이 시기에 하이데거는 명상에 관한 노자(老子)의 책에 영향을 받았고, 이는 언어를 통한 존재에 대한 자신의 이해를 낳았다.

하이데거는 1933년에 프라이베르크 대학 총장이 되었고 나치의 당원이었다. 1945년에 프랑스 군사 정부가 그의 교수 직을 박탈하자 학생들을 가르치지 않는다는 조건하에 명예 교수 직을 얻을 수 있었다. 그는 1946년에 신경 쇠약에 걸렸으나 존재에 관한 자신의 연구는 장 폴 사르트르와 다른 실존주의자들이 잘못 생각했던 것처럼 인본주의적이지 않다는 점을 분명히 하기 위해 《인간성에 관한 서신》을 집필했다. 1950년에 그의 교수 직은 복권되었고 1951년에 명예 교수가 되도록 허락받아 교수로 복직되지 않은 채 명예 교수 직이 주어진 최초의 교수가 되었다. 이후 그는 교수로 복직되었고 정상적인 명예 교수 직을 얻었다. 그리고 1976년 사망할 때까지 자신의 연구를 계속했다.

현존재란 무엇인가?

현존재Dasein는 인간 존재에 대한 마르틴 하이데거의 용어이다. 문자적인 뜻은 '거기에 있다'는 것이다. 하이데거는 이 용어를 통해 인간 존재가 단순한 자기 통제적인 생물학적 존재가 아니며, 인간 존재는 언제나 자신의 물리적 자아 너머의 것들, 세상의 것들, 다른 사람들 그리고 미래에 관심이 있다는 것을 의미하려고 했다.

왜 일부 사람들은 마르틴 하이데거를 실존주의자로 여기는가?

《존재와 시간》(1927)에서 하이데거는 인간 존재, 즉 독일어로 거기에 있음을 의미하는 현존재를 분석했다. 하이데거의 통찰은 현존재는 생물학적인 것으로 이해될 수 없다는 것이었는데 그것의 주된 관심 대상은 현존재가 있는 곳과는 항상 다른 곳에 있기 때문이다. 현존재는 그 자체로서 그 자신을(일반적인 의미로 삶으로 이해되는) 향해 관심을 갖지만, 그것 자체는 세계 안에 사로잡혀 있다. 더욱이 현존재는 그 자신을 자발적으로 이해하지 못한다. 왜냐하면 평범한 존재 속에서 현존재는 이미 '그들', 즉 대중의 마음에 의해 형성된 자신의 존재에 대한 해석을 받아들이기 때문이다. 그들은 특히 죽음의 성격에 대해 잘못 알고 있다고 보았다.

'그들'은 누구인가?

마르틴 하이데거의 용어인 '그the they'은 자신들의 존재에 대한 철학적인 자각 없이 매일의 삶을 살아가는 평범한 사람들을 일컫기 위해 사용되었다.

마르틴 하이데거의 죽음에 대한 견해는 무엇인가?

하이데거는 개인의 죽음은 죽음을 일상적 비개인적인 것으로 만들어버린, 그러나 특정의 누구에게도 일어나지 않은, "그들"로부터 분리되어야 한다고 생각했다. 하이데거는 죽음이 각각의 경우에 자기 자신의 것이며 권위 있는 존재는 자신의 죽음에 대해 예상하는 결연함의 자세를 요구한다고 주장했다. 개인이 자신의 죽음에 관심을 기울이게 하는 것은 양심, 즉 돌봄의 소명이다.

문제는 현존재가 더 이상 현존재가 아니어야 비로소 현존재가 완성된다는 것이다. 그러나 현존재가 더 이상 현존재가 아니라면, 현존재는 더 이상 구체적인 개인으로 존재하지 않으며 더욱이 현존재 자신의 죽음은 아무것도 아닌 것이다. 하이데거는 이것을 진정으로 우리가 가장 충만한 상태가 되기 위한 역설적인 필요에서 우리가 무(無)가 되도록 부름을 받는다고 해석했다. 현존재가 존재하는 한, 하이데거의 용어로 항상 두드러진 현존재의 본질 속의 이 무(無)의 상태는 현존재 안에서 원초적인 불안을 야기한다. 하이데거에 의하면, 우리의 죽음이 항상 미래 속에 존재한다는 사실이 우리를 불안하게 만든다는 것을 의미했다. 물론 우리의 죽음이 현재에 존재한다면 우리는 더 이상 존재하지 않을 것이다. 그래서 아무 힘이 없는 우리는 살고 있는 동안 항상 인식하고 있는 무엇인가로 죽을 것이라는 사실을 견뎌야 한다.

마르틴 하이데거의 공간에 대한 이론은 무엇이었나?

현존재는 그 자신이 관계하고 있는 세상의 대상들에 거리를 부여함으로써 공간을 창조한다. 그리고 이 방법으로 존재로부터 결과된 공간은 반드시 추상적인 차원들이나 거리들과 일치하지는 않는다. 예를 들어, 코에 걸린 안경은 착용자에게는 그가 그 안경을 통해 보는 벽에 걸린 사진보다 더 멀리 떨어져 있다. 공간상의 물체들은 가까이 있다는 특징을 획득한다. 그것들은 우리가 사용하고 조작하는 것들이다. 가까이 있다는 것은, 문자적으로는 공간상에서 시간에 걸친 인간의 행동을 통해 그것의 진정한 의미를 갖는다. 예를 들어, 당신이 망치를 집어 든다면 당신은 몇 분 안에 망치로 무엇인가 할 의도이다. 그리고 당신은 벽에 그림을 거는 것과 같은 목적을 이루기 위해 그렇게 할 것이다.

마르틴 하이데거의 시간에 대한 이론은 무엇인가?

공간과 마찬가지로, 하이데거는 시간은 즉각적인 자신 너머의 대상들에 대한 관심에 기초한 현존재의 창조물이라고 설명했다. 현존재는 현재성의 방법으로 추상적이거나 실제적인 시간을 창조하는데, 현존재가 목적을 지향하는 존재이기 때문이다. 아직 존재하지 않은 것은 미래에 위치한다. 과거인 이전의 상태에 기초해서 현재의 직시성은 미래의 무엇에 대한 현존재의 관심으로부터 떠오른다. 인간 존재의 구조로서 현재성은 그 자체를 현재화한다. 이것이 하이데거의 설명이다. 그리고 그가 의미하는 것은 우리가 미래에 대해 생각해볼 때 어떻게 현재가 우리에게 추억이 될지를 생각한다. 사람들은 지향적으로 추억을 창조하기 위해 사진을 찍을 때 이러한 일을 한다.

왜 하이데거는 실존주의가 인본주의의 일종이 아니라고 주장했나?

소크라테스 이전의 사상으로 돌아가서 하이데거는 인간, 즉 현존재(현시대의 독일인들을 고대의 그리스인들과 연결해주던 문화적 연결고리)의 근원적인 관심은 존재라고 결론 지었다. 하이데거는 소크라테스 학파가 존재에 대한 본원적인 질문에 대해서 한 가지 대답을 이미 배제해버린 주어와 목적어와 같은 유형의 형이상학을 소개했을 때, 소크라테스 이전의 철학자들은 존재에 관한 주된 질문들을 형성하기 시작했을 뿐이라고 믿었다. 하이데거는 독자들에게 자신이 존재에 관한 이 독창적인 질문이 무엇인지 알지 못한다는 점을 분명히 한다. 실제로 그는 자신의 철학 연구에 대한 질문을 재구성하여 독자들이 결론적인 답 없이 동일한 문제에 대해 심사숙고하도록 초청한다. 이 점에서 하이데거는 그를 이해하려고 시간을 내는 독자들에게 명상의 연습을 제공한다.

하이데거는 또한 언어는 존재의 집이라는 현상학적인 직관에 의존하여 그 질문이 무엇일까 하는 데 관해 많은 글을 썼다. 그는 이것으로 "그들the they"의 언어나, 심지어 장 폴 사르트르와 같은 프랑스의 실존주의자들의 담론을 의미하지도 않았다.

하이데거에 따르면, 존재의 문제가 제대로 표현될 때까지 실존주의가 구현할 수 있는 유형의 인본주의는 제대로 생각조차 될 수 없었다.

하이데거는 사고의 언어로서 독일어에 대한 강한 편애를 가지고 있었다. 그는 자신의 철학이 독일어를 하지 못하는 사람들에게는 이해될 수 없다고 생각했고, 그래서 스페인어로 번역되는 것을 허락하지 않았다.

마르틴 하이데거의 기술에 관한 질문은 무엇이었나?

하이데거의 질문은 오늘날 우리 위에 드리워진 것과 같은 질문이다. 즉, **기술**technology이 우리가 알고 있는 세계를 파괴할 것인가? 그러나 하이데거의 기술에 대한 이해는 인위적인 것을 자연적인 것으로부터 구별하는 환경론자들의 사고와 달랐다. 그것은 "세계는 세계한다"(the world worlds)라고 말하는 것이 의미하는 바의 일부로서, 하이데거는, 인간이 자신의 존재 속에서 **존재**의 보호자인 한, 기술은 **존재**에 대한 자신의 관계 속에 무엇이 관련되어 있는지를 완전히 이해하지 않고서도 **존재**로부터 발생하는 과정이라고 믿었다.

하이데거에 따르면, 기술은 틀을 형성하는 힘이자 존재에 대한 현존재의 관계로부터 일어나는 과정이다. 모든 인간은 단일화된 유형의 대상으로서 자신을 제시하도록 정돈되고 엄격하게 통제된다. 인간의 활동과 자연의 아름다움은 또한 틀로 형성되어 사용하거나 소비할 대상으로서 현존재에게 다시 제시된다. 하이데거의 용어로 그러한 과정에 대한 안타까운 예는 라인 강을 관광 명소로 전환하고 인공화한 것이다. 존재에 대한 인간의 확실한 이해로부터 일어난 기술의 역사적인 힘에 대한 자신의 분석 일부로서, 하이데거는 기술은 과학의 결과가 아니며 그 반대라고 주장한다. 과학과 과학적인 연구는 보다 일반적인 기술의 힘들에 의한 결과 이상이 될 수 없다.

메를로퐁티

메를로퐁티는 누구인가?

메를로퐁티(1908~1961)는 인간의 인식에 대한 현상학에 기초하여 세계를 구성하려 했던 반경험주의자였다. 그는 에드문트 후설의 영향을 받았고 장 폴 사르트르와 한동안 친구였으며 마음에 대한 현상학적 철학자들에게 큰 관심거리가 되어왔다. 그의 주요 작품들로는 《인식의 현상학》(1945)과 많은 에세이들, 그리고 완성되지 않은 《보이는 것과 보이지 않는 것*The Visible and the Invisible*》이 있다.

메를로퐁티의 마지막 강연에서 아이러니한 것은 무엇이었나?

메를로퐁티는 르네 데카르트에 관한 강연을 준비하다가 뇌졸증으로 갑자기 사망하였다. 그는 자신의 철학을 구성함에 있어 반복적으로 데카르트의 마음과 신체에 대한 분리를 참조했다. 하지만 데카르트의 구분은 수용하지 않았으며 마음과 신체를 통합된 하나로 접근하려 했다. 메를로퐁티는 자신의 육체le corps propre는 개인적이고 살아 있는 현실 속에서 과학적인 주제여야 한다고 생각했다. 의식을 물질적인 것으로 만들어주는 것은 자신의 육체이다. 그는 이렇게 썼다. "내가 손, 발, 몸을 가지고 있는 한 나는 내 주위에 나의 결정에 의존하지 않는 의도들을 지탱하며 내가 선택하지 않는 방식으로 나의 상황들에 영향을 끼친다."

분명, 메를로퐁티의 뇌졸증은 이 점을 증명해준다. 그것은 그가 선택한 것이 아

대륙 철학 ★

니었지만 분명히 결정적으로 그의 상황들뿐 아니라 그가 그러한 상황들을 가질 가능성에까지 영향을 미쳤기 때문이다. 아이러니한 것은 그가 뇌졸증에 걸리면서 그의 요지를 입증했는데, 이는 철학적인 논증을 하는 것과는 매우 다르다.

메를로퐁티의 삶과 경력에 관한 사실들은 무엇인가?

메를로퐁티의 부친은 제1차 세계대전 때 사망했다. 그는 에콜 노르말 쉬페리외르(사범 학교)에서 1930년에 철학 공부를 마치고 고등학교에서 가르쳤다. 그는 박사 학위를 위해 두 편의 논문을 썼으며 1949년에 소르본 대학 아동 심리학과의 학과장이 되었고, 1952년에는 프랑스 대학의 철학과 학과장이 되었다. 그는 장 폴 사르트르와 함께 〈레 탕 모데른 *Les Temps Moderne*〉을 창간했지만 사르트르의 주체와 대상의 양분법에 반대하여 편집자를 사임했다. 메를로퐁티는 《변증법의 모험》(1955)에서 자신들의 논쟁에 대해 썼다. 전반적으로 메를로퐁티는 이원론에 반대하였고 자아 대 세상의 관념들을 비판했다. 그는 자아는 마음일 뿐만 아니라 신체이며 우리의 신체는 항상 세상에 존재한다고 생각했다.

메를로퐁티의 '지각의 현상학'은 무엇을 의미하였나?

메를로퐁티는 직접적인 경험과 물리적으로 존재함을 일반화하는 경험주의와 이들을 부정하는 관념론의 추상적인 특성들에 반대했다. 그는 지각하는 마음은 인간의 마음이라고 하면서 이는 마음이 몸과 일치하는 점에서 몸에 속한다고 주장했다.

지각은 마음만을 필요로 하기보다는 눈, 귀, 코, 손을 필요로 하는 물리적인 과정이다. 그의 초점은, 지각하고 있으며 세계의 살아 있는 일부로서 철학 탐구에서 도외시당하고 있는 자리인 인간의 육체에 관한 것이었다.

메를로퐁티에 따르면, 지각은 추상적이거나 과학적이지 않다. 오히려 모든 지각은 살아 있다. 그것은 세계에서 인간 존재의 경험이다. 의식은 이후의 용어를 사용하자면 구체화되고 항상 세상을 지각하는 것에 관련되어 있다. 인간의 경험에 관하여 현상학적인 것은 지각되는 것은 그것이 어떻게 지각되는가와 그것이 어떻게 기술되는가와 분리될 수 없다. 페르디낭 드 소쉬르와의 대화에서 메를로퐁티는 《세계의 산문》(1969)을 작성하였는데, 의미는 역사에 의해서가 아니라 세상에서 주체의 실제적인 경험에 의해 결정된다고 주장했다. 언어는 그 자체가 이러한 경험의 결과로 지속적으로 변화하고 있다. 《보이는 것과 보이지 않는 것》에서 메를로퐁티는 의사소통과 사고와 지각의 영역을 넘어설 수 있는지를 보여주려 했으나 이 프로젝트를 마치기 전에 사망하였다.

비평 이론과 구조주의

비평 이론과 구조주의의 차이점은 무엇인가?

두 학파의 철학자들이 수용할 만한 실질적인 차이점은 없다. 많은 구조주의자들은 자신들이 구조주의자인 것을 부정했고 몇몇 비평 이론가들은 비평 이론이라는 용어를 알지 못했다. 그러나 독자의 관점에서 구조주의와 비평 이론이 분석을 당하고 있는 사회 구성원들이 수용할 필요가 없는 사회의 분석들을 제공한다는 것을 기억하는 게 도움이 될 것이다. '비평 이론'이라는 용어는 학문적인 마르크스주의의 20세기 버전을 발전시킨 프랑크푸르트학파와 관련이 있다. '구조주의'라는 용어는 사회의 정신적인 구조에 대한 연구를 일컫는다. 비평 이론은 진보주의적이고 이타적인 사회의 목표를 강화하는 분석들을 제공하고, 구조주의 역시 비평 이론을 사용한다. 프랑크푸르트학파의 구성원들과 추종자들은 편협하게 정치적이지 않았지만, 그들의 마르크스적 유산은 그들을 특정한 정치적 방향으로 이끌었다. 구조주의자들이 마르크스주의적인 비평 이론가들과 특정한 목적들을 공유했을지 모르지만 그들의 주제는 정부 이외의 다른 사회 조직들이었다. 또한 그들은 프로이트의 심리학을 수용하였고 중요한 철학적 주제로 언어와 상징들에 집중하기 위한 토대를 마련했다. 그리고 몇 년이 안 되어 구조주의의 계승자이자 지적인 상속자로서 언어와 상징적인 순서는 유일한 지적 주제가 되었다. 말하자면, 구조주의자들은 후기 구조주의라고도 알려진 지적 포스트모더니즘을 위한 토대를 마련하였다.

대륙 철학 ★

397 ★

비평 이론가들

프랑크푸르트학파는 누구인가?

프랑크푸르트학파는 독일 메인 주의 프랑크푸르트에 위치한 사회 연구소와 관련된 지적 활동이다. 이 연구소는 지식인들에게 환영 받은 첫 번째 마르크스주의를 따라 1923년에 펠릭스 바일(1898~1975)의 후원으로 설립되었다. 이 연구소는 프랑크푸르트 대학의 재정 지원을 받았고 나치 시기(1933~1944)에는 막스 호르크하이머와 테오도어 아도르노가 컬럼비아 대학의 지원을 받아 뉴욕 시에 국제 사회 연구소를 설립했다.

프랑크푸르트의 연구소는 제2차 세계대전이 끝난 1945년에 복원되었다. 발터 베냐민(1892~1940), 허버트 마르쿠제(1898~1979) 그리고 에리히 프롬(1900~1980)은 최초의 회원이었고 위르겐 하버마스(1923~)는 현재 가장 유명한 회원이다. 또한 독일을 떠난 이후의 해나 아렌트(1906~1975)는 미국철학계의 정치철학자로서 두각을 나타낸 인물이긴 하지만, 자신의 철학에 적용된 정치적 관심사항들은 다른 어떤 운동보다 프랑크푸르트학파의 운동 이념과 더 많은 공통점이 있는 것들이었다. 프랑크푸르트학파는 아니었지만 마르크스 이론가로서, 1926년 이탈리아의 파시스트 정부에 의해 투옥되었던 안토니오 그람시(1891~1937) 역시 이러한 맥락에서 언급할 가치가 있다.

그람시는 사회의 주도층이 사회 안의 모든 계층의 이데올로기를 정의한다고 생각했다.

안토니오 그람시는 누구인가?

안토니오 그람시(1891~1937)는 투옥되어 있는 동안 자신의 마르크스주의를 세웠는데, 이는 카를 마르크스의 역사적 결정론에 대한 저항이었다. 그람시의 《감옥 일기》(그의 사후 30년이 넘은 1971년부터 원고를 모았다)는 이탈리아 공산주의자들의 지도자로서 그를 계승한 팔미로 톨리아티의 편집에 의해 출판되었다. 톨리아티에 의하면, 볼셰비키주의나 직접적인 정치적 혁명이 아닌 교육과 설득이 계급 없는 사회로 나아가기 위한 길이었다.

그람시의 가장 영향력 있는 사상은 톨리아티가 '그람시의 헤게모니 이론'이라 부른 것이었다. 이는 사회 지배 계급이 그 사회의 이데올로기를 창출할 뿐 아니라 그 이데올로기에 지배를 당하는 계급들의 이데올로기도 창출하므로 모든 계급들은 지배 계급의 이데올로기를 공유한다는 것이다. 그러므로 교육과 설득은 사회 대중의 마음을 변화시켜 정치적 변화를 이끌어내는 데 중요하다. 이런 점에서 그람시는 프랑크푸르트학파의 정신을 따랐을 뿐만 아니라 구조주의자이기도 했다.

막스 호르크하이머와 테오도어 아도르노는 누구인가?

막스 호르크하이머(1893~1973)과 테오도르 아도르노(1903~1969)는 프랑트프르트학파의 창립멤버였고 그들은 망명하여 지도자를 남아있었다. 호르크하이머는 문화비평가였고 사회주의철학자였다. 아도르노는 문화비평가이자 음악학 연구가였다. 호르크하이머의 이상은 사회 속에서 인간의 위치를 일반적으로 이해하는 것이었다. 그는 프롤레타리아의 관점에서 주로 사회를 바라보았던 정통 마르크스주의자들과는 반대로, 그 당시의 어떠한 사회계급도 그 사회에 대한 견해에서 왜곡을 피할 수 없었다고 생각했다. 아도르노는 오스트리아의 작곡가 아놀드 쉔버그의 무조(無調)의 음악이 인간의 자주성이나 자유를 지지한다고 생각했고 반대로 재즈를 "어중이떠중이를 위한 음악"의 형태라고 비난했다.

이처럼, 편향적으로 프롤레타리아 계급에만 문화적 집중을 하는 마르크스주의에 대한 반대 입장을 일정 부분 공유한 상황에서, 호르크하이머와 아도르노가 "계몽주의의 변증법"(1974)을 출판하기 위해서 서로 협력했다는 것은 놀랍지 않다. 그들은 계몽주의에서 추구하는 진보는 이룩될 수 없으며 대신에 결과는 소비 경제 속의 대중천민자본주의나 가혹한 전체주의가 될 것이라고 주장했다.

발터 베냐민은 누구인가?

발터 베냐민(1892~1940)은 유대교의 종교적 통찰들과 마르크스주의를 결합시킨 것으로 높이 평가받고 있다. 그는 나치를 피해 일군의 지식인들과 여행하던 중 프랑스와 스페인 국경의 포르트부에서 모르핀을 투여하다가 사망하였다. 하지만 그가 동료

들을 위해 게슈타포의 고문을 피하려고 자살했다거나 혹은 스탈린주의자들이 그를 살해했다는 이야기도 있다. 베냐민은 해나 아렌트의 첫 남편의 사촌이었다. 베냐민은 죽기 전에 아렌트에게 《역사의 개념》(1939)이라는 자신의 원고를 주었는데 아렌트는 다시 테오도어 아도르노에게 주었고 그는 미국에서 이 원고를 출판하였다.

주요 저서인 《기계적인 재생산의 시대에 예술의 임무》(1936)에서 그는 유대교의 신비주의와 마르크스주의를 결합하였다. 베냐민은 논리가 철학의 도구로선 한계가 있다고 보았는데, 이는 현대의 철학적인 것들이 문학과 음악을 통해 가장 잘 접근되기 때문이다. 그는 자신의 연구가 20세기 후반에 포스트모더니즘과 깊이 관련 있다는 것을 인정받기 전까지 음악학에 대한 이론들을 주로 연구하였다.

해나 아렌트는 누구인가?

해나 아렌트(1906~1975)는 독일계 미국인인 사회 정치철학가로, 제2차 세계대전 이후 신학교(The New School)에서 학생들을 가르쳤다. 그녀는 마르부르크 대학에서 수학하다 마르틴 하이데거와 평생의 관계로 발전하게 될 연애를 시작해 교제와 헤어짐을 반복했다. 아렌트는 하이델베르크 대학의 카를 야스퍼스에게서 성 아우구스티누스에 대한 논문을 썼다. 그녀는 철학가 귄터 안데르스(1902~1992)와 1929년에 결혼했다가 1937년에 이혼했다. 이 시기에 유대인이라는 이유로 더 이상 논문을 쓸 수 없게 되었고, 반유대주의에 대한 조사가 시작되었을 때는 게슈타포의 심문을 받았다. 그리고 나서 그녀는 프랑스로 건너가 발터 베냐민과 함께 유대인 난민들을 도왔다. 그러다 귀르 수용소에 투옥되자 그녀는 탈옥했다.

1940년 아렌트는 시인이자 철학가이면서 전 공산주의자였던 하인리히 블뤼허(1899~1970)와 재혼했다. 블뤼허와 함께 자신의 어머니와 (미국 외교관 하이럼 빙엄 4세의 도움으

독일계 미국인 사회/정치철학자인 해나 아렌트는 모든 형태의 전체주의에 대한 통렬한 비판자였다.

로) 프랑스의 비시에서 가짜 비자로 미국으로 탈출했다. 제2차 세계대전 이후 아렌트는 반나치 청문회에서 하이데거를 위해 증언했고 그의 80회 생일을 철학적으로 축하하기 위해 그의 연구를 칭송하는 에세이를 썼다.

유럽 유대인 문화 재건 위원회 연구소장이었던 아렌트는 이 때문에 1944년 이후로 여러 차례 독일을 방문했다. 그녀는 캘리포니아 버클리 대학과 프린스턴 대학, 노스웨스턴 대학 그리고 신학교(The New School)에서 가르쳤다. 그녀는 미국의 사회 운동에서 특별히 진보주의적이지 않았고 시민 운동 초기에 인종 분리를 지지하였으며 여성 해방의 시기엔 페미니스트로 인식되기를 거부했다. 그녀의 주요 작품들로는 《전체주의의 기원》(1951), 《인간의 조건》(1958), 《혁명에 관하여》(1963), 《폭력에 관하여》(1970), 《예루살렘의 아이히만》(1963) 《마음의 생애》(1978)가 있다.

해나 아렌트의 정치적인 철학은 무엇이었나?

전체적으로, 아렌트는 전체주의에 대한 강력한 비판자이자 개인의 자유에 대한 옹호자로서 독특한 통찰력을 제공했다. 그녀는 파시즘과 공산주의는 현대 사회에서 실질적인 정치 공동체의 부재에 기초한 필연성의 환상 아래 발생한 것이라고 믿었다. 그녀는 우리we are가 나I am보다 더 중요한 철학의 출발점이라고 생각했기 때문에 자신을 실존주의자로 여기지 않았다. 그녀의 사회에 대한 긍정적인 모델은 사회적 · 개인적 이익들을 시민의 신분에서 배제시키는 방법으로의 적극적인 시민의 참여였다. 아돌프 아이히만의 재판 분석에서 아렌트는 '악의 따분함'의 개념을 소개했는데, 이는 아이히만의 재판이 이스라엘에서 어떻게 이루어졌는지와 어떻게 유대인 지도자들이 독일의 독재자 아돌프 히틀러 아래서 행동하였는지에 대한 비판 때문에 대단한 논란거리가 되었다. 아렌트의 마지막 작품은 정치적인 맥락들 속에서의 실질적인 판단력 조사였는데 이 작품에서 그녀는 소크라테스를 내세워서 내적인 대화들을 가정했다. 그녀에 따르면, 양심은 자신과의 우정을 지지하는 역할을 한다고 했다.

허버트 마르쿠제는 누구인가?

허버트 마르쿠제(1898~1979)는 1933년에 독일에서 추방당한 후에 미국에서 좌파적인 사고에 영감을 주었다. 그는 흑인계 미국인 정치 운동가 안젤라 데이비스의 논문 지도 교수였고 '신좌파New Left'의 급진적인 창립자들 중 하나인 애비 호프먼이 그와 함께 수학했다.

마르쿠제의 주제는, 철학은 정치적인 압박에 대항하기 위해 필요하다는 것이었다. 그는 마르크스주의의 기저에 있는 이성에 대한 계몽주의의 믿음 때문에 마르크스주의를 비판하기 위해 프리드리히 니체나 지그문트 프로이트를 자주 인용하였다. 그는 공산주의 정권들뿐 아니라 서구의 민주주의는 대중 교육과 문화의 오락으로의 전락을 통해 사람들의 자유를 빼앗기 위해 과학적인 방법들을 사용한다고 생각했다. 주요 주제는 정치적인 억압이 심리적·성적인 억압에 어떻게 투영되는가였다. 주요 작품들로는 《이성과 혁명》(1941), 《에로스와 문명》(1955), 《1차원의 사람》(1964), 《순수 관용 비판》(1969)이 있다.

안젤라 데이비스는 누구인가?

안젤라 데이비스(1944~)는 세계적으로 유명한 흑인계 미국의 사회 비평가이자 정치 운동가이다. 1970년에 그녀는 UCLA 철학과 조교수이자 미국 공산당 회원이었다. 그녀는 또한 한때 흑표당과 관계를 맺기도 했다. 데이비스는 흑표당 당원인 조지 잭슨이 1970년 캘리포니아의 마린 카운티 법정에서 도주하는 것을 도운 혐의로 기소되었다. 잭슨이 사용한 총이 안젤라 데이비스의 이름으로 등록되어 있었던 것이다. 그녀는 체포를 피해 달아난 후에 한동안 FBI의 지명 수배자 명단에 올라가 있었다. 결국 데이비스는 범죄 혐의에서 무죄로 풀려났고 대학에서 다시 임용되었다. 하지만 논문만을 끝내지 못했는데, 이는 FBI에 압수된 자료들 속에서 사라져버렸기 때문이라고 했다. 이후 그녀는 인종과 성에 대한 비평 분야에서뿐 아니라 현대의 미국 문화에서 감옥이라는 산업 구조에 대한 비평적인 글을 통해 자신의 경력을 발전시켰다. 데이비스의 주요 작품들로는 《그들이 아침에 온다면: 저항의 목소리》(1971), 《오프닝 디펜스 스테이트먼트》(1972), 《안젤라 데이비스: 자서전》(1974), 《여성, 인종 그리고 계급》(1981), 《여성에 대한 폭력과 인종주의에 대한 현재의 저항》(1985), 《여성, 문화 그리고 정치》(1989), 《블루스의 유산과 흑인 여성 운동: 거투르드 마 레이니, 베시 스미스 그리고 빌리 홀리데이》(1999), 《감옥은 쓸모없는가?》(2003), 《낙태 민주주의: 감옥을 넘어서, 고문 그리고 제국》(2005)이 있다.

에리히 프롬은 누구인가?

에리히 프롬(1900~1980)은 권위주의적 사회에 대한 비판인 《자유로부터의 탈출》(1941)로 정치 심리학에서 명성을 떨쳤다. 그의 《사랑의 기술Art of Loving》은 1956년 세계적인 베스트셀러였으며, 작품 속에 나타난 여러 유형의 사랑에 관한 구별은 서구 독자들에게는 새로운 것이었다. 프롬은 개인주의를 격찬하고 전체주의를 비난하기 위해 《탈무드》를 인용했다. 많은 독자들이 개인주의를 존중하는 방식의 그의 마르크스주의와 심리 분석의 결합에 영감을 받았다.

정치 심리학으로 명성을 떨친 에리히 프롬의 작품인 《사랑의 기술》은 전세계에서 베스트셀러가 되었다.

구조주의자들

페르디낭 드 소쉬르는 누구인가?

페르디낭 드 소쉬르(1857~1913)는 스위스의 구조주의자로서 그의 강연은 사후에 《일반 언어학의 과정》(1916)으로 학생들에 의해 출판되었고, 1996년 그의 집에서 발견된 원고는 《일반 언어학에 대한 글들》(2002)로 출판되었다. 사람들에게 가장 영향을 준 소쉬르의 생각은 언어가 언어의 실제 발화와 이해로부터 동떨어져서 형식적인 체계로 이해될 수 있다는 것이었다. 형식적인 체계로서 언어의 구성 요소들은 언어 외적인 것들에 의존하지 않고 다른 요소들로부터 의미를 얻는다. 언어와 다른 상징체계들에 대한 자기 함축적인 성격의 이러한 통찰은 철학을 포함한 많은 학문 분야들에 걸쳐 언어적인 전환으로 발전했다.

언어적인 전환이란 무엇인가?

20세기의 후반기 동안 다른 시기의 다른 인문학 분야에서 학자들이 세계의 사람들과 사건들에 관해 이야기하는 것으로부터 전환하여 언어, 상징들 그리고 사람들과 사건들이 어떻게 학문 분야뿐만 아니라 대중적인 문화에서 나타나는지에 관해 이야기하기 시작했다. 언어는 학문 분야들에 걸쳐 새로운 주된 주제가 되었다.

자크 라캉은 누구인가?

자크 라캉(1901~1981)은 자신의 학문적인 일련의 견해들로 인해서 국제정신분석학협회로부터 제제를 당했음에도 불구하고 영향력이 막대했던 정신분석학자이다. 그의 주요 작품들은 《에크리츠》(1996: 글들), 《자아의 언어》(1978), 그리고 그의 출판된 세미나들이 있다. 라캉은 프로이트 심리학에 언어적인 순서에 대한 소쉬르의 인식을 적용하였다. 그는 은유와 환유 (사물 자체에 대한 사물의 속성의 대치)가 주된 무의식적인 메커니즘이며 심리 치료는 문자 그대로 신경증에 의해 불분명해진 것을 담화에 다시 삽입함으로써 언어를 치료하는 언어의 형태로서 기능한다고 생각했다. 라캉은 자아가 단순히 상징적으로 만들어진 정체성으로 구성되어 있다는 견해로 유명하다. 그는 인간은 유년기에 자신이 특정한 성격들을 가지고 있다고 상상하며 이를 통해 자아가 발달한다는 점을 강조하였다. 대화는 사회적인 관계를 창출해내지만 언어는 단지 단어들이 다른 단어들로부터 의미를 이끌어내는 형식적인 체계일 뿐이라는 것이 그의 주장이었다.

클로드 레비스트로스는 누구인가?

클로드 레비스트로스(1908~2009)는 《친족의 기본적인 구조》(1949)와 《야만의 마음》(1962)으로 잘 알려진 프랑스의 사회 인류학자이다. 그는 언어의 체계에 관한 소쉬르의 견해들을 사회적인 구조들에 적용하였고, 인간관계와 특히 친족관계에서의 교환의 체계를 분석했다.

루이 알튀세는 누구인가?

루이 알튀세(1918~1990)는 프랑스 공산당 회원이기도 했던 철학가였다. 그는 《마르크스를 위하여》(1965), 《자본론을 읽으며》(1968), 그리고 특별히 《레닌 그리고 철학과 다른 에세이들》(1978) 등으로 유명하다. 그의 주된 프로젝트들은 카를 마르크스의 글들로부터 과학적인 체계를 이끌어내는 것이었다. 그는 과학을 질문, 증거 그리고 중요성을 설정하는 개념들 혹은 문제점들의 체계들에 의해 지배당하는 것으로 보았다. 알튀세는 이데올로기를 표출하는 구조들은 그 자체로 영속적이며 마르크스가 주장한 대로 변화는 역사적인 힘에 지배당하지 않는다고 주장했다. 알튀세는 1980년에 자신의 아내를 살해했고 정신병원에 수용되면서 그의 학문적인 경력은 끝이 났다.

미셸 푸코는 누구인가?

미셸 푸코(1926~1984)는 심리학과 신경병리학에서 프랑스의 면허를 가진 존경받는 프랑스의 철학자였다. 그의 부친과 두 조부는 의사였고 개념들에 대한 고찰을 통해서 유럽의 문화를 분석한 그의 방법들은 아마도 유럽의 지적인 비평뿐 아니라 의학의 진단방법에도 많은 도움을 받았을 것이다.

주요 작품들은 출간된 논문 《광기와 이성: 고전시대의 광기의 역사》(1961), 《진료소의 탄생》(1963), 《사물의 순서》(1966), 《지식의 고고학》(1969), 《훈육과 벌: 감옥의 기원》(1975) 과 여러 권으로 된 《성의 역사》(1974) 등이다. "사물의 순서"는 프랑스에서 베스트셀러였고 그에게 세계적인 명성을 안겨주었다. 그 책에서 푸코는 과학들은 단순히 진리의 근원으로 그 자체로 생겨나지 않으며 과학들이 지지를 받고 수용되기 위해서는 인간의 본성과 진실에 관한 선험적인 사고들을 필요로 한다고 주장하였다.

자신의 문화적인 비평을 형성하기 위한 푸코의 방법은 무엇이었나?

푸코는 제도와 관념들을 그것의 역사를 이해함으로써 연구하였다. 그러한 인류학

심리학, 신경 병리학을 공부한 프랑스의 사회비평 철학자 미셸 푸코.

적인 고고학의 과정에서 그는 종종 새로운 형태의 인간의 담화와 개인적인 정체성의 출현을 지적하였다. 성의 경우에 푸코는 마치 새로운 관찰과 의학적인 진단들이 그러하듯이 새로운 형태의 권력이 새로운 형태의 성을 창조한다고 주장했다.

푸코의 가장 지속적인 기여 중 하나는 선천적이라고 믿어지는 많은 인간의 특징들과 관습들이 사실은 개인들에게 제어되지 않는 영향력을 행사하는 사회 및 정치적 제도들의 결과인지를 보여주는 것이었다. 동시에 개인들은 제도적인 기대에 부응하기 위해서 자신들을 다시 설정하는 일에 참여한다. 대표적인 예는 여성의 운동능력과 같은 성에 대한 생각들이다. 20세기의 후반기 이전에 여성들은 선천적인 한계 때문에 운동에 참여하거나 탁월한 능력을 발휘할 수 없다고 믿어졌다.

푸코는, 영혼이 육체 속에 갇혀 있다고 말했던 플라톤의 주장, 다시 말해, 우리의 신체적인 필요와 욕구는 우리의 높은 영적 자아들을 억압한다는 주장을 뒤집은 것으로 유명하다. 푸코는 (육체가 영혼의 감옥이라는 플라톤과 반대로) 영혼이 육체의 감옥이라고 생각했는데, 이는 우리의 생각이 우리의 물리적인 존재를 형성한다는 것을 의미하기도 한다.

미셸 푸코의 철학은 어떻게 발전하였나?

푸코는 광기라는 것을 명시하는 것은 이성을 특정한 형태로 가치평가하는 시대적 산물임을 보여주기 위해 르네 데카르트(1596~1650)의 시대까지 거슬러 올라갔다. 그는 일반적으로 의료 행위는 특별한 증상들이 발견되기 전에 특정 유형의 진찰을 필요로 한다고 생각했다. 《사물의 질서》(1966)에서 그는 18세기와 19세기의 경제, 과학, 언어학의 발전 일부는 인간을 우주적인 개체로 본 견해를 발전시켰다고 주장했다(인간은 우주적인 개체로서 언제나 동일했고 언제나 합리적일 것이다).

《지식의 고고학》(1969)에서 푸코는 과학 자체가 어떻게 담화들 혹은 지식을 형성하고 전수하는 배경적인 방법으로 구성되는지를 보여주었다. 과학적인 지식을 지식으로 수용하게끔 하는 선험적인 기준들 없이는 과학적인 발견들은 중요성을 가질 수 없다고 보았다. 예를 들어 사람들을 특정한 암에 취약하게 만드는 유전자를 과학자들이 발견했다는 것을 듣는다면 우리는 이를 사실로 수용해야 한다. 왜냐하면 우리는 과학의 권위를 인정하기 때문이다. 《감시와 처벌: 감옥의 기원》(1975)은 권력에 대한 푸코의 관찰의 시작을 의미한다. 그는 감옥, 군대, 공장, 학교와 같은 기관들은 억압이 대의 민주주의의 정치 구조들과 공존할 수 있는 특정한 기술들을 통해 권력을 발생시킨다고 주장했다.

니코스 풀란차스는 누구인가?

니코스 풀란차스(1936~1979)는 후기 자본주의 체제에서 사회 계급에 대한 미묘한 마르크스주의적인 분석을 발전시켰다. 안토니오 그람시에 기초하여 그는 지배 계급의 요소들은 압제당하는 계급들과 전략적인 제휴 관계를 맺어왔고 프랭클린 루스벨트에 의해 시행된 미국의 뉴딜 정책에서와 같이 이들의 동의를 확보해왔다고 주장했다. 풀란차스의 주된 작품들은 《정치권력과 사회 계급》(1968), 《현대의 자본주의 계급들》(1973) 그리고 《국가, 권력, 사회주의》(1978) 등이다.

미셸 푸코는 실존주의자였나?

푸코의 철학은 현실주의와 관련된 자기 창조의 이론이라기보다는 주로 사회 비평이었다. 하지만 그 자신의 삶 속에서 그는 대중이 그를 실존주의와 결부시킨 비관습적이고 자발적인 행동들로 악명이 높았다. 인생 후반기에 푸코는 정치적으로나 개인적으로나 다른 이들이 충격적이라고 생각했던 방식으로 활동했다. 후반기의 한

인터뷰에서 그는 "당신은 제가 평생을 같은 이야기를 하고 변하지 않기 위해서 연구해온 줄로 생각하십니까?"라고 했다.

푸코는 1970년에 뉴욕 주립 대학교 버펄로에서 강연하기 위해 처음으로 미국을 방문하였고, 후에는 캘리포니아 버클리 대학을 방문했다. 그는 데스밸리 국립 공원의 자브리스키에서 LSD(환각제의 일종)를 복용했는데 그 경험을 긍정적인 측면에서 인생을 변화시키는 경험이었다고 말했다. 1950년대 후반에는 이란으로 가서 혁명이 끝난 후 새로운 반동 정부를 지지했다. 이란에 대한 그의 에세이는 〈코리에 델라 세라*Corriere Della Sera*〉라는 이탈리아 신문에 실렸는데 1994년과 2005년에 각각 프랑스어와 영어로 번역되었을 때 논쟁을 불러일으켰다.

푸코는 다니엘 드페르라는 자신의 예전 학생과 25년간 헌신적인 관계를 유지했다. 그는 이를 열정의 상태에서 살았던 것이라고 묘사하며 어떤 순간에는 이 열정이 사랑의 형태를 취했다고 덧붙였다. 푸코가 샌프란시스코의 카스트로 지역에서 양성애자들의 술집을 드나들었다는 사실에 대해서는 많은 이야기가 전해진다. 비록 이를 인정하지 않았지만 푸코는 AIDS와 관련된 감염으로 사망했다. 자신이 사망하기 전, 푸코는 출판되지 않은 많은 양의 글들을 폐기시켰고, 다른 원고들도 폐기할 것을 지시했다.

미국 철학
AMERICAN PHILOSOPHY

미국 철학은 무엇인가?

미국 철학은 대부분 19세기 후반에 시작된 실용주의를 일컫는다. 실용주의는 국제적으로 독특한 형태의 철학으로 인정받는데, 미국의 철학자들에 의해 창조되었을 뿐만 아니라 미국 문화의 반영이기도 하다. 물론 실용주의 이전에도 미국의 지식인들은 있었고 이들의 연구는 대단히 독창적이고 독특한 문화들과 17~19세기의 정치 이론가들, 폐지론자들, 참정권 확장론자들, 진화론자들, 미국 원주민 사상가들, 미국의 헤겔주의자들 그리고 뉴잉글랜드의 초월주의자들과 관련되어 있었다.

실용주의 이후의 많은 미국 철학자들은 후기 형태의 실용주의뿐만 아니라 분석적이고, 경험주의적이며, 대륙적이고, 포스트모더니즘적 전통 속에서 연구해왔다. 미국의 철학은 문화의 지적인 측면으로 폭넓게 이해되는데 이러한 모든 분야들을 포함하고 있다. 그러나 체계적인 철학으로서의 미국 철학은 전통적으로 볼 때 연구의 주제를 제한시킨다.

초기 미국 철학의 경향들

초기 미국의 어떤 철학적 경향이 가장 영향력 있었나?

몇몇 미국 원주민 연설가들, 세인트루이스의 헤겔주의자들, 뉴잉글랜드 지역의 초월주의자들 그리고 진화론 작가들의 사상이 실용주의 철학자들에게 영향을 주었다 — 그 영향은 직접적이기도 했고 장차 미국 철학의 주제가 될 것들에 대한 강조를 통한 우회적인 것이기도 했다.

미국 원주민들의 철학적인 전통은 무엇이었나?

인디언 국가와 부족들이 다양한 만큼 원주민 철학들 역시 많다. 그들의 철학은 대부분 한 세대에서 다음 세대로 구전으로 계승되었다. 하지만 미국의 원주민 문화와 부족들은 전쟁과 토지 약탈에 의해 파괴되었고, 그들의 전승물들도 크게 손실되었다. 또한 어떤 전승물들은 초기 인류학자들에 의해 그들 입맛에 맞도록 왜곡되어 기록되었다.

최근에는 서구의 철학, 종교, 기술, 경제에 대한 비판과 함께 미국 원주민들의 전통적인 구전 지식을 재구성하려는 시도들이 있다. 그 노력으로 미국 원주민 철학이 20세기 후반의 철학적인 하위 분야에 속하면서 현재 미국 원주민 연구의 내용을 구성한다. 그러나 인디언 보호 구역으로의 편입에 저항하고 그들 민족의 삶, 문화, 땅을 지키고자 했던 18세기와 19세기 인디언 원주민 지도자들

미국 원주민들에게는 그들의 풍부한 예술적 영적 가치를 보존하는 것이 일종의 투쟁이었다. 미국 원주민 철학은 최근 들어 미국 내 유수 대학들이 관심을 보이는 과목이 되었다.

의 연설문들은 수정되지 않은 초기 미국의 철학으로 아직까지 건재하다. 이러한 점에서 펜실베이니아에서 조약문 체결시 연설했던 티디유스쿵Teedyuscung은 주목할 만하다. 그는 "나는 내가 말한 모든 것을 소망한다. ……그대로 받아 적어도 될 것이다"라고 말했다(티디유스쿵, 텐스콰타와 그리고 사고와타는 미국인들처럼 영어를 했다).

미국 원주민 부족들에게 있어 자신들의 풍요로운 예술적·정신적 가치들을 보존하는 일은 하나의 투쟁이었다. 하지만 최근에 미국 원주민 철학은 대학의 관심 주제가 되어왔다.

텐스콰타와는 누구인가?

텐스카타화, 텐스크와타화 혹은 원래 이름 라라훼티카(1775~1834)로도 알려진 예언자 텐스콰타와는 쇼니족의 지도자였던 테쿰세의 형제였다. 텐스콰타와는 미국 원주민들에게 가해진 파괴와 억압에 대한 저항의 형태로서 그들이 미국 인디언전통으로 돌아갈 것을 연설한 강력한 연설가였다. 1810년에 주지사 윌리엄 헨리 해리슨에게 행한 연설에서 그는 신랄한 유머로 다음과 같이 표현했는데, 이는 나중에 미국적인 자기 — 창조정신의 전형적 양식이 되었다.

내가 쇼니족이라는 것은 사실이다. 나의 선조들은 전사들이었다. 그들의 아들은 전사이다. 그들로부터 나의 존재가 나왔다. 나의 부족으로부터는 아무것도 물려받지 않았다. 나는 내 자신의 운명의 개척자이다. 그리고 아! 내가 개척할 수 있었던 나의 운명이여. 아! 내가 나의 부족들에게서 나의 민족에게서 개척할 수 있었던 나의 마음의 생각들만큼이나 위대한 운명이여. 내가 우주를 다스리는 영에 대해 생각해 볼 때, 나는 주지사 해리슨에게 부디 와서 조약을 찢어버리고 말뚝을 폐기하라고 말하지 않을 것이다. 대신 나는 그에게 "당신은 당신의 나라로 돌아갈 자유가 있소"라고 말할 것이다!

사고와타는 누구인가?

사고와타 혹은 래드 재킷 추장(1757~1839)은 같은 영토를 공유하지만 다양한 생김

새와 종교를 가진 다양한 종족들로 인한 문제들에 관해서 많은 연설을 했다. 이런 점에서 그는 인종차이 및 이주민에 관련된 20세기 미국의 현안문제에 관한 한 선각자인 셈이다.

미국 철학에 대한 미국 원주민의 가장 놀라운 기여는 무엇인가?

최근에는 미국 인디언들의 사상이 18세기와 19세기뿐 아니라 이후에도 미국인들의 사상에 영향을 끼쳤다는 것이 점점 인정받고 있는 추세이다. 현대의 실용주의 철학자들은 현대의 다원화된 사회에서 공동체의 복지에 대한 관심을 초기 미국 인디언들이 유럽에서 온 미국인들과 협상하려고 시도했던 노력들에서 찾는다. 어떤 이들은 더 깊은 미국의 주류 문화 역시 인디언들에게 영향을 받았다고 생각한다.

《선과 모터사이클 정비의 기술》(1974)의 저자인 로버트 퍼식은 자신의 두 번째 책인 《릴라》(1991)에서, 확연히 직설적면서도 평이한 미국인의 화법(글에서는 항상 그런 것은 아니지만)과 "대평원의 미국 원주민 지도자들"이 영어로 했던 연설들의 화법 사이에 존재하는, 놀랍지만 무시되어온 비교 사항들을 이끌어냈다. 퍼식은 이를 위해 1867년에 다른 미국 인디언들과 워싱턴의 대표들에게 연설된 적이 있는 텐 베어스 (열 마리의 곰 이야기)를 인용한다.

나는 바람이 자유롭게 불던 평원에서 태어났다. 그리고 태양의 빛을 막을 것은 아무것도 없 었다. 나는 울타리가 없는 곳에서 그리고 모든 것이 자유롭게 숨을 쉬는 곳에서 태어났다. 나는 그곳에서 죽기를 원한다. 벽이 아닌……. 나는 나 이전의 아버지처럼 살았다. 그리고 그들처럼 행복하게 살았다.

가장 미국적인 철학자로 볼 수 있는 존 듀이(1859~1952)와 같은 실용주의자들은 종종 장황스럽긴 했지만, 그럼에도 그들의 문체 역시 직설적이어서 유럽식의 추상적인 스타일이나 불필요한 수식어 따위가 존재하지 않았다. 그들의 사고는 불필요하게 복잡하지도 않았다. 뉴잉글랜드의 초월주의자들의 글에 대해서도 같은 이야기를 할 수 있다. 비록 세인트루이스의 헤겔주의자들이나, 찰스 샌더스 퍼스와 조시아로이스과 같은 더 관념론적인 실용주의자들이나 과정철학자인 알프레드 노스 화이트헤드와 그의 제자인 찰스 하트숀에게는 해당이 안 될 수도 있지만 말이다.

세인트루이스 헤겔주의자

세인트루이스 헤겔주의자들은 누구인가?

그들은 1866년에 세인트루이스 철학 협회를 세운 후 1867년에 《사색적인 철학 저널》을 출판하기 시작한 철학자 및 교사들이다. 창립 멤버들로는 헨리 C. 브록마이어, 윌리엄 T. 해리스, 그리고 덴턴 자크 스나이더가 있다.

1844년 미국으로 건너온 프로이센계 이민자였던 브록마이어는 브라운 대학에서 수학했고 몇 가지 사업을 벌였으며 헨리 데이비드 소로처럼 오두막에 살았다. 해리스는 예일대를 중퇴하고 세인트루이스로 와서 피트먼에게 속기를 가르쳤다. 브록마이어와 해리스는 헤겔의 《논리 과학》(1812)을 영어로 번역하는 작업을 맡았다. 오벌린 대학을 졸업한 스나이더는 1865년 세인트루이스 크리스천 브러더스 대학에서 강의했다.

세인트루이스 헤겔주의자들은 자신들의 철학을 어떻게 적용했나?

세인트루이스의 헤겔주의자들은 자신들의 철학을 당시의 문제들에 직접 적용하려고 했다. 그들은 시카고와 비교하여 세인트루이스에 대해 자부심을 갖고 있었다. 1870년의 인구 조사 실수로 세인트루이스의 헤겔주의자들은 도시의 다른 거수자들과 더불어 세인트루이스의 인구가 시카고의 인구보다 더 크다는 통계에 환호했다. 1871년 10월 8일, 시카고 대화재 날(대단히 건조하고 화재가 나기 쉬운 조건에서 오리어리라는 사람의 소가 등불을 발로 차서 발화된 것이라고 믿어지는), 스나이더는 브록마이어에게 이 재난에 대해 어떻게 생각하는지 물어보았다. 그러나 브루마이어는 다음과 같이 대답했다.

시카고는 서부에서 사실은 우리 시대의 완전히 부정적인 도시였다. 그리고 이

제 시카고는 자신의 부정적인 원칙을 가장 최종의 보편적인 결과로 수행하였다. 시카고는 자신을 아주 부정해버렸다. 그러한 부정의 긍정적인 결과들이 이제 도착할 것이다. 그러나 그곳(시카고)이 아닌 이곳 우리의 세인트루이스에 말이다.

그러나 1880년의 인구 조사에서는 세인트루이스의 인구가 시카고의 인구보다 적게 나오자 세인트루이스 철학 협회는 워싱턴 대학으로부터 수학자를 고용하여 통계 수치를 확인하도록 했다. 그 결과 1870년의 인구 조사는 잘못 시행되었으며 시카고의 인구가 50만 3000명인 데 비해 세인트루이스의 인구는 35만 명이라는 결과가 나왔다.

동부의 철학자들은 세인트루이스 헤겔주의자들과 교류하였나?

학문적인 철학자들은 아니었지만 세인트루이스의 철학자들은 윌리엄 해리스와 초월주의자 에이머스 브론슨 올컷이 설립한 콩코드 철학 학교(the Concord School of Philosophy)의 학자들과 같은 동부의 초월주의적인 사상가들과 대화를 나누었다.

콩코드 학교는 1879년부터 1887년까지 여름 동안 학회를 개최했고 올컷이 처음 세인트루이스의 해리스를 방문했을 때 그는 당시 헤겔주의자들이 동과 서의 첫 번째 조우라고 부른 것에서 헨리 브록마이어에게 괴롭힘을 당했다. 결과는 서의 승리로 끝났다. 또 다른 유명한 동부의 철학가인 랠프 월도 에머슨도 세인트루이스의 철학 협회를 방문했다.

세인트루이스의 헤겔주의자들 외에 세인트루이스에는 다른 철학 활동들이 있었는가?

세인트루이스 철학 협회와 같은 시기에 역시 세인트루이스에 있던 것으로는 칸트 클럽, 아리스토텔레스 클럽, 그리고 후에 아카데미라고 알려진 플라톤 클럽이 있었다.

세인트루이스 헤겔주의자들의 공통된 목적은 무엇이었나?

프리드리히 헤겔이 헨리 브록마이어에 의해 모임의 지침으로 선택되었지만, 그들의 관심은 이론적인 추상성에 있지 않고 특히 미국의 남북 전쟁 동안 그들 자신의 삶과 시대를 이해하는 데 있었다. 덴턴 자크 스나이더에 의하면, 그들의 목표는 실제적인 삶을 철학화하고, 자신들의 직업에 대한 이성적인 설명을 제시함으로써 자기실현을 성취하는 것이었다. 또한 그들은 위대한 미래의 사회에 기여하기를 원했다. 그들에게 철학은 학문적인 것이라기보다는 종교적인 것에 가까웠다.

세인트루이스 철학 학회의 창설자들에게 무슨 일이 일어났나?

그들은 대단한 경력들을 갖게 되었다. 헨리 브록마이어(1826~1906)는 법률 사무소를 열었고 미주리 주의 상원 의원에 당선되었다. 그는 1875년에 미주리 주 헌법을 썼고 부지사가 되었으며 1876년부터 1877년까지 주지사로 지냈다. 이후 서쪽으로 이주해서 크리크 인디언들과 함께 기거하며 프리드리히 헤겔의 《논리 과학》(1812)을 출판하려 했으나 실패했다. 그는 나중에 나무를 깎아 이쑤시개를 만들어 세인트루이스에 팔려고 가져오기도 했다.

윌리엄 해리스(1835~1909)는 언론인이자 강연자이자 콩코드 학교의 교장이 되었고 미주리 주의 첫 교육국장이 되었다. 덴턴 자크 스나이더는 세인트루이스 헤겔주의자들의 지식인의 역사를 포함해 60권 이상의 책을 썼다. 그는 시카고의 지방 대학에서 유치원부터 대학까지 가르쳤고 《스나이더적인 심리학》을 열 권 분량으로 썼다. 스나이더의 가장 유명한 작품은 《철학, 문학, 교육, 심리학에 있어서 세인트루이스의 운동》(1920)이다.

세인트루이스 학회의 또 다른 초기 회원인 토머스 데이비슨(1840~1900)은 뉴욕 시에서 브레디워너 대학을 설립하였고 뉴욕의 글렌모어에도 여름학교를 설립했으며, 후에 이곳에서 살았다.

덴턴 자크 스나이더는 프리드리히 헤겔을 어떻게 해석했나?

덴턴 자크 스나이더(1841~1925)는 프리드리히 헤겔이 《철학사에 대한 강의》에서

(베를린에서 1820년과 1858년에 《역사의 철학》으로 출판된) 완전한 사고 체계를 이룩할 수 없었다고 생각했으나 헤겔의 《진화의 원칙》은 이후의 철학을 위한 큰 가능성을 보였다. 그는 헤겔의 《마음의 현상학》(1910년, 1817년 《정신 철학》으로 출판된)을 개인이 자신의 경험을 어떻게 자기 시대 역사의 거울로 분석함으로써 총체적인 자기 이해를 성취할 수 있을지에 대한 지침서로 읽었다.

그래서 세인트루이스 헤겔주의자들은 자신들의 시대를 절대자의 표현으로 분석하려고 시도했다. 그러므로 헤겔이 나폴레옹에게서 절대자를 본 것과, 스나이더의 미국 남북 전쟁과 위대한 세인트루이스에 대한 환상(시카고의 인구가 세인트루이스보다 많다는 사실을 알게 된 후로 깨진)에 대한 이해 간의 비교가 된다. "헤겔의 《마음의 현상학》은 낭만적인 문체로 쓰였으나 낭만주의를 무너뜨린 책이다"라는 스나이더의 통찰력은 그의 주석가들에 의해 미묘하고 섬세한 것으로 간주되어왔다. 그가 한 이 말의 의미는 헤겔은 위대한 작업을 하였으나 인간의 역사와 절대자에 대한 낙관주의가 없어졌다는 의미였다.

뉴잉글랜드의 초월주의자들

뉴잉글랜드의 초월주의자들은 누구인가?

그들은 유럽의 낭만주의자들에 해당하는 미국인이라고 여겼는데, 이들은 감정을 이성보다 중시하고 개인 소망의 중요성을 강조했다. 허먼 멜빌의 소설, 랠프 월도 에머슨의 산문, 그리고 월트 휘트먼의 시에서 볼 수 있듯이 확연히 미국적인 형태의 낭만주의는 자연 속의 고독하고 용감한 개인의 조건을 강조했다. 뿐만 아니라 에이머스 브론슨 올컷과 같은 확연한 철학적 초월주의자들도 있었다.

에이머스 브론슨 올컷은 누구인가?

작가 루이자 메이 올컷의 아버지인 에이머스 브론슨 올컷(1799~1888)은 학교와 푸르츠랜드(과일 동산)로 불렸던 유토피아적인 공동체를 세웠다. 초월주의자인 그는 플라톤주의, 독일의 신비주의, 미국의 낭만주의를 결합하였다. 또한 칼뱅이즘에 대항해 온건한 종교적 믿음과 생활을 가르친 유니테리언교(삼위일체론을 부정하고 신격의 단일성을 주장하는 기독교의 한 파 – 옮긴이)의 목사인 윌리엄 엘러리 채닝의 가르침을 따랐다. 올컷의 저서로는 《새로운 코네티컷》(1868), 《화합의 날들》(1872), 《소네트와 칸초네》(1882)가 있다. 〈다이얼 *The Dial*〉에 실렸던, 초월주의 사상을 대표하는 그의 《신비적인 격언들》 이외에 다른 작품들 대부분은 아직 출판되지 않았다.

헨리 데이비드 소로의 철학적 기여는 무엇인가?

헨리 데이비드 소로(1817~1862)는 자연주의자, 작가, 교사이자 연필 제작자였다(그는 지우개가 달린 연필을 발명했다). 그는 매사추세츠 콩코드에서 태어나 하버드에서 수학했으며 그 후 다시 콩코드로 돌아왔다. 정치적인 개혁가는 아니었으나 주민세(그는 주민세가 노예 제도와 멕시코 대 미국의 전쟁을 지탱한다고 생각했는데, 두 경우 모두 반대할 만하다고 생각했다)를 내는 일에 따르지 않은 것과 노예들이 도주하는 일을 도운 것으로 유명하다.

소로는 월든 호숫가에 직접 지은 오두막에서 2년간을 보낸 것으로 가장 유명한데, 이 경험을 《월든》(1854)에서 기술하고 있다. 그의 삶의 방식과 물질을 지향하는 조용한 절망의 삶에 대한 저항은 이후 미국의 지식인 세대들에게 심미적인 이상을 제시하였다. 소로의 자연에 대한 사랑과 소박함에 대한 이상은 산업화된 삶에 대한 일종의 저항으로서 후기 산업 사회의 삶에 대한 지식인들의 저항에서 다시 평가되었다.

그러나 소로의 두드러진 지적 기여는 자연 속에서 불편한 생활을 하는 것이

월든의 작가인 자연주의 철학자 헨리 데이비드 소로의 초상이 새겨진 우표.

아니었다. 왜냐하면 월든 호수에서 그가 보낸 시간들은 문학적인 친구들의 잦은 방문과 함께 그가 원한다면 언제든 시내로 산책 가는 것이 가능했기 때문에 사회로부터의 은둔이 아니었다. 사실상 그가 견뎌야 했던 어려움은 선택이 아닌 필요에 의해 시골에서 가난하게 살아야 했던, 서부의 개척자들과 정착민들의 역경에 비교될 수 없다.

그래도 소로는 또 다른 미국의 투쟁자 그룹을 위한 또 다른 예를 세웠다. 그는 소박한 자연주의적 미를 문화 비평 및 지적인 창조성과 결합시켰다. 이러한 숲 속에서의 정신적인 삶은 저술과 대중 강연을 통해 폭넓은 공동체를 형성하고 민주적이고 사회적인 상호 작용을 위해 노력했던 20세기 초 몇몇 실용주의자들의 궁핍했던 배경과는 사회 계급적, 지역적으로 극명한 대조를 이룬다. 그러나 소로의 자연에 대한 사랑과 실용주의자들의 좀 더 대중적인 접근은 유럽의 술집, 객실, 공식적인 교회와 같은 건물적인 환경에서 토론되던 사상으로부터의 문화적인 변화를 보여줬다.

헨리 데이비드 소로의 오두막에 무슨 일이 일어났는가?

소로가 지냈던 오두막은 현지에 재현되어 있어 방문이 가능하다. 그곳은 메사추세츠의 콩코드 시 인근에 있는 월든 호숫가에 인접해 있다. 방문객들은 소로가 손님들과 "대단한 환담"을 나누기를 즐겼다고 기록한 그곳을 가로지르는 3마일 정도의 둘레길도 걸으며 둘러볼 수 있다. 그러나 이것들은 어디까지나 복제물이다.

소로가 에머슨의 집에 머물기 위해 오두막을 떠난 이후 오두막은 옥수수 저장 창고로 쓰기 위해 브룩 클락 농장 근처로 옮겨졌다. 나중에 소로를 기념하기 위해 최종적으로 옮겨진 곳은 농장의 북서족 평원이었으며, 비록 유리창들이 없어지긴 했지만 1867년까지는 존속되었다. 그러나 1868년, 돼지우리를 덮기 위해 지붕이 뜯겨졌고, 1885년에는 마루를 비롯한 목재가 곳간을 늘려 만드는 데 사용되었다. 오두막의 나머지 부분들도 곳간의 판재 대용으로 해체되고 말았다. 혹자는 농장 주택의 수리에 사용되었다고 말하기도 한다.

랠프 월도 에머슨은 누구인가?

랠프 월도 에머슨(1803~1882)는 19세기의 선도적인 미국의 초월주의자였다. 그의 에세이와 활동은 그를 당시의 지식인으로 세웠을 뿐 아니라 이후 미국의 지식인들 특히 실용주의자들에게 본보기를 제시했다.

에머슨의 주요 글들은 오늘날에도 여전히 읽히는데 — 대부분 온라인상에서 무료이다 — 그의 첫 번째 저서인 《자연》(1836)은 〈자연〉, 〈상품〉, 〈미〉, 〈언어〉, 〈훈육〉, 〈관념론〉, 〈영혼〉, 〈가능성〉, 〈미국의 학자〉, 〈신학교 연설〉, 〈문학적인 윤리〉, 〈자연의 방법〉, 〈개혁자 인간〉, 〈시대에 대한 강연〉, 〈보수주의자들〉, 〈초월주의자〉, 〈젊은 미국인〉 등의 에세이들을 포함하고 있다. 《에세이들 *Essays*》이라는 책도 있는데 첫 번째 시리즈(1841)는 〈역사〉, 〈자기 의존〉, 〈보상〉, 〈영적인 법칙〉, 〈사랑〉, 〈우정〉, 〈신중함〉, 〈영웅주의〉, 〈대령〉, 〈동아리들〉, 〈지식〉, 〈예술〉이 있고, 두 번째 시리즈(1844)에는 〈시인〉, 〈경험〉, 〈성격〉, 〈예절〉, 〈재능〉, 〈자연〉, 〈정치학〉, 〈명목론자와 현실주의자〉, 〈뉴잉글랜드의 개혁자들〉이 포함되어 있다. 다른 책으로는 《시》(1847), 《미셀러니》, 《자연을 껴안으며》, 《연설들》과 《강연들》(1849), 《대표적 인간들》(1850), 플라톤과 요한 볼프강 폰 괴테를 포함하여 자신의 여행담을 기록한 《영국인의 특징》(1856), 《삶의 경영》(1860), 시집 《메이데이와 다른 작품들》(1867), 그리고 《사회와 고독》(1870)이 있다. 에머슨의 마지막 에세이 시리즈는 1871년 하버드 대학에서 강연했던 내용이 사후에 《지식의 자연적인 역사》(1904)로 출판되었다. 《토머스 칼라일과 랠프 월도 에머슨의 서신》(1883)도 있다.

랠프 월도 에머슨은 초월주의를 어떻게 정의했나?

그는 초월주의를 궁극적인 실체는 영적이며 물질적이 아니라고 주장하는 일종의 철학적 관념론이라고 여겼다. 또한 경험은 사물이 본질적으로 무엇인지 혹은 무엇에 가치를 둘지에 대해 우리에게 알려주는 데 제한이 있다고 생각했다. 에머슨은 경험을 가능하게 만드는 관념들이나 정언적인 형식들에 대한 칸트의 인식에 주목하여 이러한 마음과 영의 현실들을 위해 "초월주의적인 형식들"이란 표현을 이마누엘 칸트에게 돌렸다.

랠프 월도 에머슨은 어떠한 삶을 살았나?

랠프 월도 에머슨은 여덟 살에 부친을 잃고 다음 해에 보스턴 라틴어 학교에 들어간다. 열네 살 때 하버드 대학에 다녔으며, 식당에서 테이블 시중을 들고 가정 교사를 해서 수업료를 감당했다. 졸업 후에는 형과 함께 어머니가 집에서 운영하던, 젊은 숙녀들을 위한 학교의 운영을 도왔다. 1829년에 에머슨은 유니테리언 목사로 하버드 신학 학교를 졸업한다. 그러나 교회 지도자들과의 불화로 1832년 사임했다. 그는 1829년에 엘렌 루이자 터커와 결혼했으나 그녀는 2년 후 스무 살의 나이에 결핵으로 죽는다. 그는 그녀를 깊이 애도했으나 하버드에 있는 동안 이상하게 젊은 남자에게 끌렸고, 나중에 너대니얼 호손과 같은 젊은 남자들을 마음에 들어했던 것으로 알려져 있다.

랠프 월도 에머슨은 19세기 미국의 초월주의 철학을 주도했다.

아내가 죽은 후 떠났던 유럽 여행에서 에머슨은 작가 윌리엄 워즈워스, 새뮤얼 테일러 콜리지, 토머스 칼라일(에머슨은 칼라일이 1881년에 사망할 때까지 그와 서신을 교환했다), 철학자 존 스튜어트 밀을 만났다. 1835년에 에머슨은 매사추세츠의 콩코드에 집을 사들이고 리디아 잭슨과 결혼하여 네 명의 자녀들을 낳는다. 그는 재정적으로 여유로웠으며(첫 번째 부인의 유산을 확보한 판결 때문에) 자기 돈의 일부를 이웃이었던 에이머스 브론슨 올컷을 돕는 데 쓰기도 했다. 많은 이들은 에머슨이 당시의 가장 뛰어난 웅변가였다고 생각한다.

랠프 월도 에머슨의 대영은 무슨 의미인가?

에머슨의 대영(大靈, over-soul)에 대한 개념은 바가바드 기타와 그에 대한 논평들을 통해 그에게 주입되었다. 그럼에도 불구하고 그의 관념들은 유럽의 신플라톤적인 사상과 놀랄 만한 유사성을 가지고 있다. 에머슨은 다음과 같이 썼다.

과거와 현재의 실수들에 대한 지고한 비판자, 그리고 유일한 예언자는 우리가 쉬고 있는 그 위대한 자연이다. 지구가 대기의 부드러운 팔에 안겨 있는 것처럼 모든 인간의 특별한 존재가 담겨 있고 다른 이들과 하나가 되는 그 합일, 그 대영, 그에 대한 모든 진심 어린 대화가 경배이고 모든 옳은 행동이 복종인 그 하나의 마음, 우리의 재간과 재능이 틀렸음을 입증하는 그 압도하는 실제 그리고 모든 이들로 하여금 자신의 존재로 통하도록 하고, 자신의 혀가 아니라 마음으로 말하도록 하는 그리고 더욱더 우리의 마음과 손을 통해 지혜와 덕, 힘과 아름다움이 되도록 하는, 그 압도하는 실제. 우리는 연속선 속에 살고 있고 나뉨 속에, 부분 속에, 입자들 속에 살고 있다. 한편 인간 속에는 모든 부분과 입자들이 동등하게 관련된 그 완전한 영, 지혜로운 침묵, 우주적인 아름다움이 있다. 그것은 바로 영원한 존재이다.

랠프 월도 에머슨의 학자로서의 조건은 무엇이었나?

에머슨은 일상적인 경험으로부터 많은 것을 배울 수 있으며 영성은 친숙하거나 흔한 것으로부터 분리되어 있지 않다고 생각했다. 그는 미국의 학문 철학자들을 높이 평가하지 않았고 그들의 사상을 파생적인 것이라고 보았다. 하지만 그는 학자로서의 필수적인 조건을 가정하지 않았다. 이것은 자연과의 가까움과 경험, 과거에 대한 지식 그리고 사상의 가장 명확한 표현으로서의 행위이다. 에머슨은 생각은 부분적인 행위이지만 삶은 총체적인 행위라고 썼다.

랠프 월도 에머슨은 노예 제도 철폐론자였나?

그렇다. 그러나 자신의 입장을 발전시키는 데 오랜 시간이 걸렸다. 어린 시절부터

그는 노예 제도를 악이라고 생각했으나 1837년이 될 때까지 완전한 반대보다는 설득에 의존했다. 하지만 일리노이의 노예 제도 철폐론자였던 출판업자 엘리야 러브조이의 암살에 충격을 받게 된다. 1844년이 되자 그는 노예 제도 철폐주의자들에 대해 말했다.

우리는 이 운동과 이 운동을 지속하는 사람들에게 실천 윤리의 모든 측면에서 크게 신세 지고 있다.

이후 그는 노예 제도 철폐를 위해 큰 목소리를 냈다. 미국의 흑인 지성인 프레더릭 더글러스의 에세이들도 출판한 애틀랜틱 매거진은 에머슨이 1862년에 노예 제도가 있는 주와 자유로운 주를 일컬으며 쓴 이러한 말들도 인쇄했다.

우리는 두 개의 문명을 가진 주들을 유지하려고 노력해왔다. 즉, 노동과 땅의 소유와 투표권이 민주적인 차원 높은 주와, 수감자들과 노예들에 대한 낡은 군사적인 지배와 권력과 땅에 대한 소수의 사람들에 의한 지배가 과두 정치를 빚어내는 차원 낮은 주를 의미한다. 그러나 세련되지 못한 초기 상태의 사회가 후기 사회와 제대로 기능하지 못하여 정치와 공공의 도덕과 공화국 내의 사회적인 교류에 몇 년간 해악을 끼쳐왔다.

랠프 월도 에머슨의 악명 높은 신학 대학 연설 사건은 무엇인가?

1838년 에머슨은 하버드의 신학 대학 졸업 연설을 위해 초청받았을 때, 예수님이 훌륭한 분이지만 신은 아니라고 말했다. 이는 청교도들을 격노하게 만들어 그들은 에머슨을 무신론자이자 젊은이들의 마음을 타락시키는 자라고 칭했다. 그는 이후 30년 동안 하버드로 돌아가지 못했다. 그러나 19세기 후반부터 예수님이 신이 아니라는 교리는 유니테리언들에 의해 일상적으로 받아들여졌다(유일신론을 주장하는 유니테리언들은 예수님을 비범한 인간 혹은 초자연적 존재로 인정하기는 하지만 오늘날까지도 예수님이 하느님이라는 점을 내포하는 삼위일체의 견해에 반대한다).

마거릿 풀러는 누구인가?

마거릿 풀러(1810~1850)는 여성들의 교육을 지원하고 사회에서 여성들의 상황을 토론하기 위해 보스턴에 여성들과의 토요일 대화를 조직했다. 그녀는 랠프 월도 에머슨과 함께 1840년에 〈다이얼〉을 창간했고, 이는 4년간 초월주의자들의 공식적인 출판물이었다. 풀러는 〈뉴욕 트리뷴*New York Tribune*〉에 기고하기 위해 1842년에 〈다이얼〉을 떠난다.

풀러는 〈트리뷴〉을 위해 1846년 영국과 이탈리아에서 조지 샌드, 토머스 칼라일, 그리고 이탈리아의 혁명가 조반니 오솔리를 포함한 지식인들과 인터뷰를 하는데 조반니 오솔리와는 사랑에 빠진다. 둘은 아이를 갖게 되어 결혼한 뒤 가족 전체가 배로 미국으로 돌아오던 중 파이어 섬에서 몇백 야드 떨어진 모래톱에 충돌하여 발생한 해난 사고로 익사한다.

풀러의 주요 작품으로는 그녀가 여성의 독립과 양성 간의 평등을 주장했던 《19세기의 여성》(1845)이 있다. 그녀의 큰조카는 20세기의 지오데식 돔의 건축가인 버그민스터 풀러이다.

〈다이얼〉은 무엇인가?

이 출판물의 이름은 에이머스 브론슨 올컷과 랠프 월도 에머슨에 의해 제안되었다. 은유는 첫 호에서 다음과 같이 설명되었다.

그리고 부지런한 손과 선한 의도를 가지고 우리는 〈다이얼〉지를 세상에 내놓는다. 우리는 이것이 가장 축복받은 행복 속에 햇빛 외에는 아무것도 측정하지 않는 도구를 닮기를 바란다. 그것이 애통하는 이들과 격렬한 비판들 가운데 희

423 ★

망차고 이성적인 목소리가 되기를. 우리가 선택한 이미지에 맞는 지침서가 되기를. 시계의 움직이지 않는 바늘이나 정원의 해시계 바늘이 아니라 정원 자체가 그런 것처럼 그러한 지침이 되기를 소망한다. 그 속에서 나뭇잎들과 꽃들이 갑자기 깨어나 존중되고 죽은 시간의 일부가 아닌 삶과 번영의 상태가 이제 도래했고 도래하고 있는 것처럼.

〈다이얼〉은 1844년에 휴간되었다가 1860년에 1년간 다시 복간되었다. 그리고 1880년에 정치적인 성향의 잡지로 재등장했고, 1920년에는 근대 문학가들의 잡지로 새로 태어나 1929년까지 에세이, 시, 예술에 대한 리뷰들을 실었다.

프레더릭 더글러스는 누구인가?

많은 동시대의 인종학자들이 프레더릭 더글러스(아명 프레더릭 오거스터스 워싱턴 베일리, 1817~1895)가 최초의 자유주의적인 아프리카계 미국 지성인이었다고 생각한다. 1873년에 그는 빅토리아 우드헐이 최초의 여성으로 미국의 대통령 선거에 출마했을 때 부통령 후보였다.

더글러스는 노예로 태어났으나 열두 살 때 주인 딸에게서 읽는 것을 배웠다. 그는 다른 노예들에게 읽는 법을 가르쳤고 몇 차례의 도주 시도 끝에 마침내 자유를 획득하여 매사추세츠 주의 반노예 제도 운동에 적극적으로 참여한다. 스물세 살 때에는 사람들에게 영감을 주는 뛰어난 대중 연설을 보여준다. 그는 1848년 세니커폴스 대회에 참가했는데 여기에서 미국의 참정권 운동이 시작되었다.

더글러스는 1840년대 중반에 아일랜드와 영국을 여행했고, 지지자들은 1856년 그의 법적 자유를 사기 위해 돈을 모금한다. 미국에서 더글러스는 신문들을 출간했고 가장 유명한 것이 〈더 노스 스타〉였다. 이것은 "권리에는 성별이 없다 — 진리에는 피부색이 없다 — 하느님은 우리 모두의 아버지이시고 우리는 모두 형제들이다"를 모토로 삼았다.

1850년대에 더글러스는 뉴욕에서 학교의 비분리 정책에 찬성하는 연설을 했다. 남북 전쟁 기간 동안에는 미국을 위해 싸우도록 하기 위해 흑인들의 권리를 향상시켰다. 1862년 노예 해방이 선언되었을 때 그는 다음과 같이 말했다. "우리는 하늘로부터 번개를 기다리듯 희미한 별빛 속에서 새날의 여명을 기다리고 들었다. ……우리는 수 세기의 걸친 고통의 기도가 응답되기를 고대해왔다."

1884년에 첫 아내가 죽자 더글러스는 뉴욕 출신의 백인 참정권주의자인 헬렌 피츠와 결혼했다. 피츠는 워싱턴에 사는 동안 19세기의 급진적 여성 출판물을 펴내는 알파에서 일했다.

더글러스의 주요 저서로는 《미국인 노예, 프레더릭 더글러스의 삶에 대한 내레이션"》(1845), 《영웅적인 노예, 자유를 위한 서명'》(1853), 《나의 굴레와 자유》(1855), 《프레더릭 더글러스의 삶과 시대》(1881, 개정판 1892) 등이 있다. 그는 1847년에서 1851년까지 〈더 노스 스타〉를 편집했는데, 이후에는 〈프레더릭 더글러스 신문〉으로 명칭이 바뀌었다.

유명한 노예제 철폐론자이자 참정권 확대론자이며 뛰어난 웅변가이기도 했던 정치가 프레더릭 더글러스에 대해 많은 사람들이 최초의 아프리카계 미국 지성인 해방론자로 평가하는 데 주저하지 않는다.

사회적 다윈주의

19세기에 미국의 진화적인 사고는 어떠했나?

교육받은 사람들 사이에서 찰스 다윈의 진화론은 생물에 대한 정확한 역사로 폭넓게 받아들여졌다. 이신론 혹은 신은 자연을 통해 충만하다는 사고는 그 당시 널리 퍼진 관점이었으므로 창조에 대한 종교적인 설명과 진화론 사이에 뚜렷한 충돌은 없었다. 오히려 토론은 사회적인 형태의 진화가 무자비하게 경쟁적인가 아니면 협동에 의한 것인가에 맞추어져 있었고, 19세기 유럽의 사상과 마찬가지로 두 가지 관

점이 있었다. 사회 속의 삶은 자연 속에서와 마찬가지로 치열한 경쟁 속에 있는 적자생존의 문제이거나, 혹은 사회 속의 삶은 자연에서처럼 협동을 통해 진화한다는 것이었다. 초월주의자들이 협동적인 견해를 지지했다는 것은 그리 놀랍지 않다.

사회적 다원주의는 무엇인가?

사회적 다원주의는 적자생존에 대한 다원주의적 생각을 당시 19세기 사회의 불평등과 기회들에 적용한 것이다. 그 당시는 진취적인 사람들이 비록 다른 자본가들과 경쟁해야 했지만 짧은 시기에 엄청난 부를 축적할 수 있는 시대였다. 노동자들은 종종 건강을 해치고 지치게 만드는 조건들 속에서 가족들을 부양하기에 충분한 돈도 벌 수 없었고 일자리를 위해 서로 경쟁해야 했다.

사회적 다원주의자들은 오늘날에는 인종 차별주의자나 계급에 기초한 우생학이라고 여길 만한 내용들로 구성된 대중적인 책들을 썼다. 그리고 그들의 주장은 일반 독자들에게 강한 인상을 남겼다. 그들은 경쟁이 본질적으로 가치가 있으며 인생의 경주에서 실패한 사람들은 진화론적인 생존의 깊은 시험에서 실패한 것이라는 견해를 공유했다. 사회개혁 대신에 그들의 이상은 선택적인 인간의 부양과 승자들에 대한 도덕적인 인정을 통해 경쟁에서 성공을 가능하게 하는 특징들을 장려하는 것이었다.

찰스 다윈의 진화론 사상은 사회적 다원주의에 접목되었다.

주요 사회적 다원주의자들은 누구인가?

예일대 교수였던 윌리엄 그레이엄 섬너(1840~1910)는 영국의 진화론자 허버트 스펜서와 견줄 만한 미국인이었다. 섬너는 무제한적인 자본주의의 강력한 옹호자였다. 그는 《덕의 인간》으로 유명한데, 이 책은 자기 이익을 개인의 주요 의무로 장려했다. 산업가

426

앤드루 카네기(1835~1919)는 《부의 복음》에서 이러한 생각들에 기초하였고, 이 책은
더 나아가 경쟁의 법칙을 진보의 자연스러운 원리라고 보았다.

19세기의 미국 철학자들은 진화론을 직접 수용했나?

그렇다. 존 피스크(1842~1901)와 천시 라이트(1830~1875)는 의식과 인간의 도덕의
진화를 믿었다. 피스크는 두 권으로 된 《미국 혁명》(1891)으로 잘 알려진 역사학자이
다. 라이트는 비록 출판은 거의 하지 않았지만 초월주의를 배격하고 이후의 실용주
의적 사고에 영향을 주고자 한 경험주의적 과학철학자였다. 레스터 워드(1841~1912)
는 《역동적인 사회학》으로 잘 알려진 사회학자였다. 사회적 진화 과정에서 개입을
지지했던 그의 주된 생각은 이후의 사회 정치적인 철학과 연계되었다.

19세기의 진화론적 사상은 진보 사상과 관련되었나?

직접적으로는 그렇지 않다. 왜냐하면 진화는 외부적인 힘인 반면에 진보는 개개
인의 노력에 달려 있기 때문이다. 그러나 두 개의 인식은 미국의 산업가인 앤드루
카네기의 사상에서 보이듯이 자주 관련되었다. 일반적으로, 진보에 대한 인식들은
이상과 실제 동기들을 형성하였다. 사회 전체는 발전하고 있는 것으로 믿었고, 개인
들은 물질적으로 번영함으로써 삶에서 발전하도록 동기 부여되었다. 사회의 번영은
크게 기술의 문제라고 믿었다. 19세기는 첫 번째로 완전한 기술의 시대였고 발명품
들과 조면기(繰綿機), 증기 기관차, 전보, 전구가 폭넓게 사용되었다.

사회적 다윈주의는 유익한 믿음이었나?

대부분의 진보주의자들은 그렇게 생각하지 않았다. 첫째, 사회적인 다윈주의는 개인의 고통이 사회의 구조보다는 그들의 개인적인 약점을 반영하는 것처럼 개인의 고통을 수용하는 경향이 있었다. 둘째, 사회적인 다윈주의는 백인 우월주의에 대한 반동으로 발전했다.

19세기가 끝나고 20세기가 시작될 무렵, 사회적인 다원주의와 그와 관련된 우생학은 후에 인종주의나 차별주의로 여기게 될 미국 백인의 인종주의적인 믿음과 결합하였다. 예를 들어, 1916년에 아마추어 인류학자이자 변호사인 매디슨 그랜트는《위대한 인종의 소멸 혹은 유럽 역사의 인종적인 토대》를 썼다. 그랜트는 '북구인들의 우월성'이란 이론을 제시하였고 북구인들의 비백인 인종들에 의한 잠식을 방지하기 위해 공공적인 우생학 프로그램을 주장했다. 그랜트의 책은 1937년까지 160만 부가 팔렸다. 이 책은 개인의 믿음과 아시아로부터의 이민을 제한하고, 흑인계 미국인들을 심하게 차별하는 공공 정책에 폭넓게 영향을 끼쳤다.

모든 19세기의 사상가들은 진보를 믿었나?

토머스 에디슨(1847~1931)은 확실히 그랬다. 1876년에 뉴저지의 멘로 파크에 자신의 연구실을 세웠을 때, 그는 10일마다 소소한 발명을 하고 6개월마다 큰 발명을 하는 데 전념했다(에디슨은 1년에 약 40개의 특허를 따냈고, 죽기 전까지 1000개 이상의 특허를 따냈다).

기술혁신을 통한 진보의 개념은 분명 토머스 에디슨과 같은 뛰어난 발명가에 의해서 견지된 믿음이기도 했다.

모든 이들이 새로운 기계를 환영한 것은 아니었다. 토머스 칼라일(1795~1881)은 1829년에 〈에든버러 리뷰〉에 출판된 에세이《시대의 징조들》(징조는 기계의 시대를 말한다)에서 "우리가 제멋대로 일으킨 그림자는 우리 앞에 끔찍하게 서 있고 우리의 명령에 떠나가지 않을 것이다"라고 썼다. 헨리 데이비드 소로는《월든》(1854)에서 "우리가 기차를 타는 것이 아니라 기차가 우리를 타고 있다"라고 적었다.

여전히 많은 이들이 에디슨의 낙관주의를 공유하며, 그것은 대중적이고 국가적인 견해가 되었다. 오하이오 출신의 변호사 티모시 워커는 1831년 〈노스 아메리카 리뷰〉에서 기계는 평범한 사람들을 수고로운 노동에서 자유롭게 하며 민주주의를 향상시킨다고 주장했다.

실용주의 과정 철학

실용주의란 무엇인가?

실용주의는 공동체의 토론 그룹을 통해 발생하고, 19세기 동안 하버드 대학 철학과의 주류를 형성한 전형적인 미국 철학이다. 같은 시기의 유럽 철학처럼 과학적인 관심은 아니었지만 실용적으로 사고하려는 노력을 대변했다.

찰스 샌더스 퍼스

찰스 샌더스 퍼스는 누구인가?

찰스 샌더스 퍼스(1839~1914)는 실용주의의 창설자로 인정받는다. 하지만 그의 전문성은 논리학, 수학, 경제학, 사회과학, 물리학 그리고 측지학 작업(곡면상에서 최단거리를 찾아내는 학문)까지 다방면에 있었다. 퍼스의 출판된 글들은 1857년부터 그가 사망할 때까지 1만 2000장의 페이지에 이른다. 이외에도 8만 페이지 분량의 출판되지 않은, 손으로 쓰인 작품들이 있다. 주요 작품들은 사후에 출판되었는데 《수학의 새로운 요소들》(4권, 1976), 《근본적인 퍼스》(2권, 1992, 1998), 《찰스 퍼스의 글들: 연대기적인 편집》(5권, 1882~1993) 등의 편집된 작품들이다.

퍼스의 경력과 삶에서 주요한 사실들은 무엇인가?

찰스 샌더스 퍼스는 매사추세츠의 케임브리지에서 태어났다. 부친 벤저민은 하버드 대학의 수학 교수였고, 미국 해안 및 지오데틱 연구과 스미스소니언 연구소의 창설자였다(벤저민 퍼스는 또한 하버드 대학의 수학과를 설립했다고 한다). 퍼스는 열두 살 때 논리학을 발견했고, 열여섯 살엔 철학에 대한 독립적인 연구를 시작한다.

1859년, 그는 인생에서 무엇을 해야 할지를 확신하지 못한 채 하버드를 졸업한다.

그의 주된 관심사는 논리학이었는데, 이를 위한 일자리는 없었다. 그는 몇 년 동안 측량 분야에서 일했고 1861년 자연의 역사와 철학을 공부하기 위해 하버드로 돌아왔다. 그리고 1863년 화학 분야의 박사 학위를 받으며 최우등으로 졸업했다.

퍼스는 독학으로 논리에 대한 연구를 계속하였고, 역사적으로 가장 훌륭한 논리학자들 중 한 명이라고 여겨진다. 그는 이마누엘 칸트의 공간이 유클리드적이라는 주장에 동의하지 않았고, 프리드리히 헤겔의 객관적인 이상주의로 옮겨갔지만, 칸트는 그에게 지배적인 영향력을 끼쳤다. 퍼스의 철학은 독특한 형식의 실용주의였는데 그는 이것을 '프래그매티시즘pragmaticism' 이라고 불렀다.

왜 찰스 퍼스의 모든 작품들은 그가 죽은 후에 출판되었나?

퍼스는 자기 작품을 출판하지도, 또는 출판하기 위해 준비하지도 않았다. 그가 죽었을 때 미망인 줄리엣은 이 훌륭한 논문들을 (6000달러에) 하버드 대학의 철학과에 팔아버렸다. 조사이어 로이스가 논문들의 구성을 감독하려 했으나 그는 2년 후에 사망한다. 이후 많은 논문들이 분실되고 잘못 분류되었으며 사람들이 가져가기도 했다. 작고한 수학 역사가인 캐럴린 아이셀은 1950년대 중반에 연구를 수행하던 도중 와이드너 도서관 지하 구석에서 우연히 퍼스의 글들을 발견한다.

퍼스의 첫 번째 논문들은 1930년대에 찰스 하트숀, 폴 와이스, 아서 버크스에 의해 수집되었다. 비평가들은 이 전집이 임의적이고 퍼스의 사상을 불필요하고 모호하게 만들어 그의 사상의 진전을 명확하게 보여주지 않기 때문에 퍼스의 사상을 진정으로 나타내지 않는다고 했다. 퍼스 작품의 '연대기적인 편집'은 인디애나폴리스의 인디애나 대학교의 퍼스 편집 프로젝트에 의해 이루어졌는데 1857년부터 1886년까지 출판하며 좋은 결실을 거두었다. 다른 두 개의 성공적인 노력들은 《1898년의 퍼스의 케임브리지 학회 강연들》(1992)과 《퍼스의 1903년의 실용주의에 대한 하버드 강연》(1997)이다.

찰스 퍼스의 철학 체계는 무엇이었나?

퍼스의 철학적인 견해들은 이상주의적인 토대 아래 네 개의 체계를 갖고 있었다. 첫 번째 체계(1859~1861)에서 그는 이마누엘 칸트의 사물이 그 자체로 과학이나 철학에서 알려질 수 없다는 주장에 동의했다. 과학은 현상이나 경험으로 존재하는 것처럼 보이는 것에 관계한다. 하지만 현상이나 알려진 것의 기저에는 객관적인 세계가 존재한다. 이에는 세 가지 종류가 있다 — 물질, 마음, 신 또는 '그것', '당신' 그리고 '나'. 퍼스는 각각을 '첫 번째의 것', '두 번째의 것', 그리고 '세 번째의 것'이라고 불렀다. 퍼스는 신의 마음에 대한 견해들은 우리 경험 속의 대상들만큼이나 물질적이라고 생각했다. 그러나 이러한 체계 속에서 그는 논리적인 문제들에 부딪혔고, 칸트의 정언들과 자체로서의 것들 사이의 관계에 만족하지 않았다.

자신의 두 번째 사고 체계(1866~1970)에서, 퍼스는 헤겔의 방법론과 가정들을 이용해 가장 실제적인 것은 역동적인 체계라고 결론지었다. 그는 자신이 파네론 phaneron이라고 부른 경험이나 현상의 세계는 질, 관계, 대상, 사건 — 모든 것 — 에 해당하는 표상들로 구성되어 있으며 이러한 표상들은 모두 의미 있다고 생각했다. 각각의 표상이 띠는 의미는 대상과 해석 경향을 포함하는 체계의 일부이다. 대상은 표상이 그것의 한 표상이 되는 것이다. 해석 경향은 표상을 경험하는 마음의 특징이나 활동이다. 그리고 해석 경향은 또한 표상이다 — 모든 것이 표상이기 때문에. 따라서 해석 경향은 대상과 두 번째 해석 경향을 가지고 있다.

이러한 표상–대상–해석 경향의 구조와 해석 경향이 표상에서 대상 그리고 새로운 해석 경향이 되는 구조는 무한히 계속된다. 그러나 대상의 실체는 인식들이 무한에 도달하면서 이루어지는 제한적인 형식으로 구성되어 있다. 다시 말해, 대상이 실제라면, 우리의 조사와 경험의 과정은 거의 영원히 지속될 수 있다. 퍼스에게 현실은 '탐구의 수렴'이었고, 우리가 아는 것은 언제나 일반적이거나 보편적이기 때문에 대상은 보편적인 것들로 구성되어 있다. 이는 현실을 정신적인 것으로 만든다. 그러므로 퍼스의 철학적인 이상주의가 되었다.

그러나 퍼스는 이러한 관계들의 논리에서 난제들에 부딪혔고, 독창적인 관계들의 논리(여전히 논리학자들을 제외하고는 폭넓게 이해되지 않는)를 발견한 후에 세 번째 체계

(1870~1884)를 성립하였는데, 이는 오늘날 실용주의라고 여기는 것과 더 밀접하게 닮아 있으며, 대부분의 사람들이 오늘날 퍼스와 결부시키는 원칙들에 기초하고 있다. 하지만 퍼스는 자신의 체계를 과학을 중요하게 생각하지 않던 다른 실용주의 철학자들의 견해와 구별하기 위해 (프래그머티즘이 아닌) '프래그매티시즘' 이라고 불렀다.

찰스 퍼스의 실용주의 철학은 무엇인가?

퍼스의 실용주의의 출발점은 과학자로서의 그의 활동과 자기 정체성이었다. 퍼스는, 철학은 과학의 철학이며 논리학은 과학의 논리학이라고 생각했다. 실용주의자로서의 퍼스는 두 개의 논문으로 가장 잘 알려져 있다. 바로 《믿음의 고정》과 《우리의 사고를 명확하게 하는 방법》인데 1877년과 1878년에 각각 다른 제목으로 포퓰러 사이언스 먼슬리에서 출판되었다. 이 작업들에서 그는 의심을 극복하기 위한 가장 최선의 방법으로 과학을 옹호하였고 명확한 개념들에 대한 실용주의자적 견해를 제시했다. 그는 개념들, 즉 과학적인 용어들의 의미는 현금의 가치가 있다고 주장했다. 개념의 '현금의 가치' 는 개념이 없는 것과 비교하여 개념을 갖기 위한 경험 속에서 개념이 만들어내는 차이이다. 명확한 개념의 전체적인 의미는 그것의 결과들에 달려 있다. 과학적인 개념의 결과들 — 의미 — 은 명시될 수 있는 조건들 아래에서의 가능한 관찰들이다. 다시 말해 개념은 예상들을 산출해야 하고, 개념이 앞으로 발생할 일을 예언할 수 있는 한, 예언이 정확한지 아닌지는 중요하지 않다.

찰스 퍼스의 네 번째 체계는 무엇인가?

퍼스의 네 번째 체계(1885~1914)는 그의 두 번째 체계에 진화를 불러일으켰다. 표상-대상-해석 경향의 체계는 그것의 무한한 의미들과 더불어 진화하는 체계였다. 우리의 체계에 대한 지식과 그 체계 속의 모든 표상들이 진화하듯, 그 체계는 시간 흐름에 따라 진화했고 계속해서 진화하고 있다. 퍼스는 논리학과 다른 이들이 '실용주의' 라고 생각했던 분야에서 이러한 과정의 많은 세부 사항들을 완성시켰다. 그는 우주 전체를 하나의 살아 있고 느낄 수 있는 유기체로 가정하는 관념론의 극단적인 형태를 취하게 되었다.

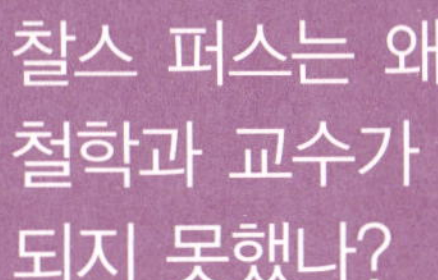

퍼스는 1879년에서 1891년까지 볼티모어의 존스 홉킨스 대학에서 논리학 강사 직위를 가지고 있었다. 그러나 1862년 결혼했던 해리엇 멜루지나 페이와 1883년에 이혼하고 줄리엣 프로이시와 재혼한다. 줄리엣과 결혼하기 전, 집시였던 프로이시와 동거해 그 스캔들로 퍼스는 강사 직을 그만둔다. 이후 퍼스의 유일한 직장은 미국 해안 및 토지 측량 연구소지만 그조차도 1901년에 의회의 예산 삭감으로 끝나게 된다. 그 후 퍼스는 임시직을 전전했으며 화학 엔지니어링 분야의 자문으로 고용되었다. 때로 윌리엄 제임스와 다른 친구들이 그를 재정적으로 도와주었다.

윌리엄 제임스

윌리엄 제임스는 누구인가?

윌리엄 제임스(1842~1910)은 찰스 퍼스의 실용주의적인 견해에 기초해 좀 더 인본주의적인 형태의 실용주의를 제안했다. 제임스는 또한 현대 심리학을 주관적인 자기 성찰과는 독립된 과학으로 설립한 사람이다. 주요 작품들로는 《심리학의 원리들》(1890), 《믿고자 하는 의지와 대중적인 철학에 있어서의 다른 에세이들》(1897), 《종교적 경험의 다양성》(1901~1902) ,《실용주의》(1907) 등이 있다.

윌리엄 제임스의 삶에서 흥미로운 사실들은 무엇인가?

제임스는 다섯 형제 가운데 장자였다. 그의 동생 헨리는 유명한 소설가였고, 누이 앨리스는 그녀의 사후에 출판된 일기로 유명해졌다. 제임스의 아버지 헨리 제임스 경은 부유하고 괴짜였다. 제임스의 자녀들은 미국, 영국, 유럽에서 교육을 받았고 윌리엄은 세계 시민적인 관점을 가지고 성장했다. 제임스는 처음엔 예술에 관심을 보였으나 곧 과학으로 시선을 돌렸다. 청소년 시절에는 눈, 허리, 위 그리고 피부 질환을 겪었으며 신경 쇠약 진단을 받았다. 그는 우울증을 경험했고 때때로 자살에 대해 고민하기도 했다. 그가 겪었던 몇 가지 질병들은 심리적인 것으로 생각될 수 있지만 그는 결국 심장 마비로 사망했다.

제임스는 1864년에 하버드 대학에서 의학 공부를 시작하였고, 다양한 신체적인 통증들을 치료하기 위해 아마존과 독일로 여행했다. 그는 1869년에 의학 박사 학위를 받았는데 유일한 학위였지만, 의사로 개업하지는 않았다. 그는 1878년 앨리스 기븐스와 결혼했고 나머지 생을 하버드에서 심리학과 1880년대 초기에는 철학과에서 강의했다. 제임스의 학생들로는 대통령 시어도어 루스벨트, 작가이자 철학자인 조지 산타야나, 시민 운동가인 W. E. B. 듀보이스, 철학자 랠프 바턴 페리, 작가 거트루드 스타인, 철학자이자 법률학자인 모리스 라파엘 코언, 알레인 로크(때로 '할렘 르네상스의 아버지'라고 불렸던), 논리학자이자 실용주의 철학자인 C. I. 루이스, 심리학자이자 철학자인 메리 칼킨스와 같은 유명 인사들이 있다.

윌리엄 제임스의 심리학에 대한 주된 기여는 무엇인가?

제임스는 덴마크의 내과 의사이자 심리학자인 카를 게오르크 랑게(1834~1900)에 의해 독립적으로 발전된 이론과 동일한 이론을 주장했는데 그 이론은 제임스-랑게 감정 이론으로 알려졌다. 그 이론은 쉽게 말해 감정들은 우리 신체에서의 변화의 경험이라는 것이다. 스피노자는 감정은 우리 믿음의 결과라고 주장한 반면, 르네 데카르트는 《영혼의 열정들》(1649)에서 제임스-랑게 이론의 초기 주장을 표현하였다.

우리의 공통적인 감각의 가정은 감정들이 우리의 이해에 의해 중재되는 세계 속의 사건들에 대한 반응이라는 것이다. 대조적으로, 제임스-랑게 이론은 우리의 육체가 세계에 직접 반응하고 이러한 물리적인 반응에 대한 의식은 우리의 감정을 구성한다고 주장했다. 1884년에 **마인드**에서 출판된 유명한 논문 《감정이란 무엇인가?》에서 제임스는 다음과 같이 썼다.

감정들에 관해 생각하는 자연스러운 방법은 어떤 사실에 대한 정신적인 인지가 감정이라 불리는 정신적인 느낌을 자극한다는 것이다. 그리고 후자의 마음 상태는 신체적인 표현을 불러일으킨다. 반대에 대한 나의 논문은 신체적인 변화가 직접적으로 흥미로운 사실에 대한 인식을 따른다는 것이다. 그리고 변화가 일어날 당시, 그러한 변화에 대한 우리의 느낌이 곧 감정이다.

윌리엄 제임스는 어떻게 실용주의를 발전시켰나?

1870년대에 제임스는 '메타피직스 클럽'(형이상학 단체)으로 알려지게 된 토론 모임에 참석한다. 이 단체의 회원으로는 찰스 샌더스 퍼스, 미국 대법원 판사 올리버 웬들 홈스, 그리고 수학자이자 철학자인 천시 라이트 등이 있었다. 그룹이 모임을 하는 동안에, 뉴잉글랜드의 시민 지도자들 측에서 종교, 특히 신교가 다윈주의의 인기와 과학에 대한 엄청난 관심의 결과 때문에 어려움을 겪고 있다는 우려가 있었다. 제임스가 철학을 가르치기 시작하던 시기에 하버드의 행정가들은 철학이 종교를 지지할 수 있으리라는 가능성에 관심을 보였다. 제임스가 자신의 경력을 시작했을 때, 심리학과 철학의 학문적인 경계는 유동적이었다. 대부분 그의 연구 결과로 그의 경력 말기에 이르러 두 영역은 명확해졌다(오늘날까지 윌리엄 제임스 홀은 하버드의 심리학과 건물이다).

학문적으로 제임스의 실용주의는 그의 관심 분야였던 윤리적인 문제에 대한 대답들을 제시하는 데 있어 심리학의 제한적인 측면들로부터 성장했다 — 종교가 학문적으로 어떻게 정당화될 수 있는가? 자유 의지가 존재하는가? 진리의 성격은 무엇인가?

윌리엄 제임스의 주된 실용주의적 관심들은 무엇이었나?

제임스는 자신의 실용주의적인 명제를 찰스 샌더스 퍼스에게 돌렸다. "대상에 대한 완벽한 명확함을 얻기 위해 우리는 대상이 생각될 수 있는 어떤 실질적인 종류의 효과를 가질지, 우리가 그것으로부터 감각들을 기대할지, 그리고 어떠한 반응들을 우리가 준비해야 할지를 고려하기만 하면 된다." 제임스는 실용주의를 인식론, 윤리학, 종교적 이론 그리고 자유 의지에 적용했다.

윌리엄 제임스의 실용주의적 인식론은 무엇이었나?

그의 진술문들은 존재하는 것에 대한 참되거나 거짓된 주장이나 우리의 경험 안에서 세계는 실제로 잘 변하여 진리는 현실 위에 강요된다는 점을 수용했다. 진리는 '현실과의 동의어'로서 진리일 수 있는 것의 성격에 따라 다양하다. 예를 들어, 일반적인 경험에서의 믿음은 우리가 믿음 위에서 행동하며 극도로 놀라지 않는다면 진리이다. 과학적인 진리들은 전체적인 체계들을 유기적으로 만드는 방법으로 등장한다.

윌리엄 제임스의 실용주의적 윤리학은 무엇이었나?

제임스는 가치들이 감정과 욕구를 가진 존재를 필요로 한다고 생각했다. 다른 사람에 대한 돌봄이 공동체를 위한 기준이 될 때 가치에 대한 판단들은 객관적이다. 이러한 것은 공유되거나 공통적인 세계를 낳는다. 도덕적인 선택들은 우리의 성격을 결정짓는다. 신체적인 쾌락이나 고통과 관련된 결정들 외에도 미래의 경험을 인도해야 할, 그리고 필요하다면 그러한 경험에 의해 변화되어야 할 더 높은 이상들이 있다. 도덕적인 진보는 더 포괄적인 이상들이 덜 포괄적인 이상들을 대치할 때 나타난다. 그럼에도 모든 이상들은 단지 '일시적인' 것이다.

종교와 자유 의지에 대한 윌리엄 제임스의 이론들은 무엇인가?

제임스에 의하면 우리가 신을 믿을지 아닐지 또는 우리가 자유 의지를 가지고 있으며 객관적인 가치들이 있다는 것을 믿는 것은 사실들에 대한 호소에 의해 중립적으로 결정될 수 없다. 그러한 문제들 속의 사실들은 결론이 없다. 중립적이고 지적인 입장은 우리에게 신이 존재하는지 아닌지 또는 우리가 자유 의지를 가지고 있는지 혹은 객관적인 가치들이 있는지의 중요성을 다루지 않는다. 그러한 문제들에 대한 우리의 믿음은 우리의 삶과 다른 이들의 삶에서 차이를 만들어낼 것이므로 신이 존재하고 자유 의지를 가지고 있으며 객관적인 가치들이 존재한다고 믿도록 의지를 가져야 한다. 자유 의지의 경우, 우리 자신을 쾌락이 없는 행동으로 유도하기 위해 그러한 행동 뒤에 오는 긍정적 결과를 생각해야 한다. 제임스의 이론을 설명하기 위해 제시된 예 —

우리가 추운 날 아침에 침대에서 일어나기를 주저할 때, 우리가 그날 할 일들을 생각한다면 일어나기 위한 신체적인 동작들은 거의 자동적으로 이루어진다.

어떤 전기 작가들은 영적인 것에 대한 제임스의 관심은 아버지의 스베덴보리에 대한 깊은 관심의 결과였다고 한다. 에마누엘 스베덴보리(1688~1772)는 1788년에 런던의 새 예루살렘 교회의 형성에 영감을 주었다. 스베덴보리는 르네 데카르트와 존 로크의 과학적인 사고를 결합하여 계시를 통해 알려진 성경적인 우주와 조화를 이루는 형태의 메커니즘을 형성하였다. 이러한 견해와 과학적인 방법들을 초자연적인 것에 적용하려는 제임스의 프로젝트 간의 유사점을 보는 것은 폭넓은 시도가 아니다.

윌리엄 제임스는 자신의 믿고자 하는 의지를 어떻게 표현했나?

1880년대에 제임스는 독심술과 영적주의에 과학적인 방법론을 적용하기를 원했다. 그는 하버드의 학문 공동체에서 협력자들을 찾을 수 없었지만 영국에서 찰스 다윈과 같은 시기에 진화론을 발견했던 앨프리드 러셀 월리스와 도덕 철학자 헨리 시지윅과 그의 아내 노라는 이미 이러한 종류의 주제에 관심을 가지고 있던 중이었다. 제임스는 교령회에 참가하고 초자연적인 현상들에 대한 보고서들을 조심스럽게 조사했던 지식인들의 모임에 가입했다. 그들은 또한 사람이 죽은 날과 같은 날에 출현한 유령들에 대한 보고서를 쓰기도 하였다.

이러한 '환영에 대한 조사'는 사망한 날과 그 유령의 출현 간의 통계학적으로 의미 있는 상관관계를 이끌어냈다. 그러나 제임스는 1만 7000개의 표본을 5만 건으로 늘리고 또 영국의 유령들뿐만 아니라 미국의 유령들까지 포함시켰더라면 좀 더 신뢰할 만한 결과를 이끌어 냈을 것이라고 생각했다. 제임스는 교령회에서 일상적이었던

미국 철학

★

강신술(탁자를 두드려 영혼과 강신술사가 대화하는 짓)과 영혼에 의한 글쓰기에 대해 회의적이었고, 명망 있는 영적 연구자들의 대열에서 영매들을 제외시키기를 원했다.

조사이어 로이스

조사이어 로이스는 누구인가?

조사이어 로이스(1855~1916)는 절대적 실용주의 철학자로 알려져 있다. 그는 독일과 영국의 절대적 관념론을 미국의 실용주의와 결합시키려고 했다.

로이스는 골드러시 당시 광산 마을이었던 캘리포니아의 그래스 밸리에서 태어나 열한 살 때 샌프란시스코로 이주했다. 그는 1875년에 캘리포니아 주립 대학을 졸업했고, 1878년에 존스 홉킨스 대학에서 박사 학위를 받았다. 로이스는 라이프치히와 괴팅겐 대학에서 수학하기도 했는데, 이후에는 캘리포니아 주립 대학에서 4년 동안 영어를 가르쳤다.

1882년에 그는 하버드 대학 철학과의 초청을 받고 교수가 되어 존경받는 경력을 쌓았다. 주요 출판물로는 《세계와 개인》(1899), 《종교적인 통찰력의 근원들》(1912), 《기독교의 문제》(1913), 《전쟁과 보험》(1914), 《위대한 공동체의 희망》(1916), 《근대의 이상주의에 대한 강연》(1919), 《로이스의 논리학 에세이: 조사이어 로이스의 논리학 에세이 모음집》(1951) 등이 있다.

조사이어 로이스의 형이상학적인 관념들은 무엇이었나?

로이스의 형이상학적인 체계는 종교적인 세계관에 의해 제기된 문제들을 해결하기 위해 의도되었다. 그는 존재하는 것은 알려진 모든 것의 전체라는 점과, 그래서 존재의 성격은 그것이 어떻게 알려지게 되는가를 살펴봄으로써 이해될 수 있다는 것을 믿었다. 지식은 감각으로부터의 자료로 시작하지만 과거와 미래뿐만 아니라 공공의 대상에 대한 관념에 도달하기 위해 초월은 필수적이다. 초월적인 판단은 고립적이지 않으며 판단들의 체계 일부이다. 그러한 체계는 실수 대상을 정의하는 데 있어 실패한 것으로 설명할 수 있다. 관념은 대상을 추구하는 목적이다. 그러나 대상은 원래의 관념을 명확히 해준다. 무한한 것은 실제이다. 왜냐하면 하나인 절대자는 그것이 반영하는 다른 모든 것들과 함께 절대자 자신을 반영하기 때문이다.

조사이어 로이스의 윤리적이고 종교적인 견해는 무엇이었나?

로이스에 의하면, 주된 미덕은 '충성에 대한 충성'이었다. 일부 사람들이 나쁜 명분들에 충실한 반면, 선한 명분들만이 충성에 대한 충성을 구성하는 명분들에 대한 충성을 지지할 수 있다고 보았다. 로이스의 기독교에 대한 해석에서 교회, 죄 그리고 속죄는 하느님에 의해 영으로 통합되었다. 비록 로이스의 공동체에 대한 강조가 마르틴 부버의 유대주의가 기독교와 어떻게 다른가에 대한 설명과 유사하지만 로이스의 영으로서의 하느님의 역할에 대한 관념은 공동체 안에서 삼위일체의 원리 중에서 도외시되던 측면을 다루는 것으로 이해되었다(기독교의 종교적인 역사는 하느님과 예수님을 강조함에 있어, 종종 성령을 축소시켜왔다).

존 듀이

존 듀이는 누구인가?

존 듀이(1859~1952)는 20세기 초 미국에서 가장 유명한 철학자였다. 그는 지식인뿐 아니라 일반인도 지적 자극과 감동적인 연설을 듣기 위해 홀을 가득 채우던 시기의 대중적인 지식인이었다. 일상적인 삶, 교육 그리고 예술 이해에 대한 상호적이고 실용주의적인 그의 접근은 그의 이름을 특별히 거명하지 않아도 될 만큼 근본적인 방식으로 미국적인 경험을 구축했다.

듀이는 수줍은 성격이었지만, 37권의 책과 700편 이상의 글들을 썼다. 주요 출판물로는 《심리학》(1887), 《인간의 본성과 행동》(1922), 《경험과 자연》(1925), 《대중과 문제점》(1927), 《확실함에 대한 탐구》(1929), 《철학과 문명》(1932), 《공통된 믿음》(1934), 《경험으로서의 예술》(1934), 《자유주의와 사회적인 행동》(1935), 《논리학: 탐구의 이론》(1938), 《자유와 문화》(1939), 《인간의 문제들》(1946) 등이 있다.

존 듀이의 삶과 경력에서 핵심적인 사실은 무엇인가?

듀이는 1859년 버몬트 주 벌링턴에서 태어났다. 부친은 식료품 잡화상 주인이었다. 그는 버몬트 대학을 다녔고 펜실베이니아 주의 오일시티와 버몬트 주 벌링턴의 고등학교에서 고전, 과학, 대수를 가르쳤다. 자신의 진로에 대해 확신하지 못했으나 이전 선생님들의 격려를 받아 존스 홉킨스 대학 철학과의 대학원 과정에 지원했지만 장학금 때문에 두 번이나 거절당했다. 결국 듀이는 친척 아주머니에게 500달러를 빌려 미국에서 철학 박사 학위를 취득한 첫 번째 세대가 되었다. 존스 홉킨스 대학에서 듀이를 가르친 교수들로는 철학자 조지 실베스터 모리스(1840~1889), 찰스 샌더스 퍼스(1839~1914), 심리학자 스탠리 홀(1844~1924)이 있다.

처음에 듀이는 유기체에 대한 헤겔적 관점에 관심을 보였다. 즉 살아 있는 것들이 환경과 상호 작용하고, 사회는 유기체로 보일 수 있는 유기적인 전체라는 점이었다. 이마누엘 칸트에 대한 논문을 쓴 후 그는 1884년부터 1894년까지 미시간 대학에서 학생들을 가르쳤다. 이 시기에 대중 교육과 진보적 정치뿐만 아니라 심리학에도 관심을 갖게 되었다. 1894년에 듀이는 시카고 대학의 철학과, 심리학과, 교육과의 과장이 되었다. 이곳에서 동료들과 함께 일하면서 그는 사회 운동가의 이론들을 발전시켰다. 그 결과, 1903년 윌리엄 제임스에게 바친 《논리학 이론》이 출간되었다.

듀이는 컬럼비아 대학으로 옮겼을 때 국가적인 명성을 얻었다. 컬럼비아 대학의 철학과에서 출판된 《철학 저널》은 수십 년 동안 그의 사상들의 출구이자 그의 사상들을 토론하기 위한 포럼이 되었다. 듀이는 도쿄, 베이징, 난징에서 강연했고 터키, 멕시코, 러시아에서 교육을 공부했다.

은퇴한 뒤인 1937년에 러시아의 혁명가 레온 트로츠키에 대한 혐의를 조사하던 멕시코 위원회 의장을 맡은 듀이는 혐의가 없다는 보고서를 작성하였다. 그는 또한 1941년 버트런드 러셀이 정치적인 견해들 때문에 뉴욕의 시티 칼리지에서 강의 기회를 거부당하자 그를 변호했다.

존 듀이의 주된 철학적 사상들은 무엇이었나?

듀이는 일상적인 삶을 철학으로 이끌어왔다. 그의 주된 개념은 인지적인 헤겔적 주제를 위해서는 경험이었고, 이후에는 인간 삶의 포괄적, 감성적, 적극적인 차원으로서의 경험이었다. 듀이는 철학 이상주의자들과 그 시대 대부분의 철학자들이 주장한 것과 달리 우리의 경험 속에서 중요한 것의 대부분은 사색적이지 않다고 주장했다. 그는 또한 헤겔주의자들과 달리 모든 경험의 통합적인 전체는 없으며 수많은 맞물리는 유형들의 경험이 있다고 했다. 따라서 경험은 듀이에게 있어 다원적이었다. 그러나 개별적인 인간 또는 실제적인 인간의 경험은 듀이에게는 중요한 형태의 경험이었다.

존 듀이는 20세기 초반 미국에서 단연 가장 유명한 철학자였다.

듀이는 살아 있는 인간 경험의 인류학적이고 생물학적인 성격을 분명하게 표현하려고 했다. 그리고 이를 새로운 형태의 경험주의로 보았다. 듀이가 경험에 모든 것을 두면서 글과 말에 있어 객관적인 것을 소홀히 한다는 주장에 따라 그는 경험에 대한 형이상학적인 설명을 발전시켰다.

존 듀이의 형이상학은 무엇인가?

듀이는 자연이 구성 요소들 간에 상호적인 원인과 결과를 가진 다른 유형들의 거래들, 즉 행위를 가진다고 주장했다. 그러므로 듀이의 거래들은 상호 작용이다. 세계의 발전 단계, 즉 거래의 안정기가 있는데 생리 화학적, 정신 물리학적, 인간적인 경험들이다. 생리 화학적 반응들은 단순히 물리학과 화학에 의해 연구될 수 있는 것들이며 정신 물리학적 거래는 마음과 육체 간의 연관성이다. 인간의 경험은 인간이 삶을 살아가면서 사물들이 인간 존재에게 보이는 것이다.

미국 철학

★

441 ★

존 듀이의 예술 이론은 무엇이었나?

첫째로, 듀이는 탐구를 예술이라고 생각했으며 자신이 지식에 대한 방관자적 이론, 즉 지식이 수동적인 심사숙고라고 믿는 견해를 거부했다. 듀이에 의하면, 일반적인 인간의 삶 자체가 예술이며, 그것이 인간의 경험 속에 미적인 특질들로 스며들어 있다고 보았다. 듀이에게 모든 경험 혹은 경험이라 불릴 수 있는 모든 것들은 직접 음미될 수 있는 미적인 특질을 가지고 있다. 하나의 경험은 직접 느낄 수 있으며 구성 요소들을 하나의 전체로 통합시키는 직접성을 가지고 있다. 듀이의 이 말은 우리가 우리 경험의 물리적이거나 화학적인 측면들이 아닌 통합적인 행위들이나 특질들을 인식하고 있다는 의미이다. 예를 들어, 달리기 선수는 스포츠 의사가 진찰하는 것과 같은 방식으로 자신의 부상당한 발목 상태 확인을 경험하지는 않는다. 스포츠 의사는 그의 상태를 정확히 어떤 조직들이 손상되었는가의 측면에서 이해하는 반면에 운동선수는 압력과 통증이란 질적인 경험을 한다.

듀이는 경험의 미적인 특질들을 '제3의 특질들' 이라고 불렀다. 경험은 일종의 교류이기 때문에, 경험의 미적인 특질은 변화하고 '완성'을 향해 더욱 유의미해진다. 완성은 지식에 의한 경험의 재구성으로서, 문제 해결은 그 좋은 예이다. 듀이에 의하면 미적이지 않은 것은 느슨하거나 지나치게 완고한 것이다. 과학적인 탐구나 실제적인 행동에서 심미적인 특질들의 존재를 불가능하게 하는 것은 아무것도 없다.

그렇다. 그리고 어떤 이들은 이를 철학에서는 보기 드문 일이라고 여겼다. 그는 두 번 결혼했고 여섯 명의 자녀를 두었으며 세 아이를 입양했다. 비록 듀이는 철학자로서의 자신의 명성을 침해할 수도 있다는 점에서 교육자로 알려지기를 원치 않았지만 교육에 대한 기여는 적어도 그의 철학적인 혁신들만큼이나 지속적이었다.

듀이가 교육에 대해 생각하기 시작했을 때 학생들은 조용히 앉아서 수동적으로 정보를 받아들이도록 교육받았다. 듀이는 아이 중심의 교육 방법을 완전히 믿지는 않았지만 어린아이들이 호기심을 가지고 있고, 교실 밖의 평범하고 일상적인 삶에 적극적으로 참여한다는 이해를 바탕으로 학습의 능동성을 강조했다. 듀이는 아이들이 도덕적인 문제를 포함한 문제들을 해결할 기술을 배워야 한다고 생각했다. 그래서 시카고 대학의 철학과, 심리학과, 교육과의 학과장이 되었을 때 "행함으로 배우자!"라는 자신의 교육 이론에 근거한 실험 학교를 창설했다.

그러나 듀이는 자신의 견해를 교실에서 실제적인 실천과 연습으로 바꿀 수 있었던 국가 교육 협회의 첫 여성 회장인 엘라 플래그 영의 실제적인 충고를 받아들였다. 그는 또한 헐 하우스의 교육적인 사명이 틀렸음을 입증한 제인 애덤스와도 접촉했다. 듀이는 많은 시간을 그곳에서 보내며 그곳 사람들과 그들의 문제점들과 열망에 대해 이야기했다. 1899년 출간한 《학교와 사회》는 베스트셀러였다. 듀이의 이후 교육에 대한 작업들로는 《어린아이와 교육 과정》(1902), 《우리가 어떻게 생각하는가》(1910), 《민주주의와 교육》(1916) 등이 있다.

제인 애덤스

제인 애덤스는 누구인가?

제인 애덤스(1860~1935)는 미국의 첫 여성 대중 지식인이자 존 듀이와 조지 허버트 미드의 가까운 동료였다. 1931년에 애덤스는 정착민 거주 운동을 시작하면서 진보적인 대중 활동으로 노벨 평화상을 받았다. 정착민 거주 운동은 가난한 이민 사회의 회원들을 위한 공간들을 지역 사회 내에 찾아주는 것을 포함했다. 애덤스는 미술 감상반을 시작으로 헐 하우스Hull House 운영을 시작했고 청소년들과 탁아 교육, 가사 기능에 대한 수업, 그리고 성인 교육 프로그램을 개발했다. 그녀는 19세기 후반에야 철학자이자 여성 운동가로 평가되었다. 그녀의 주요 작품들로는 《민주주의와 사회적 윤리》(1902), 《평화에 관한 보다 새로운 이상들》(1906), 《헐 하우스에서의 20년》(1910), 《헐 하우스에서의 두 번째 20년》(1930), 《여성의 기억의 긴 여정》(1916),

《전쟁의 시대의 평화와 빵》(1922) 등이 있다.

제인 애덤스가 헐 하우스를 설립한 주요 동기는 무엇이었나?

애덤스의 부친은 제분소 경영자이자 일리노이 주 시더빌의 정치인이었다. 어머니는 그녀가 두 살 때 아홉 번째 아이를 출산하다가 사망했다. 애덤스는 록포드 신학교(여자 대학)를 졸업하고 의과 대학에 떨어져 10년 동안 의기소침해 있었는데 이 시기에 유럽을 여행했다. 도중에 그녀는 런던의 토인비 홀을 방문하였는데, 그곳은 런던 동쪽 지역에 있던 가난한 유대인들과 아일랜드인들을 돕는 젊은 사람들의 공동체였다. 애덤스는 토인비 홀의 활동에 감명받아 1889년 시카고의 서부 근교 지역에 여성들에 의해 운영되는 헐 하우스를 설립했다. 애덤스는 공동 설립자이자 대학 친구인 엘렌 게이츠 스타와 엘렌의 친구였던 메리 조젯 스미스와도 오랜 관계를 유지했다.

시카고에 헐 하우스를 창립한 것으로 유명한 제인 애덤스는 가난한 사람들을 도운 공로로 노벨 평화상을 수상했다.

애덤스의 헐 하우스에서의 일과 그에 기초한 다른 정착지들은 그녀를 유명하게 만들었다. 그녀는 아주 유명한 대중 연설가가 되었다. 그녀는 '유색인들의 발전을 위한 국가 협회', '미국의 시민 자유 연합', '평화와 자유를 위한 여성들의 국제 연맹'과 같은 진보적인 단체들의 창립에 참여했다. 대통령 시어도어 루스벨트는 1912년 그녀에게 '불무스' 진보 정당에서 그의 대통령 후보 직을 승인해달라고 부탁했다(루스벨트는 1901년 이후에 미국의 대통령으로 3년간 직무를 수행하였고 1904년 이후에는 완전한 임기를 채웠다). 진보 정당은 여성의 권리와 투표권을 강력하게 지지하였다.

그러나 애덤스는 제1차 세계대전 이전에 평화주의자고 여성주의자적인 견해를 드러냈다가 격렬한 대중 비판의 대상이 되었다. 말년에 그녀는 세계 평화와 흑인계 미국인들의 권리를 위해 헌신했다.

헐 하우스는 지식에 대한 실용주의적 이상들을 어떻게 충족했나?

애덤스는 헐 하우스를 자선 프로그램만큼이나 인식론적인(지식에 관한 이론) 계획으로 보았다. 그녀는 쓰기를, "이상적이고 개발된 정착지는 완전하고 이상적인 대학이 모든 분야에 걸친 지식의 발견을 목표로 하듯이 행동과 깨달음에 의해 인간의 지식 가치를 시험하고자 시도할 것이다"라고 했다.

조지 허버트 미드

조지 허버트 미드는 누구인가?

조지 허버트 미드(1863~1931)는 존 듀이가 첫 번째 질서의 중대한 마음이라고 묘사한 철학가, 사회 이론가 그리고 개혁가였다(듀이는 미드가 시카고 대학에서의 직위를 수락했을 때 그를 시카고 대학으로 데려왔다). 미드는 뉴잉글랜드의 청교도 공동체에서 성장했으나 그의 사상을 볼 때 그는 경험주의자였다.

미드의 교육과 사회학에 대한 실용주의적 이론들의 가장 중요한 기여는 '상징적인 상호 작용'에 대한 견해였다. 그는 언어의 발달과 역할극을 통해 인간의 마음과 자아의 발전에 대해 설명했다. 개인의 정신 발전에 따른 사회적 성격에 관한 주장으로 일부 행동주의자적인 성격을 띠었으나, 미드는 외적 환경에 대한 적응의 각기 다른 발달 단계들이 있다고 믿었다. 미드는 시카고 대학 실험 학교에서 듀이와 함께 일했고, 제인 애덤스의 친구였으며 헐 하우스에서의 그녀의 일들을 살피는 참관인이었다.

조지 산타야나는 누구인가?

조지 산타야나(조지 어거스틴 니컬러스 루이즈 드 산타나야 이 보라스, 1863~1952)는 철학자, 시인, 예술 비평가이자 국제적인 베스트셀러 소설 《마지막 청교도》(1935, 신판,

445

1936)의 저자이다. 아버지는 스페인 사람이었고, 그는 마드리드에서 태어났다. 그러나 스코틀랜드계 어머니는 그가 아홉 살 때 미국으로 데려와 보스턴 라틴어 학교에 입학시켰다. 1889년 그는 조사이어 로이스의 지도하에 하버드 대학에서 철학 박사 학위를 받았다. 1892년에는 하버드 대학에서 강사로 일하게 되었고 이후 철학과 교수가 되어 20년 동안 가르쳤다. 산타야나의 학생들로는 작가 콘래드 에이컨, T. S. 엘리엇, 로버트 프로스트, 월리스 스티븐스, 그리고 월터 리프먼과 미국의 대법원 판사였던 필릭스 프랭크퍼터가 있다.

산타야나는 1912년에 하버드 대학에서 은퇴하여 여생을 집필과 유럽 여행으로 보냈다. 그의 주요 출판물들로는 《아름다움의 감각》(1896), 《시와 종교의 해석》(1900), 《이성의 삶》(5권, 1905~1906), 《회의론과 동물의 믿음》(1923), 《존재의 영역》(4권, 1927~1940), 《사람들과 장소들》(1944), 《중간 단계》(1945), 《나의 주인 세상》(1953) 등이 있다. 다른 많은 책들과 에세이들 외에도, 350명 이상의 사람들과 주고받은 출판된 서신 편지들은 여덟 권 분량에 이른다.

조지 허버트 미드가 철학에 기여한 것은 무엇인가?

미드는 다윈의 진화론에 대한 연구로 떠오르는 철학자였다. 그는 새로운 형태의 생명체가 나타나면, 이전의 것들은 재해석되어야 할 필요가 있기 때문에 새로운 형태의 생명체가 과거의 성격을 변화시킬 것이라고 주장했다. 미드는 생존해 있는 동안 책을 출판하지는 않았으나 그의 사후에 제자들에 의해 《정신, 자아 그리고 사회》(1934)라는 제목으로 출판되었다.

조지 산타야나의 실용주의 철학에 대한 기여는 무엇이었나?

조사이어 로이스가 그의 선생이었고 C. I. 루이스가 그의 지식에 대한 직관 이론에 반대했다는 사실 이외에는 산타야나가 어떻게 실용주의 철학자였는지는 분명하지 않다. 철학적인 전통은 그가 미국에 사는 동안의 시대, 장소 그리고 그가 교류했던 사람들 때문에 그를 실용주의자로 간주한다. 여전히 산타야나의 미학, 이성, 철학 자체 그리고 인간 본성에 대한 견해들은 윌리엄 제임스, 존 듀이와 공통된 흐름을 공유한다.

산타야나의 미학에 대한 이론은 아름다움을, 예술 작품을 경험하는 인간의 감각 기관에 대한 효과라기보다는 대상의 형태 속에서 쾌락을 경험하는 것이라고 했다. 그는 모든 선호는 기본적으로 비합리적이며 가치들은 쾌락에 기초해 있다고 주장했다. 이성에 대한 그의 입장은 과학, 종교, 사회, 일상생활뿐 아니라 더 분명히는 예술에서 인간의 창조성을 강조했다. 전반적으로 그는 인간 존재를 물리적인 세계에 살고, 음식을 찾으며, 위험을 두려워하는 점에서 동물과 동일시했으며 자연을 가리켜 우리가 경험을 갖게 되는 일종의 환경이라고 했다. 《이성의 삶》(1905~1906)에서 그는 자연을, 스펀지처럼 끌어당기며 무겁고 지각의 물들이 떨어지는 것으로 묘사했다. 그러므로 '자연의 성격'은 그것에 대한 우리의 경험에 의해 조건짓는다. 이러한 견해들은 그의 초기 작업의 특징이었다.

산타야나는 하버드를 떠난 후에 형이상학과 존재론에 대해 글을 썼고, 객관적인 현실을 인간의 경험에 반대되는 것으로 강조하였다. 그러나 산타야나 자신은 이러한 변화를 인정하지 않았고, 후기 글들 속에서 예술과 경험에 대한 그의 초기 이론들을 위해 더욱 종합적이고 견고한 토대를 제공하는 것이라고 주장했다.

조지 산타야나는 자신의 말년을 어떻게 보냈나?

제2차 세계대전이 발발했을 때 산타야나는 로마에 있었다. 그는 자신의 미국 은행 계좌에 접근할 수 없었으므로 클리니카 델라 피콜라 캄파냐 디 마리아에서 저렴하게 숙식을 하고 있었다. 이 진료소는 그들이 사용하는 색깔 때문에 '블루 넌스(푸른 수녀들)'라고 알려진 교단에 의해 운영되었다. 산타야나는 죽기 전까지 이곳에서 13년을 보냈다. 원래 그는 전쟁의 피난처로서 안전한 수녀원을 좋아했으나 시간

이 지남에 따라 현대적인 삶의 분주함을 벗어난 수녀원의 옛 생활 방식을 좋아하게 되었다.

산타야나의 존재론은 무엇이었나?

그는 이상주의로 이끌었던 물리적인 현실에 대한 철학적인 회의주의에 반대했다. 하지만 그러한 회의론의 한 가지 긍정적인 효과는 '정수'가 궁극적으로 실제임을 보여주는 것이라고 생각했다. 그러나 사람들은 순수한 정수를 경험할 수 없다. 우리의 동물적인 믿음은 우리의 직접적인 경험 너머의 세계를 가정한다. 그러한 세계는 정수와 물질, 진리와 영으로 구성되어 있다. 물질은 항상 변화하고 있으나 지속성을 지니고 있어 그것을 물질로 만들어버린다. 진리가 물질과 존재하는 것에 관한 것이라면 영은 순전히 초월적인 의식이다. 산타야나는 직관을 진리, 의미 혹은 물질적인 존재에 대한 어떠한 전념 없이 명백한 것에 대한 직접적이고 분명한 소유라고 기술하였다.

랠프 바턴 페리

랠프 바턴 페리는 누구인가?

랠프 바턴 페리(1876~1957)는 가치에 대한 이론과 현실주의자적인 견해들로 잘 알려져 있다. 그리고 자신의 멘토이자 동료에 대한 전기 《윌리엄 제임스의 사상과 성격》(1935)으로 1936년 퓰리처상을 받았다.

페리는 1899년에 하버드 대학에서 박사 학위를 받았고, 1902년부터 1946년까지 그곳에서 가르쳤다. 주요 출판물로는 앨프리드 웨버의 《철학의 역사, 새로운 현실주의》(1912)의 1925년 판, 《가치의 일반 이론》(1926), 《청교도주의와 민주주의》(1944), 《가치의 영역들》(1954), 《사람의 인간성》(1956) 등이 있다.

랠프 바턴 페리의 가치 이론은 무엇이었나?

페리는 가치가 과녁과 같은 기능을 한다고 보았다. 어떠한 물체는 관심이 쏟아질 때 가치 있거나 가치를 획득한다. 윤리적인 선은 모든 관심들이 조화로워지고 충족될 때 성취되는 조화로운 행복의 증진이다.

랠프 바턴 페리의 현실주의는 무엇이었나?

페리는 다섯 명의 저자들 — 에드윈 B. 홀트, 월터 T. 마빈, 윌리엄 페퍼렐 몬터규, 월터 보턴 피트킨 그리고 에드워드 글리즌 스폴딩 — 과 함께 《새로운 현실주의: 철학에 있어 협동적인 연구》(1912)를 저술했다. 이들은 우리가 인지하고 기억하는 것은 우리가 그것들을 의식함에 따라 보이는 것이라고 주장하면서 이상주의와 이원론에 대항하였다. 이들의 결론은 G. E. 무어의 이상주의에 대한 상식의 공격의 결론과 유사하다.

C. I. 루이스

C. I. 루이스는 누구인가?

C. I. 루이스(1883~1964)는 모든 실용주의 철학자들 중에서 가장 칸트적인 인물이었다. 그는 하버드에 찰스 샌더스 퍼스의 논문들이 보관되어 있던 도서관에 사무실을 배정받자 퍼스의 논문들을 읽고 실용주의자가 되었다.

루이스는 매사추세츠의 스톤엄에서 태어났다. 그의 아버지는 노조 활동을 벌이다 직장에서 쫓겨난 구두 수선공이었다. 루이스는 학부생으로 하버드를 다녔고, 콜로라도에서 학생들을 가르치다 박사 학위를 받기 위해 하버드로 돌아왔다. 이후 캘리포니아 대학에서 종신직 과정을 거쳤고, 상징 논리학 연구 때문에 유명해졌다. 그는 1920년에 하버드 대학 철학과의 조교수가 되기 위해 부교수의 지위를 포기했다.

루이스는 1940년대에 그의 세대 중에서 가장 유명한 철학자였으나, 1960년대에 제자인 W. V. O. 콰인의 성공으로 명성이 가려졌다. 콰인의 성공은 루이스의 전체적인 철학 체계의 근간이었던 분석적/종합적 구별법에 대한 자신의 반박이 널리 수

용된 데 많은 부분 기초하였다. 루이스의 주된 작품들로는 《상징 논리학에 대한 조사》(1918), C. H. 랜퍼드와 같이 집필한 《상징 논리학》(1932), 《마음과 세계 질서》(1929), 《지식과 가치의 분석》(1946) ,《정당성의 근거와 성격》(1965) 등이 있다.

분석적/종합적 구별법은 무엇이며 C. I. 루이스가 그것을 필요로 한 이유는 무엇인가?

'분석적' 진리들은 정의에 의한 진리이고 우리에게 세계에 대해 아무것도 이야기해주지 않는다. '종합적' 진리들은 세계에 대한 것이나 그릇된 것으로 판명날 수 있다. 이러한 구별법과 함께 선험적/후천적 구별법이 있다. 선험적 지식은 경험 없이 또는 경험 이전에 알려진 것이고 후천적 지식은 경험 이후에 또는 경험의 결과로 알 수 있는 것이다.

경험주의 철학가들은 전통적으로 선험적이고 종합적인 진리들이 없다고 주장하며, 분석적인 것이 선험적이며 종합적인 것은 후천적이라고 가정하는 경향이 있다.

일상적인 경험과 과학적인 지식을 설명함에 있어 루이스의 주요 철학적인 도구는 선험적인 것과 그가 주어진 것이라고 부른 것을 구별하는 것이었다. 간단히 말해서, 그는 우리의 지식과 경험은 선험적인 것과 주어진 것 간의 상호 작용 결과라고 생각했다. 우리의 경험 속에는 우리가 통제할 수 없는 야만적인 것이 있다. 그러나 우리는 그것에 선험적인 원리들과 명제들을 투영함으로써 그것의 의미를 이해한다.

C. I. 루이스의 실용주의의 형태는 무엇이었나?

루이스는 세계에 대한 모든 지식은, 단순한 인지적 사실일지라도 가설적이며 "내가 만약 X를 한다면 Y의 결과가 나올 것이다"라는 형식을 취한다고 믿었다. 예를 들어, 벽이 단단하다고 말하는 것은 내가 만약 거기에 머리를 부딪힌다면 특정한 감각을 갖게 될 것이라는 점을 의미한다. 마치 복숭아가 익었다는 주장은 내가 그것을 물었을 경우 기대하던 특정한 맛을 경험하게 되리라는 것을 의미하는 것처럼 말이다.

윤리학에 있어, 루이스는 가치 판단은 행동의 결과에 대한 평가들이라고 믿었다. 그러나 미적인 평가들은 경험에 대한 객관적이고 질적인 방식의 평가를 필요로 한다. 루이스는 존 듀이와 마찬가지로 가치들은 객관적인 특질들로 세상에 존재하며 인간의 선호나 판단들의 결과가 아니라고 믿었다. 루이스에 의하면, 모든 경험은 선함부터 악함까지의 측정치에 따른 가치의 차원이 있고 유쾌한 것에서 불쾌한 것으로의, 또는 높은 심리적 특질에서 낮은 심미적 특질로의 심미적인 차원들이 있다. 윤리학과 미학에서 어떤 것들은 사고를 통해 본질적으로 선한 것으로 보일 수 있다. 그리고 윤리학에서 행동의 목적과 목표는 종종 본질적으로 선한 것이다.

미국인들은 그들의 나라가 여러 인종들이 "어우러진 멋진 나라 wonderful melting-pot"라고 가르치지만, 인종들 간의 관계와 문화적 다원주의는 복잡디단한 문제점을 안고 있음이 밝혀졌다. 알레인 로크는 그런 역동적 관계에 대한 연구로 잘 알려진 인물이다.

알레인 로크는 누구인가?

알레인 리로이 로크(1885~1954)는 첫 흑인계 미국인 학자였다. 그는 1918년에 하버드 대학에서 철학에 대한 박사 학위 논문을 썼다. 하지만 그는 흑인 기관 이외에는 철학 교수로 임용되지 않을 것이라는 말을 들었다. 로크의 논문은 《가치의 이론에서 분류의 문제》였다. 랠프 바턴 페리가 그의 논문 지도 교수였다.

1921년에 로크는 이전에 자신이 영어를 가르쳤던 하버드 대학에 철학과 학과장을 맡기 위해 돌아와 1953년까지 일했다. 로크는 창조에 대한 연구와 할렘 르네상스에 대한 지지 그리고 흑인 예술과 음악에 대한 글들로 주로 기억된다. 또한 실용주의에 대한 연구를 발전시켰고, 19세기 후반기에야 회복되기 시작한 인종 차별주의와 인종 정체성의 문제들에 복합적인 방법으로 자신의 연구를 적용시켰다. 로크의 주요 실용주의적 철학 작품으로는 《민족들이 만날 때: 인종과 문화 접촉에 대한 연구》(1942)가 있다. 로크의 다른 철학적인 글들은 이후로 레너드 해리스(1948~)와 다른 철학자들에 의해 편집되고 재해석되었다.

알레인 로크는 실용주의를 인종과 문화의 문제들에 어떻게 적용하였나?

로크는 가치와 가치화, 문화적인 다원주의 그리고 인종 관계에 관심이 있었다. 그는 각각의 문화 그룹들은 독특한 정체성을 가지고 있으며 이것은 보다 폭넓은 영역에서 구성원들의 시민권과 충돌해서는 안 된다고 주장했다. 그러므로 흑인계 미국인들은 할렘 르네상스에 의해 지지되는 문화적 정체성을 가질 수 있고 미국인으로 남아 있을 수 있다고 했다. 이러한 정체성 모델은 흑인 문화를 장려하려 노력한 로크의 지적인 기초였다. 그러나 어떤 이들은 이를 응용 실용주의적 전략으로 본다.

로크는 흑인의 정체성은 생물학적인 요인이 아니라 대부분 경제적·정치적 힘의 결과라고 믿었다. 그러나 그의 실용주의적인 전략은 그러한 믿음을 직접 주장하는 것이 아니라 인종에 대한 그릇된 생물학적 이해를 강조했던 사회 속에서 궁극적으로 인종 평등의 목표를 향한 문화로서의 인종의 이해를 장려하는 것이었다.

과정 철학

과정 철학이란 무엇인가?

과정 철학은 알베르트 아인슈타인의 상대성 이론, 빛의 파장 이론, 소립자 물리학과 같은 다른 과학적 이론들에 의해 크게 영향을 받은 20세기 초의 사고 체계였다.

과정 철학의 근본적인 형이상학적 전제는 경험의 기본 단위는 원자와 같은 안정된 것이 아니라 시간에 걸친 사건이나 변화였다. 가장 유명한 과정 철학자는 앨프리드 노스 화이트헤드와 찰스 하트숀이었다.

앨프리드 노스 화이트헤드는 누구인가?

앨프리드 노스 화이트헤드(1861~1947)는 자신의 학생이었던 버트런드 러셀과 《수학의 원리》(3권, 1910, 1912, 1913)를 위한 공동 작업으로 분석철학에서 유명하다. 《수학의 원리》는 완성하는 데 10년이 걸렸으며 수학을 논리학으로 축소하려 한, 인상적이지만 실패한 시도임에도 높이 평가되었다. 화이트헤드는 또한 미국의 과정 철학 창시자이다. 과정 철학은 변화와 경험의 역동적인 성격에 대한 강조 때문에 실용주의 철학과 유사한 과학 및 형이상학 철학이다.

앨프리드 노스 화이트헤드의 경력에서 주목할 점은 무엇인가?

화이트헤드는 교직 경력의 첫 25년을 케임브리지의 트리니티 칼리지에서 보냈다. 화이트헤드와 버트런드 러셀은, 러셀이 제1차 세계대전 동안 평화주의자가 되고 화이트헤드의 아들은 전쟁에서 전사하자 사이가 멀어지게 되었다. 화이트헤드는 런던 대학에서 학생들을 가르치며 《자연 지식의 원리들*Principles of Natural Knowledge*》(1919), 《본성의 개념*The Concept of Nature*》(1920), 《상대성의 원리*The Principle of Relativity*》(1922)와 같은 과학철학 저서를 출판하기 시작했다. 과정 철학자로서 그의 가장 중요한 작품은 하버드 대학의 직위를 수락하기 위해 미국으로 이주한 후에 출판된 《과정과 실제*Process and Reality*》(1927~1928)이다.

앨프리드 노스 화이트헤드의 과정 철학이란 무엇인가?

화이트헤드는 단순한 공간이나 시간적인 위치에 대한 개념을 갖는 것이 불가능하다고 믿었다. 그는 우리의 즉각적인 경험에서는 아무것도 이런 단순한 위치의 성격을 갖지 않는다고 주장했다. 그 대신 화이트헤드는 단순한 위치는 담요들로 된 보금자리, 러시아 인형들, 각기 다른 크기의 솥단지처럼 다른 것에 걸쳐 있는 존재하는

질량들에 대한 고려들로 이루어진 구성적 추상화constructive abstraction 과정을 필요로 한다고 주장했다(화이트헤드는 사물들이 완전히 스스로 존재하거나 다른 것들로부터 고립되어 있지 않다는 점을 강조하기 원했으므로 그가 문자적으로 거울을 의미했다고 보기는 어렵다).

더욱이 우리가 물체라고 상상하는 것들은 사실, 구성된 사건들이고 과정들이다. 물질이 아니라 과정이 세계의 기본적인 단위이다. 철학의 역할은 현실과 우리의 매일의 경험의 과학적이고 논리적인 설명들 간의 관계나 관련성을 설명하는 것이다. 과학이 직접 경험을 설명한다고 믿는 것은 구체성을 잘못 놓는 오류를 범하는 것이라고 봤다.

앨프리드 노스 화이트헤드는 실제적으로 세계가 무엇으로 구성되어 있다고 생각했나?

화이트헤드에 따르면 가장 원시적인 실제 단위는 실제적인 사건인데, 이는 시간 속에서 지속적으로 존재하는 어떤 물체가 아니라 과정이다. 이러한 과정은 다른 모든 과정과 관련되어 있다. 또는 화이트헤드의 주석가들이 설명하였듯이 현실의 기본 단위는 모든 가능한 표면들에 대한 창문을 가진 라이프니츠적 궁극의 실체이다. 더욱이 화이트헤드는 자신의 존재론이 비활성 물체들의 과학적 존재론과는 달리 진화하는 신의 존재를 허용한다고 믿었다.

찰스 하트숀의 우주의 체계는 어떻게 기능했나?

하트숀에 의하면, 인간의 모든 감각들은 감정들이며 자연은 신의 기억 속에서 항상 존재했던 지각이 있고 창조적인 존재들의 모든 상호 작용의 전체이다. 우주 전체는 말 그대로 신의 몸이다. 감각의 경험들로 지각될 수 있고 영원불멸의 가장 중요한 가치들은 아름다움을 동반한다. 아름다움은 이론적으로 질서와 무질서 그리고 단순성과 복잡함 사이의 중간으로 이해될 수 있다.

찰스 하트숀은 누구인가?

　찰스 하트숀(1897~2000)은 화이트헤드 철학의 존재론적인 측면을 발전시키는 데 바친 20권 이상의 책을 썼다. 하트숀은 인간의 사건들과 시간, 역사 그리고 신을 포함하는 역동적인 형태의 진화를 가정했다. 신은 양극성을 지닌다. 신은 추상적인 극과 구체적인 극을 가지고 있다. 하트숀은 신의 존재의 필요성은 캔터베리의 주교 성 안셀무스의 존재론적인 논쟁에 대한 그의 버전에서 입증될 수 있었다. 하트숀은 안셀무스가 신의 존재를 사고로부터 입증하려고 시도한 것은 잘못되었으며 입증할 수 있는 것은 신의 존재의 필요성이라고 믿었다.

　하트숀의 주요 작품들로는 《인본주의를 넘어서: 본성의 새로운 철학에서의 에세이》(1968), 《완전함의 논리학과 신고전주의적인 형이상학에 대한 다른 에세이들》(1962, 개정판 1973), 《안셀무스의 발견》(1965), 《우리 시대를 위한 자연적인 신학》(1967, 개정판 1992), 《감각의 철학과 심리학》(1968), 《창조적인 종합과 철학적인 방법》(1970), 《사회적인 과정으로서 현실》(1971), 《전지전능함과 다른 신학적인 잘못들》(1984) 그리고 《노래하기 위해 태어나다: 새의 노래에 대한 해석과 세계 조사》(1992) 등이 있다.

분석철학
ANALYTIC PHILOSOPHY

분석철학이란 무엇인가?

분석이란 개념·믿음·논증 혹은 생각의 긴 맥락과 사고 체계 등을 쪼개어 보다 단순한 성분별로 펼쳐보는 정신적 과정이다. 철학이 자체 분야 및 여타 모든 분야에서의 '정신적 산물'에 관한 학문인 이상, 모든 철학은 분석적이다. 하지만 미국의 대학 철학과들을 비롯해 국제적으로 '분석철학'이라는 용어는 대륙 철학과 실용주의에 맞서는 한편, 최근에 부각되어 '신철학'으로 분류된 계열과도 구분되는 20세기 철학적 사고의 주류 사조를 가리킨다.

분석철학의 실천에서 두드러진 점은 무엇인가?

분석철학도 전통적인 주제들을 다루지만 그 방법에서 두드러진다. 분석철학의 방법은 경험주의와 개념 분석을 결합시킨 형태이지만 사변적 접근을 최소화한다.

20세기 초 분석철학

20세기 초 분석철학에서 주요 주제는 무엇이었나?

제2차 세계대전 이전의 분석철학은 영국의 관념론에 대한 거부에서 시작되었다. 호응이 좋았던 상식 철학과 새롭고 엄격한 의미 이론을 제시한 조지 에드워드 무어를 거쳐 경험주의자인 버트런드 러셀에 의해 소개되었으며 러셀과 루트비히 비트겐슈타인에 의해 전개된 **논리적 원자론**이라는 그들의 신조가 한동안 풍미했다.

논리적 원자론은 명료한 논의 전개를 위해 진리 함수 논리에 의존하는 형태였다. 다시 말해, 일반적으로 분석철학자들은 철학의 표준을 수립하는 탁월한 과학으로서 논리학으로 전환했던 것이다.

G. E. 무어

G. E. 무어는 누구인가?

조지 에드워드 무어(1873~1958)는 인식론적 · 존재론적 실재론을 성공적으로 회생시켰으며, 상식을 기반으로 하는 철학적 방법을 지지했다. 그는 자신의 경력 대부분을 케임브리지 대학에서 보냈고, 1925년에 교수가 되었다. 학부생 시절 무어는 케임브리지 대학 학부의 비밀 엘리트 결사 조직인 '케임브리지 사도들'의 회원이었다. 그는 최고의 분석적 학술 저널인 〈마인드*Mind*〉의 편집자를 지냈다(1921~1947). 주요 저서로는 《철학적 연구*Philosophical Studies*》(1922), 《윤리학 원리*Principia Ethica*》(1903), 《철학의 몇 가지 주요 문제들*Some Main Problems of Philoso phy*》(1953) 등이 있다.

G. E. 무어의 상식 철학이란 무엇인가?

무어는 철학자들이 주장하는 바와 일상인들이 믿는 바 간의 차이를 구분했다. 그는 다음과 같이 썼다.

나는 어떤 철학적 문제도 이 세계나 과학이 나에게 제시했을 것이라고 생각하지 않는다. 나에게 철학적 문제들을 제시한 것은 단지 다른 철학자들이 세계나 과학에 관해 말했던 것들일 따름이다.

무어 자신의 철학적 접근은 사고의 대상으로서 '사고 이전의' 혹은 막 고려 중인 하나의 개념과 다른 개념들 사이의 차이를 결정함으로써 개념들 혹은 단어의 의미들을 분석하는 것이었다. 자신의 저서에서 무어는 체계적인 분석의 철저한 형태를 보여주었다. 20세기에 그의 철학적 위상을 확립시킨 것은 바로 이런 냉정하면서도 주도면밀한 명료함이었다.

G. E. 무어는 자신의 상식 철학을 어떻게 발전시켰는가?

무어의 첫 번째 주요 논문은 1903년 출간된, 《마인드》에 발표된 '관념론 반박'이었다. 여기서 그는, 어떤 회의론이나 관념론도 세계가 실재한다는 상식적 신념만큼 확신을 주지 못하며, 따라서 관념론과 회의론을 물리칠 수 있다는 논증을 펼쳤다. 무어는 그의 전설적인 '양손 논증'을 통해 외부 세계의 존재를 '입증'한 것으로 일약 유명해졌다(이 논증은 외부 세계에 관한 회의론에 대항하는, 1939년 발표한 그의 《외부 세계에 대한 논증》에서 유래한다).

무어는, 자신의 오른손을 들어 올리며 "여기 한 손이 있다"고 말하고 나서 왼손을 들어 올리며 "그리고 여기 다른 한 손이 있다"고 말함으로써, 회의론적 입장을 물리쳤노라고 말했다. 이는 얼핏 보이는 것처럼 '임기응변'의 반론이 아니었다. 무어의 전제는 그가 양손을 가지고 있음을 안다는 것이고, 그로부터 외부 세계가 존재한다는 사실이 따라 나오며, 그런 존재에 관한 회의론적 의심에는 아무 근거가 없다는 사실이 따라 나온다.

이는 케임브리지 대학 학부에 있었던 동아리로서, G. E. 무어와 그를 높이 평가했던 몇몇 남자 작가들이 속해 있었다. 이런 케임브리지 사도들 혹은 '케임브리지 토론 모임'은 나중에 지브롤터의 주교가 된 톰린슨(George Tomlinson)에 의해 1820년 처음 발기되었다. 최초의 회원이 원래 열두 명이었기에 그 점이 모임의 이름에 반영되었다. 그들은 회원 중 한 사람이 보고서를 발표하고 이어지는 토론을 위해 토요일 저녁에 만났고, 저녁 식사로 '고래'를 먹었는데 실은 정어리를 얹은 토스트를 그렇게 불렀다. 사도들은 비밀 결사 형태를 유지하면서 매년 1회의 만찬회와 런던 일원에서의 수시 회합을 가졌다. 1970년까지 여자들은 회원이 될 수 없었다.

1951년 '케임브리지 간첩단' 사건이 드러났을 때, 그중 네 명이 과거 케임브리지 사도들이었다. 그중 두 명은 정부 고위 관료로서 KGB에 민감한 정보를 넘겨주었다(케임브리지 간첩단은 다섯 명의 케임브리지 대학 동문들로서 1930년대 소련 간첩에게 포섭된 영국의 젊은이들이었다. 그들은 영국 정부의 요직에 침투하여 고급 기밀을 소련에 팔아넘겼다).

G. E. 무어는 어떻게 실재론자인가?

무어는 때론 소박 실재론자이고 또 어떤 때에는 표상 실재론자이다. 모든 실재론자들은 실재하는 외부 세계가 있음을 믿는다. 소박 실재론자들은 이 세계에서 대상들을 직접 지각한다고 주장한다. 표상 실재론자들의 경우 우리가 지각하는 것은 대상들이 우리의 감각 기관에 미친 영향이라고 생각한다. 다시 말해 우리가 지각하는 것은 대상이 아니라 실재하는 대상에 의해 발생한 **감각자료**라는 것이다.

진리 함수 논리와 논리적 원자론

진리 함수 논리란 무엇인가?

진리 함수 논리는 논리적 규칙에 따라 요소 명제 항들을 진릿값으로 대체시킴으로써 논리적 진리를 따져나간다. 명제의 진릿값(참 또는 거짓)은 요소 명제들의 진릿값에 따라 계산될 수 있다. 예를 들어, "A or not~A"(비모순률)가 하나의 규칙이라면, "A가 참이면 not~A가 거짓이고, A가 거짓이면 not~A가 참이다"를 의미한다. 복합 명제들은 그것을 구성하는 요소 명제들의 진릿값(참 또는 거짓) 상태에 따라 결정된다. 이를테면 "오늘은 비가 오고 춥다"라는 명제는 "비가 온다"가 참이고 "춥다"도 참일 경우에만 참이다.

진리 함수 논리는 명제 연결사 'if', 'and', 'not', 'if then', 'if and only if' 등에 의해 연결된 절들을 포함하는 문장의 진릿값을 알려주는 진리표에 따라 전형적으로 적용된다. 전체 문장의 참 또는 거짓은 각 연결사에 적용된 논리 규칙에 따른 성분들의 참 또는 거짓 상태에 의해 결정된다.

논리적 원자론이란 무엇인가?

논리적 원자론의 주된 주장은, 세계가 논리적 사실들로 구성되어 있다는 것이다. 이들 논리적 사실들은 더 작은 사실들로 나뉠 수 없기 때문에 원자적 사실이라고도 한다. 단일 논리적 사실들은 진리 함수 논리에 따라 결합해서 분자적 사실을 이룰 수 있다.

논리적 원자론을 과학적 주장처럼 보다 더 복잡한 문장에 적용하기 위해 논리적 구성의 방식이 정해져 있다. 논리적 구성에서는, S에 관한 명제가 P들에 관한 원자적 명제로 환원된다면, 그런 임의의 'S'는 'P들'의 논리적 구성을 나타낸다. 예컨대 샐러드는 그 재료들의 논리적 구성이고, 일상적 대상의 지각은 감각자료들의 논리적 구성이다. 버트런드 러셀과 루트비히 비트겐슈타인이 이런 입장을 대표하는 인물들이었다.

461

논리적 원자론의 영향은 무엇이었나?

철학적 신조로서 논리적 원자론은 논리 실증주의에 의해 밀려났다. 하지만 논리적 원자론의 전반적인 설득력은 러셀이 '논리적 전체론logical holism'이라 이름 붙인 개념, 즉 세계는 하나의 전체로서 그 어떤 부분들도 독립적으로 알려질 수 없다는 신조를 물리쳤다. 논리적 전체론은 절대적 관념론과 결부된 인식론적 신조였다.

버트런드 러셀

버트런드 러셀은 누구인가?

친구들에게는 '버티Bertie'로 알려진 윌리엄 버트런드 러셀 경(1872~1970)은 G. E. 무어, 루트비히 비트겐슈타인과 더불어 분석철학의 창시자로 각광받았다. 그는 케임브리지 대학에서 공부하고 가르쳤으며, 1916년과 1944년 사이에는 자신의 반전·평화주의 견해와 그 실천적 활동으로 인해 교직을 잃었다. 그는 1950년 노벨 문학상을 받았다. 철학·정치·과학·사회 개혁 등에 관한 그의 저작들은 초고로 작성된 것임에도 불구하고 한결같이 아름다운 산문으로 구사되어 있다는 평가를 받았다.

러셀을 유명하게 만든 것들로는 앨프리드 노스 화이트헤드와 함께 수학을 논리학으로 환원시키려 했다가 실패한 시도와 그의 기술 이론 및 유형이론, 그리고 철학의 임무는 명제(문장의 의미)를 분석하는 것이며 그처럼 분석할 가치가 있는 유일한 명제는 우리가 익힐 수 있는(즉 직접 지식을 가질 수 있는) '성분 요소들'을 가져야 한다는 그의 주된 신조 등을 들 수 있다.

버트런드 러셀은 만년에 평화주의 활동을 활발하게 펼치기도 했지만 철학자로 활동하던 시절에는 수십 권의 저서를 펴낸 가장 왕성한 작가였으며, 1950년에 수상한 노벨상은 노벨 문학상이었다.

러셀은 평생 동안 가장 왕성하게 작품을 생산한 철학 작가 중 한 사람이었다. 그는 수백 편의 논문과 수필 그리고 수십 권의 저서를 냈다. 그중 가장 주목할 가치가 있는 것들을 열거하면 〈마인드〉(Vol. 14, 1905)에 실린 〈지시에 관하여 On Denoting〉와, 《철학 에세이》(1910), 《철학의 제 문제》(1912), 화이트헤드와의 공저인 《수학의 원리》(3권, 1910~1913), 《나는 왜 크리스천이 아닌가?》(1927), 《서양 철학의 역사》(1946), 《버트런드 러셀 자서전》(1967~1969) 등이 있다.

버트런드 러셀의 지식이론은 무엇인가?

러셀은 두 종류의 지식을 구별했다. 친숙성(즉 무언가를 알아보는 낯익힘)에 의한 지식은 '감각자료', 정신적 상태, 사고와 감정 등에 대한 직접적인 지식(직접지)이다. 이보다 훨씬 간접적인 '기술에 의한 지식(기술지)'은 궁극적으로 친숙성에 의한 지식, 즉 직접지를 기반으로 삼고 그로부터 추가되는 지식이다. 예를 들어, 내가 PC에 타이핑하는 동안에는 이 페이지에 대한 직접지를 갖게 된다. 하지만 나는 버마(미얀마)에는 한 번도 가본 적이 없으며, 거기에 수록된 버마에 대한 지식은 나에게 기술지인 것이다.

러셀의 한정기술이론이란 무엇인가?

러셀은 존재하지 않는 것들에 관해 의미 있게 진술하는 것이 어떻게 가능한지 설명했다. 그의 한정기술이론에 따르면, "X는 Q이다"라는 형식의 명제가 의미하는 바는 "정확히 하나의 X가 존재하고 그 하나의 X가 Q이다"라는 것이다. 혹은 "적어도 하나가 X이고, 오직 하나만 X이며, 그런 모든 X는 Q이다"라는 뜻이다.

러셀의 이론은 서로 모순되는 두 명제로 보이는 "X는 Q이다"와 "X는 not~Q이다"의 사이를 분별했다. 러셀이 제시했던 예를 사용하면, (A)"프랑스 왕은 대머리이다"와 모순되는 명제는 (A`)"프랑스는 왕이 없거나, 두 명 이상의 왕이 있거나, 대머리가 아닌 한 명의 왕이 있다"이다. 한편 (A)와 모순되는 명제로 생각되기 쉬운 (B)"프랑스의 왕은 대머리가 아니다"의 의미는, 러셀에 따르면, (B`)"프랑스의 왕이 유일하게 한 명 있고, 그는 대머리가 아니다"이다. 따라서 (A`)와 (B`)는 동일한 의미

분석철학

를 가지고 있지 않다〔결국 러셀에 의하면, (A)는 참도 거짓도 아닌 문장이 아니라, 거짓 명제인 것이다. 이로써 존재하지 않는 주어를 가진 문장의 의미를 새길 수 있다고 러셀은 주장했다〕.

러셀의 유형이론이란 무엇인가?

수학을 논리학으로 환원시키려 했던 독일의 철학자이자 수학자인 고틀로프 프레게의 시도로 품게 된 퍼즐이 발단이 되어 러셀의 유형이론은 시작되었다. "자기 자신을 원소로 하지 않는 집합"들 전체로 이루어진 집합 R는 "자기 자신을 원소로 하는 집합"인가? 이 물음은 타당한 것처럼 보이지만 러셀은 그것이 모순에 이른다는 것을 보여주었다. "자기 자신을 원소로 하는 집합"을 1종 집합, "자기 자신을 원소로 하지 않는 집합"을 2종 집합이라 할 때, R를 1종이라 가정하면 2종이 되고, 2종이라 가정하면 1종이 된다. 이런 패러독스에 대한 러셀의 대응이 유형이론이다. 러셀은 사물들의 유형에는 계층이 있어 그것들에 관해 언급할 때는 계층에 따른 제약이 있다고 보았다. 이를테면 우리가 러셀은 분석철학자라고 말할 수 있지만, 한 무리 사람들 집합을 분석철학자라고 말할 수는 없다는 것이다.

러셀은 그의 논리학 사용에 관해 무엇을 생각했나?

러셀은 명제들이 논리적 형식으로 올바르게 번안될 수 있다면 논리학이 철학적 문제와 일상적 문제를 모두 해결할 수 있다고 믿었다. 그러기 위해서 러셀은 "논리적으로 올바른" 언어의 이상적 형태인 보편 언어를 상정했다. 그는 제자였던 루트비히 비트겐슈타인이 그런 언어를 제공할 수 있는 바른 경로에 들어서 있다고 한동안 생각했다. 그러나 비트겐슈타인은 자신의 철학 초기에 그런 언어를 넌지시 암시했을 따름이고 얼마 지나지 않아 포기했다.

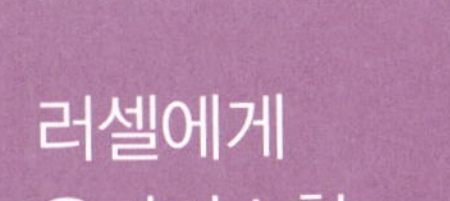

러셀에게 유머러스한 면이 있는가?

그는 평생 동안 강박증에 시달렸음에도 불구하고, 아래 인용문들이 보여주는 것과 같은 러셀 특유의 위트를 잃지 않았다.

"이 세상의 모든 문제는 바보들과 광적인 사람들이 스스로에게 너무 확신을 갖고 있는 반면, 현명한 사람들은 오히려 의심으로 가득 차 있다는 점에 있다."

"내가 틀렸을 것이기 때문에 나는 결코 내 믿음으로 인해 죽지 않을 것이다."

"사람들은 남자가 이성적인 동물이라고 말한다. 지금까지 내내 나는 이 사실을 뒷받침할 만한 증거를 찾고 있는 중이다."

"아리스토텔레스는 여자가 남자보다 치아 수가 더 적다고 주장했다. 그는 두 번이나 결혼했음에도 불구하고, 아내들의 입속을 조사해봄으로써 자신의 이런 주장을 확인하는 일을 결코 하지 않았다."

루트비히 비트겐슈타인

루트비히 비트겐슈타인은 누구인가?

비트겐슈타인(1889~1951)은 철학적으로 대별되는 두 시기를 가졌다. 첫 번째는 스승 러셀에게서 영향을 받은 논리적 원자론의 야심찬 개진의 시기로서, 그 결실이 첫 번째 저작인 《논리-철학 논고 *Tractatus Logico~Philosophicus*》(1921)에 담겨 있다. 두 번째는 철학적 '일상 언어' 이론이라는 비트겐슈타인 고유의 철학을 개진한 시기로서, 일상 언어에 관한 그의 고유의 통찰이 담겨 있다. 비트겐슈타인은 의심의 여지가 없는 천재였다.

비트겐슈타인의 생애에 관한 사실들은 어떤 것들이 있는가?

비트겐슈타인의 생애에 관해서는 (모든 것이 속속들이 이해되는 것은 아니지만), 많은 것

들이 알려져 있다. 일부 일화들은 거의 전설의 영역에 속하는 것처럼 보인다. 비트겐슈타인은 1889년 오스트리아 빈의 명망 있고 부유한 유대인 가문에서 태어났다. 그의 친가는 개신교로 개종한 유대인 집안이었고, 그의 어머니는 아버지가 유대인 자손임에도 불구하고 자신은 가톨릭 신자였다. 루트비히는 여덟 자녀 가운데 막내였으며, 가족들은 모두 품격 있는 고급문화 환경에서 살았다(작곡가 요하네스 브람스는 비트겐슈타인 가족의 절친한 벗이었다).

루트비히는 가톨릭으로 세례를 받았음에도 불구하고, 생애 후반에 친구들에게 양심상의 죄들을 고백할 때, 스스로 저질렀던 죄의 항목들 가운데 다른 사람들이 자신은 유대인이 아니라고 생각하는 것을 방치했던 사실까지 포함시켰다. 그에게는 네 명의 형이 있었는데 그중 세 명이 자살로 생을 마감했다. 1913년 아버지가 죽었을 때 루트비히는 막대한 유산을 상속받아 주변에 모두 나눠주었다. 독일이 오스트리아를 병합시킨 이후인 1938년, 그는 독일 정부에 수백만 달러를 금으로 기부함으로써 자신의 누이가 수용소로 끌려가는 것을 막을 수 있었다.

비트겐슈타인이 받은 교육에는 베를린에서 배운 기계 공학이 포함된다. 1908년에는 항공학을 공부하기 위해 런던으로 이사했는데, 연 날리기로 실험한 적도 있다. 이 일들은 그를 수학으로 이끌었고, 다시 논리학 안에서 수학의 기초를 찾는 일이 현안의 목표가 되면서 그를 철학에 다가가게 했다. 철학자이자 수학자인 고틀로프 프레게를 한 차례 방문한 사실이 계기가 되어 비트겐슈타인은 러셀이 G. E. 무어와 함께 논리학을 가르치고 있던 케임브리지 대학에 가면서 버트런드 러셀을 만나게 되었다. 그러나 비트겐슈타인의 공부는 제1차 세계대전으로 중단되었는데, 그동안 그는 오스트리아 육군에 자원입대하여 용기 있는 자로 각인되었다.

러셀은 비트겐슈타인이 《논리-철학 논고》를 출간하도록 도와주었다. 이후 오스트리아 벽지의 초등학교 교사로 지내며 한동안 학생들을 가르쳤고, 빈에 자신의 누이 그레틀을 위한 모더니즘(중에서도 미니멀리즘)풍의 저택을 지어주기도 했다.

1929년 케임브리지로 돌아온 비트겐슈타인은 그곳에서 철학을 가르치며 트리니티 칼리지의 교수가 되어 10년간 재직했다. 그러다 제2차 세계대전이 일어나자 한 병원의 포터를 자원하여 근무하기도 했으며, 1947년에는 교수 직을 공식 사임하고 아일랜드로 이사해 집필 작업에 집중적으로 임했다. 그는 사망하기 직전에 "(나를 아는) 사람들에게 나는 멋진 인생을 살았노라고 전해주세요"라는 말을 유언으로 남겼다. 그에 관한 전기로는 레이 몽크가 쓴 《비트겐슈타인: 천재의 의무》(1991)가 비트겐슈타인 인생의 학문적 면모와 개인적 면모를 모두 잘 드러낸 압권으로 평가받고 있다.

비트겐슈타인이 《논리—철학 논고》에서 성취한 것은 무엇인가?

이 작품이 가장 위대한 철학 업서 중 하나라고 간주됨에도 불구하고 그 내용이 명확하지 않은 것은 사실이다. 분명히 비트겐슈타인이 밝힌 의도는 프레게와 러셀에 의해 먼저 연구된 철학적 문제들을 밝히는 것이었다(이 작품에 영향을 준 다른 한 사람은 쇼펜하우어였다). 하지만 책의 말미에는 다음과 같이 썼다.

> 나의 명제들은 다음과 같은 점에 의해 하나의 주해(註解, elucidation) 작업이다. 즉 나(즉 나의 명제들)를 이해하는 사람은 누구나 결국 **그것들**(즉 나의 명제들)을 무의미한 것으로 인식한다(그는 말하자면 사다리를 딛고 올라간 후에는 그 사다리를 던져버려야 한다). 그는 명제들을 극복해야 한다. 그러면 그는 세계를 올바로 본다.

한편 책의 서두에서 비트겐슈타인은 이 책의 주된 목적이 윤리적인 것이라고 주장했다.

《논리—철학 논고》는 일련번호가 붙은 명제 혹은 진술들의 일곱 모둠으로 이루어져 있다. 그 내용은 언어와 세계 간의 연관 관계에 관한 것으로 알려져 있으며, 사고의 표현으로서 언어의 본질에 대한 설명을 잘 드러낸 것으로 보인다. 비트겐슈타인에 따르면, 사고는 (사물들이 아닌) 사실들에 의해 제한을 받기 때문에 언어의 명제들은 세계 사실들을 드러낸다. 반면 동어 반복tautology으로 구성된 논리학의 명제들은 세계 사실에 관한 아무런 정보도 전달하지 못한다. 논리학은 매우 유용하지만 모든 결론은 정의에 따라서 참이다.

비트겐슈타인은 의미 있는 문장이라면 단순 문장들(러셀의 표현에 따르면, 원자적 명제

들)로 이루어진 엄밀한 구조를 가져야 한다고 생각했다. 원자적 문장은 일의 상태에 대한 그림이며, 이런 "의미에 관한 그림 이론"으로부터 거슬러 돌아가보면, 이상적인 논리적 언어가 주어질 경우 세계 자체는 논리적 구조를 가지고 있다.

비트겐슈타인은 나중에 가서는 일상 언어에 대한 기술주의적 분석에 집중하는 철학적 활동으로 선회하여 이런 초기 그림 이론의 입장을 포기했다. 하지만 그가 그렇게 되기 전까지는 《논리-철학 논고》가 논리 실증주의로 알려진 20세기의 새로운 사상 유파에 막대한 영향을 주었다.

<table>
<tr><td>

비트겐슈타인의
《논리-철학 논고》에
수록된 명제들의
예로 어떤 것들이
있는가?

</td><td>

- 세계는 일어나는 일들의 총체이다.
- 명제는 현실의 그림이다.
- 명제는 현실의 논리적 형식을 보여준다.
- 보일 수 있는 것에 대해서는 말할 수 없다.
- 논리학 명제들은 모두 동어 반복들이다. 그러므로 논리학의 명제들은 아무것도 말하지 않는다.

</td></tr>
</table>

- 어떤 하나의 명제를 이해한다는 것은 그 명제가 참이라면 무엇이 사실인가를 안다는 의미이다.
- **나의 언어의 한계**는 나의 세계의 한계를 의미한다.
- 말할 수 없는 것에 관해서는 침묵을 지켜야 한다.

다른 논리주의자들

쿠르트 괴델은 누구인가?

쿠르트 괴델(1906~1978)은 '불완전성 정리' 라는 수학 체계에 관한 정리로 유명하다. 이 정리는 1931년 '〈수학 원리〉와 관련 체계에서 형식적으로 결정 불가능한 명제들에 관하여' 라는 제목의 논문에 나타났으며, 독일에서의 최초 출판은 〈월간 수학 저널〉을 통해 이루어졌다. 괴델의 정리에 따르면, 모든 형식적 (수학적 혹은 논리학적) 체계는 그 체계 안에선 증명할 수 없는 참인 명제가 항상 존재할 수 있으므로 불완전하다는 것이다. 이 정리를 증명하기 위해 괴델은 수학 체계 내의 공식들에 (괴델 수라 불리는) 양의 정수를 대응시키는 방법을 고안해냈다.

앨프리드 타르스키는 누구인가?

앨프리드 타르스키(1902~1983)는 폴란드 태생의 논리학자로 1942년부터 1958년까지 U. C. 버클리에서 가르쳤다. 그는 〈형식화된 언어에서의 진리 개념〉(1933)이라는 논문에 발표한 진리 이론으로 유명하다. 〈폴란드 저널〉에 실렸던 이 논문은 영어로 번역되어 〈논리학, 의미론, 수학에 관한 1923~1938의 논문들〉(1983)에 수록되었다. 타르스키에 따르면, 모든 진리 이론은 자연 언어에서 (진리 술어를 포함하고 있는) 'T-문장들'이 참임을 함의해야 한다. 예를 들면, "영어로 'Snow is white'는 눈이 하얀색일 때 그리고 그때에 한해서만 참이다"는 하나의 T-문장이다. 여기서 타르스키의 진리 이론이 진리를 구성하는 것을 특정하기보다는 참인 문장이 정의될 수 있는 방법에 관해 말하고 있음을 명심하는 것이 중요하다.

논리 실증주의

논리 실증주의란 무엇인가?

러셀과 비트겐슈타인으로부터 영향을 받은 새로운 세대의 사상가들은 19세기 과학에 대한 지적 보증에 해당하는 오귀스트 콩트의 실증주의의 20세기 버전을 창조했다. '논리 실증주의'라는 용어는 1930년에 두 명의 지원자에 의해 만들어졌다. 카일라와 페첼은 논리 실증주의가 대두되기 시작하던 초기 운동의 일익을 담당했던 철학자들이다. 이후 등장한 20세기의 실증주의자들인 모리츠 슐리크, 루돌프 카르납, 오토 노이라트 그리고 영국의 A. I. 에이어가 나중에 소위 '빈 서클'로 알려지게 된 모임의 회원이었다.

빈 서클

빈 서클은 실제 조직이었나?

그렇다. '빈 서클' 은 빈의 과학자 및 철학자들의 토론 모임으로, 회원들은 1922년 부터 1938년까지 모임을 가졌다. 회원들은 미래의 분석철학, 윤리학, 정치철학, 과학철학, (일상 언어 철학을 배제하는) 언어철학, 심리철학 등의 주제 선정에 매우 큰 영향력을 행사했다.

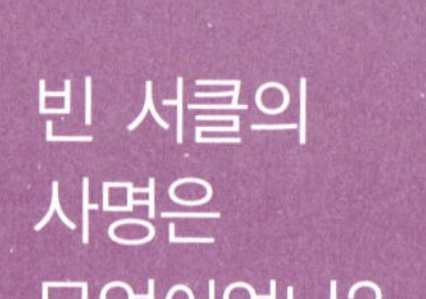

이 모임의 목표는 과학적 지식과 철학 모두에 관한 개념들을 재정비하여 철학을 독일 관념론과는 다른, 과학에 가까운 형태로 정립시키는 것이었다. 이 모임의 회원들은 철학 혹은 철학적 인식론이나 지식이론조차 고유의 자체 콘텐츠를 가지고 있다고 생각하지 않았다. 오히려 철학은 과학의 인식 방법과 주장 및 그 정당화를 학습해야 한다고 보았다. 예컨대 아인슈타인의 상대성 이론은 칸트주의자들이 믿었던 것과 같은 시간이나 공간에 관한 일말의 단어도 철학자들이 품을 수 없음을 보여준 사례라고 그들은 생각했다. 그들은 산술이 논리학으로 환원 가능하다고 믿었으며, 따라서 종합적인 **선험적** 지식(경험에 부합하면서도 오직 사고로부터 도출되는 합리적 지식)은 불필요하다고 믿었다. 검증의 원리 혹은 **검증주의**는 그들의 핵심 신조였다. 과학에서 검증될 수 없는 지식 주장은 그 어떤 것도 지식이 아니었다.

이 서클의 강령은 "세계에 대한 과학적 개념: 빈 서클"로서, 1929년 출판물로 발표되었고, 노이라트에 의해 영어로 번역되어 그의 《경험주의와 사회학》(1973)에 수록되었다. 이 강령에서 빈 서클의 과학적 세계-개념은 두 가지 점에서 본질적으로 구별된다고 공식적으로 주장한다. 첫째는 경험주의적이며 실증주의적이라는 점이다 — 지식은 오로지 경험으로부터 존재한다. 둘째는 과학적 세계–개념이 소위 논리 분석이라는 특정 방법을 적용함으로써 두드러진다는 점이다. 논리 분석이란 문장이나 그 성분들이 경험에 의거하는지 여부를 판정하기 위해 기호 논리학을 사용하는 한 가지 방법이다. 많은 논리 실증주의자들이 현상주의자이기도 했다.

현상주의란 무엇인가?

현상학phenomenology과 혼동하지 않기 위해, 현상주의phenomenalism는 경험주의적 신조임을 강조해둘 필요가 있다 — 감각자료 혹은 감각 기관의 지각 인상 등이 지각 대상들에 관한 문장의 의미를 설명하는 데 사용될 수 있다. 어떤 사람들은 지각 대상 그 자체가, 이를테면 컴퓨터, 책상, 자동차 등이 감각자료로 환원될 수 있다고 믿는다. 현상주의의 이 마지막 존재론적 형태에선 철학적 관념론 혹은 유일한 진정한 실재가 정신 현상이라는 철학적 신조와 연루되는 것이 일반적이다.

검증주의란 무엇인가?

검증주의란 일종의 의미 이론으로서, 어떤 진술의 의미는 궁극적으로 감각 정보를 산출하는 경험주의적 검증 방법에 달려 있다는 주장을 담고 있다. 다시 말해 감각경험 안에서의 검증 가능성을 의미 기준으로 내세워 검증 불가능한 언명을 무의미한 언명으로 분류하고, 감각을 통해 검증 가능한 문장만이 의미 있다는 주장을 한다. 마이클 더밋(1925~)과 같은 현대의 검증주의자들은 문장의 진리란 검증되는 혹은 검증 가능한 방식으로 관계되어야 하는 것으로 여긴다.

슐리크의 죽음에 관련된 비극은 무엇이었나?

나치가 독일과 오스트리아에서 득세한 이후 빈 서클의 많은 회원들이 미국과 영국으로 피신했으나 슐리크는 남았다. 그는 유대인이 아님에도 불구하고 당시 독일에서 발생한 일련의 사태 때문에 압박을 받았다. 그가 빈 대학에서 강의하기 위해 발걸음

분석철학 ★

을 옮기고 있던 1936년 6월 22일, 옛 수강생이었던 요한 넬뵉이 권총을 들고 나타나 그를 쐈다. 결국 슐리크는 가슴 부상을 입고 사망했다. 넬뵉은 유죄 판결을 받았으나 곧 사면되었고, 얼마 지나지 않아 나치 당원이 되었다. 슐리크는 유대인이 아니었음에도 논리 실증주의는 나치에 의해 '유대인의 사상'으로 낙인이 찍혔던 것이다.

모리츠 슐리크는 누구인가?

모리츠 슐리크(1882~1936)는 지식적으로 철학은 과학에 달려 있다는 주장을 한 것으로 유명하다. 그는 1922년 빈에 도착하기 이전에는 독일에서 물리학자 막스 플랑크와 함께 과학을 연구한 철학자였다. 그의 참여는 빈 서클의 토론 모임을 출범시키려는 수학자 한스 한에게 활력을 불어넣었고, 한과 슐리크 이외에는 최초로 오토 노이라트와 물리학자인 필립 프랭크가 합류했으며, 1926년에는 루돌프 카르납이 들어왔다.

슐리크는 빈 대학에서 귀납 과학의 철학을 가르치는 교수로서 빈 서클을 이끌었다. 그는 경험주의적 지식이란 소통이 불가능한 경험의 콘텐츠에 관한 것이 아니라 경험의 형식에 관한 것이라고 믿었다. 그는 철학적인 모든 문제와 의문이 수학적이거나 논리적인 것으로서, 과학적 탐구에 의해 해결될 수 있다고 믿었다.

슐리크는 철학이 독자적인 자체 주제를 갖지 못했다는 점이 과학과 구별된다고 생각했으나, 여느 논리 실증주의자들과 달리, 윤리는 실천적인 것이며 도덕적으로 선함은 단지 사회로부터 승인되는 모든 것들이라고 생각했다. 도덕적 의무는 일반적으로 사회로부터 요구되는 것으로서 탐구될 수 있다고 보았다. 그의 주요 작품으로는 《지식의 일반 이론》(제2판, 1925)과 《윤리학의 문제들》(번역본, 1939) 등이 있다.

루돌프 카르납은 누구인가?

루돌프 카르납(1981~1970)은 과학적 검증에 관한 작품으로 유명하다. 그는 예나 대학에서 학위를 받았으며, 시카고 대학과 UCLA에서 가르치기 위해 1935년에 독일을 떠날 때까지 빈 서클의 회원이었다. 초기 작품에서 카르납은 언어의 논리적 구조와 그것이 세계에 관해 함축하는 바에 초점을 맞추었다. 그러던 그가 1940년대에는 논리학을 연구하면서 '상태 기술state description'이라는 개념을 도입했다. 상태 기술이란 가능 세계의 언어적 형식 혹은 어떤 언어로도 제시될 수 있는 세계에 대한 가장 완전한 기술을 뜻한다.

초기 논리 실증주의자들과는 달리 카르납은 실제적인 과학적 검증 및 과학 용어의 의미와 관련해서 미결정적 증거의 문제를 논급했다. 그는 절대적인 검증 대신 '확증의 정도'를 결정하는 데 개연성(확률) 개념의 사용을 주장했다. 카르납의 원리에 대한 작품들로는 《세계의 논리적 구조》(1928, 영어 번역본은 1967), 《철학과 논리적 구문론》(1935), 《논리의 형식화》(1943), 《의미와 필연성: 의미론과 양상 논리에 관한 연구》(1947), 《개연성의 논리적 기초》(1950) 등이 있다.

오토 노이라트는 누구인가?

오토 노이라트(1882~1945)는 빈에서 수학을 공부하고 베를린에서 수학으로 학위를 받은 '정치 수학자'라 할 수 있다. 제1차 세계대전 중에는 오스트리아 정부로부터 정책 담당 장관을 역임했는데, 이는 그가 교환 경제에 관한 책을 썼기 때문이다. 바이에른과 작센 지역의 마르크스 정부는 그를 임용해 세계대전 후 사회주의 경제 정책을 펼치도록 하는 권한을 주었다 — 하지만 곧 풀려나긴 했어도 그는 독일 나치 정권이 전령했을 당시 반역죄로 붙잡혔었다. 그는 빈 사회 경제학 연구 박물관에 있을 당시 통계 그래픽 표현 방법을 고안함으로써 그래픽 디자인 분야에도 기여했다. 그는 사회의 발전을 위해서는 대중에게 사회와 경제, 군사의 각종 통계 정보를 쉽게 전달해야 한다고 느껴 아주 간단한 원리에 따라 통계를 그림 기호로 표현하는 시스템을 발전시켰다. 문자와 숫자로 나열된 양적 정보를 그림으로 바꿔 즉각 파악하게 해주는 기호를 고안한 그는 이를 아이소타이프Isotype라고 불렀는데, 이 단어는 나중에 '문자적 그림 교육의 국제 체제(International System of Typographical Picture Education)'라는 뜻도 담게 되었다.

논리 실증주의자로서 노이라트는 빈 서클의 강령을 입안한 주역이었다. 그는 루돌프 카르납, 버트런드 러셀, 존 듀이 등과 함께 통일 과학 프로젝트를 지지했는데, 이는 나중에 언어와 방법론의 통일 및 제 과학을 넘나들며 학제 간의 대화를 기도하는 《국제 통일 과학 백과사전*International Encyclopedia of Unified Science*》으로 결실을 맺었다.

노이라트는 세 번 결혼했으며, 마지막 부인인 마리는 런던에 아이소타이프 연구소를 세워 그가 죽은 이후에도 아이소타이프의 세계적인 보급에 힘썼다.

오토 노이라트의 주요 철학적 기여는 무엇인가?

첫째, 노이라트는 언어와 실재 간의 유일한 연결이 은유적이라고 생각했다. 그는 실재란 단지 사전 검증된 모든 문장들이기 때문에 언어와 실재는 기껏해야 '부합하는' 것이라고 믿었다. 이는 각 개별 문장에 대해 '진리 정합설'을 요구했다 — 하나의 문장은 이미 검증된 문장들과 정합적일 때 한해서 참이다. 오직 언어의 전체 체계만 검증될 수 있는 것이다. 노이라트는 다음 글을 쓴 것으로도 유명하다.

우리는 망망대해에서 배를 뜯어고쳐야 하는 뱃사람과 같은 신세다. 우리에게는 부두로 가서 배를 분해하고 좋은 부품으로 다시 조립할 수 있는 기회가 주어지지 않는다. 갑판을 지탱하는 가로 들보 하나가 빠져나간 자리에는 즉시 새로운 들보가 채워져야 하고, 이를 위해서는 배의 나머지 부분이 버팀목으로 사용된다. 이런 식으로 낡은 들보와 부목을 사용함으로써 배는 전체적으로 새로워질 수 있지만 오로지 점진적으로만 다시 조립해나갈 따름이다.

둘째, 노라이트는 감각자료가 주관적인 것이어서 현상주의(물질적 대상들은 감각자료에 의해 이루어져 있다고 보는 논리적 원자론자나 논리 실증주의자의 견해)는 과학 언어의 타당한 기초를 제공하지 못한다고 생각했다. 그의 대안은 객관적 기술에 수리 물리학이 활용되는, 이른바 **물리주의**physicalism를 신조로 제시하는 것이었다. 나아가 언어 자체도 소리와 상징 부호들로 구성된 물질이기 때문에 수리 물리학적 언어로 기술될 수 있다고 보았다.

A. J. 에이어는 누구인가?

앨프리드 줄 ('프레디') 에이어(1910~1989)는 영국 출신의 논리 실증주의자로서, 《언어, 진리, 논리》(1936)로 명성을 얻었으며 후속 작품으로 《지식의 문제》(1956)를 펴냈다. 에이어의 주된 업적은 논리 실증주의를 전통 철학과 연계시킨 것이었는데, 그는 형이상학과 윤리 및 종교의 문제를 날카롭게 공박함으로써 난감한 지경으로 몰아넣었다. 그의 공박은 해당 분야에서 사용되는 용어들의 의미에 관한 것이었으며, 그런 용어들은 결국 무의미한 것들임을 주장하는 결과에 이르렀다.

에이어는 1946년에서 1951년까지는 런던 대학교 유니버시티 칼리지의 그로트좌(座) 심리 철학과 논리학 교수이자 예술학 부장을 지냈다. 이후에는 옥스퍼드 대학교로 돌아와 위컴좌(座) 논리학 교수이자 뉴 칼리지의 펠로로 지내면서 1951~1952년에는 권위 있는 아리스토텔레스 학회의 회장을 역임했고, 1973년에는 기사 작위를 받았다.

에이어가 펴낸 책으로는 《철학 에세이》(1954), 《사람의 개념과 기타 에세이》(1956), 《프래그머티즘의 기원》(1958), 《형이상학과 상식》(1969), 《러셀과 무어: 분석적 유산》(1971), 《개연성과 증거》(1972), 《버트런드 러셀》(1972), 《철학의 중심 문제들》(1973), 《흄》(1980), 《20세기의 철학》(1982), 《자유와 도덕성 및 기타 에세이》(1984), 《루트비히 비트겐슈타인》(1986) 등을 포함하며, 자서전으로는 《내 삶의 여분》(1977), 《나의 삶, 못다한 이야기》(1984) 등이 있다. 이외에도 관련 주제들에 관한 많은 논문을 썼다.

에이어의 생애 및 활동과 관련된 흥미로운 사실로는 어떤 것들이 있는가?

에이어는 (네 번의 결혼이 시사하듯이) '바람기'와 대중문화에 예민하게 영합하는 성향 때문에 학계 뒷공론의 대상으로는 단연 선두였다. 그의 인생에는 언제나 매력적인 여자가 있었다. 에이어의 어머니는 프랑스의 자동차 회사 시트로앵의 설립자 가문 출신이고, 아버지는 금융계의 거부(巨富)인 로스차일드 가문에서 일했다. 그는 이튼에 다녔고, 옥스퍼드 장학금을 받았으며, 제2차 세계대전 중에는 SOE(Special Operations Executive, 영국 특수 작전 수행대) 대원으로 복무했다. 세계대전이 일어나기

분석철학 ★

475 ★

전에 그는 뉴욕을 방문한 적이 있는데, 그때 모델이자 연극 및 영화계의 유명 여배우인 로렌 바콜과 염문을 남겼다. 또한 영국 축구 구단인 토튼햄 핫스퍼를 후원해 구단의 팬들에게는 '프로프'(교수)로 알려졌다.

에이어는 다분히 세속적인 인본주의자이기도 했다. 그는 1947년 이후부터 언론 합리주의 연합회의 무보수 명예직으로 활동했고, 나중에는 진화 생물학자이자 인본주의자인 줄리언 헉슬리의 후임으로 영국 휴머니스트 연합회 회장을 맡았다. 1965년에는 불가지론자들의 양자 입양회 초대 회장이 되기도 했으며, 그해《인본주의 전망》이라는 작품집의 편집을 맡기도 했다.

활동 절정기에 에이어는 BBC의 대담 프로그램에서 재가 무신론자 입장을 대변하는 출연자로 나선 적이 있다. 그는 예수회 소속 신부이자 철학자인 프레더릭 코플스턴(1907~1994)과 종교를 주제로 토론을 벌였다. 코플스턴은 기념비적 저서로 평가되는《철학사》(9권,1946~1975)의 저자로, 두 사람의 토론은 박학다식함의 세기적 한판 승부였다.

에이어는 1989년에 죽음의 문턱까지 갔다 온 경험(훈제 연어가 목에 걸려 기도가 막혔던 사건) 이후로 평생 고수했던 무신론을 (분명 아주 약간) 수정했다. 운명을 눈앞에 둔 시점임에도 불구하고 그는 다음과 같이 말했다. "내가 겪은 경험은, 사후 세계가 없다는 나의 믿음을 약화시킨 것이 아니라, 그 믿음을 향한 융통성 없는 나의 태도를 약화시켰다고 말했어야 하지 않을까 싶다네."

A. J. 에이어는 어떻게 마이크 타이슨을 물리쳤나?

이 이야기는 에이어를 잘 아는 지인들이 가감 없이 전하는 것으로 회자되는 일화이다. 그의 나이 77세인 1987년 바드 칼리지의 초빙 교수였던 에이어는 패션 디자이너 페르난도 산체스가 주최하는 파티에 간 적이 있었다. 거기에서 당시 권투 헤비급 챔피언이었던 마이크 타이슨이 모델인 나오미 캠벨을 못살게 구는 것을 목격하고 그만두라고 타일렀다. 그러자 타이슨이 버럭 화를 내며, "씨＊＊, 내가 누군 줄 알고나 끼어드나? 난 세계 헤비급 챔피언이야!"라고 소리쳤다. 그러자 에이어도 맞받아쳤다. "나는 전직 위컴좌 논리학 교수일세. 우리는 둘 다 자기 분야에서 출중한 사람들이지. 그러니 이성을 가지고 대화할 것을 제안하네." 이로써 에이어와 타이슨이 얘기를 나누게 되었고, 국면이 전환된 그 틈에 아직 무명 모델이었던 나오미 캠벨은 봉변을 면할 수 있었다.

논리 실증주의의 에이어 버전은 어떤 것인가?

불과 스물여섯 살 때 펴낸 《언어, 진리, 논리》(1936)에서 에이어는 논리 실증주의의 주요 신조가 철학 전반에 걸쳐 부합하는 이론임을 강력하게 피력했다. 그는 세계에 관한 우리의 지식이 모두 감각경험에서 비롯된다는 경험주의적 입장을 확신에 찬 어조로 주장했다. 명제의 참 또는 거짓은 그런 경험을 통해 검증될 수 있는지 여부에 달려 있으며, 참 또는 거짓의 판정이 가능한 진술만이 의미 있는 명제라는 것이다. 이로부터 형이상학이나 윤리 및 종교적 진술들은, 정의에 의거한 참이 아니라면, 실재에 대해 그 어떤 의미 있는 단언도 할 수 없다는 대담한 주장이 따라 나온다. 자기 자신, 외부 세계, 타자의 마음 등에 관해서도 의미 있는 진술이 되려면 감각경험에 의한 확증이 있어야 한다. 예컨대 에이어는 신의 존재란 그 어떤 가능한 경험으로도 참 또는 거짓을 판정할 수 없기 때문에 질문 자체가 무의미하다고 보았다. 윤리에 관한 한 에이어는 정서주의자emotivist였다. 정서주의란 윤리적 판단을 정서의 표현으로 간주하는 입장이다.

에이어는 어떻게 현상주의자인가?

에이어에 따르면, 의미 있는 사실 진술은 감각자료에 관한 주장으로 환원될 수 있다. 가끔은 이런 입장을 누그러뜨렸던 것처럼 보이기도 하지만, 전반적인 그의 입장은 감각자료가 경험적 지식의 토대임을 고수했다. 일상 언어 철학자인 L. J. 오스틴(1911~1960)과의 유명한 의견 교환에서 에이어는 자신의 감각자료 이론을 적극 옹호했다. 에이어의 입장은 감각자료가 일상 세계에 대한 지각으로 이끌 때까지는 책상

이나 의자 등과 같이 멀쩡하게 지각 가능한 대상들조차도 직접적으로 직관되지 않는다는 것이었다.

하지만 케임브리지 동문인 오스틴은 에이어의 감각자료 이론이 상식적 실재를 미리 상정하고 있기 때문에 토대 이론이 될 수 없다고 주장했다. 다시 말해 오스틴의 주장은 에이어가 했던 것과는 상반되게 지각적 지식이 감각자료로 구성되지 않는다는 것이었다. 여기에 에이어는 검증 과정에서 감각자료가 지각을 확증하는 데 필요하다고 주장함으로써 자신의 주장을 방어했다.

<h1 style="text-align:center">일상 언어 철학</h1>

일상 언어 철학이란 무엇인가?

첫째, 일상 언어 철학은 언어 철학과 구별되어야 하는 분석철학의 한 하위 분야이다. 일상 언어 철학은 분석철학 안에서의 역사적인 에피소드를 지니고 있다. 비트겐슈타인에 의해 고취된 분석철학자들은 철학의 주요 문제들이 일상 언어에 비추어 폐기될 수 있는 사이비 문제이거나 특정 단어들이 사용된 방식을 탐구함으로써 해결될 수 있는 진정한 문제라고 믿었다. 하지만 일상 언어 철학자들이 단어들의 사용 방식에 초점을 맞추고 있다 할지라도, 그들이 단순히 일상 용법을 기술하는 일에 관심을 갖고 있는 것이 아니라는 점이 강조되어야 할 것이다. 그들은 오히려 단어들의 의미나 혹은 단어들로 이름 붙인 개념들에 관심을 갖고 있었다. 그리고 일상 용법은 의미를 결정하기 위해 사용되었다.

실제로 비트겐슈타인 자신은 피상적으로 취할 경우, 언어가 '혼미해질' 수 있다는 사실을 알고 있었다. 더구나 이런 의미 결정은 경험적 과정이라기보다는 반영적인 것처럼 보인다. 일상 언어 철학자들은 아무런 전달도 수행하지 않는다. 그들은 사회학자나 언어학자를 참조함으로써 실제 용법의 결정을 시도하지도 않는다(이 점이 매우 중요한데, 20세기 초의 실험 철학은 이와 같은 경험주의에 입각해 진행되었기 때문이다).

비트겐슈타인 이외의 일상 언어 철학 전성기의 뛰어난 참여자들로는 미국의 지지자인 O. K. 바우스마와 노먼 맬컴 그리고 영국의 존 위즈덤과 J. L. 오스틴, H. P. 그라이스 등이 포함된다.

비트겐슈타인의 일상 언어와 철학에 관한 주요 견해는 무엇인가?

일상 언어 철학에 입각한 비트겐슈타인의 작품은 그가 죽은 뒤 그의 강의 노트에 근거해 《철학적 탐구》(1953)와 《파란 책과 갈색 책》(1948)으로 출판되었다. 비트겐슈타인의 일상 언어에 대한 관심은 초기의 이상적인 언어의 표현 이론 혹은 '그림 이론'으로부터 인간이 일상생활에서 실제로 사용하는 방식 쪽으로 옮겨갔다.

비트겐슈타인은 언어의 다중 용법이 분류·정리될 수 없고 키워드는 깔끔하게 정의될 수 없으며, 그보다는 우리가 일련의 중첩되는 '언어 게임'의 계열에 참여할 따름이라고 믿었다. 여기서 언어 게임이란 참여자들 모두에게 적용되는 '게임'에 대한 정의를 제공하기는 불가능하지만, 일종의 '가족 유사성'을 통해 느슨하게 연결된 형태로서, 여느 게임들과 흡사한 것이다. 비트겐슈타인이 가족 유사성이라는 직유법을 사용한 이유는 가족 중 어느 한 사람을 보더라도 다른 사람과 정확히 같지는 않지만 서로 공유

낱말들과 그 뜻은 표면에 드러난 단순한 개념들처럼 보일지도 모르지만, 루트비히 비트겐슈타인은 언어의 용법이 결코 쉽게 정의될 수 없다고 주장했다.

하고 있는 특징적인 모습이 있기 때문이다. 예컨대 형제자매나 사촌들은 머리카락 색깔이 같거나 같은 부모로부터 물려받은 것이 확실한 안면 구조를 공유할 것이다.

비트겐슈타인이 언어를 게임으로 부른 데에는 우리가 언어를 사용하는 방식이 마치 암묵적 규칙들에 따르는 자기 충족적 실천 체계 의미가 담겨 있다. 종종 우리는

분석철학

그 규칙들이 무엇인지 말하는 것이 아예 불가능할 수도 있기 때문이다. 그래서 비트겐슈타인은 그런 규칙들을 기술하고자 애쓰는 대신 차라리 언어의 실제 용법에 관심을 기울이는 것이 더 낫다고 생각했다.

일상 언어 철학을 받쳐주고 있는 방법은 무엇인가?

일상 언어 철학에서 올바른 철학적 접근법은 의미의 추상적 체계를 구성하는 것이 아니라 단어들이 실생활에서 어떻게 작동하는가를 '보고 살피는' 것이다. 이 같은 탐구는 엄격한 추상화와 일반화를 꾀하고자 하는 (철학자의) 직업적 성향에 대한 일종의 철학적 처방 요법이라 하겠다. 철학자들이 "병 속에 갇힌 파리가 바깥으로 날아갈 수 있도록" 하기 위해서는 언어로 돌아가 살펴야 한다.

이것은 비트겐슈타인이 구사했던 비유인데, 지금도 철학자들이 어떤 문제가 제기된 틀 자체의 변경에 의한 문제 해결을 기술하고자 할 때 사용되고 있다. 이를테면 "병 속에 갇힌 파리가 바깥으로 날아갈 수 있도록" 하기 위해서는 파리를 직접 병 밖으로 모는 것이 아니라 파리가 갇혀 있는 병의 각도를 변경해야 한다.

비트겐슈타인의 사적 언어 논증이란 무엇인가?

비트겐슈타인은 자신의 언어 방법을 사람들의 감정·의도·믿음 등을 파악하거나 전하는 데 적용하면서 많은 논란을 불러일으킨 '사적 언어 논증'이라는 유명한 논증을 만들어냈다. 이 논증을 통해 그는, 단어들의 의미는 올바른 용법을 규정하는 공적 규준에 의해 결정되기 때문에, 자신만이 알 수 있는 사태에 관한 지극히 사적인 언어는 (소통이) 불가능하다고 논급했다. 여기서 그는 당사자들만 알 수 있는 내적 감정 등의 경험을 갖지 못한다는 주장을 했던 것이 아니고, 다른 사람의 마음을 알 수 있도록 하는 (고통과 같은) 경험의 자연스러운 표현들이 있다는 주장을 했던 것이다.

O. K. 바우스마는 누구인가?

바우스마(Oets Kolk Bouwsma, 1898~1978)는 비트겐슈타인의 일상 언어 철학을 오스틴의 텍사스 대학에서 매우 쉽고 유머러스하게 50년간이나 강의한 것으로 유명하다. 그는 정교하게 짜 맞춘, 개연성이 높고 우스꽝스러운 예화를 통해 철학적 주장의 모순을 고전적으로 드러내곤 했다. 데카르트의 꿈과 의심의 원천인 악령은 바우스마가 자주 즐겨 쓰는 소재 중 하나였다(데카르트는 세 가지 기묘한 꿈을 꾼 결과로 얻은 통찰의 경험을 가지고 있으며, 그것이 그로 하여금 새로운 과학과 철학의 체계를 창조하는 길로 들어서게 했다고 한다). 예언자에 관한 언급 도중에 바우스마는 다음과 같이 비트겐슈타인을 찬양한 적이 있다.

> 예언자란 누구와 같을까요? 내가 아는 한, 비트겐슈타인이 예언자에 가장 근접한 사람입니다. 그는 거대한 타워 같은 사람으로, 어디에도 속하지 않고 높이 우뚝 서 있으며, 다른 누구에게도 기대지 않습니다. 그는 오직 자신의 두 발로 서 있습니다. 그는 아무도 두려워하지 않습니다. "아무도 나를 해치지 못해!" 하지만 다른 사람들은 그를 두려워합니다. 왜? 그가 다른 사람들을 때릴 수 있어서도 아니고 돈이나 명성을 빼앗아갈 수 있어서도 아닙니다. 사람들은 그의 판단을 두려워합니다. ……비트겐슈타인을 잘 아는 지인이 나에게 그의 뛰어난 예언자적 능력을 은연중에 드러낸 적이 있습니다. "주님께서 가라사대"라는 표현은 그에 대한 모든 두려움이나 찬양을 뛰어넘는 것입니다. 이 또한 주님 가라사대!

바우스마의 논문들은 《철학 에세이》(1965), 《새로운 지각을 향하여》(1982), 《증명 혹은 증거 없이》(1984), 《비트겐슈타인과의 대화》(1949~1951) 등에 수록되어 있다. 텍사스 오스틴에 있는 휴머니티 연구 센터에는 바우스마의 기록물과 강의 노트의 아카이브가 마련되어 있다.

노먼 맬컴은 누구인가?

노먼 맬컴(1911~1990)은 비트겐슈타인의 미국 주석가이며, 비트겐슈타인 옹호자로 선봉에 선 인물이기도 하다. 그는 케임브리지 학생 시절 비트겐슈타인과 G. E. 무어를 만났으며, 비트겐슈타인과의 각별했던 관계를 《루트비히 비트겐슈타인 회

고록》(1958)에 수록했다. O. K. 바우스마 역시 초기에 영향을 준 인물이다.

맬컴은 비트겐슈타인의 사적 언어 논증을 《비트겐슈타인의 철학적 탐구》(1954)에서 논의했으며, 꿈은 진정한 경험이 아님을 《꿈》(1958)에서 논급했다. 《기억과 마음》(1976)에서 맬컴은 기억에 대하여 철학적·심리학적 분석을 하고 '기억 흔적memory traces'에 대한 과학적 토대가 없다는 결론을 내렸다(앞선 철학자들이 '기억 흔적'을 어떤 의미로 썼는지는 명확하지 않다. 누구나 이 용어를 서로 다른 의미로 생각할 수 있겠으나, 어느 것도 객관적이고 관찰 가능한 성질을 갖고 있지 않다). 이에 먼 맬컴은 사람들의 생각이 어떻게 잘못된 쪽으로 빠지게 될 수 있는가를 보여주는 예라고 생각했다(기억이란 학습한 것이 기억 흔적으로 남은 것이며, 망각은 이 기억 흔적이 사용되지 않기 때문에 일어나는 현상이라고 설명하는 것이 망각의 원인을 설명하는 '흔적 쇠퇴설'이다. 이 이론은 시간이 경과하는 동안 우리가 어떠한 영향을 받아 망각하는지를 설명하지 못한다는 단점이 있다).

철학에서 '다른 사람의 마음' 문제란 무엇인가?

철학적으로 순진한 사람에게는 이 물음이 우스꽝스럽게 들릴 것이다. "다른 사람은 마음을 가지고 있는가?" 대답은 보통 다음과 같다. "당연하지!" 그러나 철학적 문제는 다른 사람이 마음을 가지고 있다는 사실을 어떻게 알 수 있는지를 다른 철학적 입장과 더불어 설명하는 이론적 성격의 문제이다. 직관주의자라면 다른 마음을 직접적으로 알거나 느끼게 된다고 말할 것이다. 논리 실증주의자는 다른 사람의 마음에 대한 앎의 근거를 다른 사람의 신체적 행동에 대한 지각과 그에 대한 정당화된 추론에 두어야 할 것이다. 이런 논리 실증주의자의 접근은 재미있는 물음을 낳는다 — 어떤 사람이 가까이 다가와서 보니

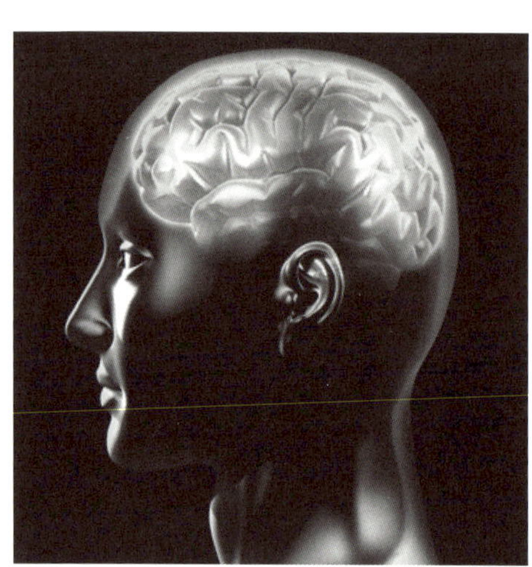

당신이 마음을 가지고 있는 것과 똑같이 다른 사람도 마음을 가지고 있다고 생각할 것이다. 그렇지만 철학자들에게는 그런 생각이 그렇게 쉽게 증명되는 성질의 문제가 아니다.

로봇으로 밝혀진 경우에도 유효할 것인가? 충분히 정교하게 만들어져서 인간의 행동을 완벽하게 구현하는 로봇과의 상호 작용까지 언어의 용법이 감당하지 못하는 한, 일상 언어 접근법이 이 문제를 어떻게 해결할지 확인하기는 어렵다.

존 위즈덤은 누구인가?

존 테렌스 디븐 위즈덤 경(1904~1993)은 케임브리지 대학에서 교육받고, 1952년에 그곳의 교수가 되었다. 그의 초기 작품은 제러미 벤담과 논리적 원자론에 관련된 것이었다. 하지만 루트비히 비트겐슈타인의 영향을 받은 위즈덤은 철학적 문제에 대한 상이한 접근법들을 검토하는 프로젝트를 시작했다. 그때 출판한 그의 책들이 다룬 영역으로는 《타자의 마음》(1952), 《철학과 정신 분석학》(1953), 《패러독스와 발견》(1954) 등이 포함된다.

위즈덤은 왜 철학자들이 "매우 이상한 사실들"을 말하고 글로 쓰는지에 대해 다방면으로 반영하면서 타자의 마음이 존재함에 대한 회의론을 논박했다. 위즈덤은 타자의 마음을 직접 알 수 있는 가능성을 배제하는 한편, 우리의 지식이 일시적인 지각에 한정된다는 주장이 왜 성립하지 않는지를 보여줌으로써 '타자의 마음 문제'를 20세기의 분석적 맥락으로 가져왔다. 무엇보다 그는, 철학자들이 항상 언어의 사용에 의존해왔기 때문에 철학에서 언어가 주요 철학 주제를 언제 잘/잘못 채택하는지를 판단함에 있어 역사적 선행자들이 있음을 주장했다.

위즈덤은 실제에서는 존재의 범주들이, 언어에서는 문장(명제)의 종류들이 주요 철학 주제들이라고 생각했다. 그리고 이런 주제들 안에서의 적절한 분별은 언어 안에 함축되어 있음을 주장했다. 그는 《철학 논집》(1962)의 저자이기도 하다.

J. L. 오스틴은 누구인가?

J. L. 오스틴(1911~1960)은 옥스퍼드에서 고전을 교육받았으며, 제2차 세계대전 중에는 군 정보 요원으로 근무했다. 그는 1952년 옥스퍼드 대학의 도덕 철학 교수로 지명되었으며, 하버드와 버클리의 캘리포니아 대학 방문 교수를 지내기도 했다. 오스틴은 모든 철학적 문제들이 언어에 관한 혼란의 결과라고 생각하지는 않았지만,

중요한 차이들에 관해서는 일상 언어를 조회했다. (그의 강의 노트를 편집한) 《감각과 감각 가능한 것》(1962)에서 오스틴은 우리가 감각자료가 아닌 실제 대상들을 지각한 다는 토대 위에 세워진 감각자료 이론을 공격했다.

오스틴은 언어의 특정 유형들에 대한 수행 이론으로 유명하다. 예를 들면, 결혼식 에 대해 "나는 약속한다" 혹은 "나는 한다"라고 말하는 것은 누군가와 약속하고 결 혼하는 행위를 구성한다는 것이다. 이는 상식적인 사실로서 모든 사람들이 알고 있 는 것이었지만, 과거의 이론은 이것의 수행적 기능에 초점을 맞추고 주목하지 않았 다. 그는 말하기의 힘들, 즉 발화력locutionary forces과 관련해서 다음과 같이 구분지 었다 ― 특정한 의미를 가진 문장을 실제로 말하는 행위인 **발화 행위**locutionary act, 문장을 발화할 때 화자가 가지는 의도, 예를 들어 약속, 명령, 축하 등과 연관된 **발 화 수반 행위**illocutionary act, 문장을 발화함으로써 성취된 효과, 예를 들어 어떤 것 을 말함으로써 달성되는 확신, 설득, 제지, 놀람 등과 연관된 **발화 결과 행위** perlocutionary act.

H. P. 그라이스는 누구인가?

H. P. 그라이스(1913~1988)는 그가 1968년에 소개한 **대화체 함축**conversational implicature 이론으로 널리 알려졌다. 대화체 함축이란 그라이스에 의해 개발된 대화 체 언어 이론으로서, 원래는 "if~then……" 조건문에 관한 논리적 이론으로 개발되 었으나, 그 적용 및 응용에서 처음 의도했던 기술적 용도 이상의 언어 용법 이해를 제공한다는 사실이 발견되었다. 그라이스는 특히 문장과 문장에 사용된 단어들의 의미가 발화 규칙뿐만 아니라 발화 맥락에도 크게 의존함을 보여주었다. 발화 규칙 에는 다음과 같은 것들이 포함된다 ― 정보를 담되 요청된 것 이상은 담지 말 것, 발 화자는 자신이 알고 있는 것이 거짓임을 진술하지 말 것, 또한 증거를 가지고 있지 않음도 진술하지 말 것, 연관성을 가질 것, 모호하지 말 것, 애매하지 말 것, 필요한 수보다 많은 단어를 사용하지 말 것, 순서에 유념할 것.

발화자가 이 규칙들 중 하나 이상을 위배할 경우 그 결과는 화자가 말한 것이 문 자 그대로의 의미와 같지 않은 것으로 나타난다는 것이다. 예를 들어, 공연이 어땠는가 물었는데 무대 장치가 아주 훌륭했다고 대답한다면, 이런 부적절성은 공연에 대한 부정적인 판단을 함축할 것이다.

그라이스는 상당히 복잡한 발화 이론을 개진했는데, 논리학자와 언어 분석학자의 관심이 높았다. 그는 매우 많은 수의 언어 구조가 존재하는 것을 보여줌으로써 대화 맥락에 따른 대안적 의미가 적절하게 함축될 가능성을 열었다. 이 사실은, 중첩되는 언어 관행들을 면밀히 고려하는 '구불구불한' 조사를 함으로써 특정 단어에 대한 안정된 의미를 얻을 수 있다는 주장으로서, 일상 언어 분석자들의 신뢰도에 큰 부담이 되었다. 다시 말해 그라이스는 의미가 맥락에 의존함을 보였다. 하지만 다른 한편으로 그라이스의 작품은 복합적인 의미가 첨삭 가능한 일상 언어의 복잡 다단성을 강조한 것이었다. 그라이스의 저작으로는 《합리성의 철학적 근거》(1986), 《단어의 사용 방식에 관한 연구》(1989), 《추리의 제 측면》(2001) 등이 있다.

분석 윤리학

분석 윤리학이란 무엇인가?

분석 윤리학이란 논리 실증주의와 일상 언어 분석을 둘 다 혹은 둘 중 하나를 윤리학에 적용한 것이다.

윤리와 도덕의 차이는 무엇인가?

철학자들은 이 두 용어를 호환적으로 사용하는 경향이 있다. 하지만 일상 언어에서는 '도덕'이 개인적 행실을 지칭하는 반면에 '윤리'는 공적이며 직업상 혹은 공민으로서의 행위를 지칭한다. 따라서 성행위나 음주 습관 등에 관한 판단은 개인에 대한 도덕 판단이 될 수 있는 반면, 윤리 판단은 흔히 책임감 있는 위치에 있는 사람의 의무에 대한 것들(예컨대 의사 윤리)이다.

485

우리는 누구나 갈등을 느낄 때가 있다. 통상적으로 도덕은 개인적 차원의 행실에서
선과 악의 갈등을 다루는 반면에 윤리는 공적 행위의 선함과 악함을 판단하는 방법과 관계가 있다.

도덕 체계와 도덕 이론 사이의 차이는 무엇인가?

도덕 체계는 사람들이 행동해야 할 의거 원리들을 명시한다. 이를테면 의무에 입각한 의무론적 윤리학, 덕목에 입각한 공리주의 등이 그 예들이다. 도덕 이론은 '선', '악' 등 도덕 관련 기본 용어들과 도덕적 판단 및 그 논증의 본성에 대한 설명을 한다. 도덕 이론가들은 서로 다른 도덕 체계들을 비교하기도 한다.

도덕 규약주의란 무엇인가?

윤리 또는 도덕 규약주의란 어떤 것을 선하거나 옳은 행위로 결정짓는 것은 보편적인 문화적 신념이라는 견해이다. 윤리 규약주의는 기술적인 형태와 규제(처방)적인 형태가 있다. 규제적인 형태의 규약주의는 우리가 규약을 **따라야 한다**고 말한다. 그에 반해 기술적인 규약주의는 우리가 규약을 **따르고 있다**고 말한다.

윤리적(혹은 도덕적) 상대주의란 무엇인가?

윤리(도덕) 상대주의에도 두 가지가 있다 — 기술적 상대주의는 서로 다른 문화마다 서로 다른 도덕적 신념 체계를 가지고 있음을 중시한다. 규제적 혹은 규범 상대주의는 주어진 사회에 속한 사람들이 올바르다고 생각하는 것이 올바른 것이라는 견해이다. 이런 상대주의 견해의 결과는 도덕적 불일치를 합리적으로 논의할 수 없다는 것이다.

철학자들은 윤리 상대주의를 어떻게 다루는가?

철학자들은 규제적 윤리 상대주의를 몹시 싫어한다. 이 견해는 상대적인 여러 주장들을 정당화할 방법이 없기 때문에 도덕 용어의 분석과 도덕 체계의 구성에서 초점을 잃게 만든다. 기술적 윤리 상대주의에도 서로 다른 몇 가지 입장이 있다. 일부 철학자들은 우리의 것과 달라 보이는 도덕 체계를 일단 이해하고 나면, 모든 도덕 체계들로부터 인간 모두에게 적용할 수 있는 보편적 도덕 원리를 이끌어낼 수 있다고 주장하며 상대주의를 거부한다. 다른 철학자들은 도덕적 옳음에 관한 서로 다른 견해가 있다 하더라도 그중에는 단순히 그릇된 관점이 있을 수도 있다는 주장을 하며, 어떻게 그릇된 것인지 보여주는 것을 그들의 임무로 삼기도 한다.

G. E. 무어의 자연주의적 오류란 무엇인가?

조지 에드워드 무어(1873~1958)는 '좋음' 또는 '선함'이 다른 어떤 경험적 성질에 대한 용어인 '쾌락' 또는 '즐거움' 등으로 분석될 수 없음을 강력하게 주장했다. 이런 오류는 무어가 쓴 《윤리학 원리》(1903)에서 처음 제시되었다.

> "노란 것"은 "특정 파장의 빛을 반사하는 것"이라는 진술이 참인 것처럼, "선한 것" 역시 "그 어떤 것"이라는 진술도 참일 수 있다. 또한 윤리학은 모든 선한 것에 속하는 다른 성질들의 발견을 목표로 하는 것도 사실이다. 하지만 이런 다른 성질들에 이름을 붙일 때, 그것은 실제로 선함을 정의하는 것이라는 (잘못된) 생각을 너무 많은 철학자들이 해왔다.

487

무어는 사람들이 노란색을 보게 되면 즉각 노란색임을 알게 되는 것과 똑같이 선함을 직접 알게 된다고 생각했다. 따라서 우리는 오직 시력이 있는 사람에게만 한 조각의 노란 종이나 천을 보여주면서 "이것은 노랗다"라고 말할 수 있다. 하지만 눈이 먼 사람에게는 노랗다는 것이 무엇인지 정확히 기술할 수가 없다. 이런 사실은 선한 것이 무엇인지에 관해서도 똑같이 성립한다. 우리는 오로지 어떤 행동/사물을 가리키며 '선하다' 라고 말할 수 있을 뿐이다.

그런데 사람들은 선함을 정의할 때 자연 사실적 성질을 가리키는 용어들을 이용하는 경우가 많다. 자연주의자들에게 있어 '가치' 란 경험적이며 자연적인 '사실' 로 환원될 수 있는 것이다. 즉 '좋음' 이나 '선' 을 '즐거움을 주는' 으로 환원하고, '나쁨' 이나 '악' 을 '고통을 주는' 으로 환원하는 식이다. 하지만 좋음 또는 선함은 당위의 차원이고, 즐거움을 주는 것은 경험적 사실의 차원이어서 환원될 수 없다는 것이 무어의 주장이다. 즉 자연주의적 오류란 자연주의자들이 흔히 범하는 "사실로부터 당위를 이끌어내는 오류"를 의미한다. 무어의 이와 같은 선함의 비환원적 본성 개념은 한동안 다른 윤리학자들에게도 강력한 표준적 개념이 되었다.

소설가이자 페미니스트 문필가인 버지니아 울프는 블룸즈버리 그룹의 일원이었다.

윤리학의 이모티비즘이란 무엇인가?

논리 실증주의에 따르면, 진술들은 오직 감각경험의 기술을 통해 검증된다고 말할 수 있을 경우에 한해서 의미를 가진다. 이모티비즘이란 이런 논리 실증주의의 분석적 방법론을 윤리학 내지 가치론에 적용시킨 이론이다. 도덕 및 미학의 진술은 이런 검증에 부합할 수 없기 때문에 경험적 의미가 없고, 단지 진술자의 감정 표현만을 담고 있다는 것이 이모티비즘의 기본적 신조이다. 다시 말해, 도덕 판단이 감정emotion을 드러내거나 환기하는 발언에 불과하다고 보는 논리 실증주의자들의 생각을 이모티비즘이라 한다.

A. J. 에이어는 이런 입장을 《언어, 진리, 논리》(1936)를 통해 제기했다. 보다 포괄적인 설명은 스티븐슨(1908~1979)의 《윤리학과 언어》(1944)에 제시되어 있다. 스티븐슨은 도덕 판단이란 인지적 의미보다는 감정적 의미를 가지고 있는 것이라고 주장했다. 그에게 도덕 판단이란 자연적 사실 판단이라기보다 다른 사람에게 영향을 주기도 하는 일련의 사실들에 대한 감정적 반응을 의미했다. 따라서 이모티비즘의 입장에서는 사실이나 다른 환경이 바뀌면 도덕 판단도 바뀐다고 본다.

**블룸즈버리
그룹이란
무엇인가?**

블룸즈버리 그룹이란 느슨한 형태로 형성된 친구들 모임으로 그중 남자는 케임브리지 졸업생들이었다. 그들은 먹고 마시며 대화를 나누기 위해 작가 버지니아 울프의 자매인 버네사 벨의 집에서 모이곤 했다(그 집이 대영 박물관에서 가까운 런던 블룸즈버리에 있어 모임의 이름도 블룸즈버리 그룹이 되었다). 1910년 이전의 최초 멤버는 소설가인 E. M. 포스터, 메리 매카시, 버지니아 울프, 경제학자 케인스, 전기 작가 리턴 스트레이치, 화가 덩컨 그랜트, 버네사 벨, 미술 평론가 로저 프라이 등이었다. 그들은 모두 각자 유명 인사가 되기 훨씬 오래전부터 허물없는 친구 사이였다.

G. E. 무어는 이 그룹의 지적 이념을 제시하는 정신적 지주로서 동참했다. 특히 그의 저서 《윤리학 원리》(1903)가 다른 사람들의 모든 지적 활동에 대한 명료한 모델을 제공한 것으로 평가되는 존망을 받았다. 무엇보다도 블룸즈버리 그룹 멤버들이 무어에 의해 고취된 것은 예술과 우정이 내재적인 가치를 가지고 있다는 사상이었다 — 예술과 우정은 그 자체로 선한(좋은) 것이며, 다른 어떤 '더 높은 목적'을 전제로 하지 않는 것이다.

윤리적 주관주의란 무엇인가?

윤리적 주관주의란 윤리적 이모티비즘과 같거나, 아니면 윤리적 판단은 우리의 감정을 표현한 것이라는 견해이거나, 아니면 도덕성의 의미로서 개별적인 사적 도덕관을 참조하는 입장이다. 따라서 원리적으로 보면 윤리적 주관주의에는 개인의 수만큼 많은 수의 윤리 체계가 있을 수 있다.

어떻게 덕의 윤리학이 분석철학에서 재발견되었는가?

주로 아리스토텔레스의 《니코마코스 윤리학》에 표명된 덕의 윤리학은 합리주의적 도덕 체계를 만들어내고자 하는 일단의 분석철학에 의해 재조명되었다. 아리스토텔레스에 따르면, 우리는 신중한 합리적 과정을 통해 각 개인별 덕목들을 발달시키고 나서 우리가 실제로 해야 할 바를 선정한다. 아리스토텔레스 윤리학의 부활은 때로 다른 유명한 도덕 체계와 도덕 이론에 대한 반대를 추구하기도 한다. 그리고 필리파 푸트와 매킨타이어는 20세기의 덕의 윤리학자로 거명될 만하다.

덕의 윤리학에 대한 필리파 푸트의 기여는 무엇인가?

미국 대통령이었던 그로버 클리브랜드의 손녀인 필리파 푸트(1920~)는 주관주의와 이모티비즘 윤리학에 반대하며, 도덕성과 합리성의 연결을 주장했다. 그녀는 도덕 판단이 우리의 삶과 자연에 관한 사실들에 의해 결정된다고 주장하면서 사실/가치의 분리를 천착하고자 했다. 이런 의미에서 그녀는 '도덕 자연주의자'이다. 도덕 자연주의란, 도덕적으로 선한 것이라고 해서 두드러진 특별한 성질을 가진 것이 아니라, 주어진 특정 상황에서 합리적인 방법에 의해 최선의 것으로 선정된 일상적인 사물과 행동이라고 보는 입장이다.

무엇보다 푸트는 자체 관심을 촉진하는 것으로서의 덕목들을 일관되게 지지했다. 그녀의 주요 저서로는 《덕과 악덕 그리고 도덕 철학의 다른 글들》(1978)과 《자연적 선함》(2001), 《도덕적 딜레마》(2002) 등이 있다.

윤리적 자연주의란 무엇인가?

윤리적 자연주의는 선함이란 자연적 속성이며, 도덕성은 직관, 양심, 종교 등이 없어도 이해될 수 있다는 주장을 한다.

덕의 윤리학에 대한 매킨타이어의 기여는 무엇인가?

매킨타이어(1929~)는 마르크시즘과 20세기 후반의 소비 자본주의 양쪽 모두를 거부하면서 윤리학에 대한 접근을 개진시켜왔다. 기독교의 이타주의적인 종교적 가치의 영향을 받은 그의 (토마스적) 아리스토텔레스주의로의 복귀에서 그는 경쟁적인 체계들에 관한 도덕적 논쟁의 본성을 숙고했으며, 에디트 스테인을 현상주의자로 재천명했다.

매킨타이어는 덕을 인간의 잠재력을 채우는 데 요구되는 도덕적 성질로 보았다. 그는 실천과 덕 그리고 전통의 결합에 초점을 맞추었다 — 실천은 공동체적 행동이며 덕은 실천에 참여하는 데 필요한 개인별 성향과 습관이고, 전통은 반성의 대상인 공동체에 대한 역사이다. 이처럼 매킨타이어의 덕의 윤리학은 덕을 발달시키고, 공동체 안에서 실천하며, 도덕 공동체가 그 역사를 통해 이해되는 것을 염두에 둔 것이다.

매킨타이어의 입장은 사회적·정치적 의미에서 보수적으로 되고자 하는 것이 아니다. 아리스토텔레스가 썼던 이래로 계속 발생한 모든 역사적 사실들 없이는 불가능했을 아리스토텔레스의 덕에 대한 이해로서 그의 입장이 개발된 것이다. 그의 주요 저작으로는 《덕의 이후》(1981), 《누구의 정의이고 누구의 합리성인가?》(1988) 등이 있다.

아인 랜드는 누구인가?

아인 랜드(1905~1982)는 러시아 태생의 미국 소설가로, 이타주의의 기독교 덕에 대해서는 물론이고, 공산주의와 사회주의 정치 이념에 강하게 반응했다. 그녀는 자신의 소설과 객관주의 철학을 통해 '이기주의의 미덕'을 크게 찬양한 것으로 유명하다. 가장 널리 알려진 그녀의 소설로는 《아틀란스 Atlas Shrugged》, 《We the

491

Living》(1936), 《*The Fountainhead*》(1943) 등이 있다.

랜드의 이기주의 미덕은 어떤 것인가?

랜드에게 인간의 가장 높은 선은 개인의 행복으로서, 합리성을 통해 얻게 되는 것이다. 모든 개인은 자기를 위한 더 높은 이해 관심을 지향하는 고유의 의무를 가지며, 다른 사람들은 그것을 희생하도록 요구할 권리가 없다. 특히 개인의 자기 이해 관심이 단지 약자라거나 궁핍한 사람이라는 이유로 희생되어서는 안 된다. 이런 의미에서 랜드는 '윤리적 이기주의자'로, 인간이란 자신의 행복을 이기적으로 추구하는 존재라는 견해를 소신껏 표명했다.

윤리적 이기주의란 무엇인가?

윤리적 이기주의란 모든 사람이 각각 다른 모든 목표보다 최우선적으로 자기 자신의 이해 관심을 추구해야 한다는 도덕 체계이다. 윤리적 상대주의가 그런 것처럼 윤리적 이기주의도 기술적 형태와 규제적 형태가 있다. 윤리적 이기주의의 기술적 형태는 모든 사람이 항상 자기 자신의 이해 관심을 추구한다는 주장을 하는 데 비해 규제적 형태는 모든 사람이 항상 자기 자신의 이해 관심을 추구해야 한다고 주장한다. 그녀는 확실히 규제적 이기주의자이긴 하지만, 공산주의와 사회주의는 나쁜 것이며 만연되어 있다고 생각하는 한, 기술적 이기주의자는 아니다.

랜드의 객관주의 철학은 어떤 것인가?

대부분의 철학자들은 랜드의 객관주의를 '알량한 철학'으로 여긴다. 랜드는 몇 달간 서양 철학사를 배운 적이 있다고 주장하며, 그때 아리스토텔레스의 열렬한 추종자가 되었노라고 했다. 그녀는 아리스토텔레스의 동일률, 즉 "A는 A이다"가 이성을 통해 알 수 있는 객관적 세계의 존재를 정초할 수 있는 형이상학적 원리라고 믿었다. 하지만 그녀의 형이상학보다 소설과 이기주의 신조로 인해 랜드는 오늘날 많은 대학 강단에서 여전히 회자되고 있다(하지만 랜드 이전과 이후를 망라하고 대부분의 전문 철학자들은 "A는 A이다"가 객관적이고 아니고를 떠나, 세계에 관해 아무것도 말해주지 않는 토톨로지(동어 반복)일 따름이라고 주장해왔다].

결과주의란 무엇인가?

결과주의란 19세기 공리주의의 20세기 버전이다. 공리주의 도덕 체계는 모든 사람을 오직 한 사람으로만 헤아렸을 때, 최대 다수에게 결과가 돌아가게 하는 최대의 쾌락 혹은 행복을 추구하도록 행동해야 한다고 주장한다. G. E. 무어의 관념적 공리주의는 우리가 행위의 결과로서 추구해야 할 선한 것들로 미적 경험과 우정의 관계를 특정해서 명시했다.

결과주의는 공리주의보다 한층 일반적 형태로서, 우리가 최선의 결과를 얻을 수 있도록, 혹은 결과를 극대화할 수 있도록 행동해야 한다고 주장한다. 오늘날의 결과주의는 종종 내재적 가치를 지닌 궁극적 결과로 '선호-만족'을 제시한다(선호-만족이란 사람이 원하는 바를 얻는 것을 의미한다). 결과주의에서는 결과의 분배에 관한 논의도 주요 쟁점인데, 해당 인원 모두에게 같은 몫의 만족이 분배되도록 하는 것이 더 우선인지 혹은 총량(또는 그 평균치)가 증가하면 충분한지에 대한 논의가 이어지고 있다.

행동 결과주의는 우리가 최선의 결과를 얻도록 행동해야 한다는 입장이고, **규범 결과주의**는 우리가 최선의 결과를 얻게 하는 규범의 한 예로서 행동해야 함을 주장하는 입장이다.

이러한 모든 논제들은 J. J. C. 스마트(1920~)와 버나드 윌리엄스(1929~2003)가 쓴 《공리주의: 옹호와 반대》(1973), 새뮤얼 셰플러(1951~)의 《결과주의의 거부》(1994) 등에서 다뤄지고 있다. 한편 결과주의를 일상 언어 철학과 연계시킨 시도들도 이어졌는데, 그 대표적인 인물이 R. M. 헤어이다.

R. M. 헤어는 누구인가?

R. M. 헤어(1929~2002)는 옥스퍼드 대학의 도덕 철학 교수를 지냈으며, 후에 플로리다 대학에서 학생들을 가르쳤다. 《도덕 언어》(1992)에서 헤어는 도덕 판단의 규제적 본성과 '보편화 가능성' 혹은 일반화될 수 있는 소지에 대해 주장했다.

《자유와 이성》(1963), 《도덕적 사고, 그 수준과 방법 및 쟁점》(1981)을 통해 헤어는

분석철학 ★

493 ★

윤리 개념들이 공리주의적 진리를 지지하는 논리적 규칙들에 따라 사용된다는 주장을 펼쳤다. 헤어에 의해 제의된 공리주의는 '이중 단계two-tier'라는 것으로서, 행동 공리주의와 규범 공리주의를 모두 적용하는 것이다. 행동 공리주의는 우리가 최선의 결과에 이르게 하는 행동들만을 요구한다. 반면에 규범 공리주의는 우리로 하여금 최선의 결과에 이르게 하는 규범들을 따를 것을 요구한다.

일부 철학자들은 결과주의를 비판했는가?

엘리자베스 앤즈컴(1910~2001)은 1958년 발표한 논문 《현대 도덕 철학》에서, 이른바 '공리주의의 20세기 버전'이 의도된 결과와 의도되지 않은 결과를 분별하지 않음을 비판하는 대목에서 '결과주의'라는 용어를 만들어 썼다. 앤즈컴은 오직 의도된 결과만 도덕적 가치를 지닌다고 주장하는 입장이다.

앤즈컴은 토마스 아퀴나스의 이중 효과 신조(DDE, doctrine of double effect)를 옹호한 것으로 유명하다. DDE에 따르면, 어떤 행동이 나쁜 결과에 이르기는 했지만 그런 결과를 의도하지 않았을 경우, 그 행동은 도덕적으로 용인될 수 있다. (산모의 생명을 구하기 위해 태아의 분만을 수월하게 하는) 개복 수술에 관한 예수회의 도덕성 논의에서 DDE가 활용된 적이 있는데 산부인과 의사의 목표가 태아를 죽이기 위한 것이 아니라 단지 태아를 꺼내기 위한 것이라면 개복 수술이 용인될 수 있다고 판단했다.

앤즈컴은 다음과 같은 상황을 예시했다. 내가 벼랑 끝에서 죽기 직전에 철천지원수를 만났다. 내가 정말 우연히 그 원수에게 넘어지는 바람에 그가 벼랑에서 떨어졌다면, 비록 원수의 죽음으로 나타난 결과가 (사건 후에는) 나에게 환영받을 일일지라도, 애초에 그런 결과를 의도하지 않았었다면 나는 비난받을 이유가 없다.

어떤 사람들은 부당한 행동이나 희생을 통해 즐거움의 극대화를 이룰 경우, 결과주의는 정의의 문제를 무시하는 방법이라고 비판한다.

응용 윤리학이란 무엇인가?

응용 윤리학이란 기존의 윤리적 원리들을 의학, 공학, 경영, 법, 환경 등 실천적인 분야에서 탐구하는 것이다. 또한 응용 윤리학은 항공기 승객 및 참사 희생자들의 권리, 인간 복제 및 소비자 보호에 관련된 윤리적 문제 등과 같은 새로운 상황에 대한 새로운 도덕규범을 개진하기도 한다. 이런 의미에서 응용 윤리학은 실천 윤리학(실천에 대한 윤리의 연구)이다.

나아가 응용 윤리학은 실천 및 철학 이외의 분야에 도덕 체계와 도덕 이론을 적용하면서 한층 더 비판적인 입장을 취할 수도 있다. 주어진 영역 안에서의 기존 규범과 행위 체계는 철학적 (응용) 윤리학자에 의해 이론적으로 정당화되거나 비판될 수 있다. 어떤 경우에는 아예 새로운 도덕적 방향이 제시될 수도 있다. 환경 윤리학은 응용 윤리학의 이론적 차원을 보여준 좋은 예이다.

결과주의는 비판에 대해 어떻게 반응했는가?

철학 교수이자 작가인 카이 닐센(1926~)과 같은 몇몇 결과주의자들은 숱한 이의 제기와 비판을 감수하면서도 "가장 많은 수의 생명을 구하는 행위는 모두 도덕적으로 선하다"는 주장을 펼쳤다. 닐센은 1972년 〈윤리학〉이라는 학술지에 발표한 〈공리주의 옹호〉라는 논문으로 유명한데, 거기에는 상황 예화가 제시되어 있다. 비만인 한 남자가 동굴 입구에 쐐기처럼 박혀 있다. 동굴 안에는 물이 차올라오고 그 남자 뒤로 여러 사람들이 갇혀 있다. 이런 경우라면 닐센은 인도적 차원에서 그 비만한 남자가 다이너마이트 폭발에 의해 처리된다 하더라도 도덕성에 위배되는 일은 없다고 했다.

결과주의가 정의의 문제를 무시한다는 비판에 대해서는 역시 결과주의적 발상의 규범 논리로 대응했다. 공정하고 정당한 규범은 더 나은(선한) 결과에 이르고 부당한 행위는 결국 인간의 삶을 개선하지 못하는 결과를 낳을 것이므로, 신중한 결과주의 규범은 정의의 문제를 감안하게 된다는 것이다. 예를 들어, 응급 상황에서 의사는

장기 이식이 필요한 여섯 명의 환자들을 살리기 위해 건강한 환자 한 사람을 희생시킬 수도 있다. 그러나 이 의사가 따른 규범이 의사들에 대한 신뢰를 무너뜨려 긍정적인 면보다 오히려 더 큰 부정적인 결과에 이른다면 신중한 결과주의 규범은 그것도 고려하게 된다는 것이다.

또 다른 사람들은 미래의 결과에 대해 계산해야 한다는, 명백한 문제점을 지적했다. 결과주의에 대한 이와 같은 강력한 반대론은 버나드 윌리엄스가 제기한 것으로, 모든 사람을 동일하게 간주하면서 결과에 초점을 맞추는 것은 결과 산정 인자들에 대한 개인별 중요성 차이가 무시됨으로써 온전한 결과 산출 자체가 어렵게 된다는 것이다. 이에 대한 윌리엄스의 유명한 예화는 다음과 같다. 한 여행객이 아홉 명의 무고한 사람들이 사살되는 사태로부터 구하기 위해 한 사람의 인디언을 살해해달라는 (결과주의자의) 요청을 받았다고 하자. 여기에 윌리엄스의 논박은 결과주의자의 발상이 다른 사람을 절대 죽이지 않는다는 여행객 자신의 도덕 신조의 중요성을 침해하고 있다는 것이다.

분석 정치철학

분석 정치철학에서 두드러진 점들은 무엇인가?

20세기 분석 정치철학자들은 대부분의 경우 자유주의와 평등주의 가치관을 가지고 있으며, 그 자체로는 정치와 직접 관련이 없어 보이는 형식의 글을 통해 자신들의 사상을 펼쳐왔다.

아이자이어 벌린은 누구인가?

아이자이어 벌린(1909~1997)은 민주주의 사회에서의 자유의 이념에 관한 저작으로 유명하다. 그는 라트비아에서 태어나 옥스퍼드에서 교육을 받았고, 1966년부터 1975년까지 옥스퍼드 울프슨 칼리지의 학장을 지냈다. 그를 유명하게 만든 것은 '적극 · 긍정적 자유' 및 '소극 · 부정적 자유'의 분별과 마르크스주의자들의 역사 개념에 대한 비판이다. 벌린은 매우 명석하고 기품 있는 연사로서, BBC에서 맡은 강연을 종종 원고 없이 진행하기도 했다. 벌린의 주요 저작으로는 《자유에 관한 네 편의 에세이》(1696), 《러시아 사상가들》(1978), 《시류에의 반대: 이념의 역사 에세이》(1979), 《개인 인상들》(1980), 《실재의 의미》(1996) 등이 있다.

아이자이어 벌린의 자유에 대한 두 가지 개념이란 무엇인가?

벌린은 자유에 대한 두 가지 개념의 구분을 1958년, 옥스퍼드에서 사회 정치 이론 교수로 취임하는 연설에서 개진했다. 소극·부정적 자유는 개인의 행동에 대한 강요나 방해가 없는 것으로서, 투표의 자유나 저술의 자유 또는 무도회장 무용에 관한 학습의 자유 등과 같은 것이다. 한편 적극·긍정적 자유란 자기 계발과 자신의 운명에 대한 판단 결정과 관련된 인간적 역량을 의미한다. 예컨대, 어떤 사람은 소극·부정적 자유 없이 시골에서 사는데, 그것이 자신의 적극·긍정적 자유를 방해한다. 한편 적극·긍정적 자유를 가진 다른 사람들은 경제 사회적 제약으로 인해 그 자유를 충분히 경험하지 못할 것이다.

벌린은, 전체적으로 볼 때 로마–게르만 관념론 전통으로 인해, 적극·긍정적 자유가 특정 정부 형태에 효과적이라는 선입견이 여러 정치 이론가들에게 주입되었다고 주장했다. 그는 적극·긍정적 자유 개념이 독일 국가 사회주의와 공산주의 양쪽에 선택적인 개념이라고 생각했다. 공산주의의 경우, 자유의 목표는 ‘집단적 합리성’이라는 이름 아래 국가를 통제하는 목표와 일치한다. 나치(독일)의 경우, 적극·긍정적 자유가 개인의 삶에 최우선 가치가 되는 것은 독일과 그 ‘우월한 인종’의 예정된 운명이었다.

벌린 자신은 존 스튜어트 밀의 전통 가운데 있는 소극·부정적 자유 옹호자로서 정부 간섭 최소화의 중요성을 강조했다. 다시 말해 벌린의 견해는, 정부가 역할을 맡으면 강압적인 전체주의 형태가 되기 쉬우므로, 정부는 개인의 삶에 대한 가치 부여와 기획 구도의 유용한 원천이 되지 못한다는 것이다.

벌린은 마르크스주의자들의 역사주의에 어떻게 반대했는가?

벌린은 역사가 '예외적인 개인들'의 자유 의지와 무관하게 초인적 혹은 절대적인 힘 따위에 의해 결정될 수 있다고 믿지 않았다. 그는 〈정치 이론은 여전히 존재하는가?〉라는 글에서 다음과 같이 썼다.

> 우리의 생각을 결정하는 유일한 하나의 모델만 존재한다는 것은 거의 받아들이기 어렵다. 사람들(혹은 문화들)을 모두 사로잡는 모델은 드물다. 가장 강력한 모델에 상대적으로 가장 많은 호응이 따르겠지만, 결국에 가서는 보다 더 격렬하게 붕괴되는 경향이 있다. 그런 개념들은 실재에 의해 물러난다.

마찬가지 논리로 벌린은 정치적 삶에서 조화와 합의에 관한 적극주의자가 아니었다. 그는 선의의 개인들이 오히려 불가피한 도덕적 갈등에 이르는 상반된 가치들을 유지할 수 있다고 믿었다. "이러한 가치 충돌은 그들이 누구이며 우리가 누구인가를 드러내주는 핵심일 따름이다."

칼 포퍼는 누구인가?

칼 레이먼드 포퍼 경(1902~1994)은 과학적 주장을 거짓으로 만드는 바를 말할 수 있음(즉, 반증 가능성)이 과학에 대한 판단에 필수적이라는 주장을 한 것으로 유명하다. 그는 오스트리아에서 태어나 빈의 루트비히 비트겐슈타인과 이웃하며 성장했으나 부유한 환경은 아니었다. 그는 1930년대 후반에 독일을 떠나, 뉴질랜드에서 교직에 얼마간 종사하다가, 이후부터 런던 정경대학 교수로 활동했다. 포퍼는 그의 정치적 사상만큼이나 자신의 과학철학으로도 유명한데, 그의 사상은 《열린 사회와 그 적들》(초판 1945, 5차 개정판 1965)에 개진되어 있다.

칼 포퍼의 열린 사회 개념은 무엇인가?

플라톤과 카를 마르크스에 대한 비판으로 시작하는 포퍼는, 플라톤의 철인왕은 성취 불가능한 인간 지혜의 비현실적 이상이 표상된 것이며, 마르크스는 인간의 역사가 하나의 도덕 차원을 가진 것으로 믿는 오류를 범했다고 보았다. 통치자도 늘 오류를 범할 수 있는 인간임을 상기시켰다. 나아가 역사가 집단행동에 의해 결정된다는 '역사주의'와 집단만이 사회 변화의 인과적 요인이라는 '전체주의'를 모두 거부했다. 그는 역사에서 인간을 배제한 힘이 존재한다거나, 개인 말고 다른 무엇이 사건을 일으킬 수 있다는 증거를 사회과학이 가지고 있다고 생각하지도 않았다.

포퍼는 통치자가 자신의 행위와 정책의 결과를 예측할 수 없다고 생각했다. 이에 대한 근거는 어느 누구도 미래를 예측할 수 없다는 철학적 불가능성이다. 그러므로 열린 사회에서는 정책들이 잘못된 것으로 판명될 수도 있다는 전제하에 맡겨야 한다. 왜냐하면 성공을 보장하는 통치자는 자기 자신을 포함한 피통치자를 기만하는 결과에 이를 수도 있기 때문이며, 따라서 정책 프로그램의 성공 여부에 대한 평가는 피통치자의 몫으로 남겨야 한다. 그리고 성공적이지 못했다는 평가를 받았다면 동일한 수정이 반영된 다른 정책 프로그램이 구안되어야 한다. 포퍼는 만일 사회가 이런 식으로 '열려 있지' 않을 경우, 전체주의와 개인의 자유에 대한 압제가 잇달아 일어난다고 믿었다.

존 롤스는 누구인가?

존 롤스(1921~2002)는 프린스턴에서 교육을 받았으며 프린스턴, MIT, 코넬, 하버드에서 학생들을 가르쳤다. 그는 《정의론》(1971)을 통해 영국계 미국인 정치철학을 거의 혼자 힘으로 일으켜 세웠다는 신망을 받고 있다. 롤스는 칸트의 도덕 이론 및 사회 계약론에 입각한 기본적 합의 원리라는 두 가지를 이론의 기본 축으로 삼고 정의로운 사회의 모델에 대한 밑그림을 그렸다. 그의 후속 저작으로는 《정치적 자유주의》(1993), 《논집》(2000), 《철학사 에세이》(2001) 등이 있다.

존 롤스의 정의론은 어떤 것인가?

롤스는 정의를 사회의 핵심 덕목으로 상정하는 것으로부터 자신의 정의론을 시작했다. 비록 사회마다 '정의에 대한 개념'이 다르기는 할지라도 모든 사회가 정의 개념에 최우선적인 가치를 둔다. 롤스의 정의 개념은 공정함으로 이해될 수 있다. 그가

제시한 모델에서 사회는 기본적인 제도가 공정하면 정의로울 수 있는데, 이는 공직에 대한 동등한 접근 기회를 수반하는 것이다. 기본적인 제도가 어떻게 공정할 수 있는가를 판단하는 방법으로 롤스는 '원초적 입장'을 설정하는 사고 실험을 제시했다.

원초적 입장에서 공정한 제도를 세우는 입안자는 '무지의 베일' 뒤에서 작업을 한다. 무지의 베일은 그들이 제도를 만드는 사회 안에서 어떤 위치와 이해 관심을 가지고 있는지 알리는 것을 막아준다.

롤스는 다음과 같이 썼다.

> 아무도 그의 사회 안에서의 위치, 즉 그의 계층적 위치와 사회적 지위를 모르며, 자연적 자산과 능력의 분배 과정에서 그가 차지할 몫, 그의 지식 정도, 힘의 소유 정도 등도 전혀 알 수 없다. 심지어 그들의 선에 대한 개념이나 특별한 심리적 성향도 알지 못한다. 정의의 원리들은 이런 무지의 베일 뒤에서 선정된다.

롤스의 사고 실험은 원초적 제도 입안자 쪽에 가설적인 무관심의 조건을 보장한다. 이는 그들을 칸트의 합리적 존재들로 상정하는 것으로서, 그들은 자율적 혹은 자기 규제적 존재이기 때문에 그들의 삶에서 무엇이 가장 중요한지 선택할 수 있고 또한 그래야 한다. 즉 그들은 사적인 이해 관심은 모르지만 그럼에도 불구하고 모든 사람의 이해 관심에 영향을 미칠 제도를 구축하는데, 그것은 마치 한 어린이에게 케이크를 자르게 한 다음 두 번째 어린이에게 고르게 하는 것과 같은 방식으로 공정한 것이다. 사회 안에서 이해 관심을 가진 개인들이 기본 제도에 동의한다는 전제는 사회 계약론 안에서 통치되는 사람들의 동의가 필요하다는 사실을 반영한다.

사회 계약론은 또한 정부가 통치받는 사람들에게 이롭다는 사실을 스스로 정당화해야 한다는 전제를 기반으로 삼고 있다. 롤스의 원초적 입장은, 오직 재산 소유자만이 정부의 대표자가 될 수 있다고 가정한 존 로크와 같은 최초의 사회 계약론자에 의해 허용되는 것보다 더 많은 이익에 대해서까지 테스트를 약속한다. 그래서 롤스의 모델은 무지의 베일 뒤에서의 역할을 맡을 수 있는 사람이면 누구나 주어진 사태를 선택할 여부를 물을 수 있도록 한다. 만일 아니라고 답한다면, 주어진 사태는 불공정 또는 정의롭지 못한 것이다.

아니다. 롤스는 완전한 '분배 정의'나 혹은 사회 구성원 전원이 똑같은 몫을 차지해야 한다는 이념의 옹호자가 아니다. 하지만 그는 '차등의 원리'를 통해 공정성의 기준을 불평등에 적용했다. 불평등은 "사회의 최소 수혜자가 받을 수 있는 이익이 최대가 되도록" 하는 것이어야 한다.

로버트 노직은 누구인가?

로버트 노직(1938~2002)은 최소 정부 개념으로 중요하게 평가된다. 그는 컬럼비아, 프린스턴, 옥스퍼드 대학 등에서 공부했고, 하버드 대학의 철학 교수로 지냈다. 가장 영향력 있는 그의 작품은 《아나키에서 유토피아로》(원제는 '무정부, 국가, 유토피아', 1974)인데, 이 책은 존 롤스의 《정의론》(1971)에 대한 응답 형식으로 집필되었다. 노직의 다른 책으로는 《소크라테스 퍼즐》(1997), 《합리성의 본질》(1993) 등이 있다.

존 롤스에 대한 로버트 노직의 응답은 무엇이었나?

첫째, 무엇보다 권리가 침해되어서는 안 된다. 둘째, (노직이 주장하는) 최소 국가는 권리를 침해하지 않으면서 발전할 수 있으나 롤스의 국가는 차등의 원리 때문에 불가능하다. 노직은 사회적 약자를 돕는 원리에 입각한 국가는 모두 자유 교환을 통해 얻은 재산권의 침해를 요구하게 된다고 주장했다.

로버트 노직의 고유 정치 이론은 무엇인가?

노직은 자신이 소유 권한을 가진 것을 소유하고 있다면, 그 분배는 어떤 형태든 정당하다고 보았다. 다시 말해, 가지고 있는 재산의 원초적 획득이 정당하거나 정당

한 방법으로 양도받은 것이라면 그 재산에 대해 전적인 권리를 갖는다. 물론 원초적 획득이나 양도가 정의롭지 못했다면 그것은 마땅히 교정되어야 한다.

노직은 최소 국가의 형태를 선호한다. 국가는 폭력과 도둑, 사기로부터 시민을 보호하고, 계약의 이행을 강제하는 것 이상의 역할을 넘어서지 말아야 한다는 것이다. 그의 이러한 국가관은 복지 국가나 사회주의 국가처럼 강제적 재분배를 시행하고 있는 '확장 국가'에 대한 강한 비판을 반영하고 있다.

노직은 기본적으로 존 로크의 재산권 이론의 전통을 계승하고 있다. 즉 한 개인이 "자신의 노동을 더해서 소유하게 된 것"은 사유 재산이 된다는 것이다. 하지만 그는 로크의 사적 재산의 소유 이론을 분석하면서 다음과 같은 의문을 제기했다.

> 왜 "자신의 노동을 더하는 것"이 그 사람으로 하여금 소유권자가 되게 하는 것일까? (……) 내가 한 통의 토마토 주스 소유자인데 내 손으로 그것을 바다에 부으면…… 그로 인해 나는 바다를 소유하게 되는가, 아니면 바보같이 토마토 주스를 허비해버린 것이 되는가?

노직은 이 의문을 로크가 했던 방식인, 형이상학적 근거에서 공리주의적인 근거로 발상을 전환함으로써 해결했다. 우리의 노동이 첨가된 것에 대해 우리가 소유권을 가지는 것은 첨가된 노동이 원래의 물질에 가치를 증가시켰기 때문이다.

로크-노직 해법은 무엇을 남겼나?

이 해법이 우리의 노동이 더해진 것과 그렇지 않은 것, 양쪽에 대한 소유 경위를 모두 설명하지는 않는다. 어떤 사람이 자신의 소유물을 개선하기 위해서는 그것을 최초로 산출하게 된 경위도 밝혀야 하는데, 이를테면 최초의 원물질인 광물에 대한 소유권은 어떻게 가능했던 것일까? 또한 노직이 말한 바다의 예처럼 우리의 노동이 더해지기에는 너무 커서 그 전체를 소유할 수 없을 때 우리는 어떤 결정을 내려야 하는가?

레오 스트라우스는 누구인가?

레오 스트라우스(1899~1973)는 철학 텍스트들을 현실 정치와 연결시킨 것으로 유명하다. 그는 독일 태생의 미국인 철학자로, 벌린의 유대인 연구 아카데미에서의 직책을 그만두고 1932년 파리로 가서 록펠러 재단 연구원이 된 이듬해 결혼했다. 그는 유대인이었기 때문에 나치가 정권을 장악한 당시 독일로 돌아가는 것은 위험했다. 1934년 영국으로 가서 홉스를 연구하고 1935년부터 케임브리지에서 강의를 하다 1938년 미국으로 건너간 그는 1949년 시카고 대학의 정치철학 교수가 되기 전까지 뉴욕의 컬럼비아 대학 연구 직을 거쳐 사회학 연구를 위한 뉴 스쿨(New School for Social Research)에서 정치학을 강의했다. 이후 1969년까지 재직한 시카고 대학을 그만둔 4년 후에 폐렴으로 사망했다.

스트라우스는 고전 정치철학을 가르쳤다. 그의 작품은 그가 죽은 후에야 미국의 신보수주의자들에게 영감을 주었다. 그의 제자들과 함께 조지 W. 부시 대통령의 재임 기간 동안 현실 정치에서의 추종자로 일컫는 사람들로는 국방부 부장관 폴 울포위츠, 국방부 특수작전국장 아브람 슐스키 등이 있다. 정치적인 언론인 윌리엄 크리스톨은 물론 자유주의적 사회 비평가인 수전 손택과 비정치적인 문학비평가 앨런 블룸도 그의 제자이다.

스트라우스의 주요 저작들로는 《홉스의 정치철학》(1935, 재출간은 1952), 《박해와 저술 기법》(1952), 《자연권과 역사》(1953), 《마키아벨리》(1958), 《도시와 인간》(1964), 《정치철학》(1975), 《소크라테스와 아리스토파네스》(1980), 《플라톤의 정치철학 연구》(1983) 등이 있다.

정치적으로 연관성 있는 레오 스트라우스의 주된 개념은 무엇인가?

스트라우스의 주된 신분은 고전 정치 이론가였다. 그는 현실 정치와 철학 사이의 중요한 연결이 소크라테스의 재판과 유죄 판결에서 시작된다고 믿었다. 또한 소크라테스 이래로 철학자들이 정치적 박해를 피하기 위해 그들이 알고 있는 진리를 숨겨왔다고 주장했다. 이성과 철학은 국가를 부패시킬 만큼의 영향력을 가지고 있다고 믿었고, 따라서 철학자들이 박해를 피할 뿐만 아니라 국민을 위해 또 국가의 행

503

복을 위해 철학은 숨겨야만 하고 비밀스러워져야 한다고 주장했다. 이것이 철학은 소수의 '엘리트' 들에게만 강의되어야 한다는 비전주의(秘傳主義, esotericism)이다(이것은 대중을 위한 강의인 공개주의exotericism와 대립된다). 이 비전주의 원리에 따른 모든 위대한 철학 텍스트는 양면성을 갖기 때문에 필연적으로 모호할 수밖에 없다. 이에 스트라우스는 자율적인 엘리트 철학자들이 모호한 철학 텍스트 이면에 숨긴 진리를 드러내는 방법으로서 특유의 독서 이론을 개발했다.

스트라우스는 실증주의, 좀 더 일반적으로는 가치와 사실, 과학과 도덕 같은 것들을 구별하려는 사회 과학의 시도가 틀렸을 뿐 아니라 해롭다고 여기는 입장이었다. 이런 구별은 이러이러**해야 한다**는 당위적인 경우가 어떠어떠**하다**는 사실적인 경우로부터 논리적으로 연역될 수 없음을 의미한다. 그는 사실과 가치가 모두 정치적 인간으로부터 유래한 것이어서 구별될 수 없으며, 정치학은 그에 앞서는 가치들 없이는 연구될 수 없다고 보았다. 스트라우스는 근대 자유주의 안에서 개인의 자유를 지나치게 중시한 결과, 인간의 우수성과 정치적 덕목이 무시되었다고 생각했다. 자유주의는 상대주의로 이끄는 신조이기 때문에 두 가지 니힐리즘에 지배될 수 있다. 한 가지는 새로운 이념을 내걸기 위해 기존의 사회 토대를 말살시킨 나치 독일 혹은 공산주의 러시아와 같은 '야만적' 니힐리즘이고, 다른 한 가지는 미국 문화처럼 '자유방임적 평등주의' 로 이끄는 '온건한' 니힐리즘이다.

스트라우스는 고전 텍스트에 대한 비전 독법esoteric reading을 바탕으로 하는 새로운 정치철학에 의거해서, 현대의 오도된 상황을 바로잡기 위한 정치적 수단으로 '고상한 거짓말' 을 지지한 것이 분명하다('고상한 거짓말' 이란 그것을 믿음으로써 이익을 얻을 사람들에게 하는 거짓말을 뜻한다). 하지만 그 자신도 이성과 종교 사이의 긴장 혹은 근대와 고대 정치철학 간의 대결 구도에 대한 확실한 해법을 가지고 있진 않았다.

논리 실증주의 이후 인식론과 형이상학

논리 실증주의 이후 형이상학과 인식론은 무엇이 새로운가?

형이상학과 인식론은 과학에 의해 철저하게 주지된 지적 환경에서 새로운 경험론적 출발을 보였다. P. F. 스트로슨은 상식적 차원의 형이상학을 옹호했고, 윌프레드 셀러스처럼 과학과 대립되는 일상적 관점의 개념을 개진했다. 스트로슨은 철학이 세계에 대해 상식적으로 접근해야 함을 재천명했는데, 이에 대해 논리 실증주의자들은 과학에 관한 것이 아니라는 이유를 들어 무의미한 것으로 간주했다. 넬슨 굿맨은 유서 깊은 직관(즉, 경험에서 출발해 지식을 구성하는 것)의 문제를 되살려냈다. W. V. O. 콰인은 기존의 실용주의적 관점을 엄격한 철학적 방법과 결합함으로써 20세기 철학의 향방을 독창적으로 제시했다. 또 실용주의 인식론에 대한 힐러리 퍼트넘의 재해석은 콰인의 연구 활동이 거둔 결실의 일환으로 볼 수 있는 것으로서, 실용주의 관점을 과학적 진리의 문제에 적용하여 얻어낸 결과이다.

P. F. 스트로슨은 누구인가?

피터 프레더릭 스트로슨 경(1919~2006)은 옥스퍼드에서 교육받았고 그곳에서 1968년까지 교수로 지냈다. 그는 러셀의 한정기술이론에 동의하지 않았다. 왜냐하면 "프랑스 왕은 대머리이다"라는 진술은 "프랑스에는 왕이 존재한다"가 참임을 미리 전제하고 있기 때문이다. 여기서 문제가 발생한다. 만일 프랑스에 왕이 없다면, "프랑스 왕은 대머리이다"는 참도 아니고 거짓도 아니며, 그 진술은 아예 명제가 아니기 때문이다.

스트로슨은 일상 언어 철학에 강한 영향을 받았으나 언어의 용법에 대한 관심은 함의된 개념 체계와 일상적 실재 안에 존재하는 범주에 관한 것보다 적었다. 그는 존재·동일성·단일성 등의 일반 개념을 이용하여 세계에 대한 인간 사고의 실제 구조를 기술하고자 했다. 그는 형이상학과 언어 철학을 통합하려 했으며, 언어 철학 영역을 넓혀 경험에 집착하는 이들이 설정해놓은 한계를 넘어서려고 했다. 《의미의 경계》(1966)에서 그는 '현시적 영상manifest image' 혹은 세계 이해의 공통(공유된) 방

분석철학

식을 주장했다. 주요 저서로는 《개체: 기술적 형이상학 시론》(1959), 《논리-언어적 고찰》(1971), 《자유와 분노》(1974) 등이 있으며, 《철학적 논리학》(1967), 《사고와 행동의 철학 연구》(1968)를 편집했다.

윌프레드 셀러스는 누구인가?

윌프레드 셀러스(1912~1989)가 분석철학을 논리 실증주의와 결합시킨 학문적 목표는 학술지 〈철학 연구〉를 창간하는 결과를 낳았다. 미시간 대학과 하버드 대학에서 교육받고 1963년부터 피츠버그 대학에서 전문 학자로 활동한 그의 탐구 영역은 과학적 세계를 (의미, 소리, 색깔 등이 어우러진 일상 세계 속에서 생각과 의도를 가진 존재인) 우리들 자신의 일상적 개념과 통합시키는 문제에 집중하는 것이었다. 셀러스는 심리 철학과 경험주의의 연합에 대한 자신의 신념을 펼쳐나가면서 자신의 '기능주의' 철학을 소개했다. 주요 저서로는 《과학, 지각, 실재》(1963), 《철학적 전망》(1967), 《철학과 그 역사에 관한 에세이》(1974) 등이 있다.

왜 현시적 영상이 중요한가?

현시적 영상manifest image이라는 용어는 셀러스가 주창한 세계관의 개념으로서 과학적 영상과 대조되는 개념의 용어다. 두 영상은 본질적으로 동일한 질서의 복잡성을 갖고 있으며, 각각 우주 안에 존재하는 인간의 완전한 영상을 형성하려고 한다. 철학은 현시적 영상 안에서 발견한 사실들을 그에 상응하는 과학적 영상에 필적시킨다. 특히 현시적 영상을 해명하고 나선 20세기 분석철학자들은 일상적 관점과 과학적 관점의 융화에 집중했다.

넬슨 굿맨은 누구인가?

넬슨 굿맨(1906~1998)은 일련의 유사성이 우리의 언어 속성과는 독립적으로 존재한다는 생각을 비판했다. 하버드 대학에서 철학을 공부한 굿맨은 1929년부터 1941년까지 보스턴에서 직접 갤러리를 운영하는 아트 딜러였으며, 교수가 된 1968년부터 정년 퇴임할 때까지 하버드 대학에서 학생들을 가르쳤다. 《현상의 구조》(1951)에서 굿맨은 루돌프 카르납의, 세계의 논리적 구조에 관한 견해를 발전시켜 후에 관찰자의 관점에 따라 서로 다른 여러 세계 구조가 존재한다는 결론에 도달했다. 《사실, 허구 그리고 예측》(1954)에서 귀납의 문제를 다시 공식화한 그는 자신이 만들어낸 유명한 '그루(grue=green+blue)'의 예를 통해 세계 구조가 본유적으로 우리의 이해 관심에 의존적이라는 자신의 주장을 확장했다.

'그루'의 예란 무엇인가?

《사실, 허구 그리고 예측》에서 굿맨은 과학에서 사용하는 귀납적인 추론과 미래에 자연적인 술어를 투사하는 우리의 능력에 대해 의문을 제기했다. 이 글에서 그는 모든 에메랄드가 현재 시각 T 전에는 그린green이라는 가정을 한다. 만일 이 가정이 참이라면, 다음의 진술 'G'도 참이다. "에메랄드는 시각 T 이전에 그린이거나, 시각 T 이후에 블루blue이다." 그런데 현재 시각 T 이후는 미래이므로 에메랄드가 그린이거나 블루거나 둘 중 어느 한쪽이 되겠지만, 현재 시점 T에서는 어느 쪽인지 알지 못한다.

G는 에메랄드의 '그루'라는 색상에 대한 속성을 정의한다. 색이 '그루'인 모든 에메랄드는 "시각 T 이후에는 블루"라고 할 수 있다. 한편 현재 시각 T 이전까지 모든 에메랄드가 그린으로 관측됐다면, 그것은 또한 계속 그루로 관측된 것이다. 하지만 이 규칙성을 미래에 투사해 그대로 그루로 유지된다고 예측한다면, 익숙한 용어로는 그린에서 블루로 바뀜을 예측한 셈이다. 굿맨은 그럼에도 불구하고 사람들이 (시각 T 이후에도 그루로 유지된다는 규칙성 예측보다) 시각 T 이후에는 블루로 바뀐다는 예측을 더 선호하리라고 주장한다. 이는 관측 사실에 대한 귀납적 확증이 순수한 규칙성 논리의 과정일 수 없고, 우리의 언어적 선호 경향을 반영한다는 그의 믿음을 보여준

분석철학

★

507 ★

것이다. 그의 믿음은 실제로 우리가 아는 것을 넘어서고 있다.

W. V. O. 콰인

W. V. O. 콰인은 누구인가?

W. V. O. 콰인(Willard Van Orman Quine, 1908~2000)은 20세기 과학철학의 정점을 대표한다. 그는 최고 수준의 논리 실증주의와 실용주의 그리고 과학적 경험주의를 다각도로 결합시켰다. 오하이오 주 애크런에서 태어난 그는 오벌린과 하버드에서 공부했다. 1932년에 박사 학위를 취득하고 하버드의 펠로가 되었으며 이후 4년간 연구와 여행을 병행하며 1936년부터 하버드에서의 학문의 역정을 50년간 이어갔다. 그의 학문적 영향력은 기념비적인 것으로 평가되며, 한 인간으로서의 그에 대한 평가 역시 평생 존경의 수준이었다. 주요 저서로는 《논리학의 체계》(1934), 《수리 논리학》(1940), 《기초 논리학》(1941), 《논리적 관점에서》(1953, 1980 재간), 《단어와 대상》(1960), 《집합론과 그 논리》(1963), 《논리 철학》(1970), 《지식의 기초》(1973), 《패러독스의 방법들과 그 외 에세이》(1976), 《존재론적 상대성》(1977), 《진리의 추구》(1992) 등이 있다.

가장 영향력이 큰 콰인의 개념은 무엇인가?

콰인은 '분석-종합 구분'은 변호될 수 있다고 보지 않았다. 왜냐하면 '분석적'이란 비순환적 방식으로 정의된다고 생각하지 않았기 때문이다. 그는 지식에 대한 전체론적 관점을 가지고 있었다. 전체론이란 우리 지식과 이론들의 '그물망' 전체를 우선적으로 고려하는 관점이다. 그는 존재에 대한 단언들이 특정 이론에 상대적이라고 믿었으며, 철학적 인식론은 '자연화' 되어야 한다고 생각했다. 여기서 그가 말하는 것은 철학적 인식론이 과학적 진리의 표준들과 전체적 일관성(무모순성)을 유지해야 한다는 것이다.

콰인의 분석-종합 구분에 대한 공격이란 무엇인가?

학술지 〈철학 리뷰〉에 실린 논문 〈경험주의의 두 독단〉(1951)에서 콰인은 분석 명제가 오직 어휘들이 포함하고 있는 의미들에 의거해서만 참이라는 관점을 수용하면서 논의를 시작한다. 다시 말해, 실제 세계에는 분석 명제의 진리 판단에 영향을 미치는 것이 아무것도 없다. 반면에 종합 명제는 세계에 관한 사실적 주장을 담고 있다. 그러고 나서 콰인은, 그 자체가 분석성을 전제하는 의미의 동일성 개념이 선행하지 않고서는, 분석성을 정의하는 것이 어떻게 불가능한지를 보여주었다. 여기에 담긴 의미는 '분석적'의 의미를 이미 알고 있지 않고서는 그에 대한 정의를 이해하지 못한다는 것이다. 다시 말해 '분석적'이라면 순환적인 구조 없이 정의될 수 없다는 것이다.

만일 우리가 분석성이 뭔지 모른다면, 거기에는 모든 실천적 의도에 대한 우리의 믿음 전체는 의미상 종합적이며 경험을 바탕으로 해서 수정하게 된다는 강한 함축이 내포되어 있다. 이것이 콰인이 공격한 경험주의의 첫 번째 독단이다. 같은 논문에서 콰인이 공격한 두 번째 독단은, 하나의 이론 안에 있는 명제들은 모두 하나씩 실재와 맞닿는다는 생각이 일변도로 만연해 있다는 점이다. 콰인은 이에 대해 모든 명제들이 함께 실재와 만난다고 주장했다. 여기서 콰인이 의미하는 것은, 이론의 부분들이 따로 분리되어 부분적으로 확증해나가는 것이 아니라 이론 또는 세계에 대한 설명 전체가 함께 일시에 확증을 준다는 것이다. 콰인은 "하나의 존재가 된다는 것은 하나의 변수 값이 정해진다는 것이다."라는 명제를 신봉했다.

콰인은 철학의 적절성에 관해 가르친 것을 실천했는가?

아니다. 그리고 많은 사람들이 이 점에 대해 고맙게 여긴다. 철학자로서 콰인은 전공 분야에 대한 자신의 '상아탑' 견해와 "사회를 균형 상태로 만드는 데 공헌함"을 철학자의 특별한 자격 요소로 삼지 말아야 한다는 견해를 펼쳤음을 스스로 비판한 적이 있다. 하지만 콰인의 실제 삶은 스스로 비판할 만한 것이 아니었다. 그는 나치에 대한 저항에 깊숙이 연루된 인물이다. 콰인은 1930년대에 하버드의 연구원 신분으로 독일을 방문한 후 빈 서클의 논리 실증주의자들을 만

509 ★

났고, 미국 해군에 자원입대함으로써 나치의 철학에 대한 구속에 대항했다(이 같
은 철학에 대한 구속 중 하나가 노골적인 인종주의 수학 저널인 〈독일 수학〉이었다). 하버
드 강단으로 돌아온 이후 콰인은 1938년부터 1941년까지 꾸준히 심포지엄을 열
며 빈 서클 회원들, 특히 루돌프 카르납의 거취 문제를 심각한 의제로 삼고 토론
을 이끌었다. 그 결실로 카르납은 나중에 시카고 대학에 임용되었고, 앨프리드 타
르스키가 뉴욕 시립 대학에 임용되는 데에도 기여했다.

존재에 대한 콰인의 견해는 무엇인가?

그는 다음과 같은 주장으로 유명하다. "하나의 존재가 된다는 것은 하나의 변수
값이 정해진다는 것이다." 이 주장을 통해 그가 말하고자 했던 바는, 오로지 과학 이
론을 이해하고 적용하기 위해 상정될 필요가 있는 그 어떤 실체로서의 존재만 우리
가 인정해야 한다는 것이다. 그는 다음과 같이 썼다.

> (아마추어) 물리학자 입장에서 나는 호메로스의 신들이 아니라 물리적 대상을 믿
> 는다. 그리고 다른 어떤 것을 믿는 것도 과학적 오류로 간주한다. 그러나 인식
> 론적 견지에서 보면 물리적 대상과 호메로스의 신들은 종차가 아닌 정도(수준)
> 차이이다. 둘 다 실체의 종은 오직 문화적 설정으로서만 우리의 개념을 점유하
> 고 있다.

콰인은 인식론을 어떻게 자연화했는가?

콰인은 지식이 과학과 별개의 토대를 가질 수 있다고 생각하지 않았다. 따라서 그
는 철학적 인식론 대신 우리의 지식 그물망이 어떻게 구성되어 있으며, 왜 어떻게
성공적인지에 대한 과학적 설명이 있어야 한다고 보았다.

콰인의 지식에 관한 견해는 탄력적이어서, 이론적 용어들이 고정된 정의나 일의
적 의미를 가진 것이 아니라고 생각했다. 번역은 일종의 '개입'일 뿐이고 어휘의 대
상 참조 방식은 분명하지 않아서 원초적 번역은 불확정적이라고 주장했다.

 콰인의 전체론적 지식론이란 무엇인가?

콰인의 전체론적 입장은 그가 경험주의의 독단을 비판하고 나서 취했던 지식에 대한 긍정적 설명 체계로서, 한 이론의 부분적인 대목이나 명제들은 상호 독립적으로 확증될 수 없다는 주장이다. 콰인에 의하면, 우리의 모든 과학 이론은 전체 그물망 한가운데에 가장 일반적이고 추상적인 진리를 이루도록 상호 연결되어 있다는 것이다. 이런 지식 그물망의 주변부를 향하는 것은 보다 특정된 일반화와 사실적 주장을 주목하는 것으로서, 그에 모순된 것들을 경험에 비추어 포기하기가 더욱 용이하다. 콰인의 이런 관점은 그를 실용주의 전통의 연장에 놓게 한다.

콰인–퍼트넘의 수학에 대한 이론은 무엇인가?

전문 철학자들에 의해 "수학적 실재론에 관한 불가결성 논변"으로 불리는 이론은 콰인과 힐러리 퍼트넘이 주장했다. 이는 최선의 과학을 위해 필요 불가결한 것들은 우리가 그 존재를 승인해야 한다, 혹은 "존재론적 승인을 취해야 한다"는 요지의 논변이다. 때문에 수학적 실체들은 필요 불가결한 것이므로 우리는 그 존재를 승인해야만 한다.

힐러리 퍼트넘

힐러리 퍼트넘은 누구인가?

힐러리 퍼트넘(1926~)의 어마어마한 학문적 활동은 형이상학, 인식론, 수리 철학, 심리 철학, 언어 철학 등의 영역을 능가한다. 그는 1965년 하버드의 교수가 되면서 콰인 이후 철학 세대의 번성을 선도하기 시작했다. 그는 수학적 실체들의 존재론에 관해 콰인과 공동으로 연구했고, 분석/종합 명제의 구분 문제에 관해 일치된 입장을 취했다. 아내 루스 애나 제이컵스와의 공동 연구에서는 존 듀이의 작품에 대한 20세기 후반의 관심을 되살리는 데 기여했던 그는 또한 윌리엄 제임스의 작품에 대한 관심도 되살렸다.

퍼트넘의 주요 저서로는 《물질과 방법, 철학 단편들》 제1권(1975, 2판은 1985), 《마음, 언어 그리고 실재, 철학 단편들》 제2권(1975), 《의미와 도덕 철학》(1978), 《이성, 진리, 역사》(1981), 《실재론과 이성, 철학 단편들》 제3권(1983), 《표상과 실재》(1988) 등이 있다.

퍼트넘은 분석/종합 명제 구분에 관해 콰인과 어떻게 일치하는가?

1957년 퍼트넘은 H. 파이글과 G. 맥스웰이 편집을 맡은 학술 논집 《과학철학에 대한 미네소타 연구》에 〈분석적인 것과 종합적인 것〉이라는 논문을 발표했다. 여기서 그는 운동 에너지의 정의에 대한 역사가 운동 에너지에 관한 명제를 분석적인 것과 '경험적인' 것 혹은 종합적인 것이라는 두 가지로 나누는 것을 불가능하게 만드는 경위를 보였다.

힐러리 퍼트넘의 신실용주의란 무엇인가?

1970년대 들어 퍼트넘은 분석철학에 역사적 지식이 결여되어 있음을 반성했다. 그는 루트비히 비트겐슈타인의 일상 언어 개념을 철학 안에서의 다원주의를 옹호하는 데 적용했고 세계를 기술하는 데 있어 철학자들의 능력이 일상 언어 사용자들보다 더 낫다는 믿음을 버렸다. 그리고 사회 과학, 특히 경제학에 대한 관심이 증대되면서 그는 사실/가치 이분법을 거부했다. 퍼트넘은 과학자들이 그들 생각만큼 객관적이거나 가치 판단으로부터 자유로운 것이 아니며, 가치 판단도 객관적일 수 있다는 주장을 펼쳤다.

과학철학

20세기 동안 과학에 대한 분석철학에는 어떤 사태가 발생했나?

20세기는 과학을 어떻게 여기는가에 따른 개념적 격변의 시기였다는 점에서 이례적이다. 한스 라이헨바흐에서 시작된, 초기 논리 실증주의에 대한 강경한 거부가 있었다. 이어 객관적 사실의 전통적인 귀납주의에 대한 신뢰가 칼 포퍼에 의해 처음으로 궁지에 몰리면서 형이상학과 인식론이 실천 과학에 더욱 가까워지는 만큼 과학철학 자체도 더욱 인본주의적 모색을 시작했다. 이후 토머스 쿤은 사실과 이론의 관계를 과학 혁명과 패러다임에 대한 그의 개념으로 전환시켰다.

같은 시기 동안 '생기론' 혹은 비객관적 생명력에 대한 일말의 주장마저 제임스 D. 윗슨과 프랜시스 크릭의 DNA 이중 나선 구조 모델 발견으로 잠재워졌다. 21세기로의 전환 시점에 성취된 인간 게놈(총체적 유전자군)의 지도 제작은 새로운 생물 철학의 가능성을 열면서 생물학적 결정론의 색채를 강화시키는 쪽으로 자극했다.

한스 라이헨바흐는 누구인가?

한스 라이헨바흐(1981~1953)는 '논리적 경험주의'의 지도자로 함부르크에서 태어났으며 수학, 물리학, 논리학, 철학을 공부했다. 그는 베를린 대학의 과학철학 교수가 되었고 알베르트 아인슈타인과는 각별한 유대를 가졌다. 또 1930년대를 주도한 과학철학 학술지 《인식*Erkenntnis*》을 루돌프 카르납과 함께 창간했다.

당시의 수많은 유대인들과 마찬가지 이유로 인해 라이헨바흐는 1933년 독일을 떠났다. 그는 히틀러 정권의 압박을 피해 터키의 이스탄불 대학 철학 교수로 취임했다가, 제2차 세계대전 직전에 미국으로 건너가 UCLA 철학과의 종신 교수로 임명되었다. 그후 1953년 4월 9일, 과거 알프스 등반 때부터 고통을 겪어오던 심장병으로 사망했다. 주요 저서로는 《시간과 공간의 철학》(1928), 《경험과 예측》(1938), 《확률론》(1939~1949), 《양자 역학의 철학적 기초》(1944) 그리고 사후 출간된 《시간의 방향》(1956) 등이 있다.

라이헨바흐의 논리적 경험주의 이론은 어떤 것인가?

라이헨바흐는 과학 탐구의 대상이 마치 감각자료로부터 구성될 수 있는 것처럼 여기는 듯한 논리적 원자론자들 및 논리 실증주의자들과 의견을 달리했다. 그의 고유의 실재론적 견해는 **물리주의**로 알려졌는데, 그는 실용주의적 기반 위에서 귀납에 대한 확률적 해석을 주장했고, 그럼으로써 귀납 논리는 과거의 사건 발생을 근거로 한 미래 사건의 확률을 통해 표현될 수 있다고 믿었다.

라이헨바흐는 또한 3가 논리를 개발했는데, 이는 명제의 진릿값이 참과 거짓 이외에 양자론quantum theory적 중간 항이 하나 더 있는 논리 체계이다. 참과 거짓 사이의 '중간'이라는 선택지를 추가하게 된 바탕 이론인 '양자론'이란, 어떤 사건은 그 원인이 알려져 있음에도 불구하고 그 결과를 결정할 수 없는 경우가 있다는 것으로서, 그는 형식 논리 표기 체계에도 중간 항을 설정하는 것이 중요하다고 생각했다. 그의 작품들은 고도로 기술적인 것들이 많지만 《과학철학의 형성》(1951)은 그의 입장에 대한 보편적인 시각을 선명하게 설명해준다.

과학철학에서는 생명에 관한 개념이 어떻게 변화했는가?

'생기론' 혹은 살아 있는 존재의 핵심인 '생명력'에 대한 여러 가지 신비적인 개념들이 1953년 제임스 D. 윗슨과 프랜시스 크릭의 DNA 이중 나선 구조의 발견을 계기로 유물론자의 (물리적) 설명으로 전환되었다. 윗슨과 크릭의 발견은 순수한 화학적 용어로 유전 물질의 생식에 대한 설명을 가능하게 하는 것이기 때문에 생명 개념에서 신비적인 요소를 제거하게 되었다. 두 사람이 발견한 이중 나선은 디옥시리보 핵산의 꼬인 사다리 구조를 가진 3차원적 모델로서, 산과 염기의 서열들이 화학 반응에 따라 자기 복제를 하는 과정을 보여준다. 윗슨과 크릭의 발견은 유전자를 기반으로 하는 유전 연구에 포장 도로를 닦은 격으로서, 21세기 초반에 이르러서는 인간 게놈의 '지도'를 그리는 수준에 이르렀다.

과학은 생명의 신비를 모두 제거했는가?

정확히 그런 것은 아니다. 생명체들은 자체의 유전자와 환경적 조건의 '계산 결과

물'이라는 급진적 유물론자의 개념은 비판을 담고 있다. 가장 유명한 급진적 인물은 리처드 르원틴(1929~)으로, 《이데올로기로서의 생물학: DNA에 대한 이론》(1991)과 《삼중 나선: 유전자, 생명체, 환경》(2000)을 썼다. 르원틴의 공로는 생명체의 발달에서 무작위 인자들처럼 보이는 것들을 지적한 것이다. 사실이 발생하기 전에는 예측할 수 없는 인자들이 있는데, 그런 인자들이 생물학적 복제의 제3의 요소이다.

어니스트 네이글은 누구인가?

체코에서 태어난 어니스트 네이글(1901~1985)은 1910년 이후부터 미국에서 살았으며, 컬럼비아 대학 철학과에서 40년간 활동했다. 그의 《과학의 구조》(1961)가 아마도 과학 탐구에 대한 걸출한 논리 실증주의자의 설명으로는 마지막일 것이다. 네이글은 헴펠의 '포섭 법칙 모형 covering law model' 원리들을 확장했다. 그로부터 귀납적으로 형성되어온 사회 과학적 설명이 일반화의 기반 위에 서게 된다. 그는 역사적 사건들이 각각 고유하며 반복되지 않는 것이라 할지라도, 동일한 조건이 주어지고 일반화가 증명되면 그런 사건들이 다시 일어난다는 것을 역사적 설명은 함축하고 있음을 주장했다.

칼 포퍼의 과학철학에 대한 기여는 무엇인가?

《과학적 발견의 논리》(1935, 영문본은 1959)에서 포퍼는 과학적 가설들이 경험으로부디 도출되고 귀납적으로 확증될 수 있다는 논리 실증주의자들의 가정을 공격했다. 포퍼의 주장은 우리가 미래에 어떤 일이 일어날지 확실성을 가지고, 심지어 확률이 다소 높은 정도로도 알 수 없기 때문에 가설들은 완전하게 확증될 수 없다는 것이다. 하나의 가설을 확증하는 데는 헤아릴 수 없을 만큼 많은 긍정의 예가 요구되며, 그것을 반증 혹은 부정하는 데는 단 하나의 반례만 있으면 된다. 포퍼의 반증 이론은 일선 과학자들로부터 커다란 호응을 받았다.

칼 포퍼의 반증 이론이란 무엇인가?

포퍼에게는 가설들이 어떻게 착안되었으며 어디에 도달하는지 따위는 중요하지

515 ★

않았다. 따라서 이론 형성에서 귀납의 과정은 반드시 필요한 것이 아니다. 실제로 그는, 가설은 보다 대담하고 상상력이 풍부할수록 더욱더 과학적일 수 있다고 생각했다. 왜냐하면 가설에 대한 반증을 명시하는 일이 가능해지기 때문이다. 그는 과학이 반증의 과정을 통해 발전하거나 아니면 가설이 결정적인 테스트를 통과함으로써 확실성이 보강되기는 하지만 결코 확증되지는 않는다고 주장했다. 포퍼에 따르면 종교, 마르크스, 프로이트 등의 주장처럼 반증이 아예 불가능한 가설이나 이론은 과학적 주장으로서의 요건을 갖출 수 없다.

포퍼에 따르면 반증 작업은 어떻게 이루어지는가?

포퍼는 **가설-연역적** 방법을 내세웠다. 이는 가설로부터 ― 초기 조건의 기술과 함께 ― 특정의 미래 사건 혹은 기존의 과거 사건이 논리적으로 연역될 수 있다는 것이다. 만약 가설-연역적 방법을 과거에 적용한다면 그것은 설명의 형태로 작동된다. 또 미래에 적용한다면 예측의 형태로 작동된다. 따라서 설명과 예측은 동일한 논리적 구조를 가졌다.

칼 포퍼는 우리가 미래에 대해서는 확실성을 가지고 알 수 없기 때문에 가설은 완전하게 확증되는 것이 불가능하다고 주장했다.

포퍼의 반증 개념은 최초 가설을 부정하게 하거나 혹은 보다 흔한 경우인 초기 조건을 재검토하게 하는 하나의 반례를 요구한다. 예컨대 물이 화씨 32도에서 언다는 가설 아래 측정한 결과, 그 온도에서 얼지 않았다고 하자. 그럴 경우 물이 어는 온도에 관한 이론 혹은 가설을 폐기하기보다는 초기 조건을 먼저 검토하게 된다. 즉 온도계의 정상 작동 여부나 물이라고 간주했던 유동 물질의 화학적 조성 상태 따위를 먼저 확인하는 것이다.

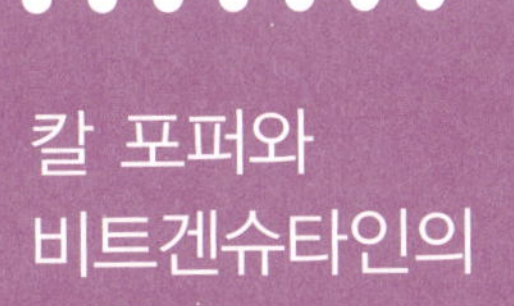

사건 목격자들은 동의하지 않지만, 가장 중립적인 설명은 다음과 같다. 1946년 10월 25일, 케임브리지 킹스 칼리지에 있는 강의실 H3호에서 도덕 철학 클럽 모임이 있었다. 버트런드 러셀도 참석했는데, 칼 포퍼가 한 편의 논문을 전해주기 위해 강의실로 들어왔다. 논문 내용은 비트겐슈타인의 진리에 관한 언어 게임 이론과 철학하기 방법을 비판한 것인데, 포퍼가 생각하기에 그중 한 가지는 도덕규범에 관한 것이었다.

어느 순간, 비트겐슈타인이 난롯가에 있던 부지깽이를 집어 들었다. 그가 무언가를 가리키기 위해서였거나 화가 나서였거나 둘 중 하나였다(이 대목에서 얘기가 엇갈린다). 비트겐슈타인이 포퍼에게 비판할 도덕규범의 예가 무언지를 묻자 포퍼가 다음과 같이 대답을 했다고 전한다. "방문한 사람을 부지깽이로 위협하지 않는 것이지요." 그러자 멀찍이서 관망하던 러셀이, 흥분을 가라앉히라고 타일렀다.

《비트겐슈타인의 부지깽이》(2001)라는 다분히 흥미 위주의 책에 이 일화가 실렸는데 두 사람의 BBC 기고자가 썼으며, 비트겐슈타인과 포퍼의 삶과 그들이 살았던 시대 상황을 담고 있다.

토머스 쿤은 누구인가?

토머스 쿤(1922~1996)은 과학의 발전에는 세계를 보는 새로운 방법들이 요구된다는 사상으로 세계적인 명성을 얻었다. 하버드에서 공부하고 UC버클리, 프린스턴, MIT 등 유수 대학에서 학생들을 가르쳤던 그는 학자로서의 활동을 물리학자로 시작했고, 나중에 역사와 과학철학을 연구했다. 그는 인문 계열 학생들을 위한 물리학을 가르치던 과정 중에 아리스토텔레스의 물리학이 통념적으로 여기는 것처럼 틀린 것이라기보다 그들 고유의 맥락에서 옳은 것임을 깨달았다.

그의 첫 번째 저서인 《코페르니쿠스 혁명》(1957)은 아리스토텔레스의 지구 중심설

에서 태양 중심설로의 전환을 설명한 책이다. 하지만 지식인들 사이에서 크게 반향을 일으킨 책은 두 번째 저서인 《과학 혁명의 구조》(1962)이다. 그 이유는 이 책에서 과학의 새 이론이 낡은 이론을 폐기할 때 양자 도약quantum leaps과 같은 단속적 과정으로 과학의 역사가 진행됨을 보여주었기 때문이다. 이후 쿤은 매우 유명해져서 초청 강연 참석이 잦았는데, 참석자들은 거의 모두 그의 용어인 '패러다임'을 (오늘날도 그렇듯이) 매우 느슨한 의미로 사용하곤 했다. 그래서 그는 "나는 쿤주의자가 아니랍니다"라고 말한 적이 있다고 전해진다.

토머스 쿤의 패러다임 이론이란 무엇인가?

쿤 자신은 '패러다임'이라는 단어를 적어도 23가지의 다른 방식으로 사용했노라고 《과학 혁명의 구조》(1962) 제1판에서 밝혔지만, 패러다임의 핵심 의미는 과학에서 연구가 어떻게 수행되는지를 정의하고 규정한다는 것이며, 또한 그 패러다임의 과학에서 연구되는 대로의 세계상을 표현한다는 것이다.

정상 과학의 기간 동안에는 모든 참여자들이 해당 분야를 지배하고 있는 패러다임 안에서 활동하며 기존의 이론을 새로운 환경에 확장시킬 것으로 기대한다. 성숙된 과학에는 단일한 정합적 세계관에 대한 폭넓은 합의가 존재한다. 미성숙 과학에는 서로 경쟁하는 사고 체계의 학파들이 각각 찬성하는 관점의 패러다임을 옹호하는 추종자들을 보유하고 있다. 패러다임은 모든 시대에 걸쳐 절대적으로 옳은 것이 아니고 새로운 패러다임의 채택에 의해 말 그대로 폐기될 수 있다.

토머스 쿤에 따른 과학 혁명이란 무엇인가?

쿤의 설명에 따르면, 과학 혁명은 그에 앞서 주도하던 패러다임이 더 이상 해당 분야의 탐구를 이끌며 새로운 발견을 생산할 수 없는 위기의 시기가 전조로 나타난다. 그와 함께 낡은 패러다임에서 설명되던 자료와 새로운 자료를 모두 설명할 수 있는 경쟁 패러다임이 등장한다.

마침내 새 패러다임이 승리하는데, 그 신봉자들이 문제의 해당 분야를 통제할 수 있게 되었기 때문이다. 그들의 승리에는 교과서를 다시 쓰는 권위가 따라와서 전체 과학의 역사는 이제 새로운 패러다임이 주도하는 것으로 여기게 될 수 있다. 낡은 패러다임 참여자들은 대부분 생각을 바꾸지 않지만, 은퇴하거나 사망으로 인해 해당 분야를 말 그대로 떠나게 된다. 그러면 새 패러다임은 다음 혁명을 맞이할 때까지 새로운 정상 과학의 시대를 열어가게 된다.

임레 라카토시는 누구인가?

임레 라카토시의 과학철학에 대한 주요 업적은 칼 포퍼와 토머스 쿤의 연구를 취합한 것이다. 라카토시는 1922년에 동부 헝가리 데브레첸의 유대인 가정에서 태어났다. 제2차 세계대전 중에는 나치의 탄압을 피해 유대인 이름인 립시츠 임레에서 성을 라카토시로 바꾸는 우여곡절을 겪는 한편, 자신의 할머니와 어머니가 아우슈비츠 수용소에서 죽음을 맞는 비극을 겪기도 했다. 그의 바뀐 이름은 공산당원이었던 제2차 세계대전 당시 헝가리 장군이자 총리였던 게자 라카토시에 대한 존경의 표시이기도 했다.

그는 모스크바 대학에서 공부했으나 공식적인 마르크스주의 권위를 훼손시키는 재해석을 한 '수정주의' 분자라는 혐의로 1950년에서 1953년까지 투옥되었다. 그는 1956년 소비에트 침공 이후로 헝가리를 탈출, 런던으로 건너가 1961년 케임브리지 대학에서 학위를 받고 런던 정경대학에서 강의했다.

라카토시의 주요 저서로는 박사 학위 논문을 기반으로 한 《수학적 발견의 논리: 증명과 반박》(1976), 《과학 연구 프로그램 방법론》(1978), 《수학, 과학 그리고 인식》(1978) 등이 있다.

칼 포퍼와 토머스 쿤 사이를 중재하는 데는 무엇이 요구되는가?

칼 포퍼의 주장은 두 가지로 압축된다. 하나는 과학자들이 그들의 이론이 반증되었을 때 그 이론을 바꿔야 한다는 것이고, 다른 하나는 그런 반증 가능성이 과학 이론임을 각인하는 특징이라는 것이다. 한편, 토머스 쿤은 실제로 인정받고 있는 많은 과학 이론들이 이미 밝혀진 많은 반증 자료를 가지고 있다고 믿었다. 따라서 문제는 포퍼의 반증 가능성 기준에 비추어볼 때 쿤의 설명은 과학 이론의 진보 · 발전을 주

장할 여지가 없다는 점이다. 쿤의 입장에서는 이런 포퍼의 주장이 비현실적인 것으로 보일 수 있다.

라카토시의 연구 프로그램은 포퍼와 쿤의 연구를 어떻게 취합했는가?

라카토시는 과학 이론의 진보를 허용하고 또 그것이 어떻게 발전해왔는지도 설명하는 하나의 과학적 방법론을 기술했다. 그는 과학 이론들을 언급하는 대신 '연구 프로그램'이라는 개념을 도입했다. 이 개념은 어떤 주어진 분야의 이론들과 승인되고 있는 연구 실천 사항들로 구성되어 있다. 그는 특정 학문 영역에서 지식 체계를 이루는 모든 연구 프로그램을 이론의 수준에 따라 외부의 부드러운 핵outer soft core 혹은 보호대protection belt와 내부의 견고한 핵inner hard core으로 구성된 공에 비유했다. 보호대는 핵이 가지고 있는 본질적인 구조가 관찰되는 사실들에 의해 반증되지 않고 보호되도록 다양한 보조적 가설과 초기 조건들을 포함한다.

퇴행적 연구 프로그램은 반증 자료의 증가로 보호대가 비대해지고 새로운 사실의 예측이나 새로운 발견을 위한 프로젝트 고안 등이 어려워지는 프로그램이다. 이럴수록 프로그램이 살아남기 위해 임시 보조 가설 따위를 보호대에 첨가하게 된다. **발전적 연구 프로그램**은 새로운 발견 프로젝트를 지원할 수 있으며 보호대의 적절한 대응으로 핵의 수정까지 요구하는 반증 자료의 증가는 일어나지 않는 프로그램이다. 이럴 경우 보조 가설에 의존하는 정도가 심각하지 않다.

포퍼와 쿤의 간극을 중재한 라카토시의 설명 방법은 이론과 사실 간의 정적인 관계로부터 과학적 실천의 역동적 본성의 문제로 판을 전환시킨 셈이다. 포퍼의 입장은 이론이 반증될 경우 과학적 진리가 바뀐다는 것이고. 반면에 쿤의 입장은 이론들이 반증되는 것이 아니라 전복된다는 것이다. 그에 비해 라카토시는 과학적 이론의 진리에 관한 믿음보다는 과학적 실천에 주안점을 둔 것이다.

파울 파이어아벤트는 누구인가?

파울 파이어아벤트(1924~1994)는 임레 라카토시(1922~1974)와 친구이자 동료였으며, 무정부주의적 과학관을 주장한 것으로 유명하다. 그는 오스트리아 빈에서 태어났고, 제2차 세계대전 중에는 독일군으로 복무했는데, 그때 당한 총상으로 평생 다리를 심하게 절었다. 전쟁이 끝난 후에는 런던의 정경대학에서 칼 포퍼의 보조 연구원 신분으로 함께 연구했다. 이 기간 동안 라카토시와 깊은 대화를 나누고서 라카토시의 합리주의적 과학 프로젝트에 반대하는 입장을 취했다. 서로 상반된 입장을 책으로 함께 묶어 펴내기로 한 공동 작업은 라카토시의 때이른 죽음으로 인해 이뤄지지 못했다(라카토시는 죽기 며칠 전까지도 파이어아벤트가 보내온 원고를 검토하고 있었다). 파이어아벤트는 1947년 빈 대학에 입학하여 연극학, 역사, 사회학 등을 공부했듯이, 연극과 오페라 같은 과학 이외의 분야에도 많은 관심을 쏟았다. 1955년 이후 1990년까지 그는 UC버클리, 오클랜드, 서식스, 예일, 런던 대학교, 베를린 대학교, ETH 취리히 등에서 교수 직을 맡았다.

파이어아벤트의 주요 저작으로는 《방법에 반하여: 무정부주의적 지식이론의 개요》(1975), 《자유 사회에서의 과학》(1978), 《실재론, 합리론, 과학적 방법》(1981), 《경험주의의 문제》(1981)와 제목으로 인해 가벼워 보이는 《이성이여, 안녕》(1987) 등이 있다. 그의 자서전 제목도 특이한데, 《시간 죽이기: 폴 파이어아벤트의 자서전》(1995)이다.

파울 파이어아벤트의 과학관은 무엇인가?

그는 과학 발전에 관한 불변의 규칙들을 정립하는 과학철학의 구성이 불가능하다고 생각했다. 대신 주장하기를, 가장 중요한 과학 혁명들은 기존에 승인되어오던 방법론적 규칙들을 위배하는 방향으로 진행해나갔다는 것이다. 예컨대 기존의 이론이 반증 가능한 이상, 그는 '일관성 기준', 즉 새로운 이론은 기존의 이론에 모순되지 않아야 한다는 전제는 합리적인 것이라기보다 심미적인 것이라고 생각했다.

파이어아벤트는 주목할 만한 이론들이 모든 관련 사실들을 빠짐없이 조회함으로써 구성되는 것이 아니라는 사실을 근거로 칼 포퍼의 반증 개념에도 반대의 논변을 펼쳤다. 그는 하나의 예로, 르네상스 시대의 천문학자 갈릴레이와 그 추종자들이 광학 이론을 만들 때 망원경으로 관측한 자료 일부를 무시했던 사실을 제시했다. 파이

분석철학 ★

521 ★

어아벤트는 라카토시의 연구 프로그램 발상이 라카토시 자신의 무정부주의적 개념을 위장한 형태라고 주장했다. 라카토시와의 공동 출간이 무산되고 파이어아벤트의 원고만으로 펴낸 책이 《방법에 반하여: 무정부주의적 지식이론의 개요》(1975)이다. 파이어아벤트는 먼저 세상을 떠난 라카토시에게 이 책을 헌정하면서 그를 '동료 아나키스트'라 불렀다.

심리 철학과 언어 철학

분석철학에서 심리 철학과 언어 철학은 어떤 연관성이 있는가?

언어 학습에 관한 행동주의적 설명이 끝날 무렵부터 이 두 영역은 서로 얽히면서 개진되었다. 행동주의를 논박한 노암 촘스키의 철학적 언어학 논문이 발단이 된 새로운 인지 과학 분야는 언어 철학이 어떻게 심리 철학과 연관되는지를 보여준다. 촘스키가 언어 학습에는 타고난 언어 능력이 요구됨을 입증하면서 사고의 완전 백지론tabula rasa은 붕괴되었다.

심리학자 이반 파블로프는 사람들의 행동이 반복을 통해서 순치될 수 있음을 입증하는 연구에 선구적인 일조를 했다.

행동주의란 무엇인가?

이반 파블로프(1859~1936)와 J. B. 윗슨(1874~1958)에 의해 제안되고 B. F. 스키너(1904~1990)가 이어서 다듬은 행동주의란, 과학에서 사고 내부를 들여다보는 반추 사고는 쓸모없다는 이론이다. 다시 말해 행동은 다양한 영향 요소들에 의해 조절되며 의도, 믿음, 선지식과 같은 마음 연원의 요소들 없이도 기술될 수 있다는 것이다. 따라서 행동주의 관점에서 인간의 심리학은, '행동하는' 주체의 관점에서 본 행동은 고려하지 않는, 실험실에서도 관측될 수 있는 대상화된 인

간 행동에 관한 이론이다. 따라서 학습이란 외부 물리적 자극에 대한 **조절 기능**
conditio ning, 예컨대 반복적인 보상과 처벌에 대한 일련의 자동 반응 같은 것이다.
윗슨은 행동주의 이론을 같은 제목의 책 《행동주의》(1925)를 통해 제시했다.

1959년에 펴낸 스키너의 고전적 저서 《발화 행동 *Verbal Behavior*》에 대한 노암 촘
스키의 서평은 언어 학습에 관한 행동주의 이론을, 더 일반적으로 표현하면 행동주
의 전체를 몰락시킨 것으로 평가된다. 이 사실은 두 가지 점에서 철학에 중요하다.
하나는 인간이 행동 주체로서 경험하는 측면의 중요성을 복원시켰다는 점이다. 다
른 하나는 행동 주체의 마음속에서 진행되고 있는 바가 머릿속에서 어떻게 연합되
고 진행되는지 사색하고 분석하는 계기를 열어주었다는 점이다.

노암 촘스키

노암 촘스키는 누구인가?

노암 촘스키(혹은 놈 촘스키, 1928~)는 미국의 언어 철학자이자 20세기와 향후 현실
정치에 가장 폭넓은 영향력을 발휘하는 비평가 중 한 사람이다. 현재 MIT의 명예
교수인 촘스키는 언어학, 심리학, 심리 철학, 컴퓨터 공학 등의 분야에서 인지 과학
을 창시한 주요 인물로 인정받고 있다.

언어 철학과 심리 철학에 관련된 그의 주요 저작으로는 변형 문법 이론을 제시한
《통사 구조론》(1957), 《통사 이론의 양상》(1965), 《데카르트 언어학》(1966), 《영어의 음
성 체계》(모리스 홀과 공저, 1968), 《언어와 정신》(1968), 《생성 문법 안에서의 의미론 연
구》(1975), 《언어학 이론의 논리적 구조》(1975), 《언어에 관하여》(1975), 《언어와 책임》
(1979, 특히 이 책은 언어와 정치의 관계, 사상과 과학의 역사, 생성 문법의 세부 추이에 관한 탐구에
이르기까지 다양한 분야를 포괄하고 있다), 《언어 지식》(1986), 《언어와 사고》(1993), 《언어
와 지식의 문제》(1994), 《최소주의 언어 이론》(1995), 《언어와 정신 연구의 새 지평》
(2000), 《자연과 언어에 관하여》(2001) 등이 있다.

★

523 ★

행동주의에 반대하는 촘스키의 주장은 어떤 것인가?

노암 촘스키는 인간의 언어가 다른 동물들의 어떤 행동과도 비교할 수 없을 만큼 복잡한데도 아이들이 놀라운 속도로 언어를 배운다거나, 문법을 배운 적이 없음에도 새로운 문장을 정확하게 습득하는 점을 지적하면서 언어 능력은 생득적으로 타고나는 보편적 능력임을 보여주는 증거라고 주장했다. 반면에 행동주의는 근본적으로 언어의 사용을 포함한 인간의 지식과 행동은 교육을 통해 학습되는 것이라는 이론이다.

노암 촘스키의 언어 이론은 무엇인가?

촘스키는 여러 해에 걸쳐 자신의 이론을 사뭇 다른 여러 버전으로 발전시키면서 종종 과거 버전의 추종자들을 잃기도 했다(촘스키를 대표하는 변형 생성 문법은 초기의 표준 이론에서 확대 표준 이론(EST), 지배 결속 이론(GB), 최소주의 프로그램(MP) 등으로 정교화하면서 한 세대 이상 세계 언어학계를 풍미했다). 하지만 대다수 촘스키 주석가들은 촘스키의 전반적인 주제와 사고 경향이 "언어 능력, 일반 통사 혹은 문법 개념이 인간의 뇌 속에 단단하게 연결되어 있다"는 주장으로 집약될 수 있음에 동의한다.

촘스키는 가능한 인간 언어의 군을 제한하는 '보편 문법'이라는 개념을 제시했다. 이를 철학 용어로 표현하면, 언어에 대한 접근에서 촘스키는 경험주의적이라기보다는 합리주의적 성격이다. 이처럼 데카르트와 유사한 배경에서 쓴 《데카르트 언어학》(1966)에서 촘스키는 인간의 언어 능력은 생득적이며 모든 인간은 이 능력을 보편적으로 공유하고

노암 촘스키는 가능한 인간 언어의 군을 제한하는 보편문법 개념을 개발한 뛰어난 언어학자이며 인간의 마음이 자연현상처럼 연구될 수 있음을 보였다.

있다는 점을 분명히 밝혔다. 하지만 정신의 존재 문제에 관해 데카르트가 정신을 비물질적 실체로 믿었던 반면에 촘스키는 어디까지나 유물론자임을 기억해둬야 한다.

노암 촘스키의 언어 이론은 왜 그토록 영향력이 큰가?

촘스키의 보편 문법 원리는 유물론과 양립할 수 있는 원리이다. 이 원리는 정신도 자연 현상과 같이 과학적으로 탐구될 수 있다는 사실을 수반한다. 게다가 이 원리에 따르면, 말하는 사람의 발화 내용이 분석 자료처럼 사용될 수 있다. 그럼으로써 언어의 겉보기 문법적 구조인 '표면 구조'에 드러난 것보다 더욱 깊은 의미해석 정보를 지닌 '심층 구조'를 추론할 수 있다. 흔히 촘스키 언어학을 '변형 생성 문법(transformational generative grammar)'이라고 부르는 것은 겉으로 드러나는 표면 구조 아래 또 다른 언어 구조인 심층 구조가 존재한다는 가정을 토대로, 서로 다른 구조 간의 변형을 유도하면서 풍부한 문장을 만들어낼 수 있다고 보기 때문이다. 언어가 중요한 정신 활동인 만큼, 타고난 신체 구조(뇌)가 언어 생성을 결정한다는 개념은 다른 정신적 기능의 이해에 대해서도 시사하는 바가 함축되어 있다. 촘스키의 언어학 연구는 심리 철학자 제리 포더에게 큰 영향을 주었다.

왜 유물론이 분석 심리 철학에서 중요한가?

정신이 신체의 뇌와 동등한 것이건 아니면 그냥 밀접하게 연관된 것이라고 주장하건 간에, 길버트 라일이 《정신의 개념》(1949)을 펴낸 이후 분석 심리학자들은 유물론적 입장으로 통일되었다.

길버트 라일은 누구이며, 그의 명제는 무엇인가?

길버트 라일(1900~1976)은 옥스퍼드 대학 철학 교수로서 G. E. 무어 후임으로 학술지 〈마인드〉의 편집을 맡았다. 그는 인간의 마음 또는 정신이 육체와는 완전히 다른 실체라고 생각하는 철학자(데카르트)를 '기계 속 유령'의 존재를 믿는 자라고 단호하게 일축한 것으로 유명하다. 라일은 정신이 비물질적 실체로서 육체와는 설명할 수 없는 방식으로 결합되어 있다고 얼버무리는 데카르트주의자들의 정신 개념을 공

격했다. 대신 정신에 관한 진술이 실제 정신적 행위 또는 행위 성향을 통해 설명될 수 있을 경우에만 의미 있는 것으로 간주되어야 한다는 것이 그의 주장이었다.

제리 포더

제리 포더는 누구인가?

제리 앨런 포더(1935~)는 뉴저지 럿거스 대학의 인지 과학철학자로서 '생각의 언어' 개념과 '마음의 모듈 이론'으로 널리 알려진 인물이다. 이와 관련된 저서로는 《생각의 언어》(1975)와 《마음의 단원성: 기능 심리학 에세이》(1983)가 있다. 그의 문체는 독특한 위트가 있고 유쾌한 풍자가 번득이며, 직접 짜낸 비유와 풍부한 참고 자료가 돋보인다.

제리 포더의 마음의 모듈 이론이란 무엇인가?

무엇보다도 가장 먼저 포더가 말하는 것은 마음(또는 정신)은 전체적으로 생득적인 것이며, 정신적 발전은 경험에 의해 형성된다기보다 경험에 의해 착수된다는 것이다. 인지는 마치 컴퓨터의 작동 방식과 같은 방식으로 기술될 수 있으며 표상을 통해 이루어진다. 마음은 각자 독립적인 자신만의 계산 규칙을 지니고 있는 많은 '모듈modular('단원'으로 번역되기도 함)'의 집합이다. 각 마음 모듈의 계산 결과는 다른 계산 과정에 '관측'되지 않고서도 전해진다.

제리 포더에 따르면, 마음의 모듈이란 무엇인가?

《마음의 단원성》에서 포더가 제안한 '단원성modularity'이란, 언어나 지각 같은 심리 기능을 여러 개의 독립적인 요소로 쪼갤 수 있으며 각 요소는 뇌의 각기 다른 영역에서 담당한다는 개념이다. 이 단원성 개념은 언어 심리학을 포함하여 인지 과학 일반에서도 핵심적 위치를 차지해왔다고 할 수 있다. 포더가 제시한 마음의 모듈 모형에는 세 가지 수준이 존재한다. 첫째는 변환기transducer로, 물리적 자극을 신경 신호로 변환하는 기능을 갖는다. 둘째는 입력 시스템input system으로, 변환된 정보를 해석하는 기능을 갖는다. 입력 시스템은 언어나 시각과 같은 기본 인지 활동을 담당하며, 바로 단원적 특성을 가지고 있는 모듈이 된다. 셋째는 중앙 시스템central system으로 추리, 문제 해결, 의사 결정과 같은 복잡한 인지 활동을 담당하며, 단원적 모듈은 아니다. 포더는 단원적 모듈이 의식적 자기 성찰에 이를 수 없음에도 불구하고 그 특성으로, 한 가지의 인지성 물질(예컨대 시각 모듈)을 갖는다는 영역 특수성domain specificity, 생득성innatedness, 정보의 캡슐화informationally encapsulation, 처리 신속성fast processing, 처리 자율성autonomy, 신경적 구현neural implementation 등을 제시하고 있다. 마치 '실어증'이 생기는 경우처럼, 하나의 모듈은 다른 모듈이 손상 또는 약화되지 않고서도 파괴될 수 있다.

여타 감각 체계들은 물론이고, 언어도 하나의 모듈이다. 포더는 자신의 이론을 프란츠 요제프 갈(1758~1828)이 창안한 골상학 체계와 비교하기를 주저하지 않았다. 골상학은 흔히 초기 사이비 과학의 전형적인 예로 취급된다. 모듈이 아닌 중앙 시스템은 복잡한 사고와 신념 등을 담당하면서 마음의 여타 내용에 접근이 가능하다. 언어와 달리, 모듈이 아닌 중앙 시스템은 국지화되지 않는다(즉, 영역 특수성이 없다).

포더의 사고 언어 가설이란 무엇인가?

사고 언어(LOT, Language Of Thought)는 하나의 정신 언어로서, 뇌 안에서의 상징체계이다. 그 내용은 다음과 같은 '명제적 태도들'이다 — ~라고 생각한다, ~를 욕구하다, ~를 하고자 한다, ~를 믿는다, ~를 희망한다 등등. 각각의 태도들은 하나의 표상에 대해 구별되는 계산적 관계를 갖는다. 계산이란 문법(통사법)에 기반한 정보 처리이다. 이와 관련해서 포더는 "표상 없이 계산 없다"고 표현한다.

따라서 믿음을 가진다는 것은 하나의 표상에 대한 계산적 관계에 있다는 것이며, 욕구를 가진다는 것도 마찬가지이다. 생각 안에 있는 모든 본원 개념은 뇌 안에 하나의 신경계 상징을 가진다. 이것이 행위에서 나타나는 최종 결과는, 믿음의 경우 한 개인으로 하여금 (믿음의 대상이) 사실인 것처럼 행동하게 하는 표상인 데 비해, 욕구의 경우 한 개인으로 하여금 (욕구의 대상을) 실현하게끔 행동하게 하는 표상이다.

527 ★

포더는 결코 창조론자가 아니다. 하지만 그는 인간의 인지에 대한 진화 심리학적 설명을 무조건적으로 받아들이지도 않았다. 그가 1988년에 쓴 글을 보자.

> 우리 마음의 구조가 어떻게 뇌에 따르는지에 관해서는 알려진 것이 아무것도 없다. 우리의 인지 능력을 좌우하는 뇌 구조가 어떤 것인지조차도 모른다. 마음과는 달리 뇌는 총량으로 따지면 영장류들과 매우 근사하다. 이는 선조 영장류로부터 우리 인간으로 변천해오면서 매우 작은 뇌 구조의 변이가 이뤄졌다는 것이며, 그 과정에서 행태적 불연속이 매우 폭넓게 진행되었음이 틀림없어 보인다. 만일 그렇다면, 당신은 인지적 복잡성이 다윈주의자들이 주장하는 선행 인류의 유전자적 선택에 따라 점진적으로 형성되었다는 가정을 할 필요가 없다.

> 바꿔 말하면 포더는 인간 마음의 복잡성을 설명하기 위해 특정 환경적 조건, 심지어 적응해가는 변화의 진행 따위도 상정하는 것이 불필요함을 주장한다. 결국 우리는 하나의 작은 돌연변이가 인간과 영장류 간의 모든 중요한 차이를 만들었을 수도 있음을 알게 된다.

윌프레드 셀러스의 기능주의 개념은 무엇인가?

윌프레드 셀러스(1912~1989)는 이 개념을 자신의 1956년 논문인 《경험주의와 심리 철학》에서 소개했다. 셀러스에 따르면, 감각자료와 같은 지식의 정신적 토대란 없으며, 실용주의자들이 주장하는 '소여의 신화myth of the given'도 거부했다('소여', 즉 '주어진 것'에 의해 실용주의자들은 지각하는 자나 사고하는 자가 영향을 미치지 않는 경험의 일부를 참조했다). 힐러리 퍼트넘의 초기 저작에서도 주장되고 셀러스에 의해 개진된 기능주의는 정신적 상태가 세 가지 항으로 정의될 수 있다는 이론이다 ─ 하나의 정신적 상태를 유발하는 원인자, 다른 정신적 상태에 미치는 영향 효과, 그것이 행동으로 나타나는 효과. 즉 정신적 상태란 기능을 통해 이해될 수 있는데 그것은 마치 컴퓨터 소프트웨어처럼 작동한다.

정신 이론으로서의 기능주의는 무엇이 문제인가?

기능주의는 우리가 정신을 가지고 있다고 여기지 않고서 정신(또는 마음)의 문제를 복잡계로 돌리는 결과에 이를 수 있다. 또한 기능주의는 우리 자신의 것과 다른 인과의 원리에 따라 작동하는 마음의 존재를 부인하는 결과에 이를 수도 있다. 실제로 힐러리 퍼트넘은, 믿음의 내용이 외부 사실들에 의해 결정되며, 또한 믿음은 전체 지식 체계의 일부이기 때문에, 계산적인 상태일 수 없다는 것을 근거로 나중에 기능주의를 거부했다. 같은 시기에 폴 크립키(1940~)와 키스 도넬런(1931~)이 했던 것처럼 그는 새로운 인과론 혹은 직접적인 의미 이론을 개발했는데, 그 내용이 《 '의미'의 의미》(1975)로 출판되었다.

인과적 의미 이론이란 무엇인가?

이 이론은 폴 크립키와 키스 도넬런, 힐러리 퍼트넘에 의해 1970년대에 처음 개발되었다. 외연적 의미와 내포적 의미 혹은 지시적 의미와 함의적 의미 사이의 구별이 있어왔다. 한 단어가 지칭하는 대상 또는 어떤 것이 그 단어의 외연적 또는 지시적 의미이고, 한 단어가 다른 단어들로 정의되는 것에 담긴 내용이 내포적 혹은 함의적 의미이다.

인과적 지칭 이론으로도 알려진 인과적 의미 이론에 따르면, 개별자들을 지칭하는(세례명을 부여하는 것과 같은) 고유 명사를 만드는 인과적 역사가 있다. 물, 금 등의 자연 종을 지칭하는 용어들은 그 과정이 동일하게 작동한다. 예컨대 '물'이라는 용어는 자연의 를 지칭한다. 만일 물이라고 불리는 어떤 실체가 아니라면 그것은 물이 아닐 것이다. 이와 관련해서 퍼트넘은 '쌍둥이 지구'를 가정한 사고 실험을 통해, "의미는 머릿속(두뇌)에 있지 않다"라는, 의미에 관한 유명한 말을 남겼다. 이런 주제

에 대한 크립키, 도넬런, 퍼트넘의 논문들은 스테판 슈바르츠가 편집한 《이름 붙이기, 필연성과 자연종들》(1977)이라는 논집에 수록되어 있다.

토머스 네이글은 어떻게 기능주의를 반대했는가?

토머스 네이글(1937~)은 체코 출신의 과학철학자 어니스트 네이글과는 무관한 인물로서, 1974년 학술지 《철학 리뷰》에 실린 논문 〈박쥐가 된다는 것은 어떤 것인가?〉로 유명하다. 논문에서 밝힌 네이글의 요지는 박쥐의 의식 주관성(생각)을 알 수 없다는 것이다. 우리가 시행하는 의식 측정 방법의 객관적 본성 때문에 박쥐의 의식 주관은 파악할 수 없으므로, 우리가 박쥐가 되어본다고 해도 그것은 기껏해야 우리의 기준에서 이해한 상상의 박쥐에 불과하다. 그는 같은 논점에 대한 다른 방법의 예도 제시했다. 어떤 사람이 초콜릿을 먹는 중에 작동하는 뇌의 부위를 의사가 관찰하는 것이다. 이런 관찰을 아무리 많이 해도 의사는 결코 초콜릿을 맛보지 못한다. 문제가 되는 뇌의 부위를 핥아본다 해도 마찬가지일 것이다!

주관적 경험의 환원 불가능성을 주장하는 네이글의 주된 동기는 도덕적인 것과 인식론적인 것, 두 가지를 모두 포함한다. 그는, 전체 과학 탐구 과정이 '지금 여기'로부터의 이상적 관점을 향한 객관성 요소들을 증대시키는 쪽으로 진행되는 반면에, 구체적인 경험은 언제나 '어딘가'로부터의 누군가의 관점임을 보여주었다. 네이글이 쓴 주요 저서는 다음과 같다. 《이타주의의 가능성》(1970), 《죽음에 대한 질문》(1979), 《관찰자 없는 관점》(1986). 그가 쓴 짤막한 철학 개론서인 《그것이 전부 의미하는가?》(1987)는 쉽게 접근할 수 있는 책이다.

네이글과 거미에 관한 이야기는 무엇인가?

네이글이 하버드 대학의 윌리엄 제임스 홀에서 강의하던 어느 여름, 거미 한 마리가 남자 화장실의 소변기에 들어 있는 것을 목격했다. 세척 용수를 수차례 흘려보낼 때마다 불쌍한 거미는 살아남기 위해 기를 쓰고 물살을 거스르며 돌진했다. 네이글은 거미가 어떻게 되나 궁금해서 강의 중간 휴식 시간에 다시 소변기에 더 강한 물살을 흘려보내 같은 결과를 보았다.

오래도록 곰곰이 생각한 끝에 네이글은 거미를 놓아주기로 했다. 그는 거미를 소변기에서 꺼낸 다음 종이 타월로 조심스럽게 싸서 방 한쪽 구석에 내려놓았다. 그런데 거미가 움직이지 않기에 그는 거미가 알맞은 자기 처소를 찾은 것으로 추측했다. 하지만 주말 휴가를 보내고 나서 다시 돌아와보니 거미는 여전히 움직이지 않고 있었다. 알고 보니 너무 건조해서 죽은 거나 다름없었다.

네이글은 이 일화를 《관찰자 없는 관점》(1986)에 담았다. 여기에 함축된 그의 뜻은 어떤 연민이나 의도가 아무리 훌륭한 최선의 것일지라도, 다른 환경 조건에 대한 이해의 결핍으로 인해, 의도했던 목표를 얼마든 그르칠 수 있다는 것이다.

제거적 유물론이란 무엇인가?

제거적 유물론이란 1960년대 초에 파울 파이어아벤트가 제안한 이론으로, 과학은 두뇌 상태만 참조하고자 하는 비물질적 정신을 전제하는 모든 관습적 언어를 결국 제거해낼 수 있을 것이라는 신조를 담고 있다. 캐나다 태생의 미국인 철학자 폴 처치랜드(1942~)와 그의 부인 퍼트리샤 처치랜드(1943~)는 이런 견해를 심리 철학의 두드러진 한 부문으로 만들었다. 처치랜드 부부는 의도·욕구·동기 등과 같은 일상적 상식의 정신 이론은 단지 '민속 신앙' 과도 같은 '통속 심리학' 일 따름이며, 지성적이며 과학적인 연구 영역에서는 제쳐놓아야 한다고 주장했다. 처치랜드는 다음과 같이 썼다.

제거적 유물론이란 우리의 심리 현상에 대한 상식적 개념이 단적으로 잘못된 이론을 형성한다는 이론이다. 그런 잘못된 이론은 원리적으로나 존재론적으로나 근본적인 결함이 있어 서서히 결함을 줄여나가기보다는 완전한 신경 과학으로 대체되고 말 것이다.

분석철학

531 ★

폴 처치랜드의 주요 저서는 《과학적 실재론과 마음의 가소성》(1979)과 《이성의 엔진, 정신의 좌석》(1996)이 있고, 논문은 〈제거적 유물론과 명제적 태도〉(1981, 철학 저널에 수록)가 있다. 한편 《*On the Contrary*》(1998)는 부부가 공동 집필한 책이다.

처치랜드는 의미의 지각에 관해 어떻게 설명하나?

의미는 연합의 네트워크에 의해 고정된다. 궁극적으로 의미는 결합주의자의 네트워크에 의해 '선호 벡터들preferred vectors' 에 따른 활성화로 대체될 것이다. 의미의 동일성은 패턴들의 동일성에 불과하다. 지금은 우리가 의미 전달 요구를 언어를 거쳐 우회시키는데, 미래의 도서관에는 연관된 뇌의 상태와 패턴을 직접 활성화시키는 '플러그' 가 구비되어 있을 것이다.

앨런 튜링은 누구인가?

앨런 매시선 튜링(1912~1954)은 영국의 암호학자이자 수학자로서 현대 컴퓨터 과학의 창시자로 알려져 있다. 하나의 초대형 사고 실험인 그의 튜링 머신은 알고리즘과 계산을 형식화시켰다. 튜링 머신은 프로그램에 따라 왼쪽 혹은 오른쪽으로 움직이며 기호를 지우고 쓰는 '읽기–쓰기' 장치와 그에 의해 계속적으로 스캔되는 무한 가능 이진 부호열이 기록된 종이테이프로 구성된다.

튜링은 그런 기계라면 다른 어떤 것이라도 시뮬레이션하도록 프로그램화시킬 수 있음을 보였다. 그런 의미에서 튜링의 기계는 일종의 '유니버설 머신' 인 것이다(튜링은 자신이 고안한 소프트웨어에 '유니버설 머신' 이란 이름을 붙였고, 이 이름은 1936년 그가 발표한 가상의 기계에 관한 보고서 제목이기도 했

앨런 튜링은 영국의 암호학자이자 수학자로서 현대 컴퓨터과학을 창시한 것으로 평가되는 인물이다.

다). 이 유니버설 머신은 모든 알려진 수학적 방법과 절차를 실행할 수 있다. 그는 이 모델을 다시 유니버설 튜링 머신에 의해서는 시뮬레이션될 수 없는 수준의 '오라클 머신'으로까지 확장시켰다. 튜링은 인간의 지능 활동이 유니버설 머신 및 학습 '훈련'에 의해 유니버설 머신처럼 될 수 있는 비유니버설 머신의 네트워크들로 이해될 수 있음을 제안했다.

실제 전자 컴퓨터가 고안된 후 튜링은 '인공 지능' 이론이 테스트될 수 있다고 제안했다. 인간과 동일하게 — 계산 결과가 컴퓨터로 얻은 것인지 사람이 수행한 것인지 분간할 수 없을 정도로 — 계산을 수행하는 컴퓨터가 있다면, 인공 지능이 이론적으로 존재 가능한 것이다. 1950년 학술지 《마인드》에 수록된 〈기계가 생각할 수 있는가?〉라는 튜링의 논문은 심리 철학 논의에 지속적으로 큰 영향을 미쳤고, 존 설의 연구는 부분적으로 그 결과의 일환으로 볼 수 있다.

존 설의 의견은 앨런 튜링과 어떻게 다른가?

미국 철학자 존 설(1932~)은 1959년부터 UC버클리의 교수였으며, 자신의 연구 과제는 과학의 세계를 자기 의지를 가진 사유 동물이라는 인간의 자기 개념과 조화시키는 시도라고 기술한 바 있다. 《지향성: 심리 철학 소고》(1983)에서 설은 정신적 상태가 신경 생물학적 뇌의 작동 과정이 원인이 되는 동시에 그 안에서 그것을 깨닫기도 한다고 주장했다. 그는 이런 자신의 견해를 '생물학적 자연주의'라 불렀다.

설은 튜링이 제안했던 바, 즉 제대로 된 계산기로 마음이 복제될 수 있다는 강경한 인공 지능론을 자신의 '중국어 방 논증'을 통해 논박하고자 했다. 현대 과학을 인정하는 한편, 의식의 환원 불가능성을 옹호하는 설의 후속 연구는 다음과 같다. 《표현과 의미: 발화 행위론 연구》(1979), 《마음의 재발견》(1992), 《의식의 신비》(1997), 《마음: 간략한 소개》(2004).

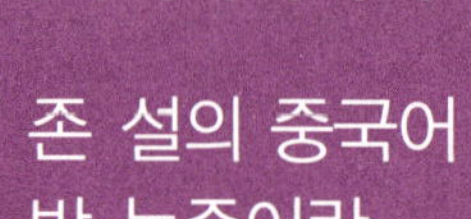

설은 《마음의 재발견》에서 이 논증을 제시했다. 중국어를 전혀 이해하지 못하는 사람이 중국어 기호들과 그것을 (의미론이 아닌) 순전히 형식적인 구문론으로 다루는 알고리즘 또는 컴퓨터 프로그램을 가지고 방 안에 갇혀 있다고 가정하자. 이 알고리즘 또는 프로그램은 중국어로 질문이 주어지면 자동으로 대답하는 데 사용된다. 그 대답은 중국인들도 분간할 수 없을 정도로 훌륭한 수준이다.

방 밖에서 중국인이 문 밑으로 질문지를 밀어 넣었을 때 순전히 알고리즘 혹은 프로그램을 통해 얻은 정확한 중국어로 된 대답을 되돌려주더라도 그 사람은 중국어를 이해하지 못한 것이 분명하다. 여기서 설이 주장하는 것은 현대 철학에서의 마음을 계산하는 이론이 마치 앞의 예에서처럼 이해의 측면을 놓치고 있다는 것이다.

이런 설의 입장에 대해 마음 계산 이론 옹호자들은, 우리가 신비로운 '기계 속 유령'으로 되돌아가지 않는 한, 방 안에 갇혀 있는 그 사람의 행동은 정확하게 "중국어를 이해했음"을 의미한다는 주장으로 응답할 것이다.

이 논증에서 누가 옳은지는 아무도 확실하게 알 수 없다. 제리 포더가 강조했듯이, 우리(심리 철학자)는 아직도 온전한 심리 이론을 갖추지 못했다. 만일 이러한 이론을 갖추고 있다고 생각한다면, 오른팔을 들고 싶은 욕구가 어떻게 그 팔이 올라가는 결과에 이르게 하는지부터 설명해보기 바란다.

새로운 철학

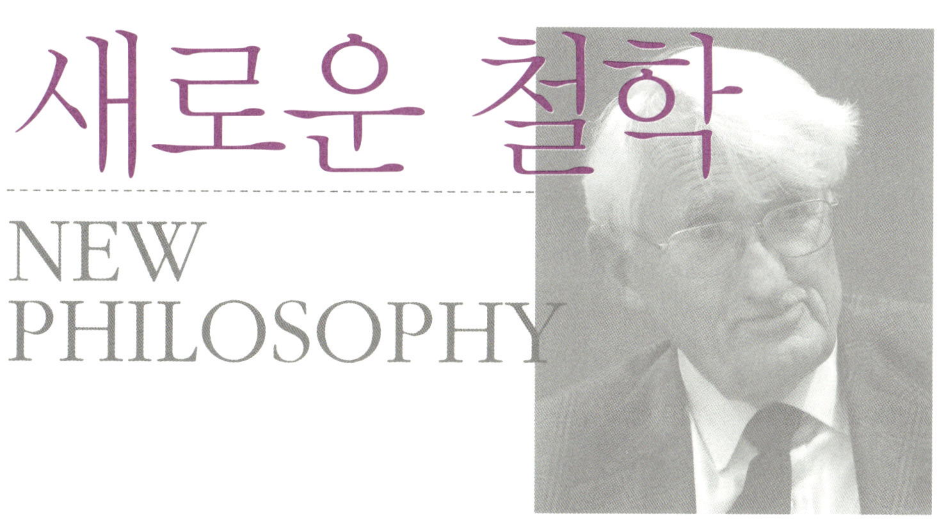

NEW PHILOSOPHY

어떻게 '새로운' 철학이 있을 수 있는가?

서양 철학은 기원전 7세기 중에 시작되었고, 그래서 이런 유서 깊은 분야에 어떻게 새로운 것이 있을 수 있느냐 하는 문제는 좋은 물음이다. 20세기 말로 향하던 즈음에 철학은 여러 분야를 더하고 오래된 문제들을 재구성하면서 다시 활성화되기 시작했다. 추가된 몇 가지 과목들은 원래 철학에서 유래했던 것들이 독립된 과목으로 발전했던 것인데, 나중에 철학으로 돌아와 그 과목의 '진정한' 지적 쟁점을 철학자들이 처리할 수 있게 되었다. 인지 과학과 새로운 심리 철학 및 생물 철학은 물론이고 페미니즘, 환경주의, 그리고 인종 관련 연구의 어느 정도까지는 모두 이런 범주에 든다.

포스트모던 철학으로도 알려진 후기 구조주의 혹은 해체주의는 유럽의 철학으로 간주되었다. 하지만 미국 내의 대학 철학과에서도 그러한 양상이 펼쳐진다고 인식된 것은 최근부터이다. 라틴 아메리카, 아시아, 아프리카 등으로부터의 소위 '기타 철학들'도 미국 안에서 목소리를 내기 시작했고, 실용주의 역시 되살아나기 시작했다.

새로움의 지평을 연 것은 '실험 철학'이다. 여기에다 '신비주의(이론으로서의)'는 물론이고 새로운 생물 철학, 영화·방송 철학, 기술 철학, 아동 철학까지 더해졌다.

새로운 철학들 가운데 어떤 것이 **일시적 유행**이고 어떤 것이 **오래 지속될 것인가**?

철학의 역사는 철학적 논의가 통상적으로 한 세대 혹은 두 세대 정도에 걸쳐 관심 집중을 받고 나면 새로운 방법과 주제가 포착됨에 따라 낡고 모호한 것으로 전락함을 일깨워준다. 그래서 어떤 철학자나 철학 책이 지금부터 100년 학습되고 읽힐지 아니면 50년, 20년이 되고 말지를 예측하는 것은 불가능하다. 이런 점을 감안할 때, 어찌 보면 이 장에서 다뤄진 개념들과 작가들은 이미 문학, 문화 비평, 경험 과학들로 해체된 것들로서 그 철학의 끝을 암시한다고 볼 수도 있다.

그러나 철학은 2000년이 넘는 세월을 견뎌왔기에 어떤 철학의 사망 소식은 그 지점에서의 미성숙을 의미할지도 모른다. 그렇다면 이들 새로운 사상의 계보는 오랜 전통에 따라 뚜렷한 철학의 특징적 방식으로 스스로 참호를 파서 한동안 피신하게 될지, 혹은 오래된 전통이 현재의 산포된 상황을 망각한 채 아무 일도 없었다는 듯이 항해하게 될지는 지켜봐야 할 일로 남게 된다.

새로운 철학에서 주요 의제는 무엇인가?

몇 가지 인자를 내세울 수 있다 — 현재의 사회적 관심, 민주주의의 가치, 백인 남성이 지배해온 역사에서 부각되지 않았던 유색 여성을 포함한 소외된 것들의 중요성, 무엇보다 객관성 및 진리 개념들에 대한 강한 반전 등과 연관된 철학적 참여의 필요성이 지각될 경우와 과거 철학자들의 오만함이나 자의성이 지각될 경우. 또한 첨단 미디어 시대를 사는 신세대 학생들에게 흥미를 주는 철학 과목을 만들고 싶은 욕구도 한몫할 수 있다.

'오래된' 철학자들은 '새로운' 철학자들을 얼마나 잘 수용하는가?

물론 이것은 철학자의 나이 문제가 아니다. 오래된 전통은 꿋꿋한 상태에 있으며, 거기에 몸담고 있는 기성 철학자들은 이들 새로운 철학을 진정한 철학이 아니라고 논박하곤 한다. 게다가 기성 철학자들은 철학 분과에서 직책을 맡고 있어 그들의 은퇴가 확정되기 전까지 현역으로 활동하며 논박을 더해간다. 한편, 어떤 사람이 기성 철학자에게 배워 책과 철학 저널 등을 통해 자신의 작품을 발표하고 철학을 가르치는 일을 맡으면서 철학자가 된 사람이라면, 역시 뒤뚱거리며 걷고 꽥꽥거리며 울다가 헤엄을 치기도 하는 오리도 새인 것처럼 그런 사람이 철학자이다로 인식된다.

요지인즉, 철학자들은 친구 관계일 때에도 서로의 생각에 대해 불일치하고 논박하는 것이 통상적이다. 따라서 주류로부터 떨어져 있는 새로운 철학자에 대해서도 이 못지않은 반응을 기대하게 된다.

포스트모던 철학

어떤 세계 사실들이 포스트모더니즘을 알려주는가?

'포스트모던'이라는 용어는 건축 분야에서 유래한다. '근대 이후'를 뜻하는 이 용어는 종종 아이러니하게도 별 관련성이 없는 방식으로 과거로부터의 차용을 암시하는 어구이다. 포스트모던 철학은 굵직한 역사적 변화 이후에 일어났다 — 판이하게 다른 세계관이 아인슈타인의 상대성 이론과 소립자 물리에 의해 표명되었던 것이다. 또한 20세기 세계대전의 막대한 파괴력이 현실로 펼쳐졌다. 게다가 유럽과 미국에서의 여성 및 유색 인종은 물론이고 과거 식민지들의 해방이 봇물처럼 터졌다. '제국-식민지주의 이후' 정치 · 경제 · 사회적 환경도 급변했다. 핵가족과 같은 전통적 사회 제도의 붕괴 결과는 여성의 역할을 변화시켰고 글로벌 자본주의와 새로운 경제 불평등 및 환경의 위기 등을 불러일으켰다.

포스트모던 철학의 두드러진 방법은 무엇인가?

구조주의자들, 특히 페르디낭 드 소쉬르와 자크 라캉의 연구를 토대로 구축된 포

스트모던 계열의 대부분 철학자들은 언어와 기호의 사회적 체계를 으뜸가는 주제로 삼았다. 여기에 더해 그들은 전체 인간 세계를 언어 안에서의 언어를 통한 존재계로 보았다. 그들의 분석 방법은 가변적이어서 현상학적이거나 비판적인가 하면 계보학적인 경우도 있다.

보다 구체적으로 설명하면 해체주의는 궁극적으로 의식에는 접근 불가능한 신학적 원리에 의지하는 서양 사상에서의 **아포리아**aporia 혹은 모순들을 확인함으로써 진행시켜나간다. 전형적인 근대 아포리아는 '옳고 그름', '존재와 비존재' 등과 같이 각 원소가 짝이 되어 다른 한쪽을 반대하면 거짓이 되는 켤레 개념들이다.

자크 데리다와 해체주의

자크 데리다는 누구인가?

알제리 태생의 프랑스 지성인 이론가 자크 데리다(1930~2004)는 해체주의의 창시자로 널리 알려져 있는데, 이런 점(해체주의 관련 언급)을 그는 1962년 에드문트 후설의 《기하학의 기원》이라는 논문을 번역한 번역본(후설의 글보다 긴 데리다의 해제가 달린 책으로서 단순 번역서가 아니며, 원제는 'Edmund Husserl's Origin of Geometry: An Introduction')의 도입부에서 표명했다. 데리다는 나중에 인터뷰에서 이 작품에 대해 말하기를, 자신의 독특한 용어 구사법이 영·미 철학자들로 하여금 해체주의에 넌더리를 치게 했다며 다음과 같이 진술했다.

이 책에서 문제시되는 글쓰기는 이미 자리 잡고 있었다. 이를테면 의식, 현존, 과학, 역사와 과학사, 기원의 실종 혹은 미룸 등등과의 관계들 속에서 지연Deferral의 환원 불가능한 구조에 갇힌 (……) 이 책은 《언어와 현상: 후설의 기호 이론에 관한 단편들》(1967)이라는 (본인의 다른 책의) 다른 한 장으로(한쪽이 앞장이라면 다른 한쪽이 뒷장으로) 읽힐 수 있다.

인식될 수 있는 것은 반드시 인간의 의식에 의해 인식되어야 한다는 후설의 표준적 테제를 이용하면서 데리다는 '현존재의 형이상학', 즉 지식을 신 또는 절대 정신에 인식되는 것으로 상상하는 전통에 대한 비판을 개진해나갔다. 그는 서양 철학의 역사를 "기원 혹은 의미의 보증인으로서의 신에 대한 탐색"이라고 일컬었다.

그의 주요 저작으로는 다음과 같은 책들이 있다. 《말하기와 현상: 후설의 기호 이론에 관한 단편들》(1967, 영문본은 1973), 《그라마톨로지》(1967, 영문본은 1976), 《조종》(1974), 《글쓰기와 차이》(1978), 《박차: 니체의 문체》(1979), 《경박함의 고고학: 콩디야크 읽기》(1980), 《철학의 가장자리》(1982), 《우편엽서: 소크라테스로부터 프로이트와 그 너머로》(1987), 《에드문트 후설의 '기하학의 기원': 입문》(1962, 1989), 《정신에 대하여: 하이데거와 그 의문》(1989), 《죽음의 선물》(1995). 이들 중 그의 명성을 높여준 책은 《그라마톨로지》이다.

해체주의란 무엇인가?

해체주의는 '텍스트'(해체주의자들이 사용하는 이 용어는 '저술된 작품'을 지칭함) 해석의 한 방법으로서, 텍스트가 전하는 의미는 저자의 배경 역사의 조건들과 독자가 그것들에 의존하는 만큼 텍스트 자체 안에 담겨 있는 것들에도 의존한다는 전제를 기반으로 삼고 있다. 해체주의의 이해에서는 특히 책le livre과 텍스트le texte의 구분을 철저히 시도할 필요가 있다. 책은 인간 의식이 의미를 구성하는 전개 과정 전체와 다를 것이 없다. 데리다의 비유대로 책은 주인인 저자의 생각과 의미 추구의 모든 의도가 내용으로 실려 있는 집과 같은 것이다. 그러기에 책 속의 진리는 신의 창조와 다를 바 없다. 하지만 데리다의 텍스트는 단순히 글자가 인쇄된 좁은 의미의 교재가 아니다. 텍스트는 책 속에 담긴 진리처럼 어떠한 불변의 항존체를 전제하는 그런 개념을 파기할 때 이해되는 개념이다. 따라서 텍스트le texte는 데리다의 설명대로 직물 짜기la texture와 흡사하다. 직물 짜기는 날실이 씨실을 역으로 받아들임으로써 가능한 것이다. 즉, 같은 것이 다른 것을 수용하여 감염됨으로써 짜깁기가 이루어진다. 논증적인 것이 감성적인 것과 접목되고, 언어적인 것이 비언어적인 것과, 오성적인 것이 감성적인 것과 짜깁기를 하는 데서 텍스트의 해독법이 이루어진다. 데리다의 철학이 텍스트 이론인 동시에 의미 해체의 철학인 이유가 여기에 있다.

데리다는 《그라마톨로지》에서 해체주의를 어떻게 설명했는가?

데리다의 《그라마톨로지》는, 모든 글은 독자가 떠올리는 의미에 의존한다는 사실에 기인하는 텍스트의 유동성·불안정성에 관한 저서이다. 독자가 떠올리는 의미는 변할 수 있으며, 따라서 어떤 글도 특정의 고정된 의미를 가지고 있다고 주장할 수 없다. 모든 기호는 다른 기호들의 의미에 궁극적인 의미란 결코 없다. 의미는 언제나 '지연된다deferred'.

이런 해체주의적 관점에서 자크 데리다는 신성불가침한 것의 의미 간격들을 지칭하는 '원형 기술arche-writing'에 대해 말했다. 모든 글은 그것이 가지고 있는 의도와 독자들이 그것을 이해하는 방식 사이의 균열이고, 저자와 독자 사이에 그 간격이 있다.

데리다의 글쓰기의 실재에 대한 기술description은 지적인 삶의 본성에 대한 엄밀한 설명을 목표로 한다. 철학자의 의도와 의미가 파악되기 전에 상상된 한 존재의 현전은 철학자들과 다른 사람들이 그토록 오랫동안 그 아래에서 노력해온 환영에 불과하다.

데리다는, 말 언어에는 애매성이 존재해 글 언어의 보충이 필요하다고 생각했으며, 이 차이에 관해 기술하기 위해서 '차연'(difference가 아닌 differance라는 신조어)을 도입했다. 만약 누가 'differance'와 'difference'를 소리 내어 발음한다면 아무런 차이도 찾을 수 없을 것이다. 글에서는 의미들이 어떻게 비결정적인지 이미 확인했음에도 불구하고, 이와 관련된 차이는 오직 글로만 나타난다.

해체주의의 창시자인 데리다가 1968년 초에 '후기 구조주의자'라는 호칭을 얻게 된 것은, 말 언어에 의해 구성되는 의미 체계가 있으며 글 언어는 불필요한 것이 아니라면 부차적인 것이라는, 소쉬르의 구조주의에 반대하는 의미의 유동성에 관한 그의 통찰 때문이다. 데리다는 구조주의 전통을 "중심에서 헛된 중심으로의 이동"이라고 비판했다.

데 리다와 동시대 인물로서 많은 사람들이 구조주의자로 간주해온 미셸 푸코는 데리다가 몽매주의적 테러를 자행한다고 비난했다. 여기서 푸코는 데리다를 이해할 수 없었던 사람들(대부분의 동시대 철학자들)이 데리다에게 바보라고 공격받았음을 함축했다. 노암 촘스키, 존 설, 리처드 로티와 같은 미국 철학자들은 데리다를 조롱하고 등을 돌렸다. 설 같은 경우 데리다의 철학을 "정교한 운문체 몽매주의, 격하게 과장된 주장, 이율배반적으로 보이는 주장을 함으로써 심오함을 가장하고자 하는 끊임없는 노력, 그러나 분석을 거치고 나면 어리석거나 하찮은 것으로 판명되는 결과"라고 지칭했다.

촘스키의 경우는 데리다의 작품을 페르시아 지식인들의 지역색 짙은 일탈적 전통의 전형적 산물로 평했다. 하지만 촘스키와 설은 의미 자체는 안정적이며 그들의 이론적 연구는 그 기반 위에서 제대로 전개된다고 가정했다. 그러나 데리다의 형이상학을 이해하는 것이 불가능할지도 모른다고 주장했던 로티는 철학자들이 즐기는 진리에 대한 그릇된 가식에 관해 데리다와 비슷한 견해를 가졌다.

리처드 로티

리처드 로티는 누구인가?

아마도 리처드 매케이 로티(1931~2007)는 분석 · 경험주의적 철학자들에 의한 철학을 하는 것으로 간주되지 않는, 가장 널리 읽히는 현대 미국 철학자일 것이다. 프린스턴과 스탠퍼드 대학에서 학생들을 가르쳤던 로티는, 제거적 유물론을 선호하는 입장에서 논증을 전개한 분석철학으로 출발했으나, 1970년대 후반 들어 대륙 사상을 끌어들인 실용주의적 관점에서 학술지 〈*Philosophy and the Mirror of Nature*〉(1979)를 통한 분석철학 비판을 시작했다.

신실용주의자로서 로티는 대부분의 철학적 문제들은 언어에서 유래하는 착각이라고 생각했다. 그에게 진리는 임의적인 것이고 상대적인 개념이며, 철학은 문학의 한 장르일 따름이다. 로티의 주요 저서 목록은 다음과 같다. 《*Philosophy and the Mirror of Nature, Consequences of Pragmatism*》(1982), 《*Philosophy in History*》(1985), 《*Contingency, Irony, and Solidarity*》(1989), 《*Objectivity, Relativism and Truth: Philo-sophical Papers I*》(1991), 《*Essays on Heidegger and Others: Philosophical Papers II*》(1991), 《*Achieving Our Country: Leftist Thought in Twentieth Century America*》(1998), 《*Truth and Progress: Philosophical Papers III*》(1998), 《*Philosophy and Social Hope*》(2000), 《*Against Bosses, Against Oligarchies: A Conversation with Richard Rorty*》(2002), 지엔니 바티모와 함께 《*The Future of Religion*》(2005)를 냈고, 최근작으로 《*Philosophy as Cultural Politics: Philosophical Papers IV*》(2007)가 있다.

리처드 로티의 진리에 대한 견해는 무엇인가?

로티는 우리가 아는 모든 것들이 세계를 드러내는 개념들이라는 생각, 즉 '표상주의representationalism'를 비판했으며, 철학자들의 특별한 지적 역할에 대해서도 이의를 제기했다. 그는 '참true'이라는 것이 오직 언어학과 지식 공동체 안에서 "철저하게 정당화된"이라는 뜻으로 사용되는 높임말일 뿐이라고 생각했다. 로티는 이런 인식론적 입장을 편견 없는 '진보적 아이러니즘liberal ironism'이라 불렀는데, 무엇보다 인간적 자유의 이념에 따르기 때문이다. 그는 오직 실천적 참여만이 신념에 대한 적절한 정당화라고 생각했다. 그의 이런 견해는 로티를 상대주의로 이끌었다.

리처드 로티의 철학에 대한 개념은 무엇인가?

로티는 철학을, 일련의 존재하지 않는 진리를 열정적으로 추구하도록 하지만 거기에 도달할 수는 없는, 그런 개념들에 대한 자유로운 대화 혹은 교환을 개진하는 것으로 보았다. 로티에게 철학은 자신을 창조적으로 다시 만들어내는 기회이다. 비록 그가 지속적으로 진보적 입장을 표명했지만, 보편적 인권이 구성 가능하다는 정도의 합리적 견해를 생각하지는 않았고, 문화 학습과 문학 독서 및 올바른 조기교육을 통해 공감대를 키우고 감성을 교화시키는 것은 가능하다고 보았다.

로티는 일반 청중의 동의를 이끌어낼 뿐만 아니라 견해를 달리하는 사람들까지도 동의할 개연성이 있을 정도로 대단히 교묘하게 상대주의를 설파했다. 근본주의자들의 종교적 신념을 예로 들자면, 그는 노골적으로 반대되는 견해를 가르치는 동시에 자신의 견해가 얼마나 심하게 공격적이고 근본주의 신앙을 가진 자들의 마음을 바꾸게 하는 데 심지어 역효과를 내기도 한다는 점을 보여주고자 했다.

위르겐 하버마스

위르겐 하버마스는 누구인가?

위르겐 하버마스(1929~)는 프랑크푸르트학파의 비판 이론과 미국의 실용주의를 접목시킨 독일의 철학자이자 사회 이론가이다. 이런 접목과 함께 정치적인 행보의 일환으로 대중 연설과 대화를 강조한 그는 다분히 포스트모던하다. 그와 교류한 현대 사상가들 — 자크 데리다에서 존 롤스와 교황 베네딕트 16세(그가 추기경이던 시절)에 이르기까지 — 의 면면은 그의 이론의 성격을 예시해준다. 하지만 대부분의 공공연한 포스트모던 철학자들과는 달리 하버마스는 민주주의적 가치의 계몽을 옹호했다는 점은 기억되어야 한다.

하버마스의 주요 저작 목록은 다음과 같다. 《*The Structural Transformation of the Public Sphere*》(1962), 《*Theory and Practice*》(1963), 《*On the Logic of the Social Sciences*》(1967), 《*Knowledge and Human Interest*》(1967), 《*Toward a Rational Society*》(1967), 《*Technology and Science as Ideology*》(1968), 《*The*

543 ★

Theory of Communicative Action》(1981), 《*On the Pragmatics of Communication*》(1992), 《*The Postnational Constellation*》(1998), 《*Old Europe, New Europe, Core Europe*》(2005), 《*The Divided West*》(2006), 요셉 라칭거와 공저한 《*The Dialectics of Secularization*》(2007)이 있다.

위르겐 하버마스의 주요 개념은 무엇인가?

하버마스의 탐구는 사회 비판을 위한 규범적 혹은 규제적 근거를 찾는 것이었다. 대학원생 시절 그는 18세기에 있었으나 지금은 존속하지 않는 정치적 담론을 위한 '공론의 장public sphere'의 중요성을 확인했다. 자신의 초기 작품에서 그는 실증주의, 마르크시즘, 정신 분석 계열의 전통 등을 규범적 토대를 마련하는 데 실패했다는 이유로 거부했다. 하버마스 자신의 목표는 해방에 이르는liberatory 것으로서, 그는 근대가 단순 도구적 혹은 목표 지향적 합리성이 아닌 대화를 통한 합리성 혹은 진보적 담론을 통해 최선의 비판이 가능하다고 생각했다.

하버마스는 공식적이고 제도적인 담론에 누가 참여할 것인가를 결정하는 암묵적 규칙의 명료화를 위해 형식적 '실용pragmatics'이 필요하다고 주장했다. 이런 규칙들의 비판에서 하버마스가 얻은 결론은 그런 담론들이 자본주의에만 제한된 것이 아니라 관료주의, 기술 및 자연 개발주의 등에도 편향되어 있다는 것이었다. 이를 바로잡는 일의 관건은 이해관계에 있는 모든 집단의 합의를 목표로 대화 혹은 공개적 논의를 지속적으로 펼치는 데 있다고 보았다. 이런 다자간 대화는 그 자체가 이상적인 대화 상황으로, 하버마스의 이상적인 대화 상황은 합리성 계몽이 다수에게 부활되는 것으로 이해된다.

사회이론가인 위르겐 하버마스는 계몽적 민주주의 가치를 옹호한 포스트모더니스트이다.

하버마스의 연구는 전적으로 이론적인 것인가?

아니다. 첫째, 그는 다른 사람들의 목표의 가치가 곧 담론 공동체에 참여하는 조건임을 알 수 있다고 주장한다. 둘째, 논의되는 주제는 무엇이 설득력 있는 논증으로 간주될 것인지를 결정해야 한다. 이 점에 관해서는 자신의 담론 개념이 국가들 간의 범세계적 평화를 도모할 만한 것이라는 낙관적 입장을 표명한 바 있다.

하버마스는 국가들을 개별화시키는 기준으로서 자기 결정self-determination 개념과 씨름해왔으며, 유럽 내부적 상호 공조에 필요한 협상의 형태를 결정하기 위해 노력했다. 또한 그는 종교 사상가들과 세속 철학자들 간의 대화가, 비록 각 집단의 일부 핵심 신조가 상대방의 세계관에 비추어 완전히 번안될 수 없기는 하더라도, 상호 이익이 될 수 있다고 주장했다.

일반적으로 말해서 합리성, 세계주의cosmopolitanism, 민주적으로 합의된 보편적 인간의 목표 개념 등에 관한 하버마스의 견해는 근대 이념의 재주조(再鑄造)를 표명한 것이다. 하지만 장 보드리야르, 질 들뢰즈, 피에르펠릭스 가타리 등과 같은 포스트모던 철학자들은 이와 같은 하버마스의 이념적 견해를 매우 회의적인 것으로 여긴다.

여타 프랑스 포스트모던 철학자들

장 보드리야르는 누구인가?

장 보드리야르(1929~)는 사회학으로 학문을 시작했으며, 하버마스가 기술한 계몽된 공개 논의 같은 것의 부재성에 관하여 우아하고 환기적이지만 비관적인 문장으로 글을 쓴 사회 이론가이다. 그는 리처드 로티처럼 많이 읽히는 포스트모더니스트지만 유명세는 그보다 덜하다.

《침묵하는 다수의 그림자 속에서》(1982)와 《테러리즘의 정신: 쌍둥이 빌딩을 위한 진혼곡》(2002)에 담긴 보드리야르의 테러리즘에 관한 생각은 오직 대형 볼거리만 심각하게 여기는 문화 풍토에서 대중의 관심을 전횡하는 미디어 조작이 곧 테러리즘이라는 것이 그의 주장이다. 이것은 대부분이 인간 존재의 과거 양식에 대한 모방으로 만들어진 현대의 가상적 삶에 대한 철저한 분석에 의거하는 한, 결코 경박한 생

각이 아니다.

예를 들어 '전통 마을'이 새로 조성되는 방법은 역사성을 띤 장소의 모사simula cra이고 미국 피자는 이탈리아 음식의 모사이다. 보드리야르에 따르면, 이것이 분명히 문제 되는 것은 진본이 결여되었다는 점뿐만 아니라 대중은 실제 대신 가상을 더 선호하는 점에 있다. 그래서 《걸프전은 발생하지 않았다》(1991)에서 그는 제1차 걸프전의 경험이 어떻게 전달되었는지를 기술한다. 심지어 참전 부대에조차 그 경험의 모습은, 오직 단편적인 실제 경험의 조각들만 포착했던, 대외적으로 결정된 스크립트에 따라 TV와 라디오와 기타 매체들에 의해 전달되었다.

장프랑수아 리오타르는 누구인가?

장프랑수아 리오타르(1924~1998)는 소르본에서 교육받았으며, 자크 라캉의 정식 분석 세미나에 참여했다. 퀘벡 정부가 위임한 그의 《포스트모던 조건: 지식에 관한 보고서》(1979)는 그에게 세계적인 명성을 안겨주었으며, 그는 미국 전역을 다니며 가르치고 강연했다.

리오타르는 지적 태도와 현대 생활의 조건, 둘 다로서 포스트모더니즘의 원리를 명확히 할 것을 추구했다.

포스트모더니즘에 대한 장프랑수아 리오타르의 견해는 무엇인가?

리오타르는 포스트모더니즘을 "거대 담론을 향한 불신" 혹은 적법한 정통성에 의해 충족되지 않는 회의론으로 정의했다. 리오타르가 생각했던 그런 종류의 담론은 합리성의 승리와 '합리적 주체'의 해방에 대한 계몽주의적 설명이었다. 리오타르는 그 대신 고유의 사건들에 관한 '작은 담론'이 구성되기를 제안했다. 《분쟁The Différend》(1983)에서 리오타르는 참여자들 간의 화해할 수 없는 규칙 또는 전제에서 출발해 해결책을 찾을 수 없는 불일치를 천착했다. 그 결과 분쟁은 해소될 수 없고, 기대할 수 있는 최선은 모든 편의 입장이 인정되는 것이라고 보았다.

질 들뢰즈와 피에르펠릭스 가타리는 누구인가?

질 들뢰즈(1925~1995)와 피에르펠릭스 가타리(1930~1992)는 《반오이디푸스: 자본주의와 정신 분열》(1972), 《천 개의 고원》(1980), 《철학이란 무엇인가?》(1991) 등으로 잘 알려진 공동 작업의 동료이다. 두 사람이 공동으로 작업한 마지막 책 《카오스모스 *Chaosmos*》(1992)는 전작들에서 줄기차게 제기해온 주관성에 관한 의문을 요약·정리한 것이다. "이런 '변이된 가치 체계' 안에서 버티기 위해서는 어떻게 주관성을 생성해서 풍성하게 하고 꾸준히 개혁해나갈 수 있을까?"

두 사람은 정치적인 행보는 물론 철학사와 현대 문화의 영역에 참여하면서, 지금까지 실천적 연결이 없었던 이론과 현실 사이의 관계를 연결짓는 것이 이론가의 임무라고 생각했다. 따라서 그들은 '뿌리줄기rhizome' 처럼 수평으로 퍼져나가다 때때로 놀라운 방식으로 결과가 터지는 특정 사회 구조가 '뿌리' 처럼 드러나지 않은 채 땅속으로 파고만 들어가는 것보다 더 잘 이해된다고 보았다. 뿌리줄기란 탈중심적인 사회적 추세와 같은 것으로서, 이는 모든 사람들이 몇몇 동일한 취재원에 의존하는 형태가 아닌 개인들이 블로깅을 통해 만들어내는 그들 고유의 뉴스 결과물에 비유될 수 있다. 진보적인 추세로는 '미세 단위 정치', '분열증 분석', '여자 되기 becoming–woman' 등을 꼽았다.

한 인간으로서의 들뢰즈는 어떤 사람인가?

그는 자서전적 신상 정보 알리기에는 난색을 표했다. 그는 사르트르와 같은 비학구적인 철학자의 작품에서 강력한 매력을 발견하고 "순수 학구적인 삶은 그다지 흥미롭지 않다"는 고백을 하기도 했다. 대단히 길게 기른 그의 손톱은 기이한 취향의 소유자로 보여졌는데, 거기에 대해 다음과 같이 답변했다. "나는 정상적인 나선형 보호 지문(normal protective whorls)을 갖지 못했다. 그래서 어떤 것을, 특히 섬유 재질을 만지게 되면 심한 가려움을 일으켜, 그것을 피하게 해줄 긴 손톱이 필요했다." 같은 인터뷰에서 그는 자신이 여행을 하지 않은 것이 "내면적 여정의 부재"를 의미하는 것은 아니라고 답변했다.

질들뢰즈와 피에르펠릭스 가타리는 그들이 정의하지는 않았지만 독자들은 이해하리라고 생각한 새로운 용어들을 사용하는 것에 자부심을 가졌다. '변이된 가치 체계 (mutant universes of value)'라는 용어는 관행적이지 않으면서도 널리 통용되는 모종의 새로운 가치 체계를 지칭하는 것처럼 보인다. 여기에 해당하는 오늘날의 예들로는 오락에서 뱀파이어에 대한 관심, 전자 통신의 중요성 증가, 가정에서 키우는 애완동물이 통상적인 애완동물에서 가족의 일원으로의 변화 등을 들 수 있다.

미국에서 마을 회관 모임의 중요성은 '미세 단위 정치'를 강조하는 변화의 예일 것이다. 모순된 의미를 암시하는 '분열증 분석'은 인간 행동을 설명하는 프로이트주의자의 개념을 제거하기 위한 들뢰즈와 가타리의 프로젝트를 지칭한다. '여자 되기'란 현대 여성이 자신의 사회적 역할을 능동적으로 정의하는 현상적 사실을 지칭하는 것이다.

앨런 소칼은 포스트모더니즘을 어떻게 공격했나?

뉴욕 대학 물리학 교수 앨런 소칼은 포스트모니즘 (인문) 학자들을 상대로 '경계를 넘어서: 양자 중력의 변형적 해석학을 위하여'라는 거창한 현학적 제목의 의도적인 속임수 논문을 쓴 적이 있다. 그는 이 가짜 논문을 포스트모던 사회 과학 학술지인 《소셜 텍스트*Social Text*》에 제출해 1996년 봄/여름 호의 '과학 전쟁'이라는 주제의 특집 편에 게재했다. 논문이 나온 바로 그날, 소칼은 《소셜 텍스트》에 실린 논문은 엉터리라는 사실을 《링구아프랑카*Lingua Franca*》라는 가십성 학술지에 동시 발표했다. 소칼은 자신의 엉터리 논문에 대해 "좌파들의 전문 용어, 적당히 비위를 맞춰주는 참고 문헌, 장황한 인용, 명백한 난센스들을 수학과 과학 내용 중 자신이 찾을 수 있는 가장 멍청한 인용문들을 중심으로 짜깁기한 것"이라고 언급했다. 소칼은 왜 이런 일을 벌였을까? 이에 대해 그는 다음과 같이 설명했다.

> 나는 '해체'라는 것이 도대체 노동자 계급에 어떻게 도움이 되는지도 전혀 이해하지 못할 정도로 부끄러움을 모르는 퇴물 좌파입니다. 또한 나는 외부 세계가 존재하고, 그에 대한 객관적 진리 역시 존재하며, 내 직업은 그런 진리들 중 일부를 발견하는 것이라고 순진하게 믿고 있는 일개의 노과학자입니다.

바꿔 말하면 소칼은 포스트모더니즘 철학이란 철학자 자신도 이해하지 못하는 용어를 남발하는 공허한 말장난이라고 생각했다. 자신의 이런 생각을 입증하기 위해 아무 의미도 없는 가짜 논문을 만들어 유명한 포스트모더니즘 계열 학술지에 제출했던 것이다. 소칼이 평소 포스트모더니즘 철학계에 가진 생각이 옳다면, 자신의 엉터리 논문이 학술지에 채택될 것이라고 생각했기 때문이다. 어디까지나 소칼은 이 작업을 통해 포스트모더니즘 철학의 지적·학문적 빈곤함을 드러내고자 했던 것이지, 그것이 정치적 용도의 가치에 기여하리라고는 생각하지 않았다. 소칼은 자신의 논문에 담긴 비판적 내용을 물리학 교수이자 과학철학자인 장 브리크몽과 함께 더욱 개진시켜 《지적 사기》(원제는 'Fashionable Nonsense', 1997)라는 공동 작품에 담았다.

소칼의 작품은 다음과 같은 질문을 남긴다. "철학 분야 전체에 대한 그런 비난은 어렵게 얻은 학문적 자유의 원리들을 존중하는가? 지난 250년간 철학이 당대의 정치적 맥락과 부합하지 않았음에 비추어볼 때, 만일 정치적 가치의 표준이 포스트모더니즘에 적용된다면 그 적용은 공정한 것인가?"

많은 포스트모던 작품과 활동이 1968년 프랑스 학생들의 폭넓은 저항 운동에 의해 점화된 것은 사실이지만, 정치적으로는 대단히 무력했다. 만일 철학이 정치적 맥락과 부합했다면 철학사에서의 작품은 당대의 정치적 사건들로부터 고취되었을 것이다. 더구나 포스트모더니즘에 대한 정치적 비판은 포스트모더니즘의 지적 후기 구조주의적 맥락에 대한 이해를 요구하는데, 소칼은 이를 결여한 것으로 보인다. 끝으로, 정치적 연관성 논제 자체는 그 작품이 무의미한지 여부에 대한 물음으로서 별개의 문제이다.

새로운 철학 ★

여타 새로운 철학의 몇 가지 경향들

생물 철학이란 무엇인가?

엄밀하게 말하면 생물 철학은 새로운 철학이 아니다. 왜냐하면 이미 아리스토텔레스 이후, 생물 철학은 철학의 한 부문에 들어와 있었던 셈이다. 하지만 살아 있는 것들 전반을 의미하는 생체계가 무생물성 주제를 다루는 물리나 화학과 어떻게 다른지에 관한 최근의 사상은 하나의 두드러진 이론적 · 철학적 과목으로서 새로운 생물 철학을 형성하게 되었다. 더구나 대중적 관심이 높은 창조론과 진화론 간의 논쟁, 한 개체의 자기 결정론 대 유전자적 결정론 간의 신념들은 생물 철학의 오래된 논제들에 새로운 활기를 불어넣었다.

생물 철학의 주된 주제는 어떤 것들이 있는가?

생물 철학자들의 관심은 생물의 행동이 예측될 수 있는지 여부에 관한 생물학적 설명이 형식적인 면에서 다른 과학적 설명과는 어떻게 다른가, 환경과 유전자 그리고 그 발달 과정은 어떻게 상호 작용하여 유기체가 되기에 이르는가 등에 집중되어 있다. 그들은 또한 진화 이론에도 관심이 있다.

생물 철학에 유용한 텍스트 목록 일부는 다음과 같다. 알렉산더 로젠버그의 〈*Structure of Biological Science*〉(1985), 엘리어트 소버의 〈*The Nature of Selection*〉(1984), 미카엘 루세의 〈*Philosophy of Biology*〉(1973)가 있고 최근의 현대 생물 철학자 언스트 메이여의 작품 〈*The Growth of Biological Thought: Diversity, Evolution and Inheritance*〉(1982), 〈*Towards a New Philosophy of Biology: Observations of an Evolutionist*〉(1988)이 있다. 이 외에도 생물학의 새로운 관점에서 결실을 보고 있는 생물 철학자들은 다음과 같다.

패트릭 베이트슨, 리처드 대린스, 제래드 다이아몬드, 스테판 제이 골드, 리처드 르원틴, 존 메이나드 스미스, 에드워드 O. 월슨. 또한 진화 생물학의 영향을 받아 새로운 철학 체계를 제시한 대니얼 C. 데닛과 같은 학자도 있다.

대니얼 C. 데닛은 누구인가?

대니얼 C. 데닛(1942~)은 미국의 심리 및 과학철학자이다. 그는 터프츠 대학 철학 교수이자 인지 연구 센터 공동 책임자로, 생물 철학 안에서 인지 과학과 진화 이론을 결합시킨 그의 입장은 꾸준한 영향력을 유지해왔다. 이와 관련된 작품들은 다음과 같다. 《*Darwin's Dangerous Idea: Evolution and the Meanings of Life*》(1996), 《*Kinds of Minds: Towards an Understanding of Consciousness*》(1997), 《*Brainchildren: Essays on Designing Minds(Representation and Mind)*》(1998), 《*Freedom Evolves*》(2003), 《*Sweet Dreams: Philosophical Obstacles to a Science of Consciousness*》(2005), 《*Breaking the Spell: Religion as a Natural Phenomenon*》(2006). 데닛은 브라이트 운동The Brights Movement의 후원자이기도 하다.

브라이트 운동이란 무엇인가?

브라이트 운동은 자연주의적 세계관에 대한 대중의 이해를 널리 도모하기 위한 사회 운동으로, 2003년도에 폴 가이저트(Paul Geisert)와 밍어 퓨트렐(Mynga Futrell)에 의해 시작되었다. 가이저트는 '브라이트'라는 명사를 선택해 긍정적인 어감을 갖는 포괄적인 표현으로 만들었으며, 퓨트렐은 그것을 "(초자연적, 신비주의적 요소로부터 자유로운) 자연주의적 세계관을 지닌 개인"으로 정의했다. 이것은 브라이트 운동의 주요 목표이기도 하여 이를 추구하는 시민 연합의 토대가 되었다. 브라이트 운동은 점차 개인들로 구성된 인터넷 연합의 형식을 취하게 되었고, 지금은 브라이트 넷 웹사이트(http://www.the-brights.net)가 그 중추이지만, 개인들은 각기 자율적으로 자신의 입장을 대변한다. 2009년 브라이트 넷의 태그라인은 "자연주의적 세계관을 비추고 향상시키는 것(Illuminating and Elevating the Naturalistic Worldview)"이다. 그러나 브라이트 넷은 이를 총괄하는 책임자들을 비롯해 어느 누구도 모든 브라이트들을 대표/대변하지는 않는다.

브라이트 운동의 상징 로고

많은 브라이트가 다른 용어를 사용해 스스로를 규정하기도 하는데, 무신론자, 인본주의자, 세속적 인본주의자, 자유사상가, 객관주의자, 합리주의자, 자연주의자, 유물론자, 불가지론자, 회의주의자 등이 그것이다. 그러나 브라이트 운동은 이 중 특정한 신념과 연관되어 있지는 않다. 브라이트 넷 웹사이트의 목표 중 하나는 브라이트라는 포괄적 표현하에 이 기존의 '이성 진영'을 포섭하는 것이다. 그러나 더 넓은 목적은 단순히 이 '이성 진영'에 국한되지 않고, '일반 대중' 속의 자연주의적 세계관을 지닌 다양한 이들을 포섭하는 것이다. 유명한 브라이트로는 생물학자 리처드 도킨스와 리처드 J. 로버츠(Richard J. Roberts), 인지 과학자 스티븐 핑커(Steven Pinker), 그리고 심리 과학철학자 대니얼 데닛이 있다.

데닛의 생물 철학은 무엇인가?

데닛은 진화에 대한 시각을 발전시키는 과정에서 다음과 같은 질문을 던짐으로써 현대 진화론의 핵심 논쟁에 가담한다. "스카이훅skyhook인가 아니면 크레인crane인가?" 질문에서 스카이훅과 크레인은 현대 진화론을 둘러싼 핵심 논쟁 가운데 하나인 진화의 진행 과정이 예측할 수 없는 단속적 비약의 단계가 있다는 진영과 연속·점진적 형태라는 진영의 대립을 대변하는 상징적 단어이다. 1972년 단속 평형 이론을 발표하여 전자의 진영을 대표하게 된 스티븐 제이 굴드와 닐스 엘드리지에 대해 영국의 진화 생물학자 리처드 도킨스가 반박했고, 데닛이 도킨스의 주장을 지원했다. 또한 데닛은 인간의 의식, 의식의 내용 그리고 심지어 셰익스피어의 희곡 작품 같은 의식의 산물까지도 마치 신체적 진화를 이해하는 것과 같은 자연주의적 방식으로 이해될 수 있다는, 의식의 신경적 실체화를 주장했다. 인간의 신경 체계는 동일한 사물에 대한 '다중 초벌 판본multiple drafts'을 만들어낸다. 따라서 인간의 뇌 자체는 "다른 사람의 개념들에 대한 유생(幼生, larvae)이 스스로를 새롭게 만드는 일종의 퇴비 더미"인 것이다. 데닛은 '밈meme'에 대한 학설을 제안하기도 했는데, 이 학설에 따르면 인간의 특정 행동 패턴이 물질적으로 전승되는 유전의 산물인 것으로 설명된다.

이와 같은 데닛의 극단적 물질주의는 많은 비판과 옹호를 동시에 받았다.

밈이란 무엇인가?

영국의 진화 생물학자이자 교수이며 작가인 리처드 도킨스가 《이기적 유전자》(1976)에서 '밈meme'이라는 용어를 '유전자gene'와 동등한 것으로 주조했다. 하나의 밈 — 예를 들면 하나의 정황, 조리법, 도덕 체계, 옷 입는 스타일 등 — 은 문화적 상호 작용을 거쳐 한 세대에서 다음 세대로 전달된다. 보통 이런 밈들은 유전자처럼 물리적으로 전승되는 것이 아니라고 하지만, 사회적 생물학자들은 물질이 아니고 문화적 요소인 밈들도 자연 선택과 돌연변이를 겪는다고 생각한다.

진화 생물학자인 리처드 도킨스, '밈'이라는 용어를 주조했다.

실험 철학이란 무엇인가?

철학자들이 언급하는 '일상적 직관'을 뒷받침하기 위해 경험론적 정보를 사용하려고 한다는 것은 매우 새로운 철학적 접근이다. 사람들에게 철학적 문제와 답이 주어지고, 철학자들의 답에 사람들이 동의하는지의 여부를 묻는 식이다. 실험 철학은 지금까지 언어 철학, 행동 철학, 자유 의지가 결정론과 양립하지 않는다는 '직관' 등에 적용되어왔다.

실험 철학의 결과로는 어떤 것들이 있는가?

지금까지, 버트런드 러셀의 기술 이론은 적어도 한 가지의 직관 검사에 '실패' 했다. 철학자들에 따르면, 의도되지 않은 행동에 대해서는 비난하지 말아야 한다고 하는데 응답자들은 비난하는 경향이 있었다. 자유 의지 역시 결정론과 양립하지 않는다는 철학자들의 가정과 달리 응답자들은 양립하는 것으로 보았다.

실험 철학의 함정과 보장은 무엇인가?

실험 철학의 퇴행적 형태는 여론 조사에 의한 철학처럼 될 수도 있는데, 그것이 목표나 방법이 아니다. 오히려 실험 철학은 철학자들이 일상적 직관에 의존하기 전에 철학자가 아닌 일상인들이 실제로 믿는 바가 무엇인지 체크해보아야 한다는 입장이다. 즉, 어떤 철학적 이론이 특정 직관적 입장에 의존한다면 철학자들은 경험론적으로 정확한 입장에서 시작해야 한다. 철학자들이 "대중은 X라고 생각한다"고 말할 경우, 철학자들은 실제로 대중이 X라고 생각하는지를 확인해야 한다. 그럼으로써 보장되는 것은 실험 철학이 사회 철학과 정치철학을 한층 더 과학적으로 만들 수 있는 잠재력을 지니게 된다는 사실이다.

실험 철학의 이런 점이 철학자로부터, 직관이 복합적이며 단순한 기호taste 표현이 아닌 한, 일상적 직관이 왜 부정확한지 설명해주는 이론 구성의 자유를 박탈하지는 않는다. 실험 철학에 관한 최근 작품들 목록은 다음과 같다. 조슈아 놉과 숀 니콜스의 《*Experimental Philosophy*》(2008), 조슈아 놉의 *"Intentional Action in Folk Psychology: An Experimental Investigation"*, in 《*Philosophical Psychology, 16*》(2003), K. 앤서니 아피아의 《*Experiments in Ethics*(2008)》.

이에 대해 비평하는 작품들은 다음과 같다. 어니스트 소사의 "Experimental Philosophy and Philosophical Intuition", in 《*Philosophical Studies, 132*》(2006), 커크 루드비히의 "The Epistemology of Thought Experiments: First vs. Third Person Approaches", in 《*Midwest Studies in Philosophy, 31*》(2007), Antti Kauppinen의 "The Rise and Fall of Experimental Philosophy", in 《*Philosophical Explorations, 10*》(2007).

테크놀로지 철학이란 무엇인가?

테크놀로지 개념은 **테크네**techne 혹은 산술과 의술을 포함하는 기예art and craft의 지식을 언명했던 플라톤과 아리스토텔레스까지 거슬러 올라간다. 그런 지식은 보편자와 인과적 원인들에 의거해 그 자체를 이해한다. 테크놀로지는 가르칠 수 있고, **피시스**physis 혹은 자연과는 구별된다.

　현대 테크놀로지 철학은 역사와 현안 양쪽 모두의 측면에서 테크놀로지의 문화적 영향과 원인들의 탐구에 천착하는 하나의 다중 학제 영역이다. 미국 철학회는 '철학과 컴퓨터'라는 제목의 뉴스레터를 간행하고 있으며, 다음과 같은 관련 학술지들도 있다. 〈*Ends and Means, NetFuture-Technology and Human Responsibility*〉, 〈*Techné: Research in Philosophy and Technology*〉.

우리와 테크놀로지의 관계는 무엇인가?
테크놀로지는 우리의 삶과 세계 지각에 어떻게 영향을 주는가?
이런 것들이 테크놀로지 철학이 제기할 수 있는 물음이다.

테크놀로지 철학에서 주요 논제와 영향은 무엇인가?

　대부분의 현대 철학 저술들은 현대 철학의 진보적 · 환경론적 · 페미니즘적 · 포스트모던 측면에 관한 것들이다. 그 자체로는 반테크놀로지가 아니지만, 마르틴 하이데거의 《테크놀로지에 관한 의문》에서 발원된 본유 위력으로서의 테크놀로지에 대한 깊은 우려가 존재한다. 이와는 대조적으로, 존 듀이의 저술들로부터 발원된 테크놀로지에 대한 더욱 긍정적인 견해들도 존재한다. 그 중심 논제들은 다음과 같다 ― 급격한 경제 정치적 변화와는 독립적으로 테크놀로지가 통제될 수 있는지의 여부,

테크놀로지가 스스로 자기 지나침을 바로잡아나갈 수 있는지의 여부, 과학사에서
테크놀로지에 의해 수행된 역할의 연구. 이런 주제와 관련 테크놀로지 철학 저술들
은 다음과 같다. 미카엘 아다스의 《*Machines as the Measure of Men: Science,
Technology, and Ideologies of Western Dominance*》(1990), 에릭 힉스의 작품인
《*Technology and the Good Life*》(2000), Hans Achterhuis의 《*American Philosophy
of Technology*》(2001).

cogito: (라틴) 단어의 직접 의미는 '나는 생각한다'이다. 이는 또한 르네 데카르트의 논증에서 그가 존재한다는 결론에 붙인 이름이기도 하다. "나는 생각한다. 고로 나는 존재한다."

'선천적', '경험 이전'(라틴)a priori: 후천적 진리가 성립하기 위해서는 경험이나 관찰이 요구되지 않는다.

'후천적', '경험 이후'(라틴)a posteriori: 후천적 진리가 성립하기 위해서는 경험 혹은 관찰이 요구된다.

가능(한) possible: 상상하는 것과 논리적으로 모순되지 않은. 어떤 사건이 가능하다고 해서 그것이 실제로 일어날 법한 상태일 필요는 없나.

가부장제 patriarchy: 역사적으로 여성을 억압해온 사회 원리로서, "부계 전통에 의한 지배"를 의미하는 페미니스트 개념.

가언적 hypothetical: 확정적(정언적)이거나 선언적이지 않은. 전형적인 가언적 형태는 "만일 ~~라면, ……이다"의 틀을 갖는다.

가정 assumption: 다른 주제로 개진하기 전 미리 참인 것으로 간주되는 명제.

가치론 axiology: 가치 연구

감각자료 sense data: 참여에 의해 직접 경험되는 서로 다른 감각 작용에 의한 감각 인상들(푸름, 딱딱함, 차가움 등). 논리 실증주의자들이 경험론적 지식의 토대가 되는 것으로 믿는 바의 것.

개념 분석 conceptual analysis: 용어들의 의미에 대한 철학적 분석.

개념 concept: 생각 혹은 조금 더 정확히 말하면 단어의 뜻을 일컬음.

개별자들 particulars: 어떤 것의 구체적인 다양한 예들.

개인주의 individualism: 다른 사람과의 관계로부터 분별되는 분리된 개인에 우선적 가치를 두는 신조.

객관적objective: '객관적 실체'라는 용례에서 보듯이, 일반적으로는 마음과 독립적이라는 의미를 갖고 있으며 인간적 담화에서는 편향이 없다는 의미이다. 과학에서는 동일한 조건의 실험을 하면 관측자와 무관하게 동일한 정보(결과)를 산출한다는 의미를 갖고 있다.

객관주의objectivism: 객관적인 외부 세계가 존재한다는 사실과 아리스토텔레스의 동일률(A는 A이다)이 세계에 관한 형이상학적 진리를 산출한다는 사실을 바탕으로 발전한 철학 체계.

건전성soundness: 건전한 논증은 논리 규칙에 따르는 타당한 것으로서, 전제들이 참이면 항상 결론이 참인 형태이다.

검증주의verificationism: 논리 실증주의자들의 이론으로, 감각경험 안에서의 검증 가능성을 의미 기준으로 내세워 검증 불가능한 언명을 무의미한 언명으로 분류하고, 감각을 통해 검증 가능한 문장만이 의미 있다는 주장을 한다.

결과주의consequentialism: 좋은 결과를 낳는 행위가 옳은 행위라고 보는 도덕 체계.

경험주의empiricism: 세계에 관한 모든 지식은 직접 또는 간접의 감각적 경험에 기반을 두고 있으며, 또한 그래야 한다고 여기는 철학적 입장.

결정론determinism: 인간의 행위를 포함한 모든 사건들이 원인을 가지고 있으며, 원리적으로 미래도 예측될 수 있다는 신조 또는 원리.

경험experience: 모든 것 혹은 임의의 것은 하나의 주체가 있어, 그 주체에게 발생되거나 맞닥뜨려지는 것. 경험주의 철학에서는 지각 또는 감각상의 발생이고, 실용주의적 입장에서는 주체-객체 구분이 없는 모든 사건의 전체적인 발생을 의미한다.

계몽주의enlightenment: 18세기 철학의 광범위한 주제로서, 인간은 이성과 보편적 인권, 근본적인 존엄성과 선함을 바탕으로 발전해나가는 존재라는 입각점에서 출발한다.

고유명사 proper name: 하나의 개체에 붙인 이름으로서, 그 개체에 해당되는 이외의 의미가 조회되지 않는 이름.

골상학 phrenology: 지금은 유사 과학으로 분류되고 있는 F. J. 갈의 견해로서, 한 사람의 심리학적 특성은 두개골 표면의 융기 및 배열 형태에 의해 명확하게 판명된다는 주장을 담고 있다.

공간 space: 뉴턴에 따르면, 공간은 객관적 실체이다. 그리고 칸트에 따르면, 인간 경험의 조건(순수 형식)이다.

공리주의 utilitarianism: 제러미 벤담과 존 스튜어트 밀에 의해 정립된 도덕 체계로서, 어떤 행위가 더 많은 사람에게 더 많은 행복을 가져올수록 선하다고 주장한다. 이때 모든 사람은 각각 하나의 단위체로 산주되며, 어느 누구도 하나 이상으로 간주되지 않는다.

과정 철학 process philosophy: 통상적으로 화이트헤드가 제시한 존재론적 입론으로서, 실체와 사물들은 안정된 본질적 실재물 entity로 구성된 것이 아니라 일련의 사건들로 이루어져 있다고 보는 입장이다. 사물들로 믿어왔던 것들이 시간의 경과에 따라 사건들로 판명되기에 이르는 분석 방법을 의미하기도 한다.

과학혁명 scientific revolution: 코페르니쿠스의 혁명에 이어 뉴턴에 의해 전형화된, 16~17세기 이론과 실천에서의 근대 경험 과학의 시작을 지칭한다. 혹은 과학 분야 내부에서 발생한 사고 틀의 급격한 변화를 지칭하기 위해 토머스 쿤이 사용한 용어를 뜻한다.

과학철학 philosophy of science: 과학의 발전 과정, 과학적 발견과 이론 구축에 사용된 원리에 대한 연구를 한다. 과학철학은 기술적인 descriptive 성격과 규범적인 prescriptive 성격을 모두 지닐 수 있으며, 실제로 그래왔다.

과학 science: 인간을 포함하는 세계에 대한 정확하고 엄격하며 형식을 갖춘 사고 체계와 연구 체계. 아리스토텔레스주의자와 데카르트주의자들은 확실한 과학 지식을 얻을 수 있다고 믿었다. 그러나 근대에 들어서부터 과학은 가장 개연적인 지식으로 여겼다. 19세기부터 과학은 물리학과, 물리학적 자료들을 통해 보다

이론적인 합의를 바탕으로 삼게 된 사회과학(심리학, 사회학, 인류학, 역사학 등)으로 나뉘었다.

관념론/관념주의idealism: 궁극적으로 실재하는 것은 물리적인 것이 아니라 정신적인 것이라는 철학적 신조로서, 극단적인 경우 가끔 외부 세계의 존재도 부정한다.

관념idea: 자극이 사라진 뒤에도 경험한 사물이 의식 가운데 남아 있는 심상(心象) 또는 의식을 통해 얻은 사상(寫像).

관찰observation: 인공의 기구(카메라, 온도계 등)을 사용하든 혹은 사용하지 않든 일련의 발생 사태를 기록하기 위한 지각 과정을 일컬음.

구성된 (것)constructed: 자연적으로 주어진 것이 아니라 관습 및 사회적 규칙과 그에 따른 실행의 결과로 만들어진 것을 의미한다.

구조주의structuralism: 철학과 사회학의 이론으로서, 정신적 구조 혹은 사회적 구조를 주제로 삼는다.

권리rights: 인간의 가치와 존엄성이라는 선행 조건을 보존하기 위한 법적 필요조건들. 보편적인 권리의 예를 들면 재산권, 표현 자유권, 소유권 등.

궤변(술)sophism: 고대 그리스 수사학의 형식으로서, 논증의 어느 한쪽이 지지된다. 여기에는 문화적 상대주의와 당시의 세계 시민 정신도 연관되어 있었다.

귀납(법)induction: 경험으로부터 지식을 이루어나가는 추론 과정.

귀신론demonology: 귀신이나 악령 등을 불러내고 이용하며 상호 작용하는 것을 포함하는 실천적 마법의 형태.

근대(성)modernity: 대략 1800년에서 1950년 사이의 시기와 그 시기의 지적 성과를 통틀어 일컫는다. 이 시기와 연관된 철학적 사상을 의미하기도 한다.

기계론/메커니즘mechanism: 스스로 살아 움직이는 생명체적 요소는 일체 참조하지 않고 공간상의 타성적인 대상들만 참조하는, 원인과 결과를 통한 실체에 대한 설명 체계.

기능주의functionalism: 심리 철학의 한 입장으로, 기능주의는 의식 또는 심적 활동을 환경에 적응하는 기능의 측면에서 연구해야 한다는 관점을 주장한다.

기회 원인론occasionalism: 니콜라 말브랑슈와 그 외 몇몇이 제시한 인과 이론. 인과적 연결 관계가 신의 마음에는 존재할지라도, 우리는 지각할 수 없기 때문에 현실적으론 존재하지 않는다고 주장한다.

내재관념innate idea: 태어날 때부터 마음 안에 존재하는 관념 혹은 구조. 완전히 발달된 형태로 존재할 수도 있고, 어린아이가 성장함에 따라 점차 나타날 수도 있다.

노예 제도 폐지 운동 Abolitionism: 19세기에 미국과 유럽(영국)에서 노예 제도의 폐지를 목적으로 전개된 인도주의 운동.

논리 실증주의logical positivism: 물리 학이 철학자들의 관심과 주제를 세워 제시해야 한다는 철학적 신조이다. 하나의 명제는 실증적 감각경험 안에서 그것이 참인지 거짓인지 논리적으로 판명될 수 있을 때에 한해서 의미가 있다는 인식론적 신조이다.

논리적 원자론logical atomism: 이상적인 철학 언어는 더 이상 단순한 명제로 분해할 수 없는 가장 간단한 형식의 기본 단위 명제(원자 명제)로 구성될 수 있다는 견해로서, 버트런드 러셀과 (초기 저작에 나타난) 비트겐슈타인이 주장했다.

논리학logic: 추론 규칙들의 체계적 형식.

논증argument: 증명에 이르게 하거나 설득을 이루게 하는 일련의 사고 혹은 진술을 일컫는다. 증명은 논리적 타당성을 요구하는 한편, 설득은 개연적 결론이나 상식 및 직관에의 호소를 통해 이루게 된다.

다원주의pluralism: 서로 다른 신념 체계 및 진리에 이르는 방법론을 수용하는 사고의 다양한 견해를 인정하는 입장. 정치 이론의 다원주의는 사회 안에 공존하는 서로 다른 정책과 관심을 가진 집단과 그들의 전망을 민주적으로 옹호한다. 존재론적 다원주의는 주어진 영역에서 사물의 존재 유형이 한 가지보다 많음을 지지한다.

단자/모나드monad: 원래는 "하나이고 자기 동일적이며 영원한 형상들"을 가리키기 위해 플라톤이 사용한 이 말을 유명하게 만든 사람이 라이프니츠이다. 근대 철학에서 라이프니츠의 모나드는 "지각하지만 단순하고 부분이 없으며, 복합체를 형성하는 실체"를 가리킨다. 어원은 '단위', '통일성'을 뜻하는 그리스어.

대립적/상반적contrary: 두 사건 또는 명제가 둘 다 거짓일 수는 있어도 둘 다 참일 수는 없는 논리적 관계('한쪽만 참이거나 둘 다 거짓'인 관계).

대화(법)dialogue: 하나의 주제에 관해 서로 다른 견해를 주고받으며 논증해나가는 철학에서의 대화로, 한 사람만 말하거나 혹은 여러 사람이라도 분리된 채 제각각 독립적으로 말했을 경우보다 더 많은 진리를 발견하게 되는 방법.

대화체 함축/대화체 언어의 의미 파악 conver sational implicature: 그라이스에 의해 개발된 대화체 언어 이론으로서, 대화체 함축이란 화자가 청자와의 상호 협조 원칙을 사용하여 문자적인 것보다 더 많은 정보를 전달하려는 의사소통 기법이다.

덕(목)virtue: 훌륭하거나 도덕적으로 선한 것으로 간주되는 질적 특성, 혹은 그런 방식으로 처신하는 성향.

도덕 규약주의moral conventionalism: 옳은 것(즉 정당한 것)이란 사회적 규약에서 옳다고 지지하는 것이라는 견해.

도덕 이론moral theory: 철학 윤리학의 추상적 분과로서, 주로 '선', '정의' 등의 핵심 용어들의 의미 분석을 수행하며, 다른 도덕 체계들과의 비교도 시도한다.

도덕 철학moral philosophy: 근대에 들어 윤리학, 정치학, 가치론, 사회학 등에 두루 상관되는 모든 철학적 주제들을 의미한다.

도덕 체계moral system: 사람들이 의거해 처신해야 할 도덕적 규범 이론. 예를 들면 의무론, 결과주의 덕목 윤리 등.

독단적 단언ipse-dixitism: 공감과 반감에 기반을 둔 윤리 체계를 일컫는 벤담의 용어.

동양 철학 Eastern philosophy: 아시아 문화권 국가들(한국, 인도, 중국, 일본 등)의 종교와 사상 체계.

동일성 원리identity of indiscernibles: 두 사물이 정확하게 동일하여 식별이 불가능하면 그 둘은 동일한 하나의 사물이라는 라이프니츠의 원리. 이로부터 별개의 두 사물은 정확하게 같을 수 없다. 즉 본성이 동일한 두 개의 실체가 독립적으로 별개인 양 존재할 수 없다는 사실이 따라 나온다.

마르크시즘/마르크스주의 Marxism: 카를 마르크스와 프리드리히 엥겔스의 작품에서 유래하는 지적 신조로, 그들은 물질적 조건(유물론적 관점)에 초점을 맞추고 인간의 존재에 필요한 사회적 변화를 설명하면서, 분배 정의라는 목표를 실현하기 위한 이데올로기를 만들어냈다.

마음/정신mind: 물질이 아닌, 인간 주체의 의식과 결부되는 것으로서, 영혼과 동의어.

명제proposition: 어떤 주장을 담은 문장의 의미로서, 그 상태는 참 또는 거짓으로 판명된다.

모순/모순대당(矛盾對當)/자가당착contradic tion: 한 가지 사실에 대한 주장과 부인을 동시에 하는 명제. 논리학에선 다음과 같은 모순 배제 규칙을 두고 있다 — A이거나 not~A는 참이다 혹은 둘 다 참이거나 둘 다 거짓이 아니다.

목적론적teleological: 미래의 목표 또는 목적에 의해 결정되는.

무신론atheism: 신성이나 초자연적 실체란 존재하지 않는다는 신학적 혹은 비종교적 입장을 말한다.

무한(의)infinite: 크기가 측정 불가능하고 생각할 수 없을 만큼 거대함. 한계가 없는 크기.

미국 철학회 American Philosophical Associ ation(APA): 현재 미국을 대표하는 전문 철학 기구.

미국 철학 American Philosophy: 미국에 기원을 두며 주로 미국에서 실천되어온 철학으로서, 실용주의가 주류를 이루지만 전적으로 실용주의 일색은 아니다.

미학aesthetics: 예술적 아름다움의 감수성에 관한 이론, 또는 인간의 미적 수용(감수성)의 본질과 법칙을 연구하는 철학의 한 분야. 엄밀히 말하면 개별적 예술 작품의 생성과 평가를 다루는 비평과는 구분된다.

반(反)사실적counter~factual: 과거 사실에 관한 가설적인 태도를 일컬음. 예를 들면 "아리스토텔레스의 저술들이 분실되었더라면 서양 철학은 보다 더 플라톤적으로 되었을 것이다".

반증 가능성falsifiablity(혹은 refutability): 칼 포퍼에 따르면, 반증 가능성은 이론과 가설의 과학적 본성에 관한 규준이다. 한 이론이 어떻게 반증 가능한지 특정될 수 없으면 그 이론은 과학적이지 않다.

반증falsification: 예측이 빗나가거나 발생 사건이 가설과 모순됨으로써 경험적 신념이 거짓으로 판명되는 과정.

변증법(적)dialectical: 대화상의 혹은 실체적으로 대립자를 포함하며 개진해나가는 과정으로서, 그 목표는 대화의 경우 진리이고 실체의 경우 변화의 창조이다. 최초에 설정된 항들 혹은 원리들의 집합이 어떻게 상호 작용해서 새로운 항 혹은 원리에 이르는지를 보여주는 철학적 방법을 의미하기도 한다 어를 습득하게 하며, 특히 이 언어 능력이 어떤 언어 환경에 노출되느냐에 따라 모국어가 결정된다.

보편자universals: '개', '고양이' 같은 일반 명사. 고대 그리스에서는 근대 초기에 이르기까지 보편자 자체가 실재하는지 오직 개별자들만 실재하는지, 혹은 보편자가 개별자들 '안에' 존재하는 한에서 실재하는지 여부에 관한 논쟁이 계속되었다.

본질/누메나noumena: 칸트에 의하면, 우리가 지각할 수 있는바 현상에 상반되는 것으로서, 우리가 직접 지각하거나 기술할 수 없는 물자체를 가리킨다.

본질essence: 어떤 대상이 그 대상이게 하는 핵심적 요체를 의미하는 아리스토텔레스의 개념으로서, 이런 본질은 동일 범주의 모든 대상 안에 존재해 있다.

본체론적 증명/존재론적 증명ontological argument: 데카르트와 그 외 몇몇이 사용한 신 존재 증명으로서, 우리가 생각하는 신의 속성으로부터 출발해 그 필연적인 존재함으로 진행된다.

분석적 참/진리analytic truth: 전적으로 용어가 지닌 의미가 참인 명제(예컨대, 모든 총각은 결혼하지 않은 남자다).

분석철학analytic philosophy: 개념들을 분석하고, 과학에 입각해서 개진하며. 형이상학에는 의거하지 않는 철학의 한 형태.

분석analysis: 복합된 개념들을 보다 단순한 성분들로 쪼개는 지적 사고 과정, 혹은 일련의 논증이 논리적으로 타당한지의 여부에 대한 검토(수학에서는 '해석'으로 번역함).

비극tragedy: 아리스토텔레스 시대 이전으로 거슬러 올라가는 연극 장르로, 주인공인 영웅은 훌륭한 인물이지만 불행한 숙명이 뒤따르면서 잘못을 저지르게 된다. 비극은 보편적 테마와 극적 사건들에 의해 결정되는 구성을 보여준다. 아리스토텔레스에 따르면, 비극은 엄청난 슬픔과 공포로 관객들을 감동시킴으로써 카타르시스(마음의 정화) 과정을 유발한다.

비유클리드 기하학non~Euclidian geometry: 유클리드가 제시했던 것과는 다른 원리들과 정합적인 체계를 이루는 기하학으로서, 이를테면 삼각형의 내각의 합이 180도보다 작다는 주장도 허용한다. 이는 19세기 기하학의 혁명으로 평가되며, 아인슈타인의 일반상대성 이론에 이르는 길을 닦았다.

비판 이론critical theory: 사회적 실체에 관해 비판적인 방식으로 주장하는 사고 체계로서, 그 주장들은 기대한 바인 이상적 평가와는 대조적으로 부정적인 평가이다. 혹은 20세기 학자들에 의해 생산된 마르크스주의적 분석을 의미하기도 한다.

비평/평론critique: 잘 갖춘 지적 살핌에서 비롯된 따져 파헤침.

사건events: 사물 또는 실체와 구분되는 시간 속에서의 발생 사태.

사회 계약론/사회 계약설social contract theory: 홉스, 로크, 루소 등이 기여한 근대 민주주의 정부의 토대 이론으로서, 이 이론에 따르면 합법적 정부는 그 구성원인 개인이 자유 평등한 자격으로 합의한 계약에 따라 성립한다. 이때 계약은 시민과 통치자 사이에 이루어질 수도 있고, 통치자를 지명하기 위해 시민들 사이에 이루어질 수도 있다.

사회 철학social philosophy: 사회와 문화 안에서의 문제와 의미에 대한 분석에 집중하는 철학 분과 혹은 공공 정책에 관한 이론.

사회적 다원주의 Social Darwinism: 다윈의 진화 원리를 인간 사회에 적용한 19세기 후반의 이론으로서, 경쟁과 '적자생존'을 강조한다. 종종 사회 불평등을 지지하기 위해 사용/오용되기도 하며, 우생학적 프로그램을 옹호한다.

상대주의relativism: 서로 다른 환경, 요인, 문화들은 서로 다른 행위 규칙과 가치관을 가졌으며 때론 서로 충돌하기도 한다는 기술주의 도덕 이론, 혹은 보편적인 행위 규칙이나 가치관은 존재하지 않음을 인정하는 데에서 출발해야 한다는 처방주의(규정주의prescriptivism) 도덕 이론[처방주의는 규범 윤리normative ethics의 한 형태라 할 수 있다].

상식 철학common sensephilosophy: 상식 또는 일상적 견해를 바탕으로 해서 철학적 문제에 접근하는 철학으로, 토머스 리드와 G. E. 무어가 이끌었다.

상식common sense: 대다수의 사람들이 믿고 있으며, 그 믿음이 옳다거나 정당하다고 간주되는 바, 대다수 사람들에 의해 받아들여지는 견해.

상징계symbolic order: 모든 인간의 정신적 활동에 개입하는 하나의 문화 안에서 언어 및 여타 상징들을 통해 반영된 현실 세계이며, 일반적으로 의미의 원천이 된다. 구조주의의 한 주제이기도 하다.

생기론vitalism: 과학적으로 시대에 뒤떨

어진 견해로서, 생명 현상은 물질적 요인과 자연법칙만으로는 설명할 수 없고 그와는 원리적으로 다른 독자적인 요인이 필요하다고 주장하는 학설이다. 철학적으론 유물론에 반대하는 입장을 취한다. 제임스 슨과 프랜시스 크릭의 DNA 모델의 발견으로 생기론은 거의 잦아들었다.

생물 철학 philosophy of biology: 20세기에 등장한 과학철학의 새로운 세부 분야로서, 생물체의 두드러진 본성과 생물학을 특징짓는 과학적 물음 및 방법론을 집중적으로 다룬다.

생활 세계 lifeworld: 인공의 세계, 자연의 세계, 그리고 인간이 모여 일상을 영위하며 사는 사회라는 세계를 통틀어 이른다. 위르겐 하버마스의 용어로 생활 세계는 주로 인간의 존재와 연관되며, 에드문트 후설의 경우 "의식에 나타나는 것"을 의미한다.

선험적 논증 transcendental argument: 이마누엘 칸트가 정립한 연역적 철학 논법으로서, 인간이 실제 경험 가능한 것이 반드시 참이어야 하는 바에 대한 판단을

이끈다. '선험적 연역'이라는 이 과정은 경험을 설명하는 데 반드시 필요한 것보다 많은 전제를 설정하지 않는다는 점에서 엄격하다.

성(사회적 의미의) gender: 근대의 시기에는 사회적 역할과 심리학이 생물학적 남성/여성을 구분지어 할당했다. 근대 초기에는 남성과 여성의 사회적 역할이 그들의 생물학적 성별인 남성과 여성을 결정한다고 믿었다. 근대 후기 페미니즘에서는 일반적으로 여성의 성별 범주가 인종 및 사회적 계층에 따라 결정되었다.

성(性) sex: 전통적으로 믿고 있는 남성과 여성 간의 생물학적 차이. 성적 활동. 근대 초기와 포스트모던 페미니즘에서는 남자와 여자의 (생물학적) 성이 사회적 역할과 계층에 의해 결정되는 남자/여자의 (사회적) 성의 결과라고 믿었다.

성격 character: 특정한 방식으로 행동하는 인간의 성향으로, 선할 수도 있고 악할 수도 있다.

성차별주의 sexism: 페미니즘 제2기 (1960~1980) 초반에 사용된 용어로서, 오

로지 성이 여성이라는 이유만으로 여자를 멸시하거나 저평가하는 편견을 의미한다.

성향disposition: 어떤 행위의 원인이 되는 고유 실체 없이도 특정하게 그 행위를 하게 만드는 경향. 예를 들어 아리스토텔레스에 따르면, 덕은 행위의 성향으로 과거와 현재의 행위 안에서 충분히 명백한 것이지만, 마음이나 영혼의 고정된 타성적 성질은 아니다.

세계 시민주의/세계 시민정신cosmo polita nism: 한 사람은 '세계의 시민'이어야 한다는 이념으로서, 지역주의와 국수주의에 반대하는 입장.

수비학(數秘學)numerology: 피타고라스와 그 추종자들이 내세운 고대 신조. 수들은 실재하는 실체로서 존재하며, 그로부터 사물들의 수와 무관한 속성까지 결정할 수 있다는 주장을 담고 있다.

수사학(修辭學)rhetoric: 청자/독자를 설득하거나 깊은 인상을 주기 위한 연설이나 작문의 술법 혹은 기교.

수피즘sufism: 이슬람교의 신비주의 분파.

순환 논증(법)circular argument: 결론이 전제와 같은 논증(법).

스콜라주의scholasticism: 당대 철학적 문제들과 관련해서 혹은 기독교 신학과 관련해서 고대 원전에 주석을 다는 전통으로, 중세에 성행했다.

스토아 철학stoicism: 개인이 통제할 수 없는 것에 순응하거나 그로부터 물러서는 것을 신조로 삼는 헬레니즘 시대의 철학. 보편적 인본주의 및 세계 시민주의와 연관된다.

시간time: 아리스토텔레스는 시간을 사건들의 수량으로 정의했다. 이후 시계에 의해 측정되는 객관적 시간(아이작 뉴턴), 감각적 경험의 조건으로서의 시간(이마누엘 칸트), 주관적 경험으로서의 시간(앙리 베르그송), 과거·현재·미래에 대한 인간의 파악에 의해 구성되는 것으로서의 시간(마르틴 하이데거) 등으로 구분이 이루어졌다. 버트런드 러셀은 우리가 미래 대신 과거를 기억하는 것은 우발적인 사안이라고 말했다.

신/신들 God, gods: 고도의 도덕성을 갖추었거나 그렇지 않을 수도 있는 초월적인 불멸의 존재로서, 한시적 존재들보다 강력하며 인간 삶의 물질적 환경을 조성할 뿐 아니라 직접적인 영향을 미칠 수 있는 능력을 지닌 존재이다.

신념faith: 경험적 증거나 논리적 추론을 요구하지 않는 믿음 혹은 태도의 형태.

신비주의 (믿음으로서)mysticism: 논리적 추론 과정이나 감각경험 없는 지식을 전제로 하는 믿음 체계.

신비주의 (이론으로서)mysterianism: 우리는 중요한 관심 대상인 궁극적 원인이나 실체에 대해 알 수 없다는 (이론으로서의) 신조. 너 나아가 '신신비주의new mysterianism'는 특정 철학적 문제(예컨대 의식의 본성이나 심신 관계 문제)의 경우 인간의 능력으로는 아예 풀 수 없다는 가정에서 출발한다.

신플라톤주의Neoplatonism: 헬레니즘 시대의 신조 중 하나로, 이후 이 세계에서 발생하는 사건들을 결정하는 초월적 실체의 존재에 관한 철학의 역사에 결정적인 영향을 미쳤다.

신학theology: 그 주제로서 특정 종교를 가진 사고의 합리적 체계. 예컨대 기독교 신학, 유대교 신학, 이슬람 신학.

신화학mythology: 서양의 지성사에서 이 용어는 고대 신들의 본성과 활동에 대한 시적·문학적 해명을 가리킨다. 넓은 의미의 신화학이라는 용어는 신화에 대한 연구뿐 아니라 과학적 토대가 없는 특정의 문화적·종교적 전통을 지닌 설화들의 집대성을 의미한다.

실용주의pragmatism: 전형적인 미국 철학으로서, 경험과 사회의 연관성에 대한 분석에 치중한다. 의식적 주체와 세계 간의 상호 작용 과정으로서의 경험을 분석하는 방법론을 뜻하기도 한다.

실재론realism: 소박 실재론은 물리적 외부 세계가 존재함을 믿는 일상적 믿음의 철학적 판본version으로서, 상식적으로 철학자들은 특별한 증명이 요구되지 않는 것으로 생각한다. 하지만 중세적 의미의 실재론은 특정 대상들과 별개로 그 대상들을 닮은 보편자가 외부에 따로 혹은 대상들 안에 존재한다는 믿음이었다.

실존주의 existentialism: 인간과 관련된 진리는 추상적 개념에서 비롯되는 것이 아니라 구체적 인간의 존재에서 시작된다는 철학적 신조로, 인간은 미리 구성된 본성, 즉 본질을 가지고 있는 것이 아니고, 인간이 선택하는바 실행 및 그들이 실제로 부여하는 가치와 의미 등을 통해 인간의 특성과 삶을 창조해나가야 한다는 입장이다.

실증주의 positivism: 오귀스트 콩트에 의해 개발된 견해로서, 사회과학도 수학을 사용해야 하며 그 설명은 예측한 사실과 일치하는 논리적 구조를 가져야 함을 주장한다. 그럼으로써 사회과학적 발견 사실들은 사회 통치의 주요 문제들을 해결하는 데 사용될 수 있게 된다.

실천지(實踐知) phronesis: 실천적 지혜. 고대 그리스에서는 일상생활에서의 훌륭한 판단 및 인생에서의 궁극적 선과 목표에 대한 지식, 두 가지 모두를 의미했다.

실체 substance: 아리스토텔레스와 중세 철학자들에 따르면, 실체란 살아 있는 개체 혹은 독립적으로 존립할 수 있는 존재이다. 데카르트의 물질적/비물질적 실체란 실존재의 궁극적 기층이다. 칸트에 따르면 사고의 범주이다. 바탕에 깔린 기저로서 실체의 개념은 존 로크로부터 시작된 경험주의 철학자들에 의해 거부되었다.

실험 철학 experimental philosophy: 21세기 초(2000년경) 새롭게 등장한 이론으로, 철학적 사고와 신념도 실험을 통해 그 타당성을 검증해볼 필요가 있으며, 실제로 그것이 가능하다고 보는 입장이다.

심사숙고 deliberate: 행위의 주체가 자신이 하는 바를 알고 있는 질적 상태.

심층 생태학/심층 생태계 deep ecology: 모든 동·식물의 생존권을 주장하는 입장.

아나키즘/무정부주의 anarchism: 중앙 정부의 제거와 함께 노동자에 의한 지역 협동조합의 대체에 의해 개선될 수 있다는 정치 이론 혹은 그런 목표의 성취를 지향하는 운동을 일컫는다.

아이러니 irony: 포스트모던 철학에서 채용하는 양식 혹은 태도로, 말이나 글에서 문자적 의미에 감추어져 있거나 그와 반대되는 의미를 나타내는 어법(반어, 비꼼, 풍자 등).

악 vice: 부도덕하거나 비윤리적인 것으로 간주되는 질적 특성, 혹은 그런 방식으로 처신하는 성향.

양심 conscience: 한 사람이 특정 의무감을 갖게 하거나, 혹은 어떤 종류의 행동이 도덕적으로 그릇된 것임을 알게 하는 도덕적 직관.

어원학 etymology: 단어들과 개념들의 유래 역사와 발전 과정에 관한 학문.

에피쿠로스학파 epicurianism: 에피쿠로스에서 유래한 철학파로, 원자론을 포함하며, 행복한 삶은 고요한 내면의 쾌락 유지를 추구함으로써 성취된다는 신조를 가짐.

역사주의 historicism: 사회와 인간의 본성에 관한 카를 마르크스의 이론으로, 비인격적 역사의 힘이 사회적·역사적 사건은 물론이고 개인의 상황과 삶의 운명을 결정한다고 주장한다.

연구 프로그램 research program: 임레 라카토시에 의해 개발된 과학의 발전과 변화를 설명하는 개념으로서, 연구 실천과 과학 이론을 모두 아우른다. 진보적 연구 프로그램은 덧붙이는 가설을 거의 필요로 하지 않는 반면에 퇴행적 연구 프로그램은 자료의 설명을 제시하기 위한 추가 가설들의 증가가 불가피하다.

연금술 alchemy: 중세와 르네상스 시대에 싸구려 금속을 금으로 변화시키거나 불로장생 영약을 조제하는 것을 목표로 수행했던 화학의 원시 술수적 형태.

연역(법) deduction: 논리 법칙만으로 결정에 이르게 되는 논리적 추론 방식.

영혼 soul: 자신의 비물질적인 부분으로서, 도덕성과 정체성의 주체로 간주되며, 죽음 이후에도 살아 있는 것 혹은 그렇지 않은 것으로 믿기도 한다.

오류fallacy: 착오mistake와 궤변sophistry
을 통틀어 이르는 논증상의 잘못.

외연지시reference: 상징 부호나 기호 표
지가 하나의 대상을 가리키거나 명시하
는 과정. 예컨대, 도로 표지("오클랜드 시는
다음 출구")는 도로를 따라가면 만나는 도
시(오클랜드)라는 외연을 지시한다.

외적 실체external reality: 의식 혹은 인
간의 정신적 주체를 제외한 모든 것으로
서, 주체의 물리적 신체까지 포함한다.

우발적contingent: 발생이 확실하지 않
은. 어떤 것이 가능하거나 혹은 달리 될
수도 있는.

우연(성)chance: 알려진 인과적 연결 관
계 없이 일어나는 두 사건의 발생 혹은
그 유형. 우연성은 단지 적합한 과정에
관한 정보의 결핍에 기인하는 겉보기일
수 있다. 혹은 판단 불가능한 사건들이
임의적으로 보여주는 모습의 효과일 수
도 있다.

우유성accidents: 한 사물의 비본질적 성
질 또는 특성으로서, 이 성질이 제거되

거나 변해도 사물의 본성은 그대로 유지
되는 성질을 우유성이라 한다.

우주론적 논증(증명)cosmological argu
ment: 누군가 우주를 창조한 자가 있어
야 함을 근거로 삼는 우주 창조자로서의
신의 존재에 대한 논증. 모든 사건과 사
물에는 그 원인이 있기 때문에 전체로서
의 우주의 창조자도 있어야 하는데, 그
것은 신일 수밖에 없다는 논리임.

운명론/숙명주의fatalism: 결정론의 비철
학적 형태로서, 인과적 연결 관계보다는
어쩔 수 없는 특정 사건들을 전제로 한다.

원자론atomism: 모든 물리적 대상과 사
물은 더 이상 분할될 수 없는 입자들로
만들어졌다는 형이상학적 원리. 그보다
더 작은 부분들을 가지고 있는 실체 또
는 언어의 부분은 더 큰 부분 혹은 대상
의 바탕이 된다는 과학 원리. 여기서 철
학자나 과학자의 임무는 특정 영역에서
의 원자들이 어떤 것인지를 발견해내는
것이다.

유명론nominalism: 모든 자연적 종류들
natural kinds은 인간의 지적 관심과 활동

에 의해 임의적으로 이름 붙인 것이라는 신조다. 따라서 보편자는 실재하지 않고 언어상으로만 존재한다. 이런 유명론은 보에티우스가 처음으로 형식화했고 오컴의 윌리엄이 공개적으로 적극 주장했다. 존 로크의 공으로 돌리는 유명론의 근대적 형태는 본질이란 마음에 의해 만들어지며 마음 안에 있다는 것으로 정리된다.

유물론/유물주의 materialism: 궁극적으로 실재하는 바는 (정신이 아닌) 물리적인 것이라는 신조. 다시 말해 하부 구조인 물질이 상부 구조인 정신적 삶을 설명해 주는 근본적인 실재로 보는 이론이다.

유비(類比) analogy: 기능과 구조를 바탕으로 하는 비교를 일컫는다(예컨대, 물속에서의 수영은 땅 위에서의 걷기와 유비적이다).

유신론 theism: 신 혹은 다른 초월적 존재나 초자연적 존재에 대한 믿음을 가진 입장.

유아론 solipsism: 나 자신의 마음과 그 내용을 제외한 어떤 것도 나는 알 수 없다는 신조, 혹은 나 자신과 나의 마음 너머에 존재하는 그 어떤 것도 나는 알 수 없다는 신조.

유일신론(교) monism: 전 존재 가운데 궁극적 존재는 오직 하나이며, 다른 모든 것들은 그 유일한 궁극적 존재의 부분들이라는 신조.

유토피아/이상향 utopia: 존재하지 않는 이상적인 인간 사회에 관한 이론 혹은 상상의 그림. 이 용어는 같은 이름의 소설을 쓴 토머스 모어가 만들었는데, 그리스어 어원이 not을 의미하는 ou와 place를 뜻하는 topos가 결합된 단어에서 유래한다. 모어의 소설은 철학사에서 이상 사회의 최초의 예인 플라톤의 공화국을 종종 거론하게 만든다.

윤리학 ethics: 옳고 그름 또는 선과 악이 무엇인지를 따져 묻는 철학 과목으로, 인간의 복락과 해악에 관해 1차적인 관심을 갖고 문제들을 다룬다.

의무론 deontology: 구속과 의무에 기반을 둔 도덕 체계.

의미 인과론 causal theory of meaning: (의

미 참조론reference theory of meaning으로
도 알려져 있다)의미는 정신적인 것이 아
니고, 단어들로 이름 붙인 대상들 안에
있으며, 단어들은 대상에 연결되는 최초
명명법에 근거해서 대상들의 이름이 된
다는 일련의 견해를 지칭한다.

의미론semantics : 의미에 관한 이론, 특
히 의미에 근거하여 어떤 단어를 어떤
문장에 쓰는 것이 적절한지를 이론적으
로 명시하는 체계.

의미meaning : 개념(내포), 혹은 사물들(명
칭 기호) 속에 들어 있는 것으로서 단어나
용어가 상징하는 것.

의식consciousness : 알고 있음. 작동하는
인간의 정신, 혹은 스스로를 아는 인간
주체.

이기주의egoism : 자기 이해 관심을 중심
으로 삼는 인간의 행동 원리인 이기주의
는 그에 따르는 행위들의 기술 및 규제
를 의미하기도 한다.

이데올로기ideology : 일반적으로 사람이
인간 · 자연 · 사회에 대한 당위를 규정

짓는 현실적이고 이념적인 의식의 형태
를 가리킨다. 좁은 의미로는 계급 사회
에서 특정 계급이 이익을 얻기 위해 지
배 체제를 강화하는 이념 체계로 간주된
다. 이데올로기들은 쉽게 논박되지 않는
경향이 있다.

이론적 용어theoretical terms : 관찰 가능
한 것들을 설명하기 위해 과학 이론상
설정된 관찰되지 않은, 심지어는 관찰될
수 없는 대상들을 지칭하는 기호들.

이론theory : 비록 이론 내에서 주장된 모
든 것이 경험적 토대를 갖추지 않았을지
라도, 경험의 설명에 사용될 수 있는 언
어적 체계.

이분법/양분법dichotomy : 양자택일의
성질을 가지도록 두 대상 사이의 의미
차이를 둠.

이원론/이중성duality : 두 대상이 분리되
어 근본적으로 다름. 예를 들면, 데카르
트의 정신과 신체.

이중 결과의 원리doctrine of double eff
ect(DDE) : 한 가지 행동이 의도된 좋은

결과 외에 나쁜 결과도 일으킴을 알고 있을 때, 그 행동의 도덕적 정당화 조건을 구체화시키고 충족시켜 나쁜 결과를 가져와도 정당화될 수 있도록 하는 원리.

이타주의altruism: 자신의 이익을 희생하면서까지 타인을 우선적으로 돕거나 도와야 한다는 신조.

인공 언어artificial language: 논리·컴퓨터·과학·수학 등과 같은 엄밀성을 요구하는 분야의 용도로 구성된 형식적 언어. 혹은 분석철학에 의한 형식적 언어의 사용을 의미하기도 한다.

인공지능artificial intelligence(AI): 두 가지 목적, 즉 심신 문제 해결과 인간의 마음이 작동하는 방법을 알아내기 위해 20세기 중반 인지 철학에 의해 제안된 고노의 기계적 인지 개념을 말한다.

인과관계/인과작용causation: 하나의 사건 혹은 한 가지 유형의 사건이 다른 사건 혹은 다른 유형의 사건과 연결되는 방법의 실체와 그 연구 내용.

인과적 필요조건necessary causal condi tion: 어떤 결과나 효과가 있기 위해서 반드시 존재해야 하는 사건 또는 사물(하지만 역으로, 그 사물이나 사건이 존재한다고 해서 어떤 결과나 효과가 반드시 일어날 필요는 없다. 불을 피우기 위해서는 산소가 필요조건이다. 하지만 산소가 있다고 해서 반드시 불이 일어나는 것은 아니다).

인식론epistemology: 지식(앎)에 관련된 이론으로서, 지식으로 간주되는 바는 무엇인가라는 지식의 정의, 특히 그중에서도 일련의 믿음이 지식으로서의 질을 갖추기 위해서는 어떻게 정당화되어야 하는가를 따져 묻는 철학 이론.

인식cognition: 지식을 알리거나 전달하는 정신적 과정으로, 종종 비감정적이거나 감정에 의해 판단되지 않음을 전제로 한다.

인종race(s): 생물학적, 문화적으로 이질적인 것으로 믿고 있는 인간 집단들. 지금은 생물학적 차이가 과학적 근거를 갖지 못한 것으로 알려져 있다. 문화적 차이는 사회적 실재 사실로 인정되고 있다.

인지 과학cognitive science: 인간과 영장

류의, 감각적인 정보의 진행과 학습을 포함하는, 정신적 과정을 연구하는 분야다.

일상 언어 철학ordinary language philosophy: 비트겐슈타인의 후기 저작을 통해 발전된 견해로, 일상 언어는 서로 다른 맥락에서 사용함으로써 다양한 의미를 부여하게 되며, 일상 언어의 분석으로 많은 전통적인 철학 문제의 해답을 얻어낼 수 있다고 보았다.

일자the One: 신플라톤주의에서 말하는 궁극적이며, 지배적이고, 도덕적인 존재의 통일된 기저로서, 존재로부터 분리된 그 자체이자 그 안에서 표현된 것일 수도 있다.

자기기만bad faith: 실존주의에서 자기기만은 의식의 본성을 부정하고, 책임을 회피하며, 자신의 상황이 실재함을 부인하는 것 등으로 되어 있다.

자연 상태state of nature: 시민 정부가 없었거나 등장하기 이전의 역사적 혹은 가설적 인간 조건으로서, 주로 사회 계약론에서 특정 정부 형태의 필요성을 정당화하기 위해 설정되곤 한다.

자연 언어natural language: 오랜 시간을 거쳐 발전되어온 인간 언어로서, 영어·이탈리아어·프랑스어·독일어·중국어 등이다.

자연 종교natural religion: 계시보다는 이성과 자연적 경험에 기반을 둔 신성에 대한 신앙.

자연 철학natural philosophy: 근대 초기의 물리학, 천문학, 원시 화학 등을 통틀어 일컫던 용어이다.

자연의 법칙law of nature: 한 가지 유형의 사건들이 언제나 다른 어떤 사건에 뒤따르는 규칙성. 인과적 규칙성, 인과적 규칙성. 종교 철학에서는 인간 행위에 대한 신의 법칙을 의미하기도 한다.

자연적 종류natural kind: 특징적인 자연적 요소를 공유하는 사물들의 묶음 또는 집합을 의미한다. 이를테면 '금붙이'는 금이라는 자연 성분이 함유된 금속으로서 자연적 종류의 예가 될 수 있다. 하지만 '귀금속'은 귀함이라는 비자연적 요소로 묶은 것이기 때문에 자연적 종류가 아니다.

자연주의적 오류naturalistic fallacy: 이 오류는 조지 에드워드 무어가 《윤리학 원리》에서 처음 제시했다. 자연주의자들에게 있어 '가치'란 경험적이며 자연적인 '사실'로 환원될 수 있는 것이다. 즉 '좋음'이나 '선'을 '쾌락을 주는'으로 환원하고, '나쁨'이나 '악'을 '고통을 주는'으로 환원하는 식이다. 하지만 좋음 또는 선함은 당위의 차원이고, 쾌락을 주는 것은 경험적 사실의 차원이어서 환원될 수 없다는 것이 무어의 주장이다. 즉 자연주의적 오류란 자연주의자들이 흔히 범하는 "사실로부터 당위를 이끌어내는 오류"를 의미한다.

자연주의naturalism: 분석철학 및 실용주의 철학의 한 방법론으로서, 과학적 설명에 상당하거나 혹은 그로부터 유래하는 방법을 통해 철학 문제의 설명 및 해결을 모색한다.

자연nature: 인간의 개입이 배제된 세계 혹은 그에 대한 인간의 관념.

자유freedom: 주체적 인간이 자신의 삶을 선택하거나 결정할 수 있는 능력으로, 주로 '자유 의지'의 맥락에서 논의된다. 이 자유freedom는 외적 제약이 없음을 나타내는 자유liberty와 같지 않다.

자유liberty: 인간 자율의 중요한 측면에 대한 외부적 구속이 없는 상태. 예를 들면 언론과 종교의 자유freedom는 자유liberties이다.

자율(성)autonomy: 개인이 자신의 삶에서 중요한 측면에 대해 수행하는 자기 규칙 혹은 자기 통제.

적극적 차별 보상 정책(美)affirmative action: 처음에는 차별 철폐 정책으로 시작됐는데, 지금은 '여성 및 소수계 우대 정책'으로 보는 것이 더 적당하다. 이 정책은 인종 및 성 차별을 철폐하는 것에서 더 나아가, 이러한 불평등 구조를 적극적으로 바로잡으려는 정책으로 발전하게 되었다. 이를테면 공무원을 고용하고 승진시킬 때 소수계 출신들에게 가산점을 주거나, 대학 입학 때 소수계 출신을 위한 별도의 정원을 두는 등의 정책들이 실시되었다.

전성설pre-formationism: 전근대적 생물 이론으로서, 정자와 난자는 이미 충분히 발육된 인간 또는 동물의 축소 형태를 포함하고 있다는 설.

전체주의holism: 연구 영역의 모든 요소들이 정합적 전체를 형성하는 방식으로 상호 연결되어 있다는 신조.

절대적(인)absolute: 완전하고 자족적이며 자신 이외의 어떤 것에도 의존하지 않는 실재의 한 질서. 헤겔의 경우 절대 개념은 비물질적인 어떤 것으로서, 역사를 통해 발전하며, 자기 전개와 동시에 사건의 진행, 사회의 형태, 지식 유형 등을 결정하는 이념의 본성을 일컬을 때 절대 이념이라 한다. 반면에 변증법적 유물론의 입장에서는 영원한 운동 속에 있는 물질만이 절대적이다.

정언명령(법)/ 줄여서 **정언명법**catego ri cal imperative: 칸트에 의해 두 가지 방식으로 형식화된 절대적인 도덕적 명령(의무). 첫째 명령은, "네 의지의 격률이 언제나 동시에 보편적 입법의 원리가 될 수 있도록 행위하라"이다. 다른 모든 사람이 그와 같은 행동을 해도 괜찮다고 여기는 행동을 해야 한다는 뜻이다. 둘째 명령은, "너 자신과 다른 모든 사람의

인격을 언제나 동시에, 수단이 아닌 목적으로 대하도록 행위하라"이다. 칸트는 당시 유럽에서 유행하던 자연론적 인간관, 즉 자연법칙의 지배를 받는다고 본 인간관을 부정하면서, 인간은 절대적인 가치를 지닌 인격체로서, 다른 목적을 위한 수단이 아니라, 그 자체가 목적이며 그에 합당한 존엄한 대우를 받아야 한다고 했다.

정의(正義)justice: 공정함으로서의 정의는 모든 사람이 동등한 대우를 받아야 한다는 가치로, 현대에서는 정치·사법 분야에서 강하게 적용된다. 배분적 정의는 개인의 능력이나 사회에 공헌·기여한 정도에 따라 각자 다른 대우를 받아야 한다는 가치로 사회·경제적인 측면에 적용된다.

정적(靜寂)주의, 퀴에티즘quietism: 고대 회의주의나 불가지론 등과 같은 이론을 바탕으로 세상으로부터 은둔자적 태도를 취하는 17세기 후반의 종교적 신비주의의 한 형태.

정전(正典)canon: 특정 분야의 학생들이 통달하기를 기대하는 전통적 문헌집.

정체성identity: 변하지 않는 존재 자체의 본질을 깨닫는 성질, 또는 그 성질을 가진 독립적 존재. 현대 사회 철학에서는 사회적 정체성이 인종, 민족, 성별 등에 따라 다른 인간 유형의 정체성이 구성되는 것으로 이해된다.

제거적 유물론eliminative materialism: 정신 분석철학의 한 입장으로, 주관적 상태나 태도(욕구, 의지, 의향, 감정 등)는 과학적이고 경험적인 철학 담론에서 제거되어야 한다는 관점.

제임스 랑게 정서 이론 James-Lange theory of emotion: 신체적인 변화를 감지하고나서야 감정이 느껴진다는 이론. 즉 신체의 반응이 감정을 유도한다는 입장이다(눈물이 흐르니 슬프다). 데카르트에 의해 처음 제안되었고, 19세기 후반에 윌리엄 제임스와 C. G. 랑게가 각각 독립적으로 주창했다.

존엄(성)dignity: 존중받을 만한 내재적 가치. 칸트에 의하면, 인간의 합리적 이성의 요소들은 사고팔 수 없는(가격을 매길 수 없는) 존엄성이 있다.

존재론ontology: 존재론이란 '실제로 존재하는 것'에 대한 두드러진 물음에 답해나가거나, 혹은 어떤 담론 속에서 '존재한다고 믿고 있는 것'에 대한 특정 영역에서의 물음에 답해나가는 학문 연구이다. 하이데거는 전자적 의미의 존재론을 다뤘고, 콰인은 후자적 의미의 존재론을 다뤘다.

종 차별(주의)/ 종 편견speciesism: 인간의 권리가 다른 생명체들보다 훨씬 높은 가치를 지녔다는 견해에 대해 동물 권리 실천가와 이론가들이 붙인 용어. 혹자는 종 차별주의가 인종 차별주의나 성 차별주의만큼 불공정하다고 믿고 있다.

종합적 참(진리)synthetic truth: (의미와 논리적 분석으로 따진 참이 아닌) 경험적 세계 사실에 의거한 참(진리).

주관주의subjectivism: 지식은 전적으로 각 개인별 욕구, 필요성, 경험, 왜곡 등에 의존한다는 믿음 혹은 암묵적 신조.

주의주의/주정주의emotivism: 윤리학 및 미학의 한 이론으로서, 도덕적 판단과 심미적 판단은 정서적 감정과 욕구의 표현일 따름이라는 견해를 가지고 있다.

증거evidence: 어떤 것이 참이라는 믿음의 근거로, 주로 경험론적 맥락에서 사용된다.

증명되지 않은 가정에 근거하는 오류 begging the question: 전체 주장을 증명할 수 있는 어떤 것을 가정하고 그 일부를 논증하는 것이다.

증명proof: 기호 조작을 다루는 기법을 포함하는 과정으로, 수학이나 논리학에선 정당화된 결론에 이르기 위해 특정한 방식으로 개진될 것을 요구한다. 전제들이 참일 때 언제나 논증의 결론이 거짓일 수 없음을 보이면 증명이 이루어진 것이다.

지식knowledge: 지적 활동의 목표인 지식이 고전 인식론에서는 "정당화된 참된 믿음"으로 정의된다. 어떤 명제가 참이고 그것이 참임을 내가 믿어도, 내가 그것을 왜 믿는지 혹은 어떻게 믿게 되었는지 설명할 수 없으면 나는 그 명제를 알지 못하는 것이다(나는 그 명제에 대한 지식이 없는 것이다). 혹은 내가 어떤 참인 명제를 믿어도, 그것을 꿈에서 보았다거나 머릿속에서 들리는 음성 때문이라면, 역시 나는 알지 못하는 것이다.

지향성intentionality: 그 자체와는 다른 어떤 것에 관한 의식의 국면. 이를테면 의지, 욕구, 사고, 원망 등.

직관주의intuitionism: 어떤 사물, 그 성질, 관련 명제의 진리 등을 경험적 증거나 논리적 증명 없이 직접 알 수 있다는 신조.

진리/참truth: 근대 분석철학에서는 주장 또는 명제의 질(값)을 의미한다. 진리 대응설에 따르면, 실제 사실을 정확히 재현할 경우에 주장 또는 명제가 참이다. 진리 정합설에 따르면, 승인된 다른 지식들과 일치하거나 모순 없이 양립 가능할 경우에는 참이다.

질료/물질matter: 물리적 재료나 사물들 혹은 물리적 세계를 일컫기도 한다.

질qualities: 고대 철학에서는 '질'이 실체들의 우유성accidents으로 간주되었다. 초기 근대 철학에서는 제1성질과 제2성질 사이의 분별이 이루어졌다. 제1성질은 질량, 크기, 속도, 원자의 수 등인데 비해 제2성질은 색, 냄새, 소리 등이었다. 제1성질은 감각 기관에서 지각 가능한 대상 물체 안에 있는 원자들의 영향의 결과, 제2성질을 일으키는 것으로 믿었다.

징표-유형 분별token-type distinction: 유형은 일반적 종류이고, 징표는 개들 가운데 나의 개 '메기' 처럼 하나의 예임.

초월주의transcendentalism: 눈에 보이는 사물을 상상력으로 직관할 수 있는 초월적 세계에 대한 상징으로 보면서 상상력에 우위를 부여하는 세계관. 뉴잉글랜드 지역의 초월주의는 자연환경에서의 개인적 낭만주의 이념이 플라톤과 칸트의 철학 이념과 결합된 19세기 철학 및 문학 운동이었다. 대표적인 초월주의자로는 랠프 월도 에머슨, 헨리 데이비드 소로, 브론슨 올컷, 마거릿 풀러 등 주로 뉴잉글랜드 지역의 사색가, 작가, 개혁가 들이었다.

최초의 운동자/제1운동인prime~mover: 이것이 없으면 인과적 연쇄 관계가 무한히 진행되기 때문에 주장된, 우주의 궁극적 원인에 대한 아리스토텔레스의 개념. 신학적으로 해석하면 신 존재 증명이 된다.

충분한 원인sufficient cause: 그것이 있으면 언제나 특정 효과를 보이지만, 특정 효과를 보이기 위해서 반드시 그것이 있을 필요는 없을 때, 그것은 충분한 원인이다.

충족 이유sufficient reason: 충족 이유율이란 모든 존재들 혹은 사태들은 그것들이 발생할 만한 충분한 이유를 가지고 있어야 한다는 원리.

카타르시스/마음 정화(법)(淨化法)catharsis: 아리스토텔레스 개념의 비극을 봄으로써 발생하게 되는, 슬픔과 공포로부터의 해방과 위안.

카티션/데카르트적/데카르트의 Cartesian: 르네 데카르트의 사상에 속하는, 혹은 그로부터 유래하는. 주로 마음이 신체로부터 분리되어 있다거나 혹은 마음과 신체는 근본적으로 다른 두 실체라는 주장에 참조된다.

코페르니쿠스 혁명 Copernican revolution: 지구 중심에서 태양 중심으로의 세계관 변화에 니콜라우스 코페르니쿠스의 이름을 붙여 일컬음.

쾌락 원리pleasure principle: 쾌락이 최고의 가치이며, 따라서 도덕적으로 선함은 최대 다수의 지각적 존재들에게 쾌락을 증진시킨다는 공리주의 원리.

쾌락주의/행복주의hedonism: 삶의 목표가 쾌락이라는 신조로서, 사람들은 늘 자신의 쾌락을 추구하게끔 되어 있다고 믿는다. 쾌락이 우정의 즐거움이나 남을 돕는 즐거움도 추구한다는 해명에도 불구하고 쾌락주의는 종종 이타주의와 대립된다.

키니코스학파/견유학파cynicism: 사회로부터 은둔적이며, 단순하고 자연적인 상태로 돌아가려는 고대 철학 신조. 종종 세련된 사람들에게는 혐오스럽게 비칠 수도 있다.

타당성validity: 논리 규칙에 따라 전개되는 논증의 특성.

타자의 마음 문제other mind, problem of: 다른 사람이 마음을 가지고 있음을 우리가 어떻게 아는가에 대한 문제. 이 문제는 그 사람이 경험하는 것과 같이 다른 사람의 마음을 직접 경험할 수 없기 때문에 발생한다.

통약 불가능incommensurable: 두 가지 이론 또는 사고 체계에서 중심 개념들이 서로 호환될 수 없을 경우 통약 불가능하다고 한다.

패러다임paradigm: 토머스 쿤에 따르면, 하나의 패러다임이란 그 분야의 존재론, 실험 방법, 적절한 연구 대상 등을 결정하는, 성숙된 자연 과학 안에서 합의된 믿음 체계이다. 달리 말하면, 어떤 과학 영역의 전문적 과학자 공동체를 지배하며 그 구성원 사이에 공유되는 ① 사물을 보는 방법, ② 문제를 삼는 방법, ③ 문제를 푸는 방법의 총체를 패러다임이라 할 수 있다. 쿤 이후로 약간 느슨하게 사용되는 의미는, 어떤 영역이든 인간의 활동 영역 안에서 지배적인 역할을 하는 세계관을 그 영역의 패러다임이라 한다.

페미니즘feminism: 여성의 복지 향상을

목표로 하는 이론 및 실천 프로그램.

포섭 법칙 모형(과학적 설명에 대한) covering law model: 과학적 설명을 위한 규준으로서, 특정 사건들은 그것이 어떻게 일반화의 예들인지를 보여줌으로써 설명된다. 예를 들면 그 연못은 얼었다, 왜냐하면 물은 화씨 32도면 어는데 기온이 화씨 32도보다 아래이기 때문이다.

포스트모더니즘 post~modernism: 후기 구조주의 또는 해체주의로 알려졌으며, 자크 라캉을 따르는 유럽 대륙의 사상 학파로서, 그 주요 인물인 자크 데리다는 의미들이란 불안정한 체계의 다른 기호들에 의존하는 것으로 간주했다.

품행/풍기 morals: 옳고 그름이 판별되는 일상생활에서의 개인적 행위.

플라톤주의 Platonism: 플라톤으로부터 유래하는 사고 또는 관념 체계로서, 이에 따르면 인간이 경험하는 세계 내의 모든 사물들의 존재를 보장하는 초월적이고 실체인 이상적 본질이 실재한다.

필로소페(프랑스어로 철학자들) philoso phes: 특히 프랑스 혁명에 선도적으로 영향을 주었던 계몽주의 시대 프랑스 철학자들을 지칭하는 용어로서 디드로, 몽테스키외, 루소, 볼테르 등을 포함한다.

필연성 necessity: 그것을 부정하면 모순에 빠지는 논리적 연결 형태, 혹은 주어진 원인에 의한 결과가 불가피한 실재 사건들 사이의 연결 관계.

한층 더한 이유로, 더욱더, 더욱 유력한 논거가 되는(라틴) a fortiory: (풀어 쓰면) 당장의 결론을 내리는 데 필요한 것보다 강력한 전제로부터 추론하는.

합리성 rationality: 믿음을 형성하고 행위에 대한 판단을 결정함에 있어 논리 규칙을 따르고 타당한 증거를 수용하는 분별 능력 또는 양식(良識).

합리주의/합리론 rationalism: 경험주의(경험론)에 대립되는 철학적 신조로서, 이에 따르면 세계에 관한 지식은 선행 경험 없이 합리적 이성을 통해 표현되고 발전시킬 수 있다고 주장한다.

해석학 hermeneutics: 주로 인간 의식 관

계를 바탕으로 문헌 및 실체를 해석하는 철학적 방법.

해체deconstruction: 의미란 고착된 것이 아니라 여기고, 고전 작품들을 저자가 밝힌 의도를 넘나드는 방식으로 분석하는 포스트모던 철학의 한 입각점.

행동주의behaviorism: 심리학의 대상을 의식이 아닌 관찰 가능한 행동으로 보는 입장. 1913년 슨은 의식 내용 분석을 중심으로 하는 전통적 심리학을 비판하고, 심리학이 과학적이기 위해서는 객관적으로 관찰 가능한 행동을 대상으로 해야 한다고 강조한 것이 행동주의의 시초가 되었다. 슨은 동물의 행동을 자극과 반응 관계로 환원하여 설명할 수 있다고 보았는데, 이것이 자극-반응 이론이다. 나중에 스키너는 강화 이론을 중심으로 한 기술적 행동주의 이론을 발전시켰다.

현상주의phenomenalism: 물질적 대상들은 감각자료에 의해 이루어져 있다고 보는 논리적 원자론자나 논리 실증주의자의 견해.

현상학phenomenology: 에드문트 후설의 철학적 방법론으로서, 그것을 통해 의식의 구조, 진행 과정, 지향 대상 등이 관찰되고 분석된다.

현상phenomena: 사물들의 겉보기 모습 혹은 눈에 보이는 그대로의 사물들. 가시적 증거. 하이데거 철학에서는 인간에게 보여주는 그 자체를 의미한다.

현시적 영상manifest image: 윌프레드 셀러스가 주창한 세계관의 개념으로서 과학적 영상과 대조 개념이 현시적 영상이다. 두 영상은 본질적으로 동일한 질서의 복잡성을 갖고 있으며, 각각 우주 안에 존재하는 인간에 대한 완전한 영상을 형성하려고 한다. 철학은 현시적 영상 안에서 발견한 사실들을 그에 상응하는 과학적 영상에 필적한다.

형상(플라톤의) forms, platonic: 시간을 초월하는 관념적 실체로서, 실체들의 가현 (현상으로 드러나는 모습)을 드러나게 하며 그 탁월한 형태의 표준을 제공한다.

형이상학metaphysics: 인간의 지각으로는 직접 접근할 수 없는 지각의 근원적 바탕으로서 그 존재를 오직 믿을 수만 있는 실체나 과정을 참조하여, 일상적 사물·사건·경험 등을 추상적으로 설명하는 철학 영역.

확률probability: 한 사건이 일어날 가능성 정도. 비록 확실성은 보장하지 못하지만 의존할 만한 것으로 간주되는 예측의 표준. 가능성을 배정하는 방법에 관한 이론, 근사성에 관한 논리.

확증confirmation: 진리 증명.

확증corroboration: 완전한 증명보다는 덜한 확신의 과학적 준거. 확증된 명제라도 나중에 거짓으로 판명될 수 있다.

환경 철학environment philosophy: 환경에 대한 우선적 관심을 기반으로 하는 도덕 및 사회 철학.

환원주의reductionism: 어떤 사물들은 보다 근본적인 혹은 지각 가능한 다른 사물들에 '불과하다'는 철학적 신조로서, 물질적 대상들은 원자나 감각자료들로 환원된다. 혹은 방법론적 설명 원리로서, 하나의 명제나 이론은 그것이 논리적으로 유도되어 나올 수 있는 다른 명제로 환원된다. 예컨대, 화학에서 화학적 상호 작용에 관한 명제는 물리학의 원자에 관한 명제로 환원된다.

회의주의/회의론skepticism: 다른 사람의 마음 또는 외부 세계의 존재 등과 같은 개연적 주장들에 관한 의심. 근대 이전에는 회의주의가 지식이 불가능함을 보이는 데 자주 사용되어 마음의 평정 상태 혹은 신앙적 태도 등과 같은 다른 (비지식적인) 정신적 태도가 추구되었다. 학문적 회의주의는 어떤 지식도 불가능하다는 견해였으며, 피론의 회의주의는 어떤 지식도 그 가능 여부를 알 수 없다는 견해였다.

후성설epigenesis: 근대 초기에 등장한 개념으로, 모든 생명체는 시간의 경과와 더불어 발육된다는 견해. 이는 태생 시점에 개별 생명체의 모든 것이 갖추어져 있다는 기왕의 '전성설preformation'에 반대되는 입장이다.

참고 문헌

More extensive lists of primary sources are given in the text of the chapters. The sources below are for the key figures and subjects. The most up-to-date, in-print editions have been selected. Many recent compilations do not have the same titles as the original works, although they contain the original works.

고전 철학자들과 다른 중요한 철학자들은 다음 사이트에서 많은 도움을 받았다.
http://www.gutenberg.org/wiki/Main_Page. Wikipedia,
the Stanford Encyclopedia of Philosophy, other free sources listed in online searches have entries for many of the philosophers and schools of thought covered in this book, but all secondary sources should be checked against primary sources by scholarly students.

Websites for environmental philosophy include: The International Association for Environmental Philosophy, *http://www.environmentalphilosophy.org/*
Erratic Impact?The Philosophy of Nature, *http://www.erraticimpact.com/~ecologic/*
The Center for Environmental Philosophy, *http://www.cep.unt.edu/centerfo.html*
The International Society for Environmental Ethics, *http://www.cep.unt.edu/ISEE.html*.

철학의 기초

Durant, Will. *The Story of Philosophy: From Plato to Voltaire and the French Enlightenment* (read by Grover Gardner) 9 CDs. Audio Partner Publishing Company, 2004.

Popkin, Richard H. *The Columbia History of Philosophy*. New York: Columbia University Press, 1999.

Russell, Bertrand. *History of Western Philosophy*. New York: Simon & Schuster, 1967, *For a continental history of philosophy, from the ancient Greeks through Heidegger*, Routledge Classics, 2004

Schurmann, Reiner. *Broken Hegemonies*. tr. by Reginald Lilly. Bloomington, IN: Indiana University Press, 2003.

For a general account of some philosophers' lives, see:

Sharfstein, B.A. *The Philosophers: Their Lives and the Nature of Their Thought*, New York: Oxford University Press, 1980.

고대 철학

소크라테스 이전 철학자들

Burnet, John. *Early Greek Philosophy*. Meridian Books, New York, 1957.

Colli, Giorgio. *The Greek Wisdom (La Sapienza greca)*. 3 vols. Milan 1977~1980.

Curd, Patricia, ed. *A Presocratics Reader*. Indianpolis, IN: Hackett, 1996.

Kirk, G.S., J.E. Raven, and M. Schofield. *The Presocratic Philosophers*, 2nd ed. Cambridge University Press, 1983.

소피스트

Guthrie, W.K.C. Vol. 3 of *History of Greek Philosophy*, Cambridge: Cambridge University Press, 1969.

Jarratt, Susan C. *Rereading the Sophists: Classical Rhetoric Refigured*, Carbondale & Edwardsville: Southern Illinois University Press, 1991.

플라톤

Cooper, John M., and D.H. Dutchinson, eds. *Plato, Complete Works*. Indianapolis, IN: Hackett Publishing Co., 1997.

Grube, B.M.A. *Plato's Thought*. Indianapolis, IN: Hackett Publishing Co., 1980.

아리스토텔레스

Aristotle. *Selections* (from all major works). Indianapolis, IN: Hackett Publishing Co., 1995.

Aristotle. *Nicomachean Ethics*. Terrence Irwin, tr. Indianapolis, IN: Hackett Publishing Co., 2000.

Robinson, Timothy A. *Aristotle in Outline*. Indianapolis, IN: Hackett Publishing Co., 1995.

헬레니즘과 로마 철학

Epicurus. *The Epicurus Reader*. Indianapolis, IN: Hackett Publishing Co., 1994.

Fanthan, Elaine, et. al. *Women in the Classic World*. New York: Oxford University Press, 1994.

Inwood, Brad, and Lloyd P. Gerson, eds. *Hellenistic Philosophy: Introductory Readings*. Indianapolis, IN: Hackett Publishing Co., 1999.

Inwood, Brad, and Lloyd P. Gerson, eds. *The Stoic Reader*. Indianapolis, IN: Hackett Publishing Co., 2008.

고대 그리스와 로마의 여성 철학자들

Elaine Fanthan, et. al. *Women in the Classic World*, New York: Oxford University Press, 1994.

Ward, Julie K., ed. *Feminism and Ancient Philosophy*. New York: Routledge, 1996.

신플라톤주의에서 르네상스까지

신플라톤주의

Gerson, L.P., ed. *Cambridge Companion to Plotinus*. Cambridge, UK: Cambridge University Press, 1996.

Gerson, L.P., and John Dillon, eds. *Neoplatonic Philosophy: Introductory Readings*. Indianapolis: Hackett Publishing Co., 2004.

중세철학

Clark, Marty T. *An Aquinas Reader: Selections from the Writings of Thomas Aquinas*. New York: Fordham University Press, 2000.

Debus, Allen G. *Man and Nature in the Renaissance*. Cambridge, UK: Cambridge University Press, 1978.

Gracia, J.G., and T.B. Noone. *A Companion to Philosophy in the Middle Ages*. London, 2003.

Hyman, J., and J.J. Walsh. *Philosophy in the Middle Ages*, Indianapolis, IN: Hackett, 1973.

Kretzmann, N., and E. Stump. *The Cambridge Companion to Augustine*. New York: Cambridge University Press, 2000.

Luscombe, David. *Medieval Thought*, New York: Hill & Wang, 1980.

Schoedinger, Andrew B., ed. *Readings in Medieval Philosophy*. New York: Oxford University Press, 1996.

르네상스 휴머니즘

Copenhaver, Brian P. *Renaissance Philosophy: A History of Western Philosophy, no. 3*. New York: Oxford University Press, 1992.

Doughert, M.V., ed. *Pico della Mirandola, New Essay*. New York: 2007.

Fallico, Herman, and Arturo B. Fallico. *Renaissance Philosophy, vols. I and II, The Italian Philosophers and Transalpine Thinkers*. New York: Modern Library, 1969.

Hankins, James. *Cambridge Companion to Renaissance Philosophy*. New York: Cambridge University Press, 2007.

Keith, Thomas, ed. *Renaissance Thinkers*. New York: Oxford University Press, 1992.

회의주의와 자연철학

회의주의

Bradford, R.G., ed. *Sextus Empiricus: Outline of Pyrrhonism*. Cambridge, MA: Harvard University Press, 1967.

Kurtz, Paul. *The New Skepticism: Inquiry and Reliable Knowledge.* Buffalo, NY: Prometheus Books, 1992.

Moser, P., ed. *The Oxford Handbook of Epistemology.* Cambridge, MA: Harvard University Press, 2002.

Popkin, Richard H. *History of Skepticism from Savonarola to Bayle.* New York: Oxford University Press, 2003.

Popkin, Richard, and Avrum Stroll Popkin. *Skeptical Philosophy for Everyone.* Buffalo, NY: Prometheus, 2001.

과학혁명

Bacon, Francis. *Works and Letters and Life.* Spedding, James, et al., eds. 4 volumes, London, 1857~1874 (standard edition available in facimile), also available in a facsimile reprint, Stuttgart: Bad Cansstatt, 1989.

Butterfield, Herbert. *The Origins of Modern Science, 1300~1800.* New Haven, CT: Yale University Press, 2004.

Galileo Galilei, *Two New Sciences.* tr. Stillman Drake. Madison: University of Wisconsin Press, 1974.

Gaukroger, Stephen. *Francis Bacon and the Transformation of Early-Modern Philosophy.* Cambridge, UK: Cambridge University Press, 2001.

Grant, Edward. *The Foundations of Modern Science in the Middle Ages: Their Religious, Institutional, and Intellectual Contexts,* Cambridge, UK: Cambridge University Press, 1996.

Kuhn, Thomas S. *The Copernican Revolution: Planetary Astronomy in the Development of Western Thought.* Cambridge: Harvard Univeersity Press, 1957.

Lindberg, D.C. *The Beginnings of Western Science: The European Scientific Tradition in Philosophical, Religious, and Institutional Context,* 600 B.C. to A.D. 1450.

Chicago: University of Chicago Press, 1992.

Merchant, Carolyn. *The Death of Nature: Women, Ecology and the Scientific Revolution.* New York: HarperCollins, 1980.

Shapin, Steven. *The Scientific Revolution.* Chicago: University of Chicago Press, 1996.

Spratt, Thomas. *The History of the Royal Society of London* (facimile of 17th century edition). Whitefish Mountain, MT: Kessinger Publishing, 2003.

Westfall, Richard S. *The Construction of Modern Science.* New York: John Wiley & Sons, 1971.

Zack, Naomi. *Bachelors of Science: Seventeenth Century Identity, Then and Now.*

Philadelphia: Temple University Press, 1997.

의학과 철학

Burton, Robert. *The Anatomy of Melancholy*. William H. Gass, ed. New York: New York Review of Books, 2001.

Gregory, Andrew. *Harvey's Heart: The Discovery of Blood Circulation*. Cambridge, UK: Icon Books, 2001.

Nutton, Vivia. *Ancient Medicine: Sciences of Antiquity*. New York: Routledge, 2004.

Ragner, Louis N. *A History of Medicine*. Boca Raton, FL: Taylor & Francis, 2005.

근대 초기 철학

For a collection of standard readings, see:

Popkin, Richard H. *Philosophy of the Sixteenth and Seventeenth Century*, New York: Simon & Schuster, 1966.

17세기 합리주의

Descartes, René. *The Philosophical Writings of Descartes*. John Cottingham, Robert Stoothoff, and Dugald Murdoch, eds., 3 vols. Cambridge, UK: Cambridge University Press, 1985.

Leibniz, Gottfried Wilhelm. *Philosophical Essays*. Roger Ariew and Daniel Garber, tr. Indianapolis, IN: Hackett, 1989.

Spinoza, Baruch. *Complete Works*. Michael J. Morgan, ed. Indianapolis, IN: Hackett, 2002.

17세기 경험주의

Alan, Graham, John Rogers, Jean-Michel Vienne, and Yves Charles Zarka, eds. *The Cambridge Platonists in Philosophical Context*. Dortrecht: Kluwer Academic Publishers, 1997.

Hobbes, Thomas. *Leviathan, with Selected Variants from the Latin Edition of 1668*. Edwin Curley, ed. Indianapolis, IN: Hackett, 1994.

Jones, Tod E. *The Cambridge Platonists*. Lanham, MD: Rowman & Littlefield, 2005.

Locke, John. *Essay Concerning Human Understanding*. Kenneth P. Winkler, ed. Indianapolis, IN: Hackett, 1996.

Locke, John. *The Political Writings*. David Wooton, ed. Indianapolis, IN: Hackett, 2003.

성과 근대 초기 여성 철학자들

Atherton, Margaret. *Women Philosophers of the Early Modern Period*. Indianapolis, IN: Hackett, 1994.

Newcastle, Margaret Cavendish. *Observations on Experimental Philosophy*. Eileen O'Neil, ed. Cambridge, UK: Cambridge University Press, 2001.

Wiesner, Merry E. *Women and Gender in Early Modern History*. Cambridge, UK: Cambridge University Press, 2000.

계몽주의 시대

A classic intellectual history of the period is:

Cassirer, Ernst. *The Philosophy of the Enlightenment*. Princeton, NJ: Princeton University Press, 1968.

A reader for the Enlightenment is:

Gilmour, Peter, ed. *Philosophers of the Enlightenment*. Barnes & Noble Books, 1990.

계몽 사상가들

Bentham, Jeremy. *An Introduction to the Principles of Morals and Legislation*. James Henderson Burns, Herbert Lionel Adolphus Hart, and F. Rosen, eds. New York: Oxford University Press, 1996.

Berkeley, George. *Philosophical Works Including the Works on Vision*. Michael Ayers, ed. Rutland, VT: C.E. Tuttle, 1993.

Hume, David. *Moral Philosophy*. Geoffrey Sayre-McCord, ed. Indianapolis, IN: Hackett, 2006.

Kant, Immanuel. *Metaphysical Foundations of Natural Science*. Michael Friedman, ed. Cambridge, UK: Cambridge University Press, 2004.

Kant, Immanuel. *The Moral Law: Groundwork of the Metaphysics of Morals*. H.L. Paton, ed. New York: Routledge, 2005.

Reid, Thomas. *An Inquiry into the Human Mind on the Principles of Common Sense*. Derek R. Brookes, ed. Edinburgh, UK: University of Edinburgh Press, 1997.

Rousseau, Jean-Jacques. *The Basic Political Writings*. Donald A. Cress, tr., Peter Gay, ed. Indianapolis, IN: Hackett, 1987.

다른 계몽주의 작가

Voltaire, *The Portable Voltaire*. Ben Ray Redman, ed. New York: Penguin Books, 1977.

Wollstonecraft, Mary. *A Vindication of the Rights of Women*. Miriam Brody, ed. New York: Penguin, 1992.

반계몽주의 인물들

Edmund Burke, Edmund. *Reflections on the Revolution in France: A Critical Edition*. J.C.D. Clark, ed. Palo Alto, CA: Stanford University Press, 2001.

592

Edwards, Jonathan. *The Sermons of Jonathan Edwards*. Wilson H. Kimnach, Kenneth P. Minkema, and Douglas A. Sweeney, eds. New Haven, CT: Yale University Press, 1999.

Sade, Marquis de. *The Complete Marquis de Sade*. Paul J. Gillette, and John S. Yankowski, eds. Los Angeles, CA: Holloway House Publishing Company, 2006.

Swift, Jonathan. *A Modest Proposal and Other Satirical Works*. North Chemsford, MA: Courier Dover Publications, 1996.

Vico, Giambattista. *On the Most Ancient Wisdom of the Italians*. L.M. Palmer, ed. Ithaca, NY: Cornell University Press, 1988.

19세기 철학

19세기 경험주의

Comte, Auguste. *The Positive Philosophy*. Sunrise, FL: AMS Publisher, 1974.

Fish, Menachem. *William Whewell, Philosopher of Science*. Oxford, UK: Clarendon Press, 1991.

Mill, Harriet Hardy Taylor. *Enfranchisement of Women*. London, UK: Virago, 1988.

Mill, John Stuart. *On Liberty and the Subjection of Women*. New York: Penguin, 2007.

Mill, John Stuart. *Utilitarianism*. Rutland, VT: Tuttle, 1993.

Scarre, Geoffrey. *Logic and Reality in the Philosophy of John Stuart Mill*. New York: Springer, 1988.

직관주의

Bergson, Henri. *Time and Free Will: An Essay on the Immediate Data of Consciousness*. North Chemsford, MA: Courier Dover, 2001.

Bradley, Francis H. *Appearance and Reality: A Metaphysical Essay*. Boston, MA: Adamant Media, 2002.

Sidgwick, Henry. *The Methods of Ethics*. foreword by John Rawls. Indianapolis, IN: Hackett, 1981.

수학과 논리 철학

Dummett, Michael. *Frege: Philosophy of Language*. Cambridge, MA: Harvard University Press, 1981.

Gillespie, Charles Coulston, Robert Fox, and Ivor Grattan-Guinness. *Pierre-Simone Laplace, 1749~1827: A Life in Exact Science*, Princeton, NJ: Princeton University Press, 2000.

Greenberg, Marvin Jay. *Euclidian and Non-Euclidian Geometries: Development and History*. New York: W.H. Freeman, 1993.

Poincare, Henri. Forward by Bertrand Russell. *Science and Method*. North Chemsford: Dover Courier, 2003.

Shapiro, Stuart, ed. *The Oxford Handbook of Philosophy of Logic and Mathematics*. New York: Oxford University Press, 2005.

Venn, John. *Symbolic Logic*. Providence, RI: American Mathematical Society, 2007.

독일의 관념론

Beiser, Frederick C. *Hegel*. New York: Routledge, 2005.

Bosanquet, Bernard. *Logic or the Morphology of Knowledge*. Germantown, NY: Kraus Reprint Co., 1968.

Bourcher, David. *The British Idealists*. New York: Cambridge University Press, 1997.

Bowie, Andrew. *Schelling and Modern European Philosophy: An Introduction*. New York: Routledge, 1993.

Fichte, Johann Gottleib. *The Science of Knowledge*. New York: Cambridge University Press, 1982.

물질주의, 마르크스주의 그리고 무정부자들

Engels, Friedrich. *The Condition of the Working Class in England*. New York: Penguin Classics, 1987.

Kropotkin, Peter. *Mutual Aid: A Factor of Evolution*. London: Freedom Press, 1987.

Marx, Karl. *Selected Writings*. Lawrence H. Simon, ed. Indianapolis, IN: Hackett, 1994.

Wartofsky, Marx W. *Feuerbach*. New York: Cambridge University Press, 1977.

Woodcock, George. *Anarchism: A History of Libertarian Ideas and Movements*. Peterborough,

Ontario: Broadview, 2004.

심리학과 사회이론

Brentano, Franz Clemens. *Psychology from an Empirical Standpoint*. Atlantic Highlands, NJ: Humanities Press, 1973.

Chisholm, Robert M. *Brentano and Meinong Studies*. New York: Rodopi Press, 1982.

Dilthey, Wilhelm. *Descriptive Psychology and Historical Understanding*. The Hague, Netherlands: Nijhoff, 1977.

Durkheim, Emile. *Suicide: A Study in Sociology*. New York: Free Press,(Simon and Schuster) 1979.

Freud, Sigmund. *The Psychopathology of Everyday Life*. New York: A.A. Brill, 2005.

Freud, Sigmund. *The Interpretation of Dreams*. Nu Vision Publications (www. nuvision.

com), 2007.

Simmel, Georg. *The Philosophy of Money*, New York: Routledge, 1978.

Weber, Max. *The Protestant Ethic and the Spirit of Capitalism*. North Chelmsford, MA: Dover Courier, 2003.

대륙 철학
실존주의

Useful general overviews are:

Barnes, Hazel. *An Existentialist Ethics*. New York: Knopf 1967.

Arendt, Hannah, *The Human Condition*. Chicago: University of Chicago Press (1958).

Barrett, William. *Irrational Man: A Study in Existential Philosophy*. Garden City: Doubleday, 1962.

Kaufmann, Walter. *Existentialism from Dostoevsky to Sartre*. Cleveland: Meridian Books, 1968.

McBride, William, ed. *The Development and Meaning of Twentieth Century Existentialism*. New York: Garland Publishers, 1997.

Warnock, Mary. *Existentialist Ethics*. London: Macmillan & Co., 1967.

Primary existentialist texts are:

Beauvoir, Simone de. *The Second Sex*. H.M. Parshley, tr. New York: Vintage Books, 1989.

Buber, Martin. *Between Man and Man*. Ronald Gregor Smith, tr. New York: Macmillan, 1978.

Buber, Martin. *I and Thou*. Walter Kaufmann, tr. New York: Scribner, 1970.

Camus, Albert. *The Myth of Sisyphus and Other Essays*. Justin O'Brien, tr., New York: Knopf, 1955.

Camus, Albert. *The Stranger*. Matthew Ward, tr. New York: Knopf, 1988.

Dostoevsky, Fyodor. *The Brothers Karamazov: The Constance Garnett Translation Revised by Ralph E. Matlaw*. New York: Norton, 1976.

Jaspers, Karl. *Reason and Existenz*. William Earle, tr. New York: Noonday Press, 1968.

Kierkegaard, Søren. *The Essential Kierkegaard*. Howard V. Hong and Edna H. Hong, eds. Princeton: Princeton University Press, 2000.

Kierkegaard, Søren. *Concluding Unscientific Postscript*. David Swenson and Walter Lowrie, trs. Princeton: Princeton University Press, 1971.

Kierkegaard, Søren. *Fear and Trembling*. Howard V. Hong and Edna H. Hong, trs.

Princeton: Princeton University Press, 1983.

Marcel, Gabriel. *The Philosophy of Existentialism*. New York: Citadel Press, 1968.

Marcel, Gabriel. *Being and Having*. Katherine Farrer, tr., London: Westminster, 1949.

Nietzsche, Friedrich. *On the Genealogy of Morals*. Walter Kaufmann, tr., New York: Vintage Books, 1969.

Nietzsche, Friedrich. *The Gay Science*. Walter Kaufmann, tr. New York: Vintage Books, 1974.

Nietzsche, Friedrich. *Thus Spoke Zarathustra*, in The Portable Nietzsche. Walter Kaufmann, tr. New York: Viking Press, 1975.

Sartre, Jean-Paul. *Nausea*. Lloyd Alexander, tr. New York: New Directions, 1965.

Sartre, John Paul. *Being and Nothingness*. Hazel Barnes, tr. New York: Washington Square Press, 1992.

Sartre, Jean-Paul. *Search for a Method*. Hazel Barnes, tr. New York: Vintage Books, 1968.

Tillich, Paul. *The Courage to Be*. New Haven, CT: Yale University Press, 2000.

Wahl, Jean. *A Short History of Existentialism*. Forrest Williams and Stanley Maron, trs. New York: Philosophical Library, 1949.

현상학

Arendt, Hannah, "Heidegger at Eighty," in *Heidegger and Modern Philosophy*, Michael Murray, ed., New Haven, CT: Yale University Press, 1978.

Heidegger, M., *Being and Time*. John Macquarrie and Edward Robinson, trs. New York: Harper & Row, 1962.

Husserl, Edmund. *Logical Investigations*. Dermot Moran, J.N. Findlay, and Michael Dummet, eds. New York: Routledge, 2001.

Lacan, Jacques. *Psychology*. Sean Horner, ed. New York: Routledge, 2005.

Merleau-Ponty, M. *Adventures of the Dialectic*. Joseph Bien, tr. Evanston, IL: Northwestern University Press, 1973.

Saussure, Ferdinand. *Course in General Linguistics*. New York: McGraw Hill, 1966.

비평이론과 구조주의

Poster, M. *Existential Marxism in Postwar France: From Sartre to Althusser*. Princeton: Princeton University Press, 1975.

Ricoeur, P. *Freud and Philosophy: An Essay on Interpretation*. Denis Savage, tr. New Haven: Yale University Press, 1970.

Ricoeur, P. *Oneself as Another*. Kathleen Blamey, tr. Chicago: University of Chicago Press,

1995.

Wigershaus, Paul. *The Frankfurt School: Its History, Theories, and Political Significance.* Boston: MIT Press, 1995.

미국 철학

For a general overview of American Philosophy, see:

Kuklick, Bruce. *A History of Philosophy in America 1720~2000.* New York: Oxford University Press, 2001.

초기 미국 철학의 경향들

Emerson, Ralph Waldo. *The Essential Writings of Ralph Waldo Emerson,* Brooks Atkinson, and Mary Oliver, eds. New York: Modern Library Classics, 2000.

Gill, Jerry H. *Native American World Views: An Introduction,* Amherst NY: Humanities Books, 2002.

Pirsig, Robert. *Lila.* New York: Bantam, 1992.

Snider, Denton J. St. *Louis Movement in Philosophy, Literature, Education, Psychology— with Chapters of Autobiography.* Sterling, VA: Thoemmes Press, 2001

Thoreau, Henry David. *The Portable Thoreau.* Carl Bode, ed. New York: Penguin Classics, 1964.

실용주의와 과정 철학

Dewey, John. *Dewey and His Critics, Essays from The Journal of Philosophy.* Sidney Morgenbesser, ed. Indianapolis, IN: Hackett, 1977.

James, William. *Pragmatism.* Bruce Kuklick, ed. Indianapolis, IN: Hackett, 1981.

Lewis, Clarence Irving. *Mind and the World Order: Outline of a Theory of Knowledge.* Mineola, NY: Dover Books on Western Philosophy, 1991.

Peirce, Charles S. *The Essential Peirce: Selected Philosophical Writings, 1893~1913.* Peirce Edition Project, Nathan Houser, and Jonathan R. Eller, eds. Bloomington, IN: Indiana University Press, 1998.

Royce, Josiah. *The Philosophy of Josiah Royce.* John K. Roth, ed. Indianapolis, IN: Hackett, 1982.

Santayana, George. *Persons and Places.* William G. Holzberger, Herman J. Saatkamp, Jr., and Richard C. Lyon, eds. Cambridge, MA: MIT Press, 1988.

White, Alfred North. *Process and Reality.* New York: The Free Press, 1978.

분석철학

20세기 초 분석철학

Feferman, Anita Burdman, and Solomon Feferman. *Alfred Tarski: Life and Logic*. Cambridge, UK: Cambridge Concise Histories, 2008.

Levy, Paul. Moore: *G.E. Moore and the Cambridge Apostles*. New York: Oxford Paperbacks, 1981.

Moore, G.E. *Philosophical Studies*. Cambridge, UK: Cambridge University Press, 2007.

Russell, Bertrand. *The Basic Writings of Bertrand Russell*. New York: Routledge, 2002.

Smith, Peter. *An Introduction to Godel's Theorems (Cambridge Introductions to Philosophy)*. Cambridge, UK: Cambridge University Press, 2007.

Wittgenstein, Ludwig. *Tractatus Logico Philosophicus*. New York: Routledge Classics, 2001.

논리 실증주의

Ayer, A.J. *Language Truth and Logic*. New York: Penguin Modern Classics, 2001.

Carnap, Rudolf. *The Logical Structure of the World and Pseudoproblems in Philosophy*. Peru, IL: Open Court Classics, 2003.

Schlick, Moritz. *General Theory of Knowledge*. New York: Library of Exact Philosophy, 1985.

Stadler, Friedrich. *The Vienna Circle: Studies in the Origin, Development, and Influence of Logical Empiricism*. New York: Sprnger-Verlag Wien, 2001.

일상 언어 철학

Anscombe, G.E.M. *Human Life, Action and Ethics: Essays by G.E.M. Anscombe* (St. Andrews Studies in Philosophy & Public Affairs). Exeter, UK: Imprint Academic, 2006.

Austin, J.L. *How to Do Things with Words*, Cambridge, MA: Harvard University Press, 1975.

Bouwsma, O.K. *Philosophical Essays*. Kansas City, KS: Landmark Edition, 1982.

Malcolm, Norman. *Ludwig Wittgenstein: A Memoir*. New York: Oxford University Press, 2001.

Wittgenstein, Ludwig. *Philosophical Investigations: The German Text, with a Revised English Translation, 50th Anniversary Commemorative Edition*. London: Blackwell, 2003.

분석 윤리학

Foot, Philippa. *Natural Goodness*. New York: Oxford University Press, 2002.

MacIntyre, Alastair. *After Virtue: A Study in Moral Theory*. Notre Dame, IN: University of Notre Dame Press, 2007.

Moore, G.E. *Principia Ethica* (Principles of Ethics). Mineola, NY: Philosophical Classics,

Dover, 2004.

Smith, Tara. *Ayn Rand's Normative Ethics: The Virtuous Egoist*. New York: Cambridge University Press, 2007.

Smart, J.J.C., and Bernard Williams. *Utilitarianism: For and Against*. New York: Cambridge University Press, 1973.

Scheffler, Israel. *The Rejection of Consequentialism*. New York: Oxford University Press, 1995.

Stevenson, Charles L. *Facts and Values: Studies in Ethical Analysis*. New Haven, CT: Yale University Press, 1963.

분석 정치철학

Berlin, Isaiah. *The Proper Study of Mankind: An Anthology of Essays*. New York: Farrar, Straus, Giroux, 2000.

Nozick, Robert. *Anarchy, State and Utopia*. London: Blackwell, 2003.

Popper, Karl. *The Open Society and its Enemies*. New York: Routledge Classics, 2002.

Rawls, John. *A Theory of Justice*. Cambridge, MA: Harvard University Press, 1971.

Strauss, Leo. *Liberalism Ancient and Modern*. New York: Harper Collins, 1995.

논리 실증주의 이후의 인식론과 형이상학

Goodman, Nelson. *Fact, Fiction and Forecast*. Cambridge, MA: Harvard University Press, 2006.

Putnam, Hilary. *Pragmatism: An Open Question*. London: Blackwell, 2000.

Quine, W.V.O. *From a Logical Point of View: Nine Logico-Philosophical Essays*. Cambridge, MA: Harvard University Press, 2006.

Sellars, Wilfred. *Science, Perception and Reality*. Atascadero, CA: Ridgeview Publishing 1963.

Strawson, P.F. *The Bounds of Sense: An Essay on Kant's Critique of Pure Reason*. New York: Routledge, 1990.

과학철학

Feyerabend, Paul. *Against Method: Outline of an Anarchistic Theory of Knowledge*. Brooklyn, NY: Verso, 1993.

Kuhn, Thomas. *The Structure of Scientific Revolutions*. Chicago: University of Chicago Press, 1990.

Lakatos, Imre. *Proofs and Refutations: The Logic of Mathematical Discovery*. New York: Cambridge University Press, 1976.

Lewontin, Richard. *The Triple Helix: Gene, Organism, and Environment.* Cambridge, MA: Harvard University Press, 2000.

Nagel, Ernest. *The Structure of Science.* Indianapolis, IN: Hackett, 1979.

Popper, Karl. *The Logic of Scientific Discovery.* New York: Routledge, 2002.

Reichenbach, Hans. *Experience and Prediction.* Notre Dame, IN: University of Notre Dame Press, 2006.

심리철학과 언어철학

Chomsky, Noam. *Reflections on Language.* New York: Pantheon, 1975.

Churchland, Paul. *Scientific Realism and the Plasticity of Mind.* New York: Cambridge University Press, 1979.

Dreyfus, H. *What Computers Can't Do: The Limits of Artificial Intelligence.* New York: Harper Colophon, 1979.

Fodor, Jerry Alan. *The Mind Doesn't Work That Way: The Scope and Limits of Computational Psychology.* Boston, MA: MIT Press, 2000.

Nagel, Thomas. *The View from Nowhere.* New York: Oxford University Press, 1986.

Ryle, Gilbert. *The Concept of Mind.* Chicago: University of Chicago Press, 2000.

Schwartz, Stephen P., ed. *Naming, Necessity and Natural Kinds.* Ithaca, NY: Cornell University Press, 1977.

Skinner, B.F. *Verbal Behavior.* New York: Prentice Hall, 1957.

Turing, Alan Mathison. *The Essential Turing.* New York: Oxford University Press, 2004.

Watson, J.B. *Behaviorism.* New Brunswick, NJ: Transaction Publishers, 1997.

새로운 철학

포스트모던 철학

Baudrillard, Jean. *Simulacra and Simulation.* Shiela Faria Glaser, ed. Ann Arbor: University of Michigan Press, 1994.

Deleuze, Gilles, Felix Guattari and Brian Massumi. *A Thousand Plateaus: Capitalism and Schizophrenia.* Minneapolis, MN: University of Minnesota Press, 1987.

Derrida, Jacques. *Philosophy Guidebook to Derrida on Deconstruction.* Barry Stocker, ed. New York: Routledge, 2006.

Findlayson, James Gordon. *Habermas: A Very Short Introduction.* New York: Oxford University Press, 2005.

Lyotard, Jean Francois. *The Postmodern Condition: A Report on Knowledge.* Frederic

600

Jameson, ed. Minneapolis, MN: University of Minnesota Press, 1984.

Rorty, Richard. *Contingency, Irony, and Solidarity.* New York: Cambridge University Press, 1989.

여타 새로운 철학의 경향들

Allen, Richard and Murray Smith, eds. *Film Theory and Philosophy.* New York: Oxford University Press, 1997.

Appiah, Kwame Anthony. *Experiments in Ethics.* Cambridge, MA: Harvard University Press, 2008.

Dennett, Daniel. *Sweet Dreams: Philosophical Obstacles to a Science of Consciousness.* Cambridge, MA: MIT Press, 2005.

Gaarder, Jostein. *Sophie's World: A Novel about the History of Philosophy.* Berkeley, CA: Berkeley Books, 1994.

Higgs, Eric, Andrew Light, and David Strong, eds. *Technology and the Good Life.* Chicago: University of Chicago Press, 2000.

McGinn, Colin. *The Mysterious Flame: Conscious Minds in a Material World.* New York: Basic Books, 1999.

Nichols, Shaun, and Joshua Michael Knobe. *Experimental Philosophy.* New York: Oxford University Press, 2008.

Wartenberg, Thomas E., and Angela Curran, eds. *Philosophy and Film.* Cambridge, MA: Blackwell, 2005.

한 권으로
끝내는

철학

이 책의 이미지 저작권은 다음과 같습니다.

표지 이미지(왼쪽 위에서 시계 방향)
CC-BY-2.0, CC-BY-2.0, CC-BY-SA-3.0,
CC-BY-SA-2.0, CC-BY-SA-2.0

iStock: 16, 21, 27, 31, 36(우), 41, 43, 46, 48, 57, 67, 92, 102, 120(아래), 121, 122, 136, 144, 149, 153, 161, 185, 189, 196, 200, 207, 212, 221, 240, 247, 256, 268, 270, 272, 282(우), 284, 327, 332, 366, 410, 417, 451, 479, 482, 486

BigStock Photos: 134, 368, 555

wikipedia Public domain: 32, 36(좌), 68, 71, 72, 73, 81, 86, 94, 99, 104, 106, 113, 117, 120(위), 129, 151, 157, 169, 209, 231, 232, 267, 280, 282(좌), 293, 300, 307, 309, 323, 335, 339, 341, 348, 350 ,352, 356, 361, 372, 374, 378, 381, 384, 398, 400, 403, 420, 425, 426, 428, 441, 444, 462, 488, 516, 522

CC−BY−SA−3.0.: 406, 544
cc−by−sa−2.0.: 524, 532, 553